本书系国家社会科学基金重大项目

"德国古典哲学与德意志文化深度研究"

（批准号12&ZD126）成果之一

邓晓芒作品 · 翻译系列

精神现象学

[句读本]

[德]黑格尔 著　　邓晓芒 译

人民出版社

目　录

---

① 凡带方括号［　］的标题都是拉松本及荷夫迈斯特本编者所加的，未带括号的是原有
的。——中译者

第一篇 意 识

第二篇 自我意识

第三篇　（AA）理性

第三篇　（BB）精神

第三篇　（CC）宗教

第三篇　（DD）绝对认知

译　者　序

（一）

　　读者眼前的这个译本，是黑格尔《精神现象学》的一个"句读本"。何谓"句读本"？它是与我的十卷本《黑格尔〈精神现象学〉句读》配套的译本，或者说，它是从我的《黑格尔〈精神现象学〉句读》十卷的每一卷中抽出我根据德文原版翻译的部分，一句一句整理而成的译本。而这一《句读》，又是我在给哲学系研究生开设《德国古典哲学原著选读》课的课堂上，连续9个学期逐句研读和讲解《精神现象学》（从2010年2月到2014年5月）的课堂录音录像，经学生们整理成文字，又由我自己反复推敲修订而成的。该套书一共耗时7年，计500余万字，并于2012年纳入国家社会科学基金重大研究项目《德国古典哲学与德意志文化深度研究》（批准号12&ZD126），作为其中的代表性成果。以如此浩大的工程来详细解读这样一部世界公认为难懂难读的经典哲学著作，在国内外尚属首次。当年黑格尔曾对友人说，只有一个人（他的得意门生）能够理解我，但随即又补充道：就连他也不理解我。著名哲学史家文德尔班则说，能够理解黑格尔的那一代人已经死绝了。而当我在课堂上逐句解读黑格尔那些晦涩难解、如同谜语一般的句子时，当我穿透句子的表层而深入到后面的社会历史文化背景，并以此来为句子做注脚时，内心总是涌起一股隐隐的激动，觉得这部被喻为"天书"（前辈黑格尔专家萧焜焘语）的旷世之谜即将真相大白于天下。

　　当然，黑格尔并不是刻意要打哑谜，他真正看重的是精神本身的思辨结构，所以他尽可能隐藏起那些具体的社会文化背景知识和渊博的历史资料，以避免这些感性的东西掩盖了抽象概念的逻辑关系，他想强行把读者提升到和他一样在纯粹思辨理性的层次上来把握一切现实问题。一个重要的迹象是，黑格尔在行文中哪怕涉及的是现实的人，如"自我"、"我（das

Ich)"、"行动者"、"个体",乃至于上帝("普遍者"、"绝对精神"等等),所用的代词一般都是中性的"它"(es),而不是"他"(er),说明他并不把这些主体当作现实的存在者,而是当作一个概念或范畴来谈论。这给我的《句读》带来很大的困惑,即在引述文本时用"它",而在讲解时必须用"他"或"袖"。而这对于一般思辨能力不足的普通读者来说当然就显得是不可解的了。我对黑格尔这部著作的解读,最终目的也不是要"解谜",即把那些晦涩的文句还原为通俗的历史人物和事件,而是要为学生、乃至于为习惯于形象思维的国人带来一番抽象思维的训练。要完成这种训练,在抽象和具象之间自由地来回往复就是一项不可缺少的工夫;在这一工夫的基础上,我们才有可能在抽象和抽象之间建立起真正普遍的规范。这种规范,尽管历来被国人鄙薄为"从概念到概念"、"抽象空洞"、"不切实际",我却认为正是中国传统思维模式的薄弱环节,在当代这个日益讲究规范化的世界上,是亟待我们补课的。

不过,从客观上看,黑格尔这部著作也的确打了无数的哑谜,一个对西方文化不了解或不甚了解的读者,免不了被他那些扑朔迷离的句子所难倒。因此,读黑格尔的《精神现象学》,除了必须具备高度抽象的思辨能力和对句子的一丝不苟的分析精神之外,还要求对整个西方文化,包括社会、历史、宗教、伦理、文学、艺术、科学、哲学、语言、逻辑……等等,尽可能地烂熟于心。黑格尔当年就以"百科全书"式的哲学家著称,他不但学识极其渊博,在当时的各门科学中都居于最前列,而且居然能够把各门知识全都把握在一个几乎无所不包的体系中,被喻为"哲学奥林普斯山上的宙斯"(马克思语)。他的代表性的哲学体系就直接命名为《哲学全书》,全称为《哲学科学百科全书纲要》(Enzyklopädie der philosophischen Wissenschaften im Grundrisse),他是人类哲学史上唯一敢于这样做的人,他也的确有本钱这样做。他当然不是神,你可以说他的这种做法无形中把自己当成了上帝,因而历来颇受诟病。他的许多具体观点也已经过时,甚至在当时就是错误的。但我仍然愿意为他辩护。我曾在慧田哲学网站回答提问时说过一段为黑格尔辩护的话:

为了讲清楚什么是自由,黑格尔几乎穷尽了当时的一切知识,建构了一个庞大的体系。人们都指责他想当上帝，但是，谁不想当上帝？不想当上帝的哲学家不是好的哲学家。当然，以为自己真能当成上帝的哲学家也不是好的哲学家，但至少你要试一试，这种尝试就造成了人类思想的进展。否则人人都假装谦虚，害怕自己搞一个体系会被后人推翻，于是干脆不搞体系，顾左右而言他，以为这样就不会犯错误，像后现代一样，那哲学就用不着发展了，就被窒息了。况且，这种态度恰好是把自己当成了上帝，因为只有上帝才不犯错误。黑格尔兴之所至，一不小心搞成了一个封闭的体系，他是在舍身炸碉堡啊！我们真应该佩服他的勇气，他未必真把自己当成了上帝，但他敢于让你们去推翻他，他也有得让你们推翻的，比起那些乡愿之徒来，他倒是个自由人。

黑格尔曾说过，对于他自己的《逻辑学》，如果有时间的话，他愿意修订七十七次。就是这部《精神现象学》，他也在生前对前面一部分进行了修订，但刚刚进行到二十几页就去世了。可见他还是有自知之明的。整个西方哲学的强项就在于体系化。泰勒斯说："水是万物的本原"，说得多么绝对，任何人都可以驳斥他。但是请注意，各个哲学家不单是就某个具体的概念或观点进行交锋，而是体系的交锋。正是这种体系对决，形成了两千多年波澜壮阔、有声有色的西方哲学史，在黑格尔这里达到顶峰。但是突然就沉寂了，在黑格尔以后，没有人再搞庞大的逻辑体系，也不再有最高原则的巅峰对决。哲学的古典时代已经过去，哲学家变成了农民，各自在自己一块农田里生产自己的精神食粮，过着自己的小日子。恩格斯曾在《费尔巴哈和德国古典哲学的终结》中描述当时的心情：那个时候大家都很兴奋，因为在费尔巴哈那里，"魔法被消除了，体系被炸开了，而且被抛在一旁"。① 马克思对黑格尔辩证法和一般哲学的批判当然不仅仅是停留于这种炸毁上，可惜他没有来得及写出他计划中的体系化的"专著"。② 我不知

---

① 恩格斯：《费尔巴哈和德国古典哲学的终结》，人民出版社 1972 年版，第 13 页。

② "我打算连续用不同的单独小册子来批判法、道德、政治等等，最后再以一本专著来说明整体的联系、各部分关系并对这一切材料的思辨加工进行批判。"（马克思：《1844 年经济学——哲学手稿》，载《马克思恩格斯全集》第 42 卷，人民出版社 1979 年版，第 45 页）但这一计划并未完成（同上书，编者注 12）。

道这是哲学的进步还是退化，也许两方面都有吧。但我知道，一个对黑格尔这样的世界级哲学大师不屑一顾的人，决不可能对哲学有真正的推进，顶多有些小打小闹的补充。

（二）

　　《精神现象学》算上我这个译本，目前国内已经有了四个译本。最早的是由我国著名哲学家贺麟先生和从国外回来的德国哲学专家王玖兴先生合作翻译的商务印书馆版上、下卷（其中我的老师杨祖陶先生翻译了最后一章"绝对知识"），这个译本 1960 年代初已经完成上卷并出版，1965 年完成下卷，正好赶上"文化大革命"，耽误了十几年，直到 1979 年才出齐。译者根据的是荷夫迈斯特本 1952 年德文版，同时参考了贝利 1932 年的英译本、伊波利特 1939 年的法译本和什彻特 1959 年的俄译本。由于是开创性的工作，两位老前辈很是用心，在那个中国人刚刚开始学习思辨思维的年代，他们可以说把中国人的聪明才智发挥到了极致。即使在今天看来，这个译本还是相当具有可读性的，尽管所用德文版本有些过时（在当年还是很新的），而且如有人指出的，受到英译本和其他译本的影响而添加了一些不必要甚至不恰当的"衍文"[1]，但大体意思是不错的。我在 80 年代初开始研读《精神现象学》时就是用的这个本子，后来撰写《思辨的张力——黑格尔辩证法新探》，凡涉及《精神现象学》都以这个译本的译文为依据，没有发现有什么大的问题。因此，我的《精神现象学》的课堂句读一开始就不假思索地以贺、王译本做教材，以至于在第一学期讲解"序言"部分时，最初对于译文只有不多的一些修改。只是到了这一学期快结束的时候，我才终于觉得需要修改的地方越来越多了，于是开始萌生了要弄一个自己的新译本的想法。

　　以今天的眼光看，贺、王译本的不足主要有两点。一个是术语意识不

---

[1]　参见先刚所译黑格尔《精神现象学》译者序，人民出版社 2013 年版，第 25 页。

够。在上世纪五六十年代，国家好不容易迎来了一个比较稳定的社会环境，学术界开始对以往只闻其名、不见其面的西方哲学经典著作展开翻译和研究。但在初创阶段，许多哲学名词术语还处于探索、体会和尝试过程中，各种译名五花八门，不但各人自创一套，而且每个译者自己也不一致。当时的译者还顾不上对一个哲学家的术语在翻译上做到前后一致和统一，能够选到一个在具体上下文中解释得通的译名就已属不易了。然而，在半个世纪后的今天，哲学界对西方哲学经典的翻译理应提出更高的要求，就是要照顾到一个译名在不同的上下文中的一致和贯通，这样才能反映出译者是根据原文真正理解了作品的内在意思，而不只是字面上当下表达的意思。当然，要做到一本书中的译名前后贯通一致，谈何容易，尤其像《精神现象学》这样一部内容丰富而又体系完整的著作，完全做到这一点几乎是不可能的。但问题在于要有这个意识，尽可能地建立起译名的全局观点。黑格尔对一个术语的用法是极为严谨的，他还常常从一个词的词根中推出另一个相邻的术语，如从"思维"（denken）到"思想"（Gedacht）到"默想"（An-dacht），不研究德语的词形变化，你根本猜不到这里面的复杂关系。所以，我在翻译中给自己立定了一条规则，即一个术语的翻译，不但要顾到它在当时上下文中的用法（维特根施坦：一个词的含义在于它的用法），而且要顾到它在其他地方的上下文中贯通的用法，甚至要尽可能顾到它在与相邻术语的关联中的变形。为此，我在句读的每一卷后面都附上了一个比较详细的德汉术语索引（和相应的汉德词汇对照表），比贺、王译本（以及先刚译本）后面的术语索引多了近一倍，对我能够找到的全部术语做了一种统一的工作；而在实在不能统一、只好一词两译甚至多译的地方，我也将每种译法出现的页码分别标注出来，以便查对。

贺、王译本的第二点不足，是对黑格尔哲学的理解还不够深入。这一点几乎是不用说的，即使从译本下卷出版的 1979 年算到今天，时间也已经过去了三十多年，经过这么多年的研究，学术界如果还不能超越那个时候的理解，那倒是不能原谅的了。我本人从 1972 年初读贺麟先生翻译的黑格尔的《小逻辑》，后来又读到张世英先生的《论黑格尔的逻辑学》，在前辈们的思想滋养下，自己对黑格尔哲学的理解也在不断加深，到 1992 年出版个人学术专著《思辨的张力》，大致的理解已基本定型。这次讲解和句读黑格尔《精神现象学》，除了对自己的理解加以实战检验外，一个重要的准备工作就是对整个西方文化精神的各个方面进行"恶补"。根据我自己讲课的经验，讲黑格尔的《精神现象学》比讲康德的《纯粹理性批判》要困难得多。康德的书，虽然也要用到西方文化背景的知识，但主要是纯粹理性本身的纯粹概念和逻辑关联，你把这个搞懂了，就没有什么障碍了。所以每次上康德著作的句读课，我只需前一天晚上看一看明天要讲的部分，把里面的逻辑关系弄清楚了，第二天就可以上讲台。但上《精神现象学》的句读课则大不一样，每次课三小时，至少必须提前三天准备，查阅各种资料，并结合这些资料对文本中的句子反复推敲，冥思苦想，疏通里面的关系。这里面一个重要的难点是对西方宗教及其和哲学的关系的理解。国人自新文化运动以来，各家各派历来都对西方的宗教不以为然，到了马克思主义成为国家意识形态，更是把宗教视为一种毒品，避之唯恐不及。所以我们在西学东渐过程中，对西方的宗教特别是基督教的研究一直是最为薄弱的。而没有对基督教的深入理解，对西方哲学的理解也不可能到位。我在句读和翻译过程中在这方面投入了较多的注意力和大量的精力，虽然不能说已经把握得很准确了，但比起前人有所推进则是肯定的。

尽管有以上不足之处，但贺、王译本仍然是一个不可多得的好的译本，所以我不仅以该译本作为课堂教材，而且在《句读》中以及这个新译本中把贺、王译本（1979 年版）的页码都作为第二种边码逐一标注出来（第一种边码是德文考证版页码），以便读者查找和对照。但我对这个译本的改动也是全方位的（见图），力求我的译本至少在准确性上超越前人。

我对自己这个新译本的评价是：这是一个可以用来做学术研究的译本。而贺、王译本一般地阅读是可以的，但如果要做学术研究，那还是直接读德文原版比较可靠。我的理想的目标是要"让哲学说汉语"，在这里就是要让黑格尔哲学说汉语，要让中国的读者读到我的译本，就像读德文原本一样领会黑格尔的思想。这当然是一个很高的目标，不能说我就达到了，只是心向往之罢了。

另外值得一提的是先刚的新译本，出版于 2013 年底，我收到他的赠书已经对彼此这样一个意识的对象，当初一个自己的色显实地而深入于各种纯粹识把自己看自己争它的自意我形态，因为它是纯粹识的那些东西的东西了。这种绝对的感性确定性的一切使用使得它不再是意识而是绝对真理了。所有超感性确定性的都会志态绝对为……的消极性了……只是这种真理的一个情报的证明……

〔3. 有用是启蒙的基本概念〕 但是有别事物的自在存在的否……关系和否定关系，这同种考参方式……因为……

一切东西都既是自在的又是为一个他的东西，是各有用……一切东西都既为了的东西，它纯纯……

Vergangen？ Eigentümlichkeit の

粹，不过这样一个，此会达到一个手与自身之……这样的情况，它意识的对象时……有自在的意识的现实性的形式，是但是自有意识的现实性是能在诸实在性中意识它自己……

首先由于自我意识与诸意识，宗教以后……身，但是精神的诸环节意识，自我意识、理性和精神……

这……宗教是精神……

且使是在时间中才子之……不过此诸环来向后面的形态……存的形态……自身内。

因此诸宗教是精神……发展过程的完成……自我意识、理性和精神……

时已经是 2014 年的 10 月，我的句读课已经结束，正在整理过程中。当然在整理过程中，也少不了参考这个新译本，我的初步感觉是，在可读性上应该比贺、王译本有所改进，文字更为流畅干净，节奏感也更强。先刚译本已有了一定的术语意识，但他的着重点，看来还主要是使译本更加适合于中国人的口味。如他在"译者序"中说的："在后面两遍修改中，我甚至特意把译稿交给一些'非专业人士'（比如我的从事音乐教育的妻子）阅读，让他们纯粹就中文文本自身的可读性提出意见，然后在这个基础上对文本加以润色——当然，这同样也是以忠实于黑格尔的原文为前提。"① 我不知道黑格尔写成此书后是否也向他的太太征求过意见，但至少我是不会这样做的。以前只听说过白居易写诗，必须念给不识字的老妪听，以求通俗易懂、朗朗上口，但那是诗。而艰深晦涩的黑格尔哲学翻译成中文，如果连非专业人士也能读懂或提出意见的话，恐怕是有问题的，我更不知道如何还能够同时"忠实于黑格尔的原文"——这简直是不可能的！鲁迅当年曾对抱怨西方哲学的译文看不懂的青年说，"倘是康德的《纯粹理性批判》那样的书，则即使德国人来看原文，他如果并非一个专家，也还是一时不能看懂。"② 果然，前几天德国杜伊斯堡爱森大学副校长、哲学教授 Thomas Spitzley 来我系访问，谈起康德哲学的翻译时大笑起来，说他自己也是直到看了《纯粹理性批判》的英译本后才知道康德说了些什么。先刚的翻译理念如果是以这一类英译本为标准，我不反对，但似乎又并非如此，他对于英译本"大量窜入"不相干的文字也是不满的。看来先刚的这两个标准——既要通俗，又要忠实于原文，打架打得厉害，有时候恐怕是两边不讨好。例如，我发现他翻译的句子通常都比黑格尔原文的短，或者说，他经常把黑格尔的一句话截成两三句，这样当然更适合于中国人的阅读习惯，因为中国自古以来都是短句子，没有句子里面套从句的搞法。但是我自从翻译康德的书以来就发现，像康德这样的哲学著作，任意截断句子是很危险的，很可能会导致断章取义的误解。康德和黑格尔都喜欢写长句子，并不是由于行文习

---

① 参见先刚译黑格尔《精神现象学》译者序，人民出版社 2013 年版，第 25 页。
② 鲁迅：《准风月谈·为翻译辩护》。

惯不好,而是思想本身的需要,是出于不得已。于是自那时起我便给自己的翻译立了另一个规则:在康德没有打句号的地方,我决不妄加句号。这一原则也贯彻在现在这个译本中。我所追求的可读性不是对非专业人士的可读性,不是对一般大众读者的将就,而是对专业人士(哲学系研究生以上人员)的可读性,对于非专业人士只能是一种思维的训练。

至于先刚的术语意识,主要表现在他对贺译本的一些术语作了进一步的推敲。这些推敲当然是很有价值的,但有很多我都不太同意。例如他把 das Ansich 和 das Selbst 一个译作"自在体",一个译作"自为体",这里的两个"体"字都没有着落,"为"字也无着落,感觉有点随意性。我们做哲学翻译的,与做文学翻译的不同,应该尽量做到"无一字无来由",而这两个术语并不是没有别的选择的。尤其 Selbst 这个词是个很麻烦的德语词,严格说来它只能译作"自"或者"自己",连"自身"都嫌多了,没有"身"的意思。我做哲学翻译的第三个原则是:多直译,少意译,不到万不得已时,尤其是当你还没有琢磨透的时候,更不要意译。但哲学翻译还有第四个要求,就是要考虑一个概念在哲学史上所形成的思想关联。自从康德提出Selbstbewußtsein(自我意识[①])作为思辨哲学的起点以来,Selbst 就有了"自我"的含义,并且常常被等同于 das Ich(我);同时它又还保持着"自己"这个语法上的自反性的含义,有时在行文中不容易区分开来。如果是带定冠词的 das Selbst,则在黑格尔那里常常是和 das Ich("我")混用的,我通常译作"自我";如果没有定冠词,那就得看上下文。这种译法在国内德国哲学界之所以已经成了"过于根深蒂固和广泛通行"[②]的常例,并不是没有道理的,没有必要去改变它。再如,先刚主张把 Dasein 译为"实存"而不是"定在",[③] 这就出现一个问题:它与通常译作"实存"的 Existenz 如何区分?随便举一例:如先刚在自己的译本中第 3 页倒数第 3 行、第 4 页第 10 行就把

---

① 倪梁康教授建议把这个词译作"自身意识"或"自识",前者太多,后者则太少。何况这在从康德到黑格尔的德国唯心主义中是行不通的,先刚和我在这点上有一致之处,见先刚译著译者序第 30 页注 1。

② 参见先刚译黑格尔《精神现象学》译者序,人民出版社 2013 年版,第 30 页。

③ 同上书,第 28 页。

Existenz 也译作"实存"。为什么一定要把大家已都接受而且不会混淆的"定在"改成"实存",没有讲出道理来。还有把 Reflexion 译作"反映",这是可以的;但译作"折返"就没有道理了,我们说某人打道回府了,某架飞机折返了,没有哪个西方人会用 Reflexion(或 reflektieren)来表示的。把 Bekanntschaft 译为"常识"而不是"熟知",也不知道是为什么,词典上这个词就是"认识、相识、熟悉、熟知"的意思,没有"常识"这一义项。常识是一种普通知识,如"下雨天路很滑"之类,与认识、熟悉某人某事是两码事。我熟悉某人,我对这个地方很熟,这并不是"常识";我熟悉德国宗教史,这是专业知识,更不是"常识"。最不能接受的就是他把 das unglückliche Bewußtsein 译作"哀怨意识",不知为什么要这样译。unglücklich 是对 glücklich 或 Glück 即幸福、幸运的否定,本来很简单,我采取的是直译,即"不幸的意识"。当然贺、王译作"苦恼意识"也不好,将一种客观境遇主观化了,但先刚改作"哀怨意识"更强化了这种主观性。哀怨带有儒家"哀而不伤"、"怨而不怒"的色彩,虽然"不伤"、"不怒",毕竟含有"抱怨"甚至"怨天尤人"的意思。但不管是先刚译本还是贺王译本,都忽视了这个词与它底下所隐含的基督教原罪意识的关联。人类始祖在伊甸园中是幸福的,但犯了罪后被上帝赶出伊甸园,便意识到自己的不幸和人生的不幸,这种不幸不能怪罪于任何人,更不能怪上帝,只能怪自己。所以,"哀"或许是有的,"怨"则未必。

当然,要刻意寻找的话,值得商讨的地方还有很多。例如,我在《句读》的第 6 卷中曾比较了贺、王译本和先刚译本对 Pietät 一词的译法,该词本意为"虔敬/敬重",贺、王译本却针对不同的关系分别译作"怜爱/慈爱/孝敬",先刚译本译作"恩爱/怜爱"①。在同一页、同一段话中的同一个词分别译作两个或三个不同的词,这都是应当尽量避免的;而更重要的是它们都不符合黑格尔的原意。我基于对西方从古希腊城邦社会和黑格尔所理解的家庭关系的认识,而用一个译名"尊重"将这三对关系——夫妻关系、父母

---

① 见贺、王译本 1979 年版下卷第 14 页,先刚译本第 279 页,以及本《句读》第六卷第 130—134 页。

对子女的关系、子女对父母的关系——全都贯通起来了，应当比较符合黑格尔用这个词的原意。而贺、王译本和先刚译本的译法则是局限于中国传统对家庭关系的理解，并把它想当然地扩展到古希腊和黑格尔所理解的家庭关系中去，不惜撇开该词原来在西文中的意思而强改为中国式的用语。①这种削足适履的做法也许能够适应于国人封闭的头脑，增加译文的通俗性和"可读性"，却阻碍了我们对黑格尔思想乃至于西方思想的理解。我在这里不可能对这些不当之处做一番全面检讨，只能主要就先刚所提到的几个译名略加商榷。总的原则是，在哲学翻译中我们一方面要追溯一个词的来龙去脉，推敲每个词的最严谨的表达，最好多查词典（如有必要，包括希腊文、拉丁文词典）②，尽可能直译；另一方面要挖掘该词在西方文化中很可能不同于中国文化的背景和语境，以免貌合神离。

最后再谈谈第三个译本，从时间上说应该是第二个译本，这就是由王诚、曾琼所做的英汉对照本，由中国社会科学出版社 2007 年出版，共三册。这个译本对于国内大多数学英语的年轻人来说当然是很有帮助的，他们借此可以练习如何用英语表达哲学思想。但问题是，该译本选用的是早已过时的贝利（J.B.Baillie）1937 年的英译本，而且也没有参考德文原本，只参考了贺、王译本，很多句子其实就是从贺、王译本中直接搬过来的。所以我认为这个译本对于更精确地了解黑格尔本人的思想帮助不大，与一个懂汉语的英国人从贺、王的中译本转译为英文的汉英对照本（如果有的话）所起的作用差不多，有利于英国人学汉语而已。我认为，时至今日，在学习德国古典哲学的文本方面，我们从英译本来学习与从中译本来学习的差别已经很小，我在本《句读》的"绪论"中就说过，我们现在直接从德文本译过来的译本应该和英译本至少有平等的地位，甚至有些中译本要比英译本更为准确。所以我才敢于说，我的译本所瞄准的目标是"一个可以用来做学术研

---

① 对此问题可参看拙文：《黑格尔的家庭观和中国家庭观之比较——读〈精神现象学〉札记（之一）》，载《华中科技大学学报》2013 年第 3 期。

② 我发现很多外语太好（特别是口语太好）的译者不耐烦查词典，而是凭感觉信手译来，这对于一般文学作品或其他文本的翻译问题还不太大，但对于哲学文本就得特别小心。

究的译本"。① 有人也许会质疑道，一个学者在学术研究中应该可以直接阅读德文原版，何必再花大力气弄一个无论多么准确的中文版？因为只要是中文译本，就不可能是完全的原汁原味，所谓的理想译本是一个永远达不到的乌托邦，永远赶不上德文原版。我的回答是，中国人只要他还是以汉语为母语，他的哲学思想就只能是汉语表达，即使你读懂了外语，也要转为汉语才能消化。伽达默尔说过，一个人的哲学思想真正说来只能用母语表达，用任何外语来讲哲学只能是摹仿，而不是自己的哲学思想。所以无论你的外语多么好，对中国人来说，一个好的中译本始终是把握西方哲学思想的必备文本，否则那种思想还是人家的东西，不能成为你自己的东西。②

（三）

现在这第四个译本，如同先刚的译本所主张的一样，也是只考虑德文原版，而不考虑英译本、法译本、俄译本怎么译的。③ 我很赞同他的这种态度，这表达了一种中国学人的自信。参考其他译本是进一步讨论的事，我自己在翻译康德的著作时，偶尔也参考一下英译本，但发现基本上是浪费时间（某些考证除外）。后来我就坚信，中国学者的思辨能力和耐心要比英美学者强，至少，他们传统上对德国思辨哲学有种抗拒心理，而中国人没有。所以，我的翻译所根据的就是三个德文原版，一个是"袖珍版"，即Suhrkamp Taschenbuch Verlag, Frankfurt am Mein, 1970, suhrkamp taschenbuch wissenschaft 603, Erste Auflage 1986. 这是我最先得到的本子。后来在句读过程中又得到费利克斯·迈纳出版社的哲学丛书版，即 Philosophische Bib-

---

① 当然，真正要做严格的学术研究，还有一些考证资料必须补充，如黑格尔的手稿，以及一些第二、第三手资料，如考证版后面就附有不少这种资料。我这里只是就黑格尔文本中的哲学思想而言。

② 我有位在美国教了多年西方哲学史的朋友回国后就职于国内某大学，最初完全不知道如何用汉语讲西方哲学史，经过相当一个时期适应之后才学会了用汉语讲哲学，且成了国内很有创意的哲学家。

③ 参见先刚译著译者序，人民出版社 2013 年版，第 25 页。

liothek Band 414, Felix Meiner Verlag GmbH.Hamburg 1988. Nachdruck 2006. 这个版本比较新，它是基于《黑格尔全集》考证版第 9 卷，而略有修订。最后在句读的下半部分，我又得到了上述考证版全集第 9 卷，即 Die Kritische Edition G.W.F.Hegel, Gesammelte Werke, Band 9, hrsg. von Wolfgang Bonsiepen und Reinhard Heede, Hamburg 1980, in Verbindung mit der Deutschen Forschungsgemeinschaft, hrsg. von der Rheinisch-Westfälische der Akademie der Wissenschaften. 这个版本后面有大量的德文编者注，这些注释都被丛书版吸收了。依照后来得到的版本，我都对前面的译文进行了再次校订，并补全了前面袖珍版所缺的德文编者注。需要说明的是，Die Kritische Edition 直译为"批判版"，我开始依照通行的说法称为"考订版"，但后来觉得称"考证版"比较好，因为它并不是要"订正"什么，而只是要回到原始文本，即黑格尔在 1807 年第一版的最初文本，甚至有印刷错误也不纠正，一些拼写还保持着古德语的写法，这是专门给研究者做研究的。这三个版本结合起来，既有严格的考证，又有后来者的修补，我觉得应该是比较稳妥的了。当然，任何译本都不可能是绝对完善的，正如连黑格尔自己都打算把他的著作修改七十七遍一样，我的这个译本以及它的《句读》也存在着几乎是无限的修改余地，这是有待于读者和方家不吝批评指正的。

这个"句读本"的译本在将《句读》中的译文集结成书的过程中，免不了出些差错，例如该另起一行的忘了另起，该打着重号的没有打，或者不该打的又打了（各版本在这点上不尽相同），还有掉字、错字，有几处甚至漏掉了句子。要我自己对这些文本上的问题一一检查一遍，得耗费不少时间。幸而我系博士生程寿庆君自告奋勇，愿意帮我从德文原版（考证版）核对译文，每个文件他都用绿色把问题密密麻麻地标注出来，发给我做修订文本的参考，这些事他做得一丝不苟；而我在按照他的提示修改文本的过程中，反过来又再次检查了一下《句读》，改正了好几处表述不当的地方，使这套《句读》和"句读本"的翻译更为完善了，这是要特别对他表示衷心感谢的！

另外，没有《句读》就没有"句读本"的译本，而没有大批弟子和"粉丝"们纯粹出于学术兴趣而超功利地出手相帮，整理出数百万字的录音记录来，《句读》也不可能存在。这些年轻人有三十多位，大都散布于各个不同的单位,有的素未谋面,有的远在外省,但他们自发地由两三个人牵头,组织得有条不紊。我在10卷本每一卷的后记中都对他们为该卷所作的贡献表示了感谢,在这里还要再次对他们全体表示感谢!

最后,我还要对人民出版社和责任编辑张伟珍女士表示感谢,7年前,正是她和陈有和副社长在我的《康德〈纯粹理性批判〉句读》的首发式上和我约稿,才使我能够心无旁骛地专心一意投入这项大工程。多年来,我和人民出版社结下了不解之缘,包括这套书在内,我在这里出版的著作和译著算来已超过1000万字,这在中国出版史上恐怕也是少见的。祝愿这些有志于促进中国的思想文化事业的有心人们健康长寿、永葆青春!

邓晓芒

2016 年 12 月 12 日于喻家山

序言：论科学认识 ①

{9}
[1]

［一、当代的科学任务］②

［1. 真理之为科学的体系］

在一本哲学著作中，正如按照习惯常在一个序言里为一本书预先所做的那样作出一个说明，——关于作者在书中为自己所预设的目的，以及关于起因，和作者所认为的这著作与这同一对象上以前和同时代其他论著所处的关系，——那么这样的一种说明似乎不仅是多余的，而且由于事情的

---

① 在德文版《精神现象学》中，考证版（包括丛书版）有两个目录，一个是黑格尔自己做的，还一个是编者做的，后者把黑格尔的目录标为第一项"Inhalt"（内容），并在正文前另外重载了黑格尔自己的整个目录。但在黑格尔的目录中，与编者做的目录不同，"序言"（Vorrede）在冒号后面挂了一大串有关序言内容的简介，相当于序言的内容提要，而编者目录却没有这些简介，只标了一个"序言"。袖珍版则没有编者目录，只有黑格尔的目录。现根据考证版和丛书版将黑格尔的目录中的序言项翻译如下：

序言：论科学知识。真实的东西的元素就是科学体系的概念及其真实的形态，第七页；精神的当代立足点，第八页；原则不等于完成，反对形式主义，第十五页；绝对就是主体，第二十页；并且什么是主体，第二十一页；认知的元素，第二十九页；精神现象学就是提升到认知，第三十二页；被表象和被熟知的东西转化为思想，第三十六页；并且将这些东西转化为概念，第三十九页；在何种意义上精神现象学是否定性的，或者说包含谬误，第四十四页；历史的和数学的真理，第四十八页；哲学真理及其方法的本性，第五十五页；反对图型化的形式主义，第五十九页；在哲学研究上的要求，第七十一页；形式推理的思维在其消极态度中，第七十二页；在其积极的态度中；它的主体，第七十四页；自然的哲学研究作为健全的人类知性和作为天才，第八十四页；结论，作者和大众的关系，第八十八页。

上列汉字页码数原文为罗马数字，是考证版所标，应为黑格尔《精神现象学》1807年第一版中序言的页码；其他如丛书版、袖珍版则另外各标有自己版本的实际页码。——中译者

② 所注边码大括号 ｛ ｝中为德文考证版页码；方括号 ［ ］中为1979年贺、王中译本上册页码，后面转入下册时则表示下册页码。——中译者

本性之故也是不适宜、不合目的的。因为，在一篇序言里，不论对哲学如
何恰当地说和说什么，——比如说，历史地**叙述**一下倾向和立场、普遍内
容和结果，把这里那里说出来的各种主张和对真实性的各种担保结合起
来，——都不能看作是应该用来陈述哲学真理的方式和方法。——而且由
于哲学本质上存在于那种本身就包含着特殊的普遍性的元素之中，所以在
哲学里比在其他科学里更多地发生这样的假象，仿佛在目的或最终结果里
事情自身甚至其全部本质都已得到了表达，至于实现过程，与此结果相比，
则根本不是什么本质的事情。相反，例如在解剖学是什么这样一种普遍的
表象中，对身体各部分的知识按照其无生命的定在去加以考察时，人们确
信自己尚未占有事情本身，尚未占有这门科学的内容，而必须在此之外尽
力去获取特殊的东西。——再者，在这样一种不配冠以科学之名的知识堆
积里，谈论目的之类普遍性的东西时，通常与说到内容本身如神经、肌肉等
{10}　等时的那种历史性的无概念的方式并无不同。相反，在哲学里就会产生这
种不同一性，即假如对这种方式加以运用，则这种方式毕竟又由哲学本身
表明为不能够把握真理的。

　　同样，由于对某一哲学著作与讨论同一对象的其他论著拥有的那种关
[2]　系进行规定，也就引进来一种外来的兴趣，而使真理认识的关键所在模糊
起来。对真理与错误的对立这种意见愈是成为固定的，它就愈习惯于期待
对某一现成的哲学体系的态度不是赞成就是反对，而且在一篇关于某一哲
学体系的说明里也就愈习惯于只看到赞成或反对。这种意见把各种哲学体
系的差异不那么理解为真理的进步发展，而是在这种差异中只看见矛盾。
花蕾在花朵开放的时候消逝了，人们可能会说花蕾是被花朵驳倒了；同样
地，花朵在结果的时候被解释为植物的一种虚假的定在，而果实是作为植
物的真理来取代花朵的。这些形式不仅彼此区别，而且互相排斥互不相容。
但是它们的流动本性却使它们同时成为有机统一体的诸环节，它们在有机
统一体中不但不互相抵触，而且彼此都同样是必要的，并且正是这种同样
的必要性才构成整体的生命。但对一个哲学体系的反驳一方面不习惯于以
这样的方式把握自身，另一方面，那进行统握的意识通常也不知道把这种
反驳从其片面性中解放出来或保持其无片面性，并且不知道在看起来冲突

和相违背的东西的形态里去认识自己那些相互都是必要的环节。

对这一类说明的要求以及对这种要求的满足很容易被看作是本质的东西。在什么地方一本哲学著作的内在东西会比在该著作的目的和结论里表述得更多，并且该著作通过什么会比通过与同时代其他同领域著作说出的东西的差别得到更确定的认识？但是如果这样一种行为被视为不止是认识的开端，如果它应当被看作就是现实的认识，那它实际上就必须归于那些虚构之列，这些虚构回避事情自身，并在装出一副认真严肃地努力探索事情自身的样子的同时，又现实地免除了这种努力。——因为事情并不穷尽于它的**目的**，而穷尽于它的**实行**，而且**现实的**整体也不是**结论**，而是结论连同其形成过程；自为的目的是无生命的共相，正如倾向是一种还缺少自身现实性的纯然冲动一样；而赤裸裸的结果则是失落了倾向的那具死尸。——同样，**差别**毋宁说是事情的**界限**；界限就是事情终止的地方，或者说，界限就是那种不是这个事情的东西。因此，像这样地去说明目的或结果以及对此一体系或彼一体系的差别和评判所花费的力气，要比这类工作或许会显得的那样更轻易。因为，像这样的行为，不是在掌握事情，而永远处于事情之外；像这样的认知，不是逗留在事情里并忘身于事情里，而是永远在追求别的东西，并且不是伴随着事情，献身于事情，而毋宁是停留于其自身中。——对那具有坚实内容的东西最容易的事是作出评判，比较困难的是对它进行理解，而最困难的，则是结合两者，作出对它的陈述。

在教养的开端，在刚开始从实体性生活的直接性中摆脱出来的时候，永远必须这样入手：获取关于**普遍**原理和观点的知识，争取第一步达到对事情的**一般的思想**，① 同时根据理由以支持或反对它，按照各种规定性去统握那些具体和丰富的内容，并懂得对它作出有条理的报告和严肃的判断。但是教养的这个开端工作，首先将给被实施的生活的严肃性留出引入到事情自身的经验中去的位置；而如果再加上概念的严肃性又深入于事情

{11}

[3]

————————

① 此句中"普遍"和"一般思想"在袖珍版中都有着重号，但考证版和丛书版均无着重号。——中译者

的深处，那么这样的一种知识和评判就会在日常谈话里保有它们恰当的位置。

只有真理的科学体系才是真理实存于其中的那种真实的形态。一起来促使哲学接近于科学的形式，——达到能够使哲学放下对**认知之爱**这个头衔而成为**现实的认知**这个目标，——这正是我所关注的。认知将成为科学，这种内在的必然性在于认知的本性，对这一点唯一令人满意的说明就是对哲学自身的陈述。但是**外在的**必然性，只要我们撇开了个人的和个体起因的偶然性，而以一种普遍的方式来把握它，那么它和**内在的**必然性就是同一个东西，即是说，外在的必然性就存在于时间表象自己的诸环节之定在的那种形态里。① 因此，揭示出哲学是在时间里被提升为科学的这一做法，将是怀有这个目的的那些企图的唯一真实的辩护，因为时间将会指明这个目的的必然性，甚至于同时也就会把它实行起来。

［2. 当代的教养］

由于真理的真实形态被建立在这种科学性中，——或者这样说也一样，由于真理被断言只有在**概念**中才拥有其实存的元素，——所以我知道这看起来是与某种表象及其结论相矛盾的，这种表象自命不凡的程度，与它在同时代人的信念中蔓延的程度相当。因此，对这种矛盾作一个说明，似乎不是多余的；即使这个说明在这里无非与它自己所反对的东西同样只能是一个保证也罢。这就是说如果说真实的东西只实存于有时称之为对于绝对、宗教、存在——不是居于神圣的爱的中心的存在，而就是这爱的中心本身的存在——的直观，有时称之为对于它们的直接认知的那种东西中，或者不如说真理只是作为这样的东西而实存着，那么由此出发，为了陈述哲学，我们同时所要求的就不是概念的形式，而毋宁是它的反面。绝对的东西不应该用概念去把握，而是应该予以感受和直观；应当引领言词和应当说出来的不是对绝对的概念，而是对绝对的感觉和直观。②

———————————

① 此句中"外在的"和"内在的"在袖珍版中都有着重号，但考证版和丛书版均无着重号。——中译者

② 黑格尔在这里联想到的很可能是艾申迈尔（C.A.Eschenmayer）、格列斯（J.Görres）、雅可比（F.H.Jacobi）、尤其是施莱尔马赫（F.Schleiermacher）。——丛书版编者

[4]
{12}

对于这样的一种要求，如果按照它的更普遍的关联来统握其现象，并且在**自我意识到的精神当前**① 所处的阶段上来看待这种现象，则这种精神就已经超出了它通常在思想元素里所过的那种实体性的生活，——超出了它的信仰的这种直接性，超出了对确定性的那种满足和安全，这种确定性是意识对于它与本质、与其内在和外在的普遍当下的和解所具有的。自我意识到的精神不仅超出了这些而进入另一极端即在自己本身中的无实体的自身反思，而且也超出了这种反思。它不仅仅丧失了它的本质性的生活，而且意识到了它这种损失和它的内容的有限性。在逃避精神处于恶劣处境之中的这些糟糕状态，并表示认错和惭愧时，② 精神现在要求从哲学那里获 [5] 得的不光是关于它自己**是**什么的**认知**，而是要恢复存在的那种实体性和扎实性，这是只有通过哲学才能重新达到的。所以据说哲学并不那么急于向这种需要敞开实体的重封密锁，并将实体提升到自我意识上来，——并不 {13} 那么急于去把混乱的意识带回到思想的秩序和概念的单纯，而反倒主要地在于把思想所分解开来的东西搅拌到一起去，压制有区别作用的概念而恢复对本质的**感情**③，并不那么急于提供**明见**而主要在于令人**神驰**。美、神圣、永恒、宗教与爱都是诱饵，所以需要它们，乃是为了唤起吞饵的欲望；保持并继续拓展实体的财富的，据说不是概念而是迷狂，不是事情自身冷静地循序前进的必然性，而是发酵膨胀起来的豪情。④

与这种要求相应的是一种非常紧张而几乎是竭尽全力和显得神经过敏的努力，要想将人类从其沉溺于感性的、庸俗的、个别的事务中摆脱出来，使他们的目光仰望星空；仿佛人类已完全忘记了神圣的东西而可以在这一点上像蛆虫一样被泥浆所满足似的。从前有一个时期，人类拥有一个装备着思想和形象的无数宝藏的天空。那时一切存在着的东西的意义都在于光

---

① 此句中着重号为袖珍版所加，考证版和丛书版均无。——中译者
② 暗指儿子失而复得的比喻，见《路加福音》15、16 节。——丛书版编者
③ "感情"的着重号为袖珍版所加，考证版和丛书版均无。——中译者
④ 黑格尔在这里想到的可能是艾申迈尔（C.A.Eschenmayer）、格列斯（J.Görres）、雅可比（F.H.Jacobi）、施莱格尔（F.Schlegel），施莱尔马赫（F.Schleiermacher）、瓦格纳（J.J.Wagner）。——丛书版编者

线,光线把它们与上天联结起来;在光线里,人们的目光并不逗留在**此岸的**当下,而是翱翔于它们之上,投向神圣的本质,投向一个,如果可以这样说的话,彼岸的当下。那时候精神的眼光必须借强迫而指向尘世的东西并被保留于尘世间;费了很长时间才把只有超世俗的东西才具有的那种澄明引进此岸存在所居的昏暗混乱之中,并使被称为**经验**的那种对当下之物本身的注意成为了有兴趣的和有效准的。①——而现在的当务之急却似乎恰恰相反,感官是如此植根于尘世的东西,以至于必须花费同样的强制力来使它高举于尘世之上。精神已显得如此贫乏,就仿佛如同沙漠旅行者单纯渴望获得一口饮水那样,所渴望的只是对一般神圣的东西获得一点可怜的感受

[6] 来为自己提提神。就凭精神之如此易于满足,即可估量它的损失之巨大了。

　　然而这种接受上的易于满足或给予上的如此悭吝,并不适合于科学。谁若只寻求神驰,谁若想把他的定在与思想在尘世上的多种多样性笼罩在迷雾中,并追求这种不确定的神圣性的不确定的享受,他尽可以到他找得

{14} 到的地方去寻求;他将很容易为自己找到对某物加以大吹大擂并借此装腔作势的工具。但哲学必须谨防自己想要成为令人神驰的东西。

　　这种放弃科学而易于满足的态度,更不可提出要求,主张这样的一种朦胧的豪情是什么比科学更高超一些的东西。这种先知式的言说,自认为居于正中心和最深处,蔑视规定性(**确切**②),故意与概念和必然性保持距离,正如与那据说只居于有限性之中的反思保持距离一样。③但是就像有一种空洞的广度一样,也有一种空洞的深度;就像有一种实体的广延,它奔泻于多种多样的有限性里而无力将之聚拢起来,——同样也有一种无内容的强度,它保持为纯然之力而没有扩展,这种情况与肤浅是同一回事。精神之力只能像它表现出来那样强大,它的深度也只能像它在它的展示中敢于扩展自身和敢于丧失自身时那样的深邃。同样,如果这种无概念的实体性的认知佯言已经把自身的特性沉浸于本质之中,并佯言是在进行真正的

---

① 此处对经验主义的批判似乎特别是指培根,在《哲学史讲演录》中黑格尔称他为"经验哲学的先驱"。——丛书版编者

② 该词原文为希腊文 Horos。——中译者

③ 此处的批判首先是针对格列斯和艾申迈尔的。——丛书版编者

神圣的哲学研究，①那么这种认知对自己所隐瞒的就是：它并没有皈依于上帝，反而由于它蔑视尺度和规定，就只是时而在自己本身中听任内容的偶然性，时而在上帝那里放纵自己的任意武断。——由于他们沉湎于实体的这种无法控制的发酵，他们就以为只要蒙蔽了自我意识并放弃了知性，自己就是**属于上帝的**了，上帝就在他们睡觉中给予他们智慧了；因此，他们这样在睡眠中实际上接受或产生出来的东西，也是一些梦境。②

［3.真理之为原则及其展开］

此外，不难看到，我们的时代是一个新时期的降生和过渡的时代。精 [7]
神已经跟它旧日的定在与表象世界决裂，立足于使它们葬入过去的概念并着手于自身的改造工作。精神虽然从来没有静止不动，而永远是在前进运动中被理解的。但是犹如在长期无声无息的孕育之后，孩子的第一声啼哭才把过去仅仅是逐渐增长过程的那种渐变性打断——一个质的飞跃——从而生出一个小孩来那样，形成着的精神也是慢慢地静悄悄地向着它新的形态发展成熟，一块一块地拆除了它的旧有**世界**的结构，只有通过个别的征兆才暗示着旧世界的摇摇欲坠；在持存的东西里蔓延着的那种轻浮和无 {15}
聊，那种对未知的东西的不确定的预感，全都预示着有某种别的东西正在到来。可是这种逐渐的、并不曾改变整个面貌的崩裂溃散，突然为日出所中断，升起的太阳就如闪电般一下子树立起了新世界的形相。

但这个新世界正如一个刚刚诞生的婴儿那样还不具有一个完全的现实性；这一点从本质上说是不能不考虑的。首先出场的才只是它的直接性或者它的概念。正如一个建筑物在奠基的时候并不就是已经落成，同样，对于整体所获得的概念也并不就是该整体本身。如果我们希望看见一棵身干粗壮枝繁叶茂的橡树，而显示给我们的不是橡树而是一粒橡实的时候，我

———————————

① 黑格尔在这里指的是艾申迈尔关于神圣性的言论。——丛书版编者
② 参看《圣经·诗篇》第127章第2节：
　　　你们清晨早起，夜晚安歇，
　　　吃劳碌得来的饭，本是枉然；
　　　唯有耶和华所亲爱的，必叫他安然睡觉。

　　　　　　　　　　　　　　　　　　　　　　　　——丛书版编者

们是不会满意的。同样，科学作为精神世界的王冠，也决不是一开始就完成了的。新精神的开端乃是各种各样教养形式的一个广泛变革的产物，乃是用尽各种办法并作出各种奋斗和努力而取得的报偿。这个开端乃是从前后相继中，也是在扩展了自身以后，返回到自身的全体，乃是对这全体所形成的**单纯概念**。但这个单纯的全体的现实性却在于，现在已变成各环节了的那些形态重新来发展自己并为自己提供新的形态，但却是在它们的新的元素中，在已经形成了的意义中做这件事。

[8]　　由于一方面，新世界的最初显现还只是那个掩盖在其**单纯性**中的全体，或者说，还只是全体的普遍基础，所以另一方面，过去的定在的丰富内容对意识来说还是记忆犹新的。在新出现的形态里，意识想见而见不到的是内容的展开和特殊化的过程，更遑论将各种区别加以可靠规定并安排出其间固定关系的那个形式的养成过程了。没有这种养成过程，科学就缺乏普遍的**可理解性**，就仿佛只是少数个别人占有的一种秘传的东西；——说是一种秘传的东西，是因为科学只有在它的概念里或只有在其内在的东西中才是现成在手的；说它是少数个别人的，是因为科学的并不广泛的显现使得它的定在成为了个别的。只有完全规定了的东西才同时是对外开放的、可理解的，能够被学习并为一切人所有的。科学的可理解的形式是向一切人
{16}　提供的、为一切人铺平了的通往科学之路，而通过知性达到合理的认知乃是促进科学的意识的正当要求；因为知性一般说来即是思维，即是纯粹的我，而知性可理解的东西则是已知的东西以及科学与非科学的意识所共同的东西，非科学的意识通过它就能直接进入科学。

科学既然才刚刚开始，因而在内容上还未达详尽，在形式上也还未达完善，因此受到了指责。但是要说这种指责触及到了科学的本质，那就会像不愿意承认科学养成的要求一样，是很不公平的。这两方面的对立，看来是科学教养当前所殚精竭虑而还没有对之取得恰当理解的最主要的难点。一方面的人在夸耀其材料的丰富和可理解性，另一方面的人则至少是在鄙视这一切，而吹嘘直接的合理性和神圣性。不论是单单由于真理之力，还是也由于对方的声势，前者现在总算是归于沉寂，但他们虽然在事情的根据上感到被压倒了，却并未因此在上述要求上得到满足；因为那些要求

是正当的，却并未实现出来。前者的这种沉寂，只有一半是由于后者的胜利，而另一半则是由于厌倦和冷淡；当诺言不断地引起期待而又不得实现 [9] 时，通常总是产生这样的结果。

后一派的人有时倒是非常容易在内容上作出巨大的扩展。他们在自己的地盘上搬进了大量的材料，即那种已经熟知的和整理好了的东西；而且由于他们专门爱和奇特的和怪异的东西打交道，他们就更好像是占有了认知已经以自己的方式对付过去了的一切其余的材料，同时还掌握了那尚未得到规范的东西；这样，他们就好像把一切都置于绝对理念之下了，以致绝对理念仿佛已在一切事物中都被认识到了，并似乎已生长为一门扩展了的科学。但仔细考察起来，这样的扩展并不是通过同一个东西自己取得不同的形态而实现的，相反，它是同一个东西不变形地重复，这个东西只是外在 {17} 地被应用于不同的材料，并获得一种无聊的外表上的差别性。如果理念的发展只在于同一公式的如此重复而已，则这理念虽然本身是真实的，实际上却永远只停留在它的开端。由认知主体只把一个不动的形式在现成的东西上到处应用，而材料只是从外面浸入到这一静止的元素中，这就像对内容作的任意的突发奇想一样，并非对于所要求的东西的满足，即是说，这不是发源于自身的丰富内容，也不是各个形态的自身规定的区别。这毋宁说是一种色彩单一的形式主义，这种形式主义之所以能使材料有区别，仅仅是因为这种区别已经是准备好了的而且已为众所熟知。①

同时，这样的形式主义还认为这种单调性和抽象普遍性就是绝对；并担保说，不满足于这种普遍性就是无能，即没有能力去掌握和坚持这种绝对的立场。如果说在从前，用另一方式来表象某一东西的那种空洞的可能性，就足够驳倒一种表象了，而单是这一可能性、这种普遍性的思想，也就曾具有现实认识的全部积极价值，那么现在，我们同样也看到，在这种非现实的形式中普遍理念被赋予了一切价值；而且我们看到，被区别与被规定的东西之被消溶，或者不如说，它们之被抛入空虚的无底深渊——这种抛 [10]

---

① 黑格尔在此可能是指 J.Görres 和 J.J.Wagner，特别是 H.Steffen 的自然哲学的形式主义，他在别的地方曾批评过他们；此外就是对谢林其及学生们的自然哲学的形式主义的批判。——丛书版编者

入既不是发展出来的,更不是在自己身上进行自我辩护的——,这被视为是思辨的考察方式。在这里,要考察任何一个定在它在**绝对**里是怎样的,无非就在于把这一点说出来:此刻我们虽然把它当作一个某物来谈论,而在绝对里,在 A = A 里,却根本不会有这类东西,而是在那里一切都将是一。无论是把"在绝对中一切同一"这一认知拿来对抗那种进行区别的、实行了的或正在寻求实行、要求实行的知识,——或是把它**绝对**说成黑夜,就像人们通常所说的一切牛在黑夜里都是黑的那个黑夜一样,这都是知识空虚的幼稚性。①——形式主义在备受近代哲学的指控和贬损之后,在哲学自身里面一再产生了出来,这时它的不充分性虽然已为众所周知并被感到,但在对绝对现实的认识完全明了它自己的本性以前,形式主义将不会从科学里消失掉。——由于考虑到,如果普遍的表象先行于对它的阐述的尝试,那么它将使这种阐述变得易于统握,所以在这里勾勒出这个普遍表{18}象的大概,是有益的,同时还有这个意图,想利用这个机会把一些形式加以清除,因为习惯于这些形式,对于哲学认识是一种障碍。

［二、从意识到科学的发展过程］

［1.绝对即主体的概念］

根据我的明见,——这种明见必须仅仅由体系的陈述本身来予以证明——一切问题的关键在于:不仅把真实的东西统握和表述为**实体**,而且同样统握和表述为**主体**。同时还必须注意到,实体性自身中既包含共相,或包含**认知的直接性**,同样也包含着**存在**所是的或**对于那个认知的直接性**所是的那样一种直接性。——如果说,把上帝作为唯一实体来把握,②这

---

① 黑格尔在此针对的是谢林的同一哲学。类似的说法在施莱格尔谈到谢林的绝对同一哲学时早已说过了,据 Steffen 报告说,施莱格尔"在绝对同一性上耗尽了机智,通常被归于黑格尔的灵感的那句话'黑暗中一切猫都是灰色的',我那时就已经听施莱格尔说过了。"这种批评还导致了谢林对其"绝对"的理解作进一步的解释。——丛书版编者

② 指斯宾诺莎哲学。——拉松版编者

个规定曾在它被表述出来的那个时代激起了愤怒，那么其理由一部分是因 [11] 为，按照直觉，在这一规定里自我意识不是被保留下来，而是被颠覆了，但另一部分则是相反，即坚持思维就是思维，就是**普遍性**，就是同一个单纯性或同一个无区别、不运动的实体性；① 而如果第三方面认为思维把实体本身的存在与自己结合为一，并且把直接性或直观理解为思维，那还要取决于这种理智的直观是否会重新堕入迟钝的单纯性中，以及是否它不重新以一种不现实的方式来陈述现实性自身。②

再者，有生命的实体，只有当它是自我建立的运动时，或者说，只有当它是自我形成与自己本身之间的中介时，它才是那个在真理中作为**主体**的存在，或者换一种说法，它才是在真理中现实的存在。实体作为主体是纯粹的**单纯的否定性**，正因为如此，它是单纯的东西分裂为二的过程或树立对立面的双重化过程，而这种过程又再次是对这种漠不相干的差异及其对立的否定；唯有这种**重新恢复**自身的同一性或在他在中的自身反思，才是那真实的东西，——而**原始的**或**直接的**单一性本身则不是真实的东西。真实的东西就是它自己的形成过程，就是这样一个圆圈，它预设它的终点为其目的并以之为起点，而且只有通过这一实施过程并经过它的终点，它才是现实的。

上帝的生命和上帝的认识因而很可以被说成是一种自己爱自己的游戏；但这个理念如果内中缺乏否定者的严肃、痛苦、忍耐和劳作，它就沦为

---

① 指康德和费希特哲学。——拉松版编者 [此处疑有误，康德、费希特并未认为思维是无区别、不运动的实体。何况康德和费希特并非斯宾诺莎的同时代人。此处应该还是指斯宾诺莎的思想。——中译者按]

② 拉松版编者在此注明是指谢林哲学；考证版和丛书版编者则对上述三派哲学作了这样的概括："黑格尔在此概括了近代哲学的发展过程，他用三种哲学立场来代表这一过程。1) 黑格尔首先想到的是斯宾诺莎关于上帝作为一个实体的学说以及同时代批评者对这种学说的尖锐的指责。他考虑的可能除了彼埃尔·贝尔的《历史和批判辞典》中的'斯宾诺莎'条外，还有克里斯蒂安·沃尔夫在其自然神学中对斯宾诺莎的分析。"此外还提到了 Sebastian Kortholts、Johannes Corerus 等人，他们都指控斯宾诺莎是无神论，"雅可比也把斯宾诺莎主义等同于无神论"；"2)'作为思维的思维'这一公式显然应该是指 Bardili 和 Reinhold，他们要求在概念上把握作为思维的思维的本质"；"3) 关于'智性直观'这一概念黑格尔可能是想到了与谢林的观点的关联，后者在其同一哲学中把智性直观理解为思维和存在的同一性。"但这些看法都是以虚拟式的口气表达出来的，也不可全信。——中译者

一种神驰，甚至于沦为干瘪乏味。^①那种神性的生命**自在地**就是纯净的同一性和与自己本身的统一性，对于这种同一性和统一性而言，它并不是严

{19}
[12]

肃地对待他在和异化，以及这种异化的克服。但是这种**自在**乃是抽象的普遍性，在其中，自在的那种**自为而存在**的本性就被忽视了，因而形式的自我运动也就根本被忽视了。即使形式被说成是本质，那么正因此就有一种误解，即以为只认识自在或本质就够了，而可以忽略形式，——以为有了绝对原理或绝对直观就不需要使原理实现或使直观展开。^②正因为形式就像本质对自己那样，对本质而言是本质性的，所以不应该把本质只理解和表达为本质、即直接的实体，或神性东西的纯粹自我直观，而同样应该把本质理解和表达为**形式**，具有着展开了的形式的全部丰富内容；这样，本质才被理解和表达为现实的东西。

真实的东西是全体。但全体只是通过其自身发展而达于完成的那种本质。关于绝对，可以说，它本质上是个**结果**，它只有到**终点**才是它在真理中的自己；而它的本性恰恰就在这里，这个本性就是现实、主体、或自我形成。尽管把绝对从本质上理解为结果可能会显得好像是矛盾的，但只要稍微考虑一下，就能把这矛盾的假象予以归位。开端、原则或绝对，最初直接说出来时只是个共相。当我说"**一切**动物"时，这个词并不能被看作一部动物学，那么同样明显的是，神性的东西、绝对、永恒等字眼也并没有说出其中所包含的东西，实际上这样的字眼只是把直观当作直接性的东西表达出来。比这样的字眼更多些的东西，哪怕只是过渡到一句话，也就是一个**向他者的生成**，而这个生成是必须被收回的，这就是一个中介。但这个中介就是那遭到拒绝的东西，仿佛从这个中介里得出的东西一旦只是说它决不是绝对的东西也决不存在于绝对之中，而还具有更多的含义，那就放弃了绝对知识似的。

但实际上这种拒斥是出于不了解中介和绝对知识自身的本性。因为

---

①　黑格尔此处似乎是暗示斯宾诺莎的 Amor dei intellectualis（对神的理智的爱），但也可能是暗示席勒的说法："……心情融于爱中，因为它在敬重中紧张。"——丛书版编者

②　黑格尔这里指谢林和费希特的绝对的智性直观学说，尤其是谢林的命题：形式和本质在绝对中是一。——丛书版编者

中介不是别的，只是自身运动着的自我等同性，或者说，它是自身中的反思，自为存在着的我的环节，纯粹的否定性，或从它起码的纯粹抽象来说，它是**单纯的形成过程**。① 这个我，或者一般的形成，这种中介活动，由于它的单纯性之故，就恰恰是形成着的直接性，或直接的东西本身。—— 因此，如果这个反思不被理解为绝对的积极环节而被排除于真实的东西之外，那就是理性的误判。正是这个反思，使真实的东西变成了结果，但它却同样也扬弃了该结果与其形成过程之间的对立；因为这个形成过程同样也是单纯的，因而它与真实的东西在结果中显示为**单纯**的那个形式没有差别，它毋宁正是返回到单纯性中这一过程。诚然，胎儿**自在地**是人，但并非**自为地**是人；只有作为有教养的理性，它才自为地是人，而有教养的理性**使**自己成为自己**自在地**所是的那个东西。这才是理性的现实性。但这结果自身却是单纯的直接性，因为它是自我意识到的自由，它静止于自身，并且它不是把对立置于一边不加理睬，而是已与对立取得了和解。

[13]

{20}

上面所说的话还可以表达为：理性乃是**合目的性的行为**。当人们把臆测中的自然抬高到误认为的思维之上，特别是放逐了外在合目的性时，这就使一般的**目的**形式丧失了名誉。不过，正如就连亚里士多德② 也曾把自然规定为合目的的行为，目的是直接的、静止的、推动自身而不被推动的东西；③ 或者说是主体。它的抽象的推动力就是**自为存在**或纯粹的否定性。结果之所以就是开端所是的东西，只因为开端就是目的；——或者说，现实之所以就是关于此现实的概念所是的东西，只因为直接性的东西作为目的就在自己本身中拥有"自我"或纯粹的现实性。实施了的目的或定在着的现实就是运动，就是展开了的形成过程；但恰恰这种不安息就是那个自我；而它之所以与开端的那种直接性和单纯性是同一的，乃因它就是结果，就

---

① "或从它起码的纯粹抽象来说"一语在第一版中没有，估计是黑格尔修订时加上的，考证版、丛书版均无，此处据袖珍版加上。——中译者

② 黑格尔这里引证的是亚里士多德关于自然是指向一个目的的活动的学说，和他关于不动的推动者的概念。——丛书版编者

③ 考证版和丛书版都没有"而不被推动"一语，这里依据的是袖珍版。——中译者

是返回于自身的东西，——但返回于自身的东西恰恰就是自我，而自我就是自己和自己相联系的同一性和单纯性。

[14]　　由于需要将绝对表象为**主体**，人们就使用这样的命题：**上帝**是永恒，或是世界的道德秩序，或是爱等等。① 在这样的一些命题里，真实的东西只是直接被建立为主体，而不是作为自身中自我反思的运动来陈述的。在这种类型的命题里是从"**上帝**"这个词开始的。但这个词就其本身来说只是一个毫无意义的声音，一个纯然的名称；只有当宾词说出**上帝是什么**，它才是充实的和有含义的；空洞的开端只有在这个终点里，才成为一个现实的

{21}　认知。就此而言，人们看不出，何不就只去谈论永恒、道德的世界秩序等等，或者像古人所做的，只去谈论纯粹概念、存在、一等等，② 只谈论那些本身具有含义的东西，而不附带加上那个**毫无意义**的声音③。但通过这种语词恰恰表明，这里所建立起来的不是一般的存在或本质或共相，而是一种在自身中被反思过的东西，一个主体。但同时这个主体只是被预设了。这主体被假定为一个固定的点，宾词通过一个运动被粘附在这个作为它们的支撑物的点上，这个运动属于对这个固定点的认知者的运动，而没有也被视为属于这个固定点自身的运动；但只有通过后一运动，内容才会被陈述为主体。在如同这个运动的性状的那种方式中，这运动是不可能属于主体的；但按照对这个点的预先假定，这个运动也不可能有别的性状，而只能是外在的。因此，上述关于绝对即主体的那个预设，不仅不是这个概念的现实性，而且甚至于使这个现实性成为不可能了，因为那个预设把主体建立为静止的点，但现实性却是自身运动。

　　从上面讲的所得出的一些结论中，可以挑出这样一条结论来，就是认知只有作为科学或作为**体系**才是现实的，才能被现实地陈述出来；此外，一个所谓哲学原理或原则，如果它是真的，只要它仅仅作为原理或原则存在，

---

① 关于"上帝是道德世界的秩序"，参看费希特，《全集》I.5,354；关于"上帝是爱"，参看费希特："对灵魂生活的指导，或宗教学讲演"，1806 年，柏林。——丛书版编者
② "古人"，参看塞诺芬尼、芝诺、麦里梭、特别是巴门尼德的学说。——丛书版编者
③ "毫无意义"的着重号为袖珍版所加，考证版和丛书版均无。——中译者

它就也已经是假的了。①——要反驳它因此也就很容易。这反驳就在于指出它的缺陷，但它是有缺陷的是因为它仅仅是共相或原则，仅仅是开端。如果反驳得彻底，则这个反驳就是从原则自身里取来的和发展出来的，——而不是根据对立方的担保和冒出来的念头从外面弄来的。所以，这种反驳真正说来就会是对原则的发展以及对其缺陷的补足，如果这种反驳不因为它只看到它自己的**否定**方面，而未也从其**肯定**方面意识到它的发展和结果，从而错认了它自己的话。——把开端真正地**肯定地**实行出来，这同时反过来同样也是对它的否定态度，即否定它那个只是**直接的**或只是**目的**的片面形式。因此，这种实行也同样可以被视为对构成体系**根据**的东西的反驳，但更准确地说它必须被看作一种揭示，指出体系的**根据**或原则实际上仅只是体系的**开端**。 [15]　{22}

说真实的东西只有作为体系才是现实的，或者说实体在本质上即是主体，这话是以这种表象（Vorstellung）表达出来的，这表象把绝对说成是**精神**，②——这是最高的概念，是属于新时代及其宗教的概念的。唯有精神的东西才是**现实**（Wirkliche）；精神的东西是本质或**自在**存在着的东西，——是自身相**对待**的或自身规定的东西，是**他在**和**自为存在**——并且它是在这种规定性中或在它的自外存在（Außersichsein）中仍然停留于其自身中的东西；——或者说它是**自在自为的**。但这个自在自为的存在，首先只是对我们而言，或者说它是**自在的**，它是精神的**实体**。这个存在也必须是**本身自为的**，——它必须是关于精神东西的认知，和关于它自身作为精神东西的认知；这就是说，它必须自己作为**对象**而存在，但正因为如此，它就是直接作为**被中介过的**、亦即被扬弃了的、在自身中反思过的对象而存在。就对象的精神内容是由对象自己所产生出来的而言，对象只对我们来说才是**自为的**；但就它对它自身也是自为的而言，这个自我产生即纯粹概念就同时

---

① 黑格尔这里是针对莱因霍尔德和费希特所提出的哲学第一原理，参看莱因霍尔德：《关于纠正迄今哲学家们的误解的文稿》，耶拿，1790 年；费希特：《基础》，第 3 部分，§1.——丛书版编者

② 关于把上帝理解为基督宗教中的精神，参看福音派神父约翰尼斯（Johannes），4，24.——丛书版编者

又是对象的对象性元素，在其中对象拥有它的定在；并且对象以这种方式在它的定在里对它自身而言是自身反思过了的对象。——把自己这样作为精神来认知的精神，乃是**科学**。科学是精神的现实性，是精神在其自己的元素里为自己所建造起来的王国。

[2.认知的生成过程]

[16]　　在绝对的他在中的**纯粹**自我认识，这样的以太① **本身**，乃是科学的根据和基地或**普遍的认知**。哲学的开端作出了这种预设或要求，即意识应处于这种元素之中。② 但这种元素本身只有通过它的形成运动才达到完成和透明性。它是纯粹的作为**共相**的精神性，③ 这共相具有单纯的直接性的样式；④——这种单纯的东西，当它作为单纯的东西而具有**实存**的时候，它就是那个基地，即作为思维、只存在于精神中的那种基地。由于这种元素就是精神的直接性，由于实体一般就是精神，所以这种直接性也就是**纯化了的本质性**，是本身单纯的或本身就是直接性的那种反思，是作为在自身中{23}反思的**存在**。⑤ 科学从自己这一方面出发要求自我意识在这种以太中提升自己，以便能够与科学一起生活并在科学中生活。反之，个体却又有权要求科学至少给它提供达到这种立足点所用的梯子，并且给它指出这种立足点就在它自身。⑥ 个体所以有权提出要求，是以他的绝对自主性为根据的，他知道在他的认知的任何形态中他都具有自主性，因为在任何形态中，——不论他的认知形态是否为科学所承认，也不论他想要的内容是什么，——个体都是绝对的形式，即是说，他总是他自己的**直接确定性**，⑦ 因而假如宁

① 据法译本注：在《耶拿时期的逻辑》（手稿）里，黑格尔曾说："以太是自身相关的绝对精神，但这绝对精神却不自知其为绝对精神。"——转引自贺、王译本
② "要求"一词考证版和丛书版均为 Foderung，德文中无此词，当为 Forderung 之误，兹据袖珍版改正。——中译者
③ 考证版和丛书版为"它是纯粹的精神性或共相"，此处据袖珍版。——中译者
④ 在第一版中没有破折号后面这一句。——袖珍版编者
⑤ 在第一版中这句为："由于这种元素，由于精神的这种直接性就是精神的一般实体性的东西，所以这种直接性也就是**纯化了的本质性**，是那本身单纯的、自为地就是直接性本身的反思，是作为在自身中反思的**存在**。"——袖珍版编者
⑥ "并且给它指出这种立足点就在它自身"在考证版和丛书版（第一版）中缺。——袖珍版编者
⑦ 在第一版中这里是："或者说，它同时拥有它自身的**直接确定性**。"——袖珍版编者

可用这样一个表达的话，那就是无条件的**存在**。如果说意识的这个立场把对象物放在与它自己的对立中来认知，并把它自己放在与这些对象物的对立中来认知，这一立场对科学而言被看作**他者**，——在这个他者中，意识凭自己而认知自身，① 其实应被看作是精神的损失，——那么相反，科学的元素乃是意识的一个辽远的彼岸，在那里意识不再占有它自己。这两方面的任何一方，在对方看起来都显得是真理的颠倒。自然意识将自己直接托付给科学，这乃是它的一个尝试，它不知道受什么东西诱惑，也想尝试一次头朝下来走路；迫使意识采取这种异乎寻常的姿势并推动自己这样的那种暴力，是意识感到自己所遭受到的一种既无准备又显得毫无必要的力量。——无论科学自身是怎样的，在与直接的自我意识的关系中，它都呈现为一种对后者的颠倒，或者说，因为直接的自我意识在自己本身的确定性中是现实性的原则，② 由于这原则就它自身来说是在科学之外，科学就带有一种非现实性的形式。因此，科学必须将这样的元素跟它自己结合起来，或者不如说它必须指明这样的元素是属于以及是怎样属于它自己的。当缺乏这样的现实性时，科学就只是作为**自在**、作为**目的**的内容，③ 这目的还刚刚是**内在的东西**，它还不是作为精神，而仅仅才是精神性的实体。这种**自在**④ 必须将自己外化，必须自己变成**自为**的；这无非是说它必须把自我意识与它自己建立为一个东西。

这部《精神**现象学**》所陈述的，⑤ 就是**一般科学**或认知的形成过程。最初存在的认知或**直接的精神**，是没有精神的东西，是**感性的意识**。为了成为真正的认知，或者说，为了产生科学的元素，即这个科学的纯粹概念本身，最初的认知必须经历一段漫长的道路。这一形成过程，犹如在它的内容中以及在它里面所显示的各种形态上将要展示出来的那样，将不是人们

[17]

{24}

---

① 第一版为："意识凭自己本身而存在"。——丛书版编者
② 第一版原为："由于直接的自我意识是现实性的原则，"——丛书版编者
③ 第一版原为"科学就只是**自在**，只是**目的**"。——丛书版编者
④ 第一版中是"这种实体"。——袖珍版编者
⑤ 第一版中是："这部《精神现象学》作为体系的第一部分所陈述的"，第二版黑格尔自己去掉了"作为体系的第一部分"字样。——袖珍版编者

首先所设想的①、引导不科学的意识使之进入科学的那样一种指南；它也将是不同于为科学奠基的某种东西，当然更不同于一种像手枪发射那样直接从绝对认知开始的豪情，对于其他观点认为只宣布一律不加理睬就算已经打发了。

[3. 个体的教养]

引导个体从它的未受教养的立足处走出来，进向认知，这一任务曾经必须在其一般意义下来理解，必须在个体的教养中来考察普遍的个体、自我意识到的精神。② 至于两者的关系，则每个环节都在普遍的个体里显示出它是如何获得具体形式和独有的形态的。但特殊的个体是不完全的精神，是一种具体的形态，它的整个定在都归一种规定性所有，③ 它里面的其他规定性只是以模糊不清的轮廓而现成在手。因为在比别的精神更高的精神里，较为低级的具体定在就降低而成为一种隐而不显的环节；从前曾是事情自身的那种东西现在还仅仅是一种遗迹，它的形态已经被遮盖起来成了一片单纯的阴影。个体的实体如果是站得更高的精神，这个体就走过了这样一段历程，而采取的方式，就像一个人要研究一种更高的科学而去经历他早已拥有的那些准备知识、以便回想起它们的内容那样，他唤回对那些旧知识的回忆而并不引起兴趣和逗留于其中。个别的人也必须按照这个内容历经普遍精神所走过的那些教养的阶段，④ 但是这些阶段是作为精神所已摆脱了的形态，是作为一条已经开辟和铺平了的道路上的各阶段而被个体走过的；所以在知识领域我们就看见有许多在从前曾为精神成熟的人们所努力追求的知识现在已经降低为儿童的知识，儿童的练习，甚至成为儿童的游戏，而且我们还将在教育的这种进步过程里认识到如同在剪影中那样描画出来的世界教化的历史。这一过去了的定在是普遍精神已获得的财产，而普遍精神既构成着个体的实体，同时因为它

[18]

{25}

---

① "将不是……设想的"第一版为"显现为某种不同于……"——袖珍版编者

② "自我意识到的精神"第一版为"世界精神"。——袖珍版编者

③ 这是第一版的表述，第二版改为："在其整个定在中都有一种规定性在统治着"。——袖珍版编者

④ 第一版为："每个个别的人也是这样历经普遍精神的这些教养阶段的"。——袖珍版编者

显现于个体之外，又构成了个体的无机自然。在这样一种考虑中的教养，就个体方面来看，就在于这个体将赢得这种现成在手的东西，消化它的无机自然，并将它据为己有。但从作为实体的普遍精神方面来看，那么这不是别的，而是实体赋予自己以自我意识，实体使它自己形成并在自身中反思自身。①

　　科学既要在其详尽性和必然性中来陈述这种教化运动，又要在其形态中陈述那已经沉淀为精神的环节和财产的东西。其目标就是精神对于认知究竟是什么的明见。没有耐心就会盼望不可能的事，即盼望不靠手段来实现目标。一方面必须忍受这条道路的**辽远**，因为每个环节都是必要的；另一方面必须在每个环节那里都作**逗留**，因为每一个环节自身就是一个完整的个体形态，而且只当它的规定性被当作整体或具体的东西来考察时，或者说只有当这个整体是在这种规定性的独特性下被考察时，每个环节才得到绝对的考察。由于个体的实体，甚至由于世界精神都具有耐心来经历漫长时间绵延中的这些形式，并有耐心来担当世界历史的艰巨工作——在世界历史的每个形式下，世界精神都曾把该形式所能做到的它的整个内容塑造出来，——又由于世界精神在达到关于自身的自我意识时并不更轻松，所以按照事情来说，个体要想把握它的实体也并不能更省事；而同时在两者之间，后者所费的力气更小，因为这是**自在地**完成了的，内容已经是被取消成为可能性了的现实性，是被克服了的直接性；该形态已经下降为它自己的缩影，下降为单纯的思想规定了。② 固然作为一种**被想到的东西**，内容是实体的**所有物**；这东西却不再需要把定在转回到**自在存在**的形式中，而只需要把既不仅仅是原始的、也不是沉没于定在中的、而是已经**回忆起的自在**转回到**自为存在**的形式中就行了。这种行为的性质，应得到进一步说明。③

[19]

{26}

---

① 考证版和丛书版此句为："但这同样只不过是这样，即普遍精神或实体给自己提供了自我意识，或提供了实体的形成和自身中反思。"——中译者

② 此句"该形态……"后面部分在第一版中缺。——袖珍版编者

③ 考证版中这句话为："固然作为一种**被想到的东西**，内容是个体性的所有物；这种东西不再需要把**定在**转回到**自在存在**，而只需要把**自在**转回到**自为存在**的形式就行了，它的方式必须作进一步的规定。"——中译者

　　从我们在这里记录这场运动的这个立足点来看，我们整个地省掉的是对**定在**的扬弃过程；[①] 但还剩下来的而且需要进行更高改造的，则是我们关于各个形式的**表象**（Vorstellung）以及我们对这些形式的**熟悉**（Bekanntschaft）。被收回到实体里去的定在，通过上述的第一个否定，仅只
[20]　是被**直接地**置于自我的元素之中；因此，自我所获得的这份财产，还具有与定在本身同样的未经理解的直接性、无动于衷的冷漠性这样的性格；定在只是这样转成了**表象**而已。——同时，定在因此就是一种**熟知的东西**，对这样一种东西，定在着的精神已经对付过去了，因而在其中也不再有什么活动性、所以也没有兴趣了。如果说，对付了定在的那种活动性，本身只是不对自己进行概念把握的特殊精神的运动，那么正相反，认知则是针对着由此所实现出来的表象，针对着这种熟知东西的；它是**普遍自我**的行为和**思维**的兴趣。

　　一般说来，熟知的东西正因为它是**熟知的**，所以没有被认识。有一种
{27}　最习以为常的自欺欺人的事，就是在认识的时候先假定某种东西是已经熟知了的，并同样也心满意足；这样的认知，不知道它是怎么发生的，因而无论怎样说来说去都不能离开原地。主体与客体等等，上帝、自然、知性、感性等等，都不加考察地被作为熟知的和某种有效的东西摆在基础位置，既构成固定的出发点，又构成固定的归结点。而运动则往来进行于这些停留不动的据点之间，因而也只是在它们的表面上运行而已。于是就连统握和检验也都是去看看关于这些东西的说法是否在每个人的表象中都有，是否每个人都觉得它是这个样子，是否熟知它。

　　对于一个表象进行**分析**，就像平常所从事的那样，就已经只不过是对它的熟悉形式加以扬弃了。将一个表象分解为原始的元素，就是把它还原为它的诸环节，这些环节至少不具有所碰到的这个表象的形式，而是构成了自我的直接财产。这种分析诚然只能达到那些本身是熟知的、固定而静止的规定的**思想**。但这样**区分出来的**、非现实的东西本身是一个本质性的

――――――――――――――

① 第一版为："对于在这场运动中的个体而言，所省掉的是对定在的扬弃过程"。——袖珍版
　　编者

环节；因为只是由于具体的东西把自己区分出来造成非现实的东西，它才是自身运动着的东西。这种区分的活动性就是**知性**之力和**知性**的工作，知 [21] 性是最惊人的和最伟大的、或不如说是绝对的威力。静止在自身封闭中的并作为实体而保持其各环节的圆圈，是一种直接的因而不足为奇的关系。但是偶然的东西本身当其脱离自己的环境而战胜那受束缚的东西，并只在它与别的现实东西的关联中才获得一个独有的定在和独特的自由时，它就是否定者的一种无比巨大的威力，这是思维的、纯粹自我的活力。死亡，如果我们愿意这样称呼那种非现实性的话，它是最可怕的东西，而要紧紧抓住死亡了的东西，则需要极大的力。柔弱无力的美之所以憎恨知性，就因为知性硬要它做它不能做到的事情，但精神的生活不是害怕死亡而幸免于蹂躏的生活，而是承担起死亡并在死亡中得以自存的生活。精神只有在绝对的支离破碎中把持住其自身时才赢得它的真理。精神之所以是这样的力量，不是因为它作为肯定的东西对否定的东西根本不加理睬，就像我们对某种否定的东西说这是虚无的或虚假的就算了事而随即转身他向那样；相反，精神之所以是这种力量，仅仅是因为它敢于面对面地正视否定的东西并停留在那里。这种停留就是把否定的东西颠转为存在的一种魔力。——而这种魔力也就是上面被称之为主体的那种东西；主体当它赋予 {28} 在它自己的元素里的规定性以定在时，就扬弃了抽象的、也就是说仅为一**般存在着的**直接性，而这样一来它就是真正的实体，是存在，或者说就是身外别无中介而自身即是中介的那种直接性。

被表象的东西成为纯粹自我意识的财产，这样一种向一般普遍性的提升过程只是教养的一个方面，还不是教养的全部完成。——古代的研究方式跟近代的研究很不相同，古代的研究是自然意识的真正全面教养。古代的研究通常对其定在的每一部分都作特殊的尝试，对呈现出来的一切都作 [22] 哲学思考，由此而使自己生长为一种一步一个脚印的普遍性。但近代人则不同，个体找到的是准备好了的抽象形式；掌握和吸取这种形式的努力更多的是不假中介地将内在的东西逼出来并片段地将共相制造出来，而不是让其从具体事物和形形色色的定在中产生出来。因此，现在的工作与其说在于使个体摆脱直接的感性方式，使之成为纯粹的、被思维的和能思维的实体，不如说情形相反，在于扬弃那些僵硬确定的思想，从而使共相实现出来并加以激活。① 但要使固定的思想取得流动性却比将感性定在变成流动的要困难得多。其原因就是上面说过了的，思维的规定都以这个我、否定者的力量或纯粹现实性为实体、为其定在元素，相反感性的规定则只以无力量的抽象的直接性或存在本身为其实体。思想变成流动的，是由于纯粹思维以及这种内在的**直接性**把它自己看作环节（Moment），或者说是由于它自己的纯粹确定性从自身脱离开来；——不是舍弃自身和排除自身，而是对它的自我建立中的**固定性**的放弃，一方面放弃纯粹具体的东西的固定性，它就是与有区别的内容相对立的那种我自身，另方面放弃在纯粹思维的元素中建立起来因而分有我的无条件性的那些有区别的东西的固定性。通过这样的运动，那些纯粹思想就变成**概念**，它们这才是它们在真理中所是的东西，即自身运动、圆圈、它们的实体所是的东西、精神的诸种本质性。

　　纯粹本质性的这种运动构成着一般的科学性的本性。这种科学性，就其作为它的内容的关联来看，乃是必然性，是这内容扩张为一个有机的整体。借以达到认知概念的那条道路，由此也同样成了一个必然的完整的形成过程，以至于这一准备过程就不再是一种偶然的哲学思考了，这种哲学思考正如它带有偶然性那样，而与不完全的意识的这些和那些对象、关系以及思想相连结，或者试图从特定的思想出发，通过来回的推理、推论和推断来论证真实的东西；相反，这条道路则将通过概念的运动而在它的必然性里包括着意识的完整的世界性（Weltlichkeit）。

　　此外，这样一种陈述之所以构成科学的**第一**部分，是因为精神的定在作为最初的东西不是别的，仅仅是直接性或开端，但开端还不是向自身的返回。因此**直接定在的元素**就是科学的这一部分据以区别其他部分的那种规定性。而叙述这种区别，就导致对这方面通常出现的一些固定观念的讨论。

{29}
[23]

---

① 在古代和近代的比较关系的考虑中，黑格尔的知识兴趣和问题提法是与施莱格尔和谢林的同时代的——当然主要带有美学方向的——研究相接近的。——丛书版编者

［三、哲学的认识］

［1. 真实与虚假］

精神的直接定在即**意识**,具有两个环节:认知和对认知加以否定的对象性。由于精神是在这种元素里发展自身并在其中展示它的诸环节的,所以这一对立就应归于这些环节,它们全都是作为意识的诸形态而出现的。这条道路上的科学是关于意识所造成的**经验**的科学,实体是按照它和它的运动如何成为意识的对象而被考察的。意识所知道和理解的,不外乎是在它的经验里的东西;因为在意识经验里的东西只是精神性的实体,确切说只是作为这实体自身的**对象**而存在的。但精神之所以变成了对象,是因为精神就是这种**自己**变成**他者**、即变成**它自己的对象**和扬弃这个他在(Anderssein)的运动。而经验则被认为恰恰就是这个运动,在这个运动中,直接的东西,没经验过的东西,即是说,抽象的东西,无论是感性存在的或只是被思维的单纯的东西,都先将自己予以异化,然后从这个异化中返回自身,它们现在才借此在自己的现实性和真理性中得到陈述,也才是意识的财产。

在意识里发生于我与本身是我的对象的实体之间的不同一性,就是它们两者的区别,一般**否定的东西**。否定的东西可以被视为两者的**缺陷**,但其实是两者的灵魂或推动者;正因此有些古人曾把**空虚**理解为推动者,因为他们诚然已经把推动者作为**否定的东西**来把握,[①] 但还没有把它作为自我(Selbst)来把握。——如果这个否定的东西最初显现为我与对象之间的不同一性,那么它同样也是实体与它自己的不同一性。凡显得是在实体以外进行的,显得是一种针对实体的活动性,都是实体自己的行为,实体显示出自己本质上就是主体。由于实体完全显示出这一点,精神就使它的定在与它的本质同一起来;它对它自己就是如它所是的对象,而认知与真理之间的直接性和分裂性的那种抽象元素就被克服了。存在就被绝对中

[24]

{30}

---

① 黑格尔在此援引的是留基伯和德谟克里特的学说,把虚空规定为使运动可能的非存在。——丛书版编者

介了；——它是实体性的内容，这内容同样是我的直接财产，是自我性的（selbstisch），或者说就是概念。到这个时候，精神现象学就终结了。凡是精神在现象学里为自己准备的东西，都是认知的元素。在这种元素中，精神的诸环节现在就已经以那种知道自身即是自己的对象的这样一种**单纯性的形式**扩展开来。这些环节不再分化为存在和认知的对立，而是停留于认知的单纯性中，它们都是具有真实东西的形式的真实东西，它们的差别只是内容上的差别而已。它们在这种元素里自组织（sich　organisiert）为一个整体的运动，就是**逻辑学**，或思辨（spekulative）哲学。

现在，由于精神的那个经验体系只包括精神的**现象**，所以就好像这个体系向具有**真实东西形态**的**真实东西**的科学的进展纯然是否定性的，因而人们也许会宁可不去碰这否定的东西即**虚假的东西**，而要求直截了当地立即走向真理；与虚假的东西打交道有什么结果呢？上面已经谈到过这一点，即据说应当立即从科学开始，对此在这里必须从这方面来回答：即否定者作为**虚假的东西**到底具有什么性状。与此相关的那些表象，尤其阻碍着通往真理的道路。这将会提供去谈论数学认识活动的诱因，数学认识通常[25]　被非哲学的认知视为哲学必须努力去达到却一直追求未果的理想。

真实和**虚假**属于那些固定不动地被看作自己本质的确定观念，它们一个在这边，一个在那边，互不沟通，各自孤立，并确定无疑。与此相反，必须主张真理不是一种铸成了的钱币，既可以付清也可以净赚。① 再者，既不是**有**一种虚假，也不是有一种恶。恶和虚假并不像魔鬼那样坏，因为作为魔鬼，它们甚至就被当作特殊的**主体**了；作为虚假的东西与恶的东西，则它们仅仅是**共相**，不过是各有自己相互对立的本质性而已。——虚假（因为这里只讨论它）好像是实体的他者、否定者，实体作为认知的内容则是真实的东西。但，实体自身本质上就是否定的东西，一方面它作为内容的区别和规定，一方面是作为一种**单纯的**区别活动，也就是作为自我和一般认知。人们完全可以有虚假的认知。某种东西被虚假地知道了，意思就是说认知

---

① 暗引莱辛《智者拿旦》中的说法："我对于金钱很克制／而他要的是——真理。真理！／而真理要的是——赤裸裸、闪着纯净的光，——就好像／真理是铸币似的！"——丛书版编者

与它的实体不同一。然而，正是这种不同一，是作为本质环节的一般区别活动。从这种区别里很可能形成它们的同一性，而且所形成的这种同一性就是真理。但它并非这样一种真理：仿佛不同一性被抛弃了，犹如矿砂从纯粹金属里被排除了那样，甚至连这样的真理也不是，如同工具并不保留在做成了的容器中那样，毋宁是，不同一性作为否定的东西，作为自我仍然直接现成地在真实的东西本身之中。然而，却不能因此而说**虚假的东西**构成真实的东西的一个环节，或甚至一个组成部分。在"任何虚假的东西里都有某种真实的东西"这样一种表达中，真实与虚假两者被当作了像水和油那样，只能外在的联合而不能混合的东西。正是为了要标明**完全的他在**环节这个含义之故，真实与虚假这两个术语必须在它们的他在已经被扬弃了的地方不再使用。所以，就像主体与客体、有限和无限、存在与思维等等的**统一**这个术语不尽恰当那样——因为客体与主体等等意味着**在它们的统一之外它们**所是的东西，因而在这种统一之中，它们已不是指它们的术语所说的那种东西了①——同样，虚假也不再是作为虚假的东西而成为真理的一个环节的。

{31}

[26]

在认知中和哲学研究中的**独断论**思想方式不是别的，只是这种意见：以为真实的东西就在于本身是某种固定结果、甚至是被直接知道的某个命题。对于像"恺撒生于何时"，"一个运动场要有多少丈长"这类问题，应该给予一个**干净利落**的答复。直角三角形斜边的平方等于其余两边的平方之和，也确定是真的。但这样的所谓的真理其本性跟哲学真理的本性是不一样的。

［2. 历史的认识和数学的认识］

在**历史**真理方面，如果为论述简便只就其纯粹历史性的东西来看，则容易得到同意的是历史真理所涉及的是个别定在，是从偶然性和任意性方面来看的内容，是这种内容的一些并不是必然的规定。但即使像上面作为例子引述的这些赤裸的真理，也不是无须自我意识的运动的。为了认识一条这样的真理就必须做很多比较，也要参照很多书籍，或不管用什么方式做调查研究；哪怕对一个直接的直观也只有连同它的根据一起，这直观的

---

① 黑格尔在这里影射的是谢林的同一哲学。——丛书版编者

知识才被视为有某种真实价值的东西，虽然真正说来，受到关注的也许只是那赤裸的结果。

至于**数学的**真理，那么这样的人更不会被看作是一位几何学家，他也许能**熟练地知道**欧几里德的几何原理，而不知道它的证明，或者如果人们可以对照来说的话，而不**内在地**知道它们。同样的，如果一个人通过对很多直角三角形的测量而得知它们的各边相互之间有那个著名的比例，这种知识也不会被认为是令人满意的。不过证明的**本质性**即使在数学认识中也还没有取得作为结果自身之环节的含义和本性，而是在结果中，证明反倒已成为过去而消失了。几何原理作为结果，诚然是**一个已被洞见为真的**原理。但这种添加进来的情况并不涉及它的内容，而只涉及对主体的关系；数学证明的运动，并不属于作为对象的东西，而是在事情**之外**的一种行为。所以直角三角形的本性自身并不这样来分解自己，就像对于表达了直角三角形比例的那个定理的证明是必要的那个几何作图中所显示的那样；结论的整个产生过程只是认识的一个过程和一个手段而已。——即使在哲学认识中，**定在**作为定在其形成也是与**本质**的形成或事情的内在本性的形成不同的。但是第一，哲学认识包含着两种形成，而数学认识则只陈述**定在**的形成，即是说只陈述在**认识**本身中事情的本性的**存在**的形成。第二，哲学认识还把这两种特殊的运动结合起来。内在的产生或实体的形成过程乃是那不可分割的、向外在的东西或向定在、向为他存在的过渡，反过来，定在的形成过程也就是将自身收回到本质中的过程。这个运动就是这样的双重过程和整体的形成，以至于每个环节都同时建立起另一环节，因此每个环节又将两者作为两个方面而包含于其自身；它们共同构成全体，因为它们消解其自身并使自身成为全体的环节。

在数学认识中，那种明见是一种在事情之外的行为；由此就导致真正的事情被它改变了。因此，尽管所使用的工具以及作图和证明都包含着真命题，但是同样不得不说这内容是虚假的。在上述例子中的三角形被拆碎了，它的各部分被纳入了应在它上面作图而生发的其他图形中。原先被关注的那个三角形，直到最后才被重新恢复起来，而在证明过程中，它从目光中消失了，它只是作为属于其他整体的碎片而出现。于是我们在这里看到，发生了内容的否定性，它似乎必须被称之为内容的虚假性，正如在概念的运动中，被以为是固定的那些观念的消失一样。

但是这种认识的真正缺点，既涉及这种认识自身，也涉及它的一般材料。——就认识过程而言，首先在于作图的过程没有得到洞见。这种必然性并不是从原理的概念里面产生出来的，而是被指定的，人们必须盲目地遵守这种规范，而恰恰作出这些线条，虽然本来可以作出无数其他的线条；人们别的什么也不知道，只真诚地相信这样做会合乎目的地引出证明来。这种合目的性即使后来得到了显示，它因此也是一种外在的合目的性。因为它是后来在证明中才显示出来的。——同样，这种证明走上了一条从随便一个什么地方开始的道路，而人们却还不知道，这与从中要产生的结果有一种什么联系。证明的过程采取**这样一些**规定和联系而放弃别的规定和联系，人们却并不直接洞见到这是出于什么必然性；这个运动是受一种外在的目的支配着。

数学以这种有缺陷的认识的**自明性**而自豪，也以此而在哲学面前自鸣得意，但这种认识的自明性完全是建筑在它的**目的**之贫乏和**材料**之空疏上面的，因而是哲学所必须予以藐视的一种自明性。——数学的**目的**或概念是**数量**。这恰恰是非本质的、无概念的关系。因此，这种认知的运动是在表面上进行的，不触及事情自身，不触及本质或概念，因而不是什么概念把握。——在材料方面，数学提供了可喜的真理宝藏，这些**材料**就是**空间**和**一**。空间是这样一种定在，概念把它的区别登记到这种定在里，就像登记到一种空虚的、僵死的元素里去一样，而在这种空虚的僵死的元素里这些区别同样也是不动的和无生命的。**现实的东西**不是像数学里所考察的那样的一种空间性的东西；作为数学事物而存在的这样一种非现实性，无论是具体感性直观还是哲学，都不与它打交道。在这样的非现实的元素里，也只有非现实的真实东西，就是说，也只有些固定的、僵死的命题；在每个命题那里都能够停住，下个命题再自己重新开始，而并不是从前一个命题自行进展到另一个，不是以这种方式通过事情自身的本性产生出某种必然的关联来。——而由于这样的原则和元素之故——数学自明性的公式就在于此——所以数学的认知也是沿着**同一性**的路线延伸的。因为死的东西，由

[28]

{33}

[29]

于它自身是不动的，它到达不了本质的区别，到达不了在本质上的对立或不同一性，因而到达不了对立的东西向对立的东西的过渡，到达不了质的、内在的运动，到达不了自己运动。因为数学所考察的只是数量这样一种非本质的区别。数学根本不考虑有什么将空间划分为各个维度、来规定各维度之间和之中的联系的概念；比如说，它并不考察线与面的关系；而当它比较直径与圆周的关系时，它就遭遇到了这两者的不可通约性，也就是遭遇到了一种概念的关系、一种逸出数学规定之外的无限的东西。

{34}

内在的所谓纯粹数学，也不把**时间**作为时间而与空间对置起来，当作它所考察的第二种材料。应用数学固然谈论时间，也谈论运动以及其他现实的事物；但它只从经验里接纳一些综合命题，即接受那些通过自己的概念而规定了的现实之物的关系的命题，并且在这个前提之上应用这些公式。对于它经常给出的这样一些定理，例如关于杠杆平衡的、关于落体运动中空间时间关系的等等，应用数学作为证明而给出并假定的那些所谓证明，① 其本身只是一种证明，证明这种认识是如何大大地需要证明，因为当认识不再有证明时，就连证明的空虚假象它也看重并由此获得某种满足。对那些证明作出批判，将会是既值得注意又富有教益的事，这一方面可以将数学里的这种虚假的粉饰洗刷干净，另方面指明数学的界限，并由此指明另一种认知的必要性。——至于谈到**时间**，据说有人认为它和空间配成一对，是构成纯粹数学的另一部分的材料，其实它就是定在着的概念自身。**数量**的原则，即无概念的区别的原则，和**同一性**原则，即抽象的无生命的单一性原则，并不能够包括生命的那种纯粹不安息和绝对的区别。因此这种否定性就仅仅作为瘫痪了的东西，也就是作为**一**，而变成了数学认识的第二材料，这种数学认识是外在的行为，它把自己推动自己的东西降低为材料，以便把它当作自己的一种外在的无所谓的无生命的内容。

[30]

［3.概念的认识］

与此相反，哲学并不考察**非本质**的规定，而只考察作为本质的规定；它

---

① 黑格尔后来在《哲学百科全书》§267 中更详细地讨论了落体定律的意义，参见《自然哲学》中译本，梁志学等译，商务印书馆 1986 年版，第80—81 页。——中译者

的元素和内容不是抽象的或非现实的东西,而是**现实的东西**,自己建立自己的东西,生活在自身中的东西,在其概念中的定在。这就是那种自己产生自己的环节、并遍历这些环节的过程,而这整个运动就构成肯定的东西及其真理。因此肯定东西的真理本身也同样包含着否定的东西,即包含着那种当其有可能被看作这样一种被抽象掉的东西时就会被称之为虚假的东西。正在消失的东西,毋宁本身应该被视为本质性的,而不应该被规定为从真实的东西上割除下来而弃置于真实的东西之外不知何处的某种固定之物;同样,也不应该把真实的东西视为是在另外一边静止的、僵死的肯定之物。现象就是生成与毁灭,但是生成与毁灭本身却并不生成毁灭,而是自在地存在着,并构成真理的生命的现实性和运动。这样,真理就是所有的参加者都为之酩酊大醉的一席豪饮,而因为每个参加者一离席就直接消解掉了,所以这场豪饮也同样是透明的和单纯的静止。虽然那些个别的精神形态和特定的观念经受不住上述运动的法庭审判,但正如它们是否定的和正在消失着的,它们同样也都是肯定的必然的环节。——在运动的那个被理解为静止的**整体**里,那种在运动中区别出自己、并给自己以特殊定在的东西是作为**回忆起**自己的这样一种东西被保留下来,其定在就是对自己本身的认知,正如这种认知也同样是直接的定在一样。

{35}

[31]

关于这一运动或这一科学的**方法**,看来也许有必要预先作更多的说明。但是这个方法的概念已经包含在所讲过的东西里了,而真正对这个方法的陈述则是属于逻辑学的事情,或不如说,就是逻辑学自身。因为方法无非是整体的建构被展示在它的纯粹本质性里。但是关于这方面的至今流行的看法,我们必须意识到,就连与哲学方法相联系的那些表象的体系也属于某种过时了的教养。——如果有人说,这有点危言耸听或者带有革命的口气(其实我是知道远离这种语气的),那么我们可以想想数学所借给我们的那套科学体制,——即由界说、分类、公理、一系列定理及其证明、原理和从这些所引出的结论和推论所构成的科学体制,——至少在这意见本身中也已经**过时了**。即使那种体制的不适合性还没有被清晰地洞见到,毕竟在这方面已经是不再有用了或用处不大了,即使它本身还没有遭到非难,毕竟它已经不被喜爱了。而对于卓越的东西,我们必须抱有这样的预断,认为它会有用并且受到喜爱。但是不难看出的是，像提出一个命题，替它找出理由，同样又以这些理由驳斥反对的命题，这样的作风并不是真理能够在其中出现的形式。真理是它在其自身中的运动；但上述的方法却是外在于材料的一种认识。因此，这种方法是数学所独有的方法，并且必须留给数学，因为数学，如已被注意到的，是以数量的无概念的关系为其原则，并以僵死的空间和同样僵死的一为其材料的。哪怕这种方法可能以一种更自由的作风，即是说，掺杂进更多的任意和偶然性，而保持在日常生活里，保持在一席谈话里，或者保持在差不多像一篇序言那样与其说在传授知识，不如说在传播奇闻轶事的历史教训里。在日常生活里，意识作为内容来拥有的有知识、经验、感性的具体事物，以及观念、原理诸如此类，即那种被看作现成在手的东西或被看作固定的静止的存在或本质的东西。有时候意识是沿着它们而前进，有时候却对这样的内容凭自由的任意打断其关联，而表现为对内容的一个外在的决定者和操纵者。意识总是把这种内容归结到任何一种确知的东西上，哪怕只是瞬间的感觉；而当信念到达一个它自己熟知的休息地时，它就满足了。

{36}
[32]

　　但是，如果概念的必然性既排除绕来绕去的日常谈话的松散进程，又排除科学讲究排场的更为僵硬的进程，那么前面已经提到过，代替这种进程的不应该是预感和豪情而全无方法，也不应该是先知式的言说的那种任意武断，这种言说不仅蔑视上述的那种科学性，而且根本蔑视一切科学性。①

　　同样，——在康德学派只是凭借本能才重新发现出来的、还是僵死的、非概念的**三段式**被提升到它的绝对含义上来，并借此在其真实的内容里同时确立起了真实的形式、而科学的概念得以产生之后，——对这种形式的那种运用也很难被看作某种科学的东西，通过这种运用，我们看到这种形式被贬低为无生命的图型、某种真正的幻影，并把科学的组织贬低为图表了。②——

---

①　黑格尔这里想到的首先是 J.Görres、C.A.Eschenmayer 和雅可比。——丛书版编者
②　黑格尔在此提到的是康德的三段式通过费希特和谢林所作的思辨的阐释以及谢林的学生们对于图型的形式主义的应用。——丛书版编者

这种形式主义,上面已经一般地谈到过,^① 我在这里要更详细地指出其作风,它认为只要把有关一个形态的图型的某个规定作为宾词说出来,就已经对该形态的本性和生命作了概念的把握和表述,——这个宾词可以是主观性或客观性,也可以是电、磁等等,也可以是收缩或膨胀,东方或西方以及诸如此类,这是可以无限复制的,^② 因为按照这种方式,每个规定或形态在别的规定或形态那里都可以再被当作图型的形式或环节使用,因而每一 [33]个都可以作为报答而为另一个作出贡献;——这是一个相互性的圆圈,通过这个圆圈,人们无法获悉事情自身究竟是什么,既不知道这一个是什么,也不知道另一个是什么。在这里,有的是从普通直观中接受进来的一些感性规定,然而这些规定据说除它们所说出的之外还**暗示着**某种别的东西;有的则不加审查不加批判地直接使用了自身具有暗示性的东西、纯粹的思想规定,如主体、客体、实体、原因、共相等,犹如在日常生活里直接使用强 {37}和弱、膨胀和收缩那样,以至于那种形而上学就和这些感性的表象一样都是非科学的。

　　这样,按照一种表面的类比而被表述出来的,就不是内在生命及其定在的自我运动;而是关于直观、在此也就是关于感性认知的这样一种单纯规定性,而对公式的这种外在的空洞的应用,则被称之为**构造**。^③——这种形式主义是跟任何形式主义的情况一样的。如果一个人在一刻钟之内不能被教会这种理论,即有衰弱病、亢进病和间接衰弱病,以及这些病各有治疗的药方,如果他不能在如此短的时间内从只知墨守成规的人变成一个理论上的医生,正如这样一种课程不久前还足以使人做到的那样,^④ 那么这个

---

① 参看前面考证版第 17 页批评"色彩单一的形式主义"将同一公式不断地重复应用 [见本书边码第 17 页——中译者按]。——丛书版编者

② 这些在谢林的自然哲学中反复出现的概念对子也被其他自然哲学家如 Eschenmayer、Görres、A.B.Kayßler、H.Steffens、J.J.Wagner 等人应用着。——丛书版编者

③ 黑格尔此处联想到的是谢林及其学生,他们都是从哲学构造的原则出发的。在耶拿讲座中黑格尔曾把谢林自己的哲学贡献和他的学生们的形式主义作了区分 (见罗森克朗茨:《黑格尔传》第 181—185 页)。——丛书版编者

④ 在这里,正如在前面对强和弱等等概念的运用进行论争一样,黑格尔针对的是当时讨论得很多的 J.Brown 的激发理论,在其中对疾病作了这样的划分。——丛书版编者

人该是多么愚蠢呢？如果自然哲学的形式主义教导人们说，知性是电，或动物是氮气，或动物**等于**南方或北方等，或它代表了南方或北方，就像这里所表达的这样赤裸裸地，哪怕还有更多的名词被搜集起来，[①]那么对于这样一种把相隔遥远的表面现象捏合起来的力，以及对于静止的感性的东西通过这种捆绑而承受到的强制——这强制给予感性的东西以一个概念的假象
[34]（Schein），却不给它主要的东西，即表述概念自身或这感性表象的含义——那么对于这种力和强制，一个没有经验的人就会惊羡不已，就会在其中崇拜一种深刻的天才，并会为这样一些规定的开朗澄澈而感到轻松愉快，因为这些规定以直观的东西取代了抽象概念并使之更加赏心悦目，而且，他会由于预感到在心灵上与这种精彩的举动具有亲和关系而为自己庆幸。这样一种智慧的花哨，由于它容易实行，马上就被学会了；当它已是众所周知了的时候还去重复它，那就像是重复已被看穿了的把戏一样让人受不了。要掌握这种单调的形式主义的工具，并不比掌握这样一种绘画调色板更困难，在这种调色板上，只有比如红绿两种颜色，要画历史画，就在画面上涂红色，要画风景画就涂绿色。——一切东西无论是天上的、地面上的以及地底下的，[②]一律被刷上这种颜料，这是令人惬意的，至于这种惬意更大些，还是对这种万应灵丹之卓越产生的想象更大些，这倒是难以决定的；这两者是彼此互相支持的。这种方法，给所有天上的和地下的东西，给所有自
{38}然的和精神的形态都粘贴上普遍图型的几个规定，以这种方式对所有的东西加以排列，那么这种方法所产生出来的，就至多不过是一篇关于宇宙组织的明白报道，即是说，不过是一张图表而已，[③]而这图表类似于一具贴着

---

①　黑格尔在这里批判地分析了斯特芬斯（Steffens）和谢林的理论。斯特芬斯区分了自然的不同系列。植物恰好符合硅系列和碳元素，动物则符合钙系列和氮元素。谢林则在其《我的哲学体系陈述》中接过了斯特芬斯的这一思想。黑格尔在针对谢林的"知性是电"这一命题论战时可能读的是谢林《先验唯心论体系》中的说法："我们也许可以说，感觉在智性中就是电在其本性中所是的东西。"——丛书版编者

②　暗引《圣经·腓立比书》2,11："叫一切在天上的、地上的，和地底下的，因耶稣的名无不屈膝"，又《圣经·启示录》5,3："在天上、地上、地底下，没有能展开、能观看那书卷的。"——丛书版编者

③　这是影射费希特一篇文章的标题："关于最新哲学的真正本质对更广大读者的明白报道：费希特强迫读者理解的一个尝试"，柏林1801年。——丛书版编者

一些小标签的骨架，或类似于一家摆着一大批钉有标牌的密封罐子的香料店，这图表就像骨架和香料店一样清楚明白，也像在那里骨架被剔除了血肉而在这里那些罐子里藏着的恰好也是无生命的事情那样，抛弃或掩藏了事情的活生生的本质。——至于这种作风，由于它也以图型的这些区别为羞耻，而把它们当作属于反思的东西沉没于绝对的空虚性中，从而同时就把自己完成为一幅单色的绝对图画，以便纯粹的同一性（Identität）、无形式 [35] 的白色得以恢复，那么这在上面都已经说明过了。图型及其无生命的规定的那种同色性，和这种绝对的同一性，以及从一个到另一个的过渡，彼此都是同样僵死的知性，是同样外在的认识。

　　然而这卓越的东西不仅仅是逃脱不了它的命运，注定了要被这样地夺去生命、夺去精神，并眼看着自己的皮被这样剥下，被看出是披着一张毫无生命的空有其表的认知的皮；而且还可以看出，就在这种命运本身之内，这卓越的东西也在对这些心情，如果不说是对精神，施加着强制，并看出其中有形式的普遍性和规定性的养成过程，那卓越的东西的完成就在于此，且唯有这一过程，才使这种普遍性有可能被运用到表面上来。

　　科学只有通过概念自己的生命才可以自行组织起来；在科学中，那种出自图型而被从外面贴到定在上去的规定性，乃是充实了的内容的自己运动的灵魂。存在者的运动，一方面是使它自己成为他者，因而成为它的内在内容；而另一方面它又把这个展开过程或它的这个定在收回于自身，即是说，自己使自己成为一个**环节**并简化成规定性。在前一种运动中，**否定性**就是对**定在**的区别和建立；而在后一种返回自身中，否定性是**被规定的单纯性**的形成。就是以这种方式，内容显示出它的规定性不是从另外的东西那里接收过来并且钉上去的，而是内容自己给予自己的，它自行将自己安排为环节，安排到整体中的一个位置上。图表式的知性，把内容的必然性和概念都保留着，即把构成具体的东西、现实性和它所安排的事情的活生生运动的那种东西保留着，或者不如说，知性不是把这种东西保留着，而是不知道这种东西；因为如果它有此明见，它该把这种明见显示出来了。它甚至连这种明见的需要都不知道；否则它就会放弃它的图型化，或至少 [36] 就会不再把自己当作一种内容目录了；它给出的仅仅是内容目录，内容本

{39}　身它却并不提供。——这种规定性，即使像磁性这种规定性，如果它是一
种本身具体的或现实的规定性，那么它毕竟已被降低为一种僵死的规定性
了，因为它只变成了另外一种定在的宾词，而没有被认为是这种定在的内
在生命，或者没有被当作如同这一规定性在这种定在中拥有自己本来的和
固有的自我产生和陈述那样来认识。这个主要之点，形式的知性留给了别
人去补充。——形式的知性并不深入于事情的内在内容，而永远综观着整
体，高居于它所谈论的个别定在之上，也就是说，它根本不看个别定在。但
科学的认识所要求的毋宁是把自己完全交付给对象的生命，或者这样说也
一样，毋宁是去面对和表述对象的内部必然性。科学的认识当这样深入它
的对象，它就忘记了对整体的综观，而对整体的综观只是认知走出内容而
在自己本身中的反思而已。但是科学的认识则沉入于质料之中，并在质料
的运动中继续前进，这样来返回到自身，只是并非在这一充实或内容把自
己收回到自身中、把自己简化为规定性、把自己降低为某个定在的**一个**方
面并转化为自己的更高的真理之前。通过这个过程，单纯的综观自身的整
体本身，才从本来好像已丢失了整体反思的那个财富中浮现出来。

　　一般来说，由于像上面说过的那样，实体在其本身就是主体，所以一切
内容都是它在自身中对自己的反思。一个定的持存或它的实体，就是那
种自我等同性；因为它与自身的不同一性将会是它的瓦解。但自我等同性
是纯粹的抽象；而纯粹的抽象则是**思维**。当我说**质**的时候，我说的是单纯的
规定性；凭借着质，一个定在与另一个定在区别开来，或者说它才是一个定
[37]　在；定在自为地是自身，或者说，它通过这种单纯性而凭借自身持存着。但
是这样一来，定在从本质上说就是**思想**了。——在这里，存在即是思维就得
到理解了；在这里也提出了一种通常与关于思维与存在的同一性（Identität）
的那种无概念的惯常说法相分歧的明见。——而正是由于定在的持存就是
这种自我等同性或纯粹的抽象，所以，定在就是它对它自身的抽象，或者说
定在本身就是它与它自身的不同一性，就是它的瓦解，——就是它固有的
内向性和收回到自身，——就是它的形成。——由于存在者的这一本性，
一旦存在者对这一本性有了认知，则这种认知就不是那种把内容当作一种
外来物来操作的活动，不是从内容那里走出来而回到自身的反思；科学不

是那样的一种观念论,这种观念论以一种**提供保证的**或**确信其自身**的独断
论来代替那种**作出断言**的独断论;①——毋宁是,由于这种认知眼看着内容 {40}
返回其固有的内向性,所以它的活动不如说既是沉入于内容,因为认知的
活动就是内容的内在的自我,同时又返回于自身,因为这种认知活动是在
他在中的纯粹自我等同性;这样,认知活动就是这样一种诡计:它自己好像
并不活动,却眼看着规定性及其具体生命恰恰在其自以为是在进行自我保
持和追求特殊兴趣的时候,如何适得其反,成了一种瓦解其自身的行为,一
种使自己变为整体之环节的行为。

  如果说上面是从实体的自我意识这一方面指出了**知性**的含义,那么这
里所说的,则是从存在着的实体的规定这一方面来阐明知性的含义。——
定在是质,是自我等同的规定性或规定了的单纯性、规定了的思想;这就是
定在的知性。因此,定在就是**努斯**(νους),**阿那克萨哥拉**当初最先认识到
了它的本质。在阿那克萨哥拉以后的人们,就更加确定地把定在的本性理 [38]
解为 ειδος 或 ιδεα,即**规定了的普遍性**、种。看起来,**种**这个术语对于表达
现时流行的美、神圣、永恒这些理念似乎有点太通俗太不够味。但实际上
理念所表达的不多不少恰恰就是种。可是我们现在经常看到,一个确定地
标示着某个概念的术语被弃置,而宁可取另外一个术语,哪怕这个术语仅
仅由于是属于一种外来语,而把概念弄得云山雾罩,因而听起来更让人神
驰也罢。②——正是因为定在被规定为种,它就是单纯的思想;而**努斯**,即
单纯性,就是实体。实体,由于它的单纯性或自我等同性之故,就显得是固
定的和保持不变的。但是,这种自我等同性同样也是否定性;因此那种固
定的定在就过渡到它的瓦解。规定性之所以初看起来是这样,只是因为规
定性与**他者**相联系,而且它的运动似乎是由一种外部强制力给它造成的;
但是这运动在自己身上就拥有它的他在,并且这运动就是自己运动,这一
点正是在那种思维本身的**单纯性**里就已经包含着了;因为这种单纯性就是

---

① 德文丛书版编者释说,这里可能是指费希特的哲学,但没有提供根据,似不确。用康德哲学
  来理解这段话似更加合适。——中译者

② 黑格尔这里影射的可能是 C.A.Eschenmayer、J.Görres、F.Schlegel 和 J.J.Wagner 等人。——丛书
  版编者

自己使自己运动并将自己加以区别的那个思想，就是固有的内向性，就是纯粹的**概念**。而这样一来，**合乎知性**就是一种形成过程，而作为这种形成过程，它就是**合乎理性**了。

从根本上说，**逻辑必然性**就在于存在的东西在其存在中即是它的概念这一本性里；只有逻辑的必然性才是合理的东西，才是有机整体的节奏；它是内容的**认知**，正如内容是概念和本质一样，——或者说只有它才是**思辨的东西**。——具体形态通过自我运动而使自己成为单纯的规定性；它借此把自己提高到逻辑的形式，并存在于自己的本质性之中；它的具体定在只是这个运动，并且直接就是逻辑的定在。因此，不必给具体的内容外加上一个形式主义；具体内容本身就是向形式主义的过渡，但形式主义不再是那种外在的形式主义了，因为形式就是具体内容本身自生自长的形成过程。

{41}

[39]

科学方法一方面与内容不分离，另一方面由它自己来规定自己的节奏，它的这种本性，就像已经提到过的那样，在思辨哲学里才获得自己真正的陈述。——这里所说的，固然也表达了这一概念，但顶多只能算是一种预期的保证。科学方法的真理性并不在这种片段讲述的引言里，因此，即使有相反的保证说事情并不是如此，而毋宁是如此如此，即使那些习惯性的表象被当作毋庸置疑和众所周知的真理而回想起来并讲述出来，哪怕是从内心的神圣直观的宝贝里奉献和保证有新鲜的东西，科学方法的真理性也同样是难以驳倒的。——这样一种接纳的态度，乃是认知在以往遇到不熟悉的东西时所惯常采取的第一反应，为的是挽救自由和自己的明见，并在外来权威面前（因为现在初次被接纳的东西是以这种权威形态出现的）挽救自己的权威，——也是为了消除表面和面子上的不光彩，因为据说学习了某种东西就算是一种羞耻；这就正如在对某种不熟悉的东西欢呼喝彩加以采纳时，这样一种反应所经受的是另一个领域里曾经是极端革命派的言论和行动。①

---

① 黑格尔这里指法国革命期间各政治俱乐部之间的争论。卡米尔·德穆兰在 1793 年抨击埃贝尔派是"极端革命派"（ultrarévolutionaires）。——丛书版编者

[四、哲学研究中的要求]

[1.思辨的思维]

因此，在**科学研究**里，关键就是要承担起概念的努力。这种努力要求注意概念本身，注意单纯的规定，例如**自在存在**、**自为存在**、**自我等同性**等等的规定；因为这些规定都是这样的一些纯粹自身运动，我们也许可以称之为灵魂，如果不是它们的概念比灵魂表示某种更高的东西的话。这种努力通过概念打断了沿着表象延伸的习惯，这无论对于这种习惯来说，还是对于 [40] 那种在非现实的思想里绕来绕去的形式思维来说，都同样是件讨厌的事情。那种习惯可以称之为一种质料性的思维，一种偶然的意识，它一味沉浸在材料里，因而要从质料里将它自身干净利落地超拔出来而同时还能独立存在是很吃力的。反之，另一方面，形式推理则是摆脱内容的自由和凌驾于内容之上的虚浮；要这种虚浮作出那种努力，即要它放弃这种自由，不要成为任意调动内容的原则，而要使这种自由沉入内容之中，让内容沿着它自己的本 {42} 性，即沿着它自己的自我本身而自己运动，并考察这种运动，这是一种苛求。在概念的内在节奏中放弃自己的突发奇想，不以任意武断和别处得来的智慧对之横加干涉，像这样的节制，本身就是对概念的注意的一个本质环节。

在形式推理的做法上，有两个方面是更加值得注意的，按照这两个方面，概念性的思维是与那种做法对立的。——一方面，形式推理否定地对待所统握到的内容，懂得驳斥和取消这种内容。明见到内容不是这样的，这样一种明见只不过是**否定**而已，这否定就把话说绝了，它并不能超越自己而达到一种新内容，相反，它为了重新获得一个内容，必须从**别的**不管什么地方取来某种东西。这种推理，乃是反思到空洞的自我，是这自我的认知的虚浮。但这种虚浮不仅表明这种内容是虚浮的，而且也表明这种明见本身是虚浮的，因为这种明见是看不见自身中的肯定东西的一种否定的东西。这种反思既然不去获取它自己的否定性本身作为内容，它就根本不在事情之内，而总是超然于其上；它因此就想象，以为做空洞的断言总比一种富有内容的明见要走得更远。与此相反，在概念性的思维里，如前面所指出的那样,否定是属于内容本身的,无论作为内容的**内在**运动和规定,或作为这种运动和规定的**全体**,否定也就是**肯定**。作为结果来统握,肯定乃是来自于这种运动的东西,是**规定了的**否定,所以同样也是一种肯定的内容。

[41]

　　但就这样一种思维有一个内容这点而言,不论它以表象为内容,还是以思想为内容,或以两者的混合物为内容,那么它就有另外一个方面,使得对这种内容难于作概念把握。这个方面的值得注意的本性是与理念本身的上述本质密切关联着的,或者不如说,它表达着理念,说明理念是如何显现为作思维地统握的那种运动的。——这就是说,正如在形式推理的思维中我们刚才谈到过的这种否定做法里,这种思维自身就是内容所返回的那个自我一样,那么反过来,在它的肯定的认识里,自我乃是一个表象出来的**主体**,内容作为偶性和宾词而与这个主体(主词)相联系。这个主体(主词)构成基础,以供内容和它相结合并让运动在它上面往复进行。在概念性的思维里,情况则不同。由于概念是对象自己的自我,而这个自我又体现为**对象的形成过程**,所以对象的自我不是一个静止的、不动的、负荷着偶性的主体,而是自己运动着并且将它自己的规定收回于自身的概念。在这个运动里,那种静止的主体自身崩溃了;它进入到各种区别和内容,毋宁说构成着规定性,亦即构成着有区别的内容以及这种内容的运动,而不再与运动相对峙。因此,形式推理在静止的主体那里所拥有的坚固基地动摇了,而只有这个运动本身,成了它的对象。主体充实着自己的内容,它不再超然于内容之上,也不能再有别的宾词或别的偶性了。反之,这样一来,分散的内容就在这个自我之下结合起来,它①不是可以脱离主体而分属于许多东西的那种共相。因此,实际上,内容不再是主体的宾词,它就是实体,就是所谈的东西的本质和概念。表象性的思维,由于它的本性就是沿着偶性或宾词来延伸的,并且有权超然于它们之上,因为它们不过是偶性或宾词而已,所以当命题中具有宾词形式的东西即是实体自身的时候,表象性思维的延伸就受到了阻碍。它要这样表象自己就遭到了反击。当它从主体出

{43}

---

① 袖珍版编者注明这个"它"在一、二版中均为 es,指自我;但后来的版本包括考证版都改成了 er,指内容。——中译者

发，仿佛主体始终可以作为基础时，由于宾词毋宁说才是实体，它就发现主 [42]
体已经转化为宾词，因而已经被扬弃了；而且，由于那好像是宾词的东西已
经变成了完整的和独立的聚合体，思维就不能再自由地四处游荡，而是被
这种重力所阻滞住了。——在通常情况下，是首先把主体作为**对象性的**固
定的自我确立为基础；从这里出发才继续走向那种趋于各种各样的规定或
宾词的必然运动；现在，代替那种主体而出现的，是进行认知的我本身，是
各种宾词的联结活动，是保持着各种宾词的主体。但由于前一个主体深入
于各种规定本身里去，作为它们的灵魂，所以后一个主体，即进行认知的主
体，虽然想了结与第一个主体的关系，并超越它而返回于自身，却仍然在宾
词里碰到了它，第二个主体不能在宾词的运动里作为进行形式推理的行动
者，以推定这个那个宾词是否应该附加于第一个主体，它毋宁还必须与内
容的自身打交道，它不应该单独地存在，而应该与内容自身共在。

　　以上所说的，可以形式化地表达为：一般判断或命题的本性在自身中
包含着主词和宾词的区别，这种本性受到思辨命题的破坏，而思辨命题所
形成的同一性命题，包含着对上述主词与宾词关系的反击。——一般命题
的形式与破坏着这种形式的概念统一性之间的这种冲突，颇类似于节拍与
重音之间在节奏中发生的冲突。节奏是从节拍和重音的滑移的中心和两者
的结合中产生出来的。所以在哲学命题里主词与宾词的同一性也不应该消 {44}
灭命题形式所表达的那种主词与宾词的区别，相反地，主词与宾词的统一
应该产生出一种和谐。命题的形式，乃是确定意义的显现，或者说是区分
命题内涵的重音；但是当宾词表达着实体，而主词自身又落入共相之中，这
就是**统一**，在其中那个重音沉寂下来了。

　　为了用例子阐明以上所说的，那么在**上帝就是存在**这个命题里，宾词 [43]
就是**这个**存在；它具有主词溶化于其中的那种实体性的含义。在这里，存
在不应该是宾词，而应该是本质；这样一来，上帝就显得不再是它凭借命题
里的位置所是的东西，即是说，它不再是固定的主词了。——思维不再继
续不断地从主词过渡到宾词，毋宁说它由于主词的丧失而感到受了阻抑，
并因为它惦记着主词而感到被抛给了主词的思想；或者说，由于宾词本身
被表述为一个主体，表述为**这个**存在，表述为穷尽主体之本性的**本质**，思维

就直接地发现主体也在宾词里；现在，主词在宾词中走进自身后，并没有获得形式推理的那个空着的位置，它仍然更深地进入到内容，或者至少现成地有这种更深入到内容的要求。——同样，如果说：**现实**就是**共相**，那么现实作为主词，也就在它的宾词里消失了。共相不应该只具有宾词的含义，以至这命题所说出来的是"现实是普遍的"，相反，共相应该表达着现实的本质。——因此，思维又同样地丧失了它在主体中曾经拥有的那个坚固的对象性基地，正如它在宾词中被抛回于主体，并且在宾词中它不是返回到自身，而是返回到内容的主体之中一样。

有这样的抱怨，说即使个体中现成地就有理解哲学著作的一切其他教养条件，仍然感到哲学著作不好懂，这种抱怨绝大部分是基于上述的那种很不习惯的阻抑。我们从以上所说的看到了人们经常对哲学著作提出完全确定的指责的理由，即有很多著作是必须经过反复阅读然后才能获得理解的，——这样的一种指责，应该说含有某种过分的和极端的东西，仿佛只要它是有理由的，就再也容不得任何反驳了。上文已经阐明了什么是真实的情况。哲学命题，由于它是命题，它就令人想起对通常的主宾词关系和对认知的习惯态度的意见。对命题的这种态度和意见，被该命题的哲学内容摧毁了；

[44] 这意见经验到，情况已经与它原来所以为的大不相同了；而对它的意见的这种纠正，也迫使认知返回到那个命题上来，现在就以另一种方式来把握它。

{45}　当有关一个主词所说的，一会儿意指主词的概念，一会儿却又只意指它的宾词或偶性时，对思辨和形式推理这两种方式的混淆就造成了一种本应加以避免的困难。——这两种方式一个干扰一个，而唯有那种哲学阐述方式才做得到有可塑性，它严格地排除了一个命题各部分之间的那种通常的关系方式。

事实上，即使非思辨的思维也有它的权利，这种权利虽然有效，却没有在思辨命题的方式中得到考察。扬弃命题的形式这件事，决不能仅仅以**直接的**方式来做，即不能仅仅凭借命题的内容。相反，必须把这个对立的运动说出来；这个运动必须不仅仅是那个内部的阻抑，而是必须把概念向自身的这种返回**陈述**出来。这个解决了通常应该由证明去解决的问题的运动，就是命题本身的辩证运动。唯有这个运动才是**现实的**思辨的东西，只有对这个运动的表述才是思辨的陈述。作为命题，思辨的东西仅只是**内部的阻抑**，仅只是本质向自身中的一种**并非定在着**的返回。因此，我们看到我们时常被哲学的阐述引导到这种**内心的**直观，并因而不再去陈述命题的这个辩证运动，而这种陈述是我们当初所要求的。——**命题**据说要表达**什么**是真实的东西，但真实的东西本质上就是主体；作为主体，真实的东西只是辩证的运动，只是这个产生自身的、推导出自身并返回自身的进程。——在通常的认识里，构成这个被表述出来的内向性方面的是证明。但在辩证法与证明分开了以后，哲学证明这一概念实际上就已经丧失了。①

关于这一点，可以加以提醒的是：辩证运动同样也会以命题为其组成部分或元素；因此，上面所指出的那种困难似乎就会不断返回并成为事情 [45] 本身的一种困难了。——这种情况与通常在证明里所发生的那种情况相类似：证明所使用的根据本身又需要一个根据，如此递进，以至于无穷。但是这种寻求根据和提供条件的形式，是属于与辩证运动不同的那种证明的，因而是属于外在的认识的。至于辩证的运动本身，那么它的元素是纯粹概念；它因此具有一种在其自身就已经彻头彻尾地是主体的内容。因此，并没有发生这样一种会体现为基础性的主体的内容，仿佛可以将主体的含义作为一个宾词而归之于这内容似的；命题直接地就只是一种空洞的形式——除去感性地直观到或表象出来的自身之外，这个自身首先是名称，即表示着纯粹的主体、表示着空洞无概念的"一"的那种名称。基于这个理 {46}

---

① 在黑格尔看来，两个对辩证法和证明相分离的最重要的捍卫者就是亚里士多德和康德。亚里士多德把辩证法理解为正位论，它是从那种仅仅似真性的命题出发的，因而是与严格的演证有区别的。参看《正位篇》A, 1。对康德来说，《纯粹理性批判》中的辩证论只是一种"幻相的逻辑"。——丛书版编者

[按：该注释有误。亚里士多德不是把辩证法理解为正位论，而是在《正位篇》（亦译作《论题篇》）中第一卷第一章开宗明义就区分了"证明的推理"和"辩证的推理"（参看亚里士多德：《工具论》（下），余纪元等译，中国人民大学出版社2003年版，第351页），但《正位篇》并不是专门谈辩证法的，它只是为包括辩证推理在内的一系列词项派定正当的位置。至于康德的辩证论，并不是由于它是"幻相的逻辑"而与证明的方法相区分，而是由于它属于先验逻辑而不同于数学和形式逻辑的证明。康德在"先验方法论"部分指出，证明的方法在知性方面只能运用于经验，在理性的方面则完全是幻相；所以在两种情况下都不是哲学的证明方法。参看 A786=B814。——中译者]

由，回避例如**上帝**这个名称可能是有好处的，因为这个词并不同时直接就是概念，而其实是名称，是基础性的主体的永久休息地；与此相反，例如存在或一、个别性、主体等等，则本身也就直接预示着概念了。——对于前一种主体即使说出了一些思辨的真理，这些真理的内容毕竟还是缺乏内在概念的，因为这内容只是作为静止着的主体而现成在手的，而由于这种情况，这些真理也就很容易获得那种只不过是令人神驰的形式。——因此，从这一方面看，在习惯中把思辨的宾词按照命题的形式而不是作为概念和本质来把握所造成的阻碍，也将可能因哲学宣讲本身的缘故而增大和减小。这种陈述，当忠实于它对思辨的东西的本性的明见时，必须保持辩证的形式，并不得带进来任何只要没被概念地理解和不是概念的东西。

[2. 天才的灵感与健康的常识]

[46]　　　与形式推理的这种态度同样，对于哲学研究来说，不作形式推理而想象自己真理在握，这种做法也是阻碍性的，对于这些真理，占有者以为不需要回头再议，而是把它们当作根据，相信能够表述它们，而且还能凭借它们来进行矫正和宣判。从这一方面来看，重新使哲学思维成为一件严肃的工作，乃是特别必要的。在所有的科学、艺术、熟巧和手艺方面，人们都确信，要想掌握它们，需要对之加以学习和锻炼的多方努力。相反，在哲学方面，现在却似乎流行着一种偏见，以为每个人虽然都有眼睛和手指，却并不因此而一旦有了皮革和工具就能制造出皮鞋来，但每个人都直接会做哲学思维，并懂得对哲学作出评判，因为他在自己天生的理性里就具有这方面的尺度，——仿佛他不是在自己的脚上同样也有鞋的尺度似的。——对哲学的占有似乎恰恰是在缺少知识、缺乏研究的情况下树立起来的，而在知识和研究开始的地方似乎就是哲学终止的地方。哲学经常被看作是一种形式化的空无内容的认知，这是非常缺乏明见的，没有看出在任何一门知识和科学里，即使按内容来说是真理的东西，也只有当它由哲学产生出来的时候，才配得上"真理"这个名称；而其他的科学只要它们愿意，也尽可以不要哲学而只凭形式推理来做研究，但如果没有哲学，它们在其自身就不可能拥有生命、精神和真理。

　　　就真正的哲学而言，我们看到，既没有在别的认知上、也没有在真正哲

学思维上努力追求过并获得了教养的那种神的直接启示和健全的人类知 {47}
性，认为它们自己简直就完全等于或至少可以很好地代替那条漫长的教养
之路，以及精神借以达到认知的那个既丰富又深刻的运动，这就如同菊苣①
自夸可以代替咖啡一样。可以看到，不能坚持自己对一个抽象命题的思
维，更不能坚持对几个命题的相互关联的思维，这样一种无知无识的状态
和既无约束又无趣味的粗野作风，却有时担保自己是思维的自由和宽容，
有时又担保自己是天才的闪现，这是令人不快的。哲学里现在这种天才作
风，大家都知道，一度在诗里也曾经流行过；但假如说，这种天才的创造活 [47]
动有某种意义的话，那么它生产出来的也不会是诗，而是淡而无味的散文，
或者如果说不仅仅是散文的话，那也是一些疯话。同样地，现在有一种自
然的哲学思维，在概念上放松自己，而由于缺乏概念，就以一种直观的和诗
意的思维而自豪，它贩卖的是一套由思想搅乱了的想象力所作出的任意拼
凑，——即一些既不是鱼又不是肉，既不是诗又不是哲学的构想。②

    与此相反，这种自然的哲学思维，在流驶于健全人类知性的平静河床
上时，却向人们奉献出一套平凡真理的修辞学。如果有人指责它说，这套
修辞学毫无意义，那么它就会对此作出保证说，意义和丰富性现存于它的
本心中、且在别人本心中也一定现存着，因为它以为一提到本心的天真和
良心的纯洁等等，就已经说出了既不能反驳也不能再要求什么的终极之物

---

① 菊苣（Zichorie），多年生草本植物，常被用作咖啡的代用品。——中译者

② 黑格尔的这些影射性的话可以参照其《耶拿笔记本》和《哲学史讲演录》而得到更明确的理
    解。在《耶拿笔记本》中（《全集》第5卷）他称 J.Görres 和 J.J.Wagner 为哲学的天才时代的代表：
    "正如有诗的天才时代一样，目前似乎出现了一个哲学的天才时代 […] 如 Görres、Wagner 等
    一些人。"被黑格尔看作思维的自由和宽容以及天才闪光的哲学家的可能是指 Kayßler。在
    哲学的天才时代和狂飙突进时代之间所作的比较，也可参看《全集》第15卷第681页以下。
    黑格尔最后这个影射显然是指 F.施莱格尔的先验的诗，"这种诗摇摆于概念和规定的普遍性
    和形态的无所谓之间，既不是肉，也不是鱼，既不是诗，也不是哲学。"参看《哲学史讲演录》，
    载《全集》第15卷，第643页。——丛书编者

    [按：此处恐有误。查黑格尔《哲学史讲演录》中译本第四卷，贺麟、王太庆译，商务
    印书馆1978年版第337页（加括号的边码为643页），在标明"施莱尔马赫"的标题下
    有与上述相同的话："这种诗是摇摆于概念的普遍性和现实形态［或形象］的规定性和
    无差别性之间的，它既不是鱼，也不是肉，既不是诗，也不是哲学。"所以这段话看来并
    不是指施莱格尔，而应该是指施莱尔马赫。——中译者]

了。但是，人们本来所关心的是不要让最好的东西留存于内心，而要把它从这种矿井里运送到地面上来。至于那样一种终极真理，本来早就可以不必花费力气去表述了，因为它们早就可以在例如教义问答中，在民间谚语等等中找到了。——要在这些真理的不确定和不确切的情况下去把捉它们是不困难的，甚至对这些真理的意识，经常指出它里面本身含有恰恰相反的真理，也是很容易的。由于这种意识力图摆脱它所引起的混乱，它将陷入新的混乱之中，并且很可能一口咬定情况肯定是**如此这般**的，别的说法都是**诡辩**，——诡辩乃是普通人类知性反对有教养的理性的一个惯用语，正如对哲学的无知，一劳永逸地认定了哲学就是一个字——梦呓那样。——由于普通人类知性是诉之于感情，诉之于心里面的预感，它就把持不同意见的人打发掉了；它必须对那种在自己内心里找不到或感受不到同样感情的人宣布，它对这种人再也没有什么可说的了；——换句话说，[48]
{48} 普通人类知性是在践踏人性的根基。因为，人性的本性正在于追求和别人意见的一致，而且，人性只生存于各种意识所实现出来的共同性之中。违背人性的东西或动物性的东西，就在于停留在情感之中，并只能通过情感来倾诉。

　　如果有人想知道一条通往科学的康庄大道，[①] 那么可以指出的比较简便的捷径莫过于这样一条道路了：信赖健全人类知性，此外也是为了与时俱进和跟上哲学的步伐，而阅读关于哲学著作的评论，乃至于阅读哲学著作里的序言和最初的章节；因为哲学著作的序言和开头所提供的是关系到一切方面的普遍原理，而对哲学著作的评论则除了历史性的资料之外，还提供对该著作的评判，而评判既是一种评判，它就甚至是超越于被评判的东西以外的。这是一条普通的道路，适合于穿着家常便服走过；然而，对于永恒、神圣、无限，高尚的情感则穿着祭师的僧袍阔步而来，——这样一条道路毋宁说本身就已经是核心中的直接存在，是产生深刻创意和高尚的思想闪光的天才之路。不过，创意虽深刻，还没有揭示出本质的源泉，同样灵

---

① 黑格尔在此暗引由普罗克洛流传下来的欧几里德的话："因此在几何学上没有康庄大道可走。"——丛书版编者

光闪耀也还不是整个苍穹。① 真正的思想和科学的明见，只有在概念的劳动中才能获得。只有概念才能产生出认知的普遍性，而这种认知的普遍性，一方面，既不是普通人类知性的那种通常的不确定性和贫乏性，而是经过教养了的和完成了的知识，另一方面，又不是因天才的懒惰和自负而趋于败坏了的理性天赋的那种不平凡的普遍性，而是已经成长为理性的本土形式的真理，——这种真理能够成为一切自我意识到的理性的财产。

[3. 结语，作者与读者的关系]

由于我把科学赖以实存的东西建立在概念的自身运动中，所以如果认为当代有关真理本性和形态的那些表象在上述方面以及其他一些外在方面和这里谈的很有出入，甚至完全相反，这种看法似乎就很难保证一个想在这样的规定中来陈述科学体系的尝试被乐意采纳。但我同时可以考虑 [49] 一下，如果说，例如有的时候，柏拉图哲学里不同凡响的东西被置于他那些科学上毫无价值的神话中，也有一些时期，哪怕被称之为狂热的年代，亚里士多德的哲学也由于它思辨的深刻而受到重视，而柏拉图的《巴门尼德篇》——这一可说是古代**辩证法**的最伟大的作品——则被认为是对**神圣生活的**真实揭露和**积极表达**，甚至不管**迷狂**所产生出来的东西如何晦暗，这种被误解了的迷狂本身实际上应该说不是别的，正是**纯粹概念**;②——还

---

① 黑格尔这两句是指 J.Görres 和 J.J.Wagner，他在《耶拿笔记本》中批评他们时有不少类似的表述。——丛书版编者

② 黑格尔关于柏拉图和亚里士多德的话在此指的是当时人们对新柏拉图主义中的柏拉图和亚里士多德哲学的接受，以及在那时的哲学史描述中对新柏拉图主义者的批判性评论。1) 在这句话开头他想到的似乎是施莱格尔的柏拉图阐释，施莱格尔把柏拉图推崇为一个诗人，认为柏拉图把一切风格的希腊散文结合起来，但他最具有自己特色的还是酒神颂歌的风格，这种风格体现了神话式散文的和颂歌式散文的一种混合。他甚至要求在"进步的整全的诗"的意义上将哲学和诗统一起来，因为这种统一的任务被规定为："将诗的一切分开的种类重新结合起来，并使诗和哲学及修辞学建立接触"。2) 新柏拉图主义的富有特色的狂热，参看 D. 提德曼《思辨哲学的精神》，他一方面高度评价普罗丁在人类理性上的贡献，另方面又批评他"附着在这个系统上的狂热"。关于提德曼对新柏拉图主义的批判黑格尔在其早期文章《怀疑主义对哲学的关系》中已提到过了。3) 黑格尔首先想到的可能是新柏拉图主义者借以表达他们对亚里士多德哲学的敬重的那种亚里士多德作品解释，参看黑格尔在《哲学史讲演录》中的描述。4) 黑格尔在他的阐释中想到的显然是普罗克洛对柏拉图《巴门尼德篇》的赞扬，但他不可能联系普罗克洛的解释，因为这种解释当时还不为人所知。——丛书版编者

{49}　　有，当代哲学里，卓越的东西把自己的价值建立在科学性里，并且不管别人的看法如何不同，实际上它仅仅凭借科学性才使自己得到承认。① 借此，我也就可以希望，我想把科学归还给概念、并在科学特有的元素中陈述科学的这一尝试，或许会懂得通过事情的内部真理而替自己找到入口。我们必须相信，真实的东西具有在自己的时代到来时破块而出的本性，而且它只在自己的时代已到来时才会出现，所以它的出现决不会为时过早，也决不会遇到尚未成熟的读者；我们也必须确信，个体需要这种影响，以便使尚属他独自一人的事情在这上面经受检验，并且把最初只属于特殊性的那种确信经验为某种普遍的东西。但就在这里，我们时常要把读者和以读者的代表和代言人自居的那些人区别开来。他们和那些人在许多问题的考虑上态度都不相同，甚至相反。如果说，读者当遇到一本哲学著作不合自己的心意时，毋宁总是好心地归咎于自己，那么相反，那些人则由于确信自己的裁判权，而把一切过错都推给作者。哲学作品在那些读者中所产生的效果，比起这些死人在埋葬他们的死人时所做的要更平静一

[50]　些。② 如果说，现在一般的普遍明见更有教养一些，对于自己的好奇心更有警惕性一些，对它的判断也下得更快一些，以至于抬你出去的人们的脚已经站在门口了，③ 那么，我们必须经常把那种比较缓慢的效果与这里区别开来，这种比较缓慢的效果，对动人心弦的许诺所逼出来的那种关注以及对那种蔑视性的指责，都起纠偏作用，并且只在一些时间中，使一部分作者拥有一批同时代的人，而另外一部分作者则在这段时间以后再也没有后继者了。

　　此外，由于在一个精神的普遍性已经大大加强、个别性相应地已变得如此无关紧要的时代里，普遍性也在坚持着并要求着自己的整个范围和由教养获得的财富，因而，精神的全部劳作中，落在个体活动上的那一部分只

---

① 黑格尔在此可能是指康德、费希特和谢林为一种科学的哲学奠基的尝试。——丛书版编者
② 见《马太福音》8,22：“耶稣说：‘任凭死人埋葬他们的死人；你跟从我吧！’”并参看《路加福音》9,60：“任凭死人埋葬他们的死人，你只管去传扬上帝国的道。”——丛书版编者
③ 见《使徒行传》5,9：“埋葬你丈夫之人的脚已到门口，他们也要把你抬出去。”——丛书版编者

能是微不足道的，所以，个体就必须如科学的本性所已经造成的那样，更加忘我，从而成为他能够成为的人，做出他能够做出的事，但是，正如个体自己可以不对自己抱有奢望，不为自己多做要求一样，人们同样对于个体也不必要求过多。

导　论

　　有一种很自然的想法，就是在哲学里开始研究事情本身以前，也就是在研究对存在于真理中的东西的现实认识以前，有必要先对认识自身加以理解，这认识被看作人们借以占领绝对的工具，或者被看作人们赖以看穿绝对的手段。① 这样一种担忧，看起来是有道理的，即一方面，可能有各种不同的知识类型，其中有的可能比别的种类更适于达到这一终极目的，因此也就有可能在它们中间作出错误的选择，——另一方面，既然认识是具有一定性质和一定范围的能力，那么如果对它的本性和界限不作更确切的规定，所把握到的就是些错误的乌云，而不是真理的青天。这种担忧甚至必定会转变成这种信念，相信通过认识来为意识获取那种自在存在的东西，这整个做法在其概念中就是悖谬的，相信在认识与绝对之间划定了一条将之截然区分开来的界限。因为如果认识是我们占领绝对本质的工具，那么，我们立刻就会发现，对一件事情使用一种工具，其实不是让这件事情像它独立存在那样，而是要对这件事情加以塑造和改造。或者说，如果认识不是我们活动的工具，而是在某种程度上真理之光赖以达到我们这里的一种被动的媒介，那么，我们所接收到的事情也不是像它自在存在的那个样子，而是它经过媒介并在媒介中的那个样子。在这两种情况下，我们所使用的手段都直接产生出与它的目的相反的东西；或者毋宁说，我们使用一个手段，根本就是一件悖谬的事。虽然看起来似乎是：这种糟糕的情况可以通过对**工具**的作用方式的认识而得到补救，因为这种认识使我们有可
[52]　能把我们通过工具而获得的关于绝对的那个表象中属于工具的部分从结果

---

① 　此处指康德的认识理论，黑格尔在《哲学史讲学录》中对此有类似的描述。——丛书版编者

里扣除掉，从而纯粹得到真实的东西。然而，这一改进，实际上只会把我们引回到我们原来所在的地方去。如果我们把工具所加工过的东西从这个被塑造之物中重新去掉，那么该物——在这里就是绝对——对我们来说，就不多不少恰好又是它在这一因此而多余的劳作以前的样子。据说，绝对并不因工具而发生什么改变，一般只是被工具带到离我们更近一些，就像小鸟被胶杆吸引过来一样，那么，绝对假如不是自在自为地已经就在并愿意在我们近旁，它就很可能会要嘲笑这种诡计；因为在这种情况下，认识就是一种诡计，因为认识通过它多方面的努力，而装出一副神情，好像它的努力决不只是产生出直接的因而毫不费力的联系，而是推动了别的东西。或者，{54}如果我们检查一下我们将其表象为一种**媒介**的认识，从而认识了这**媒介**对光线的折射规律，然后把这光线的折射从结果里扣除掉，那么这种做法同样是完全无用的；因为认识不是光线的折射，认识就是光线自身，真理通过光线自身才触及到我们，而如果光线被扣除掉了，那么给我们标示出来的，就会只不过是那纯粹的方向或空虚的地点了。

　　同时，如果说对陷入错误的这种担忧在科学中置入了一种不信任，而科学是毫无此类犹疑自己着手工作并现实地进行认识的，那么就看不出，为什么不应该反过来把不信任置入这种不信任，并担忧这种害怕犯错误本身就已经是错误了。实际上，这种担忧乃是把某物，确切地说是把某些东西预设为真理，并以此为依据来支持自己的那些疑虑和结论，而这些预设的东西是不是真理，本身是应该先行审查的。即是说，这种担忧预设了作为一种**工具和媒介**的认识的**各种表象**，也预设了**我们自身**与**这种认识**之间的某种区别；但尤其预设了绝对**站在一边**，而**在另外一边的认识**是独立的并与绝对相分离的，却反倒是某种实在的东西，或者就此预设了，认识虽然是在绝对以外，当然也在真理以外，却反倒是真实的——这种假定使人看出那所谓害怕错误，不如说是害怕认识真理。[53]

　　之所以得出这样的结论，乃是因为只有绝对是真的，或只有真的东西是绝对的。可以用来拒绝这个结论的是作出这种区别，说一种认识虽然不像科学所愿望的那样认识绝对，却毕竟也是真的，说一般的认识虽然没有能力把握绝对，却毕竟可以有能力把握别的真理。但是，我们终于看出，这样一种喋喋不休将导致绝对真实和其他真实之间的一种模糊的区别,而绝对、认识诸如此类的词汇都是预设了某种含义的,而弄清这种含义才是令人感兴趣的事。

　　根本不必去绞尽脑汁搜求这样一类无用的表象和说法,即把认识当作一种捕捉绝对的工具,或当作我们赖以窥见真理的媒介物等等——这种关系的确是一切关于脱离绝对的认识和脱离认识的绝对的表象都会导致的——,也完全无需去煞费苦心为科学的无能从这样一些关系的预设中找 {55} 来那些借口,借以在摆脱科学辛劳的同时还装出一副严肃认真和勤奋努力的样子,同样,也用不着劳神费力为这一切的一切去寻求答案,所有这些都可能会被当作一些偶然的和任意的表象而干脆被抛弃掉,而与之结合在一起的对这样一些字眼的运用,如对绝对、认识、还有客观的和主观的,以及其他无数的、其含义被预设为众所周知的字眼的运用,则甚至有可能被看作是欺骗。因为假装它们的含义已是众所周知以及每个人本身都拥有关于它们的概念,这反倒显得只是想要逃避那件主要的事情,也就是把这个概念提供出来。比这更有理由免除的倒可能是这种努力,即一般地去注意 [54] 这样一些据说会拒绝科学本身的表象和说法,这是因为它们只构成一种空洞的认知现象,而当科学出现在面前时,这种现象就直接消失了。但是科学在它出现时本身也是一种现象(Erscheinung);它的出现还没有将科学在自己的真理中阐明出来和扩展开来。在这种情况下,无论由于科学**与另外一种认知并列**出现,从而把自己表象为**科学**就是现象,还是把另外那种不真实的认知称之为科学的现象,都是一样的。但是科学必须要从这种假象(Schein)中摆脱出来,而它要做到这一点就要转过身来面对这种假象。因为科学既不能够只是把一种不带真实性的认知作为对事物的一种庸俗之见加以抛弃,不能担保自己完全是另一种知识,而那种认知则对自己完全一钱不值;也不能在这种不真实的认知本身中援引对某种更好的认知的预感。科学凭借上述**担保**宣称,它的**存在**就是它的力;但不真的认知所援引的恰恰也是**它存在**,并且**担保**科学在它看来一钱不值;但**一个干巴巴的担保**跟另一个担保恰好具有同样的效力。科学更不能去援引那种更好的预感,说这种预感现成地存在于那不带真实性的认识里,并且在其本身中就有对科学的暗示；因为否则的话，从一方面说，科学同样又会要援引一种存在了，但从另一方面说，它是在援引它自身，却并不是以它自在自为的存在着那样的方式，而毋宁是以它在不真实的认识里那样的方式，也就是以它存在的坏的方式，是援引它的现象。由于这个原因，在这里应该陈述的是在显现中的认知。

　　现在，既然这个陈述（Darstellung）只以正在显现的认知为对象，它本身就似乎不是那种在其特有的形态里自己运动的自由的科学；而是从这一立场出发，这种陈述可以被视为向真的认知逼近的自然意识之路，或心灵之路；心灵历经自己的一系列形态，即历经它自己的本性给它预设的一连串的驿站，也就是一条心灵纯化自己成为精神之路，心灵由于完整地经验了它自己，而对它自己本身自在地是什么获得了认识。　　　　　　　　　　[55]

　　自然的意识将证明它自己只是认知的概念或是不实在的认知。但由　　{56}
于它宁可直接把自己视为是实在的认知，于是在它看来这条道路就具有了否定的含义，概念的这种实在化对它而言反倒被看成了它自身的丧失，因为它在这条道路上失去了它的真理性。因此，这条道路可以被视为是一条**怀疑**之路，或者说白了，是一条绝望之路；因为这里所说的不是惯常所理解的怀疑，即对这个那个被以为的真理的一种撼动，接踵而来的是怀疑应当消失无踪而返回到那个真理，于是事情终于又恢复到从前的样子。相反，这种怀疑乃是对显现出来的认知的非真理性的一种意识到了的明见，对这种怀疑而言，最实在的东西毋宁只是那在真理中是没有实在化的概念的东西。因此，这种自己实现着的怀疑主义也不是对真理和科学的那种严肃的热情所自认为自己已为此准备好并且装备起来了的东西，也就是那种**决心**，即决心在科学里不是服从权威而听命于别人的思想，而要亲自审查一切，并只遵从自己的信念，或不如说，决心亲自创造一切，并只把自己的行为业绩看作是真实的东西。意识在这条道路上所历经的它那一系列的形态，毋宁说，是意识自身进向科学的一篇详细的**教化**史。上述的决心，把这个教化过程以决心的单纯方式表象为直接决定的和直接发生的；但是与这种不真实性相反，这条怀疑之路，乃是那现实的实行过程。遵从自己的信念，诚然要胜过服从权威；但是把出于权威的看法颠倒为出于自己确信的看法,这并不必然使这看法的内容有所改变,并不一定使真理取代谬误。陷在别人的权威中,或者陷在出于自己的对一套意见或偏见的确信的权威中,这两者唯一的区别就在于,后一种方式具有虚浮自负(Eitelkeit)的性质。相反地,只有针对那显现着的意识的整个范围的怀疑主义,才使得精神善于审查出什么是真理,因为它促成了对上述那些自然的表象、思想和意见的绝望,不管它们是自己提出的,还是别人提出的,而**直接**着手于这种审查的那个意识,则仍然被它们充满和拖累,因而实际上并没有能力做它想做的事情。

[56]

不实在的意识的那些形式的**完备性**,是通过自身的进展和关联的必然性而产生出来的。为了理解这一点,通常可以预先注意到是:把不真实的意识就其不真实性而陈述出来,这并不是一种纯然**否定的**运动。一般地说,自然的意识对这种陈述就持有这样一种片面的看法;而一种认知如果把这种片面性当作自己的本质,它就是不完全的意识的那些形态之一,这种形态使自身处于这一路程当中,并将在其中呈现出来。因为这种片面性就是怀疑主义,怀疑主义在结果中永远只看到**纯粹的虚无**,而不去考虑这种虚无乃是**它从中产生出来的那个东西**的特定的虚无。但如果虚无被看作它所从出的那个东西的虚无,那它实际上就不过是真实的结果而已;它因而本身就是**特定的虚无**,并具有一种内容。终止于虚无或空虚的这个抽象性上的怀疑主义不可能从这抽象性出发继续前进,而是必须等着看,是否也许会有什么新的东西向它呈现出来,以便将之投进这同一个空虚的深渊里。相反,通过把结果如同它在真理中那样统握为**特定的**否定,借此就直接产生出一种新的形式,而在这一否定中,就造成了那种过渡;通过这种过渡,那贯穿各个形态的完整序列的进程,就自行产生出来了。

{57}

但正如这个进程的序列一样,也有必要将这个**目标**放进认知之中;这目标就存在于认知不再需要超越它自身之处,就存在于它找到了自己,并且概念符合于对象,对象符合于概念之处。所以,趋向这个目标的进程也是不停顿的,是不在以前的任何过站上找到满足的。凡是局限在一种自然生命上面的东西就不能够由它自己来超越它直接的定在;但它会被一个他者逼迫来作这种超越,而这样被迫拽出来,就是它的死亡。但是,意识对

[57]

自己而言本身就是它的**概念**，因此，它直接就是对这一局限的超越，而既然这一局限属于它自身，所以就是对它自身的超越；凭借个别的东西，同时就为意识建立起了的彼岸，哪怕这彼岸只是像在空间直观里那样，并存于被局限之物的**旁边**。因此，意识遭受着从它自身而来的败坏它的有限满足的这样一种暴力。在感受这种暴力的同时，恐惧很可能在真理面前退缩，并竭力维持那被威胁要失去的东西。但是，这种恐惧是不可能找到任何安宁的，哪怕它想要逗留在无思想的懒散中——思想侵蚀着这种心不在焉，思想的不安宁搅扰着这种懒散——或者，哪怕它把自己作为一种心境固定下来，这种心境担保一切东西**在其自己的方式**（Art）中都会觉得是**好的**；但这种担保同样也遭受了从理性来的暴力，理性恰好觉得某物只要它是一种方式，因此就是不好的。或者对真理的恐惧，也很可能用一个假象，把自己在自己和别人面前隐藏起来，好像正是对真理的热情高涨才使它自己很难甚至不可能为自己找到别的真理，而唯一只能找到这种虚浮的真理，即自以为这总还是比任何出于自己本身、或出于别人的思想要聪明些；这种虚浮懂得把每一种真理都给自己破坏掉，从中退回到自身，陶醉在它自己的这种知性之中，这种知性知道永远要瓦解一切思想，它不知道去发现任何内容，只知道去寻找干瘪的自我，这种虚浮乃是一种满足，人们不能不听其自便；因为它逃避共相，而只追求自为的存在。 {58}

　　如果说，上面暂时地和一般地谈到了这个进程的方式和必然性，那么再回想一下**这一实行过程的方法**可能是有些帮助的。这种陈述既然被设想为**科学**对待**显现着的认知**的一种**态度**和对**认识的实在性**的**检验**与**审查**，那 [58] 么，看来不先在什么地方预设某种**尺度**作为根据，似乎就无法进行。因为这种审查就在于采取某种已被假定了的尺度，而且凭借被审查的东西与尺度之间所得出的相同性或不相同性来决定它对还是不对；同时一般地说，尺度，以及科学也一样，假如科学是尺度的话，是被当作**本质**或当作**自在**而假定的。但是在这里，科学才刚刚出现，所以无论是科学本身或不管什么东西都还没有证明自己是本质或自在的东西；而没有这样一种东西，任何审查似乎都是不可能发生的。

　　这样一个矛盾以及对这种矛盾的消除，如果我们首先回想一下认知和真理的抽象规定在意识中是如何出现的，就会得到更加确切的规定。因为意识把自己跟某物**区别**开来，同时又与它相**联系**；或者像这样来表达，意识是某种**为意识的东西**，而这种**联系**，或某物的**为一个意识的存在**，其确定的方面就是**认知**。但是我们把**自在的存在**跟这种为一个他者的存在区别开来；同样地，与认知相联系的东西也跟认知区别开来，并且即使在这种联系之外也被建立为**存在着的**；这个自在的东西的这一方面就叫作**真理**。至于这些规定真正说来会是什么，我们在这里还没有进一步涉及到；因为既然显现着的认知是我们的对象，那么它的诸规定也就首先会按它们直接呈现出来的那样被接受；同样，当这些规定已被把握住的时候，认知也乐意让它们呈现出来。

如果我们现在来研究认知的真理，这就好像我们在研究认知的**自在存在**。可是在这种研究里，认知是**我们的**对象，它是**为我们的**；而这样一来，那产生出来的东西的**自在**似乎倒是认知的**为我们的**存在了；我们所以为是它的本质东西，似乎倒不是它的真理，而仅仅是我们关于它的认知了。这样的话，本质和尺度就会属于我们，而那种应该与尺度相比较并通过这种比较来决定的东西，就会并非必然要承认这个尺度了。

{59}

[59]

但是，我们所检验的对象的本性克服了这种分离，或者说克服了这种分离和预设的假象。意识自身给它自己提供尺度，因此，这种检验就是意识自身与它自身的一种比较；因为上面所作的那种区别属于它自身。意识在它自身就是**为一个他者**的意识，或者说，它一般说来在其自身就具有认知环节的规定性；同时，这个他者对意识而言，不仅是**为意识的**，而且也存在于这个联系之外，或者说是**自在的**；它就是真理的环节。因此，在意识于自身内宣称是**自在的**或**真实的**东西的那种东西上面，我们就有了意识自己提出来借以衡量其认知的尺度。如果我们把**认知**称为**概念**，而把本质或**真实的东西**称为存在者或**对象**，那么所谓审查就是去看看概念是否符合对象。但如果我们反过来，把**对象**的本质或自在称为概念，而把**对象**理解为作为**对象**的概念，即是说，就像概念是**对一个他者而言**的那样，那么，审查就是去看看，对象是否符合概念。显而易见，这两种符合乃是一回事；可是具有本质重要性的是，对于整个检验过程必须坚持一点，即**概念和对象**、**为他存**

在与**自在存在**这两个环节都属于我们所检验的这个认知本身，因而我们不需要随身带来尺度，也不需要在检验的时候用上**我们的**念头和思想；由于我们丢开这些东西，我们就得以将事情如同它**自在自为**的那样来加以考察。

　　但是，并不仅仅是就这一方面，即就概念和对象、尺度和要作审查者都已现成存在于意识自身之内这一方面来看，我们的任何额外做法都是多余的，而且，我们甚至也摆脱了比较双方并作彻底**审查**的辛苦，以至于由于意识是自己审查自己，就这一方面看，留给我们的也只有单纯地袖手旁观了。因为意识一方面是对象的意识，另一方面又是对它自己的意识；意识是对在它看来是真实的东西的那种东西的意识，又是关于它对这种真实东西的认知的意识。由于两者都是**为同一个意识的**，所以意识本身就是它们两者的比较；它的关于对象的认知是否符合这个对象，乃是**对这同一个意识而言**的。虽然对意识来说，对象看起来好像只是意识认知它的那个样子；意识看起来似乎不可能窥探到对象的**不是为意识的**、而是如同其**自在的**存在的样子，因而也就不能以对象来审查它的认知。但是，正由于意识一般地具有关于一个对象的认知，这就已经现成地有了这种区别：对**意识**来说，有某种东西是**自在的**，但另一环节则是认知，或者说是对象的**为这个**意识的存在。审查就是基于这个现成存在着的区别之上的。如果在这个比较中，双方不相符合，那么意识看来就必须改变它的认知，以便使之符合于对象；但在认知的这种改变中，对认知而言，改变了的实际上也有对象自身；因为从本质上说，现成的认知原来就是一种关于对象的认知；连同这个认知一起，对象也变成了另外一个对象，因为它本质上属于这个认知的。因而对意识而言就成了这样，先前对它而言是**自在存在**的那种东西就并不是自在的东西，或者说那只是对它而言才曾经是**自在的**。所以当意识在它的对象上发现它的认知不符合于这个对象时，对象自身也就坚持不下去了；或者说，当尺度应成为其标准的东西经不起审查时，审查的尺度也就改变了；而审查不仅是对于认知的一种审查，同时也是对审查尺度的一种审查。

　　意识对它自身——既对它的认知又对它的对象——所实行的这种**辩证的运动，就其从中替**意识产生了新的真实对象而言，真正说来就是人们称之为**经验**的那种东西。在这种联系中，有必要把刚才谈到的那个运动过程

[60]

{60}

中的一个环节更加具体地凸显出来，以便以一道新的光明普照下面陈述的科学方面。意识知道**某种东西**，这个对象是本质或**自在**；但是它也是对于意识而言的**自在**；因此就发生了这种真实的东西的模棱两可性。我们看到，[61]意识现在拥有两种对象，一种对象是第一个**自在**，另一种对象是**这个自在为意识而存在**。后者初看起来好像只是意识在其自身中的反思，不是一种关于对象的表象，而只是关于意识对前一种对象的认知的表象。但是如同前面所指出的，前一种对象在此对意识而言改变了自己；它不再是自在存在的，它对意识而言成了这样一种**只是为意识而自在存在**的对象；但这样一来，这个**自在的为意识的存在**就是真实的东西，但这又等于说，这个东西就是**本质**，或者说就是意识的**对象**。这个新的对象包含着第一种对象的无效性；新对象乃是关于第一种对象所造成的经验。

在对经验过程的这个陈述里，有一个环节似乎是使这里所说的经验与通常所理解为经验的那种东西不相一致的。因为从第一种对象以及从这种对象的认知过渡到另一种对象，即过渡**到**人们会借以说经验已被造成了的**那种对象**，这种过渡会被说成是：对第一种对象的认知、或第一种自在的**为**{61}**意识性**，本身应当成为第二种对象。与此相反，通常的情况则好像我们是**从一种另外的**对象上造成了我们前一个概念的非真理性的经验的，而这另外一种对象也许是我们偶然从外面找来的对象，以至于一般说来，似乎只有那种对于自在自为存在的东西的纯粹**统握**，才会是属于我们的。但按照上述那种看法，新对象是作为由**意识本身的倒转**所形成的东西而显示出自身的。对事情的这样一种考察乃是我们的额外做法，由此使得意识的经验系列把自己提升为科学的进程，而且这种做法并不是为了我们所考察的那个意识的。但这实际上也和我们在前面已经就这种陈述对怀疑主义的关系加以讨论时所谈到的是同样的情况，[①] 即是说，从一个不真实的认知中产生出来的每一次结果，都不可归于空洞的虚无，而必须要被统握为**其结果是虚无的那个东西**的虚无；每一次的结果都包含着先行的认知在它上面拥有真实性的那个东西。这种情况在这里呈现为：由于最初作为对象而显现

---

① 　参看考证版第 57 页。——丛书版编者

的东西，对意识而言降格为对这个对象的一种认知，并且由于**自在成为了**[62]
自在的一种为意识的存在，它就是那个新的对象，伴随着它也出现了一种
新的意识形态，这新的对象与先前那个对象拥有不尽相同的本质。正是这
种情况，在意识的各个形态的必然性中引导着它们的整个系列。只是这种
必然性本身，或者说，那个意识不知其如何发生、如何呈现的新的对象的**产
生**，就是那在我们看来仿佛是暗自发生在意识背后的东西。因此，在意识
的运动里就出现了一种**自在存在**或**为我们存在**的环节，这环节不是为在经
验中把握自身的那个意识而呈现出来的；但这个为我们而生发的环节的**内
容**却是**为意识的**，而我们只把握了它的形式的东西，或者说它的纯粹的生
发；**对意识而言**，这种被生发的东西只是作为对象而存在，而**对我们而言**，
它同时又作为一种运动和形成过程而存在。

由于这种必然性，这条达到科学的道路本身已经就是**科学**了，因而就
其内容来说，乃是**意识经验**的科学。

意识关于其自身所造成的经验，按其概念来说，是能够完全包括整个
概念系统或整个精神真理的王国于自身的，以至于真理的各个环节在这个
独特的规定性中把自己陈述为并不是纯粹的抽象的环节，而是正如它们都
是为意识的那样，或者正如意识本身就是在它与这些环节的联系中出现的
那样，因此，全体的各个环节，就是**意识的各个形态**。由于意识不断地推进
到它的真正实存，它将要达到一个地点，在这个地点上意识摆脱了它的这 ｛62｝
种假象，即，仿佛它总跟异质的东西、即仅仅是为意识而存在和作为一个他
者而存在的东西牵连在一起似的，或者说，在这个地点上，现象与本质成为
同一的，因为恰恰在这个地点上，对意识的陈述就与真正的精神科学汇合
了，而最后，由于意识自己把握了它自己的这个本质，它自身就将表明绝对
认知的本性。

第一篇
意　　识

第一章

感性确定性；或者这一个和意谓

那最初或直接是我们的对象的认知，不是别的，只可能是那本身是直接的认知，亦即对于**直接的东西**或**存在着的东西**的认知。我们也同样必须要采取**直接的**或者**接纳的**态度，因此对于这种认知必须只像它所呈现出来的那样，必须不作任何改变，并且不被概念的统握所妨碍。

感性确定性的这种具体内容使得它直接就作为**最丰富**的知识，甚至是作为一种具有无限丰富内容的知识而显现出来，对于这种无限丰富的内容，无论我们在它所扩展开来的空间和时间中**超出其外**，还是我们从这种丰富的材料中取一片段加以剖析而**深入其里**，都不可能找到任何边界。此外，感性确定性又显现为**最真实的**知识；因为它还没有从对象中略去任何东西，而是在其整体的完备性中面对着对象。但是实际上这种**确定性**所扮演的是最抽象最贫乏的**真理**。它对于它知道的仅仅说出来这么多，它**存在**；而它的真理性仅仅包含着事情的**存在**；而意识从自身方面说，在这种确定性里只是作为纯粹的**我**，或者说在这里，**我**只是作为纯粹的**这一位**（Dieser），而对象同样也只是纯粹的**这一个**（Dieses）。我这一位之所以知道这一个事情，并不是因为作为意识的**我**在此发展了我自己，并且从多方面推动了思想。也并不是因为我所知道的**这件事情**，按照一大堆相互区别开来的性状而在自身中具有丰富的联系，或者对别的事情有着多方面的关系。感性确定性的真理和这两方面都不相干；无论是我还是事情在这里都没有多种多样的中介的含义，自我没有多种表象或多种思想的含义，事情也没有多种性状的含义，而只是说，事情**存在**；而它之所以**存在**，仅仅因为它**存在**；它**存在**，这对感性认知说来就是本质的东西，而这个纯粹的**存在**或这个单纯的直接性便构成了感性确定性的**真理**。同样，这确定性作为**联系**就是**直接的纯粹联系**；意识就是**我**，岂有他哉，它就是纯粹的**这一位**；个别的人知道纯粹的这一个，或知道这个**个别的东西**。

{64}　　　　但是在构成这种感性确定性的本质、并被感性确定性宣称为自己的真理的这种**纯存在**上，当我们旁观之时，还有许多别的东西在例示出来（beiherspielen）。一个现实的感性确定性不仅仅是这种纯粹的直接性，而且是这种直接性的一个**例子**（Beispiel）。在这里所出现的不可胜数的区别之中，我们到处都发现那主要的差别，即，在这种感性确定性里立刻就作为出自这个纯存在的特例显示（herausfallen）了前面已经提到的两个"**这一个**"：作为**自我**的这一位和作为对象的这一个。如果**我们**对于这个区别加以反思就会得出，无论这一方和那一方都不仅仅是**直接地**存在于感性确定性中，而是同时**间接地**存在于其中；我**通过**一个他者，即通过事情而具有确定性；而事情同样**通过**一个他者、也就是通过我而处于确定性中。

　　　　这种本质和例子、直接性和中介性的区别，并不仅仅是我们所造成的，而是我们在感性确定性自己身上发现了它，并且这种区别必须以这种形式被接受下来，就像它在感性确定性身上那样，而不是像刚才我们对它所规定的那样。在感性确定性中所建立起来的一方是作为单纯的直接存在着的东西或本质，即**对象**，而另一方则是作为那非本质的经过中介的东西，它在其中并非**自在**存在的，而要通过一个他者才存在，这就是我，**一种认知**，它之所以知道对象，只是因为**对象**存在，而这认知则可以存在也可以不存在。

[65]　但对象却**存在**，它是真实的东西和本质；不论对象被知道还是不被知道，它一样的**存在**；它即使没有被知道也仍然在那里；但如果没有对象，也就没有认知。

　　　　因此就必须考察对象，看它在感性确定性本身中实际上是否真的是像它在感性确定性中所装扮（ausgegeben）成的那样的本质；看它的这个作为本质的概念是否和它在感性确定性中现成存在的那样的本质相符合。我们的目的并不是要反思（reflektieren）和追溯（nachdenken）对象在真理中可能是什么，而只是要考察感性确定性在自己身上是如何拥有对象的。

　　　　因此**感性确定性**应该自问：什么是这一个？如果我们就其存在的双重

形态即**这时**和**这里**来看待它，则它本身所具有的辩证法将获得一种像这一个本身所是的那样来理解的形式。因而对于这问题，**什么是这时？** 我们就可以例如这样答复：**这时是夜晚。** 为了检验这个感性确定性的真理，一个简单的试验就足够了。我们写下这一真理；一条真理不会因为写下来而失去了；正如它不会因为我们保存它而失去一样。如果我们**这时**在**这个正午**时分，再去看那条写下来的真理，那么我们就必须说它已经陈旧过时了。

　　把 "这时是夜晚" 加以**保存**，这就是说，它被当作了它被装扮成的东西、被当作了一个**存在着的东西**来对待，但是它却反而证明自己是一个非存在的东西。**这时**本身诚然还保持着，但却是作为一个不是夜晚的这时；同样，这时保持到那个这时现在所是的白天，也是作为一个不是白天的这时，或者说是作为一个一般**否定之物**而保持下来的。这个自身保持着的这时因此不是一个直接的东西，而是一个被中介的东西；因为它之所以被规定为一个持存的和自身保持的东西，乃是**由于**别的东西即白天和黑夜的不存在。但它仍然还像以前那样单纯地就是**这时**，并且在这种单纯性里，它对任何还在它身上例示出来（bei herspielen）的东西都是无所谓的；尽管夜晚和白天并不是它的存在，但它同样也是白天和夜晚；它一点也不受自己的这个他在的影响。一个这样的通过否定作用而存在的单纯的东西，既不是这一个也不是那一个，而是一个**非这一个**，同样又毫无所谓地既是这一个又是那一个，这样单纯的东西我们就叫作**普遍的东西**；因此共相（Allgemeine）实际上就是感性确定性的真实的东西。 {65} [66]

　　我们**说出**的哪怕是感性的东西，也是当作一个普遍的东西来说的；凡是我们所说的，都是：这一个，亦即都是**普遍的这一个**，或是：它存在；亦即都是**一般的存在**。在此，我们当然没有**表象**（vorstellen）出一个普遍的这一个或一般的存在，但是我们**说出来**的却是共相；或者说，我们完全没有像我们在感性确定性中所**意谓**（meinen）的那样说话。但是如我们所看到的，语言是更真实的东西；在语言中，我们自己直接反驳了我们的**意谓**；并且共相既然是感性确定性的真实的东西，而语言仅仅表达这种真实的东西，所以要我们每次都能把我们所**意谓**的一个感性存在说出来，这是根本不可能的。

　　"这一个" 的另外一个形式 "**这里**" 也将会是同一个情况。例如说，**这里**

是一棵树。我转一个身，则这里的真理就消失了，而颠倒为它的反面了：**这里不是一棵树**，而是**一所房子**。**这里**本身并没有消失；相反，**它**持续地**存在**于房子、树木等等的消失之中，并且对于是房子、是树木都无所谓。**这一个**因而再次显示自身为**中介了的单纯性**或**普遍性**。

由于感性确定性在自己本身上证明共相是它的对象的真理，所以**纯存在**对它来说就作为它的本质而仍然持存着，但并非作为直接的东西，而是作为这样一种以否定性和中介性为其本质的东西，因而并非作为我们所**意谓为存在**的东西，而是被规定为抽象性和纯粹共相了的那个**存在**；而**我们的意谓**，就其不把感性确定性的真实的东西视为共相而言，便只有在这一个空洞的或无所谓的这时和这里的对面还留存着。

{66}
[67]　　如果我们比较一下**认知**和**对象**最初出现于其中的关系与两者在这种结果中所处的关系，那么这一关系便把自己倒转过来了。那本来据说是本质东西的对象，现在是感性确定性的非本质的东西；因为对象已变成了的那个共相，不再是像对象曾据称对感性确定性是本质的那样一种东西，反之，感性确定性现在是现成地存在于对立面中，即存在于此前曾是非本质东西的认知中。感性确定性的真理存在于作为**我的**（meinem）对象的那个对象中，或者说，存在于**意谓**（Meinen）中；这对象存在，因为**我**知道它。所以，感性确定性虽然从对象中被驱赶出去了，但是它还并不因此就被取消了，而仅仅是被逼回到自我里去了；有必要看看的是，关于感性确定性的这种实在性，经验将会向我们表明什么。

因此感性确定性的真理之力现在就处于**我**之内，就在我的**视**、**听**等等的直接性中；我们所意谓的个别的这时和这里，就由于**我**坚持着它们而不至于消失了。**这时是白天**，因为我看见它；**这里是一棵树**，也同样是因为我看见它。但在这样一种关系中感性确定性在自己身上经验到了像在前一种情况下同样的辩证法。我、**这一位**看见了那棵树，并且**断言这棵树就是这里**；但是**另外一个我**看见那所房子，并断言这里不是一棵树，而是一所房子。两条真理都有同样的认证，即都有亲眼看见的直接性，两者都有关于各自的认知的可靠性和担保，但是一个真理却消失在另一个真理之中。

在这里，没有消失的就是那个作为**普遍东西的我**，而这个我的看，既不是对于树的看，也不是对于房子的看，而是一个单纯的看，这个单纯的看是由对于这座房子等等的否定而被中介了的，它在其中同样单纯地、无所谓地对待一切还在例示出来的东西，房子和树。自我仅仅是普遍的东西，正如一般的**这时**、**这里**或**这一个**一样；我所意谓的诚然是一个**个别的自我**，但正如我不能说出我在这时这里中所意谓的东西，同样我也不能说出我在自我那里所意谓的东西。当我说**这一个这里**、**这时**或者一个**个别的东西**时，我说的是：一切的**这一个**、**一切的这里**、**这时**、**个别的东西**；同样，当我说**我**、**这一位个别的我**时，我是一般地说：一切的**我**；每一位我都是我所说的东西：**我**、**这一位个别的我**。① 如果对于科学提出这样一个要求作为它的试金石——这是科学所绝不可能经受得起的——即要求科学"演绎出"、"构造出"、"先天地找出"（或者随便怎样的说法）一个所谓"**这一个物**"或"**这一个人**"，那么按照道理这种要求就应该**说出**它所意谓的**这一个物**是哪一个、或者**这一位我**是哪一位，但是要说出这点是不可能的。②

因此感性确定性就经验到：它的本质既不在对象里也不在自我里，而这种直接性既不是对象的直接性也不是自我的直接性；因为在两方面我所意谓的不如说都是一种非本质的东西，并且对象和自我都是共相，在共相里，我所意谓的这时、这里和自我都并不保有持存，或者说都并不**存在**。我们由此就走到了这一步，就是把感性确定性本身的**整体**建立为它的**本质**，而不再只是把它的一个环节建立为它的本质，不要像前面两种情况那样，首先想让与自我对立的对象、然后又想让自我，来作为感性确定性的实在性。因此只有**整个**感性确定性本身才作为**直接性**在它身上坚持着，并因而便把前面发生的一切对立都从自身中排除掉了。

因而这种纯粹直接性不再涉及作为树的"这里"的他在，让作为树的"这里"过渡到非树的"这里"，也不再涉及作为白天的"这时"的他在，让作为白天的"这时"过渡到作为夜晚的"这时"，或者说，不再涉及以某种

[68]

{67}

---

① 这里，大写的"我"（Ich）中文用斜体，疏排的"我"（Ｉｃｈ）中文用着重号（即粗体），全大写的"一切的"（ALLE）中文用黑体。——中译者
② 黑格尔此处影射的是 W.T.Krug 的要求，即唯心主义哲学应当给他演绎出一件事物或一个确定的历史形态的表象来。——丛书版编者

另外的东西为对象的另一个自我。这种纯粹直接性的真理保持其自身为始终自身同一的联系，这种联系在自我与对象间不作出本质性与非本质性的区别，因此一般讲来，也没有任何区别能够侵入到这种联系中去。因而，我、这一位就断言这里是树，并且我不转身，以免这里对于我会成为一个[69]非树；并且我也毫不理睬另外一个自我是否会把这里看成是非树，或者说我自己在另外一次是否会把这里看成非树，把这时看成非白天；相反，我就是纯粹直观活动；我独自坚持着：这时是白天，或坚持着：这里是树，我也不把这里和这时本身相互比较，相反，我执着于**一个**直接的联系：这时是白天。

因此，既然这种确定性，如果我们就一个这时的夜晚上面、或就一个把这时当作是夜晚的自我上面来注意它的话，它就不再会愿意走过来了，那我们就向它走过去，我们可以指出（zeigen）这个被断言的这时。我们必定可以**指出**这一点；因为这个直接联系的真理，就是那把自己限制在一个**这时**或一个**这里**之上的**这一个**自我的真理。假如我们**以后**再来推敲这一真理，或者站得离它**远远**的，则这一真理就会完全没有意义了；因为我们就会取消对于它是本质性的那个直接性。因此我们必须走进同一时间点或空间点，给自己指出那个直接性来，这就是说，必须让自己把作为确定的认知者的自我变成同一个这一个。因此，我们来看看，那被指给我们的直接的东西具有什么样的性状。

被指出来的是**这时**，**这一个这时**。这时；当它被指出来时，它就已经停止其存在了；而**正在存在**的这时是与曾被指出过的这时不同的另一个这时，并且我们看到，这时恰恰就是这样一种东西，当它存在时，它就已经不再存在了。给我们指出的那样的这时，是一个**曾经存在的东西**；而这就是这时的真理；这时并不具有存在的真理。因而，这时毕竟真的是这个曾经存在过的东西。但是，凡是**曾经存在过**（gewesen）的东西，实际上都**不是什么本质**（Wesen）；**它现在并不**存在，而原先要讨论的是存在。

{68}   因此在这种指证里，我们所看到的只是一个运动和这运动的如下的过程：第一，我指证着这时，它被断言是真实的；但是我指出它是曾经存在过[70]的东西或一个被扬弃了的东西，我扬弃了前一条真理，于是第二，我把这时断言为第二条真理，即这时**存在过**了，被扬弃了。第三，但这曾经存在的东西不存在了；我扬弃了那曾经存在的存在或被扬弃了的存在，即扬弃了第二条真理，因而我就否定了对这时的否定，于是就回复到第一个断言，即**这时存在**。因此，这时和对这时的指证就具有这样的性状，即无论这时还是对这时的指证，都不是一个直接的单纯的东西，而是包含着各不相同的环节于自身的运动；**这一个**被建立起来，但建立起来的反而是**另一个**，或者说这一个被扬弃了；而第一个的这个**他在**或者扬弃，本身**又被扬弃**，于是又返回到了第一个。但是这个在自身中被反思的第一个并不完全确切地等于它最初那样，即一个**直接的东西**；相反，它恰好是**一个在自身中反思过的东西**，或者在它现在所是的他在中保持下来的**单纯的东西**：即一个这时，一个本身是绝对多数这时的这时，而这就是真正的这时，就是作为包含着许多这时、许多个钟头在自身内的单纯白天的这时；一个这样的这时，即一个钟头同样也是许多分钟，而后一种这时也同样是许多这时，如此等等。——因此这种**指证**本身就是说出什么是在真理中的这时、也就是说出是什么在把这时的一个结果或者这时的一个多数性总括起来的运动；这个指证的过程就是经验的过程，即经验到这时是**普遍的东西**。

我所坚持的那个**被指证的这里**，同样是一个**这一个**这里，它实际上又**不是这一个**这里，而是一个前面和后面，一个上面和下面，一个右边和左边。上面本身同样是在上面、下面等等之中的这种多重的他在。那本应被指证出来的这里消失于别的那些这里之中，而那些这里也同样在消失着；那被指证、被坚持和保持着的东西是一个**否定的这一个**，它仅仅是这样**存在着**，因为诸多**这里**被看作像它们应当的那样，但又在其中扬弃自身；这是一个诸多这里的单纯的复合体。那被意谓的这里就会是一个点；但是点是不**存在**的；反之，由于这个点被指证为存在着的，这指证就显示出它不是直接的认知，而是一个从被意谓的这里通过诸多这里而进到一个普遍这里的运动；这个普遍的这里，正如白天是诸多这时的单纯多数性那样，也是诸多这里的单纯多数性。

由此可见，感性确定性的辩证法（Dialektik）无非是它的运动或者它的经验的单纯历史，而感性确定性本身无非只是这一历史。因此，自然的意

[71]

{69}　识也总是自己进展到作为它自身的真实东西的这一结果，并造成了对此的经验，只不过意识同样也总是一再地忘记了这一点，而要从头开始这一运动。因此，令人惊异的是，竟有人反对这种经验，而提出一种说法，当作普遍经验、也当作哲学断言、甚至当作怀疑主义的结论：作为**这一个**的外在事物或感性事物的实在性或存在，对于意识具有绝对的真理性；① 这样一种断言同时不知道它在说什么，不知道它所说的正是它想要说的东西的反面。感性的**这一个**对于意识而言的真理性据说是普遍的经验；其实它的反面才是普遍的经验；每个意识本身又再扬弃了这样一种真理，例如**这里是一棵树**或者**现在是中午**这样的真理，并说出相反的话：这里**不**是一棵树，**而**是一所房子；而在这个扬弃了第一个断言的断言里，凡是又成为对一个感性的这一个做同样这种断言的东西，马上就照样被意识所扬弃了；在一切感性确定性中，只有我们已看到了的东西才是在真理中被经验到的东西，这就是作为一种**普遍的东西**的**这一个**，即与担保那种断言是普遍经验的那种东西相反的东西。——在对普遍经验做这种援引时，可以不妨预先考虑一下实践的问题。在这样的考虑中，对那些断言感官对象的实在性具有那种真理性和确定性的人，可以告诉他们，他们最好是返回到那最低级学派的智慧，回到那古代爱留西谷神和酒神（Bacchus）的神秘；他们还必须在那里先学习面包和酒 ② 的饮食的秘密；因为窥见了这种秘密的人，不仅仅达到了

[72]　对感官事物的存在的怀疑，而且对于它们的存在感到绝望，一方面自己在这些感性事物中造成了它们的虚无性，一方面他也看见这种虚无性的被造成。即使动物也没有被排除在这种智慧之外，反倒是表明自己在最深处窥探到了这种智慧；因为动物并不在作为自在存在着的感官事物面前止步不前，而是对它们的实在性根本不抱指望，并完全确信它们的虚无性而毫不

① 黑格尔这里有可能是指雅可比，后者在援引大卫·休谟时教人一种对外部感性对象的实存的信仰，或者也许是指 G.E. 舒尔兹的怀疑论。对雅可比的《大卫·休谟》和舒尔兹的《理论哲学批判》，黑格尔在《哲学评论杂志》中已经作过详细的分析。——丛书版编者

② 在这里，以及在黑格尔其他那些在神话学语义关联中处理面包和酒的地方，都保留有这种原始古朴的文风，以便在所涉及到的哪怕是与思维的关联之外，也引起人们对荷尔德林的哀歌《面包与酒》（1800—1801）的关注，参看《荷尔德林全集》，斯图加特 1943—1985，第 2,1 卷，第 90—95 页。——丛书版编者

犹豫地扑过去，把它们吃掉；整个自然界也像动物一样都在弘扬这些启示出来的神秘，这些神秘教导人们什么是感官事物的真理性。

但是，提出这样一种断言的那些人，按照前面所作的那些评论，甚至自己也直接说出了和他们所意谓的相反的东西，——这是一个也许最能导致对感性确定性的本性（Natur）加以反思的现象。他们说到**外部**对象的定在，这些外部对象还可以更确切地被规定为**现实的**、绝对**个别的**、**完全私人性质**的**个体**事物，每一个这样的事物都不再有和它绝对相同的东西；据说这样的定在具有绝对的确定性和真理性。他们意谓的是，我正在写**这句话**的、或者不如说我已经写下**这句话**的**这一**张纸；但是凡是他们所意谓的他们并没有说出来。假如他们想要现实地**说出**他们所意谓的并且本来想要**说出**的这张纸，那么这是不可能的，因为所意谓的感性的这一个，是语言**所不能达到的**，语言是属于意识的范围，属于自在的共相的范围。在现实地试图说出这一个之际，这一个因此将变得陈腐（vermodern）；那些开始描述它的人不能完成他们的描述，而将不得不把这描述让给别人，而别人最后自己也会承认，他们要说的是一个不**存在**的事物。因此，他们所意谓的诚然是**这一张纸**，而这里的这一张纸是完全不同于上面说的那一张纸的；但是他们说出来的是现实的**事物**、**外部的**或**感性的对象**、**绝对个别的**本质等等，这就是说，他们关于这些**事物**所说出的仅仅是**共相**；因此凡是被称为不可言说的东西，不是别的，只不过是不真实的、无理性的、仅仅意谓着的东西。——如果对于某物，我们除了说它是**一个现实之物**、一个**外部的对象**以外，说不出别的东西来，那么所说出来的只不过是作为一个最最普遍的东西，因而所说出来的与其说是它和一切东西的区别，不如说是它和一切东西的**相同性**。当我说：一个**个别之物**，那么我说的毋宁也同样等于一个完全**普遍的东西**，因为一切都是个别之物；同样**这一个**事物也就是我们所想要的一切。更确切地讲，即作为**这一张纸**来讲，则**任何**一张纸和**每一**张纸都是**这一张纸**，我所说出的永远只是共相。但是如果我想要帮助语言——这语言具有这样神圣的本性，即它直接地能把意谓颠倒过来，使它成为某种别的东西，因而使意谓根本不能**用语词来表达**——，我就**指着**这一张纸，于是我就对于感性确定性的真理实际上是什么造成了一种经验：我指定这

{70}

[73]

张纸是一个**这里**，而这个这里又是其他那些这里的这里，或者在它本身中，就是许多**这里**的一个**单纯的总和**，也就是一个普遍的东西；我把它当作在真理中那样来看待（aufnehmen in Wahrheit），我就不是在认知一个直接性的东西，**我在知觉**（nehme ich wahr）。

第二章
知觉；或事物和假象

　　直接的确定性并没有给自己取得（nehmen）真实的东西（Wahre），因为它的真理是共相；但它想要取得的是**这一个**。反之，知觉便把对它来说是存在者（Seiende）的那个东西当作普遍性的东西来对待（nehmen）。正像普遍性是知觉的一般原则一样，知觉中的直接互相区别的各环节也是如此：我是普遍的我，对象也是一个普遍的对象。那条普遍原则对我们来说是**产生出来的**，因此，我们对于知觉的接受就不再显现为如同对感性确定性的接受那样，而是一种必然的接受（Aufnehmen）。在产生普遍性原则的同时形成了两个环节，它们在自己的现象上只是**作为特例显示**出来的；这两个环节，一个是指证的运动，另一个是同一个运动，不过是作为单纯的东西；前者是**知觉**，后者是**对象**。按本质说来，对象就是那本身就是运动的同一个东西，运动是两个环节的展开和区别开的过程，对象则是两个环节之被结合在一起。对我们而言，或自在地来说，作为原则的共相是知觉的**本质**，与这个抽象相比，那区别开来的两个方面即知觉者和被知觉者都是**非本质的东西**。但实际上，因为两者本身都是共相或本质，所以两者都是本质性的；不过，由于两者处于相互对立的联系中，所以在这种联系中，只可以有一方面是本质性的，在它们之间必须划分出本质的东西和非本质的东西的区别。那被规定为单纯的东西的一方即对象是本质，不管它是否被知觉都是无所谓的；但是知觉作为运动是不稳定的，它可以存在也可以不存在，它是非本质的。

　　这个对象现在必须得到更确切的规定，而这个规定必须根据已获致的结果做简短的发挥；更详细的发挥不属于这里的任务。既然对象的原则即

[75]　共相在其单纯性里是一个**被中介**的原则，那么对象必须在自己身上把这一点作为它的本性表现出来；它由此而把自己**显示为具有许多属性的事物**（Ding von vielen Eigenschaften）。感性认知的丰富内容属于知觉，而不属于直接的确定性，在直接确定性里，丰富内容只是例示出来的东西；因为只有知觉才在自己的本质中具有**否定性**、区别或多样性。

［一、事物的单纯概念］

{72}　　因此，"这一个"就被建立为**非这一个**，或建立为**被扬弃了的**；因而它就不是无，而是一个特定的无，或者**一个具有内容之无**，亦即对**这一个的无**。感性的东西本身借此还在手头，但是已经不像在直接的确定性中所应有的那样，作为被意谓的个别的东西，而是作为普遍的东西，或者作为自身被规定为**属性**的东西而在手的。**扬弃**（Aufheben）陈述了它的那种我们在否定的东西上面所看到过的真实的双重含义；扬弃是**否定**并且同时又是**保存**；这个无，作为**这一个的无**，保存着直接性，并且本身是感性的，但却是一个普遍的直接性。——但存在之所以是一个普遍的东西，乃是因为它在自身中拥有中介和否定的东西；通过它在自己的直接性里**表现出**这一点，它就是一个**被区别**、被规定了的属性。借此，就同时建立起了**众多**这样的属性，每一个都是另一个的否定的属性。由于它们是在普遍的东西的**单纯性**中被表达出来的，这些真正讲来是凭借着进一步添加的规定才是种种属性的**规定性**，就**自己与自己**相联系，它们相互**漠不相干**，每一个都是独立的，都不受其他的束缚。但是那单纯的、本身同一的普遍性自身又是从属性的这些规定性中区别开的，并且是不受其束缚的；这普遍性是纯粹自己和自己相联系，或者说是这种媒介，在其中存在着所有这些规定性，因而在这普遍性里，所有这些规定性都作为在一个**单纯的**统一体里的东西而互相**渗透**，

[76]　但是又互不**干扰**；因为正由于分有（Teilnahme）了这个普遍性，它们才是独立而漠不相干的。——这个抽象的普遍媒介，亦即可以被称之为一般**物性**（Dingheit）或纯粹本质的东西，不是别的，就是已被表明为众多之**单纯的集**

合的**这里**和**这时**；但这些众多在**其规定性**中本身就是**单纯的共相**。盐是单纯的这里，同时也是多方面的；它是白的并且**也**是咸的，**也**是立方形状的，**也**有一定的重量等等。所有这些众多属性都存在于*同一个*① 单纯的**这里**之中，因此而在其中互相渗透；没有一种属性具有不同于另一种属性的另一个这里，而是每一种属性到处都存在于别的属性所在的同一个这里之中；而且同时，并不是由于被不同的这里分离开来，它们才在这种相互渗透中互不影响；盐的白色不影响或改变盐的方形，而这两者又不影响或改变盐的咸味，如此等等，而是由于每一属性本身都是单纯地**自己与自己相联系**，它们就并不干扰其他属性，而只是通过那漠不相关的"**也**"（das Auch）来与它们相联系。因此这个"**也**"就是那纯粹的共相自身，或者是那个媒介，即那个把它们如此总括在一起的**物性**（**Dingheit**）。

　　在已经得出的这种关系里，只有肯定的普遍性这一特性（Charakter）才 {73}
被观察到并展示出来，但它呈现出还有一个也必须纳入进来的方面。这就是假如这些众多被规定的属性绝对漠不相干，而且完全只是自己与自己本身相联系，那么它们就不会是任何**被规定了的东西**；因为只有当它们之间有了**区别**，并且当它们与**别的**属性处于对立的**联系**中时，它们才是被规定了的。但是根据这种对立，它们就不能在它们的媒介之单纯的统一性里共存，而这种统一性对它们来说是与否定性同样本质性的；对这些属性所作的区别，只要不是漠不相干的，而是排他性的、否定他者的，那么它就会落在这种单纯的媒介之外；并且这个媒介因此也不仅仅是一个"**也**"，不只是漠不相干的统一性，而且也是"**一**"（Eins），即**排他性的单一性** [77]
（**Einheit**）。——"**一**"是**否定性的环节**，正如它是以一种单纯的方式自己与自己相联系并排斥他者那样，而**物性**（**Dingheit**）则由此而被规定为了**事物**（**Ding**）。在属性那里，否定性是和存在的直接性直接为一的**规定性**，而存在的直接性，借助于与否定性的这种统一性（Einheit），它就是普遍性；但是作为"**一**"这种单一性（Einheit）是这样存在的，即它摆脱了它与对方的这种统一性，而本身自在自为地存在着。

---

① "同一个"为大写 Eine，中文排斜体。——中译者

在这几个合在一起的环节中,事物是被当作知觉的真实的东西来完成的,在这方面有必要就此对它加以阐发。它就是:第一,漠不相干的被动的普遍性,是众多属性、或者不如说是众多**质料**的那个"**也**";第二,事物同样是单纯的否定性或者"**一**",是对于相对立的属性的排除;并且第三,事物是众多**属性**自身,亦即前面两个环节的联系,是这种否定性,正如它与那漠不相干的元素相联系,并在其中作为种种区别的总和而扩展开来那样;它就是在持存的媒介中照射到多数性中去的那个个别性之点。一方面,这些区别属于那漠不相干的媒介,因而它们本身就是普遍的,它们只是自己跟自己相联系,而不互相影响;但另一方面,它们属于否定的单一性,它们同时是排他的,但它们在那些离开它们的"**也**"之外的属性之上,必然具有这种对立的联系。感性的普遍性,或存在与否定的**直接**统一,只有当"**一**"和纯粹普遍性都从这种统一中发展出来并相互区别开来,只有当这统一与纯粹普遍性彼此结合起来时,才是**属性**;只有这直接统一与那些纯粹本质环节的这种联系才完成了**事物**。

[二、事物的矛盾概念]

于是这就是知觉的事物的性状;只要意识是以事物作为自己的对象,它就被规定为知觉者;它**只须采纳**(nehmen)对象,抱有纯粹统握(Auffassen)的态度;凡是由此而从属于意识的东西,就是真实的东西。假如意识本身于采纳对象时有所作为,它就会通过这种增加或减少而对真理作出改变。由于对象是真实的东西和共相,是自身等同者,而意识本身却是变化无常的和非本质的东西,对意识来说就有可能发生不正确地统握了对象和弄错了的情况。知觉者具有陷入假象的可能性的意识;因为在那作为原则的普遍性里,**他在**(Anderssein)本身对知觉者是直接的,但却是作为**被消灭**、被扬弃了的东西。因此,知觉者的真理标准是**自身等同性**,而它的态度必须被作为自我同一的来统握。由于对它来说,同时有不同的东西,它就是对它的统握的各个不同环节所作的相互联系。但是在这种比较中,如果

[78]

{74}

冒出了某种不等同性，那么这并不是由于对象的不真，因为对象是自身等同的，而是由于知觉的不真。

现在我们看看，意识在它的现实的知觉过程中，造成了什么样的经验。这经验**对我们**来说，已经包含在刚才所给出的对象的发展过程中和意识对待对象的态度的发展过程中，而经验将只不过是现存于其中的那些矛盾之发展而已。——我所接受的对象呈现为**纯粹的"一"**；我又在它身上觉察到本身是**普遍的**属性，但这样一来，这属性就超出了个别性。因而，那对象性本质的作为一个"一"的最初存在，就并不是它的真实的存在；既然**对象是**真实的，那么这种不真性就属于我，而这个统握当时就是不正确的。我就必须为了属性的**普遍性**之故，把对象性的本质毋宁当作一般的**共同性**来接纳。现在我们进一步知觉到，属性是**被规定了的**，是与他者**相对立的**，并且是排除他者的。因此，当我把对象性本质规定为和别的东西的一种**共同性**或者把它规定为连续体时，实际上我并没有正确地统握到对象性本质，而为了属性的**规定性**之故，我倒是有必要分割开这连续体，并把对象性本质建立为排他的"一"。在分割开的这个"一"上面，我发现有许多这样的属性，它们彼此没有影响，而且相互漠不相干；因此，当我把对象作为一个**排他的**东西来统握时，我并没有正确地知觉到对象；反之，对象正如它从前只是一 [79]
般的连续体，那么现在它是一个普遍的**共同的**媒介，在其中，众多属性作为一些感性的**共性**，每一个属性单独存在，并且作为**被规定的**属性而排斥别的属性。但，我所知觉的单纯的和真实的东西因此也就不是一个普遍的媒介，而是单独的**个别属性**，但这种个别属性既不是属性也不是一个被规定的存在，因为它现在既不是属于一个"一"，也和他者没有联系。但是属性只有在"一"身上才是属性，而且只有在和他者的联系中才得到规定。作为这种纯粹自己对自己的自我关联，它还只是停留于一般的**感性存在**，因为 {75}
它在自己身上已不再具有否定性这种特性；那意识到现在是一个感性存在的意识就仅仅是一种**意谓**，这就是说，感性存在已经完全从知觉中退出来，返回到它自身中去了。不过，感性存在和意谓本身过渡到知觉；我又被抛回到了开端，并且重又被卷入到一个同样的循环之中，这个循环在每个环节中并且作为整体都扬弃了自身。

　　所以意识不得不重新将这个循环走一遍,但同时又不是采取上一次的那种方式。因为它已造成了关于知觉的这种经验,即知觉的结果及真实的东西就是知觉的解体,或是从真实的东西里返回到自己本身的反思。对于意识来说,借此规定下来的是,它的知觉本质上具有怎样的性状,就是说它不是一个单纯的纯粹统握,而是**在它的统握中**同时从真实的东西**走出来而进入到自身中反思**。意识的这种返回到自己本身,既然直接**混合**在纯粹统握之中——因为这种返回将自己显示为对知觉是本质性的——,它就使真实的东西发生了改变。意识同时也认识到这一方面是它自己的,并且也承担了这一方面;于是它将借此使真实的对象保持纯粹。——这样一来,像在感性确定性里所曾发生的一样,现在在知觉这里,也现成地有这一方面,即意识被逼回到了它自身,不过暂时还不是在前一场合的那种意义上,即好像知觉的**真理**属于意识似的 ①;而是相反,意识认识到,其中所出现的非**真理性**是属于它的。但是通过这种知识,意识同时就能够扬弃这种非真理性,它就把自己对真实东西的统握与它的知觉的非真理性区别开来,纠正这非真理性,并且只要意识自己着手来做这种改正,真理性作为**知觉**的真理性终归是**属于它的**。因此从现在起,要考察的这个意识的态度就具有了这种性状,意识不再只是知觉,而且也意识到自己的自我反思,并把这种反思和单纯的统握本身分离开来。

[80]

　　所以首先我觉察到,事物是"**一**",并且我必须在这种真实的规定中把事物固定下来;如果在知觉的运动中出现了某种与它相矛盾的东西,那么它就必须被认作是我的反思。于是在知觉中,也就出现了各种不同的属性,这些属性显得好像是事物的属性;但事物是"**一**",并且具有这样一种使它不再是"**一**"的差异性,于是我们就意识到这种差异性是属于我们的。所以实际上,该事物只是在**我们的**眼睛中看起来是白的,**也**只是在**我们的**舌头上尝起来是咸的,**也**只是由**我们的**触觉感到是立方形的,如此等等。这诸多方面的全部的差异性我们都不是从事物中取来的,而是取自于我们自己;它们就这样在我们完全区别于舌头的眼睛等等之上,在我们这里分崩

---

① 　第二版为:"好像意识属于**知觉的真理**似的"。——袖珍版编者

离析。因此，我们才是这样一些环节在其中相互分离、各自为政的那个**普** {76}
遍的媒介。所以由于我们把成为普遍媒介这一规定性看作是我们的反思，我们就使事物的自我等同性和真理性保持为"一"。

但是意识所承担起来的这些**不同的方面**，就每一方面都是单独被看作置身于普遍媒介中而言，都是**被规定了的**；白只是与黑相对立，如此等等，而事物之所以是"一"，恰好也是由于它与其他的东西相对立。但是并非只要它是"一"，它就把其他东西从自身中排除掉了——因为成为"一"是那普遍的自身联系，并且正由于它是"一"，它反倒跟一切都同一了——相反，它排除其他东西，是通过**规定性**。所以诸事物本身是**自在自为地被规定的事物**，它们具有属性，通过这些属性，它们把自己和别的东西区别开来了。 [81]
由于这**属性**是事物自己**固有**的属性，或者是在事物自己本身中的一个规定性，事物就具有**多个**属性。因为首先，事物就是那真实的东西，它就是**自在的本身**；而凡是在它那里的，都是在它身上作为它自己固有的本质，而不是为了别的东西之故；因此第二，那些被规定的属性，并不仅仅是为了其他事物之故和对其他事物存在的，而是存在于这事物自身中；但它们之所以是**在事物中**被规定的属性，仅仅是由于它们是多个相互区别开来的属性；第三，由于它们这样存在于物性中，它们就是自在自为的并且彼此漠不相干的。所以这就是在真理中的事物本身，它就是那既是白的，**也**是立方的，**也**是咸的，诸如此类的东西，或者说事物就是这个"**也**"或这个**普遍的媒介**，在其中，那众多属性彼此外在地持存着，不相干扰、互不取消；而这样看事物就是把事物看作是真实的。

于是在这种知觉中，意识同时意识到，它**也**在自身中反思到它自己，且意识到在知觉中出现了与那个"**也**"相对立的环节。但这个环节就是事物与它自身的**统一性**，这种统一性从自身中排除了区别。因此，统一性就是意识必须承担起来的东西，因为事物自身是**众多不同的、独立的属性之持存**。所以关于事物所说出来的是：它是白的，**也**是立方的，并且**也**是咸的等等。但是**就事物是白的而言**，它就不是立方形的，而**就它是立方形也是白的而言**，它就不是咸的，如此等等。使这些属性**置于一中**（Ineinssetzen）只应属于意识的事，因此意识不能让这些属性在事物身上归而为一。归根到底是意识带来了这个**就此而言**（Insofern），它借此把这些属性相互区别开来，并把事物作为这个"也"保持下来。这个**成为"一"**（Einssein）是意识才真正有权承担起来的，以至于那曾被称为属性的东西现在被表象为**自由散漫的质料**（freie Materie）。事物以这种方式就被提升到了那真实的"也"，由于它是一个质料的**集合**，而不是"一"，它就成为一种仅仅包容性的外壳了。

[82]

{77}　　如果我们回顾一下意识以前所承担的东西以及现在所承担的东西，还有意识以前归之于事物的东西和现在归之于事物的东西，那就会得出结论：意识以交替的方式，既把它自身又把事物当作这两个方面：要么作为纯粹的、不含多数性的**"一"**，要么作为一个融化在各个独立质料中的**"也"**。于是意识通过这一比较就发现，不仅**它自己**对真实的东西的接纳（Nehmen das Wahren）本身具有**统握**（Auffassen）与**返回自身**这两者的**差别**，而且毋宁说，真实的东西本身、事物也以这样双重的方式呈现出来。因而，现在到手的经验就是：事物以被规定的方式，**对于那统握着的意识呈现出来**；但**同时**又从它在其中呈示出来的方式**出发**，而**在自身中反思自己**，或者说事物在它自身有一个相反的真理。

［三、朝向无条件的普遍性和知性领域的发展运动］

　　于是，意识本身又超出知觉的这个第二种态度，这种态度把事物当作真正自身等同的来接纳，却把意识当作自身不等同的东西、当作走出等同性而返回到自身的东西来看待，而现在，对象对意识来说就是这整个的运动，这个运动以前曾被分配给了对象和意识。事物是**一**，是在自身中被反思的；它是**自为的**，但它也是**为一个他者的**；也就是说，**当它**为一个他者而存在时，它对自己就是一个**他者**。据此，事物是自为的**也**是为他的，它是一个**双重的**、有差异的存在，但它**也**是"一"；但"是一"（Einssein）与它的这种差异性是矛盾的；据此，意识就会不得不又把这种建立为一（Ineinssetzen）承担起来，并和事物隔离开来。意识因而将不得不说，**只要事物是自**

[83]

为的，它就不是为他的。不过，正如意识已经验到的那样，"是一"也属于事物本身；事物本质上是自身中被反思。因此，那个"**也**"或者那漠不相干的区别，固然可以正像属于"**是一**"那样属于事物，但是由于事物与"是一"这两者是不同的，所以不是属于同一事物，而是属于**不同的**事物；存在于一般对象性本质上的矛盾就被分配到两个对象上。因此，事物虽然是自在自为的、自身等同的，但是这种自己和自己的统一性（Einheit）被别的事物所干扰；这样，该事物的统一性就保持住了，而同时该事物之外以及意识之外的他在也保持住了。

　　现在虽说对象性本质的这一矛盾这样被分配给了不同的事物，但因此那孤立的个别事物本身上仍然会产生出区别来。因而那些**不同的事物**都是**自为地**被建立起来的；而相互之间的冲突是这样归于它们的，以至于每一事物不是不同于自身，而只是不同于另一事物。但是借此，每一事物**本身**被规定**为一个区别开来的东西，在它自身**包含有与其他事物的本质区别，同时又并不是这样包含：似乎这是**在它**自身中的一种对立似的，相反，它自为地就是**单纯的规定性**，这种规定性构成了使得它与其他事物区别开来的**本质的特性**。实际上，虽然由于差异性是在事物身上，所以差异性必然作为事物身上多样性状的**现实**区别而存在。但是由于规定性构成事物的**本质**，借此事物才与其他事物区别开来，并自为地存在，所以另外那些多样的性状就是**非本质的东西**。事物在其统一性中，虽然借此自身拥有了**双重的**"就此而言"（Insofern），但却带有**不相同的价值**，所以并不因此而使这种被对置（Entgegengesetztsein）变成事物本身现实的对立（Entgegensetzung）；而是只要事物通过它的绝对**区别**进入到对立之中，它便拥有了与另外一个外在于它的事物的对立。虽然那另外的多样性在该事物身上也是必要的，以至于它是不能从该事物里省略掉的，不过它对于该事物是**非本质的**。

{78}

　　构成事物的本质特性并把事物从一切他物区别开来的这个规定性，现在就这样得到了规定，以至事物借此与他物相对立，但在其中也应当保持住自己的独立。但事物或者自为存在着的"一"，只是就它与他物不处于这种联系中而言才是自身；因为在这种联系中，毋宁说建立起了与他物的关联，而和他物的关联就是自为存在的终止。正由于这种**绝对特性**（absoluten

[84]

Charakter）以及它的对立，它才**与他物发生关系**（verhält），而且本质上仅仅是这个**相关性**（Verhalten）；但是这种关系是对它的独立性之否定，而事物通过自己的本质属性毋宁说就走向了毁灭。

对于意识而言，这种经验的必然性，即事物正好由于构成它的本质和自为存在的规定性而走向毁灭的这种必然性，可以按照这个单纯的概念这样大致地来考察。事物被建立为**自为**存在或者建立为对一切他在的绝对否定，因此它乃是仅仅自己与自己相联系的绝对否定；但是那自己与自己相联系的否定就是**对它自身**的扬弃，或在他者中拥有自己的本质。

{79} 实际上，对象的这个规定正如它已表明的，并不包含任何别的东西；对象应当拥有一种本质的属性，这个本质属性构成它的单纯的自为存在，但尽管有这种单纯性，对象却也拥有差异性在它自身，这种差异性虽然是**必要的**，但不应当构成**本质的**规定性。但是这还仅仅是摆在字面上的一种区分；那**非本质**的却毕竟同时又应当是**必要的**东西扬弃它自身，或者说，它就是刚才被称之为它自身的否定的东西。

据此，那曾经分割自为的存在和为他存在的最后一个"**就此而言**"，就完全撤消了。对象从一个而且是同一个角度看，毋宁说就是**它自身的反面**：**它是自为的，就其是为他的而言**；而它是**为他的，就其是自为的而言**。它是**自为的**，是自身中反思的，是一；但是这种**自为、自身反思、是一**，是和它的
[85] 反面、和**为他存在**处于统一之中，因而只是被建立为已经扬弃了的东西；或者说，这种**自为存在**正如那个曾经据说是唯一的非本质的东西、即与他者的关系一样，也是**非本质的**。

这样一来，对象在它的纯粹规定性中，或在那些曾经应当构成其本质性的规定性中同样被扬弃了，正如它在它的感性存在中曾经成为了一个被扬弃的东西那样。从感性存在出发，对象成为了一个普遍的东西；但是这个共相由于它是**从感性的东西走出来的**，它就本质上受到感性的东西的**制约**，因此一般说来，它并不是真正自身等同的普遍性，而是**受到某个对立面刺激**的普遍性，因而这种普遍性就分化为个别性和普遍性、诸属性的"**一**"和自由散漫的质料的"**也**"这两端。这些纯粹的规定性似乎表达了**本质性**本身，但是它们却只是一种带有**为他存在**的**自为存在**；但由于这两种存在

本质上都存在于**一个统一体中**，那么现在那无条件的绝对的普遍性就现成在手了，在这里意识才真正地进入了知性的王国。

所以，感性的个别性虽然在直接确定性的辩证运动中消失了，成为了普遍性，但只是**感性的普遍性**。意谓已经消失，知觉就把对象如同它是**自在的**那样或者作为一般普遍的东西来接纳；因此个别性在知觉里作为真实的个别性、作为"**一**"的**自在存在**或是作为**自我反思的存在**而显露出来。但是它还是一个**被制约的**自为存在，**在它旁边**还出现了另一个自为存在，出现了一个与个别性相对立并受到个别性制约的普遍性；不过这矛盾着的两端不仅是**彼此并列**，而且是在一个统一体中；或者这样说也一样，这两端的共同的东西即**自为存在**一般**是**带有对立面的，这就是说它同时又不是一个**自为存在**。知觉的这种诡辩试图把这两个环节从它们的矛盾中拯救出来，试图通过作出**两种看法**的区别，通过"**也**"和"**就此而言**"把这两个环节坚持下来，并且最后想要通过区别开**非本质的东西**和与它相对立的**本质**来抓住真理。不过这些解救办法并不能防止统握时的假象（Täuschung），毋宁正表明它自身的无效，而通过知觉的这种逻辑所想要获得的真实的东西则表明其自身即使从同一个角度看，也是那种相反的东西，据此也表明它在其本质中就具有无区别和无规定的普遍性。　[86]　{80}

个别性、与个别性相对立的**普遍性**、与非本质的东西联结着的**本质**，以及虽非本质但同时却又是必要的一种**非本质的东西**——所有这些空洞抽象的东西都是些力量，以这些力量所玩的把戏（Spiel）就是知觉着的知性，即通常所谓的健全的人类知性；这种把自己当作扎实而实在的意识的健全知性，在知觉中却只是**以这些抽象**所玩的把戏，当它自以为是最丰富之时，一般说它总是最贫乏的。由于它被这些无意义的本质所来回拨弄，由这一个被抛入到另一个的怀抱，努力凭借自己的诡辩交替地时而坚持并主张这一个本质，时而又坚持并主张那正相反对的本质，而与真理相违背，它就以为哲学仅仅是和**这些思想的事物**打交道了。实际上哲学也是在和这些事物打交道，并且认识到它们是纯粹的本质，是绝对的元素和力量；不过哲学借此同时也**在它们的规定性中**认识它们，因而哲学是驾驭它们的行家，而那个知觉的知性却把它们当作真实的东西并被它们从一个错误打发到另一个错误。它自己没有意识到的是，这就是这样一些在它之中起支配作用的单纯本质性，相反，它总是以为它与之打交道的是完全扎实的材料和内容，正如感性确定性不知道纯粹存在的那个空洞抽象就是它的本质一样；但实际上，这些本质性正是知觉的知性凭借一切材料和内容一直都在上面转来转去的东西；这些东西就是那些材料和内容的纽带和支配者，只有它们才对意识来说是感性东西的**本质**、并且是规定意识对感性东西的关系的东西，

[87]　也只有在这里知觉及其真实的东西的运动才得以完成。这个进程，一种对真实的东西的规定和对这规定的扬弃不断交替着的过程，真正讲来构成了知觉者和那自以为在真理中运动的意识之日常的、经常性的生命和驱动力（Treiben）。在这一过程里，意识不可阻挡地继续走向对一切这种根本的本质性（wesentlichen Wesenheiten）或规定皆同样加以扬弃的结果，但是在每一个别的环节中只意识到其中的**一个规定性**是真实的东西，然后又在另一个环节中意识到一个相反的规定性是真实的东西。意识诚然也预感到这些规定性的非本质性；为了把它们从这种面临着的危险中拯救出来，意识转向了诡辩，把自己刚才还断言为不真实的东西现在却断言为真实的。这些不真实的本质的本性（Natur）真正要做的是，驱动这样一个知性去把这些

{81}　观念，如前述**"普遍性"**和**"个别性"**、**"也"**和**"一"**、与一种**非本质性必然**联结着的那种**本质性**和一种毕竟也是必要的**非本质的东西**——把有关这个非本质的那些**观念放到一起来**，并借此扬弃它们，然而这种知性拒绝了这种做法，它仰仗的是**"就此而言"**和不同的**视角**，或者自己承担起一个观念以便把另一观念分离开来并维持其真实性。但是这些抽象东西的本性把这些观念自在自为地放在一起来了；而健全知性则是对那些迫使它在自己的回旋式循环中兜圈子的各种抽象的剥夺。当健全知性想要通过这种方式，即时而自己承担起抽象东西的非真理性，但时而又把假象说成是那些不可靠的事物的映像，并把本质的东西和对这些事物是必要的但毕竟据说是非本质的东西分离开，而坚持前者与后者不同，它是这些事物的真理，这样来赋予这些抽象以真理性时，借此它并没有维持住这些抽象东西的真理性，却表明了它自身的非真理性。

第三章
力和知性，现象和超感官世界

在感性确定性的辩证法中，意识失去了听、看等等，而作为知觉它得到了一些观念（Gedanken），但它才刚刚把这些观念在无条件的共相中放到了一起。这个无条件的东西假如现在被当作静止的单纯的本质来看的话，它本身又将无非是**自为存在**的那个趋向片面的**一端**，因为这样一来与它相对立的就将是非本质（Unwesen）；但是与此相联系，它自身就会是非本质的，而意识就不会从知觉的假象中解脱出来了；但这种共相已表明它自己是已从这样一种有条件的自为存在中返回到它自身中去了的东西。——这个从现在起是意识的真正对象的无条件的共相仍然是作为意识的**对象**而存在的；意识还没有把它的**概念**作为**概念**来把握住。意识和对象两者必须从本质上区别开来，对于意识说来，对象从与其他对象的关系中返回到自身，并因而**自在地**成为了概念；但意识还不是自为地自身就是概念，因此在它那个被反思到的对象中，没有认出自己来。**对我们来说**，这个对象通过意识的运动而形成了这样的情况，以至于意识被纠缠到对象的形成过程中去了，而对这两个方面的反思就是同一个反思，或者只是"一个"反思。但由于在这个运动里，意识曾经只把对象性的本质而不是把意识本身当作它的内容，所以对意识来说必须把结果建立在对象性的含义上，而且意识还退出了所形成的东西，以至于对意识来说这东西作为对象性的东西就是本质。

知性借此虽然扬弃了它自身的非真理性以及对象的非真理性；由此对它所形成的东西就是真实东西的概念；而**自在地**存在着的真实的东西却还不是概念，或者说它还缺乏意识的**自为存在**，而在其中尚未认知自身的知

[89] 性就对它不加干涉。这种真实的东西独自驱动着它的本质，以至于意识对它的自由实现并不参与，而只是对这过程加以旁观，对之作纯粹的统握。

{83} 所以**我们**对此首先还必须要站在意识的立场上，我们必须是那养成（ausbilden）在结果中所已包含的东西的概念；凭借这个所养成的对象、这个作为存在者在意识中呈现出来的对象，意识才第一次成为了进行概念式理解的意识。

这结果曾经是无条件的共相，它最初是在否定的和抽象的意义之下，即意识曾否定了自己的那些片面概念并把它们抽象掉了，也就是说把它们都放弃了。但是这结果自在地具有肯定的意义，即在其中**自为存在**和**为他存在**的统一已建立起来了，或者说绝对的对立已直接地作为同一个本质建立起来了。最初看来好像这只涉及各个环节相互间的形式；但是自为存在和为他存在同样也是**内容**本身，因为这种对立在其真理性中不可能有任何其他本性，而只能有在结果中已表明的本性，这结果就是，那在知觉中被认其为真的内容实际上只属于形式并消融在这形式的统一性中。这内容同时是普遍的，绝不可能有另外的什么内容可以凭借它的特殊性状避免回归到这个无条件的普遍性的。假设有那样一种内容的话，它就会不得不以某种特定的方式自为存在并与他者发生关系了。只不过，**一般说来自为存在**和**与他者发生关系**就构成这内容的**本性**和**本质**，而它的本性和本质的真理就是成为那无条件的普遍的东西；这个结果不折不扣地是普遍的。

但由于这个无条件的共相是意识的对象，所以在它上面就突显了形式和内容的区别；在它的内容的形态下，这两个环节表面看来最初呈现出，一方面是许多持存的质料之普遍媒介，另一方面则是自身反思的一，在其中
[90] 这些质料的独立性荡然无存。前者是事物之独立性的消解或者说是被动性，这种被动性是为一个他者的存在，但后者则是自为存在。可以看到，这些环节是如何在作为它们的本质的无条件的普遍性中呈现出来的。很显然，首先由于它们只存在于这个无条件的普遍性之内，一般说它们就不再彼此分离，相反，本质上它们都是一些把自己扬弃在自身中的方面，而只有它们彼此的相互过渡才被建立起来了。

［一、力和力的交互作用］

于是其中的一个环节显现为站在这一方的本质,显现为普遍的媒介,或显现为那些独立质料(selbstständiger Materien)之持存。但这些质料的**独立性**不是别的,只是这种媒介;或者说这个**共相**完全是这样一些不同的共相之**多数性**。这共相在这媒介上本身与这种多数性有不可分割的统一,但这也意味着这些质料存在,每一个都在另一个存在之处存在;它们是互相渗透的,——但又互不接触,因为反过来说,那多方被区别开来的东西同样是独立的。① 借此同时也建立起了这些质料的纯粹可浸透性,或它们的 {84}

被扬弃的存在。这种被扬弃的存在或者这种将差异性归结为**纯粹自为存在**的做法又不是别的,而就是这媒介本身,而这媒介则是那些区别开来的东西的**独立性**。或者说,那些被独立地建立起来的东西直接过渡到它们的统一性,而它们的统一性直接过渡到那种展开,而这种展开又再返回到那个归结的做法。但这种运动就是那被称之为**力**的东西;力的一个环节,即力之作为那些在其存在中具有独立性的质料之扩散,就是力的**表现**;但是力作为这些质料的消失了的存在便是从其表现中**被逼回**到自身中的力,或**本来意义上的力**。但是第一,那被逼回到自身的力**必然**要表现出来;第二,在表现时它同样是存在于**自身内**的力,正如力在存在于自身内时也是表现一样。——由于我们这样把两个环节保持在它们的直接统一性中,所以真正讲来力的概念所隶属于其下的知性就是把那些区别的环节作为区别的 [91]
环节担负起来的**概念**;因为这些区别的环节**在自己本身中**应当是没有区别的,因此它们的区别只存在于思想中。——或者上面所建立起来的才仅仅是力的概念,而不是力的实在性。但是实际上力就是那个无条件的共相,这个共相当它**为他者**而存在时,同样自身也自在地存在;或者说这个共相

---

① 黑格尔这里引用的是道尔顿(John Dalton,1766—1844)关于不同气体相互关系的理论,——丛书版编者［道尔顿,英国化学家,现代原子论的创立者,曾提出混合气体中各气体的分压定理。——中译者］

在自己本身就拥有这种区别，因为这区别不是别的，只是那个**为他者**而存在。因此假如力要在其真理中存在，这一点力是必须完全游离于观念之外而作为这些区别的那个实体来建立的，这就是说，**首先**，必须把**实体**建立为本质上是作为这整个的力而**自在自为地**保持下来的东西，**其次**，必须把力的**各种区别**建立为**实体性的**或者自为持存着的诸环节。力本身或者被逼回到自身的力因而自为地就是一个**排他的一**，对它来说那诸多质料的展开是一个**另外持存着的本质**，这样建立起来的就是两个区别来开的独立方面。但是力也是全体，或者说它保持着按照它的概念所是的那样；这就是说，这些**区别**仍保持为纯粹的形式、表面的**消失着的环节**。那被逼回到自身的本来的力和那些独立质料的**展开**之间的**这些区别**，假如不是这些质料具有**持存**的话，就根本不会同时存在了，或者说，假如力不是以这种对立的方式**实存**（existierte）的话，这种力就不会存在了；但是说力以对立的方式实存，只不过意味着对立的两个环节本身同时都是**独立的**。——所以，这两个环节不断地独立化自身、并且又自身扬弃自身的这个运动，这正是需要考察的事。——一般说来很显然，这种运动无非就是知觉的运动，在其中知觉者和被知觉的东西两个方面，一者作为对真实东西的**统握**，是"一"和没有区 {85} 别开的东西，但同时每一方面却也同样是**自身反思的**，或自为存在的。在这里，这两方面就是力的两个环节；这两个环节同样都在一个统一性中，以及作为这种统一性，它对那自为存在着的两端显得是中项，它总是把自身分解为正好这样两端，这两端就是由于这种分解而存在的。——因此这个 [92] 以前作为自我取消的矛盾着的概念而呈现出来的运动，在这里就具有了**对象性的**形式，并且就是力的运动，作为这一运动的结果，那无条件的共相作为事物之**非对象性的**或内在的东西（Innres）就出现了。

正如力已经被规定的那样，由于它被表象为力**本身**或表象为**自身反思的**，它就是它的概念的一个方面；但却是作为实体化了的一端，也就是建立在"一"这个规定性之下的一端。据此，那些展开了的质料之**持存**就被排除在力之外，是不同于力的**他者**。由于必然地，**力本身**将会是这种**持存**，或者它将会**表现出来**，于是它的这种表现就把自己表象成这样，即**那个他者外加**到力的身上，并对它加以引发。但是实际上，由于力**必然表现出来**，力在自己本身就拥有那曾经建立为另一种本质的东西。以前力被建立为**一个**"**一**"，建立为力的"**表现出来**"这一本质，建立为一个他者、一个外加到它身上的东西，这种做法必须撤销了；毋宁说，力本身就是那些作为质料的诸环节持存的普遍媒介；或者说**力已经表现出来了**，而那据说是另外的引发它的东西毋宁说就是力。所以力现在作为展开了的质料之媒介而实存（existieren）。但是力本质上同样也具有持存着的质料之被扬弃存在的形式，或者它本质上就是"**一**"；这个"**是一（Einssein）**"因而**现在**就是**一个不同于力的他者**，因为现在**力**是被建立为诸多质料的媒介了，而力就在自身之外拥有了自己的本质。但由于力必然是它**还没有**建立为的那个东西，所以，**这个他者就加进来**并引发它去反思它自身，或扬弃它自己的表现。但是实际上，**力本身**就是这种自身反思的存在，或表现的这种被扬弃的存在；"**是一**"（Einssein）正如它出现那样消失了，也就是作为**一个他者**；**力就是这个他者本身**，力就是被逼回到自身的力。

　　那作为他者而出场、并且既引发力去表现又引发它返回到自身的东西，当直接产生出来时，**本身就是力**；因为他者也正如一那样显示为普遍媒介，以至于这些形态的每一个同时都只作为消失着的环节而出场。因此这个 [93] 力，由于一个他者是为了它而存在的，它也是为了一个他者而存在的，一般讲来力就还没有从它自己的概念里突显出来。但现成在手地同时有两种力，这两种力的概念诚然是同一的，但是却从它们的统一性走出来进到了二分性。这种对立本质上并不是完全只停留于一个环节，而是似乎通过这种二分为**两个完全独立的力**而摆脱了统一性的支配。至于这种独立性是什 {86} 么一种情况，必须做更仔细的考量。首先，那作为引发者、也就是作为普遍媒介的第二种力，按它的内容说，是针对那个被规定为被引发者的力而出场的；但由于第二种力本质上是这两个环节的交替，而且本身即是力，所以实际上同样也**只是由于它被引发来这样做**，它才是普遍媒介；并且它之所以只是消极的统一性，或者是引发着力的返回的东西，**也是因为它是被引发的**。据此，甚至在据说一方是**引发者**与另一方是**被引发者**这两者之间曾经有过的区别，也转变成这些规定性的相互交换了。

　　因此，这两种力的转换（Spiel）就在于两者被这样对立地规定下来，在于在这种规定中两者彼此互为对方存在,在于这些规定之绝对的直接换位,——在于这样一种过渡,只有通过这种过渡,两种力似乎是**独立地**在其中出场的那些规定才有其存在。例如,那引发的力被建立为普遍的媒介,反之那被引发的力被建立为被逼回到自身的力;但是前者之所以本身是普遍媒介,只是由于有另一种被逼回到自身的力;或者不如说,后面这种力对前者来说才是引发的,并且只有它才使得前者成为了媒介。前者只有通过另一方才具有它的规定性,并且前者之所以是引发者,只因为它被另一方引发起来成为引发者;而它同样也直接就失掉了这种被给予它的规定性;因为这个规定性将过渡到另一方,或者不如说已经过渡到另一方了;那外来的将力引发起来的东西是作为普遍媒介出场的,但这只是由于它已经被 [94] 力引发起来而这样做了;但是这就是说,是**力**将普遍媒介**建立为**这样的,而且不如说,**力本身本质上就是**普遍媒介;力之所以将引发者这样建立起来,乃是因为这个另外的规定在本质上是**属于力的**,这就是说因为**这个另外的规定毋宁就是力本身**。

为了对这一运动的概念得到完整的明见,还可以提请注意的是:这区别本身是在双重区别中显示出来的,**一方面**显示为**内容的**区别,因为一端是自身中反思的力,而另一端是诸质料的媒介;**另一方面**显示为**形式的**区别,因为其一是引发者,其他是被引发者,前者是能动的,后者是被动的。按照内容的区别来看,它们一般地**存在着**,或者对我们来说**是**有区别的;但按照形式的区别来看,它们是独立的,是在它们的联系中相互分离和相互对立的。至于说这两端按照这两方面**自在地**什么都不是,而是它们的有区别的本质据说持存于其中的这两方面都只是消失着的环节,是每一方可以 {87} 直接向对立一方的过渡,那么这一点对于意识来说,是在对力的运动的知觉中形成起来的。但是对我们而言,正如前面曾经提到的那样,又还有这种情况,即这种区别作为**内容和形式的区别**自在地已经消失了,而在形式方面按照本质来说,那**能动者**、**引发者**或者**自为存在者**与在内容方面作为被逼回到自身的力曾是一回事;在形式方面那被动者、**被引发者**或为他存在者与那在内容方面显现为诸多质料的普遍媒介的东西也曾是一回事。

由此表明,力的概念是通过双重化为两种力而成为**现实的**,以及它是如何成为这样的。这两种力是作为自为存在着的本质而实存（existieren）的；但是它们的实存是这样一种各自朝向对方的运动：它们的**存在**（Sein）毋宁说是一种纯粹**由他方所建立起来的存在**，这就是说它们的存在毋宁说具有纯粹**消失**的含义。它们并不是作为自为地坚持某种固定的东西而只把某种外在的属性相互派作中介和用来相互接触的那样的两端而存在；相反，它们所是的东西，都只是在这个中介和这种接触中它们所是的东西。在这里，直　[95]
接地同时存在的，既有力之被逼回自身或**自为存在**，也有力的表现；既有力的引发又有力的被引发；因此这些环节并不是被分配到独立的、只是提供出尖锐对立的两端上，而是它们的本质完全在于每一方都是通过另一方而存在，而且每一方这样通过另一方而存在的东西又直接地不再存在，因为每一方都是另一方。所以实际上，它们不具有任何本来可以支撑它们和保持它们的自己特有的实体。力这一**概念**不如说是在它自己的**现实性**本身中才把自己作为**本质**保持着；那作为现实的力完全只存在于**表现**中，而这一表现同时又只不过是作为自我扬弃而存在的。这种现实的力当它被表象为从其表现中摆脱出来而自为存在着时，它就是那被逼回到自身的力；但是这一规定性如同所已表明的，实际上本身只是**表现**的一个环节。因此，力的真理仍然停留于只是力的**思想**；而力的现实性的诸环节，它们的实体性和它们的运动，都毫无支撑地坍塌为一种没有区别的统一性了，这种统一性不是被逼回到自身的力（因为这种力本身只不过是那统一性的一个环节），相反，这个统一性是**力的作为概念的概念**。因此，力的实在化同时也是实在性的丧失；在其中力毋宁说完全成为了另外一个东西，即成为了这种**普遍性**，知性首先或者直接地就把这个普遍性认作力的本质，而且这种普遍性也在力的应当存在的实在性中、在那些现实的实体身上证明它自己是力的本质。

[二、力的内在本质]　{88}

倘若我们把那**第一个**共相看作是知性的**概念**，在这里力还不是自为存在的，那么那第二个共相现在就是力的**本质**，如同这本质显示为**自在自为**　[96]

的那样。或者反过来，如果我们把第一个共相看作**直接的东西**，这东西曾经应该是意识的一个**现实的**对象，那么这第二个共相就被规定为对那感性的、对象性的力之**否定**；它就是力，如同这力在其真实的本质中仅仅作为**知性的对象**那样；前者可能会是被逼回自身的力或者作为实体的力；而后者却是事物的**内在的东西**，这内在的东西与作为概念的概念是同一个东西。

[I. 超感官世界]

[1. 内在的东西，外表现象，知性]

事物的这个真本质现在就被规定成了这样：它不是直接为意识的，相反，意识对于这内在东西有一种间接的关系，并且意识作为知性**通过力的这种转换的中介，而窥见了事物的真实背景**。那把知性和内在东西这两端联合起来的中介，是力之展开来的**存在**，这存在对知性本身来说从此就是一个**消失的过程**。因此它就被称为**现象**（Erscheinung），因为一个在自己本身直接就是一个**非存在的存在**，我们便叫作映像（Schein）。但是它不仅仅是一个映像，而是现象，是映像的一个**整体**。这个作为整体的**整体**或普遍的东西就是**内在东西**所构成的，是**各个力的转换**作为这整体在自身中对自己的**反思**。在这整体里，知觉的诸本质被以对象性的方式对意识**建立**为如同它们自在存在的那样，亦即建立为没有停息、没有存在地直接转化为对方的环节，"一"直接转化为共相，本质的东西直接转化为非本质的东西，反之亦然。因此力的这种转换就是展开了的否定；但是这种转换的真理却是肯定，亦即**共相**，是那**自在地**存在着的对象。——这个对象**对那个**意识来说的**存在**，是以**现象**的运动为中介的，在其中**知觉的存在**和感性对象性的东西一般说来只有否定的含义，因而意识由此反思到自身，就相当于反思到真实的东西；但意识作为意识，又重新使这真实的东西成为对象性的**内在东西**，并且把对事物的这种反思和它对自己的反思区别开，——正如那中介的运动对于意识同样仍然是一个对象性的运动一样。因此对意识来说，这个内在东西是与它相对的一端；但因此这内在东西对于意识就是真

实的东西，因为内在东西在意识中正如在**自在**中那样同样拥有它自己的确 〔97〕
定性、或它的自为存在的环节；但是它还没有意识到这样一种自为存在的
根据，因为那内在东西本应在自己身上拥有的**自为存在**不会是别的，只会
是否定的运动；不过这否定运动对意识来说，还是**对象性的**、消逝着的现 ｛89｝
象，还不是它自己**特有的**自为存在；因此内在的东西对意识来说虽然是概
念，但它还不认识这概念的本性。

这个**内在真实的东西**、这个**绝对共相**，从普遍与个别的**对立**中纯化出
来，并**为了知性**而形成起来了，在它里面从现在起才超出**感官世界**即**现象
世界**之上，敞开了一个**超感官**世界亦即**真实的**世界，超出消逝着的**此岸**而
敞开了一个永久的**彼岸**；即一种自在，它是理性的最初的、因而本身不完善
的显现，或者说，它只是真理借以拥有其**本质**的纯粹元素。

因此从现在起**我们的对象**就是一个推论，这个推论以事物的内在东西
和知性为两端，而以现象为自己的中项；但这个推论的运动又提供了对知
性通过中项深入到内在东西里所窥见的东西的进一步规定，并且提供了知
性对于被推论联合在一起这样一种关系的经验。

［2.超感官世界即现象界］

内在东西对于意识还是一个**纯粹的彼岸**，因为意识在内在东西里还没
有找到它自己；这内在东西是**空的**，因为它仅仅是现象的空无，就肯定方面
说，它只是那单纯的共相。要做这样一种内在东西的智者（Weise），直接赞
同某些人就是了，这些人说，事物的内在东西是不可认识的；[①] 不过这一理
由必须从别的意义上去理解。对于像这里直接存在着的那样的内在东西
诚然并没有现成的知识，但是这并不是由于理性太短视了，或者太受到限
制了，或者人们所可能举出的任何别的理由（对此人们在这里还一无所知，
因为如此深邃的地方我们还没有深入到），而是为了事情本身的单纯本性，
即因为在**空虚**中什么也得不到认识，或者从另一方面来说，就因为它正好 〔98〕
被规定为意识的**彼岸**。——然而这一结果正是如下的情况，如果一个盲人

---

① 这里暗示的是 A.v.哈勒的诗《人类德行的虚伪性》（1730）：“没有任何创造的精神能深入
到自然的内层，/ 何时它还将外表呈示给我们，就是万幸。”并参看康德《纯粹理性批判》
B333。——丛书版编者

被置于一个内容丰富的超感官世界里，——如果超感官世界有了这样丰富的内容，不管是它自己所固有的内容，还是意识本身才是这一内容，——并且如果一个有视觉的人被置于纯粹黑暗之中，或者，听你的便，被置于纯粹光明之中，如果超感官世界仅仅是这种纯粹光明的话；这个有视觉的人在纯粹光明中与在纯粹黑暗中所看见的同样少，恰如一个盲人在摆在他面前的丰富内容中那样，什么都看不见。假如内在东西和通过现象与之联合在一起的东西没有任何进一步的事可做，那么剩下可做的就只有止步于现象面前了，这就是说，把某种我们明知其不真的东西当作真的；或者说，这样一来，在这样的空虚之中，虽然这空虚只是作为对象性事物的空虚性才

{90} 形成起来的，但**作为自在的空虚性**，毕竟也必须被看作一切精神关系的空虚性和作为意识的意识区别的空虚性，——因而这样一来，在这种如此**彻底的**、甚至被称之为**神圣东西**的**空虚**中，① 毕竟还会有某种东西是可以用意识自己给自己制造出来的种种梦幻、**现象**去充实的；那样意识就不得不容忍它所受到的如此糟糕的对待，即既然梦幻性都比它这个空虚性还要好一些，那它就会不配有什么更好的待遇了。

　　但是那内在东西或那超感官的彼岸**生发**出来了，它**来自**现象，而且现象就是它的中介；或者说**现象就是它的本质**，并且实际上现象是实现着它的。超感官的东西是如同在**真理**中那样被建立起来了的感官的东西和被知觉到的东西；但是，**感官的东西和被知觉到的东西的真理**却必须成为**现象**。所以超感官的东西乃是作为**现象**的**现象**。——但是如果就这样想，以为超感官的东西**因此就是**感官世界，或者就**是**如同对**直接感性确定性和知觉而**[99] 言的世界，那就理解颠倒了；因为，毋宁说，现象并**不把**感性认知和知觉的世界建立为存在着的世界，而是把它**建立为扬弃了**的世界，或者在真理中把它**建立为内在的**世界。人们常常说超感官的东西**不是**现象；但这种现象并不被人们理解为现象，而毋宁说，它被理解为本身是实有的（reelle）现实性的**感官世界**。②

────────────────

① 黑格尔这里针对的似乎是艾申迈尔关于神圣者的言论。——丛书版编者
② 黑格尔这里想到的也许是康德的现象和本体的区分。——丛书版编者

［3. 规律作为现象的真理］

作为我们的对象的知性恰好处于这样的地位，对它来说，那内在的东西最初只是作为普遍的、还未实现的**自在**而形成起来的；力的转换也恰好只具有这种消极的含义，而不是自在的，它只有这样的积极的含义，即作为**中介的东西**，但却在知性之外。但是知性通过中介与内在东西的联系就是知性的运动，通过这种运动，这内在东西就会对知性实现出来。——力的转换对知性而言是**直接的**；**但是真实的东西**在知性看来是单纯的内在东西；因此力的运动同样只是作为一般**单纯的东西**才是真实的东西。不过从这种力的转换中我们已经看到它具有这种性状，即那被另一个力**所引发**起来的力对另一个力来说同样也是**引发者**，另一个力本身也是借此才成为引发者的。这里现成存在着的同样只是那种**规定性**的直接转化或绝对交替，这种规定性构成出场者的唯一**内容**，要么是普遍的媒介，要么是消极的统一。在这内容确定地出场时，这本身就直接终止了任何作为出场的东西的存在；通过这内容的确定的出场所引发起来的是另一方面，即由此而**表现**出来的一方面；这就是说，后者现在直接就是前者本来所应当是的东西。这两方面，即引发过程的**关系**以及被规定的对立内容的**关系，每一方面自为地**都是绝对的颠倒和换位。然而这两种关系本身又是同一个东西；而**形式**上的区别即作为被引发者与引发者而存在，和那存在于**内容**上的区别，即被引发者作为被引发者亦即作为被动的媒介而存在，反之，引发者则作为能动的东西、作为否定的统一性或一而存在，这也是同一个东西。这样一来那本应在这个运动中现成在手的**那些特殊的力**，一般讲来相互间所有的区别就都消失了，因为这些特殊的力只是建立在那些区别之上的；而且那些力的区别同样与那两种区别合并成了只是一种区别。于是，既没有力，也没有引发和被引发，也没有作为持存着的媒介和作为自身中反思的统一性而存在的规定性，既没有个别独立的某物，也并不存在种种不同的对立，相反，那存在于这种绝对转化之中的只有那**作为普遍区别的区别**，或者那众多对立都已经化归于其中的区别。所以这种**作为普遍区别的区别**是**力的转换本身中的单纯的东西**，是这种转换的真实的东西；这种区别就是**力的规律**。

那绝对转化着的现象，通过它与内在东西的单纯性或知性的单纯性的

{91}

[100]

联系，而形成了这种**单纯的区别**。这内在的东西最初只是自在的共相；然而这个自在的单纯**共相**本质上同样绝对地是**普遍的区别**，因为它是转化本身的结果，或者说转化就是它的本质，但这转化已被建立为在内在东西中的了，正如它在真理中那样，因而就被作为同样绝对普遍的、静止的、始终如一的区别而被接受到内在的东西中来。或者说，否定是共相的本质环节，因而这否定或共相中的中介过程就是**普遍的区别**。这区别就在**规律**中被表达为不安定的现象之**稳定**的图像。于是那**超感官**的世界就是一个**静止的规律王国**，虽然是在被知觉的世界的彼岸。因为知觉世界只是通过不断变化来显示规律，但在这变化中同样是**当下**显示的，并且所显示的是变化的直接的无声的模本（Abbild）。

[Ⅱ. 规律作为区别与同一]

[1. 特定的规律与普遍的规律]

这一规律王国虽然是知性的真理，这真理借存在于规律中的区别而有其**内容**；不过同时这规律王国只是知性的**初步真理**，并未充满现象。规律在现象中是当下的，但它并不是现象的全部当下；它在总是不同的情况下有总是不同的现实性。因此它仍然为现象**自为地**保留一个方面，这一方面并不在内在东西之中；或者说，现象还没有在真理中被建立为**现象**，被{92}建立为**扬弃了的**自为存在。规律的这种缺点同样必须在规律自身中突显[101]出来。规律显得是缺点的就是，它虽然在自己身上具有这种区别，但却作为普遍的、不确定的区别。但是就它不是一般的规律，而是**某条**规律而言，它在自己身上具有规定性；这样就有不确定的**多个**现成的规律。只是这种多数性本身毋宁是一种缺点；因为它与知性的原则相矛盾，对于作为单纯内在东西的意识的知性来说，那自在的普遍**统一性**是真实的东西。因此知性必须宁可让多个规律合并为**一个**规律，例如，石头往下落所依据的规律和天体运动所依据的规律已被理解为**一个**规律。但与这种相互归并同时，规律便失掉了它们的规定性；规律越来越成了浮泛表面的东西，因而它实际上并不是**这些特定**的规律之统一，而被认为是一条省略了它们的规定性的规律；正如把物体落到地上的规律和天体运动的规律结合起来的一个规律实际上并不表达那两个规律一样。把一切规律结合在**万有引力**中除了只表达出规律本身的单纯概念，并借此让这概念被建立为**存在着的**之外，并不表达任何别的内容。万有引力只不过说，**一切东西对别的东西都有一个恒常的区别**。知性以为这就发现了表达普遍现实性**本身**的一条普遍规律；但它实际上只发现了**规律**的概念本身，然而却导致了知性同时借此宣称：**一切现实性在其本身**都是合乎规律的。因此万有引力这一术语就它针对着那无思想的**表象**而言，是有很大的重要性的，[①] 对于这种表象来说，一切东西都呈现在偶然性的形态中，而规定性在这表象看来则具有感性独立性的形式。

　　所以万有引力或纯粹的规律概念就与那些特定的规律处于对立之中。只要这纯粹概念被看作本质或真正内在的东西，那么特定规律的**规定性**本身就还属于现象，或不如说属于感性的存在。但是规律的纯粹**概念**不仅超出了那本身作为**特定的**规律而与**其他的特定**规律相对立的规律，而且也**超出了规律本身**。前面所提到的规定性真正讲来本身只是消失着的环节，它在这里不再能够作为本质性而出现；因为它只是现成地作为真实东西的规律，但是规律的**概念**却转而反对**这种规律**本身。这就是说，在规律中区别本身是**直接**被统握（aufgefaßt）到的，并且被接收进共相之中，但因此这区别就是各环节的**持存**，这些环节的联系，规律是作为漠不相干的和自在存在着的诸本质性来表达的。但是规律之区别的这些部分同时本身就是一些确定的方面；那规律的纯粹概念即万有引力，其真正含义必须这样来统握，即在这种纯粹概念中现成地存在于规律本身的**各种区别**，作为绝对**单纯的东西**，本身又**返回到**那作为单纯的统一性的内在东西去了；这个统一性就是规律的内在**必然性**。

[102]

{93}

[①]　参看谢林：《对物理学的动力过程和诸范畴的演绎》，载谢林编《思辨的物理学杂志》第 1 卷，耶拿和莱比锡，1800 年，第 24 页："而由于在一切物质之间这种相互吸引力的交互传递是普遍的，由此就产生出一切物质之间的一种普遍的吸引，这种吸引必须从每个物质到每个其他物质在同样的距离上、以成比例的空间充实程度、也就是按照它们的尺度而得到实行。"（《谢林全集》第 4 卷第 38 页）——丛书版编者

［2.规律与力］

因此规律就以双重的方式而现成在手,一是作为各种区别在其中被表达为独立环节的规律;二是以**单纯返回到自身**为形式的规律,这种形式又可以叫作**力**,不过这并不是那被逼回到自身的力,而是一般的力,或者作为力的概念的力,一种抽象,它自己把吸引和被吸引的东西的区别都吸纳进自身之中。这样,例如说**单纯**的电就是这种**力**;但区别的表达属于**规律**的事;这区别就是正电和负电。在落体运动里,**力**就是单纯的东西,**重力**,它具有的**规律**是,运动所流失的**时间**和所经过的**空间**这两个不同环节之间的量的关系,等于方根与平方的关系。电本身自在地并不是区别,或者说,在它的本质里并不存在正电和负电双重本质;因此人们常说,它**具有**以这样的方式**存在**的规律,也可以说,它**具有**如此表现出来的**属性**。[①] 这种属性虽然是这种力的本质性的或独特的属性,或者说,它对于这种力来说是**必然的**。但是必然性在这里只是一句空话:力**必须**这样双重化它自身,正**因为**它**必须**这样。当然,如果**正电**被设定了,则必然**自在地**也有**负**电;因为正电只是作为与**负电**的联系而存在的,或者正电**在自身中**就是与自己本身的区别,正像负电同样如此那样。但是电本身如此划分自身,这自在地并不是必然的事;电作为**单纯的力**对于它的规律,亦即对于它**是**正电和负电是漠不相干的;而且如果我们把前者叫作它的概念,而把后者叫作它的存在,那么它的概念对它的存在就是漠不相干的;它只是**具有**后者这种属性,这恰恰是说,这对于它**自在地**并不是必然的。——当人们说,作为正电和负电而存在属于电的**定义**,[②] 或者说,这简直就是**电的概念和本质**,这时,这种漠不

[103]

---

①　这种说法的背景是当时两种对立的电的理论,B.富兰克林与杜费 (Du Fay) 及其追随者不同,只将同一个电流作为正电和负电的基础,黑格尔赞同富兰克林的观点。——丛书版编者 [杜费, Charles François de Cisternay Du Fay, 1698—1739, 法国化学家,曾提出正电和负电是两种不同的电,分别称之为"玻璃电"和"树脂电",由摩擦玻璃和琥珀产生。——中译者]

②　黑格尔这里也涉及到沉思的物理学原理;例如参看 G.Ch. 李希屯伯格:《论研究电物质的本性和运动的一种新方式》,哥廷根 1806 年,第 93 页:"有两种不同的电,或者有一个唯一一物质的两种不同的变形,它们按照正负尺度而互相限制,这一点,我相信是毫无疑问的,并且据我看来在这个学说中少数被提升到数学的确定性的原理中。它保持着第一的位置。"——丛书版编者

相干性就获得了另外一种形态。这样一来，电的存在就会意味着**它的实存**（ihre Existenz）一般了；但是在那个定义里并不包含**它实存的必然性**；电的实存要么是由于人们**发现了**它，这就是说，它的实存根本不是必然的；要么电的实存是由于别的力使然，这就是说，它的必然性是一种外在的必然性。但由于必然性被置于**由他者而存在**这一规定性中，于是我们重又落回到那些特定规律的**多数性**中去了，这些特定规律是我们为了考察作为规律的**规律**而刚刚放弃了的；只有这种作为规律的规律才可以和它的作为概念的**概念**或它的必然性相比较，但这种必然性在所有这些形式中所表明的还只是一句空话。 {94}

　　规律与力、或概念与存在的漠不相干性，除了上面所指出的方式外，还有另外一种现成的方式。例如在运动的规律里，运动之**划分**为时间和空间，或接着再划分为距离和速度，这也是必然的。由于运动只是那些环节的比例关系（Verhältnis），所以在这里运动这个共相当然是**本身自在地**被划分了的；但是现在这些部分，时间和空间或距离和速度，在它们本身内并没有表达出它们的起源出自一个东西；它们彼此之间是漠不相干的；表象空间时无需时间，表象时间时无需空间，而距离则被表象为没有速度至少也可以存在的，——正如它们的大小是彼此互不相干的一样，因为它们之间的关系并不像**正**与**负**那样的关系，因而它们相互间也不是通过**它们的本质**来联系的。所以这种**划分**的必然性在这里固然是现成的，但却不是**各部分**本身相互之间的必然性。但因此甚至前一种必然性也都只是一种佯装的、虚假的必然性了；因为运动本身并没有被表象为**单纯的东西**或纯粹本质，而是**已经**被表象为划分开来的东西；时间和空间是运动的**独立的**部分，或者是**这些部分自身的本质**，或者距离和速度是存在的方式或表象的方式，其中距离没有速度也仍然能够存在，因此运动就只是它们的**表面的**联系，而不是它们的本质。如果把运动表象为单纯的本质或力，那么运动当然就是**重力**，但重力一般并不包含这些区别在自身内。 [104]

　　［3. 解释］

　　因此在两种情形下，区别都不是什么**自在本身的区别**；要么共相、力对于存在于规律里面的划分漠不相干，要么这些区别、规律的这些部分彼此相对存在着。但知性**具有这个自在的区别**的概念，这正是由于规律一方面是内在的东西、**自在存在着的东西**，但是**在它里面**同时又是**被区别开来的东西**；因而假若这种区别是一种**内在的区别**，这现成地取决于，规律是**单纯的力**，或者规律是作为规律的**概念**，因而是一种**概念区别**。但是这种内在区别最初还只是**属于知性**的事，还没有**在事情本身之上**建立起来。所以知性所说出的只是**它自己的必然性**；因而知性只是这样来作出一种区别，使得它同时表达出这种区别不是**事情本身的区别**这个意思。这种仅仅在于字面上的必然性因而只是把构成必然性的圆圈的诸多环节讲述出来而已；这些环节虽然被区别开来了，但它们的区别并不同时表明就是事情本身的区别，于是马上又被扬弃掉了；这种运动就叫作**解释**。这样，一个**规律**就被宣布出来了，规律的自在的普遍东西或根据，作为**力**就与规律区别开来了；但是，关于这个区别被说出来的是：这种区别不是什么区别，毋宁说这根据完全具有像规律那样的性状。例如像闪电这样的个别事件被当作普遍的东西来统握，而这一共相就被说成是电的**规律**：这样一来，这个解释就把**规律**归结为**力**，以力作为规律的本质了。于是这个力就**具有这样的性状**，即当它表现出来时，就有两种相反的电出现，而这两种电又相互消失在对方中，这就是说，**力恰好具有与规律相同的性状**；这说明，两者似乎完全没有区别。这些区别都是纯粹的、普遍的表现，或者都是规律和纯粹的力；但这两者都具有**同一个**内容，**同一种性状**；因而这个区别作为对内容的区别、亦即作为对**事情**的区别，也就重新被撤销了。

{95}

[105]

正如所指出的，在这种同语反复的运动中，知性坚持着它的对象之静止的统一，而运动只是知性自己的事，不属于对象；这运动是一种解释，它不仅没有解释任何东西，而且很显然，由于它准备要说出不同于已经说出的某种东西，它反而什么也没有说出来，而只是重复那同样的东西。通过这种运动在事情本身上什么新东西也没有产生，它只是被作为知性的运动来考虑的。但是通过这种解释，我们现在恰好认识到什么是在规律中所悬欠着的东西，即绝对转化本身；因为如果我们更仔细地考察这个**运动**的话，它直接地就是它自己的对立面。因为它建立起**一种区别**，这个区别不仅对于我们**没有区别**，而且这运动本身就把这个区别作为区别扬弃了。这就是曾经作为力的转换(Spiel)而呈现出来的那同一个转化; 在力的转换中, 曾经有引发者与被引发者的区别, 有表现出来的力与被逼回到自身的力的区别; 但这曾经是这样一些区别, 它们在真理中并不是什么区别, 并因此也就直接地又被扬弃掉了。这不仅只是现成的纯然统一性, 似乎**没有什么区别被建立起来**, 而乃是这样一种运动, **好歹作出了一种区别, 但由于它并不是什么区别, 它再次被扬弃了**。——因此借助于这一解释, 那前此在内在东西之外, 只存在于现象那里的转变和转化, 就突入到那超感官世界本身中去了; 但我们的意识却从作为对象的内在东西转向另一方面, 进到**知性**里面来了, 并且在知性中拥有这一转化。

［III. 关于纯粹区别的规律］　　　　　　　　　　　　　　　　　{96}

　　这个转化因而还不是事情本身的转化, 相反, 它毋宁说呈现为**纯粹的转化**, 这正是因为转化的各环节的**内容**仍然是同一个内容。但由于知性的作为概念的**概念**和事物的**内在东西**是同一个东西, 所以对知性来说**这个转** [106] **化**就成了**内在东西的规律**。于是知性就**经验**到这乃是**现象本身的规律**, 经验到那些本身不是区别的区别的形成, 或者经验到与自身**同名的东西**对自身的**排斥**; 并且同样还经验到这些区别只是这样一些在真理中绝非区别并扬弃自身的区别; 或者说经验到**不同名的东西**对自身的**吸引**。——这是**第二种规律**, 它的内容与前此所提到的规律即持存的、保持自身等同的区别是相对立的; 因为这个新规律所表达的毋宁是**相同者之成为不相同, 不相同者之成为相同**。概念强求无思想性把这两个规律聚集在一起, 并且意识到它们的对立。——这第二种规律当然也是规律, 或者是一个内在的自身等同的存在, 但是不如说是一个不相同性之自身等同性, 一个不稳定性之稳定性。——在力的转换中得出的这一规律, 正是这种绝对的过渡和纯粹的转化; 那**同名的东西**、力, **分裂**为一种对立, 这种对立首先显现为一种独立的区别, 但这一区别证明自己实际上**不是什么区别**; 因为它是那自己排斥自己的**同名的东西**, 因此这个被排斥的东西本质上又吸引自身, 因为它是**同一个东西**; 这个被制造出来的区别既然不是什么区别, 因此又扬弃了自己。在这里,区别显示为**事情本身**的区别,或绝对区别,因而**事情**的这种区别并不是别的东西,不过是那自己排斥了自己的同名者,因此这同名者只是建立了一个不是对立的对立。

通过这一原则,那第一个超感官世界、那静止的规律王国、那知觉世界的直接的模本就转回到它的反面去了;规律曾一般地和它的区别一样是**保持自身相同的**;但是现在所建立起的是,两者反而都是其自身的反面;那自身相同的反倒排斥它自身,而那自身不同的东西反倒建立为自身相同的。实际上只有借助于这种规定,区别才是**内在的**或**自在本身的**区别,因为那相同的是自身不同的,而不同的却是自身相同的。——按照这种方式,**这第二个超感官世界**就是**颠倒了的**世界,确切地说,由于一个方面在第一个超感官世界那里已经是现成的,所以这第二个超感官世界就是对这**第一个超感官世界的颠倒**。因此内在的东西作为现象就完成了。因为第一个超感官世界曾经只不过是将被知觉的世界**直接地**提升为普遍的元素;它曾在知觉世界中有自己必然的反映,这知觉世界还将**转化和变化的原则**秘而不宣;那第一个规律王国缺少这一原则,但是它却将这原则作为颠倒了的世界保持着。

因此按照这个颠倒了的世界的规律,那第一个世界的**同名的东西**就是与它自身**不同的东西**,而第一个世界中的**不同的东西**同样也是**不同于它自身的**,或者说它成了与自身相同的。在那些特定的环节上,这将会得出这样的结果,即在第一个世界的规律中是甜的东西,在这个颠倒了的自在里是酸的,在前一规律中是黑的东西,在后一规律中是白的。就磁石来说,按照第一个世界的规律是北极的,按照其另一个超感官的自在(即在地球里)来说则是南极;但在那里是南极的地方,在这里却是北极。同样,在电的第一种规律中是氧极的,在其另一个超感官的本质中却成了氢极,反之,在那里是氢极的,在这里却是氧极。在另一个领域中,根据**直接性的法律**(Gesetz)对于敌人的复仇,就是被伤害的个体性最高的满足。但**这样一条法律**,即对于那不把我当成自身本质来对待的人把我显示为反对他的本质并且反过来把他作为本质加以扬弃的法律,却通过另一世界的原则而**颠倒为相反的法律**了,即通过扬弃异己的本质而使作为本质的我恢复在自我损害中了。现在如果把这种表现在**惩罚罪行**方面的颠倒制定为**法律**,那么就连这样一种惩罚也再次只是这样一个世界的法律，这个世界具有一个**颠倒了的超感官世界**与自己**相对立**，在这个超感官世界里，凡是前一世界里受轻视的东西便受到尊重，而在前一世界受尊重的东西便遭受轻蔑。按照**前一个世界的法律**，令人耻辱并且毁灭人的惩罚，在与它**相颠倒的那个世界**中，便转变成维护它的本质并给予它荣誉的赦罪了。 [108]

　　从表面上看来，这个颠倒了的世界正是前一个世界的反面，以至于它在自身之外拥有前一世界，并将那一世界作为一个颠倒了的**现实性**而从它自身排斥开，**前一个是现象，另一个则是自在者，前一世界是为一个他者**而存在的世界，反之**另一世界**却是**自为存在**的世界；以至于用在上面的例子上，凡尝着是甜味的东西**真正讲来**或者**内在地说**，在事物中是酸的；或者在现象的现实磁铁上是北极的，**在内在的或本质的存在中**就会是南极；凡在成为现象的电里表现为氧极的，在非现象的电里就会是氢极。或者说，一个行动在**现象**里是犯罪，而**在内心中**据说本来其实可以是善的（即一个坏的行动据说可以有好的意图），惩罚只是**在现象中**是惩罚，但它**自在地**或者在另外一个世界里对于那罪犯却据说是一件好事。但是把内在与外在、现象与超感官的东西当作两种不同的现实性的那样一些对立，在这里却不再 {98} 是现成的了。那些受到排斥的区别也不再重新把自己分配到两个这样的实体上，似乎这两个实体都带有这些区别，并赋予它们以一种分离的持存，如果是这样，知性又会退出内在的东西而重新退回到它先前的位置了。一个方面或实体将又会是知觉的世界，在其中那两个规律中的一个将推动知性的本质，而与它相对立的内在世界正如前一个世界一样，**也是一个这样的感官世界**，不过是在**想像**（Vorstellung）之中；这个世界作为感官世界将是不能够指明的，不能够看见、听见、尝到味道的，但是它却毕竟会被想像为一个这样的感官世界。但是实际上如果**那前一个被建立起规律的东西**是一个被知觉的东西，而它的**自在**作为它自身的颠倒，同样是一个**在感官中表象出来的东西**，那么那酸的东西，即那将会作为甜的东西的自在而存在的东西，就是如同一个**酸的事物**那样一个现实的事物；那黑的东西，即那将会作为白的东西的自在而存在的那个东西，就是现实的黑的东西；而北极，作 [109] 为南极的自在而存在的那个东西，就是**在同一磁铁上现成的**北极；氧极，作为氢极之自在而存在的那个东西，就是同一个电堆 ① 的**现成的**氧极。但是那**现实的**罪行有**其颠倒**，有**其自在**，这自在是**意图**本身中的**可能性**，但并不是善良意图中的可能性；因为意图的真理只是行为业绩本身。然而罪行按它的内容来说在**现实的**惩罚中具有其自身中的反思或者其颠倒；这种惩罚就是法律与在犯罪中和它相对立的那个现实性的调解。最后，**现实的**惩罚在自己身上具有如此自身**颠倒的**现实性，以至于它就是法律的这样一种实现，借此法律作为惩罚而具有的活动**扬弃了它自身**，而由于这种活动，法律又成为**静止的**、有效的法律，个体性反对法律的运动和法律反对个体性的运动就都平息了。

[三、无限性]

　　所以，必须从颠倒这个构成了超感官世界的一个方面的本质的表象中清除掉把诸多区别固定在一个不同的持存元素中的那种感性表象，而区别的这个绝对概念必须被纯粹表现为并统握为内在的区别，即同名者作为同名者与它本身相排斥，而不同者作为不同者与它本身相同。必须加以**思考**的是纯粹的转化，或**在自身中与自身的对立**，即**矛盾**。因为在一个本身是内在区别的区别里，对立的东西并不仅仅是**二中之一**——否则这就会是一个**存在者**，而不是一个对立的东西了——而且是一个对立东西的对立东西，或者说，他者是直接现成地存在于它自身之内的。我尽可以把对立面放在{99}**这里**，而把和它对立存在的他者放在**那里**；因而我就把**对立面**放在一边，没有他者而自在自为地放着。但是正因为如此，由于我在这里**自在自为地**拥[110]有**对立面**，它才是它自己的对立面，或者说，它实际上在自己本身中直接拥有了他者。——所以那作为颠倒世界的超感官世界同时涵盖了另一个超感官世界，并在自己本身内拥有了它；后者自为地是颠倒了的世界，这就是说，它就是它自己的颠倒世界；它在一个统一体中，就是它自己和与它对立

---

①　伏特在 1799 年所发明的电池组。用来从化学作用里面获得电流。——中译者

的世界。只有这样，它才是作为**内在**区别的区别或**自在本身的**区别，或者它才作为**无限性**存在。

通过这种无限性，我们就看见规律完全在自己本身上达到了必然性，而现象的一切环节都被接收到内在的东西里面去了。规律的单纯性就是无限性，根据上面所表明的，这就意味着：α）规律是一个**自我等同的东西**，但却是自在的区别；或者说，规律是自己排斥自己或自己分裂为二的同名的东西。那被称作**单纯的**力的东西**双重化**它自身，并通过它的无限性而是规律。β）那被分裂为二，并构成在**规律**中被表象出来的诸部分的东西，显示为持存着的东西；如果这些部分撇开内在区别的概念而被考察，那么作为重力的诸环节而出场的空间和时间或者距离和速度，不仅彼此之间而且对于重力本身，都是漠不相干的和没有必然性的，正如这个单纯的重力对于它们或者单纯的电对于正电和负电也是这样。γ）但是通过内在区别的概念，这种不等同和漠不相干的东西，空间和时间等，就是一种不是什么**区别**的区别或者只是一个**同名的东西**的区别，而它的本质就是统一性；它们作为正电和负电互相激活，而它们的存在毋宁就是这样一种把自身建立为非存在并扬弃自身于统一性中的东西。持存着的是两种被区别开来的东西，它们都**自在地**存在，它们都**作为对立的东西而自在**存在，就是说，它们是它们自身的对立面，它们拥有自己的他者于自身之内，并且它们只是一个统一体。

这个单纯的无限性或绝对概念可以叫作生命的单纯本质、世界的灵魂、普遍的血脉，它在一切场合下都不被任何区别所模糊，也不为之中断，它本身毋宁就是一切区别，正如它是一切区别之扬弃，因此它以自身的脉搏 [111] 跳动而又岿然不动，它自身震颤而并无不安。它是**自身等同的**，因为那些区别都是同义反复的（tautologisch）；这是一些本身不是区别的区别。因此这种自身等同的本质只是与自身相联系；**与自身联系**，于是这本质就是该联系所针对的他者，而**与自身**的这种**联系**毋宁说就是**分裂为二**，或者说恰好那个自身等同性就是内在的区别。因此这些**分裂为二的东西本身**都是**自在自为的**，每一个都是一个对立面——**一个他者**；所以在其中这个**他者** {100} 已经与这对立面一起同时被说出来了。或者说，这并不是**一个他者**的对立面，而只是**纯粹的对立面**；所以这样一来它在自己身上就是它自己的对立面。或者根本说来，它并不是一个对立面，而乃是纯粹自为的，是一个纯粹的自身等同的本质，它在自身不具有任何区别：于是我们就用不着问，更用不着把纠缠于这样的问题看作哲学，或者甚至把这问题视为哲学尚未回答的，——这问题就是，区别或他在**如何**会来自这个纯粹本质，如何会从它里面产生**出来**;① 因为分裂为二已经发生了，区别已被排除于自身等同的东西之外，并且被置于它的另一边；因而那本该是**自身等同的东西**已经成为分裂双方之一，远不止于它是那绝对本质的情况了。因此那**自身等同的东西把自身分裂为二**就同样意味着，它作为已经分裂为二的东西而扬弃自身，它作为他在而扬弃自身。人们通常谈到的那种**统一性**，即区别不能从其中产生出来的统一性，实际上本身只是那种分裂为二的一个环节；这种统一性是那与区别相对立的单纯性之抽象。但是由于它是这种抽象，它只是对立双方之一，所以这就已经表明统一性就是分裂为二的过程；因为如果统一性是一个**否定性的东西**，是一个**对立的方面**，那么它就正好被建立为在自身中具有对立的东西了。因此**分裂为二的过程**和**成为自身等同的过程**这两者的区别同样都只是**这种自身扬弃的运动**；因为由于那最初应当自己分裂为二或成为自己的对立面的自身等同的东西是一个抽象，或者**本[112]身已经**是一个分裂为二的东西，所以它的分裂为二借此就是它所是的东西的扬弃，因而是它的被分裂为二的扬弃。那**成为自身等同的过程**同样也是一个分裂为二的过程；凡是**本身**成为**等同**的东西因此都要面对分裂为二；这就是说，它因此就自己把自己**置于一边**，或者说，它毋宁**成了**一个**分裂为二的东西**。

　　无限性或者这种纯粹自身运动的绝对不安息，即，凡是以某种方式，譬如说，作为存在而被规定的东西，毋宁都是这个规定性的反面，这种不安息虽然已经是前此一切阶段的灵魂了，然而只有在**内在东西**中它自身才自由地显露出来。现象或力的转换本身已经将它显示出来了，但是它首先是作为**解释**而自由地显露出来的；并且由于它最终对意识而言才是对象，才是

----

① 　这个问题在谢林的作品中反复得到考虑，并以一种引起科彭斯、艾申迈尔和瓦格纳的批评的方式作了回答。——丛书版编者

它所是的东西，于是意识就是**自我意识**。知性的**解释**首先只是对自我意识所是的东西的描述。知性扬弃了那些现成地在规律之中、已经成为纯粹的、但仍然是漠不相干的区别，并且把它们在一个统一体中、在力之中建立起来。然而这种成为相同的过程同样直接地是一个分裂为二的过程，因为知性之所以能扬弃这些区别，并建立起力的"一"，只是由于它造成了一个新的区别，即关于规律与力的区别，但那个区别却同时又不是什么区别；而为了使这个区别也同样不是什么区别，知性自己就继续前进到它又将这个区别再加扬弃，因为知性让力同样具有了如同规律那样的性状。——但是这个运动或必然性这样就还是知性的必然性和运动，或者说，它们**本身并不是知性的对象**，相反，知性在它们中以正电和负电、距离、速度、引力及成千其他事物作为对象，这些对象构成运动的各个环节的内容。正因为如此，在这种解释中有如此多的自我满足，因为意识在这里为了这样表达出来而和它自己作直接的自我交谈时，只不过是在自己欣赏自己，虽然在这里看起来推动了某种别的东西，但实际上它只是在自己和自己兜圈子。

{101}

在作为前一规律之颠倒的这一相反规律里，或者说，在这一内在区别里，无限性本身虽然成了知性的**对象**，但知性又错失了无限性本身，因为它把这自在的区别，把同名者的自身排斥，把自身吸引的不相同的东西重又分配到两个世界或两个实体性的元素上去了；这**运动**正如它在经验中存在的那样，对知性而言在这里是一个事件，而同名的东西和不同的东西都是些**谓词**，这些谓词的本质乃是一个存在着的基质。在知性看来，包在感性外壳中的对象就是同一个东西，对我们来说，它在其本质形态中是作为纯粹概念而存在的。要么对于区别如同它**在真理中**存在的那样加以统握，要么对**无限性**本身加以统握，前者是**对我们而言的**，后者是**自在的**。对无限性这个概念的阐明属于科学的事；但是意识，当它**直接**拥有这个概念时，又再次以意识的特有形式或新的形态出场，这个新的形态在前此的进程里并没有认识到自己的本质，而是把它看成某种完全不同的东西。——由于这种无限性的概念是意识的对象，所以意识就意识到这区别同样是**直接被扬弃的东西**；它是**本身自为的**，它是**对无区别者的区别**，或者说，它是**自我意识**。我把我同我自己区别开，而这对我来说直接处于这种区别的并无区别

[113]

之中。我，同名者，自己排斥了我自己；但这个被区别开、被建立为不同的
东西，通过它被区别开来，直接地对我不是什么区别。虽然说，一般对于一
个他者、一个对象的意识，本身必然就是**自我意识**，是在自身中得到的反
{102} 思，是对自己本身在自己的他在中的意识。这种从意识此前的几种形态，
即曾把它们的真实东西看作与它们自身相当的一个事物、一个他者的那些
形态而来的**必然进展**，恰好表明了不仅对事物的意识只有对一个自我意识
才是可能的，而且表明了只有自我意识才是前面那些形态的真理。但是只
有对我们来说，这个真理才是现成的，对意识来说尚非如此。自我意识刚
刚成了**自为的**，还不是作为与一般意识**相统一**的。

[114]   我们看见，凭借现象的内在东西，知性在真理中所经历的不是什么别
的东西，而只是现象本身，不过不是像现象作为力的转换而存在那样，而是
像力的转换在其绝对普遍的环节里和在这些环节的运动中那样，实际上知
性经历的只是**它自己**。一经提高到超出知觉之上，意识通过现象这个中介
便显示为是和超感官的东西联结在一起的，通过现象，意识看透了这一背
景。这两端，一端是纯粹的内在东西，另一端是看透这纯粹内在东西的内
在东西，现在就重合在一起了，并且，正如它们作为两端消失了一样，就连
那个作为某种不同于它们的东西的中介，现在也消失了。于是这个遮蔽着
内在东西的帷幕就拉开了，而现成在手的乃是：内在的东西看透了内在的
东西；这种对**无区别**的同名者的看透，这种对自己排斥自己、把自己建立为
有区别的内在东西的同名者的看透——但**对于那有区别的内在东西而言**，
这同名者同样直接地就是两者的**无区别性**，——这种看透就是**自我意识**。
这就显示出，在这个据说遮蔽着内在东西的所谓帷幕之后，什么东西也看
不见，如果**我们**自己不走进它后面去的话，同样，除非有某种可以看得见的
东西在它后面，也不会有什么东西被看见的。但同时这也表明了，人们不
可能不费任何周折笔直就走进那后面去；因为这种关于什么是现象之**表象
的**真理和什么是现象的内在东西之真理的认知，本身不过是艰难曲折的运
动的结果，通过这一运动，意识的诸方式即意谓、知觉和知性都消逝了；并
且这同样也表明了，要认识**意识通过知道它自身而知道些什么**，还需要多
费周折，而这就是下面所要分说的。

第二篇

自我意识

第四章
自我意识自身确定性的真理性

　　在确定性前此的各种方式中,对意识来说真实的东西都是某种不同于它自身的东西。但这个真实东西的概念在我们经验到它时便消失了;当对象是直接地**自在**存在时,它曾是感性确定性的存在者、是知觉的具体事物、是知性的力,那么它毋宁表明了自己并不存在于真理之中,相反,这种**自在**体现为一种仅仅为他者而存在的方式;有关它的概念借现实对象而扬弃了自身,或者说那最初的直接的表象在经验中扬弃了自身,而确定性便遗失在真理性中了。但从此,在前面这些关系中所没有实现出来的事,现在却发生了,即从中产生出了一种与自己的真理性相同的确定性,因为这确定性本身就是它自己的对象,而这意识自己本身就是真实的东西。虽然在这里面也有一个他在;因为意识区别出这样一种东西,但这东西对于它同时又是一个无区别的东西。如果我们称认知的运动为**概念**,但把那作为静止统一或作为 "我" 的认知称为**对象**,那么我们就会看见,不仅对我们来说,而且对认知本身来说,对象都是符合于概念的。——或者换一种方式说,如果我们把对象**自在地**所是的东西称作**概念**,而把那作为**对象**或对于**一个他者**所是的东西称为对象,那么很明显,自在的存在和为他者而存在就是一回事;因为那**自在**就是意识;但意识同样又是这样的东西,**对于它**,一个他者(即**自在**)存在着;并且对于意识来说,对象的自在和对象为他者而存在是一回事;"我" 就是这种联系的内容及这种联系本身;"我" 是自己本身与一个他者相对立,并同时统摄这他者,这他者对我来说同样只是我自身。 [116]

[Ⅰ. 自我意识自身和欲望]

所以，伴随着自我意识我们现在就跨进真理自家的王国了。需要考虑的是，自我意识这一形态最初如何出场。如果我们把认知的这种新形态，即对自己本身的认知，与前面的那种认知，即对于一个他者的认知置于关系中来考察，那么诚然可以说对于他者的认知是消失了；不过同时这种认知的诸环节同样也保存下来了，而损失在于它们不再如它们自在的那样{104} 在这里现成在手了。意谓的那种**存在**，知觉的那种**个别性**和与个别性相对立的**普遍性**，以及知性的**那种空洞的内在东西**，都不再作为本质，而是作为自我意识的诸环节，这就是说，作为一些抽象的东西或有区别的东西而存在了，这些东西**对**意识本身同时又是虚无的或没有区别的，是纯粹消失着的本质。所以看起来所丢失的只是那主要环节本身，亦即对意识而言的**单纯的独立持存性**。但是实际上，自我意识是从感性世界和知觉世界的存在而来的反思，并且本质上是从**他在**中的回归。作为自我意识它是运动；然而由于它**只是把自己本身作为**自己本身同自己区别开，所以对于自我意识来说，那**直接**作为一个他在的区别就**被扬弃了**；这区别是**不存在**的，自我意识只是"我就是我"的不动的同语反复；^① 由于在自我意识看来，这区别甚至并不具有**存在**的形态，所以存在并非自我意识。因此对自我意识来说，他在是**作为一个存在**或作为一个**被区别开来的环节**而存在的，但是自我意识本身和这个区别的统一对它来说也是作为**第二个被区别开来的**环节而存在的。凭借前一环节，自我意识就是**意识**，感性世界的整个范围都为它保存下来了，但同时它只是作为与第二环节、即意识与自身的统一相联系时才是如此；因此感性世界对自我意识来说是一种持存，但这只是**现象**或只是**自在地**不具有任何存在的区别。然而自我意识的现象与它的真理性的这种对立只是以真理性、亦即以自我意识和它自身的统一为其本质的；这种统一必须成为自我意识的本质；这就是说，自我意

[117]

———————————————

① "我就是我"，参看费希特：《全部知识学基础》第 8 页，§1. 第一原理。下面凡是以"我就是我"或者"我＝我"的形式出现的地方往往都是暗指费希特的第一原理。——丛书版编者

识就是**欲望**一般。意识，作为自我意识，从此就拥有了一个双重的对象：一个是直接的、感性确定性和知觉的对象，这对象**从自我意识看来**带有**否定的特性**的标志，另一个就是**自我意识自身**，它是真实的**本质**，并且首先只是在与第一个对象的对立中才是现成在手的。自我意识在这里被陈述为一种运动，其中这一对立被扬弃了，而它自己和自己的同一性则对它形成起来了。

[II. 生命]

但是对自我意识是否定的东西的那个对象，就它那一方面来说，**对于我们**或者**自在地**同样返回到了它自身，正如就另一方面来说，意识也返回到了它自身一样。通过这种自身反思，对象就成为了**生命**。那被自我意识**作为存在着的**而与自己区别开来的东西，即使它被建立为存在着的，也不单是在自身具有感性确定性和知觉的方式，而且也是反思到自身的存在，而那直接欲望的对象就是一个**有生命的东西**。因为知性与事物的内在东西的关系的**自在**或普遍结果，就是对不能区别的东西加以区别，　{105}或者说，就是有区别的东西的统一。但这个统一正如同我们所看见的那样，也是它自己对自己的排斥，而这个概念就**分裂**为自我意识与生命的对立：前者是这样的统一，即**为了这种统一**而有各种区别的无限统一；而后者则仅仅**是**这个统一本身，以至于这个统一并不同时是**为了自己本身的**。因此意识有多么独立，它的对象也就**自在地**有多么独立。所以一个绝对**为自己**而存在的自我意识，一个直接把自己的对象与否定的特征联系起来、或者首先是**欲望**的自我意识，毋宁说就将造成它的对象的独立性的经验。

生命的这一规定，就像从我们借以进入这一领域的概念或普遍结论中所得出来的那样，充分地表明了生命的特征，而用不着从中进一步阐发其本性了；这一规定的范围包含如下诸环节。它的**本质**是作为一切区别的**扬弃**的无限性，是纯粹的绕轴旋转的运动，是作为绝对不安息的无限性之自身静止；是运动的区别在其中都消融了的**独立性**本身；是时间的单纯本质，　[118]

这本质在这种自身等同性中拥有空间的坚实形态。但是这些**区别**在这个**单纯的普遍**媒介中同样作为区别而存在，因为这个普遍的流动性具有它否定的本性，只因它是**这些区别的扬弃**；但是如果它没有某种持存性，它就不能扬弃那些区别。正是这个流动性，作为自身等同的独立性，本身就是诸多区别的**持存**或**实体**，因而它们在其中就是作为有区别的肢节和**自为存在**的各部分而存在的。**存在**已不再具有**存在的抽象**的含义了，还有各环节纯粹的本质性也不再具有**普遍性的抽象**的含义了；反之它们的存在正是在那自身内部的纯粹运动之单纯的流动实体。然而这些肢节**相互间的区别**作为区别，完全不在于任何别的**规定性**，而只在于无限性的诸环节或纯粹运动本身的诸环节的规定性。

这些独立的肢节都是**自为的**；不过这种**自为存在**不如说同样**直接地**是它们向统一性的反思，正如这统一性是向诸独立形态分裂一样。这个统一体被分裂了，因为它是绝对否定的或无限的统一；又因为**它是持存**，所以区别也只有**在它上面**才有独立性。形态的这种独立性显现为一个**规定了的**、**为他的**东西，因为它是某种分裂物；而这种分裂的**扬弃**只有通过一个他者才发生。但是这种扬弃同样存在于这统一体上；因为正是那种流动性是各个独立形态的实体；但这个实体是无限的；因此这形态在其持存中本身就是分裂，或对其自为存在之扬弃。

{106}

如果我们把这里所包含的诸环节加以更细致地区别，那么我们就会看到，我们当作**第一个**环节的是各个**独立**形态的**持存**，或者是对区别自在地所是的东西的镇压，也就是使之不是自在的和不具有持存。但**第二个**环节则是使那种持存服从区别的无限性。在第一环节中的是持存着的形态；它作为**自为存在着的**或在其规定性中无限的实体，站出来反对那**普遍的实体**，它否认这实体的流动性和它同这实体的连续性，并且坚持它自己不被消融在这一共相中，而是反倒通过从这种对它来说是无机的自然中离析出来，通过消耗这种无机自然而维持自身。在这种普遍的流动媒介中的生命作为各形态的**平静的**分化，恰好就由此而形成了这些形态的运动，或形成了作为**过程**的生命。这种单纯的普遍的流动性就是**自在**，而这些形态的区别则是**他者**。但是这个流动性本身通过这种区别成为了**他者**，

[119]

因为它现在是**为那区别**而存在着的，而这区别本身却是自在自为的，因而是无限的运动，那个静止的媒介是被这无限的运动所消耗的，这流动性就是作为**活生生的东西**的生命。——但是这种颠倒过程因此又是**自在的颠倒性本身**，那被消耗了的东西是本质，那以共相为代价维持自身并给自己提供出与自身统一的感觉的个体性，恰好因此而扬弃了**它借以自为存在的同他者的对立**；个体性给予自身的那个与它自身的**统一性**恰好是各个区别的**流动性**，或者普遍消融。但是，反过来说，那个体持存的扬弃同样也是个体持存的产生。因为个体形态的**本质**、那普遍的生命、和自为存在着的东西，既然自在地就是单纯的实体，那么通过它在自身中建立起**他者**，它就扬弃了自己的这种**单纯性**或自己的本质，这就是说，它分裂了那单纯的实体性，而这种对无区别的流动性的分裂恰好就是个体性的建立。所以生命的这种单纯的实体性就是把它自身分裂成诸形态，并且同时就是对这些持存着的区别的消融；而对分裂的这种消融也同样是分裂活动或一种肢节划分。这样一来，整个运动的曾被区别开来的两个方面就相互交融起来了，也就是说那在独立性的普遍媒介中静止地分化出来的构形与生命过程就相互交融起来了；后一过程如同它是对那形态的扬弃一样，同样也是构形；而前者，即构形，正如它是肢节划分一样，同样也是一种扬弃。那流动的元素本身只是本质的**抽象**，或者说它只有作为形态才是**现实的**；而它对自身作肢节划分则是对那被划分的东西的再次分裂或消融。这整个圆圈式的途程构成了生命，——生命既不是像最初所表述的，它的本质之直接的连续性和坚实性，也不是那持存着的形态和自为存在着的分散的东西，也不是这些形态之纯粹的过程，甚至也不是这些环节之单纯的总括，而是自身发展着的、消融其发展过程的、并且在这种运动中单纯维持着自身的整体。

{107}
[120]

[III. 类]

　　通过从最初的直接的统一走出来，经过构形和过程这两个环节而达到这两个环节的统一，并借此重又返回到那最初的单纯实体，于是这个**经过**

反思的统一就是不同于那最初统一的统一了。这第二个统一与那**直接的**统一相反，或者说作为一个已经表述出来的**存在**，它就是一个**普遍的统一**，这个普遍的统一把所有这些环节作为被扬弃了的环节拥有于自身。它是**单纯的类**，这个类在生命自身的运动中不是作为这种**单纯的东西而独立生存**；相反在这一**结果**中，生命指向着一个不同于它所是的他者，亦即指向着那把生命看作是这种统一或看作类的意识。

但是这另一个生命，即这个**类**本身对它存在而它本身自为地就是类的生命，即**自我意识**，自身最初只是作为这样一种单纯本质而存在，并把自己作为**纯粹的我**而看作对象；在它现在要被考察的经验中，这个抽象的对象对于它自己将会丰富起来，并且将要得到一种我们在生命中所看到过的展示。

单纯的我就是这个类或单纯的共相，对于它来说，区别什么都不是，只因它是那些被构形的独立环节之**否定的本质**；因而自我意识只有通过扬弃那对它体现为独立生命的他者才是自我确信的；这他者就是**欲望**。在确信这一他者的虚无性时，自我意识**自为地**把这虚无性建立为他者的真理，它[121] 消灭那独立的对象，并借此给自身以确定性，作为**真实的**确定性，作为本身对于它已经以**对象性的方式**形成了的确定性。

但是在这种满足里，自我意识造成了有关它的对象的独立性的经验。欲望和在欲望的满足中所达到的自己本身的确定性是以对象为条件的，因为这确定性是通过扬弃这个他者才有的；要有这一扬弃，必须有这个他者。因此自我意识不可能凭借它的否定性联系而扬弃对象；所以它毋宁一再产生出对象，正如它一再产生出欲望一样。它实际上是一个作为自我意{108} 识的他者，是欲望的本质；通过这一经验这种真理就对他者本身形成起来了。但同时自我意识同样也是绝对自为的，而且只有通过扬弃对象它才是如此，而这必须成为它的满足，因为这就是真理。由于对象的独立性之故，因此只有通过对象自己在自己身上实行否定，自我意识才能获得满足；而对象必须在自己身上实行对它自己的这种否定，是因为它**自在地**就是否定性的东西，并且它必须为了那个它所是的他者而存在。由于对象在自己本身中就是否定性，并在其中同时又是独立的，它就是意识。在作为欲望对象的生命中，**否定要么存在于一个他者之上**，亦即存在于欲望中，要么作为**规定性**而反对另外一个漠不相干的形态，要么则作为生命的**无机的普遍自然**而存在。但是这个把否定作为自身的绝对否定的普遍的独立自然，就是作为类的类或作为**自我意识的类**。**自我意识只有在一个另外的自我意识里才得到它的满足**。

但自我意识的概念首先在这样三个环节里得到完成：a）纯粹无区别的我是它的最初的直接对象。b）但是这种直接性本身就是绝对的中介，它只是作为对那独立对象的扬弃而存在，或者说它就是欲望。欲望的满足虽然是自我意识向自己本身的反思，或者说是成为了真理的确定性。c）但是这种确定性的真理性毋宁说是双重的反思或自我意识的双重化。自我意识对于意识是一个对象，这对象自在地本身把它的他在或区别建立为一种虚无性的东西，并在其中独立存在。这个被区别开来的、只不过是**活生生的**形态，的确在生命本身的过程中也扬弃了它的独立性，但是它连同它的区别已不再是它之所是了；然而自我意识的对象在这种对它自身的否定性中同样是独立的；因此这对象自为地本身就是类，就是在它分离出来的独特性中之普遍的流动性；它就是有生命的自我意识。[122]

这就是一个**为了某个自我意识的自我意识**。只有这样，自我意识才实际上存在；因为在这里，对自我意识才第一次形成了它自己在它的他在中的统一；作为它的概念的对象的**我**，实际上并不是**对象**；但是欲望的对象之所以是**独立的**，只是因为这对象是普遍的不可根除的实体，是流动的自身等同的本质。由于这对象是一个自我意识，所以它既是我也是对象。——就这样，**精神**这一概念已经在我们手头了。对意识来说继续要做的是去经验精神是什么，而这样的绝对实体在它的对立面，即在各种不同的自为存在的自我意识之完全的自由和独立中，作为这些自我意识的统一又是什么；**我**就是**我们**，而**我们**就是**我**。意识在这个作为精神概念的自我意识里，才第一次拥有了自己的转折点，在这个转折点上，它才从感性的此岸之五光十色的映象里并且从超感官的彼岸之空虚黑夜中走出来，跨入到当下的精神白昼中。{109}

一、自我意识的独立与依赖；主人与奴隶

自我意识是**自在自为的**，这是由于并且借助于它对一个自在自为的他者而存在；这就是说，它只是作为一个被承认者而存在的。它的这种在自己的双重化中自身统一的概念，这种在自我意识中实现出来的无限性的概念，是多方面多种含义的交叉，一方面这个统一体的各个环节必须得到严格的区分，另一方面在这种区别中它们同时又必须被当作并被认为是没有区别的，或者总是必须从与自己相反的含义去看待和了解的。这种区别的双重意思就在于自我意识的这一本质，即它是无限地或直接地就是它由以建立起来的那个规定性的反面。对精神统一性在其双重化中的概念的这一分殊，向我们演示了这种**承认**的运动。

[123]

［I. 双重的自我意识］

对自我意识而言，现在有另一个自我意识；它已**在自身之外**出现了。这有双重的含义，**第一**，它丧失了它自身，因为它发现它自身是一个**另外的**本质；**第二**，它因而扬弃了这个他者，因为它也没有把这个他者看作本质，而是看作在他者中的**自己本身**。

它必定要扬弃**它的**这个**他在**；这是对于第一个双重意义的扬弃，因而它自身就是第二个双重意义；**第一**，它必须着手来扬弃那**另外**一个独立的本质，以便让**它自己**作为本质而得到确信，**第二**，借此它着手来扬弃**它自己**，因为这个他者就是它本身。

这个对于它的双重意义的他在之双重意义的扬弃同样是一种双重意义的返回**到自己本身**；因为**第一**，通过扬弃，它收回了自己本身，因为通过扬弃**它的**他在它又成为了与自己相同的了；**第二**，但是它也让另一个自我意识同样返回到自身，因为它曾经在他者中是它自身，它扬弃了**它的**这个在他者中的存在，因而让他者又得到自由。

{110}　但是自我意识与另一自我意识相联系的这种运动以这种方式就被表象

成了**一方的行为**；不过一方的这个行为本身具有双重含义，即它同样也是作为**他者行为**的**它的行为**；因为他者同样是独立的、自身封闭的，它在自身里面没有什么东西不是通过它自己而存在的。前一个行为所意指的对象并不像它最初仅仅是对于欲望而言那样，而乃是一个自为存在着的独立的对象，因此这行为对于这样一个对象，如果这对象自己本身不做这行为对它所做的事的话，就不能自为地做任何事。所以这个运动完全是两个自我意识的双重运动。每一方看见**他者**做它所做的同样的事；每一方自己做他者要求它做的事，因而也就做他者所做的事，而这也**只是**因为他者在做同样的事；单方面的行为不会有什么用处的；因为要做的事情只有通过双方才能实现。

　　因此行为之所以是双重意义的，不仅是因为它是一个既**对自己**的也是**对他者**的行为，而且也因为它既是**一方的行为**，同样分不开地，也是**他者的行为**。

　　在这个运动里，我们看到那曾经表现为力的转换的过程又再次重复，但却是在意识中重复。在那里曾经只是在我们看来如此的东西，在这里现在却是对这两端本身而言的东西了。自我意识是中项，它自己分解为两端；每一端都在交换自己的规定性并绝对地过渡到对立的一端。当然每一端作为意识都是**在自身之外**发生的，然而它在自己的自外存在中同时就返回到了自己，是**自为的**，而它的自外乃是**为意识的**。每一端是为意识的，就是说它直接**是**又**不是**另一个意识；并且同样，这另一个意识是自为的，只是因为它作为自为存在者而扬弃了自身，并且只有在他者的自为存在中才是自为的。每一方都是他者的中项，每一方都通过中项而自己同它自己相调解相联合，并且每一方对它自己和对他者都是直接地自为存在着的本质，而这本质同时只是通过这种调解才这样自为地存在着。它们把自己作为**彼此相互承认的**来承认。

　　我们现在要考察的是承认的这种纯粹概念，即自我意识在其统一中的双重化的纯粹概念，看它的这一过程如何对自我意识显现出来。首先这一过程将展示出双方的**不平等性**方面，或者说首先表明中项走出来进到两端，而这两端作为两端相互对立，一方只是被承认者，另一方只是承认者。

[II. 对立的自我意识的斗争]

自我意识最初是单纯的自为存在,通过排斥一切**他者于自身之外**而自我等同,它的本质和绝对的对象对它来说是**自我**;并且它在这种**直接性**里或在它的自为存在的这种**存在**里是**个别的东西**。他者这种东西对它来说是作为非本质的、带有否定东西的性格标志的对象而存在的。但是他者也是一个自我意识;这里出场的是一个个体与一个个体相对立。在**直接**这样出场时,它们对双方来说都是以普通对象的方式而存在的,它们都是**独立的**形态,是沉陷在**生命**的**存在**中的意识——因为在这里,那存在着的对象把自己规定为了生命——这些意识**对双方来说**都还没有完成绝对抽象的运动,即根除一切直接的存在而只有自我等同意识之纯粹否定性存在的运动,或者说它们相互间还没有体现为纯粹的**自为存在**,即体现为**自我**意识。每一方固然对它自己是确信的,但并不确信他者,因而它自己对自己的确定性还没有任何真理性;因为它的真理性将会仅仅是这样,即他自己特有的自为存在将会体现为对它独立的对象,或者这也一样,对象将会体现为它自身的这种纯粹确定性。但是根据承认的概念看来,这种可能性只能是他者为它做什么,它就为他者做什么,每一方自己本身通过它自己的行为、并且又通过他者的行为而完成自为存在的这种纯粹抽象。

但是要把自为存在的纯粹抽象**体现**为自我意识的纯粹抽象,那就要把自身显示为对其对象性方式的纯粹否定,或者要指出它并不束缚于任何确定了的**定在**,并不束缚于一般定在的共同的个别性,即不束缚于生命。这种体现是一个**双重的**行为:他者的行为和由自己本身所做的行为。就其是**他者**的行为而言,那么每一方都想要置他者于死命。但其中第二种行为,**即由自己本身所做的行为**也现成在手了;因为前一种行为本身即包含着自己冒生命的危险。因此两个自我意识的关系就被规定为这样,即它们自己和彼此之间都经历着生死斗争的**考验**。——它们必定要进入这场斗争,因为它们必须把它们自身是**自为存在**的确定性对他者和对它们自己都提升到真理性。而只有通过冒生命的危险才验证了自由,只有经过这样的考验才证明了:对自我意识来说,**存在**不是本质,那**直接**出场的方式不是本质,使

{111}

[126]

自己沉没在生命的扩展之中也不是本质，——反之，在自我意识身上，没有什么东西在它看来不是消逝着的环节，它现成在手的只是纯粹的**自为存在**。一个不曾冒过生命危险的个体，诚然也可以作为**人格**而得到承认；但是他没有达到这种作为一个独立自我意识而被承认的真理性。同样每一方必须置他者于死命，正如它自己冒生命危险那样；因为他者不再被它当作它自己；他者的本质对它来说体现为一个他者，外在于它，必须要扬弃其自外存在；他者是受到各种局限而又存在着的意识；它必须将其他在当作纯粹自为存在或绝对的否定来直观。 {112}

但是，这种经过死亡考验的过程既扬弃了本应由此产生的真理性，同样也因此扬弃了对它自身一般的确定性；因为正如生命是对意识的**自然**肯定，是没有绝对否定性的独立性，同样，死亡就是对意识的**自然**否定，是没有独立性的否定性，因而这种否定就仍然不具有承认所要求的那种含义。通过死亡虽然形成了这样的确定性，即双方都曾经冒过生命危险，对于自己的生命以及他者的生命都曾加以蔑视；但这确定性并非对于那些经受过这场斗争的人来说的。它们扬弃了自己在这种陌生的、本身是自然定在的本质性中所建立起来的意识，或者说它们扬弃了自己，并且是作为想要自为存在的**两端**而被扬弃的。但是这样一来，由于这转化的转换而消失的就是这本质的环节，它分解成相互对立的规定性的两端；而中项就塌陷为僵死的统一体，这个统一体分解为僵死的、仅仅是存在着而不是对立着的两端了；并且这两端并不相互地通过意识而将对方送还和取回，而只是听凭相互作为物而漠不相干地放任自流。它们的行为业绩是抽象的否定，而不是这样一种意识的否定，这种意识在**扬弃**的时候是这样的，它**保存**并**保持**住那被扬弃的东西，因而它经受住自己的被扬弃而活了下来。 [127]

在这种经验里自我意识就觉得，生命与纯粹自我意识对它同样都是本质性的。在直接的自我意识中单纯的我是绝对的对象，但这种对象对我们来说或者自在地来说是绝对的中介，并且以持存着的独立性作为本质环节。那种单纯的统一性之消融是初次经验的结果；通过这经验一个纯粹的自我意识和一个不是纯粹自为的、而是为他的意识，也就是作为**存在着的**意识或者**物性**形态中的意识，就建立起来了。两个环节都是本质性的；——

因为它们最初是不平等的并且是对立着的,而它们向统一性的反思还没有发生,所以它们就作为两个相对立的意识形态而存在着;其中一个是独立的形态,对它来说自为存在是本质,另一个是依赖的形态,对它来说生命或为他者而存在是本质;前者是**主人**,后者是**奴隶**。

[Ⅲ. 主人与奴隶]

[1. 统治]

{113}
[128]
　　主人是**自为**存在着的意识,但已不再只是自为存在着的意识的概念,而是通过**另一个**意识作为自己中介的自为存在着的意识,亦即通过这样一个意识,属于它的本质的是,它与独立的**存在**或与一般物性综合在一起。主人与这两个环节都有联系,一方面与一个**物**本身相联系,这物是欲望的对象,另一方面与意识相联系,对这个意识来说,物性是本质的东西;而由于主人 a)作为自我意识的概念是**自为存在**的直接联系,但是 b)从现在起同时又是作为中介,或作为一个只有通过他者才是自为存在的自为存在,所以,主人就 a)直接地与双方相联系,b)间接地与每一方通过另一方相联系。主人**通过独立存在间接地与奴隶**相联系;因为正是靠这种联系,奴隶才得到维持;这就是奴隶在斗争中未能挣脱的锁链,并且因此证明了他自己不是独立的,他只在物性中才拥有独立性。但是主人是支配这种存在的力量,因为他在斗争中证明了这种存在对于他而言只被当作一种否定的东西;由于主人是支配存在的力量,而这种存在又是支配他者的力量,所以通过这个推论,主人就把这个他者隶属于自己之下了。同样,主人**通过奴隶间接地与物**发生联系;奴隶作为一般自我意识也对物发生否定的联系并对之加以扬弃;但是对于奴隶来说,物同时又是独立的,因此通过他的否定作用他不能一下子就把物消灭掉,或者说他只是对物做**加工改造**。反之,对主人而言,通过这种中介,对物的**直接**联系就**成为**对物的纯粹否定或者说**享受**;欲望所没有做到的事,被他借此成功做到了,他成功地在享受中满足了自己。欲望做不到这一点,是因为物的独立性;但是主人,把奴隶插进物与自己之间,由此而只把他自己与物的非独立性相结合,而

光是对物加以享受；但是他把对那独立性的一面托付给奴隶，让奴隶去加工物。

在这两个环节里，对主人来说，他的被承认是通过另一意识而形成的；因为这另一意识在两个环节中是作为非本质的东西而建立起来的，一方面由于对物的加工改造，另一方面是他依附一个确定的定在，在两种情况下，他都不能成为他的存在的主宰而达到绝对的否定性。于是在这里现成在手的是承认的这一环节：这另一意识作为自为存在扬弃了自身，并因此自己去做主人对他所做的事。同样也有另一环节：奴隶的行为就是主人自己的行为，因为奴隶所做的事，真正讲来，就是主人所做的事；对于主人只有自为存在才是本质；他是纯粹否定的力量，对于这个力量，物什么也不是，因此在这种关系中，他是纯粹本质性的行为，但奴隶却只是一个不纯粹的、非本质性的行为。然而要达到真正的承认所缺乏的环节是：凡是主人对他者所作的，他也应该对自己那样作，而凡是奴隶对自己所作的，他也应该对他者那样作。而现在所产生的则是一种片面的和不平等的承认。 [129]

在这种情况下，那非本质的意识是主人的对象，这对象构成他对他自身的确定性的**真理性**。然而显然，这个对象并不符合他的概念，而是正当主人把自己实现出来的时候，对于他反而形成了某种完全另外的东西，而不是一个独立的意识。他所拥有的不是一个独立的意识，反而是一个非独立的意识；因此他所确定的并不是作为真理的**自为存在**，相反他的真理倒是他的非本质的意识和非本质的行为。 {114}

据此，独立的意识的**真理**就是**奴隶意识**。奴隶意识虽然最初显现在自身**之外**，并且没有显现为自我意识的真理。但是正如主人性表明它的本质就是它想要是的东西的颠倒，那么同样，就连奴隶性在实现自身的过程中毋宁也将成为它直接所是的东西的反面；它将作为**被逼回到自己**的意识而返回自身，并且倒转成真实的独立性。

[2. 恐惧]

我们只看见奴隶性在对主人性的关系中是什么。但是奴隶性是自我意识，奴隶性据此而自在自为地本身是什么，这是现在所要考察的。首先就奴隶性来说，主人是本质。因此**独立自为存在着的意识**是奴隶性的**真理**，只不过这个真理对奴隶性来说还不**在它身上**。但是在**实际上**奴隶性却拥有这种纯粹否定性和**自为存在**的真理**在自己身上**，因为它在自身**经验**到了这

[130]　个本质。因为这种意识并不是对这一或那一本质、也不是在这一或那一瞬间感到了担忧，而是对于它的整个本质感到了担忧；因为它曾经感受过死的恐惧、对绝对主人的恐惧。这种意识已经被内在地消融在这种恐惧中，在自身中使自己受到了彻底的震撼，并且一切固定的东西都在它里面震动了。但这个纯粹的普遍运动，即让一切持存绝对地流动起来，却是自我意识的单纯本质，是绝对的否定性，是借此而存在于这个意识之中的**那纯粹的自为存在**。纯粹自为存在这一环节也是**为这种意识**而存在的，因为在主人那里这一意识对他来说就是他的**对象**。再则，这意识并不仅仅是这种**一般的**普遍消融，它也是在服务中**现实地**完成这种消融的；在其中它通过一切**个别的**环节而扬弃了它对于自然定在的依附性，而且在劳动中摆脱了自然定在。

[3. 教养或赋形]

但是一般来说绝对权力感以及个别来说服务感都只是**自在的**消融，虽说对于主人的恐惧是智慧的开始，[①] 但在其中意识**对自己本身**并不是**自为存在**。然而通过劳动，意识回到了它自身。在符合主人的意识中的欲望的这一环节中，对于物的非本质的联系这一面虽然显得是落在服务的意识身

{115}　上，因为在这里物保持着其独立性。欲望保有对对象之纯粹否定，因而保有未混杂的自我感。但是也就因为这样，这种满足本身只是一个消逝的过程，因为它缺少**对象性的**方面，或缺少**持存**。与此相反，劳动是**受到阻碍的**欲望，是**被阻止的**消逝，或者说，劳动就是**教养**。对于对象的否定的联系成为了对象的**形式**，并且成为一种**有持久性的**东西，这正因为对象对于那劳动者来说是有独立性的。这个**否定的**中介或赋形的**行为**同时就是意识的**个别性**或意识的纯粹自为存在，这种自为存在现在通过劳动在自己之外进入到持久的元素；于是，那劳动着的意识借此就进到了把独立存在直观**为自**

---

① 见《圣经》"诗篇"，111.10："敬畏耶和华是智慧的开端。"——丛书版编者

己本身。

但是这种赋形不仅具有这样的肯定含义，即在其中服务的意识作为纯 [131]
粹的**自为存在**成为了**存在着的东西**，而且对于它的前一个环节，恐惧，也具
有否定的含义。因为在事物的教养中，对于这种服务意识来说，那特有的
否定性、它的自为存在之所以成为对象，仅仅是因为扬弃了那对立的存在
着的**形式**。但是这个对象性的**否定者**正是它为之颤抖的异己的本质。但现
在它摧毁了这个异己的否定者，并且在持久的元素中把**自己**建立为一个否
定者，由此它**对自己本身便成为一个自为存在着的东西**。在主人那里，服
务的意识感觉到自为存在是**一个另外的存在**，或只是**为它的**；在恐惧中这
自为存在就**在它自己身上**；在教养中自为存在作为它**自己固有的**存在而成
为了为它的，而这就达到了它本身是自在自为地存在着这种意识。这个形
式由于是**在外部被建立起来的**，因而对它并不是一个他者，而就是它自身；
因为恰好这形式正是它的纯粹的自为存在，即在其中对它成为真理的自为
存在。因此这一自为存在，通过重新发现自己由自身所**固有的意义**，恰好
在它似乎只在其中具有**异己的意义**的劳动里形成起来了。——对于这一反
思，有两个环节是必须的：恐惧的环节和一般服务以及教养的环节，并且同
时这两个环节都具有普遍的方式。没有服务和听从的那种规训，则恐惧还
停留在表面形式上，不会扩展到定在的有意识的现实性上。没有教养则恐
惧只停留在内心里，在沉默中，这意识也不会变成是为它自己的。如果没
有最初的绝对的恐惧，意识就要赋形，那么它只有虚浮的固有意义；因为它
的形式或否定性并不是**自在的**否定性，它的赋形因此并不能给予意识以它
就是本质的意识。如果意识没有忍受过绝对的恐惧，而只是经受过一些担
忧，那么那否定的本质对于它就仍然是一个外在的东西，它的实体就没有 [132]
彻头彻尾被这外在的东西所点燃。由于外在东西的自然意识的全部内容都
不曾动摇，则它**自在地**还是属于特定的存在；那固有的意义就是**固执己见**，
是一种还停留在奴隶性内部的自由。对于这种固执己见，纯粹形式不可能 {116}
成为本质，正如这种纯粹形式被看作扩展到个别东西上时，也并不是普遍
的教养和绝对的概念一样，而是一种熟巧，它只能掌握某些东西，但不能掌
握那普遍的力量和那整个对象性的本质。

二、自我意识的自由；斯多葛主义、
怀疑主义和不幸的意识

对独立的自我意识来说，一方面只有**自我的**纯粹抽象才是它的本质，另一方面，当这个抽象在教化自己并给自己做出区别时，这种区别并不对它成为对象性的**自在**存在着的本质；因此这个自我意识不会成为一个在它的单纯性里真正区别自身的自我，或者不会成为一个在这种绝对的区别中保持自身等同的自我。反之，那被逼回到自身的意识在赋形的过程中却作为被教养的物的形式而成为自己的对象，而在主人身上他直观到同时作为意识的自为存在。但是对于服务的意识本身而言，这两个环节——即**它本身**作为独立的对象这一环节和这个对象作为一种意识、因而作为自己固有的本质这一环节——是分离的。但由于**形式**和**自为存在对我们来说**或**自在地**来说都是一回事，并且在独立意识的概念中，**自在的**存在就是意识，所以在劳动中获得了形式的**自在**存在方面或**物性**方面，除了是意识外更不会是别的实体了，这就在我们面前形成了一种新形态的自我意识；一种自身作为无限性或者作为意识的纯粹运动而成为本质的意识；它**思维着**或者说它就是自由的自我意识。因为所谓**思维**并不是指**抽象的**我，而是指这样的我，它同时具有**自在**存在的含义，它是它自身的对象，或者说，它与对象性本质处于这样的关系中，即它具有它为之存在的那个意识的**自为存在**的含义。——对**思维**而言，对象不是在各种表象或形态中而是在**概念**中运动的，这就是说，是在某种被区别开来的自在存在中运动的，而这种自在存在直接对意识来说又与意识毫无区别。那**被表象的东西、有了形态的东西、存在着的东西**本身，具有某物不同于意识而存在的形式；然而一个概念同时是一个**存在着的东西**，——而这一区别，就其存在于概念本身中而言，就是概念的被规定了的内容，——但是由于这内容同时又是一个被概念把握了的内容，意识就仍然**直接地**意识到它和这个被规定的、有区别的存在着的东西的统一性；而不是像在表象里那样，在表象里意识还必须首先特别提醒的是，意识是**它的**表象；相反，概念对我来说直接地就是**我的**概念。在

[133]

{117}

思维里，**我自由地存在**，因为我不存在于一个他者中，而是完全停留在我自身中，并且那对我是本质的对象在不可分离的统一中就是我的为我存在；而我的在概念中的运动就是在我自身中的运动。——但在自我意识的这个形态的这一规定中，本质上必须牢记的是：它是**一般思维着的**意识，或者说它的对象是**自在存在**与**自为存在**的**直接统一**。那自身同名的并自己排斥自己的意识成为**自在存在着的元素**；不过这种元素本身刚刚只是作为一般的普遍本质而存在的，而并没有在其各个不同方面存在之发展和运动中作为对象性的本质而存在。

[I. 斯多葛主义]

　　自我意识的这种自由，由于它在精神的历史上是作为它的被意识到的现象出场的，众所周知，就叫作**斯多葛主义**。它的原则是：意识是思维着的本质，而某物只有当意识在它里面把自己当作思维着的本质来对待时，对意识而言才具有本质性，或者对意识而言才是真的和善的。

　　生命之多方面的、自我区别的扩展，生命之个别化、复杂化，是欲望和劳动的活动所针对的对象。这种多方面的行为现在凝聚为在思维的纯粹运动中的单纯的区别。**对于这种运动来说**，不管这区别是把自己区别**为特定的物**，或区别为**一个特定的自然定在的意识**，还是把自己区别为感觉、**欲望**或**目的**，——也不论这区别是由**自己的**意识还是由**一个异己的意识**建立起来的，都不再具有本质性，而是只有本身是**被思维的**区别或未与自我直接区别开来的区别，才是具有本质性的。因此这个意识对主人性与奴隶性的等级关系是否定的；它的行为是，在主人性中它不靠奴隶而获得真理性，而作为奴隶它又不靠主人的意志及它的服务而获得真理性，相反不论在宝座上或在枷锁中，在它的个别定在的一切依附关系中，它都是自由的，都保持着无为无欲，这种无为无欲不断地从定在的运动中退出来，从功利和痛苦中退出来，**退回到思想的单纯本质性**中。固执己见是这样一种自由，它执着于个别性，并停留在奴隶性**之内**，但斯多葛主义则是这样的自由，它总是直接从奴隶性中退出来，返回到思想的**纯粹普遍性**；并且作为世界精神的

[134]

{118}

普遍形式，它只有在一个普遍的恐惧和奴役的时代、但也是一个有普遍教养并将这教养一直提高到思维上来的时代，才能够出场。

　　虽然现在对这个自我意识来说，不论是别的不同于它的东西还是自我的纯粹抽象都不是本质，而是以那自身拥有他在、但将其作为被思维的区别来拥有、以至于在其他在中直接返回到自身的自我为本质，于是它的这个本质同时只是一个**抽象的**本质。自我意识的这种自由对于自然的定在是**漠不关心的**，因而它对于**自然定在同样**也任其自由，而这反思是**双重的**。思想中的自由只是以**纯粹思想**为它的真理，而这种真理是没有生活的充实内容的，因而也仅仅只是自由的概念，并不是活生生的自由本身；因为对这种自由来说只有一般**思维**才是本质，才是形式本身，这种形式脱离了各种物的独立性而返回到自身。但由于个体性在行动时本应表现得活生生的，或者说，在思维时本应把活生生的世界理解为一个思想体系，那么在**思想本身**中本来必须为前述扩展准备这样的**内容**，即凡是善的东西，对于扩展而言都是真的东西；借此在这样一种**为意识而存在着的东西**中就**绝对不会**有别的成分，而只会有作为本质的概念了。只不过正如概念在这里作为**抽象**而脱离了物的多样性一样，它并**不拥有自己本身的内容**，而只有**一个被给予的内容**。意识尽可以通过它思维这一内容，而把这内容作为异己的**存在**加以清除；但这概念是**被规定了的**概念，而概念的这种**被规定性**就是它在自己身上所带有的异己的东西。因此斯多葛主义当被追问一般真理的**标准**（像这个术语当时所表达的那样）、其实是被追问**思想本身**的内容时，就陷入尴尬之中。① 对于向它提出的**什么**是善的和真的这个问题，它又是以**没有内容的**思维本身作答：真和善据说就在于合乎理性。但是思维的这种自身等同又只是一个纯粹的形式，里面没有任何规定自己的东西；因此斯多葛主义所不得不固执于其上的那些普遍名词：真与善，智慧与德行，一般讲来当然是很高尚的，但是由于它们实际上不能够达到对内容的任何扩展，它们不久也就开始令人厌烦了。

---

① 黑格尔在这里所引用的是斯多葛派的这种理论，即"把握性的表象"（καταληπτικη φαντασια）是真理的标准。这种学说遭到学园派 [按：即新柏拉图主义的怀疑派——中译者] 的攻击。——丛书版编者

所以这种思维着的意识，如同它把自己规定为抽象的自由那样，只是对于他在的不完全的否定；仅凭从定在中**退回**到自身，它并没有在自己身上把自己作为对定在的绝对否定而实现出来。内容虽然被它看作只是思想，但同时又被看作是**被规定了的**思想，也就是被规定性本身。　{119}

[136]

[II. 怀疑主义]

怀疑主义就是把斯多葛主义仅仅是有关它的概念的那种东西实现出来——而这就是对什么是思想自由的现实经验；这种自由，**自在地**就是否定的东西，并且必须这样表现出来。凭借自我意识对它自身的单纯思想的反思，实际上独立的定在或持久的规定性就作为特例从无限性中对这反思显示出来了；在怀疑主义里，现在这个他者的全部非本质性和非独立性都**对意识而言**形成了；思想成为了彻底的、否定那**多方规定了的**世界之存在的思维，而自由的自我意识的这种否定性借生活的这些多种多样的形态而自己成为了实在的否定性。——由此可见，正如斯多葛主义与作为统治和奴役的关系显现出来的**独立意识**的**概念**相符合，同样，怀疑主义也与对这种概念的**实现**即对他在的否定倾向相符合，与欲望和劳动相符合。但是如果欲望和劳动不能为自我意识执行否定作用，那么相反，这种针对诸物的多方面独立性的攻击性倾向却会是有效果的，因为它是作为预先在自身中完成了的自由的自我意识转而去反对诸物的；确切点说，因为这种倾向在自己本身中就拥有**思维**或无限性，而在其中，那些基于物的区别的种种独立性，在它看来都只是些消逝着的量。那些在自我意识自身的纯粹思维中仅仅是各种区别之抽象的区别，在这里就成为了**一切**的区别，而一切被区别的存在则成为了自我意识的一种区别。

怀疑主义的一般**行为**和它的**方式**由此就被规定下来了。怀疑主义指出的**辩证运动**，就是感性确定性、知觉和知性，同样也指出了那在统治和服务关系中并被抽象思维本身认为是**确定了的**东西之非本质性。那种关系自身同时包含着一个**确定的方式**，按照这种方式甚至道德法则也是作为统治的命令而现成的；但是抽象思维中的诸规定是这样一些科学概念，在这门科　[137]

学中充斥着无内容的思维,这思维把概念以一种实际上只是外在的方式附着于那对它独立并构成其内容的存在上,而只把那些**确定的**概念视为有效准的,哪怕这些概念是些纯粹的抽象也罢。

  辩证法作为否定的运动,正如它直接**所是**的那样,对于意识来说首先显现为意识必须牺牲于它、它却不通过意识本身而存在的某种东西。相反,{120} 这一运动作为**怀疑主义**,则是自我意识的环节,对于这一环节来说,自我意识不会**发生**它的真实东西和实在东西不知为何就从自己身上消失了的情况,而是这一环节在自我意识的自由的确定性中让这个另外的为实在性而奉献出来的东西本身消失了;所消失的还不仅仅是对象性的东西本身,而且是自我意识对这对象性东西的固有态度,在这一态度中,它被看作对象性的并被作为对象性的而造成了效果,因而也是它的**知觉**,以及自我意识对于它有丢失之虞的东西的**固定**,即那种**诡辩**,[①] 和它**由自身得到规定和固定的真实的东西**;通过这种自我意识到的否定,自我意识**为自己本身**争取到了**它的自由的确定性**,获得了自由的经验,并且借此把这种经验提高到**真理**。凡是消失着的东西都是被规定的东西,或者是那种不管以什么方式、来自何方而把自己设定为固定不变的 [②] 区别。这种区别本身没有任何持久的东西,**必定**要在思维面前消失,因为被区别开来的东西正好就是这种不存在**于自己本身**的东西,相反,只有在一个他者之中才具有它的本质性;但思维就是对这种被区别开来的东西的本性的明见,它就是作为单纯本质的否定本质。

  于是怀疑的自我意识就在一切想要对它固定下来的东西的变迁中,经验到了它所特有的、由它自己给予自己并保持下来的自由;它本身就是自己对自己所进行的思维的这种不动心,即**自己本身的**、不变的、**真正的确定性**。这种确定性并不是从一个异己的东西中,仿佛经过其多方面发展的崩[138] 塌,作为结果而产生出来的,仿佛这异己东西的变易在其身后有了这一结

---

① 参看前面第二章"知觉",考证版第 79 页:"知觉的这种诡辩试图把这两个环节从它们的矛盾中拯救出来"。——丛书版编者 [中文参看贺、王译本第 85 页。——中译者按]

② "固定不变的"(unwandelbarer)在第二版中被改成了"直接的"(unmittelbarer)。——袖珍版编者

果似的；相反，那意识本身就是**绝对的辩证的不安息**，就是这样一种感觉表象和思维表象的混合物，这些表象的区别倒塌了，而它们的**相同性**也同样瓦解了——因为这种**相同性**本身就是对**不相同性**的**规定性**。实际上这种意识在这里恰好不是一个自身等同的意识，而只是一种纯全偶然的混沌，一种不断产生出来的无序的晕眩。**它是为自己本身而这样的**；因为它自己保持并产生着这种自身运动的混沌。因此它自己也招认了这一点，招认了自己是一个完全**偶然的**、**个别的**意识，——一个这样的意识，它是**经验性的**，它所遵循的是对它没有实在性的东西，它所听从的是对它没有本质性的东西，它所作的和它所实现的是对它没有真理性的东西。但是，正如以这种方式它就把自己当成了**个别的**、**偶然的**并且实际上是动物性的生命和**丧失了的**自我意识一样，它也反过来又把自己变成了**普遍的自身等同的**；因为它是对一切个别性和一切区别的否定性。从这种自身等同性中或者不如说就在这种自身等同性本身里面，这意识重又落回到前面那种偶然性和混沌里面去了，因为正是这种自身运动着的否定性，它只与个别东西打交道，并和偶然性的东西纠缠不清。所以这种意识就是这样一种无意识的胡搅，从自身等同的自我意识之一端到偶然的、被搅乱和搅乱着的意识之另一端， {121}来回摇摆不定。它自己就没有把它自己的这两个思想结合起来：**一方面**它认识到它的自由在于超出定在的一切混乱和一切偶然性，而**另一方面**它同样又招认自己在退回到**非本质的东西**并徘徊于其中。它让非本质的内容在它的思想里面消失，但是正是在其中，它就是对某种非本质东西的意识；它说出来的是绝对的**消失**，但这个**说出来**却存在着，而这种意识就是那说出来的消失；它说出来的是看、听等等的虚无性，然而它**自己**却在**看**、**听**等等； [139]它说出来的是那些伦理本质性的虚无性，然而它自己却把这些伦理本质性当作支配它行动的力量。它的行为和它的言词永远是矛盾着的，而它自身同样也带有不变性和相同性与偶然性和不相同性这双重矛盾着的意识。但是它把它自身的这种矛盾区分开来，它就像在它的纯粹否定的一般运动里那样对待这种矛盾。对于这种怀疑的意识，如果你向它指出**相同性**，那么它就会向你指出**不相同性**；对于它刚刚说出来的**不相同性**，如果现在你向它提出来，那么它就转而指出其**相同性**；它所说的话实际上是执拗的小孩子的争吵，一个说东，另一个就说西，一个说西，另一个又说东，而他们通过这样的**互相**矛盾冲突，来换得**共同**逗留于矛盾状态中的乐趣。

在怀疑主义里，意识在真理中把自己作为一个在自身内矛盾着的意识来经验；它从这种经验中看出了一种**新的形态**，这个形态把怀疑主义区分开的两个思想结合起来了。怀疑主义对自己本身的这种无思想性必定会消逝，因为实际上这是包含着这两种方式于自身的**一个**意识。因此这个新的形态就是这样一种意识，它**自为地**就是双重的意识，既意识到自己是自我解放的、不可改变的和自身等同的，又意识到自己是绝对搅乱自身的和颠倒自身的，并且它就是这种自相矛盾的意识。——在斯多葛主义里，自我意识是它自身的单纯自由；在怀疑主义里，这自由实现了自身，消灭了确定的定在这另一方面，但是不如说是双重化了**自身**，而它自身现在就成为一个两面的东西。这样一来，那过去分配在两个个别的人、即主人和奴隶身上的双重化，现在就降临到一个人身上了；于是自我意识在自身之内的、本身就是精神概念中的本质的那种双重化，就是现成在手的了，但还未达到它的统一，而**不幸的意识**就是把自己作为双重化的、只不过是矛盾着的本质来意识的。

[140]

{122}　　　[III. 不幸的意识]

因此这个**不幸的自身分裂**的意识，由于本质的这种矛盾本身是**一个**意识，它就必须总是在这一个意识里也拥有另一个意识，所以当每一方自以为赢得了胜利、获得了统一的宁静时，这意识又必须直接从这一方中被驱逐出来。但是不幸的意识之真正返回到自身或者它同它自己的和解，将展示出那被活生生地形成并跨进实存中来的精神的概念，因为在它身上已经是这种情况，即它作为一个未分化的意识是一个双重的意识：它本身就是一个自我意识向另一个自我意识的观照，而且它自己就**是**双方，而双方的统一也是它的本质；不过它**自为地**自己还不是这种本质本身，还不是这两方面的统一。

[1. 变化的意识]

由于它最初只是两方面之**直接的统一**，因而对它说来这两方面并不是一回事，而是互相对立的，所以对它而言，其中的一个方面、即单纯的不变的意识是作为**本质**而存在的；而另一方面、即多样的变化的意识，是作为**非本质的东西**而存在的。这两方面**对它来说**都是彼此陌生的本质；它自己由于是这种矛盾的意识，就置身于变化的意识那一方面，而认为自己是非本质的，然而它作为对不变性或单纯的本质的意识，它同时必须努力去把它自己从非本质的东西、亦即从它自己本身中解救出来。因为虽然它**自为地**只是变化的意识，而那不变的意识在它看来是陌生的东西，但**它本身却是**单纯的、因而是不变的意识，因此它将这不变的意识作为**自己的**本质来意识，然而**它本身**自为地又不是这个本质。因此它所给予双方的地位不可能是双方彼此的漠不相关，这就是说，不可能是它自己对那不变的意识漠不相关；相反，它自己直接就是双方，对它来说，它就是**这两方面的联系**即本质与非本质的联系，以至于这个非本质必须被扬弃；但由于对它而言双方同样都是本质性的并且是矛盾着的，它就只是那矛盾着的运动，在其中这对立面在它自己的对立面里不得安息，而是只有在自己的对立面里才把自己作为对立面重新创造出来。 [141]

　　于是一场对敌斗争就是现成在手的了，对这个敌人的胜利毋宁说是一场失败，获得一个东西毋宁说是失去了在其对立面中的同一个东西。对于生命、生命的定在和行为的意识只是对于这种定在和行为感到痛苦，因为在这里它只意识到它的反面才是它的本质并且意识到它固有的虚妄。它由此而提升起来过渡到不变的意识。但是这种提升本身就是这个意识；因而这种提升直接就是对于对立面的意识，亦即意识到它自身的个别性。正因为如此，那进入意识的不变的东西同时就为个别性所染指，而且只是与个别性一起出现；在不变的意识里个别性并没有被取消，它只是在那里不断地产生出来。 {123}

[2. 不变的形态]

　　但是在这运动里意识就正好经验到这样一种**个别性**在**不变者**那里和**不变者**在**个别性**那里**显现出来**的过程。于是**对意识来说**，一般**个别性**就在**不变的本质里**形成起来了，同时**它自己的**个别性也在**不变的本质里**形成起来了。因为这个运动的真理正是这种双重意识的**成为一**。不过**这种统一最初**

对它成为了这样一种统一，**在其中**双方的**差异性**还占着统治地位。由此，意识手头就有了个别性与不变的东西相联接的三重方式。**第一**，意识本身又作为与那不变的本质相对立的而产生出来，并被抛回到斗争的开端，这开端仍然是整个关系的元素。**第二**，对意识来说，那**不变的东西**自身在自**己身上**拥有了**个别性**，以至于个别性就是不变的东西的形态，从而整个实存的方式都转移到不变的东西上去了。**第三**，意识发现**它自身**是不变的东西中的这一个个别东西。那**第一个**不变的东西对意识来说只是**异己的**、对[142] 个别性加以谴责的本质；由于**第二重方式**，是如同意识自身那样的一种**个别性形态**，那么在**第三重方式**中，意识就成为了精神，它以在精神中发现它自身为愉快，并且意识到它的个别性和共相达到了和解。

凡是在这里体现出来的不变的意识的方式和关系，都是作为分裂的自我意识在其不幸中所造成的**经验**而产生的。这种经验现在虽然不是**分裂的自我意识这一个方面**的运动，因为它自己就是不变的意识，这不变的意识与此同时也是个别的意识，并且这个运动也同样是不变的意识的运动，这个不变的意识和另外的个别的意识都同等程度地在这个运动中出场；因为这个运动是通过这样三个环节而进行的，即首先，不变的意识与一般的个别意识相对立，其次，个别意识本身与另一个个别意识相对立，最后，个别意识与另一个个别意识成为一体。但是这种看法，就其属于我们而言，在这里是不合时宜的，因为直到现在为止，对我们而言不变性只是作为意识的不变性而生发出来的，因而它还不是真正的不变性，而是还与一个对立面牵扯在一起的不变性，它不是作为**自在自为的**不变的东西**本身**而生发出来的；因此我们还不知道那自在自为的不变的东西是什么情况。在我们这里所获得的结果仅仅是这样，即对于本身在这里就是我们的对象的那个意识而言，上面所指出的这些规定都在那不变的东西身上显现出来了。

因此出于这个理由，就连那不变的**意识**在其构形的过程中本身也保持{124} 着分裂的存在与自为的存在这一特性和基础，以与那个别的意识相反对。所以对一般个别意识而言，不变的东西获得个别性的形态，乃是一种**事件**；正如个别意识也只是**发现**自己与不变的东西相对立，因而**通过自然**而具有这种关系一样；最后，个别意识在不变的东西中**发现了自己**，这在它看来虽然部分似乎是由它自己本身作出来的，或者这事之所以发生是因为它本身是个别的，但是部分要归之于这种作为不变东西的统一，无论是按照这种统一的产生来说还是就其存在而言；并且这种对立还保留在这种统一本身中。实际上通过不变的东西的这种**构形**，彼岸这一环节不仅被保留下来了，而且还更加固定了。因为如果说一方面不变的东西通过个别现实性的形态虽然似乎接近了彼岸，但另一方面它从此就作为一个不透明的感性的"一"，连同**现实东西**的整个易碎性而与彼岸相对立；要想和彼岸成为一体的希望必然还只是希望而已，这就是说，是永远也得不到满足或兑现的希望；因为在希望和满足之间恰好矗立着绝对的偶然性或不可动摇的漠不相干性，这种偶然性或漠不相干性就在这一构形过程本身中，就在这个为希望提供的根据中。由于这个**存在着的"一"**的自然本性，由于这个"一"所穿的现实性的外衣，必然要发生的事件就是，它已在时间中消逝，而存在于空间遥远的地方了，并永远保持遥远的距离。 [143]

[3. 现实与自我意识的统一]

如果最初那分裂的意识的单纯概念这样规定自己，即它要努力扬弃它自己作为个别的意识，并努力成为不变的意识，那么从此它的努力就具有这样的使命，即它反倒会扬弃它与那**未构形**的纯粹不变东西的关系，而只给自己提供对**那已构形的不变东西**的联系。因为个别的东西与不变的东西**成为"一"**从此就是它的**本质**和**对象**了，正如在概念里曾经只有无形而抽象不变的东西才是本质的对象一样；而现在，概念的这种绝对被分裂的关系是它所要避免的。但是它必须把最初与那已构形的不变东西作为一个异己的现实东西的外在联系提高到绝对的形成为"一"。

那非本质的意识努力以求达到这种成为"一"的运动，按照它将要当作自己已构形的彼岸来拥有的三重关系，本身也是**三重运动**：一是作为**纯粹的意识**，二是作为**个别的本质**，这本质作为欲望和劳动而与**现实性**相对，三是作为**对它自己的自为存在的意识**。——现在要考察的是，它的存在的这三种方式是如何在那种普遍关系中到手并得到规定的。

[(1)纯粹的意识] [144]

首先它被看作**纯粹的意识**，所以那被构形了的不变者，由于他是为纯

{125}　粹意识而存在的,他就好像被建立得如同他自在自为地本身所是的那样。不过他自在自为的本身的那个样子,像已经提到过那样,却还没有生发出来。假如他在意识内像他自在自为地所是的那样存在,这当然就必须宁可从他出发而不是从意识出发;但是,他在这里的这种在场就只是片面地通过意识而到手的,正因为这样所以这种在场并不是完善的和真实的,而是仍然由不完善性或由一个对立面所拖累的。

　　但是尽管不幸的意识因此就不占有这个在场,它同时却是超出了纯粹思维的,只要这纯粹思维是斯多葛主义的抽象的、**脱离了一般个别性的**思维,以及怀疑主义的仅仅是**不安的**思维——实际上只是作为无意识的矛盾及其不停息的运动的那种个别性;不幸的意识超出了这两派,它把纯粹思维和个别性结合起来并绑在一起了,但还没有提高到那样一种思维,**对于这种思维而言**意识的个别性和纯粹思维本身得到了和解。它毋宁说是站在这样一个中点上,在那里抽象思维触摸到意识的作为个别性的个别性。它本身就**是**这种触摸;它是纯粹思维与个别性的统一;它甚至**对自己而言**都是这个思维着的个别性或纯粹思维,以及本质上本身就是作为个别性的不变的东西。但是它**对自己而言**并不是说,它的这个对象,那在它看来本质上具有个别性形态的不变的东西即是**它本身**,即是作为意识的个别性的它本身。

　　因此在我们把它当作**纯粹意识**来看的这第一种方式中,不幸的意识**对它的对象的关系**不是思维的,而是由于它自身虽然**自在地**是纯粹思维着的个别性,而它的对象正是这种纯粹意识,但**彼此的联系本身**并不是**纯粹思维**,所以可以说,它只是**向着**思维走去,只是在**默想**。它的思维本身停留于无形的钟声的沉响或一种暖融融的烟雾弥漫,一种音乐式的思维,它没有

[145]　达到概念,而只有概念才会是唯一的、内在的、对象性的方式。这种音乐式的思维虽然对这种无限的、纯粹的、内心的感觉来说成为了它的对象,但却是这样进入感觉的,以至于这个对象不是作为概念所把握的对象出现,因而只是作为一个异己的东西出现的。由此而现成在手的是**纯粹心情**的内在运动,这种心情**感觉到**自身,但却是把自身作为痛苦的分裂来感觉的;而这是一种无限**渴望**的运动,这种渴望确信它的本质是那样一种纯粹的心情、

是纯粹的**思维**，是把自己**作为个别性来思维**；并且确信它之所以被这个对象所认识并承认，正是因为它把自己作为个别性来思维。但同时这个本质是一个不可达到的**彼岸**，这个彼岸当你要捕捉它时，它就飞走了，或者毋宁说，早已经飞走了。它已经飞走了是因为，一方面，它就是那把自己作为个别性来思维的不变的东西，而意识因此就在不变的东西里直接地达到它自身，但这个**它自身**却是作为**与那不变的东西相对立的东西**；意识没有把捉到那个本质，它只是**感觉着**，并且退回到了自身；由于意识在达到时不能防止自身成为这种对立的东西，所以它并未把捉到这本质，而只是把捉到了那个非本质性。正如**意识**一方面由于努力要**在本质中**达到**自身**，而只把捉到自己分离了的现实性，那么另一方面，它也不能够把这个他者**作为个别的东西或现实的东西**来把捉。不论这他者在哪里被寻找，它都不能被找到；因为这他者恰好应当是**某个彼岸**，是这样一个不能够被找到的东西。如果他者被当作个别东西去寻找，它就不是一个**普遍性的**、被思维的**个别性**，不是**概念**，① 而是作为对象的**个别的东西**，或某个现实的东西；它是直接的感性确定性的对象，正因为如此，它只是这样一种消逝了的东西。因此对意识而言只有它的生命的**坟墓**才能达到在场。但是由于生命的坟墓本身是一种**现实性**，而要想提供一种永久性的财产，那是违反这种现实性的本性的；所以即使坟墓的这一在场，也只是一场费力的斗争，而这场斗争必定是要失败的。不过由于意识造成了这样的经验，即它的**现实的**不变的本质之**坟墓并没有什么现实性**，那消逝了的个别性，作为消逝了的东西，不是真正的个别性，所以它就会放弃把不变的个别性当成**现实的东西**去寻求，或放弃坚持那作为消逝东西的个别性了，只有这样它才能够找到作为真正的或普遍的个别性。

{126}

[146]

[(2)个别的本质与现实性]

但是首先必须做的是**心情要返回到自身**，使得它自身作为**个别的东西**具有**现实性**。它是**纯粹的心情**，这种心情对我们或**自在地来说**已被发现和得到满足了，因为虽然**对它来说**在它的情感中本质与它是分离的，但这种

---

① 考证版和丛书版中，"概念"未打着重号，此处从袖珍版。——中译者

情感自在地就是**自我感**,它感到了它的纯粹感觉的对象,而这个对象就是它自身;因此它从这里面作为自我感或自为存在着的现实的东西而出场。当这样返回到自身时,对我们来说意识的**第二种关系**,即欲望和劳动的关系就形成了,欲望和劳动通过扬弃和享受异己的、即在独立事物形式下的本质,给意识证实了它本身的对我们而言已达到了的内在确定性。但是不幸的意识**发现**自己只是在**欲求着和劳动着**;对它来说尚未到手的是,在这样发现自己时有内在的确定性为自己提供根据,而它对本质的情感即是这种自我感。由于它**对自己本身**不具有这种内在确定性,所以它的内在的东西毋宁说仍然还是它自身的断裂了的确定性;因而它通过劳动和享受将会获得的那种证实,也同样是这样一种**断裂了的证实**;或者说,它自己本身反倒必须否定这种证实,以至于它在其中固然发现有这种证实,但只是关于它对自身而言所是的东西、即关于它之分裂的证实。

{127}

欲望和劳动所针对的现实性,对这个意识来说,已不再是一个**自在的虚无的东西**,对它只消加以扬弃和消灭就行,而是一个像意识本身一样的东西,一个**断裂为二的现实性**,这种现实性只在一方面是自在地虚无的,但另一方面却也是一个神圣的**世界**;这种分裂为二的现实性是不变的东西的形态,因为不变的东西自在地获得了个别性,并且由于它作为不变的东西是普遍的东西,它的一般个别性就具有了一切现实性的含义。

[147]

假如意识是自为的独立的意识,而现实性对它是自在自为地虚无的,那么它就会在劳动和享受中达到它自身的独立性之情感,从而它自身就会是扬弃这现实性的东西了。不过,由于这种现实性对意识来说是不变的东西的形态,意识就不能通过它自身来扬弃这种现实性。反之,由于意识虽然做到了消灭这现实性并加以享受,那么对它来说,这件事的发生本质上却是因为那不变的东西自己**奉献**了它的形态,**听凭**意识去享受。——在这里,意识在它那方面**同样**作为现实的东西而出场,但同样又是内在断裂了的东西,而这种分裂在它的劳动和享受中体现出来,即断裂为一个**对现实性的关系或自为存在**和一个**自在存在**。前一种对现实性的关系是**改变或行为**,是一种属于**个别**意识本身的自为存在。但是在这里它也是**自在的**:这个方面属于不变的彼岸;它们就是那些能力和力,是不变的东西同样托付给意识来使用的一种外来的恩赐。

据此，意识在它的行为里首先就处于对两端的关系中；它作为能动的此岸而站在一方，与它相对立的是那被动的现实性；两者处于相互联系中，但是两者又都返回到不变的东西，并坚持其自身。因此从两方面都只是分离出了一个针对另一方展开运动转换的表面的部分而互相反对。——现实性这一端被能动的那一端所扬弃；但是现实性这一端之所以能够被扬弃，只是由于它的不变的本质自己把它扬弃了，自行排斥了自己，并把那排斥掉的东西奉献给了能动性。这能动的力就作为现实性由以解体的**威力**显现出来了；但由于这样，这种威力当它在能动性中出场时，对这个把**自在**或本质看作与自己不同的他者的意识而言，就是它自己的彼岸。因此它并没有通过意识的行为返回到自身，并对自己本身证实自己，反而把这种行为的运动反射回另一端中，从而使另一端作为纯粹普遍的东西、作为绝对的威力表现出来了，从这个威力出发，运动将会向一切方面进发，这威力就会既是那自身分化的两端的本质，如两端最初出场时那样，也会是这转化过程本身的本质。 {128} [148]

不变的意识对自己的形态**作出放弃行为**并**奉献出**这形态，而个别的意识对此表示**感谢**，这就是说，它**拒绝**意识对自己**独立性**的满足，并把它出于自身的行为之本质归于彼岸，于是通过两部分**相互放弃自身给对方**的这样两个环节，当然就对意识产生了它的与不变的东西的**统一**。只是这种统一同时就感染了分离，在自身中又断裂开了，并从中又产生了共相与个别的对立。因为意识显然**表面上**放弃了它的自我感的满足，但是它获得了自我感的**现实的**满足；因为它已经**是**欲望、劳动和享受；作为意识，它**意愿过、行动过和享受过**。同样，当它在自己的**感谢**中承认另一端是本质并且扬弃自身时，这感谢本身就是**它自己特有的**行为，这个行为抵偿了另一端的行为，并以一种**对等的**行为去报答那奉献出来的善行；即使另外一端托付于它的是其**表面的东西**，那么意识**也还是**感谢，并由于它自己放弃了自己的行为，即它自己的本质，它在其中所做的其实比那只从自身抛出表面部分的另一端要更多些。所以整个运动不仅在现实的欲求、劳动和享受之中，而且甚至在对立面似乎借以发生的那个感谢中都反思到了**个别性那一端**。

在这里面意识感觉到自己是这种个别的东西，并且不让自己为它已做了放弃这个表面映象所欺骗，因为它的自身放弃的真理即在于它并没有交出自己；已发生的情况只是向两端的双重的反思，其结果就是重新分裂为对**不变东西**的相反的意识，以及与之**对立着的**意愿、实行、享受和对自我做了放弃的意识，或对一般**自为存在着的个别性**的意识。

[149]

[（3）自我意识达到了理性]

于是这就进入到了这种意识的运动的**第三种关系**，这个意识是从第二种关系中作为这样一种通过它的意愿和实行已验证了自己在真理中是独立的意识而走上前台的。它在第一种关系中曾经只是现实意识的**概念**，或者是在行为和享受方面还不是现实的**内在心情**；第二种关系就是这种心情作为外部行为和享受的实现过程；但是由此返回，它就是这样一种意识，这个意识**经验到**自己是现实的并起着作用的意识，或者对这种意识来说它**真正地**就是**自在自为地**存在的。但是在这里敌人现在就以它最独特的形态被发现了。在心情的斗争里，个别意识只是作为音乐式的抽象的环节；在劳动和享受里它只是作为这种无本质的存在之实现，它可以直接忘掉**自身**，并且在这种现实性中，这种被意识到的**独特性**通过感恩的承认而被消除了。但是这种消除在真理中乃是意识之返回到自己本身，也就是作为在它看来真实的现实性而返回到自身。

{129}

这种真实的现实性在其中成为一端的这第三种关系，就是这种现实性作为虚无性而对于普遍本质的**联系**；对于这种联系的运动，还应加以考察。

首先就意识的对立的联系而论，在这种联系中对意识而言它的**实在性直接地**就是**虚无的东西**，因而它的现实的行为就成了出自虚无的行为，它的享受则成为自己不幸的情感。这样一来，行为和享受就失掉了一切**普遍的内容和含义**，因为否则它们就会具有某种自在和自为的存在了，而这两者都退回到了意识一心要加以扬弃的个别性。意识在这些动物性的机能中把自己的个别性作为**这种现实的个别东西**来意识。这些动物性的机能并没有轻轻松松地作为某种自在自为地虚无的、不能为精神获得什么重要性和本质性的东西来发挥作用，因为它们就是敌人在其中以其特有的形态显示出来的东西，所以它们反倒是努力笃行的对象，并且恰好成了最重要的东

[150]

西。但是由于这个敌人是在它被打败时产生出来的，而意识在对自身确立敌人时反而不能摆脱敌人，而总是逗留在敌人那里，总是看到自己被玷污，同时由于它力图争取的这一内容并非本质性的东西，而是最卑贱的东西，并非普遍性的东西，而是最个别的东西，所以我们看到的只是这样一种人格性，它局限于自身及其琐屑的行为，忧心忡忡，既不幸又可怜。

但是在这两者身上，在对意识的不幸的情感及其行为的可怜巴巴之上，也同样联接着两者与不变的东西相统一的意识。因为试图直接取消两者的现实存在是以对不变的东西的思想**为中介**的，而且是在与这种中介的**联系**中才发生的。这个**中介性的**联系构成意识针对自己的个别性之否定运动的本质，但是它的个别性作为**自在的联系**同样是肯定的，并且将为它自身实现它的这种**统一**。

因此这个中介的联系是一个推论，在这个推论里，那最初作为与**自在**相对立的东西确立起来的个别性，只有通过一个第三项才与另外这一端结合起来。通过这个中项，不变的意识那一端是为非本质的意识而存在，同时在非本质的意识中也是这样，它同样只有通过这个中项才会为不变的意识而存在。于是这个中项就会是这样，它把两端互相介绍给对方，并且是每一方在另一方那里相互交涉的服务员。这个中项本身就是一个意识到了的本质，因为它是一个对意识本身起中介作用的行为；这个行为的内容是意识对自己的个别性所采取的清除行动。 {130}

因此在中项里意识就从作为**它自己的东西**的行为和享受中摆脱出来；它从自己作为**自为**存在着的一端中排除了它的**意志**的本质，并且把它的独特性和做决定的自由、从而也就把自己行为的**罪责**抛给了中项或服务员。这个中介者，作为和不变的本质有直接的联系者，便在服务中关于正当的事情提出自己的**规劝**。由听从他人决定所作出的这一行动，按照其行为或**意志**方面来说，便不再是它自己的行动了。但仍然还留下有它的**对象性**方面、即它的劳动的**成果**和**享受**给那非本质的意识。那么，对于这些成果和享受，意识同样也拒斥于自身之外，并且正如它放弃了它的意志那样，它同样也放弃了它在劳动和享受中所获得的**现实性**；对现实性的这种放弃**部分**是将之作为其自我意识到的**独立性**所达到的真理性而放弃的——因为它是 [151]

凭借表现和说出了某种完全陌生的对它无意义的东西而运动的；部分是将之作为**外在的财产**而放弃的——因为它是对它通过劳动挣得的财物有所舍弃；部分是作为所拥有的**享受**而放弃的——因为它通过斋戒和苦行再次弃绝了这种享受。

通过这几个环节，即放弃独自作决定，然后放弃财产和享受，最后通过那个肯定的环节，即推动去做一件不理解的事，意识就在真理性中完全使自己失去了自己对内在自由和外在自由的意识，失去了自己对作为它的**自为存在**的那个现实性的意识；意识拥有了这样的确定性，即确信它在它的**自我**的真理性中外在化了自身，并把它自己直接的自我意识造就成一个**事物**、一个对象性的存在。——意识只有通过这种**现实**的牺牲，才能证明对它自身的放弃；因为只有在这一牺牲中，那包含于借本心、意念和口头加以感谢的**内心**承认中的**欺骗**才会消失，这样一种承认，虽然把自为存在的一切权力都转交了，并且把这些权力都归之于上天的恩赐，但是在这种转交本身中，那**外在的**独特性就在它所没有交出的财物中，把自己保留下来了，[152] 而**内在的**独特性则是在它自己所做出的决定的意识中，以及在它由自身规定而尚未兑换成异己内容的、无意义地充斥自身的那个内容的意识中，把自己保留下来了。

{131}　　但在这种现实地实现出来了的牺牲里，正如意识已把**行为**作为它自己的行为而扬弃了一样，它的**不幸**也就**自在地**放过它了。然而这种放手**自在地**发生了，这却是这个推论中的另一端的行为，即那个**自在存在着的**本质的行为。但是同时非本质的一端的那种牺牲却不曾是一个单方面的行为，而是包含着另一方的行为于自身内的。因为交出自己的意志只是就一方面说是消极的，但是按照**它的概念**说或者就**自在地**说，同时又是积极的，这就是把意志建立为一个**他者**，并把意志规定为一个不是个别的而是普遍的意志。对这一意识而言，那消极建立起来的个别意志的这种积极含义就是另外一端的意志，这个意志由于它正是意识的他者，它就不是通过自身，而是通过第三者、中介人，才形成为对个别意志的规劝的。因此**对意识**来说，它的意志的确成为了一种普遍的和**自在地存在着**的意志，但是**它自己本身并不是这种自在**；对它自己的作为**个别的**意志加以放弃，这按照概念对它来说并不是普遍意志的积极因素。同样它对财物和享受的放弃也只有同一个消极的含义，并且，由此而对它形成的那种共相在它看来也不是它自己**特有的行为**。对象性东西和自为存在的这种**统一**，存在于行为的**概念**之中，并因此而形成为意识的本质和**对象**，——正如对意识来说这种统一并不是其行为的概念一样，它对意识来说也不是直接地或通过意识本身就成为了**意识的**对象，而是意识让那起中介作用的服务员对它说出了这样一种本身还断断续续的确信，即仅**就自在的而言**，它的不幸就是那颠倒的东西，也就是在它的行为中自我满足的行为，或享受天福，而它的可怜的行为同样也**自在地**是颠倒的东西，亦即绝对的行为，而按照概念来说，这行为只有作为一般个别者的行为才是行为。但是**对意识**自身来说，这行为和它的现实的行为仍然是一种可怜的行为，它的享受仍然是一种痛苦，而这痛苦在积极的含义上的被扬弃，却仍然是一个**彼岸**。但是在这个对象里，对它来说，作为这样一种**个别**意识的它的行为和存在，就是**自在的**存在和行为，在其中**理性**这一表象就对它形成了，这就是意识的确定性的表象，即确信在它的个别性里它绝对**自在地**存在着，或它就是一切实在性。

[153]

第三篇

（AA）理性

第五章
理性的确定性与真理性

意识在把握到**个别的**意识**自在地**即是绝对的本质这一思想时，就返回到了它自身。对于不幸的意识来说，**自在存在**乃是它自己的**彼岸**。但是这个意识的运动在自身中已经做到了将自己充分发展的个别性，或者说，将本身就是**现实意识**的个别性，建立为它自己的**否定者**，即建立为**对象性的**一端；或者说，它将自己的自为的存在从自身中逼出来并将它造就为存在；在这里，对意识来说也形成了它与这个共相的**统一**，这个统一对我们来说，由于被扬弃了的个别的东西就是这个共相，而不再发生于意识以外，而且由于意识在它的这个否定性之中保持着它自身，从而这个统一在意识本身中就是意识的本质。意识的真理性就是在那将两端绝对分立地展示出来的推论过程里显现为中项的那个东西，它对不变的意识表示个别的东西曾放弃了自己，而对个别的东西则表示不变的东西对它而言已不再是一端，而是已与它和解。这个中项就是直接认知着两端并联系着两端的统一，而对这两端的统一的意识，——这个统一对意识因而对**自己**说出了这两端，——就是确信它即一切真理。

[I. 唯心主义]

正因为自我意识就是理性，它迄今对于他在的否定关系就翻转为一种肯定关系。迄今为止，自我意识曾经只关心它的独立和自由，为了拯救和保持其自身，为自己付出了牺牲**世界**或它自己的现实性的代价，这两者在它看来都显得是对它自己的本质的否定。但是，自我意识作为给它自己担

[155]　保的理性，就已接受了对这两者的平静的心态，能够容忍它们；因为它确定它自己就是实在性，或者说，它确定一切现实性无非就是它自己；它的思维自身直接就是现实性；因而它就作为唯心主义而与现实性发生关系。由于自我意识这样理解自己，在它看来仿佛世界现在才第一次对它形成起来了似的；此前，它不了解这个世界；它对世界加以欲求，进行加工，由它抽身退回到自己，为自己取消世界，也取消作为意识的它自己——既取消对世界作为本质的意识也取消对世界的虚无性的意识。而在这里，只有在它的

{133}　真理丧失了坟墓以后，在对它的现实性的取消本身也被取消，而意识的个别性对它成了自在的绝对本质以后，它才第一次发现世界是**它自己的**新的现实世界，它才对世界的保持感兴趣，而在以前，它的兴趣只在于世界的消失；因为世界的**持存**对它来说成了它自己的**真理性**和**在场**；它确信在此它只经验到自己。

　　理性就是意识的确定性，即确信它是一切实在性；唯心主义正是这样来表述理性概念的。正如作为理性而**出场**的意识自在地**直接**具有那种确定性，**唯心主义**也这样**直接地**表述那种确定性：我就是我，① 意思就是说，本身是我的对象的"我"是唯一的对象，它即是一切实在性与在场；它既不像在一般自我意识里那样，也不像在自由的自我意识里那样，前者只是**空虚的**一般对象，后者只是一个从其他那些还与它**并列**起作用的对象那里抽身回来的对象，相反，它是带有任何别的对象的**非存在**意识的对象。但是自我意识不仅**自为地**是一切实在性，而且**自在地**是一切实在性，这只是因为它**变成了**这种实在性，或不如说它**证明了**自己是这种实在性。它由以证明自己的**道路**是这样的：首先，在意谓、知觉和知性的辩证运动中，作为**自在**的他在消失了；然后，在通过主奴意识的独立性、通过自由的思想、怀疑论地摆脱自身分裂的意识、以及为绝对地摆脱自身分裂的意识而斗争这样

[156]　一个运动之中，这个他在就其仅仅是**为自己的**而言，也**对自己本身**消失了。相继出场的有两个方面，在前一方面中，对于意识而言的本质或真实的东

① 黑格尔针对的是费希特的唯心主义，他将实在性的绝对总体性归之于"我"。参看费希特：《全部知识学基础》8,14,65,特别是 57 以下，《全集》第 I 卷，94,99,134,特别是 129 以下。——丛书版编者

西具有**存在**的规定性，在后一方面中，所具有仅仅是**为意识**而存在的规定性。但是这两者归结为**一个真理**，即：凡是**存在**的或是**自在**的东西，只有当它**为意识**而存在并且是**为意识**的东西时，它才也是**自在**的。本身就是这一真理的意识是有这样一条道路作背景的，由于它**直接**作为理性而出场，它就把这条道路忘记了，或者说，这个直接出场的理性只是作为那个真理的**确定性**而出场的。它只**保证**它就是一切实在性，但自己并不理解这个保证；因为那条被遗忘了的道路才是对于被直接表达出来的这个断言的理解。同样，没走过这条道路的人，尽管他自己也以某种具体的形态做出这种断言，当他以这种纯粹形式听说这一断言时则是不能理解的。

因此，那并不陈述那条道路而只从这样一个断言开始的唯心主义，也就是纯粹的**保证**，这种保证既不理解自己本身，又不能使自己为别人所理解。它所表述的是一种**直接的确定性**，与之对立着的是其他那些直接确定性，只不过它们在那条道路上走丢了。因而**除了**对那个确定性**加以保证之**　{134}**外**，对其他这些确定性的**保证**也有同样的权利提出来。理性所依据的是每一个意识的**自我**意识：**我就是我**，我的对象和本质就是**我**；没有哪一个意识会否认理性的这个真理性。但是由于理性将真理建立于这个依据之上，它就认可了其他确定性的真理性，即这种确定性：**有对我来说的**他者；在**我**以外的他者对于我是对象和本质，或者说，由于**我**对我自己是对象和本质，我就只有通过我从一般他者中将我撤回而作为一个现实性**与之并列**，我才是这样。——只有当理性从这个对立的确定性中作为**反思**而出场的时候，它的自我断言才不仅仅是作为确定性和保证，而是作为**真理**出场；才不是与其他真理**并列**出场，而是作为**唯一**的真理出场。这种**直接出场**乃　[157]是对真理的**现成存在**的抽象，而此现成存在的**本质**和**自在存在**就是绝对的概念，即是说，是**这概念的形成起来的运动**。——意识将以各种不同的方式规定它对他在或它的对象的关系，依照它正好处于逐步意识到自身的世界精神的哪一阶段而定。世界精神每次如何**直接**发现和规定自己和自己的对象，或它①如何**自为**地存在着，这取决于它已经**成**为了什么或它已经

---

①　此处"它"在第一版中为 es，指意识，但在第二版中改为 er，指世界精神。——袖珍版编者

自在地是什么。

[II. 范畴]

　　理性就是确信自己是全部**实在性**这一确定性。但是这种**自在**或这种**实在性**还是一个完全普遍的东西，还是实在性的纯粹**抽象**。它是**自在的**自我意识**本身自为地**所是的第一个**肯定性**（Positivität），所以自我只是存在者的**纯粹本质性**或只是单纯**范畴**。范畴本来的含义是，它是存在者的本质性，**不确定**是一般存在者的还是与意识相对的存在者的本质性，① 现在则只是作为思维着的现实性的那种存在者的**本质性**或单纯**统一**；或者说范畴意味着，自我意识和存在是**同一个本质**；这同一个本质并不是在比较中的同一个，而是自在自为的同一个。只有片面的、坏的唯心主义才重又让这个统一性作为意识站在一边，而让一个**自在**去和它相对立。——但是这个范畴，或者说自我意识与存在的这种**单纯的统一**，现在自在地就有**区别**，因为范畴的本质正好在于，它于**他在**中或绝对区别中直接与自身相同。② 因此，区别是**存在的**，但又是完全透明的，它作为一个区别同时又不是什么区别。这区别显现为范畴的一种**多数性**。由于唯心主义将自我意识的**单纯统一**表述为全部实在性并**直接**将它作成本质，而没有先将它当作绝对否定的本质来理解——唯有这个绝对否定的本质才具有否定性、规定性或在自身的自我区别——，所以比那种否定的本质更不可理解的是第二种本质，即在范畴中存在有**诸区别**或**诸种范畴**。这个一般的保证，如同诸种范畴的任何**确定数目**的保证一样，是一个新的保证，但这个新保证自己本身就蕴含着：人们必定会不再对它作为一个保证而感到满意。因为既然在纯粹自我里，在纯粹知性自身中就已开始了**区别**，那么由此就确立了**直接性**、保证和**发现**在这里将被放弃，而**概念的理解**将要开始。但是以某种方式重新将诸范畴的多数性当作一种发现来接受，比如说当作从诸判断中发现的东西来接

{135}

[158]

① 　这里涉及到的是亚里士多德的范畴学说。当黑格尔谈到"作为存在者的本质性"的范畴时，他暗示的是 ουσια（实体、本质性）的概念。——丛书版编者
② 　指康德和费希特，参看下面的注释。——丛书版编者

受，① 并对此感到很满意，这实际上却必须看作是科学的耻辱；如果知性在其自身这种纯粹必然性上都不能显示出必然性来，那么它还想要在什么地方能够显示出某种必然性呢？

现在，因为属于理性的既有事物的纯粹本质性，又有它们的区别，所以本来就根本不可能再谈论**诸事物**，也就是不可能再谈论这样一种对意识来说只会是意识自身的否定者的东西了。因为诸多范畴都是那个纯粹范畴的**种**，就是说，**纯粹范畴**还是诸多事物的**类**或**本质**，而并不与它相对立。但它们已经是有歧义的东西了，这种有歧义的东西自在地在其**多数性**中同时就拥有与那纯粹范畴**相对立**的他在。由于这个多数性，它们实际上与纯粹范畴相矛盾，而纯粹的统一就必须在自身中扬弃这个多数性，从而将自己建构为各种区别的**否定的统一**。不过，作为**否定的统一**，它从自身中既排斥**诸区别**本身，亦排斥最初的那个**直接的**纯粹统一本身，并且它就是**个别性**；这是一个新的范畴，它是一种排斥性的意识，即是说，意识到有**一个他者**为它而存在。个别性是范畴从它的概念向一个**外部**实在性的过渡，是纯粹的**图型**，这图型既是意识，又是对一个他者的指示，因为它就是个别性，是排斥性的一。但是这个新范畴的这种**他者**只是**其他那些最初的范畴**，也就是**纯粹本质性**和**纯粹区别**；而且在这个范畴中，即恰恰在他者的被建立中，或者说在这个他者自身中，意识同样也是他者自身。这些不同环节中的每一个环节都指示着另一环节；但同时它在这些环节中并不归于任何他在。那纯粹范畴指示着**各个种**，这些种过渡到否定范畴或个别性；但后者又回头指示着前者：它本身就是纯粹意识，它在每个种里面仍保持着它与自身的这种清晰的统一，但这个统一同样又指向一个他者，这他者通过其存在而消失，也通过其消失而再生出来了。 [159]

[Ⅲ. 统觉与事物的矛盾]

我们在这里见到纯粹意识以双重的方式建立起来了：其一是作为遍历 {136}

---

① 　这是暗示康德提出范畴表的引线，见《纯粹理性批判》B105 以下。——丛书版编者

其所有环节而不安息的**往复运行**，在这些环节中所浮现出来的是在把握中扬弃自身的他在；其二是反之，纯粹意识作为确知自己的真理性的**静止的统一**。对于这个统一来说，那个运动是**他者**，而对于这个运动来说，那个静止的统一又是他者；而意识和对象就在这两种彼此规定中交互换位。因此，有时意识自身是往复不已的寻求，它的对象是**纯粹的自在**和本质；而有时意识自身是单纯范畴，对象则是那些区别的运动。但是作为本质的意识乃是这整个过程自身，即从作为单纯范畴的自身向个别性和对象过渡，并在对象中直观这个过程，将对象作为一个被区别开来的对象予以扬弃、**据为己有**，而且把自己表述为这种确定性：确信自己是全部实在性，既是它自身又是它的对象。

意识的前一个表述仅仅就是这样一句抽象的空洞的话：一切都是**它的**。因为确信自己是一切实在性，这个确定性最初是那个纯粹的范畴。空洞的唯心主义所表达的正是在对象中认识其自身的这个最初的理性，它仅仅把理性统握为理性最初所是的那样；而由于它在一切存在中都指出意识的这个纯粹**我的**（Mein）并将事物表述为诸感觉或表象，于是就自以为已经指出了我的即是完全的实在性。所以这种唯心主义就必然同时是一种绝对的经验主义，因为，为了**充实**这个空洞的**我的**，即为了对这个我的加以区别、促成其一切发展并使之具有形态，其理性就需要一种外来的冲击，[①]

[160]   在这种冲击中才会包含有感觉或表象的**多样性**。于是这个唯心主义就正如怀疑主义一样，成了一种自相矛盾的双重含义的东西，只不过怀疑主义是以否定的方式表现出来，而唯心主义是以肯定的方式表现出来的，但是它恰恰和怀疑主义一样，不能把它那些作为全部实在性的纯粹意识的矛盾思想，与作为同一个实在性的外来冲击或感性的感觉和表象的同样的矛盾思想结合起来，而是在两者之间被抛来抛去，陷入到了坏的、即感性的无限之中。由于理性在抽象的"**我的**"的含义中就是全部实在性，而**他者**对"我的"而言是一种**漠不相干的陌生者**，所以在这里就恰好建立了理性对他者的那种认知，这种认知曾作为**意谓**（Meinen）、**知觉**，及对意谓到和知觉到的东

①　黑格尔在这里已经涉及到费希特的"冲击"（Anstoß）的学说了。——丛书版编者

西加以统握的**知性**而出现。这样的一种认知同时也被这种唯心主义的概念自身作为不是真实的认知来断言，因为只有统觉（Apperzeption）的统一才是认知的真理。因此，这种唯心主义的纯粹理性，就被它自己打发回那种不是真实东西的认知去了，为的是达到这样一个**他者**，这他者被纯粹理性看作是**本质性的**，因而是**自在的**，但又是纯粹理性在自身中并不拥有的；纯　{137}
粹理性就这样蓄意地把自己判定为一种不真的认知，而不能摆脱对它自己来说毫无真理性的意谓和知觉。它身处一种直接矛盾之中，即把一种双重的根本对立的东西断言为本质，既有**统觉的统一**同样也有**事物**，而事物无论被叫作**外来的冲击**，或**经验性的本质**，或**感性**，或**自在之物**，在它的概念中，对那个统一来说都仍然还是同样异己的东西。①

　　这种唯心主义处在这一矛盾中，是因为它断言理性的**抽象概念**是真实的东西；于是，对它来说直接产生的就既有实在性，也有这样一种本身毋宁不是理性实在性的实在性，而与此同时理性又应当是全部实在性；理性就仍然还在不停地寻找，这种寻找在寻找本身中是不可能宣称找到了的绝对的满足的。——但是，现实的理性并不如此前后不一贯；相反，它最初只是**确信**自己是全部实在性，它在这个**概念**中意识到，作为**确定性**，作为**我**，它　[161]
还并不是在真理中的实在性，它被驱使着将它的确定性提高到真理性，并将**空洞的我**的加以充实。

一、观察的理性

　　现在我们看到，这个把**存在**（Sein）视为具有"**他的**"（Seinen）含义的意识，虽然又再次进入了意谓和知觉之中，但却不是进入了一个仅仅是**他者**的确定性，而是伴随着自己即是这个他者自身这种确定性。在以前，知觉到和**经验到**事物里的一些东西，对于意识而言，只是**遭遇到**的事情，而现在

---

①　黑格尔这里想到的是康德关于"统觉的综合统一"的学说，以及他的感性理论和他的自在之物概念，同时也结合费希特关于"冲击"的学说。黑格尔在这里对费希特关于康德的自在之物概念的重新解释同样抱有怀疑的态度。——丛书版编者

是它自己在进行观察和经验。以前意谓和知觉对我们而言是扬弃自身的，而现在对它们自身来说则是被意识所扬弃了；理性的目标是**认知**真理；是将意谓和知觉认为是一种事物的东西作为概念寻找出来，即是说，在物性中仅仅拥有这物性自身的意识。因此，理性现在对世界有一种普遍的**兴趣**，因为它就是这种确定性，即确信自己在世界中在场，或者，确信这在场是合乎理性的。它寻找自己的他者，因为它知道在他者中所拥有的不是别的，正是它自身；它寻找的只是它自己的无限性。

　　理性起初仅仅预感到自己是在现实性中，或仅仅一般地知道现实性是**属它的**，在这种意义下它就进而普遍地占有了已许诺给它的财产，并上天{138}入地到处树立起自己主权的标志。但是这个表面的"我的"并不是它最后的兴趣；这种普遍占领的愉快，仍然在自己的财产里发现了抽象理性自己本身所不具有的异己的他者。理性预感到自己是一种比纯粹自我的**存在**更深刻的本质，它必定要求将区别、将**多样的存在**对自我而言变成自我自己[162]的东西，要求自我将自己作为**现实性**来直观，并当场把自己作为形态和事物来发现。但是，如果理性扒开事物的一切内脏，打开其一切血管，想要从那里反弹到自身，它就将得不到这个幸运；相反地，它必须预先在自己自身中完成它自己，然后才能够经验到它自己的完成。

　　意识**在观察**，这是说，理性要把自己作为存在着的对象，作为**现实的**、**感性上当下在场的**方式来发现和拥有。这个观察的意识以为，而且也许会说，它**不是要想经验其自身**，而是相反地，要想经验**事物之为事物的本质**。这个**意识**这样以为和这样说，乃是因为这个意识就是理性，但理性却还并非本身就是意识的对象。假如意识已经知道**理性**既是事物的又是它自己的同一个本质，而理性又只能够在意识里以它自己独有的形态在场，那么意识就毋宁会进入到它自身的深处，在那里而不是在事物里寻找理性了。假如它已经在它的自身深处找到了理性，那么理性就会重新从那里被驱赶到现实性上，以便在现实性里直观理性的感性表现，但理性又会立即将这种表现本质上当作**概念**看待。当理性**直接地**作为它即是一切实在性这个意识确定性而出场时，理性也将自己的实在性在**存在的直接性**这个意义上来看待，同样它也将自我与这个对象性本质的统一性**在直接的统一性**这种意义上来看待，在这种统一性中理性还没有将存在的环节与自我的环节分开以后再重新结合起来，或者说，它还没有认识到这种统一性。因此理性就作为观察的意识而走向事物，凭意谓它把这些事物在真理性中看作感性的、与我对立的事物；①不过它的现实行为却与这种意谓相矛盾，因为它在**认识**事物，它将事物的感性转变成**概念**，就是说正好转变成一种本身同时又是自我的存在，从而将思维转变为一种存在着的思维，或将存在转变为一种被思维的存在，并且实际上断言事物只有作为概念才具有真理性。在这里，对观察的意识来说，所形成的仅仅是**事物**所是的东西，但就我们看来，所形成的是**意识自身**；但它的运动的结果，将是自为本身变成了它自在地所是的东西。　[163]

　　观察的理性的**行为**必须在其运动的各环节里来考察，看它如何将自然、精神以至于自然与精神的联系都作为感性的存在来接受，如何把自己作为存在着的现实性来寻求。

a. 对自然的观察　　　　　　　　　　　　　　　　{139}

［I. 对无机物的观察］

　　［1. 描述］如果无思想的意识把观察和经验表述为真理的源泉，那么它② 这话听起来很可能就像是说，它仿佛只和味觉、嗅觉、触觉、听觉和视觉相关似的；其实在它匆忙地推崇味觉、嗅觉等等的时候，它忘记了说明它实际上也已经从本质上给自己规定了这个感觉的对象，而且这种规定，对于意识至少与那种感觉同样有效。这也立刻承认了，那感觉对这个意识并非只是这样一般地涉及到知觉而已，比如对于这一只烟盒旁边放着这一把小刀的知觉，就不会被看作是一种观察。这被知觉的东西，至少应该具有一个**共相**的含义，而不是一个**感性的这一个**的含义。

　　所以这个共相首先只是**自身等同地持存的**东西；它的运动只是同一个行为的同一形式的反复。意识就此而言在对象里所找到仅仅是**普遍性**或抽

---

① "在真理中看作"(in Wahrheit nehmen)，也可理解为"知觉"(Wahrnehmen)，这里强调理性还处于感性确定性(意谓)和知觉的阶段。——中译者

② 原文为 seine，指意识；但第一、二版均为 ihre，指真理。——袖珍版编者

象的我的，所以它必须**自己**将对象的真正的运动担当起来；而由于它还不是对这个对象的理解，它至少必须是对这个对象的记忆，这记忆以普遍的方式表达了在现实性里只以个别的方式现成在手的东西。这种从个别性里向表面的突围，这种同样表面的、仅仅是接受了感性的东西而自己本身并未变成普遍东西的普遍性形式，这种对于事物的**描述**，在对象本身中还不

[164]　具有那种运动；这运动毋宁只存在于这种描述里。因而对象一旦被描述了，它就丧失了兴趣；如果一个对象得到了描述，那就必须着手于另一个对象，并且要不断地寻找别的对象，以免停止描述。当不再容易发现**整个的**新事物的时候，那就必须返回到已经发现了的那些事物上来，将它进一步分割拆散，在它们身上再发现物性的新的方面。这样一个无休止的不安宁的本能，是永远不会缺乏素材的；发现一个新的顶级的类，或者甚至于发现一颗新的行星——行星虽是一个个体，却应拥有某种共相的自然本性——这只

{140}　能被归为运气。但是，像大象、橡树、黄金所标明的**顶级**的东西，那些作为**类和种**的东西，它们的边界都是通过许多等级而过渡到对于那些混乱一团的动物、植物、矿物，或是对于那些经控制和技艺才可造就的金属与土壤等等的无穷**特化**的。在这个共相的无规定性的王国里，特化又再次接近于**个别化**，而且这里那里甚至又完全下降到个别化，这个王国向观察和描述打开了一个取之不尽的宝藏。但是就在对观察和描述展示着一望无际的原野的地方，在共相的这一边界上，观察和描述所能找到的却并不是一宗不可估量的财富，而只是自然的界限和它自己行为的局限；它不再能够知道那看起来是自在存在的东西是不是一个偶然性；至于那本身带有某种混乱的或不成熟的、模糊不清的和对于那基本元素的无规定性都几乎未发育好的构成物之印记的东西，则是不能提出哪怕是仅仅被描述的要求的。

　　[2.特征]如果这种寻求和描述看起来好像只与事物有关，那么我们看到的实际上并不是它沿着**感性知觉**一直延伸；相反，对寻求和描述来说，诸事物所赖以**被认识**的东西比其余的那些感性属性的范围更为重要；这些感性属性，诚然是事物本身所不可缺少的，但却是意识所剩余下来的。通过对于**本质的东西与非本质的东西**这一区别，概念就从感性的散漫中崭露头角了，而认识就由此宣称，它至少与关心事物一样本质性地**关心它自己**。

伴随着这个双重的本质性，认识陷入了一种动摇，不知对于**认识**是本质而 [165]
必要的东西在**事物**身上是否也是这样。一方面，**特征**应该只为认识服务，
认识借此将诸事物区别开来；但另一方面，被认识的应该不是诸事物的非
本质的东西，而是诸事物自身赖以从一般存在的普遍连续性中**挣脱出来**、
赖以将自己从他者中**分离出来**并**自为**存在的东西。特征应该不仅与认识有
本质的联系，而且也应该与事物的本质规定性有本质联系；并且人为的系
统应该符合自然本身的系统和只表达自然本身的系统。出于理性的概念，
这是必要的；而理性的本能——因为理性只是作为本能而处于这种观察之
中——在其系统中也已经达到了这种统一，即是说，在这种统一中理性的
对象本身是这样取得的，即这些对象在自身中都拥有某种本质性或某种**自
为存在**，而并不只是这一个**瞬间**或这一个**这里**的偶然性。比如说，动物的
区别特征取之于爪牙；① 因为实际上不仅认识要依靠这些特征来**区别**此一
动物与彼一动物，而且动物自己也借此以**分离**开自身；凭借这种武器动物
自为地保持其自身，并从共相中分化出来。反之，植物则未达到**自为的存
在**，而只触及到了个体性的边界；在这个边界上，它显示了**分裂**为两性的映 {141}
像，因此也就凭这个边界来被对待和被区别了。② 但是更低一级的东西，
就不再能把自己从别的东西中区别开来，而是通过它进入到对立方面而完
全消失了。这**静止的存在**与**在关系中的存在**进入到互相冲突，这事物在这
种冲突中是某种不同于前面那种事物的东西，按照前面那种事物，它在与
其他事物的关系中保持其自身，因为那种事物与这种事物相反，它是个体。
但是，哪些东西不能做到这一点，哪些东西**以化学的方式**成为了某种别的
东西、并作为别的东西**以经验性的方式**存在，它就会使认识茫然失措，并将
认识带入这种冲突，不知自己应该坚持这一方面还是那一方面，因为这事
物本身并不是保持同一的东西，有两个方面从它那里分化出来。

　　因此，在普遍的保持自身等同的这样一种系统里，保持自身等同既有 [166]
认识活动保持自身等同的含义，又有事物本身保持自身等同的含义。不过，

---

① 黑格尔在这里引用的动物学分类一方面出自亚里士多德，一方面出自林奈。——考证版编者
② 黑格尔所引证的是——可能又是间接引自 J.F. 布鲁门巴赫的《自然史手册》——林奈的植
　物两性理论，其中采取了这样一种区分。——考证版编者

每个**保持等同的规定性**，在平静地描述着它们的进展次序，并保持着用来满足自己的空间时，它们的这样一种扩展，却本质上同样也要过渡到自己的反面，过渡到这些规定性的混乱；因为特征，普遍的规定性，乃是对立的统一，是规定了的东西与自在的共相的统一；因此，普遍规定性必然会分离为这种对立。如果现在按照一方面说，规定性战胜了它自己的本质之所寄的共相，那么反过来，在另一方面，共相同样也保持着自己对规定性的统治，将规定性推向它的边界，把它的区别与本质性在那里混淆起来。观察曾经将区别与本质性清清楚楚分别开来，并相信在它们那里拥有某种固定不变的东西，现在看到的是越过一个原则而跨越到另一个原则，形成了诸多过渡和混淆，并且在这观察中那结合着的东西，最初被视为绝对分离的，而那分离的东西，曾经是归在一起的；以至于这种对于静止的、保持自身等同的存在在此恰恰按其最普遍的规定的坚持，比如对动植物也许会为了本质特征而拥有的东西的坚持，就必然看到将受到当下情状的嘲弄，这些当下情状把这存在的一切规定都剥夺了，使它曾经提升到的普遍性归于沉默，并将它自己打回到无思想的观察和描述去了。

　　[3.规律的发现][（1）规律及其概念]所以，这样一种局限于单纯东西之上的，或者说，以共相来限制感性之散漫的观察，就在其对象上发现**它自己的原则的混淆**，因为被规定的东西由于其本性必然会在其反面中丧失；因此，理性就不得不宁可离开曾具有保持不变的映像的**惰性**的规定性，而进达对这规定性如同它在真理性中那样、也就是**联系到它的反面**，来加
以观察。至于那些被称之为本质标志的东西，都是些**静止**的规定性，它们正如被表达和统握为**单纯的**规定性那样，并不表现那构成它们的本性的东西，即成为那种自己返回自身的运动的消失着的**诸环节**。由于理性的本能现在进入到对这规定性按其本性、即本质上不是按其独立存在而是按其向对立面的过渡去寻找，它所寻求的就是**规律**和规律的**概念**了；虽然对规律及其概念同样也是作为**存在着**的现实性来寻求的，但实际上这现实性将在理性本能面前消失，规律的各个方面将变成纯粹的环节或抽象，以至于规律是在概念的本性中显露出来的，这概念已经把感性现实性的漠不相干的持存从自身中清除掉了。

对观察的意识而言，**规律的真理性**是作为这样一种方式存在于**经验**中的，即**感性存在是为意识而**存在的；而不是本身自在自为的。但如果规律不是在概念中有自己的真理，那么规律就是某种偶然的东西，而不是一种必然性，或者说，实际上就不是规律了。但是，说规律本质上是作为概念而存在的，这与说它对于观察来说是现成在手的不仅不相冲突，反倒因此而具有了必然的**定在**，并且是有助于观察的。在**理性普遍性意义**上的那种共相，在概念本身所具有的那种意义上也是普遍的，即共相**对那个意识来说**表现为在场的和现实的东西，或者说，概念是以物性和感性存在的方式而表现出来；——但并不因此而丧失其本性，堕落为惰性的持存或漠不相干的前后相继。凡是普遍被认可的，也是普遍起作用的；凡**应当**存在的，实际上也**是**存在的，而凡是仅仅**应当**存在而并不**存在**的东西就不具有任何真理性。理性的本能在自己方面仍然有权紧紧依附在这一点上，而不让自己被仅仅**应当**存在并且作为**应当**而应当具有真理性、哪怕在任何经验里都找不到的观念之物弄糊涂，——不让自己被各种假设以及一连串的应当的一切其他不可见的东西弄糊涂；因为理性正是对自己具有实在性的这样一种确定性，凡是对意识来说不是作为一个自身本质（Selbstwesen）而存在的东西，即是说，凡是不显现出来的东西，对意识而言就根本什么也不是。 [168]

说规律的真理性本质上即是**实在性**，这当然对这个停留在观察上的意识来说又成了一种与概念和自在共相的**对立**，或者说对这个意识而言，像它的规律这样一类东西并不是理性的一个本质；它认为在其中获得了某种**异己的东西**。然而意识的这种意见遭到了这一事实的驳斥，即实际上意识 {143}本身也并不将它的普遍性在这种意义上来设想，似乎**一切个别**的感性事物都必须要对它显示出了规律的现象，才能断言规律的真理性似的。被举离地面的石头松手以后即落下，对此根本不要求用所有的石头来做这项试验；意识也许会说，这至少必须用许许多多的石头做过了试验，然后才能从中凭借最大的或然性，或才有充分的权利，**按照类比**去推论其余的石头。然而类比不仅没有给出任何充分权利，而且由于它的本性之故，它时常反对自己，以至于按照类比本身推论出，类比毋宁是不容许做出任何推论的。类比的结果将会归结为**或然性**，这种或然性在**真理性**面前丧失了更小的或然性和更大的或然性的任何区别；任凭它是多么大的或然性，它在真理面前都什么也不是。但实际上理性的本能却把这样一种或然的规律当作**真理**看待，只是在联系到这些规律的必然性时，理性的本能不认识这种必然性，它才陷入到这种区别之中，把事情本身的真理性降为或然性，以标明这是一种不完满的方式，真理对于那还没有达到对纯粹概念的明见的意识而言，就是以这种不完满的方式而现成在手的；因为普遍性只是作为**单纯直接**的普遍性而现成在手的。但同时由于这种单纯直接的普遍性之故，规律才对意识具有真理性；石头下落之所以对意识来说是真的，乃是因为石头对它而言是**重的**，就是说石头在其重力中就**自在自为地本身**具有**与地球的**本质联系，这个联系表现为下落。因此意识在经验中拥有了规律的**存在**，但同样也拥有了作为**概念**的规律，并且只有为了**这两种情况之故**合起来规律对意识才是真的；规律之所以被看作规律是因为它体现在现象中，同时自在地本身又是概念。

[169]

　　[（2）试验]由于规律同时**自在地**就是**概念**，这种意识的理性本能就必然自己要去将规律及其诸环节**纯化**为**概念**，但并不知道自己要这样做。理性的本能对规律进行试验。当规律在最初显现出来的时候，表现得很不纯粹，包裹在个别的感性存在里，所表现的那个构成了规律本性的概念深埋于经验性的材料中。理性的本能在着手自己的试验的时候要去发现，在这种那种情况下会得出什么结果。由此规律好像只会越来越沉浸到感性存在里一样；然而感性存在在这过程中不如说丢失了。因为这种探究的内在含义在于发现规律的**各种纯粹条件**；想要说的意思（即使做这样表达的那个意识也许会认为这样说有另外的意思）无非是，要把规律完全提升到概念的形态，并将**规律的诸环节**在**特定存在**之上受到的一切束缚**加以清除**。例如负电当初被说成什么**树脂**电，而正电被说成是**玻璃**电，经过试验，这种含义就完全失去了，成为不再分别属于某一种特殊事物的纯粹的**正电**和**负**电了；并且不再能说有具正电性质的物体，而另有具负电性质的物体了。① 同

{144}

----

① 黑格尔在此暗示 B.富兰克林战胜了杜费的旧的电理论，参看前面考证版第93页注1。——丛书版编者

样,酸和碱的关系及其相对运动也构成一种规律,在其中这两个对立面都是作为物体出现的。然而被分隔开来的这两类事物并不具有现实性;将它们相互撕裂开来的那种强力并不能阻止它们马上重新进入一个过程中,因为它们只是这种联系而已。它们不能像一颗牙齿或一只脚爪那样自为地保持着,也不能这样被指出来。它们的本质在于直接过渡为一个中性的产物,这就使它们的**存在**成了一种自在地被扬弃的存在或普遍的存在,而酸和碱只是作为**共相**才具有真理性。正如玻璃和树脂都可以既是正电性的又是负电性的一样,酸和碱也都不是束缚于这种或那种**现实性**之上的属性,而是每件事物都只**相对地**是酸性的或碱性的;凡显得是确定无疑的碱或酸的东西,在所谓掺合作用里,对另外一种东西来说,就获得了相反的含义。——试验的结果就以这种方式把特定事物的属性的那些环节或激活作用扬弃了,并使宾词从它们的主词那里解放出来。① 这些宾词如同它们在真理中所是的那样,都只是作为普遍的东西而被发现的;由于它们这种独立性之故,它们于是就获得了**物质**的称号,这些物质既不是物体,也不是属性,人们的确都避免把氧气这类东西,以及正电负电、热等等称之为物体。②

[170]

　　[(3)物质作为概念方式的存在]与之相反,**物质**不是一种**存在着的物**,而是作为**共相**的存在,或以概念方式的存在。还是本能的那个理性,它做出这样一种正确的区别时,没有意识到由于它在一切感性存在上试验规律,它由此所扬弃的正好是规律的感性存在,并且由于它把规律的环节作为**物质**来统握,这些环节的本质性对它已经成为了共相,而且以这种表达方式被表述为一种非感性的感性东西,一种无形体的却毕竟是对象性的存在了。

　　现在可以看出,对理性本能而言,其结果采取了怎样的转向,以及它的观察因此而出场的是什么样的新形态。我们视为这样一种试验的意识之真

---

① 以上黑格尔利用了文特尔对酸和碱的概念规定,参看 J.J.Winterl:《对无机自然四种成分的描述》,耶拿,1804 年,第 22 页以下;激发物体的酸碱原则被看作物质性的,参见第 46 页注释 16;在物质基质及其激发作用之间不存在直接的吸引力,参见第 241 页;掺合作用的概念,参见第 33—34 页。——丛书版编者

② 关于当时人们对于"物质"这个概念的使用方式,看 F.A.C.Gren 的论述,黑格尔的藏书中有他的《自然学说概论》第四版修订本,哈勒 1801 年出版。——丛书版编者

理的，就是那从感性存在中摆脱出来的纯粹规律；我们把规律视为**概念**，这

[171]　概念现成地在感性存在中，却又在其中独立地无拘无束地运动，它是沉浸
于感性存在之中而又不受其约束的**单纯**概念。这个在真理中是**结果**和**本质**
的东西，现在本身对这个意识出场了，但却是作为**对象**而出场的，就是说由

{145}　于这对象恰好对意识来说不是**结果**，并且与先行的运动没有联系，所以它
是作为一种**特殊种类**的对象而出场的，而意识对这种特殊种类的对象的关
系，也就作为另外一种观察出现了。

［II. 对有机物的观察］

[1. 一般规定]这样一种对象，当它自身具有在概念的**单纯性**中的过程
时，它就是**有机物**。有机物是这样一种绝对的流动性，在其中，借以使它仅
仅**为他者**而存在的那种规定性就消融掉了。如果说无机物以这种规定性为
自己的本质，因而只与一个另外的事物一起才构成概念诸环节的完整性，
所以它一进入运动就丧失掉了，那么相反，在有机的本质中，一切使有机物
向他者敞开的规定性全都在有机的单纯统一性之下结合起来了；而凡是会
与他者发生自由的联系的规定性，就不是作为本质的规定性出场；所以有
机物是在与他者的联系本身中持维自身的。

[（1）有机物与自然的元素]由这一规定得出，理性本能在这里进行观
察的**规律**有**这些方面**，首先就是**有机**自然和与之互相联系着的**无机**自然。
无机自然对有机自然而言，正与它的**单纯概念**相反，是那些**松散**的规定性
的自由，在这些松散的规定性中，个体自然既被**消溶，同时**又从其连续性中
分离出来而**自为**存在。空气、水、土、地区和气候，都是这样一些普遍的元
素，这些元素构成着诸个体性的不确定的单纯本质，而这些个体性又同时
在其中反思自身。无论是个体性，还是构成元素的东西，都不是绝对自在
自为的，相反，它们在与观察相对立地出场的那种独立自由中同时又处于
本质上相联系的状态；但却是这样一种联系，以至于占统治地位的是双方

[172]　的相互独立性和互不相干性，这种情况只是部分地过渡到抽象。所以，在
这里规律作为某个元素与有机物之组成的联系是现成在手的，有机物有时

将元素的存在与自己对立起来,有时又将它呈现在自己的有机反思里。但是这样一些**规律**,比如说空中的动物都具有鸟的性状,水里的动物都具有鱼的性状,北方的动物都有厚厚的毛皮等等,马上就显示出一种贫乏性,这种贫乏性与有机物的多样性是不相符合的。且不说有机物的自由又懂得使自己的形式避开这些规定,并且必然会到处对这些规律或规则——正如人们宁可这样叫它的——呈现出例外的情况,即使是对那些隶属于这些规律之下的动物来说,这也停留在一种如此肤浅的规定,以至于就连规律的必然性这一说法也不能不是肤浅的,超不出有**很大影响**这种说法;况且,人们并不知道哪些真正属于这些影响,而哪些不属于它们。① 所以,有机物对构成元素的东西的这类联系,实际上不能称为**规律**;因为一方面如所提到的,这样一种联系按其内容根本没有穷尽有机物的范围,另一方面,甚至连这种联系本身的诸环节相互都仍然是漠不相干的,且并不表达任何必然性。在酸的概念里包含有碱的**概念**,正如在正电概念里包含有负电概念一样;但厚毛皮与北方,鱼的构造与水,鸟的构造与天空,这些不论怎样**碰到一起**,北方的概念里并不包含有厚毛皮的概念,海水概念里并不包含有鱼的构造概念,空气概念里也并不包含有鸟的构造概念。由于双方的这种相对自由的缘故,所以也**有**陆上的动物拥有鸟的或鱼的本质特性,等等。必然性既然不能被理解为本质的内在必然性,它也就不再具有感性的定在,不再能够在现实性上观察,相反,它**走出了**现实性。既然在实在的本质自身中找不到它,它就是那被称作目的论联系的东西,即一种作为**外在的**被联系者因而毋宁是与规律相反的东西的联系。② 这种联系就是那从必然的自然中完全解放出来的思想,这种思想离开了自然而在它上面自为地运动。

{146}

[173]

[（2）理性本能所理解的目的概念]如果说前面触及到的有机物与自然元素的那种联系没有表达出有机物的本质的话,那么相反,这种本质已包含

---

① 以上鸟和鱼与空气和水、动物的皮毛与地域方位的联系,黑格尔引证的是 G.R. 特雷维拉努斯的《为自然学家和医生所写的生物学或生命自然的哲学》,第 2 卷,哥廷根 1803 年,第 168 页。——丛书版编者

② 黑格尔在此引证的是康德对外在的相对合目的性的规定,它是通过对外在合目的性表象的批判的分析而阐发出来的,参看康德:《判断力批判》§.63.——丛书版编者

在**目的概念**里了。固然，对观察的意识来说，目的概念不是有机物自己的**本质**，而是落在有机物以外的，因而只是上述的那种外在的**目的论**的联系。①不过，正如前面对有机物所规定的那样，有机物实际上就是实在的目的自身；因为它通过**保持自身**于对他者的联系中，它就正好是那样的一种自然本质，在其中自然把自己反思到概念中，并且它把从必然性中拆分出来的原因与结果、能动与受动这些环节都合而为一，以至于在这里出场的不只是某种作为必然性之**结果**的东西，而是相反，由于它返回到了自身，那最后的东西，或结果，同样也正是**最初的东西**，它就是开创这一运动的，它本身就是它所实现的**目的**。有机物并不产生出某物，而**只是自我维持**，或者说，所产生出来的东西，正如它的被产生出来一样，也已经是现成在手的了。

{147}　　　这种规定是如何自在存在着以及如何对理性本能存在着，必须做进一步讨论，以便看看理性本能如何在其中发现它自己，却又在自己的发现中认不出它自己。所以，观察的理性所提升到的目的概念，如同它就是理性所**意识到了的概念**一样，同样也是作为一种**现实的东西**现成在手的，并且不仅是现实东西的一种**外在联系**，而且是它的**本质**。这种本身就是一个目的的现实的东西，与他者发生合乎目的的联系，这就是说，它这种联系是一种偶然的、**按照双方直接是什么**而发生的联系；而双方直接地是彼此独立和漠不相干的。但是，它们的联系的本质却与它们看起来所是的这个样[174]　子完全是另一回事，它们的行为也具有另一种意义，不同于其对于感性知觉**直接**所是的那样；必然性在发生的事情上是隐藏着的，只**在终点上**才显现出来，但却使得，正是这个终点，显示出这个必然性也已经是起点了。但终点之所以显示出自己的在先性，是因为由这行为所造成的变化并不产生出与原来已有的不同的任何东西。或者，如果我们从起点开始，那么这个起点也只是在终点上或在它的行为的结果上返回其自身而已；正是凭这一点，起点就表明自己是一种**自己**以**自己**为终点的东西，所以它作为起点就已经是回到了自身的，或者说，它是**自在自为地自己**存在的。所以，凡是它

──────────

① 黑格尔在此暗示的是康德对有机物这种自然目的的理解，这种自然目的只能具有某种对于反思性判断力的调节性概念的含义。参看康德：《判断力批判》§.65.——丛书版编者

通过其行为的运动所达到的，就是**它自己**；并且，它仅仅达到它自己，这就是它的**自我感**。这样一来，虽然现成在手地有**它是什么**与**它寻求什么**的区别，但是这只是**一种区别的映像**，因此，这起点就是它自己本身中的概念。

但**自我意识**也具有同样的性状，即以这样一种方式自身跟自身相区别，同时又在其中产生不出任何区别。因此，自我意识在观察有机自然时所发现的不是别的，就是这一本质（Wesen），它发现自己是**作为一个生命**的物，但还是在它自己所是的东西与它所发现的东西之间造成了一种不是区别的区别来。但正如动物的寻食和进食的本能并不因此产生出别的东西，而只产生它自己，同样，理性的本能在它的寻找中也只找到它自己。动物终止于自我感。相反，理性的本能则同时又是自我意识；但由于理性的本能只是本能而已，它就被置于与意识相对立的一边，并把自身当作自己的对立面。因此，理性本能的满足就被这一对立分裂为二，理性本能既发现了自身，即，发现了**目的**，同样也发现这个目的是**事物**。但是第一，这个目的对它来说落在了体现为目的的那个**事物之外**。第二，这个目的作为目的同时又是**对象性**的，因此，对理性本能来说，目的也并不落在作为意识的自身中，而是落到另外一种知性里去了。

如果更仔细地考察，那么事物**在自己本身中**即是**目的**这一规定同样也包含于这事物的概念里。因为这事物维持着**自身**；这同时就是说，这事物的本性，在于把必然性隐蔽起来并呈现为**偶然**联系的形式；因为事物的自由或事物的**自为存在**，正是这样一种对自己的必然性采取漠不相干的态度的东西；所以，事物把自己呈现为这样的东西，似乎它的概念落在它的存在以外。同样，这理性也必须把必然性、把它自己的概念作为落在它自身之外的东西来直观，从而作为**事物**来直观，这样一种事物，理性对它以及反过来它对理性和对它自己的概念，都是**漠不相干的**。理性作为本能也仍然停留在这种**存在**或**漠不相干**之内，表达出概念的事物对它而言也仍然是不同于这概念的一个他者，而概念也仍然是不同于这事物的一个他者。于是，有机的事物对理性来说在自己本身只是这样的**目的**，以至于在有机物的行为中，作为隐藏着的而呈现出来的必然性，由于这行为者在其中采取一种漠不相关的自为存在者的态度，于是就落在了这有机物自身以外。——但

[175]

{148}

由于这种作为在其自身中的目的的有机物不可能采取不同于这种态度的别的态度，所以，就连它即是在其自身中的目的这一点，也是显现着的和感性地在场的，并且是这样被观察的。有机物把自己显示为一种自我**保持**的、**返回自身**的并且**回到了**自身的东西。但是，在这种存在里，观察的意识认不出目的概念，或者说，认识不到目的概念不在别处的一个什么知性里面，而正是在这里实存着并作为一个事物存在着。观察的意识在目的概念与自为存在、自我保持之间造成了并非区别的区别。它没有看出这并非什么区别，而认为是一种行为，这种行为显得是偶然的、与通过行为所实现出来的东西漠不相干的；而那毕竟使这两者结合在一起的统一性，[①]——那个行为与这个目的，在它看来是天各一方的。

[176]　　[（3）有机物的行为及其内在与外在的方面]从这个观点看来，那属于有机物自身的东西，就是那处于它的起点与终点之间的中途的行为，只要这行为本身具有个别性的特性。但是只要一种行为具有普遍性的特性，并且使行为者与行为所产生的东西等量齐观，则这种合目的性的行为本身就不会属于该有机物了。那种只是手段的个别行为，则由于它的个别性，而服从一种完全个别的或偶然的必要性之规定。因此有机物为了维持其自身为一个个体或一个类所作出的行为，按照这个直接内容来说，乃是完全无规律的，因为共相和概念都落在这种行为之外。据此有机物的行为将会是没有自身内容的、空洞的作用；而这种作用就会连一架机器的作用都不是，因为机器有一个目的，因而机器的作用是具有一定内容的。如果离开了共相，这作用就会成为一个仅仅是作为**存在者**的存在者的活动，即是说，它就会是一种像酸或碱的作用那样并不同时反思到自身的活动了；但一种作用，既不能摆脱其直接的定在，又不能放弃在与这定在的对立面相联系时丧失着的定在，是不可能维持自身的。但是在这里考察过其作用的那个存在，则被建立为一种在它与其对立面的联系中**保持自身**的事物；**活动**本身无非是这种事物的自为存在的纯粹的、无本质的形式，而这种活动的实体

{149}

---

① 第二版此句改为："而认为是一种行为，这行为显得是偶然的，既与行为实现出来的东西漠不相关，又与那毕竟使这两者结合起来的统一性漠不相关"。——袖珍版编者

不仅是被规定了的存在,而且是共相,这活动的**目的**并不落在它自身以外;它是在其自身中自己返回自己的活动,而不是被一个什么外来的东西操控回自身的活动。

但普遍性与活动的这种统一因此就并不是对这个**观察的**意识而言的,因为那个统一在本质上是有机物的内在运动,它只能被作为概念来统握;然而观察所寻求的却是些在**存在和持存**形式中的环节;又因为有机整体本质上是那种本身并不是这样包含这些环节、本身也不要求发现这些环节的东西,于是这意识就在自己的观点中,将这一对立转变成为一种符合于它自己的观点的对立了。 [177]

以这种方式,对于观察的意识而言,所产生的就是作为两个**存在着的**和**固定的**环节之间的一种联系的有机本质,——这是一种对立,因而一方面其双方好像已经在观察中被给予这意识了,另一方面按其内容,则表现了有机的**目的概念**与**现实性**之间的对立;但这是由于概念本身在这里以思想沉没在表象中这种模糊而表面的方式被清除掉了。所以,我们就看到目的概念大致被认为是归在**内在的东西**之下的,而现实性则是被认为归于**外在的东西**之下,而它们的联系则产生出这样的规律:**外在的东西是内在的东西的表现**。

对这个内在的东西和它的对立面以及两者的相互联系做更仔细的考察,结果是,对前者而言,这条规律的两个方面不再具有像以前那些规律那样的内容,好像它们作为独立的**事物**,每一个都显现为一个特殊的物体似的,而对后者而言也是如此,不再是好像那任何其他情况下都在**存在者之外**的共相也要拥有自己的实存似的。相反,有机物的本质作为内在的东西与外在的东西的内容在其基础上就是根本不可分的,对于双方都是同一个东西;因此,这一对立还只是一种纯粹形式上的对立,它的两个实在的对立面都以同一个**自在**为其本质,但同时,由于内在的东西与外在的东西也是对立着的实在性,是一个对观察而言有差别的**存在**,所以在观察的意识看来它们就好像每个都有自己特具的内容似的。但这种特具的内容既然就是同一个实体或有机统一体,它实际上就只能是这同一个东西的一个不同的形式;而这已经被观察的意识通过外在的东西只是内在的东西的**表现**这一

{150}　点暗示出来了。——对这关系的这样一些规定，即各个差别彼此漠不相关
的独立性，以及在独立性中的那使差别在其中消失掉的统一性，我们在目
的概念上已经见到过了。

[178]

　　　　［2.有机物的形态］

　　　［（1）有机属性与有机系统］现在可以看看，内在的东西与外在的东西
在自己的存在中具有怎样的**形态**了。内在的东西的本身，同样也必须有一
个外在的存在和一个形态，正如外在的东西本身那样，因为它是对象，或者
本身是作为存在着的东西和对观察来说现成在手的东西而建立起来的。

　　　有机实体作为**内在的**实体乃是**单纯的灵魂**，是纯粹的**目的概念**或**共相**，
这共相在它的划分中同样还保持着普遍的流动性，因而在它的**存在**中，它
显现为**行为**或那**消失着**的现实性的**运动**；与之相反，**外在的东西**在与那存
在着的内在的东西相互对立时，便持存于有机物的**静止的存在**中。因此，
作为那种内在的东西与这种外在的东西的联系的规律，就把自己的内容一
方面表现在对那些普遍的**环节**或**单纯的本质性**的描述中，另一方面又表现
在对那个实现了的本质性或**形态**的描述中。前面那些单纯的有机**属性**，要
列举出来的话，就是**感受性**、**应激性**和**再生性**。① 虽然这些属性，至少其中
前面两项似乎并非与一般有机体相联系，而只与动物性的有机体相联系。
植物性的有机体，哪怕在实际上也只表现了**未发展出**自己的各环节的有机
体的单纯概念；因此我们在观看这些环节时，只要它们存在于观察面前，我
们就必须专注于那种把这些环节的发展了的定在呈现出来的有机体身上。

　　　至于这些环节本身，那么它们都是直接从自身目的（Selbstzweck）这个
概念里产生出来的。因为**感受性**所表现的一般是有机的自身反思这一单纯
概念，或者说，是这个概念的普遍流动性；但**应激性**所表现的，乃是在反思
中同时取**反应**态度的那种有机的可塑性，以及与以前一个静止的**自身中存
在**相反对的实现过程，在这种实现过程里，那个抽象的自为存在就是一个
为它的存在。而再生性却是这**整个**在自身中反思的有机体的动作，是有机

① 　黑格尔这里采用的是谢林的术语，参看后者的《论世界灵魂》，汉堡 1798 年。——丛书版
编者

体的作为自在目的或作为**类**的活动，因而，个体在这种活动中，自己从自己本身分离出来，要么重新产生出它的有机部分，要么重新产生出整个个体。就**一般的自我保存**这个意义而言，再生性所表现的乃是有机物的形式概念，或感受性；但真正说来，它乃是实在的有机概念或**整体**，这个整体要么是作为个体，通过对它自己的个别部分的产生而返回自身；要么是作为类，通过诸个体的产生而返回自身。

[179]
{151}

　　这些有机元素的**另一种含义**，即作为**外在的东西**的含义，就是它们**构型的**方式，它们按照这个方式作为**现实的**但同时也作为**普遍的**部分或有机**系统**而现成在手；比如说感受性作为神经系统，应激性作为肌肉系统，再生性作为个体和类的保持的内脏系统，而现成在手。

　　因此有机物所特具的规律，是在有机环节的双重含义上涉及到这些环节的关系的，一种含义的关系是有机**形态**的一个**部分**，另一种含义下的关系是通行于所有那些系统中的**普遍的流动的**规定性。所以，在表现这样一条规律时，比如说，作为**整个**有机体之环节的一种确定的**感受性**，也许会在一个被确定地构形了的神经系统里有自己的表现，或者这种感受性也许会与个体有机部分的某种确定的**再生**或整体的繁殖相联接，如此等等。——这样一种规律的两个方面都是能够被**观察**的。**外在的东西**，按其概念来说就是**为他的存在**；例如感受性，就在感受**系统**中有其直接实现出来的方式；而作为**普遍的属性**，它在自己的**外化**中同样也是一个对象性的东西。称之为**内在东西**的那个方面拥有它**自己的外在**方面，它区别于在整体中被称为**外在**的那个东西。

　　虽然一条有机规律的这两个方面，这样一来也许会是可观察的，但双方联系的规律却不会是可观察的；观察之所以做不到这一点，并非由于它**作为观察**太短视，似乎不能处理经验的东西而只会从理念出发——因为这样一些规律假如是实在的东西，必然就会实际上现实地现成在手，因而是可观察的了——相反，是由于关于这一类规律的思想表明自己不具有任何真理性。

　　[（2）内在方面诸环节的相互关联] 对于关系的规律，前面得出的结论是，普遍的有机**属性**据说在一个有机**系统**里已将自己造就成了事物，并且

[180]

在其中拥有它自身的构形的摹本，以至于这两方面就会是同一个本质，一方面作为普遍的环节，另一方面作为现成在手的事物。但除此而外，即使内在的东西方面，对自身也是一个多方面的关系，因而它首先就给自己提供了一种规律的思想，即那些普遍的有机活动或属性相互之间的某种联系。这样一种规律是否可能，必须取决于这样一种属性的本性。但是，这种属性作为一种普遍的流动性，一方面并非按照某种事物的方式受限制、并在某种定在的区别中坚持自身的东西，据说这定在是构成其形态的，相反，感受性是超出神经系统之外并贯通于有机体的一切其他系统之中的，——另一方面，感受性是普遍的**环节**，它在本质上是与反应性或应激性和再生性没有分离也不可拆开的。因为感受性作为自身中的反思，在其本身就已不折不扣地具有反应性了。仅仅自身中反思的存在，是一种被动性，或僵死的存在，而不是一种感受性——正如一个与反应等同的动作如果没有自身中反思的存在，也不是应激性一样。在动作或反应中的反思，以及在反思中的动作或反应，恰好就是这种东西，它的统一性构成有机物，这是一种与有机物的再生性同等含义的统一性。而由此可见，在这现实性的每一种方式中，都必然现成地有与应激性同样**大小**的感受性，——因为我们首先考察的是感受性与应激性的相互关系，——而且一个有机现象既可以按照一个属性，同样也可以按照另一个属性予以统握、予以规定或者随人所愿地予以解释。同一件事，这个人例如认为是高度的感受性，另一个人同样可以看作是高度的应激性，而且是具有**同样高度的**应激性。如果它们被称为**因子**（Faktoren），[①]而如果这样称呼又不应当是一句无意义的空话，那么借此所说出来的正好是，它们都是概念的**诸环节**，因而由这一概念构成其本质的那个实在的对象，就以同样的方式在自身中拥有这些环节，而且如果它以一种方式被规定为很有感受性的，它就同样必须以另一种方式被说成是同一程度上有应激性的。

　　如果它们在有这种必要时被区别开来，那么它们就是按照概念被区别

---

①　参看谢林：《自然哲学体系的最初纲要》第 250 页；又见第 265 页："由我们的全部科学进程所证明的是，**感受性**和**应激性**这两个因子（Faktoren）是在激动性这个综合概念中被结合起来思考的。"（《谢林全集》第 3 卷，第 217 页，第 230 页以下）。——丛书版编者

的，而它们的对立就是**质上的**。但除了这种真正的区别以外，还要再作为存在着的和对于表象而言地建立起差异来，仿佛它们可以是规律的双方那样，那么它们就显现为**量上的**差异性。它们所特具的质的对立于是就进入到**大小**，并且产生出比如说这样一类规律："感受性与应激性在大小上成反比，所以当一方增加，另一方就减小"；① 或不如就以大小本身作为内容："某物的大增加了多少，它的小就减少了多少"。——但是，如果这条规律被赋予一定的内容，例如是这样：构成一个洞的填充物的东西**减少**得越多，则这个洞就愈**增大**，那么这个反比例同样可以转变成一个正比例，可以表达为：洞的大小与挖取物的量成正比地**增加**；——这是一个**同义反复**的命题，它可以被表达为正比例或者反比例，它以其特具的表达方式就只是说，一个大小的增加就正如这个大小的增加那样。正如洞与这个洞被填塞和挖取出来的东西在质上是对立着的，但两者的实在的东西及其确定的大小则在两者中都是同样的，并且是同一个东西，同样，大的增加与小的减少也是同一回事情，而它们的意义空洞的对立就导致了一种同义反复，所以那两个有机环节在其实在中，及在其就是这个实在的大小的那个大小中，同样也是不可分离的；一个只有与另一个一起才减少，一个只有与另一个一起才增加，因为一个完全只是在另一个已现成存在的范围内才有意义；——或者毋宁说，将一个有机现象看作应激性还是看作感受性，这一般来说已经是无所谓的事，正如人们谈到它们的大小时那样，——把洞的增大说成是它的空虚的增大还是说成是从中挖出的填充物的增加同样是无所谓的。或者一个数目，比如说**三**，不管我取正三还是负三，三还是一样大；并且，如果我把三增大为四，那么无论正的和负的都变为四；——正像一个磁场的南极正好和它的北极一样强，或者一个正电与它的负电正好同样强，或者酸和受到它作用的碱也正好同样强一样。——一个像上面说的三，或一个磁场

{153}

[182]

① 黑格尔在此引用的是——或许是通过谢林的介绍——一条由 C.F.Kielmeyer 所假定的合规律性，参看该作者所著：《论各种有机力量在各个不同有机体的序列中的相互关系，这些关系的规律和结果》。谢林曾在其《自然哲学》里集中阐述了基尔迈尔的这一假设（见《谢林全集》第 2 卷，第 562 页，第 3 卷，第 196—197 页，第 203 页）；后来谢林抛弃了这一形式化的构想。——丛书版编者

等等那样的大小，乃是一个有机的**定在**；它是那种被增加和减少的东西，如果它增加，它的**一对**因子都增加，就像磁场的**两极**或正负电都随着一个磁场或一个电流等等的加强而增强一样。——说两者在**内涵**和**外延**上同样都没有什么差异，不可能一方面在外延上减少而在内涵上却增加，而另一方面反过来在内涵上减少而在外延上却增加，这种说法所适用的是同一个空洞的对立概念；实在的内涵完全与外延一样大，反之亦然。

正如所阐明的，在这样立法时，真正说来就导致这样的情况：最初应激性和感受性构成确定的有机对立；但随后这个内容丧失，而对立就变成大小增减的、或不同内涵外延的形式上的对立；——这种对立不再涉及感受性和应激性的更多本性，也不再表现它们。因此，立法的这样一种空洞游戏与那些有机环节并不挂钩，而可以推广到任何地方任何事物上，它完全是基于对这些对立的逻辑本性的无知。

{154}　　最后，如果不是把感受性与应激性联系起来，而是把再生性与感受性或应激性联系起来，那就连这样来立法的理由也都失去了；因为再生性与那两个环节之间并不像它们彼此之间那样处于对立之中；而由于这样的立法是以对立为基础的，所以在这里就连正在着手这样立法的假象也都失去了。

上面刚刚考察的那种立法所包含的有机体的区别，是指对有机体**概念**的诸环节加以区别，它据说是一种先天的立法。但在这种立法自身中本质上含有这样的思想：这些区别具有**现成在手**的含义，而那只不过在观察着的意识，无论如何都必须仅仅执着于它们的定在之上。有机的现实性必然[183]　自身具有如同它的概念所表现的那样一种对立，这种对立可以被规定为应激性和感受性，正如它们两者又显得与再生性有差异一样。——在此考察有机概念的诸环节时的那种**外在性**，是内在东西**自己的直接的**外在性，而不是在整体中的和作为**形态**的**外在东西**，不是可以用来以后在联系中考察内在东西的那种外在东西。①

---

① 所谓"以后"，参看后面第 190 页："现在剩下也还要**单独对自身**考察的就是：什么是有机物的**外在东西**，以及**有机体的**内外对立是怎样在外在东西身上规定自身的，这正如当初整体的**内在东西**曾被置于与它**自己的**外在东西的联系中来考察一样。"——丛书版编者［按：中译参看后面贺王译本第 188 页］

但如果这样来统握诸环节的对立，如同这对立在定在中那样，则感受性、应激性和再生性就降低为一些普通的**属性**，成为像特殊的比重、颜色、硬度等等那样一些互不相干的普遍性了。在这个意义上，当然可以观察到一个有机物比另一个更有感受性或更有应激性或再生力更强；——也可以观察到某**一种**有机物的感受性等等与另**一种**有机物的感受性等等是有差异的，某一个有机物对待特定刺激的态度是不同于另一个有机物的，比如马对待燕麦的态度不同于对待干草，狗对待这两者的态度又不同，如此等等；同样可以观察到的是，一个物体比另一个物体更为坚硬等等。——然而像硬度、颜色等等这样的感性属性，以及对燕麦刺激的接受性、对重负的应激性、或能生育多少个和什么样的幼子，诸如此类的现象如果都被相互联系起来并互相比较，则它们本质上是与某种合规律性相冲突的。因为它们的**感性存在**的规定性恰好就在于，它们是完全互不相干地实存着的，它们所表达的毋宁是自然之摆脱概念羁绊的自由，而不是某种联系的统一性，毋宁是在概念诸环节之间的偶然的大小等级阶梯上对这种联系的非理性的反复玩弄，而不是这种联系本身。

[（3）有机物诸形态的含义] 只有**另一**方面，即据以将有机概念的那些单纯环节与有机**形态**的诸环节进行比较的那方面，才也许会建立起真正的规律，来把真实的**外在东西**说成是**内在东西**的摹本。——但既然那些单纯环节都是些渗透性流动性的属性，所以它们在有机事物中并不具有这样一个分泌出来的实在的表现，像被称为一种个别形态系统那样的东西。或者，如果说有机体这一抽象理念之所以在上面三个环节中真实地得到了表现，只是因为它们都不是什么固存的东西，而仅仅是概念和运动的诸环节的话，那么相反，有机体作为形态则不能通过像解剖学分解出来的那样三个确定的系统来把握。就这三个系统应该在其现实性中被发现出来、并通过这一发现取得合法地位而言，也有必要提醒一下，解剖学所揭示出来的并不止这样三个系统，而是还多得多。——况且即使撇开这一点不谈，一般地说来，感受**系统**也必须有某种完全不同于所谓**神经系统**的含义，同样应激**系统**也必须有某种不同于**肌肉系统**的含义，再生**系统**也必须有某种与再

{155}

[184]

生性的**内脏**不同的含义。① 在**形态**本身的系统中,有机体乃是被按其僵死实存的抽象方面来统握的;在这样理解之下,有机体的诸环节是属于解剖学和尸体的,而不是属于知识和活的有机体的。作为这样一些部分的诸环节,毋宁已经停止**存在**了,因为它们已不再是过程。既然有机体的**存在**,从本质上说乃是普遍性或在自己本身中的反思,那么无论它的整体的**存在**还是它的那些环节都不能持存于一个解剖学的系统之中,相反,现实的表现和它们的外在性毋宁只是作为某种运动才现成在手的,这运动流行于形态的不同部分中,在这运动中,凡作为个别系统被割裂出来并被固定下来的东西,本质上都呈现为流动性的环节,以至于不是解剖学所发现的那种现实性,而是只有作为过程的那种现实性,才可以被当作这些部分的实在性,也只有在这过程中,各个解剖学的部分才有意义。

由此可见,有机物的**内在东西**的诸环节就本身而言没有能力充当存在之规律的诸方面,因为在这样一条规律里,它们本应当能够被某种定在表述出来,本应当能够互相区别,而不是每个都能以同样的方式代替另一个来称呼的;再者,被置于一方的这些环节并不能在另一方的某个固定系统里得到自己的体现;因为这个固定的系统不但不是内在东西的诸环节的表现,而且也不是某种本身完全具备有机真理性的东西。毋宁说,有机物的本质既然自在地就是共相,那么它一般说就同样必须普遍地提供出它在现[185]实性中的诸环节,也就是把这些环节作为连续贯通的过程来拥有,但却不是在一个孤立的事物方面提供一幅共相的图景。

{156} ［3.关于有机物的思想］［（1）有机的统一］通过这样一种方式,在有机体

---

① 为黑格尔这一批判提供理由的也许是谢林的阐释,后者曾对各种不同的有机系统作出区别。谢林赞同这一论点,即感受性必须作为应激性的否定而在其中显露出来的那种有机体,呈现出对应激性的一种绝对的否定性:大脑系统和神经系统。反过来,应激性在其中显露出来的那种有机体则只会是应激性:心脏和动脉。最后,再生力把自己表现在第三个系统中,属于这个系统的是营养、分泌和吸收的全部器官。参看谢林:《自然哲学体系的最初纲要》,《谢林全集》第 3 卷,第 198 页以下,第 204 页。又参看 C.I.Kilian :《全部医疗体系纲要》第 54—55 页。黑格尔的批判针对的与其说是谢林,不如说是 Kilian,是谢林马上在其 "关于医学研究和一般有机自然学" 的讲演中,强调了那种仅仅是经验性的比较解剖学的从属性含义,即它只提供了理解一切形态的象征意义及在外在东西中理解内在类型的指示。参看谢林: "关于学院研究方法的讲演",载《谢林全集》第 5 卷,第 342 页以下。——丛书版编者

身上，某种**规律**的**表象**就完全失去了。规律想把对立统握和表现为静止的双方，并在这双方中来统握和表现那本身是双方的相互联系的规定性。显现出普遍性的属于**内在的东西**，而静止形态的各部分属于**外在的东西**，这两者据说构成规律的相符合的双方，但却如此相互分立，而失去了自己的有机含义；而规律表象的根据恰好在于，规律的双方都会有一个自为存在着的漠不相干的持存，并且在它们身上这种联系都会作为双方相互符合的规定性而被划分开来。相反，有机物的每一方面就自己本身而言都是这样的：它是一切规定都被消融其中的那种单纯的普遍性，它就是这个消融过程的运动。

　　对这种立法与前述各种形式的区别的明见将完全揭示出这种立法的本性。——就是说，如果我们回顾一下知觉的运动和在知觉中进行自我反思从而规定其对象的知性的运动，那么知性在这种情况下在其对象中所面对的并非普遍与个别、本质与外表这样一些抽象规定的**联系**，而是它本身就是过渡，这种过渡对自身而言并没有成为对象性的。与此相反，这里存在着的是有机的统一性，亦即正是那些对立的联系，这种联系乃是纯粹的过渡，它本身就是**对象**。当这种过渡在其单纯性中时，它直接就是**普遍性**；而由于普遍性进入到规律想要表达其联系的区别中，规律的诸环节就**作为**这种意识的**普遍的**对象而存在，而这个规律说的是，**外在的东西**是**内在东西**的表现。知性在这里已经把握到规律的**思想**本身了，因为在此以前，知性只是一般地在寻找规律，浮现在知性面前的是作为确定内容的诸规律环节，而不是规律的思想。——因此就内容而言，在这里应该得到保存的不是这样一些规律，它们只是静止地把纯粹是**存在着的**区别接收到普遍性的形式中来而已，相反是这样一些规律，它们在这些区别里也直接拥有概念的不安息、从而同时也拥有各方面联系的必然性。然而正因为对象、有机统一体把对存在的无限扬弃或绝对否定直接与静止的存在结合在一起，并且这些环节本质上都是**纯粹的过渡**，所以根本就得不出像规律所要求的这样一些**存在着的**方面。 [186]

　　[（2）对立法（建立规律）的扬弃] 为了获得这样一些方面，知性必须立足于有机关系的另一环节上，也就是立足于有机定在的在自身中**反思的存在**之上。但是这种存在完全是在自身中反思的，以至于没有给自己留下任何对他者的规定性。**直接的**感性存在与规定性本身直接就是一个，因而在 {157}

自身中表现出一种质的区别,例如蓝与红,酸与碱等等的区别。但返回到自身了的有机存在却是与他者完全漠不相干的,它的定在乃是单纯的普遍性,拒绝给观察提供持久不变的感性区别,换句话说,它把自己的本质规定性仅仅作为**存在着的**各种规定性的**转化**来显示。因此,当区别把自己表现为存在着的区别时,正好它也是一种**漠不相干的**区别,即作为**大小**的区别。但在这里概念被清除了,必然性也消失了。——但如果这种漠不相干的存在的内容和充实性,及感性诸规定的转化,全都被囊括进一个有机规定的单纯性中,那么这同时就表明,这内容和转化恰恰不具有那种——直接属性的——规定性,而质的东西就如我们上面所看到的,[注①] 只落入到大小中去了。

于是,虽然被统握为有机规定性的那个对象性的东西,已经在其自身中拥有了概念,因而与对知性而言的对象有区别,而知性在统握其规律的内容时,所采取的纯粹是知觉的态度,但是,前一种统握正由于统握到的东西被运用于一条**规律**的各环节上,又还是完全落回到纯然知觉的知性那种原则和做派中去了;因为这样一来,统握到的东西就获得了一种固定的规定性的方式,一种直接属性的、或一种静止现象的形式,此外,还被纳入到大小的规定之中,而概念的本性就被压抑了。——因此,把一个纯然被知

[187] 觉到的东西兑换成一个自身中反思的东西,把一个纯然的感性规定性兑换成一个有机规定性,这种做法就再次失去其价值了,确切地说,这是因为知性还没有把建立规律（立法）的做法扬弃掉。

为了用几个例子在这种兑换方面进行比较,于是比如说,某种在知觉看来具有强大肌肉的动物就被规定为一种具有高度应激性的动物有机体,或者把在知觉看来一种具有很大软弱性的状态规定为一种具有高度感受性的状态,或者如果有人愿意的话,规定为一种超常的刺激,确切地说规定为这刺激的一种因次化[注②]（这些术语把感性的东西不是转译为概念,而是转译

① 参看前面第 183 页:"它们所特有的质的对立于是就进入到大小,并且产生出这样一条规律:'感受性与应激性在大小上成反比,所以当一方增加另一方就减少'。"——丛书版编者
② 这里影射的是 C.I.Kilian 的用语,"超常的刺激"、"因次化"都是他使用过的;"因次化"也见于谢林的自然哲学,参看《动力过程或物理范畴的普遍演绎》,载《思辨的物理学杂志》第 1 卷第 2 册（《谢林全集》第 4 卷,第 31、64 页）。——丛书版编者

为拉丁文——此外还是一种糟糕的拉丁文）。^① 说动物具有强大的肌肉，也 {158}
可以由知性表达为动物具有一种强大的**肌肉力**，——正如很大的软弱性也
可以表达为一种渺小的**力**一样。用应激性来进行规定比作为**力**的规定优
越，后者表达的是无规定的自身中反思，但前者则表达有规定的自身中反
思，因为肌肉所**特具的**力正是应激性；——而且用应激性来规定也比用**强
大肌肉**来规定优越，在后者中同时包含的是如同在力里面已经包含的那种
自身中反思。这正如软弱性或渺小的力、**有机的被动性**，都是通过**感受性**
而得到确定的表达一样。但是，如果这个感受性这样自为地被接受和固定
下来，而且还与**大小**的规定结合起来，并作为较大或较小的感受性而与较
大或较小的应激性对立起来，则感受性或应激性就又完全降低到感性元素
而成为属性的一种普通形式了，它们的联系就不是概念，相反它是大小，于
是那种对立就陷入了大小中，成为一种无思想的区别了。即使在这里排除
了**力、强、弱**这类术语的无规定性，那么现在所产生的同样是在较高和较低
的感受性和应激性的对立中、以及在它们的互相消长中，空洞而无规定地
兜圈子。^② 较大或者较小的感受性和应激性，正如作为强与弱的那些完全
感性的、无思想的规定那样，也是无思想地被统握并这样被表述的感性现
象。代替那些无概念的表达的，不是概念，而是通过某种规定来实现的强 [188]
和弱，只不过这种规定，就其本身而言，是基于概念来接受并以概念为内容
的，但它已完全丧失了它的起源和特性。——所以，通过这种内容借以造
成规律这方面的那个单纯性和直接性的形式，通过构成这样一些规定性之
相互区别的元素的那个大小，那原始的作为概念而存在着并建立起来的本

---

① “转译为拉丁文——此外还是一种糟糕的拉丁文”一语在原始文本中即如此；为了能够在同
　一页上后来补上**较大或较小的感受性**这些不常见的词，黑格尔在修改这一处时选用了更为
　简洁的措辞“转译成德语式拉丁文 (Deutschlatein)”。——丛书版编者
② 黑格尔在这里采用的是 J.Brown 的刺激理论以及谢林及其追随者对这一理论的接受。值得
　注意的是，谢林后来把这种关于感受性和应激性的上升和下降的理论作为纯然形式化的构
　想而抛弃了。强、弱和力的概念被视为布朗理论的术语。在谢林看来布朗提出了可激动性
　这个概念，“却没有推导出这个概念本身”（《全集》第 3 卷，第 153 页）。谢林本人也企图构
　想这一概念，因为他研究了有机的力、感受性、应激性和再生性相互之间的关系 (参看同前，
　及第 156—172 页)。——丛书版编者

质就保留了感性知觉的方式，并且就像以力的强弱或以直接的感性属性来做规定时那样，停留在远离认识的地方了。

[（3）整个有机物，它的自由与规定性] 现在剩下也还要**单独对自身**考察的就是：什么是有机物的**外在东西**，以及**有机体**的内外对立是怎样在外在东西身上规定自身的；这正如当初整体的**内在东西**曾被置于与它**自己的**外在东西的联系中来考察一样。①

{159}

就其自身来看，**外在东西**就是一般**构形**，就是存在**诸元素**中为自己划分肢节的那个生命的系统，而本质上同时又是有机本质的**为他者**存在——在其**自为存在**中的对象性本质。——这个**他者**首先显现为它的外在的无机自然。在将这双方置于与一个规律的联系中来考察时，如我们上面看到的，这种无机自然并不能构成一个规律的与有机本质相对立的方面，因为有机本质同时又是绝对自为的，并拥有与无机自然的一种普遍的和自由的联系。

但如果在有机形态本身上更切近地规定这两方面的关系，那么有机形态一方面是转身对着无机自然的，但另一方面，又是**自为的**和在自身中反思的。**现实的**有机本质乃是一个中项，它将生命的**自为存在**与一般的**他者**或**自在存在**结合起来。——但自为存在这一端，是作为无限的"一"的内在东西，它把形态本身的诸环节从它们的持存中以及与他者的关联中收回于它自身，这一端也是无内容的东西，它借形态给自己提供出内容，并在其上作为这形态的过程显现出来。在这作为单纯的否定性或**纯粹个别性**的一端中，有机物拥有自己绝对的自由，凭借这种自由，它面对为他者存在和面对形态各环节的规定性而不受干扰并得到保护。这种自由同时也是各环节本身的自由，它是各环节作为**定在着的**而显现出来并得到统握的可能性，而且在这自由中，各环节之间像对他者那样，相互之间也是不受束缚不受干扰的，因为这种自由的**单纯性**就是**存在**，或者是各环节的单纯的实体。不论形态或为他者存在会如何在多种多样的转换中四处漫游，这个概念或纯

[189]

---

① 参看前面第 181 页："称之为**内在东西**的那个方面拥有它**自己的外在方面**，它区别于在整体中被称为**外在**的那个东西。"——丛书版编者 [按：中译参看贺、王译本第 179 页]

粹的自由都是一个而且是同一个生命；对这个生命之激流而言它所推动的是哪一种水磨，这是无所谓的。——现在首先要注意的是，这个概念在这里不能像以前那样，凭借对本来内在东西的考察，而以内在东西的**过程**形式或它的各环节发展的形式得到统握，而必须以它的作为**单纯的内在东西**这个构成与**现实的**生命本质相对立的纯粹普遍方面的形式来统握，或者说，把它作为形态的存在着的肢体的**持存元素**来统握；因为这种形式才是我们在这里所考察的，凭借这种形式生命的本质是作为持存的单纯性而存在的。这样一来，**为他者存在**或现实构形的规定性就被吸收进这个作为其本质的单纯普遍性中，它是一个同样单纯的、普遍的、非感性的规定性，并且只能是这样一种被表现为**数**的规定性。——数是形态的联结那无规定的生命和现实的生命的中项，它像前者一样的单纯又像后者一样的有规定。于是，在前者、在**内在的东西**中，作为数而存在的东西都必然会把外在的东西按照自己的方式表现为多种形式的现实性、生活方式、颜色等等，总之表现为在现象中所展示出来的全部区别的总和。 {160}

　　有机整体的两个方面——一个是**内在**方面，另一个则是**外在**方面，而每一方面在自己本身又各有内在的东西与外在的东西——前面曾把这两方面按照其双方的内在东西做比较，这时，前一个内在方面的内在东西曾经是那个概念，即**抽象**之不安息，后一个外在的东西的内在方面则在它自己的概念上具有静止的普遍性，也在其中拥有静止的规定性，即数。因此如果说前者[内在的内在方面]，由于有概念在它那里发展着自己的诸环节，曾经通过这种联系的必然性的假象预示了那些欺骗性的规律，那么后者[外在的内在方面]，由于数显示为它的规律的一个方面的规定性，就立即放弃了这种想法。因为数正是一种完全静止的、僵死的和漠不相干的规定，在这里，一切运动和联系都消灭了，它已断绝了通往冲动的生机、生命的方式和其他感性定在的桥梁。 [190]

　　[III. 将自然当作一个有机整体来观察]

　　[1.无机物的组织：比重，凝聚性，数]但这样来考察有机物的**形态**本

身，并且对内在的东西只作为这形态的一个内在的东西来考察，实际上已
经不再是对有机物的一种考察了。因为，那本应联系起来的两个方面只
被建立为各不相干的，因而那构成有机物的本质的自身中反思就被扬弃
掉了。相反，在这里将宁可把曾经尝试过的那种内外比较托付给无机的
自然；在这里，无限的概念只是那潜藏在内部的**本质**，或者说落在自我意
识之外的本质，而不再像在有机物那里一样具有自己的对象性的在场了。
因此，这种内在东西与外在东西的联系还必须在它自己本来的领域里加
以考察。

　　首先，形态［形状］的那个内在的东西，作为一个无机事物中的单纯的
个别性，就是**比重**。作为单纯的存在，比重也正像它唯一能做的数的规定
那样，可以被观察，或者真正说来，可以通过对观察的比较而被发现，并以
这种方式显得提供了规律的一个方面。形状、颜色、硬度、韧性以及无数的
其他属性则似乎是一起构成了那**外在的**方面，而内在东西的规定性，即数，
则似乎必定会表现得仿佛一方在另一方上有自己的反映一样。

　　既然否定性在这里不是被统握为过程的运动，而是被统握为**静止的统**
一或**单纯的自为存在**，那么这个否定性就毋宁显现为这样的东西：事物因
它而反抗那过程，并因它而保持自己于其自身，而与那过程漠不相干。但
是，由于这个单纯的自为存在是静止地与他者漠不相干的，比重就作为一
个**属性**而与其他属性**并行**；因此它与这个多数性的一切必然联系或者说一
切合规律性就都终止了。——比重作为这样的单纯内在东西，**在其本身中**
是没有区别的，或者说，它只有非本质的区别；因为正是它的**纯粹的单纯性**
把一切本质的区别活动都扬弃了。因此，这种非本质的区别，即**大小**，似乎
也就必须要在另一方面，即作为各种属性的多数性方面拥有自己的反映或
他者了，因为这区别一般说来借此才是区别。如果这个多数性本身被结合
到对立面的单纯性中，例如说作为**凝聚性**而得到规定，以至于这个凝聚性
就是**在他在中的自为存在**，就像比重之为**纯粹的自为存在**那样，那么首先，
这个凝聚性乃是纯粹的、建立在概念中的、与前一规定性相反的规定性，而
建立规律的做法就会是在前面讨论感受性对应激性的联系时所考察过的那
种做法了。——其次，这样一来，这个凝聚性作为在他在中的自为存在的

{161}
[191]

概念，仅只是与比重对峙的那一方面的**抽象**，其本身并无实存。① 因为在他在中的自为存在是这样的一个过程，在这个过程里，无机物将必须把它的自为存在表现为一种**自我保存**，这种自我保存保护它免于作为一个产物的环节从这个过程中出局。但这恰恰是违背无机物的本性的，这本性并不具有目的或自己本身中的普遍性。无机物的过程毋宁只是如同它的自为存在、如同它的比重**扬弃**自身那样的被规定的行为。在这样一种被规定的行为中，无机物的凝聚性也许会持存于自己的真实概念中，但这行为本身和无机物的比重之规定的大小，乃是完全互不相干的两个概念。假如完全撇开行为的种类不管而限制在大小的表象上，那也许就可以考虑这样的一种规定：较大的比重，作为一种较高的自身中存在，会比较小的比重更抗拒进入这一过程。但是相反，自为存在的自由只是在重量很轻时才证明自己参与一切事物而又在这种多样性中保持着自身。那种没有外延联系的内聚性（Intensität），乃是一种空无内容的抽象，因为外延性才构成内聚性的**定在**。[192]但前面已经说过，无机物在自己的联系中的自我保存是超出了这种联系的本性的，因为无机物在其本身并不具有运动原则，或者说无机物的存在并不是绝对的否定性和概念。

反之，如果不把无机物的这另一方面看作过程而是看作静止的存在，那么这个另一方面就是普通所说的凝聚性。某种单纯的感性属性就立于这 {162} 方面而抵抗住了**他在**的放任的环节，这他在分散为许多互不相干的属性，而又像比重那样归属于凝聚性之下；于是那一大批属性一起就在凝聚性上

---

① 这里所参考的显然是 H.Steffen 的有关凝聚性和比重之间的关系的规定，以及他在金属的凝聚性系列和欠凝聚性的系列中所做的区别。在两个系列的每一个中，与凝聚性的增加结合着的都是比重的某种减少。参看 H.Steffen：《地球的内在自然史集》第 129 页："**金属的比重在这两个系列中与凝聚性成反比**，使得最重的金属构成系列的开端，更轻的金属构成其结束。"谢林对这种观点最初表示赞同。参看《我的哲学体系的陈述》（《谢林全集》第 4 卷，第 154 页以下）。然后他在自己的论文"四大贵金属"中（载于《思辨物理学新杂志》，谢林编，第 1 卷，第 3 部分，图宾根 1802，第 94 页，《谢林全集》第 4 卷，第 515 页）让人们注意斯特芬所提出的这条规律的限度。斯特芬后来也修正了他自己的理论。黑格尔对这个理论的分析早在耶拿自然哲学中就有了（参看《黑格尔全集》第 6 卷，第 122—123 页）。——当黑格尔把凝聚性规定为"**在他在中的自为**"时，他在术语上是接近谢林的。谢林也强调凝聚性和比重只有在相互关系中才是可设想的（见《谢林全集》第 4 卷，第 452、454 页）。——丛书版编者

构成了另一方面。但在这一属性身上，正如在另外那些属性身上一样，**数**是唯一的规定性，它不仅不表现这些属性相互的联系和过渡，而且恰恰本质上就是没有任何必然联系、而是显示了对一切合规律性的清除的，因为它是把规定性表达为一种**非本质的**规定性的。因此，这样一来，一系列的物体，如果它们将区别表现为自己的比重上的数的区别，那么它们与另外那些属性的区别系列绝对不是互相平行的，即使为了把事情简化而从中只选取个别的或几个属性也罢。① 因为实际上只有这一整束的属性才有可能在这个平行中构成另一方。在把这一整束属性在自身中安排有序并使之结合成一个整体时，对观察而言，一方面手头现成地就有这些多种多样属性的各种大小规定性，但另一方面，它们的区别又是作为质上的而出现的。现在，凡是在这一大堆属性里也许必须被称为肯定的或否定的② 并且会互相扬弃的东西，即一般来说那公式的高度组合起来的内部造型与展示，都会是属于概念的，而概念恰恰在人们想让这些属性作为**存在着的**东西摆在那里并这样接受它们时，就以这种方式被排除掉了；在这种存在里，没有任何属性显示出对其他属性的否定的特性，而是一个属性如同其他属性一样地**存在着**，此外也没有任何属性暗示了自己在整体安排中的位置。——在

[193]　一个以平行的区别延伸着③ 的系列里，——不论这关系会被认为是两方面同时增加还是只有一方增加而另一方减少——，人们所关心的只是这个联合起来的整体**最终**的单纯表现，这整体据说构成规律中与比重相对的那个方面；但是这一方面，作为**存在着的结果**，恰好不是别的而正是前面已提到过的东西，即那种个别的属性，比如说像普通凝聚性，在它旁边不相干地，

---

① 黑格尔论证的焦点甚至在这里也是 Henrich Steffen 的部分平行部分对立的金属系列的理论。这些系列的平行性在于，在这两个系列的每一个中，凝聚性的增加都导致比重减少的结果。在每个系列中，连同更大的凝聚性一起增长的也有金属氧化的内聚性，但这种内聚性在两个不同系列中却显示出完全不同的效果。参看斯特芬：《地球的内在自然史文集》第 161 页、第 162 页以下。——丛书版编者

② 参看亨利希·斯特芬：《地球的内在自然史文集》第 176 页："全部金属系列由它们的外部两点向我们显示出两个对立的极，其中的一极仿佛在日益固化（收缩——我仍然是打比方——阴极），而另一极则是日益摆脱（膨胀——阳极）。"——丛书版编者

③ 第一版缺"延伸着"，据第二版补上。——袖珍版编者

现成地还有别的属性，其中也包括比重，每个别的属性都可以有同样的权利，也可以说同样的无权，被选为整个这另一方面的代表；不论这一个还是那一个都只会代表本质，用德国话说，只会**表象**本质，但都不是事情本身。①因此，想要发现一些在两个方面单纯是平行地延伸、而又按照这两方面的一条规律来表现物体之根本性质的物体系列，这样的企图就必须被视为是一种不知道它自己的任务，也不知道要用来达成这任务之手段的想法。 {163}

　　[2. 有机物的组织：类，种，个体]前面曾经把应当呈现给观察的那个形态的内外联系一下子就搬到了无机物的领域中来；现在可以更切近地说明这种联系所带来的那个使命，并由此表明这种关系还有另外一种形式和联系。就是说，在有机物里，一般说来，那种在无机物那里似乎提供了对内在外在做这样一种比较的可能性的东西就失去了。无机物的内在是一个单纯的内在，它对知觉呈现为**存在着的**属性；因此它的规定性本质上就是大小，它显现为一种与外在东西或许多其他的感性属性互不相干地存在着的属性。但有机生命的自为存在却不像这样站在它的外在东西的对面，而是在自己本身就拥有**他在**的原则。如果我们把自为存在规定为**与自己本身的单纯自我维持的联系**，则它的他在就是单纯的**否定性**，而有机的统一就是自我等同的自身联系与纯粹的否定性这两者的统一。这个统一作为统一， [194] 就是有机物的内在东西；有机物因此而本身是普遍的，或者说它就是**类**。但类对于自己的现实性的自由是不同于**比重**对于形态的自由的。比重的自由是一种**存在着的**自由，或者说，它是作为特殊的属性而站在一方面的。但由于它是**存在着的**自由，它也就仅仅是**本质上**属于这个形态的**一个规定性**，或者说，因此它**作为本质**就是一个被规定的东西。但是类的自由却是一个普遍的自由，它与这个形态或形态的现实性是漠不相干的。因此应归之于无机物的**自为存在本身**的那个**规定性**，正如在无机物那里只立于它的**存在**之下，在有机物这里则立于**它的自为存在之下**；因此，虽然这规定性在无机物那里同时仅仅是作为**属性**存在，但毕竟它还拥有**本质**的身份，因为

---

① 黑格尔在以上影射的是斯特芬对于"代表者"和"代表"这一术语的使用。斯特芬主张这种观点，氮元素代表整个金属系列的正极，碳元素则代表其负极。参看他的《地球的内在自然史文集》第 195 页以下。——丛书版编者

它是作为单纯的否定者与那作为为他存在的定在互相对立着的，而这单纯的否定者，在其最后的个别规定性中乃是一个数。但是有机物是一个个别性，这个别性自身是个纯粹的否定性，因而它就将应归之于**漠不相干的存在**的数的固定规定性在其自身中清除掉了。所以只要有机物在其自身拥有漠不相干的存在环节，并在其中拥有数这个环节，那么数就只能被视为在它身上的某种浮面的东西（Spiel），却不能被视为它的生命活性之本质。

{164}　　　但是现在，虽然纯粹的否定性以及这一过程的原则并不落于有机物以外，因而有机物并不把这种否定性作为自己**本质**中的一种规定性来拥有，而是这个别性自己自在的就是普遍的，这个纯粹的个别性却毕竟不是以它的本身是**抽象的**或**普遍的**诸环节而在有机物身上展示出来并成为现实的。相反，这种说法超出了那个退回到**内在性**的普遍性之外；而在现实性或形态、也就是自身展示着的个别性与有机共相或类之间，插进了那**特定的**共相，即**种**。共相或类的否定性所达到的那种实存，只是一种过程的展开了

[195] 的运动，这个过程流经**存在着的形态之各部分**。假如类在其自身作为静止的单纯性具有区别开的各部分，因而它的**单纯的否定性**本身同时就是流经那些同样单纯的、直接在本身就是普遍的部分的运动，而那些部分都是在这里作为一些环节而现实存在着的话，那么，有机物的类就会是意识了。但这样，**单纯的规定性**作为种的规定性，在种身上就是以一种无精神的方式而现成在手的；现实性是从种开始的，或者说凡是进入到现实性中的都不是类本身，即是说根本不是思想。这个类，作为现实的有机物只是由一位代理者来代表的。但这位代理者，即数，似乎标志着从类到个体构型的过渡，似乎把必然性的两个方面呈现于观察之前，一者呈现为单纯的规定性，再者把它呈现为一种被展开并且生出多样性来的形态，但其实标志着共相与个别东西的互不相干与自由；个别的东西被类抛给了无本质的大小区别，但它自己作为活的东西却表明自己同样也是摆脱了这种区别的。真正的普遍性，像它曾被规定的那样，在这里只是**内在的本质**；它作为**种的规定性**是形式的普遍性，面对这种形式的普遍性，那真正的普遍性是站在个别性那一面的；而这个别性由此就是一种活的个别性，并且通过自己**内在的东西**而无视**它那作为种的规定性**了。但是这一个别性并不同时就是

普遍的个体，即是说，并非在这个体上，普遍性同样也具有外在的现实性，相反，普遍的个体是落在有机的有生命的东西之外的。可是这个**普遍的**个体，正如它**直接**就是各种自然构型的个体一样，并不是意识自身；假如它要是意识的话，那它的定在作为个别的**有机生命的个体**就必定不会落于它以外了。

[3. 生命，偶然的理性]我们从这里看到了一个推论，它的一端是那作 [196]
为普遍的东西或作为类的**普遍生命**，而另一端是那**同一个普遍生命作为个别的东西**，或作为普遍的个体；其中项则是由这两端所合成的：前者似乎是作为**特定的**普遍性或作为种参与进中项的，后者则似乎是作为**本来的**或个 {165}
别的**个别性**参与进中项的。——而由于这个推论完全是属于**构形**方面的，所以其中也同样包含着作为无机自然而被区别开来的东西。

现在由于普遍的生命作为**类的单纯本质**从它自己这方面展开着概念的区别，并且必须把这些区别体现为那些单纯规定性的一个系列，所以这个系列就是由各种漠不相干地建立起来的区别所构成的一个系统，或**一个数的系列**。如果说以前曾把有机物在个别性的形式下与这个无本质的区别对立起来，这个区别既不表现也不包含个别性的活的本性，——并且如果说就无机物而言，按照它的一大堆属性中展示出来的整个定在来看，所必须说明的恰好也是这一点，——那么现在，这个普遍的个体乃是这样的东西，它不仅必须看作摆脱了类的每一种划分而自由，而且还必须作为类的威力来考察。类当它按照数的**普遍规定性**将自身分解为一些种时，哪怕把这些种的定在的个别规定性，如形状，颜色等等，当作对它们进行划分的根据，它在这一平静的事务中，却遭受着来自普遍的个体即**这个地球**方面的暴力，而这普遍的个体作为普遍的否定性，作为像这个地球本身具有的那样一些区别，作为这个地球因为这些区别所隶属的那个实体之故而来的本性，是与类的本性不同的本性，它是针对类的系统化而提出来的。类的这一系统化的举动，就成了一项完全受限制的事务，它只可在那些强力元素的范围内来推动类，而由于那些元素的毫无约束的暴力，这一事务就到处被中断，残缺不全，而失去活力了。

由此得出，对观察而言，在构形的定在中只有理性才能作为**一般生命**

[197]

形成起来，但一般生命在其区别中，自己本身并不现实地具有任何合乎理性的系列与划分，并不是一个在其自身中建立起来的形态系统。——假如在有机构形的三段论里，那个让种及其现实性作为个别的个体性而隶属于其下的中项，在自己本身上就有内在普遍性与普遍个体性这两端的话，那么这个中项就会在其现实性的**运动**中具有普遍性的表现和本性，并且会是系统化自身的发展过程。这样，**意识**在普遍精神与其个别性或感性意识之间拥有的中项，就是意识诸形态的系统，即自己安排成整体的一个精神生命，——这个系统就是这里所考察的系统，它作为世界历史而有它的对象性的定在。但是，有机自然并没有什么历史；它是从它的共相、从生命直接

{166}

落到定在的个别性里去的，而单纯的规定性与个别生命活性在这样一个现实性中结合起来的诸环节所产生的，是那仅仅作为偶然运动的形成过程，在其中每一环节在自己那部分中都是能动的，并将维持着整体；但是这种活跃性**自为地**本身仅仅局限于自己这一点上，因为整体在这一点中并不是现成在手的，而整体不在其中现成在手，是因为它在这里并不作为完整的东西而**自为**存在。

因此，除了观察的理性在有机自然中仅仅做到把有机自然本身作为一般的普遍生命来直观以外，而且，就观察的理性而言，对这普遍生命的发展与实现的直观也仅仅是按照那些完全普遍地区别开来的系统而形成起来的，适合于这些系统的规定性的，并非有机自然在有机物本身中的本质，而是它在普遍个体中的本质；而且在地球的这些区别**之中**，这种直观才按照类所寻求的那些系列编排而形成起来。

所以，由于**有机生命的普遍性**在它的现实性中没有真正的自为存在着的中介，而让自己直接地坠落到**个别性**这一端中，所以观察的意识所面对的就仅仅是作为事物的**意谓**（Meinen）；并且当理性能有闲情逸致去观察这种意谓时，它就被局限于对这些意谓，即对自然的奇思异想（Einfällen）

[198]

加以描写和记述。不错，意谓的这种毫无精神的自由将会到处呈现出规律的苗头，必然性的征兆，秩序和系列的暗示，以及机智的表面联系。但是这种观察，在有机物与无机物的存在着的区别相联系时，如和元素、区域和气候相联系时，就规律和必然性而言，超不出有**很大影响**这种说法之

外。① 同样地，另一方面，当个体性不具有地球的含义而是具有**内在于有机生命中的一**的含义时，这个一虽然与共相直接统一而构成类，但正因为如此，这个类的单纯的统一就只把自己规定为数，因而将质的现象都放弃了，——这时观察所能拿出去的也不过是一些**得体的评语，有趣的联系，和对概念的好意的迎合**而已。但是得体的**评语**并不是什么**必然性的认知**，**有趣的联系**则止步于**兴趣**，但兴趣还只是对理性的意谓；而个体借以暗示一个概念的那种**好意**，乃是一种天真的好意，如果它想要并且自以为自在自为地有某种价值，那它就是幼稚可笑的了。

b. 对自我意识在其纯粹性及其与外在现实的联系中的观察；逻辑规律与心理学规律 {167}

对自然的观察通过在无机自然中把概念实现出来而发现了一些规律，这些规律的诸环节就是那些同时处于抽象状况中的事物；但这种概念并不是一种自身反思的单纯性。与此相反，有机自然的生命仅仅是这种自身反思的单纯性；生命自身作为普遍的东西和个别东西的对立在这种生命自身的本质里并未消除；这种本质并不是类；要是类的话，在它的无区别的元素里就会自行分化并推动自身，同时在它的自为的自身对抗中又会是无区别。观察发现这个自由的概念，它的普遍性在自己本身中同样绝对具有发展了的个别性，这是只有在作为概念而实存着的概念本身里、或者说在自我意识中才具有的。

[**Ⅰ. 思维的规律**] 由于观察现在返回到它自身并指向作为自由概念的 [199] 现实概念，它首先发现的是**思维的规律**。思维规律在其本身中就是这样一种个别性，这种个别性是一种抽象的、完全退回到单纯性中的否定运动，而这些规律都存在于实在性以外。——说这些规律没有**实在性**，这完全无异于说：它们没有真理性。据说这些规律，虽然不是**全部的**真理，毕竟还应该是**形式的**真理。然而没有实在性的纯粹形式乃是思想的事物、或未在自身

_____

① 参看 G.R.Treviranus：《为科学家和医生写的生物学或生命自然哲学》，第 2 卷，哥廷根 1803 年，第 47、81 和 138 页，详细阐述了黑格尔所引用的"诸元素"、"地域"和"气候"。——丛书版编者

起分裂的空洞的抽象,这种分裂不是别的,正是内容。——但是另一方面,由于它们是纯粹思维的规律,而纯粹思维却是自在的共相,因而是一种直接具有存在并在其存在中本身具有一切实在性的认知,所以这些规律就是些绝对概念,并且不可分割地既是形式的又是事物的本质性。因为在自身中推动自身的普遍性就是那**分裂为二**的单纯概念,所以这概念就以这种方式,在自身中有了**内容**,而且是这样的一种内容,它是一切内容,只是并非一种感性存在。这是一种既不在与形式的矛盾中和形式相分离、也压根就不和形式相分离的内容,毋宁说,它本质上就是形式自身;因为形式只不过是将自身分离为自己的各个纯粹环节的那种共相而已。

{168}　　但当这种形式、或者说**对观察而言**的内容作为观察而存在时,它就获得了对一种**被发现了的**、给定了的、也就是**仅仅存在着的**内容的规定。它就成为诸多联系的**静止的存在**,成为一大堆被分割开来的必然性,这些必然性据说作为一种**固定的内容在自己的规定性里**自在自为地就具有真理性,这就实际上摆脱了形式。——但那些固定规定性的、或多种不同规律的绝对真理性,是与自我意识的统一性相矛盾的,或者说是与一般思维的和一般形式的统一性相矛盾的。凡是对于固定的、自在持存着的规律所说出来的东西,都只能是在其自身中进行反思的统一性的一个环节,只能作为一种消逝着的大小而出场。然而这些固定的规定性或不同规律,在被这种考察从运动的关联里撕裂开来并被置于个别的境地时,它们所缺少的不

[200]　是内容,因为它们都有一个规定了的内容,[①] 它们所缺乏的毋宁是那作为它们的本质的形式。实际上,这些规律之所以不是思维的真理,与其说是因为它们据说只有形式而没有内容,倒不如说是出于相反的理由,是因为它们在自己的规定性中或者正是**作为一种被剥夺了形式的内容**,而被说成是某种绝对的东西。在它们的真理性里,它们作为在思维的统一性里消逝着的环节,将必须被视为认知或思维运动,却不应该被视为认知的**规律**。但这观察并不是认知本身也不知道认知,而是把认知的本性颠倒为存在的形态,也就是把认知的否定性仅仅作为认知的**规律**来统握。——在这里根据

---

① 第一版为:"它们反而都有一个规定了的内容"。——袖珍版编者

事物的普遍本性指出所谓思维规律的无效性就已经够了。更进一步的发挥属于思辨哲学，在思辨哲学里，这些规律都将显示为它们在真理中的样子，也就是显示为个别的消逝着的环节，它们的真理性只是思维运动的整体，以及认知自身。

[**II. 心理学的规律**] 思维的这种否定的统一是为它自己的，或者不如说，思维的否定统一就是那**自为本身的存在**，就是个体性原则，在它的实在性中就是**行为着的意识**。因此，通过事情的本性，观察的意识就被继续引向了作为诸思维规律之实在性的行为着的意识。但由于对观察的意识来说这种关联并不存在，它就以为一方面它仍然保留了这些思维规律里的思维，而另一方面这思维又在它现在视为对象的东西里获得了另外一种存在，即行为着的意识，这意识是如此地自为，以至于它扬弃他在，并在对它自身作为否定的东西的这种直观中具有了现实性。

于是在**意识的行动着的现实性**方面就为**观察**开启了一个**新的领域**。心理学包含一大批规律，根据这些规律，精神针对自己的现实性作为某个**被碰到的他在**的那些不同方式，而采取了不同态度；有时候是接受这一现实性，并**去适应**那些碰到的风俗习惯、伦理道德、以及精神作为现实性成为自身对象的那种思维方式；有时候是抗拒这现实性而主动地认知自身，凭借爱好和激情从中只为自己挑选特殊的东西，并使对象性的东西**适应于它自己**。前一种情况是否定的对待作为个别性的自己，后一种情况是否定地对待作为普遍存在的自己。——按照前一方面，这种独立性只是赋予了被碰到的东西以一般被意识到的个体性这一**形式**，至于内容方面，则仍然停留于那被碰到的普遍现实性之内；但按照后一方面，这种独立性至少给这现实性作出了某种自己特有的、并不与其本质内容相矛盾的修改，或者甚至于也作出了这样一种使个体作为特殊的现实性和自己特有的内容而与那普遍现实性相对抗的修改，——并且，当这个个体只是以某种个别的方式扬弃普遍现实性时，这就导致犯罪，或者当个体以某种普遍的方式，并且是为一切人而这样做时，这就用另一个世界、另外的法权、另外的法律和道德取代了现有的这些东西。

进行观察的心理学最初说出的是它的在那能动的意识中向它显露出来

{169}

[201]

的、具有**普遍的方式**的知觉，它发现了各式各样的能力、爱好和激情，并且由于它在把这一堆收集来的东西讲述出来时不能克制对自我意识的统一性的回忆，那么接下来它至少就不得不感到惊讶，居然在精神里如同在一个口袋里一样竟能同时装下这么多种多样、这么异质而偶然凑合的东西，尤其哪怕它们都呈现为不是僵死的静物，而是些不停的运动也罢。

在对这些不同能力的叙述中，观察处于普遍性的一方；而这各方面能力的统一体则是与这个普遍性相对立的一方，即**现实的**个体性。——然而对各个有区别的现实个体性再像这样加以统握和描述，说一个人比较爱好这样一个东西，另一个人比较爱好那样一个东西，一个人理解力比另一个人强，这是一种甚至比列举昆虫苔藓等等的种类还要无趣得多的事情；因为这些种类由于本质上就属于偶然的个别化的元素，才使得观察有权这样个别地和无概念地对待它们。相反，把有意识的个体性也这样无精神地当作**个别的**存在着的现象来对待，则有自相矛盾之处，即个体性的本质就是精神的共相。但由于这样的统握同时也让个体性进入到普遍性的形式中，它就发现了**个体性的规律**，并且看起来现在似乎就有了某种合理的目的，而且在从事一件必要的事务了。

构成个体性规律之内容的环节，一边是个体性自身，另一边是它的普遍的无机自然界，也就是所碰到的情况、处境、风俗习惯、伦理道德、宗教等等；特定的个体性必须从这些里面才能得到理解。它们既包含着特定的东西，也包含着普遍的东西，并且同时又是**现成在手的东西**，这现成在手的东西把自己呈现给观察，另一方面，又以个体性的形式把自己表现出来。

于是这双方关系的规律似乎就有必要包含这一点，即这些特定的情况对个体性发生了怎样一种作用与影响。但这种个体性恰好**正如**它本身也是**共相**、因而是以一种直接的静止的方式与那**现成在手的**共相如伦理道德风俗习惯等等融合在一起、并且是适应于它们的那样，**同样**它也对这些东西采取对抗态度，并且宁可颠覆它们，——以及在它们的个别性中完全漠不关心地对待它们，既不让它们影响自己，也不对它们采取行动。因此不论对个体性发生影响的是**什么**，以及它拥有的是**何种**影响——其实这都是同一个意思——它都只取决于个体性自身；**借此**这个个体性就**成为了这个特**

[202]

{170}

定的**个体性**，这只不过说，**它已经就是这样了**。情况、处境、伦理道德等等，一方面被显示为**现成在手的**，另一方面，**在这个特定个体性里**，它们都只表现出个体性的那种无人关心的、不确定的本质。假如不曾有过这些情况、思维方式、伦理道德、一般世界状况，那么个体当然不会成为他现在所是的东西；因为这个普遍的实体就是所有那些处于这世界状况里的东西。——但是，正如世界状况在**这一个**个体中——而这个个体是我们想加以理解的——特殊化了自己一样，那么它想必也是自在自为地使自己特殊化的，[203]并且是在它给自己提供的这样一种规定性中影响了一个个体的；只有这样，它才会把这个个体造成他所是的这个特定的个体。如果外在的东西自在自为地具有这样的性状，就像它在个体性身上所显现出来的那样，那么个体性就会从这个外在的东西中得到理解。我们就会对那些形象拥有一个双重的画廊，其中一方是另一方的反光；一个是各种外在情况的完整规定性和范围的画廊，另一个则是这同一个画廊，被翻译成像这些形象在有意识的本质中那样的方式；前者是球面，后者是中心点，中心点在自身中表象着球面。

　　[**III. 个体性规律的丧失**] 但是球面这一个体世界直接具有双重含义，要么，它也许是**自在自为存在着的世界**和**处境**，以及在这种情况下的**个体的世界**，即这个体仅仅与世界融合为一并让这个世界如它所是的那样纳入到自身中来，而且把它只当作形式的意识来对待；——但**要么**，它在那现成在手的东西已被它所**颠倒**了的情况下，才是个体的世界。——既然由于这种自由之故，现实性能够具有这样双重的含义，那么个体的世界就只能　{171}从这个个体自身来理解；而那被表象为自在自为**存在着的**现实性对个体所发生的**影响**，则由于这种个体性而绝对获得了相反的意义，个体既可以**听任**现实性的影响之流给予自己的冲击，也可以截断它和颠倒它。然而这样一来，**心理学的必然性**就变成了一句空话，就是说一个本应具有这种影响的个体所现成在手的是这种绝对的可能性，即它本来也有可能不具有这种影响。

　　因此，被看作是**自在自为的**并且本应构成规律的一个方面、也就是构成那普遍方面的那种**存在**就丧失掉了。个体性是这样的东西，它就是**它自**

[204]　己的世界，也就是**属于它自己**的世界；个体性本身是它行为的范围，在其中它已把自身作为现实性呈现出来了，它自身干脆就只是**现成在手的存在**与**被造成的存在**的统一体；这个统一体的两个方面并不像心理学规律所表象的那样作为**自在地**现成的世界和作为**自为**存在着的个体性彼此分离开来；或者说，当它们每一个被这样独立地来考察时，那么它们相互之间的联系的任何必然性和规律都不是现成在手的。

c. 对自我意识与其直接现实性的联系的观察；面相学与头盖骨相学

心理学的观察没有找到自我意识与现实性的、或者与对立于自我意识的世界的关系的任何规律，并且由于双方相互的漠不相干而退回到了实在个体性那**特有的规定性**，即个体性**自在自为地**就是自身，或者说它包含着**自为**存在与**自在**存在的、在个体性的绝对中介中已清除了的对立。个体性就是现在对观察所形成或者观察现在所转向的那个对象。

个体自在自为地就是自身：它是**自为的**，或者说，它是一个自由的行为；但它也是**自在的**，或者说，它自身具有一个**本源**的规定了的**存在**，——这一规定性，按照概念来说，正就是心理学本来想在个体以外找到的那种

{172}　东西。这样**在个体自身中**就出现了对立，即这种双重化了的东西，它既是意识的运动，又是一种显现出来的现实性的固定存在，这个现实性在个体身上是直接**属于个体的**。这个**存在**，这个规定了的个体性的**身体**，就是个体性的**本源性**，是个体性的未经作为的东西（Nichtgetanhaben）。但是由于个体同时又仅仅是它所作为出来的东西，所以它的身体也是由它**产生出来的**对它自身的表现；同时也是一种**符号**，这种符号不再停留于直接的事实，而只是借以使个体认识到，它在把自己本源的本性发动起来这种意义上**是**什么。

[205]　如果我们联系到前面的观点来考察此处现成在手的环节，那么这里是某种普遍的人类形态，或至少也是某种气候中、某个大陆上、某个民族里普遍的人类形态，如同刚才那些普遍的伦理道德和教养那样。在那里还加上了内在于普遍现实性的那些特殊的情况和处境；而在这里，这种特殊的

现实性是作为个体形态的特殊构造而存在的。——而在另一方面，如同刚才个体的自由行为、即现实性与现成在手的现实性相对抗而作为**个体自己**的现实性建立起来那样，在这里树立起来的形态则表现了由个体自己所建立的**自我**实现活动，它是个体的自动性本质的特征与形式。但是，不论是普遍的现实性还是刚才的观察在个体以外所碰到的特殊的现实性，在这里都是同一个个体的现实性，是这个个体天生的身体，并且隶属于个体行为的那种表现也恰好落在这个身体上。在心理学的考察里，那自在自为地存在着的现实性与规定了的个体性本应该是彼此联系着的；但是在这里**整个**被规定的**个体性**是观察的对象；而对象的对立的每一方面本身都是这个整体。因此，属于这外在整体的不仅有**本源的存在**，即天生的身体，而且同样有这身体的隶属于内在东西之能动性的构造；身体是无教养的与有教养的存在的统一体，是个体之被自为存在渗透了的现实性。这个既包含着特定的本源的固定部分、又包含着唯有通过行为才产生的那些特征在内的整体，它**存在着**，而这个**存在**就是内在东西的**表现**，是作为意识和运动建立起来的个体的**表现**。——同样，这个**内在的东西**也不再是形式的、无内容的或无规定的自动性了，这自动性的内容和规定性也不再像刚才那样处于外部环境之中；相反，内在的东西是一个自在地被规定的本源的性格，这性格的形式仅仅是能动性。所以在这里所考察的就是这两方面之间的关系，即必须如何规定内在的东西，以及内在东西在外在东西中的这个**表现**该如何理解。

　　[**I. 器官的面相学的含义**]这个外在东西首先只是作为**器官**而使内在的东西成为看得见的，或一般的来说使它成为一种为他的存在；因为内在的东西就其存在于器官中而言，它就是**活动**自身。说话的口，劳动的手，如果人们愿意的话，还加上腿，都是些本身就包含着行为**自身**，或内在的东西自身，并使之实现和完成的器官；但内在的东西通过这些器官而获得的外在性，却是作为一种从个体分离开来的现实性的行为业绩。语言和劳动都是外化的活动，个体在其中不再把自己保持和据有于自身中，而是让内在的东西完全走出自身以外，并使自己委身于他者。因此，人们既可以说这些外化的活动已将内在的东西表现得太多了，同样也可以说，它们将内

{173}

[206]

在的东西表现得太少了；说**太多了**，——是因为在它们那里内在的东西突破了自己，没有留下它们与内在东西的任何对立；它们所提供的不仅是对内在的东西的一种**表现**，而且直接就是内在的东西自身；说**太少了**，——是因为语言和行动中的内在东西使自身成为另一种东西，①所以它这样将自己委身于变化的元素：这变化的元素将说出来的词语和做出来的行为业绩加以颠倒，使它们由此变成某种另外的东西，不同于它们自在自为地作为这个特定个体的诸行动所是的东西。这些行动的作品，不仅因为有其他行动交织进来的这种外在性，而失去了作为某种与其他那些个体性相对而持存着的东西的性格；而且，由于它们把自己作为分离的、漠不相干的外在东西来与自己所包含的内在东西做比较，它们作为内在的东西也就可能**因为个体**本身而是某种与它们所显现的不同的另一种东西，——要么是个体故意为了显现而把它们做成了某种不同于它们在真理中所是的另外的东西，——要么是个体太笨拙了，它不能给自己提供出它真正想要的外在方面，也不能把这个外在方面这样来加固，使它自己的作品可以不为其他个体所颠倒。因此行为作为实现了的作品，就具有两种相反而对立的含义；

[207]　它要么是**内在的**个体性**而不是**内在个体性的**表现**，要么它作为外在的东西是一种**摆脱了**内在东西而完全不同于内在东西的现实性。由于这种模棱两可之故，我们就不得不去寻求那内在东西**尚在个体自身中**却又可以看得见的、或表现在外的样子。但在器官中，内在东西仅仅作为直接的**行为**本身而存在，这行为实际上已达到了它的外在性，而这外在性要么表象了内在的东西，要么没有。考虑到这种对立的情况，那么器官就不能满足所寻求的那种表现了。

　　现在假如说，外在形态只有当它不是器官或者不是**行为**，因此是作为**静止的**整体而存在时，它才有可能表现内在的个体性，那么它就会处在一

{174}　种持存的事物的状态，这种持存之物将把内在的东西当成一种陌生之物平

---

①　参看席勒："灵魂刚一说话，哎呀，灵魂已经不再是它了"以及"我们的行为当它在我们的胸膛以内，还是我的；一旦离开它的出生地，离开在本心中的安全角落，被传递到生命的异乡，它就属于使任何人的艺术都无法接近的那些险恶的力量了。"——据1907年拉松版编者［按：此注转引自贺、王译本］

静地接纳到它自己的被动的定在之中,从而变成这个内在东西的**符号**;——这是一种外在的偶然的表现,它的**现实**方面本身是没有意义的——这是一种语言,它的声音以及声音的结合都不是事情本身,而是通过自由的任意而与事情本身相联结,并且偶然地为着事情本身而存在着。

对这样一些互为他者的东西的这种任意的连结并不提供任何规律。但是面相学据说与其他那些拙劣的技艺和毫无希望的研究是有区别的,因为面相学所考察的是特定的个体性在其内在东西与外在东西的**必然**对立中,也就是在它的性格作为有意识的本质与这性格作为存在着的形态的**必然**对立中的情况,并且它将这两个环节如此相互联系起来,就像它们通过自己的概念已经互相联系着、因而必然构成一种规律的内容那样。反之,在星相学、手相学之类的科学里,看来似乎只是外在的东西与外在的东西、任何某物与一种对它陌生的东西在发生联系。出生时的**这个**星座位置,并且当这种外在的东西更推进于人的身体本身时,手上的**这些**特征,这些对于个别人的生命长短和命运来说一般都是些**外在的**环节。它们作为一种外在性,彼此处在互不相干之中,相互不具有在一个**外在的东西与内在的东西**之间的联系中应包含的那种必然性。①

诚然,对命运来说,手好像不能完全说是某种外在的东西,倒不如说它 [208] 是作为内在东西来与命运发生关系的。因为命运又只不过也是特定个体性作为内在本源规定性**自在地**所是的东西的显现而已。——为了认知这本源规定性自在地是什么,手相家也和面相家一样走了一条例如说比梭伦② 更短的路径,梭伦认为根据整个生活经历才能从中推知这一点;③ 他考察的是现象,而手相家考察的则是**自在**。但手必定体现了个体性在自己的命运方

_____

① 黑格尔在整个上面一段让人想到的是 Johann Caspar Lavater 想要把面相学建立在科学之上的意向,参看 J.C. 拉瓦特尔:《论面相学》,莱比锡 1772 年,第 21 页以下。——丛书版编者
② 梭伦(前 630—前 560),雅典政治家和诗人,曾推行著名的"梭伦改革",主张废除世袭贵族等级,按照财产的多少把公民划分成四个等级。——中译者
③ 黑格尔暗示的是由希罗多德所报告的那场梭伦与大富豪、吕底亚国王的谈判,确切些说是指梭伦的那句名言:"但在有生之年人们必须谨慎地作判断,任何人都不可称之为幸运的,而只能称之为被命运所眷顾的。"参看希罗多德:《历史》,希德对照本,Josef Feix 出版,第 2 卷,慕尼黑 1963 年,第 1 卷,第 32、33 页。——丛书版编者

面的**自在**，这是很容易看得出来的，因为手是紧接着语言器官之后，人类最多地用来显现和实现自身的一个器官。它是人的幸福的一个被赋予灵感的宗匠；对于它人们可以说，它所**是**的就是人所**做**的；因为人作为灵感的赋予者，是凭借手，凭借人的自我实现的这个能动的器官而当下在场的，而且由于人本源地就是他特有的命运，那么手就将表现出这个自在。

　　这就规定了活动性的**器官同时**既是一个**存在**又是它里面的**行为**，或者说，内在的**自在**存在本身在它里面是**当下在场的**，并拥有一个**为他的存在**，从这个规定中就产生了对器官的一种与以前不同的看法。因为如果说这些

{175}　器官之所以表明自己不能被当作是内在东西的**表现**，根本说来是因为在这些器官里当下在场的是**作为行为的**行为，但作为行为业绩的行为只是外在的东西，内在与外在以这种方式相互分离，并且彼此相互是或者可能是陌生的，那么按照这个被考察的规定，器官也必须再次被作为两者的**中项**，因为正是行为在器官那里是**当下在场的**这一点，同时构成了器官的**外在性**，确切说是一种不同于行为业绩的外在性；因为前一种外在性仍然是对个体而言，并停留在个体身上的。——内在东西与外在东西的这个中项和统一体自身最初也是外在的；但随后这个外在性同时也被纳入到了内在的东西

[209]　中，它作为**单纯的**外在性而与散漫的外在性相对立，散漫的外在性要么只是一个**个别的**对整个个体性是偶然的作品或状态，但要么作为**整个的**外在性，而是那分散为众多作品和状态的命运。因此，**手的单纯特征**正如**声调**的**音色**和**音域**作为**语言**的个体规定性一样——哪怕是语言，它也通过手比通过声调又获得了一种更为固定的实存，这就是**文字**，在其特殊性中确切地说就是**字体**①——所有这一切都是内在东西的**表现**，以至于这种表现作为**单纯的外在性**，又与行动与命运的**复多的外在性**相对抗，并作为**内在的东西**而处于与它们对立的关系中。——因此，如果首先把个体特定的本性以及与生俱来的特点连同它通过教养而形成的东西一起当作**内在的东西**，当作行动和命运的本质，那么这种内在本质**首先**就在个体的口、手、声调、

────────────

① 关于手、字体和嘴的面相学，参看拉瓦特尔：《面相学断想》，第3研究（1777）。——丛书版编者

字体以及其他各种器官和器官的持久不变的规定性上，具有自己的**现象**和外在性，**然后**它才在这个世界中它的现实性上，**进一步**把自己表现到外面去。

　　既然这个中项把自己规定为外化，同时这外化又被收回于内在东西之中，所以这个中项的定在就不限于直接的行为器官；毋宁说，这中项是面部和一般构型的那种并不实现什么的运动和形式。这些特征及其运动，按照这个概念来说，是停留在个体身上含蓄未发的行为，就个体与现实行为的联系来说，则是对这行为的监视和观察，是作为**对现实外化之反思的外化**。——个体之所以在它的外在行为中并且对这种外在行为不是缄默的，乃是因为它这时同时也是反思到了自身的，并且把这种自身中反思外化出来；这个理论的行为或者说个体与它自己本身对此所做的谈话对别人也是能清楚听到的，因为它本身就是一种外化。

　　[**II. 面相学含义的双重性**]所以，当这种内在东西在自己的外化中仍保　{176}
持为内在东西时，在它身上个体的被反思的**存在**（Reflektiertsein）就从自己的现实性中被观察到了，并且有必要看看，在这种统一体中所建立起来的这样一种必然性是怎样的情况。——首先，这种被反思存在不同于行为业绩　[210]
本身，因而它可以是并且可以被认为是不同于它所是的某种**另外的东西**；人们从一个人的面部可以看出他所说的和他所做的是不是**认真的**。——但是反过来，内在东西的表现所应当是的这个东西，却同时也是**存在着的**表现，因而它本身就降为对**存在**的规定了，这种存在对自我意识到的本质来说绝对是偶然的。因此，这存在固然是表现，但同时也只是像一个**符号**那样的表现，以至于对那表现出来的内容而言，这个存在借以表现出来的符号所具有的性状完全是漠不相干的。在这个现象里，内在的东西的确是一种**可见的**不可见的东西，但它并没有被捆在这个现象上，它同样可以处在另外一个现象里，正如另外一个内在东西也可以处在这个现象里一样。——所以**李希屯伯格**说得对："要假定相面家一次就看透了人，那么这只取决于一个大胆的决定：使自己又为世世代代的人所不能看透。"①——正如在前面

---

① 　参看李希屯伯格：《论面相学》，第 35 页。——丛书版编者

那种关系中，现有的情况是一种存在着的东西，从它那里个体性取得**自己**能够和愿意要的东西，要么是屈从于它，要么是颠倒它，出于这个缘故，它既不包含必然性也不包含个体性的本质，——同样，在现在这里，个体性的显现着的直接存在是这样一种存在，它要么表现了个体性出于现实性而被反思存在以及个体性的在自身中存在，要么它对于个体性仅仅是一种符号，这符号对它所标志的东西漠不相干，因而在真理中没有标志任何东西；它对个体性来说，既是个体性的面貌，也是个体性可以剥掉的面具。——个体性渗透在自己的形态中，在其中运动，在其中说话；但是这整个的定在却同样作为一种与意志和行动漠不相干的存在而越界了；个体性把这个存在以前所具有的含义、即本身具有它的自身中被反思存在或具有其真实本质这样一种含义在自身中清除掉，反过来倒把这种本质放到了意志和行为业绩中。

[211]

个体性**放弃了**在诸特征中表现出来的**那种自身中反思的存在**，而**把它自己的本质置于作品之中**。在这里个体性与那种关系相矛盾，这种关系在个体性的**内在东西**与**外在东西**应该是什么的问题上，是由理性的本能所确立的，这理性的本能所关注的是自我意识到的个体性的观察活动。这个观点把我们引向了为相面的**科学**——如果有人愿意称之为科学的话——奠定基础的那个真正的思想。这种观察所陷入的对立，按照形式来说，就是实践的东西和理论的东西的对立，因为这两者都是在实践的东西本身内部建立起来的，——即这两者的对立，在行动中（这是在最广义的理解中）实现自身的那个个体性，——和同一个个体性，当它在这个行动中同时又从中超出而反思自身、并且这行动就是它的对象时。观察对这样一个对立，是按照它在现象中被规定时的同一个颠倒关系来接受的。对这种观察而言，被视为**非本质的外在东西**的是**行为业绩**自身及作品，无论是语言的作品，或是一种更加固定的现实性的作品，——而被视为**本质的内在东西**的则是个体性的**在自身中存在**。在实践的意识本身具有的这两个方面之间，在意图与行为业绩之间——在对于自己行动的**意谓**与**行动**本身之间，观察选择了前一方面作为真正的内在东西；——而这个内在东西据说在行为业绩中拥有自己多少是**非本质的**外化，而在自己的形态上却拥有自己真正的外

{177}

化。后面这种外化就是个体精神的直接感性的在场；据说是真正内在性的那种内在性，就是意图的独特性和自为存在的个别性：这两者就是**被意谓的精神**。因此观察作为自己的对象来拥有的是一种**被意谓的**定在，它从这中间去寻找规律。

对精神的被意谓的当下的直接意谓，就是自然的面相学，就是对于内在的自然本性及对其形态的性格凭最初的一瞥就仓促做出的判断。这种意谓的对象具有这样的性质，即在其本质中就意味着它在真理中是某种不同于仅仅是感性的、直接的存在的东西。虽然这个东西也正是这种在感性东西里走出感性而在自身中反思的存在，即反思那作为不可见东西的可见性的这种可见性当下是什么，被当作观察的对象的是什么。然而正是这种感性的直接当下，是精神的**现实性**，正如它只是对意谓而言那样；而观察就在这方面，与它的被意谓的定在，与相貌、字体、声调等等相周旋。——观察就把这样一个定在，跟恰好这样一个**所意谓的内在东西**联系起来。这个所意谓的内在东西，不是应当认出来的强盗和窃贼，而是那**能当强盗和窃贼的能力**；[①] 这样一来，固定的抽象规定性，就迷失在**个别**个体的具体的无限规定性之中，后面这种规定性现在所需要的富于艺术性的绘声绘色，要比前面那些鉴定工作更多。这样一些富于艺术性的绘声绘色，诚然会比通过"强盗"、"窃贼"或"善良"、"贞洁"等等所做的鉴定，说出更多的东西来，但对于描绘的目的，及说出所意谓的存在或个别的个体性来，这些是远远不够的；同样不够的，是对超出低额头、长鼻子等等之上的那些形态的描绘。[②] 因为个别形态，也如个别自我意识一样，作为被意谓的存在是不可言说的。因此那研究意想中的人的识人科学，以及研究人的意想中的现实性、并想将自然的面相学的那些无意识的判断提升为认知的那种面相

[212]

{178}

---

① 参看拉瓦特尔：《面相学断想》第 4 研究 (1778)，第 110 页："没有任何人有如此善良，以至于不会在某种情况下成为窃贼的。至少在成为窃贼方面不存在任何体质上的不可能性。他的机体就是这样构成的，以至于在快乐袭来时就**可能**诱惑他去尝试偷东西。——所以窃贼的表情的可能性必然就像偷窃行为的可能性一样是定在着的。"——丛书版编者

② 关于额头和鼻子的面相学，参看拉瓦特尔：《面相学断想》第 4 研究 (1778)，第 219—220、257 页以下。——丛书版编者

学，① 都是一种既无目的又无基础的东西，它永远不能做到说出它所意谓的东西，因为它只是在意谓，它的内容只是意谓到的东西。

　　这门科学企图去寻求的**规律**，就是它所意谓的这两个方面一些联系，因而本身只能是一种空洞的意谓活动罢了。甚至就因为这种自以为是研究精神现实性的认知，它作为自己的对象来拥有的恰好是精神的走出其感性定在而在自身中反思，而且对精神来说，被规定的定在是一种漠不相干的偶然性，所以，这种认知在它所找到的规律中必定会直接认知到，它们什么也没有说出来，其实是纯粹的空谈，或者说只是被给出了**关于自己的一种意谓**罢了；一种具有真理性的说法是，说出它的**意谓**和借此不提供事情而仅只提出**关于自己的**一种意谓——这表达的是一回事。但就**内容**来说，这些观察跟下述两种观察不可能有什么两样：小贩说，"我们每逢年集都下雨"；家庭妇女说，"可也是，每次我晾晒衣服都下雨"。②

[213]

　　李希屯伯格就是这样描写面相学的观察的，他还说了这样的话："如果有人说你的行动虽然像一个诚实的人那样，但我从你的形象上看出来，你是迫不得已的，你在本心中是一个无赖；毫无疑问，这样一番话，直到世界的末日，从任何一个正派人那里都将得到一记耳光的回报。"③——这个回报之所以**恰如其分**，乃是因为它驳斥了这样一种意谓科学的第一预设，即认为人的**现实性**就是他的面貌等等。——毋宁说人的**真实的存在**是**他的行为业绩**；在行为业绩里，个体性是**现实的**，而且那把**所意谓的东西**在其两个方面中加以扬弃的也正是人的行为业绩。首先一方面，那所意谓的东西，是一种肉体性的静止的存在；个体性在行动中毋宁说体现为**否定性的**

---

① 黑格尔在此所暗示的是拉瓦特尔在自然的面相学和科学的面相学之间所做出的区分。参看拉瓦特尔《论相面学》第二部分，莱比锡 1772 年，第 19 页，以及《面相学断想》第 1 研究 (1775)，第 14 页："谁单凭在我们身上造成人的外在东西的第一印象来对人的性格作出正确的判断，他就是一个**自然的**面相学家；——谁确定地知道怎么去指出和整理那些特征、那些对他来说就是**性格**的外在性，他就是一个**科学的**面相学家；而一个**哲学的**面相学家是这样的人，他能够去规定那些如此这般得到规定的特征和表现的**根据**，规定这些**外部结果的内部原因**。"——丛书版编者

② 参看李希屯伯格：《论面相学》第 72 页："小贩说，我们每逢年集都下雨；家庭妇女说，可也是，每次我晾晒衣服都下雨。"——丛书版编者

③ 参看李希屯伯格：《论面相学》第 6 页。——丛书版编者

本质,这本质只有当它扬弃了存在时才**存在**。其次,另一方面,行为业绩对于自我意识到的、那在意谓中本身是无限被规定和无限可规定的个体性而言,同样也扬弃了意谓的不可说性。而在实现了的行为业绩中,这种坏的无限性就被消除了。这行为业绩是一种单纯被规定的东西,普遍的东西,可以在一个抽象中加以把握的东西;它是谋杀,是偷窃,或者说是慈善的行为业绩,英勇的行为业绩等等,对行为业绩可以**说出**来**它**是什么。行为业绩**就是**这个,并且它的存在不仅仅是一个符号,而是事情本身。行为业绩**就是**这个,而个体的人**就是**行为业绩**所是**的东西;在**这个**"**是**"的单纯性中,个别的人对别人而言乃是存在着的、普遍的本质,不再只是一种被意谓的东西了。虽然他在其中并没有被建立为精神;但是由于这里所谈的应当是他的作为存在的**存在**,并且**从一方面来说**,**形态**和**行为业绩**这个双重存在应当是互相对立的,这一方和那一方都应当是他的现实性,所以不如说只有这个行为业绩才能被断定为他的**真正存在**,——而他的**形象**则不能,形象所应当表现的是他对自己的行为业绩所意谓的东西,或是别人会以为他只是有可能去做的事。同样**从另一方面来说**,由于他的**作品**跟他的内在**可能性**、能力或意图相对立,所以唯有他的作品可以被视为他的真实的现实性,即使他自己在这一点上发生错觉,从他的行动返回自身以后,以为在这个内在东西中,有种跟**行为业绩**中不同的东西也罢。个体性在通过使自己成为作品而把自己托付给对象性的元素时,的确就借助于被改变和被颠倒,而使自己委身于作品。但是行为业绩的性格正是取决于,这个行为业绩是一种保持着的现实存在呢,还是仅仅是一种在自身中不留痕迹地消逝着的被意谓的作品。对象性并不改变行为业绩本身,它只显示出行为业绩是**什么**,就是说要么它**存在**,要么它**不存在**。——至于把这个存在分解为一些意图和这一类精致的东西,借此想使**现实**的人亦即人的行为业绩再次被解释回一种被意谓的存在,不论他自己也许会如何为自己的现实性创造出一些特殊意图来,那么这些工作必须留给意谓懒汉去做;这种人当他发动起他那冷眼旁观的智慧,想否认行动者具有理性的性格,并以这种方式贬损这种性格,即不想把行为业绩、反而想把形象和面部特征宣称为人的存在,这时他就不能不小心上述那个耳光的回报了,这个耳光向他证明,形

[214]

{179}

象并不是**自在**，毋宁说它可能是一个加工的对象。

[215]

[**III. 头盖骨相学**]如果我们现在来查看一下这些一般关系的范围，在这些关系中，自我意识到的个体性在面对它的外在东西时是能够被观察到的，那么就会留下一种关系，是观察还必须把它当作自己的对象的。在心理学里这关系是**事物**的**外在现实性**，据说这现实性在精神上拥有它自己所意识到的**反映**，并使精神得到理解。相反，在面相学里，精神据说是在它**自己的**外在东西中，即在作为自己本质的**语言**——那可见的不可见性——的某种存在中得到认识的。还剩下来的就是现实性方面的这个规定，即规定个体性要在其直接的、固定的、纯粹定在着的现实性上说出自己的本质。——所以最后这种联系，区别于面相学的联系的地方，在于面相学的联系是个体的一种**富于表情的**当下在场，这个个体在自己的**行动着的**外化里同时体现出自我**反思**和自我**考察**的外化，这外化本身就是运动，而那些静止的特征则本质上自己就是一种中介了的存在。但是在尚待考察的这个

{180}

规定里，外在东西最终是一种完全**静止的**现实性，它在其自身并不是言说的符号，而是与自我意识到的运动相分离而自为地体现出来，并且作为赤裸裸的事物而存在。

[1. 头盖骨作为精神的外在现实]首先关于内在东西与它的这个外在东西的联系有一点是很明显的，就是这种联系看来似乎必须被理解为**前因后果**的关系，因为一个自在存在着的东西与另一自在存在着的东西的联系，作为一种**必然联系**，就是这种因果关系。

精神的个体性作为原因本身在肉体上现在必然是会对身体发生作用的。但它作为原因而存在于其中的那个肉体的东西就是器官，不过不是针对外在现实性的行为的器官，而是自我意识的本质在其自身中的行为的器官，它向外部所针对的只是它自己的躯体；并不能马上看出这些可能是什么器官。假如只是一般地想到器官，那么很容易会想到在手上的一般劳动

[216]

的器官，同样也会想到性欲的器官，等等。不过这样一些器官应该被作为工具或被作为部分来考察，它们是精神作为一端而拥有的、针对作为外在**对象**存在的另一端的中项。但是在这里，器官被理解成了这样的东西，在其中自我意识到的个体作为一端，面对着与它相对立的它自己的现实性，

而**自为地**保持着自身，并不同时转身向外，而是在它的行动里被反思到，这时那**存在**的一方并不是一种**为它的存在**。在面相学的联系里，器官虽然也被当作自身反思的、并对行为进行评说的定在来考察；但这种存在是一种对象性的存在，而面相学的观察结果就是：自我意识正是把它的这个现实性当作某种漠不相干的东西而与之相对立的。由于自身中反思的存在本身**在起作用**，这种漠不相干性就消失了；借此那个定在就获得了与自身中反思存在的一种必然的联系；但是，自身反思的存在要对定在起作用，它本身必须拥有的是一种并非真正对象性的存在，而且这存在应该作为这样一种器官被指出来。

在日常生活里，比如说，愤怒，作为这样的一种内在的行动被置于肝脏中；柏拉图甚至还把某种更高的东西赋予肝脏，[①] 这种更高的东西，甚至有些人[②]认为是最高的东西，这就是预言作用，或者是以非理性的方式表达神圣和永恒的那种才能。只不过，个体在肝脏、心脏等等中所具有的那种运动，不能视为是个体的完全在自身中反思的运动，毋宁说，它在这里是这样运动的，即这个运动对于个体来说已经是被纳入到身体中的，并拥有了一种动物性的、针对着外在性而发出来的定在。

反之，**神经系统**乃是有机物在它的运动中的直接静止。**各种神经**本身虽然又是那已经沉浸于自己的对外倾向中的意识的器官；但是大脑和脊髓却可以被看作是自我意识停留于自身的——既非对象性的也不走出去的——直接的当下在场。只要这种器官所具有的存在环节是一种**为它存在**，即定在，它就是僵死的存在，就不再是自我意识的当下在场。但按照其概念来说，这种**在自身中存在**是一种流动性，在其中各个被投入进去的领域都直接地自行消溶，没有任何区别表现为**存在着的**区别。在此时，当精神

{181}

[217]

---

① 参看柏拉图：《蒂迈欧篇》，71.D.

② "有些人"，是暗指艾申迈尔和格列斯对他们关于"永恒的东西"和"神圣的东西"的表象以及他们先知式的说教方式黑格尔已经在前面"序言"中作了批评。艾申迈尔所援引的也是柏拉图，他相信在柏拉图的哲学中重新发现了他自己的哲学；格列斯则谈论"神圣的柏拉图"。据罗森克朗茨报告，黑格尔在他的耶拿讲座中已经有类似的论证了（参看罗森克朗茨：《黑格尔传》，第 186 页）。——丛书版编者

自身不是一种抽象单纯的东西，而是一个诸运动的系统，在这个运动系统里，精神既区别自身为各环节，但又在这种区别中自由地保持其自身，并且当精神把它的躯体一般地划分为不同的职能，并且把躯体的每一个别的部分只对一种职能规定下来，那么也可以设想它的**在自身中**存在的流动性**存在**是一种被划分了的存在；而且似乎还不能不这样设想，因为精神在大脑里的自身中反思的**存在**本身，又只是它的纯粹本质与它的躯体划分之间的一个中项，所以这样一个中项就必然又在自身中，对于两者的自然本性、因而对于后者也具有**存在着**的划分。

　　精神的有机的存在，同时也拥有一个**静止的持存的**定在的必然方面；前者必须作为自为存在的一端而返回，并把后者作为对立的另一端来拥有，于是后者就是对象，前者就作为原因而作用于它。如果现在说大脑和脊髓是精神在躯体上的**自为存在**的前一端，那么头盖骨和脊椎骨就加上了那分离出去的另一端，即固定的静止的事物。——但是由于每个人在思考到精神定在的真正位置时，都不是想到脊椎，而只想到头脑，所以我们在研究作为现有的这种认知时，就可以满足于这样一种——对这认知并不是太坏的——理由，来把这种定在限制于头盖骨之上。也许有人会想到脊椎，是由于认知和行为有时的确也是部分被它**纳入**、部分由它**发出**的，但这对于证明脊髓必须一起被视为精神的居住地，并证明脊椎必须一起被视为反[218]　映出来的定在，① 将会是毫无用处的，因为可以证明这一点的东西太多了；因为人们同样可以想到，甚至其他一些影响精神活动以激发它或抑制它的外在途径，也成了可以被采用的。——因此脊椎骨就可以，如果人们愿意的话，**名正言顺地**撇开不谈；并且，正如很多别的自然哲学的学说那样，也被合适地**构想出来**的是，单是头盖骨诚然不包含精神**器官**。因为前面已经把这一点从这个关系的概念中排除出去了，正因此头盖骨曾被归于定在方面；或者假如不让提及事情的**概念**，那么经验却的确告诉人们，如果说眼睛{182}　是用来看的器官的话，那么头盖骨却**并不**是用来杀人、偷窃、赋诗等等的器

---

① 黑格尔在这里所涉及的是伽尔（Gall）有关大脑产生于脊髓的假设，参看 K.A.Blöde：《D.F.J. 伽尔有关脑的职能的学说》，德累斯顿，1805 年，第 4 页；还可参看 Bischoff：《伽尔的脑和头盖骨学说述评》，第 6—7 页。——丛书版编者

官。①——所以甚至有必要放弃把**器官**这个术语用于头盖骨的还要谈到的那种**含义**上。因为尽管人们习惯于说对于有理性的人要紧的不是言词而是**事情**，由此却毕竟不能获得允许去用一种不属于事情的言词表示这一事情；因为这样做是不恰当的，同时也是欺骗，这种欺骗自以为并且装作只是没有找到适当的**言词**，而掩饰自己实际上欠缺的事情，也就是概念；假如概念现成在手了的话，那它也就会有自己适当的言词。——在这里，暂且规定了的只是这一点：如同大脑是活的头，头盖骨则是死的头。②

　　[2. 头盖骨的形状与个体性的关系] 于是大脑的各种精神运动及被规定的方式就会不得不在这个僵死的存在里给自己提供自己外在现实性的体现，而这种体现却仍然还在个体自己身上。对于这种体现与那作为僵死存在并不在自身中驻扎有精神的头盖骨的关系而言，首先呈现出来的是上面所固定下来的那种关系，即外在的机械关系；以至于真正的器官——它们都在大脑里——就在此一处把头盖骨挤成圆的，在那一处把它压成扁的，或者磨成平的，或者不管用什么其他方式体现这种作用。甚至有机体的一部分，虽然在头盖骨中，也必须像在任何骨头里的一种活的自我形成作用那样被设想，以至于从这一观点来看，头盖骨毋宁是从自己这一方面 [219] 对大脑施加压力，建立大脑的外部界限；它作为更坚硬的东西倒也更有能力这样做。但这样一来，在这双方的相互活动的规定中，就会总是仍然保持同一种关系；因为无论头盖骨是规定者还是被规定者，这对于一般的前因后果的关联丝毫不改变什么，只是这样一来，头盖骨就会被当作自我意识的直接器官，因为在作为**原因**的头盖骨里面就会出现**自为存在**的方面。不过由于这**自为存在**作为**有机物的生命活力**，以同样的方式被归于**这双方**，所以两者之间的因果关联实际上就取消掉了。但双方的这种持续养成（Fortbildung），却会在内在东西中关联起来，它将会是一种有机的预定的和

---

① 这里涉及到的似乎是伽尔在《有关他的已完成了的绪论的信》中提出的比较，见第 321 页："同一个心灵，通过视觉器官来看，通过嗅觉器官来闻，它也学会通过记忆的器官来回忆，通过好心的器官来表现善。"又参看伽尔：《答辩文集》，第 29 页。——丛书版编者

② "死的头"，原文为拉丁文：caput mortuum，意思是"废物"，字面直译是"死的头"。——中译者

谐,这种和谐听任相互联系的两个方面互相独立,而每一方又有其独特的**形态**,不需要和另一方的形态相符合;更加相互独立的则是形态与质——正如葡萄的形状与葡萄酒的味道之相互独立一样。——但是由于**自为存在**的规定落在大脑一方,而**定在**的规定落在头盖骨一方,所以在有机的统一体内部,这两方面**也**可以建立起一种因果关联;它们的一种必然的联系作为外在的联系是互相为他的,就是说,是一种本身外在的联系,所以通过这种外在的联系,好像双方的**形态**就会互相由对方来规定了。

{183}

[220]

　　但是,对于自我意识的器官在对立一方上面将是能动的原因这一规定,可以用各种不同的方式这样那样地来谈论;因为这里所谈的是原因的一种性状,这种性状是按照原因的**漠不相干的**定在、按照它的形状和大小来考察的,而它的内在东西和自为存在恰好应当是这样一种与直接的定在毫不相关的东西。首先,头盖骨的有机的自我养成对于机械的影响作用是漠不相干的,而且这两种关系之间的关系,由于前者是自身与自身相联系,就正是这种无规定性和无限制性本身。其次,即使大脑会把精神的区别当作存在着的区别接受于自身中,并成为各占一个不同空间的那些内在器官的某种多数性——这是与自然相矛盾的,自然让概念的诸环节各有一个独自的定在,从而把有机生命的**流动的单纯性纯粹地**置于**一方**,而把同样在生命的区别中它的**结合与划分**置于**另一方**,以至于这些区别像此处所应理解的这样,作为特殊的解剖学上的事物显示出来——即使这样,也将无法确定,究竟一个按其本原是强的或是弱的精神环节,是否就必定要么在前一种情况下具有一个**比较扩张的**脑器官,在后一种情况下具有一个**比较收缩的**脑器官,要么则恰恰相反。——同样不能确定的是,究竟大脑的**养成**会使器官扩大呢,还是使之缩小,究竟它会使器官变得更粗重厚实呢,还是更轻巧。由于仍然不确定这个原因具有何种性状,所以对头盖骨发生何种影响作用,这种作用是扩张的还是压缩和让其缩小,这也就同样是悬而未定的。[①] 如果这种影响作用被规定为例如说比一种**激动更高级**的作用,那么

---

① 　以上到这一段的开关的详细讨论可参看伽尔:《有关他的已完成了的绪论的信》,第318—323 页。——丛书版编者

究竟它是以一种斑蝥素药膏的方式起发泡作用，还是以一种醋酸的方式起收敛作用，这也是不确定的。①——对于所有这类观点，都可以提出言之凿凿的理由，因为同样有影响的那个有机联系，让这个理由和那个理由同样畅行无阻，这种联系在一切这样的理解面前都是无所谓的。

不过，对观察的意识来说，所关注的并不是要去规定这种联系。因为这毕竟不是作为**动物性**的部分而立于其中一方的大脑，而是作为**自我意识到**的个体性的**存在**的大脑。——个体性，作为持存的性格和运动着的意识行为，是**自为的**并且**在自身中的**；与这个自为而在自身中的存在对立着的是这个体性的现实性以及为他的定在；自为而在自身中存在是本质和主体，这主体在大脑那里具有一种存在，这种存在**归摄于大脑之下**并且只通过驻于其中的含义才获得自己的价值。至于自我意识到的个体性的另一方面，即它的定在的方面，则是独立的和作为主体的**存在**，或者作为**事物**的**存在**，也就是一块骨头；**人的现实性和定在就是人的头盖骨**。——这就是这个关系以及这一联系的双方在对之进行观察的意识里所具有的理解。 {184}　[221]

对观察的意识而言，现在所关注的是这两方面的更确定的联系；一般说，头盖骨的确具有本身就是精神的直接现实性的含义。但精神的多面性也赋予它的定在同样一种多义性；所必须获得的，是对这个定在被分配于其中的个别位置的含义的规定性，而这就必须看看，这些个别位置怎样在自身中包含着对于这种含义的提示。

头盖骨既不是什么能动性的器官，也不是一种富于表情的运动；人们既不是用头盖骨来进行偷窃、杀人等等，同时，在做出这些行为业绩时，头盖骨也丝毫不动声色，因而它也不会成为一种富于表情的示意。——甚至这种**存在着的东西**连一个**符号**的价值都没有。表情和手势、声调，甚至竖

---

① "斑蝥素药膏的方式"，参看《上流阶层的德意志普遍实在百科全书》第4卷，第7版，莱比锡1830年，第152页："在药房里那些以斑蝥素命名的斑蝥被用在发泡性的膏药上。有人在雷雨天或者太阳初升时，当它们完全静止不动的时候搜集它们，把它们装进玻璃瓶里面，用醋熏死它们，或者置于烟囱里面，然后将它们风干。为了起泡人们把这些研磨成粉状的斑蝥撒在任何一贴膏药上并贴于患处。人们不可长久使用它们而不带来副作用；……"——丛书版编者

立在荒岛上的一根柱子，一个木桩，都立即宣示着它们在直接地**仅仅是**这些东西之外还意谓着某种别的东西。它们由于在自身中拥有一种本来并不属于它们，因而提示着某种别的东西的规定性，于是马上就作为符号而现身。当然，像哈姆莱特对于约里克的头盖骨那样，^① 人们也能在一个头盖骨上触发种种念头，但是头盖骨自身是一种如此漠不相干、没有偏私的事物，以至于在它身上直接看不到也想不出除它自身以外的任何别的东西；它诚然也令人想到大脑及其规定性，想到具有别种形式的头盖骨，但却不是想到一种有意识的运动，因为它在自身既没有印下表情和手势，也没有印下某种预示自己来自一个有意识的行为的东西；因为它是这样的一种现实性，这种现实性本来就应该在个体性上呈现出这样一个另外的方面：它不再是自身中反思的存在，而将是纯粹**直接的存在**。

[222]　　　　另外，既然头盖骨也不感到自身，那么对它来说似乎还可以得出一种更为确定的含义，以至于，某些确定的感觉由于相接近，也许会让人认识到借头盖骨被意谓的是什么；并且，由于一种有意识的精神方式在头盖骨的一个确定位置上拥有自己的感情，那么也许在头盖骨的形态中的这个地方就将暗示这个精神方式及其特殊性。比如有些人在努力思考或哪怕是做一般的**思考**的时候都抱怨说，感到头脑里什么地方紧张得发痛，同样，

{185}　　也许像**偷窃**、**杀人**、**赋诗**等等也可能各有一种独特的感觉伴随着，而且这种感觉此外还必定会有自己特殊的位置。假如大脑的这个位置以这种方式被推动和被操控得越多，似乎它也就会更多地养成骨头上的邻近的位置；或者，这个位置由于同感（Sympathie）或相契，也不会顽钝不敏，而会扩大自己，或缩小自己，或者以任何一种方式来形成自己。——然而，使这种假设完全没有可能性的是，一般感情是某种不确定的东西，在作为中枢的脑里，这感情可以是对一切痛苦的普遍的同情（Mitgefühl），以至于与小偷、强盗、诗人的头痒或头痛混杂在一起的可能会有别的头痒、头痛，而这些痛痒会很难互相区别，也很难与那些可称之为单纯躯体上的痛痒区别开来，这正像当我们把头痛的症状只限于躯体上的含义时，就不可能从中

---

① 见莎士比亚：《哈姆莱特》，第五场，第 1 幕。——丛书版编者

确诊疾病一样。①

实际上无论我们从哪一方面来看这件事情，对立双方的一切必然联系，以及它由自身而来的富于表情的暗示都消失了。即使两者之间毕竟还应该有联系，那么留下来的，也是而且必然是双方的相应规定之间的一种**无概念的**、自由的、预定的和谐罢了；因为其中一方面**应该是无精神的现实性**、**纯然的事物**。——于是站在一方的是头盖骨上一批静止的位置，站在另一方的是一批精神属性，它们的多数性和规定取决于心理学的状态。精神的表象越是贫乏，事情在这个方面就越是变得简化；部分是因为这些属性就越少，部分是因为它们越分离、越固定、越骨化，因而就与骨头的规定越近似、越具有可比性。不过，虽然由于精神表象的贫乏，许多东西都被简化了，这两方面毕竟还有很大一批东西仍然保留着，保留下来的是它们之间的联系对观察而言的那种完全的偶然性。假如要那些以色列儿童从据说与之相当的海边沙数中，每人捡取一粒作为自己的符号的话，②那么这里头的漠不相干性，以及给每个孩子分配他自己那颗沙粒的任意性，其过分程度就正相当于，要给更为精致的心理学和"识人学"所惯常谈论的每一种心灵能力，每一种激情，以及在这里同样必须加以考查的，各种性格的不同色调层次，都指出它们在头盖骨上的位置和骨头的形状。——强盗的头盖骨所有拥有的这种东西，——不是器官，也不是符号，而是这种隆起的骨节；但这个强盗还有一大堆别的属性，以及另外一些骨节，而这些骨节也连带有一

[223]

---

① 黑格尔在这里明显是赞同 C.W.Hufeland 对伽尔的头盖骨学说的批评，参看 Bischoff：《伽尔的脑及头盖骨学说述评》，第 134 页："现在，不论这些未知的器官是否被发现，我们都必须把它们假定为现成在手的，并且在这两种情况下事情都很糟糕。要么它们未被发现，这就会使对于现在已知的器官的阐明变得极不确定，因为这就可能并且必须将在头盖骨上为它们指定的那部分区位一起归属于另一些器官，而谁又能够区分出其中有多少是隶属于那些已知的器官，或者是隶属于那些尚属未知的器官？要么它们已被发现了，那么我们最终就看到头盖骨表面是这样被器官所覆盖，以至于单个的区位会越来越缩小，而把它们通过感情完全区别开来就成为不可能的了。"对于 Hufeland 来说，伽尔的学说仍然是一种假说。参看同上，第 124 页："这整个都是、并且仍然是一种假说，尽管它已在或然性上达到了很高的程度；因为这些所提出的证明尚未穷尽一切情况，也未消除一切异议。"——丛书版编者

② 参看《圣经·创世纪》，22,17："我必叫你的子孙多起来，如同天上的星，海边的沙。"——丛书版编者

些凹陷；在各种骨节与凹陷之间，人们有选择的余地。而且他的强盗意向

{186} 又是可以与不论哪个骨节或哪个凹陷相联系的，这些骨节和凹陷也是再次可以与不论何种属性相联系的；因为强盗既不只是强盗的这种抽象性，也不只是具有一个隆起部分和一个凹陷。因此在这方面进行的那些观察，听起来必然就恰好也像赶集的小贩，或洗衣服的家庭妇女遇到下雨那样。那位小贩和家庭妇女当时同样也可以作出观察，说每当这位邻居路过、或者每当吃猪排的时候就下雨。正像下雨与这些情况漠不相干一样，对观察来说，精神的**这一个**规定性与头盖骨上**这一个**确定的存在，也是漠不相干的。因为这种观察的两个对象之一是一个干巴巴的**自为存在**，一个骨化了的精

[224] 神属性，而另一对象则是一个干巴巴的**自在存在**；一个像这两个对象这样骨化了的事物，对于一切别的东西都是完全漠不相干的；对凸起的骨节而言，是否有一个强盗在他的近邻，以及对强盗而言，是否挨着这骨节有一个平坦之处，这同样都是漠不相干的。

当然无法否认的是，仍然还留有这种**可能性**，即头盖骨某个位置上的一个骨节是与某一种属性或激情等等结合着的。人们**可以想像**强盗在头盖骨这一位置上，窃贼在另一位置上带有一个凸起的骨节。在这方面头盖骨的科学还是可以有很大的扩展的；因为首先它似乎只把自己局限在了**同一个体**的某个骨节与某种属性的结合上，以至于这个个体占有头骨和属性这双方。但是自然的头盖骨的科学——因为正如有自然的面相学一样，必定也有这样一种自然的头盖骨的科学，——已经超越了这个限制；它不仅断定一个狡猾的人，有一个位于耳朵后面的拳头大的骨节，并且它还想像不忠实的妻子不是在她自己的前额上长有骨节，而是在她丈夫的前额上长有骨节。——人们同样也可以**想像**，与强盗住在同一个屋顶下的人，或者甚至于他的邻人，乃至于更进一步说，他的同乡等等，都在头盖骨某个位置带有凸出来的骨节。正如可以想像一头飞牛先被骑在驴身上的巨蟹所爱抚，然后又如何如何一样。①——但是如果这种**可能性**，不是在**想像**的可能性的意义上，而是在**内在的**可能性或**概念**的可能性这种意义上来理解，那么

① 黑格尔这里这段文字所指为何，无法查明。——考证版编者

对象就是这样一种现实性，它就是而且应该是纯粹的事物，不包含也不应包含诸如此类的、因而只有在想像中才能具有的含义。

[3.禀性与现实]然而，当观察者不顾双方的漠不相干性，还是要着手于规定这些联系的工作，一方面通过**外在的东西是内在东西的表现**这个普遍的理性根据来保持这种做法的新鲜感，另一方面借与动物头盖骨的类比来支撑自己 ①——动物尽管可能有比人类更为单纯的性格，但同时要说出 {187}
人类有什么性格，却更加困难了，因为并不是每一个人的表象都能那么容易把自己十足地想象为一种动物的本性——，那么这时，观察者在对他所 [225]
声称揭示出来的那些规律做担保时，就找到了一种区别作为**绝佳帮手**，这种区别是我们在这里也必然不能不想到的。——精神的**存在**，至少不能被看作这样一种绝对未被触动和不可动摇的东西。人是自由的，这就等于承认人的**本原的**存在只是些**禀性**，超出这些禀性之上，人有能力做很多事，或者说这些禀性要得到发展，需要一些有利的环境；就是说精神的一种**本原**的存在，同样也可以说成是这样一种存在，这种存在作为存在并不是实存的。所以，假如这些观察跟任何一个人作为规律而想到要加以保证的东西相矛盾，假如在赶年集或洗衣服时是一个好天气，则小贩和家庭妇女就可能会说，这天**本来是要**下雨的，毕竟要下雨的**禀性**是**现成**存在的；对头盖骨的观察，也是同样的情况，——这个个体**本来应该**是像头盖骨按照规律所表明的那个样子，它有一种**本原的禀性，但是**它的禀性没有被培养起来；这种质不是现成的，但它应该是**现成的**。——这种**规律**和**应该**基于对现实的雨的观察和在头盖骨的这个规定性上现实感官的观察之上；但当这种**现实性**并非现成的时候，**空洞的可能性**就被看作有同样多的价值了。②——这种可能性，也就是所提出的规律的非现实性，因而与这规律相矛盾的那些观察，之所以有必要引进来，正是因为，个体的自由和发展着的环境都是与

---

① 黑格尔援引的是伽尔关于动物和人之间头盖骨的相似之处的学说，参看伽尔：《有关他的已完成了的绪论的信》第 317—318 页、第 325 页；及 Bischoff：《伽尔的脑和头盖骨学说述评》第 67 页。——丛书版编者

② 关于伽尔的"禀性"的理论，参看伽尔：《有关他的已完成了的绪论的信》第 315 页。——丛书版编者

一般的**存在**漠不相干的，无论这存在是本原的内在东西还是外在的骨化了的东西都不相干，而且还因为，个体也可以是某种不同于它内在本原的并且还不只是一块骨头那样所是的东西。

于是我们就获得了这样的可能性：头盖骨上的这种骨节或凹陷，可以既表示某种现实的东西，又只是表示一种**禀性**，也就是不确定指什么东西的某物，而骨节可以表示非现实的东西；我们眼看着陷入了一种如过去一样坏的遁词：它用自身所反对的正是那种它应当去扶持的东西。我们看到由于事情的本性，意谓被带到了它所坚持认为的、但却**不假思索地**自己说出来的东西的反面：——它说，这块骨头暗示了点什么，但同样**也没有**暗示什么。

[226]

在这种遁词那里，这种意谓自身所浮现出来的东西，就是那真实的、恰好清除着意谓的思想，即：像这样一种**存在**，根本就不是精神的真理。既然禀性是一种并不参与精神活动的**本原的存在**，那么属于这存在一方的骨头也正是这样一种存在。没有精神活动而存在着的东西，对意识而言是一个事物，它不是意识的本质，所以毋宁是意识的反面，而意识本身只有通过对这样一种存在的否定与清除，才是**现实的**。——从这个方面说，把一块骨头冒充为意识的**现实的定在**必须看作是对理性的彻头彻尾的否认；而一块骨头之所以被这样冒充，是由于它被看作精神的外在东西，因为这外在东西正是存在着的现实性。对此毫无帮助的是这种说法，说这**只是**从这种外在的东西**推论**到了作为**另外一种东西**而存在的内在的东西，外在的东西不是内在东西本身，而只是它的**表现**。因为在双方相对的关系里，正是内在的一方做出了对自身**思维着**和**被思维着的现实性**的规定，但外在的一方做出的则是**对存在着的现实性**的规定。——因此，如果对一个人说：你（你的内在东西）所以是这个样子，是**因为**你的**骨头**是这样的性状，那么这无异于说，我把一块骨头看作是**你的现实性**了。在讨论面相学时曾提到用一记耳光来对这样一种判断加以回报，那是暂时给这些**柔软**部分改变一下其面貌和位置，所证明的只是它们不是真正的**自在**，不是精神的现实性；——而在这里，这个回报真正说来想必会更进一步打破做这种判断的人的头盖骨，以便正像他的智慧所能理解的那样证明，一块骨头对人而言不是什么**自在**的东西，更不是**他的**真正现实性。

{188}

自我意识到的理性的原始本能未经思考地就抵制头盖骨的科学——抵制它自己的另一种观察本能,这种观察本能已成长到了能预感**认识**,并以 [227] 外在东西是内在东西的表现这样一种无精神的方式来把握认识。但是思想越是糟糕,有时就越是难以凸显出它的糟糕之处确切地在什么地方,越是不容易对之加以分辨。因为被这思想看作本质的那种抽象越纯粹、越空洞,这个思想就可以说越糟糕。但在此起决定作用的那个对立,在自己的各方中统握了双方的被意识到的个体性,也统握了那完全成了**事物**的外在性的抽象,——把精神的那个内部存在统握成固定的无精神的存在,并恰好使之与这种存在相对立。——但实际上就连观察的理性借此似乎也已达到了自己的顶峰,它必须由此抛弃它自己和超越它自己;因为只有完全糟透了的东西本身才有颠倒自身的直接必然性。——这就好像犹太民族一样,它可以说是并且已经是最遭遗弃的民族,这正是因为它已直接立于拯救的门 {189} 前了;它自在自为地本来应当是的东西以及这个自身本质性,不是它自身,而是它置于自己的彼岸的东西;通过这种外化,如果真能将它的对象重新收回自身,它就有**可能**使自己成为一种比它如果始终停留于存在的直接性内部要更高的定在,因为精神越是从更大的对立中返回自身,它就越是伟大;但精神是通过扬弃自己的直接统一和外化自己的自为存在而造成这种对立的。不过如果这样一种意识并不自我反思,那么它身处其中的那个中项就是不祥的虚空,因为本应充实它的那个东西变成了固定的一端。因此,观察的理性的这个最后阶段乃是它的最糟的阶段,但因此也必然是它的回转。

[**结束语**]于是,通观至今所考察过的构成观察之内容和对象的这一系列的关系,表明在观察的**最初方式**中,即在对无机自然关系的观察中,**感性存在**对观察就已经**消失**了;这种关系的诸环节体现为一些纯粹的抽象和单纯的概念,它们本来应该是与事物的定在牢牢地结合着的,但这定在却失 [228] 去了,以至于该环节表明自己是一种纯粹的运动和普遍的东西。这个在自身中完成了的自由过程,保持着某种对象性的东西的含义,但却只是作为"**一**"而出场;在无机物的过程里,一是并不实存着的内在的东西;但如果该过程作为"一"而实存,它就是有机物。——这个一作为自为存在或否定的

本质而与共相对立，摆脱共相并自为地保持着自由，以至于那只实现于绝对个别化元素中的概念在有机的实存中，就找不到它的真正的表现，即找不到**作为普遍的东西**而定在着的表现，而仍然是有机自然的一个外在的东西，或者这样说也一样，是有机自然的一个**内在的东西**。——有机的过程只**自在地**是自由的，但这并不是**本身自为的**；它的自由的自为存在发生在**目的**中，是作为另外一种本质而**实存**的，即作为一个存在于过程之外而对自由本身有所意识的智慧。于是，观察的理性就转向这个智慧，转向精神，转向作为普遍性而实存着的概念或作为目的而实存着的目的；而观察的理性自己的本质从此就成了它的对象。

观察的理性首先转向的是这个对象的纯粹性；但由于观察的理性是对于在自身区别中自己运动着的对象作为一种存在着的东西的统握，于是对它而言，**思维的规律**都是持存的东西与持存的东西的联系；但既然这些规律的内容只是各环节，这些环节就融汇进了自我意识的一之中。——这个新的对象同样也被当作**存在着的东西**，它就是**个别的、偶然的**自我意识；因此，观察活动就置身于被意谓的精神之内，置身于有意识的现实性对无意识的现实性的偶然关系之内。精神单就其自在的本身来说，是这种联系的必然性；所以观察就逼近到了精神，将精神的愿望中和行为中的现实性跟它的在自身中反思并进行考察的、本身是对象性的现实性加以比较。这个外在的东西虽然是个体在自己身上所拥有的一种语言，但同时作为符号又是某种与它要表示的内容漠不相干的东西，正如符号自己所建立的东西也与这个符号漠不相干一样。

{190}

[229]

因此，观察最终从这种变动不居的语言返回到了**固定的存在**，并且根据自己的概念而宣称：精神的外在的和直接的现实性不是作为器官的外在性，也不是作为语言和符号的外在性，而是作为**僵死的事物**的外在性。曾经被对无机自然的最初的观察扬弃了的是，概念据说是作为事物而现成在手的，这一点又被最后这种方式恢复了，这种方式把精神的现实性本身变成了一种事物，或反过来说，给僵死的存在赋予了精神的含义。——于是，观察就走到了这个地步，说出了我们对观察曾经持有的那种概念，即理性的确定性把它自己作为对象性的现实性来寻求。——虽然人们同时并不以为由一个头盖骨来表象的精神就会被说成是事物；在这个思想里，据说并不包含任何人们所说的唯物主义，相反，精神据说还是某种与骨头不同的东西；① 但是精神**存在着**，这本身无异于说：它是一个**事物**。如果**存在**本身或事物的存在被精神宾词化了，那么真实的表达因此就是：精神就**是像一块骨头**这样一种东西。因此必须被视为具有最高重要性的，就是找到了把精神纯粹地说出来的真实的表达，即**精神存在着**。当平常人们谈到精神，说**精神存在着**，它有**一个存在**，它是一个**事物**，它是一个个别的**现实性**的时候，那么借此所**意谓**的并不是某种人们可以看得见的、拿在手中、碰得着之类的东西，但**被说出来**的却就是这样一种东西；而在真理中所说出来的东西在此就表达为，**精神的存在是一块骨头**。

　　这个结果现在具有双重的含义：一方面是它的真实的含义，就此而言，它是对自我意识以往所经历的运动结果的一个补充。不幸的自我意识曾经放弃了自己的独立性，把自己的**自为存在**竭力外化为**事物**。它由此而从自我意识退回到了意识，也就是退回到了认为对象就是**存在**、**事物**这种意识；——但是这种本身是事物的东西就是自我意识；所以它就是自我与存在的统一，即**范畴**。由于对象对意识来说得到了这样的规定，**意识就具有了理性**。意识以及自我意识本来**自在地就是**理性；但只有对于那种意识到对象已把自己规定成了范畴的意识，才能说它是**具有理性的**；——不过，具有理性与还认知到什么是理性，这是有区别的。——作为**存在**与**他的直接统一**的范畴，必须历经这两种形式，而观察的意识正是这个统一以**存在**的形式向它呈现出来的那个意识。在其结果中，这种意识就把自己无意识地确信的东西作为命题说了出来，——这命题是包含在理性的概念里的。这一命题就是这个**无限判断**：自我是一事物——这是一个自我扬弃的判断。——于是通过这个结果，在范畴上额外得到的规定是：范畴就是这种扬弃自身的对立。**纯粹的范畴以存在**的形式或**直接性**的形式对意识而存在，这种范畴是尚未**被中介的**、仅仅**现成在手**的对象，而这意识是一种同样

{191}

[230]

---

① 这里黑格尔是指伽尔针对别人指责他的头盖骨学说会导致唯物主义而作的辩护，参看伽尔：《答辩文集》，以及 Bisschoff：《伽尔的脑和头盖骨学说述评》，第 140 页以下。——丛书版编者

未经中介的态度。前面那种无限判断的环节则是**直接性**向中介活动或**否定性**的过渡。这样一来，现成在手的对象就被规定为一种否定的对象了，而这意识却被规定为与这对象对立的**自我**意识，或者说，在观察里历经过**存在**的形式的那个范畴现在就以自为存在的形式被建立起来了；意识不再想**直接找到**自己，而想通过它自己的活动来产生自己。**它自己**就是它的行为的目的，正如在观察里它所关心的曾经只是事物一样。

　　这个结果的另一个含义是已经考察过了的无概念的观察的含义。这种观察不知道怎样把握和表述自己，只知道为了自我意识的**现实性**而直统统地把骨头说成是就像它作为感性事物而发生的那样，这感性事物同时并不丧失其对于意识的对象性。然而，无概念的观察除了说出这一点之外也并不具有意识的任何清晰性，对它的命题并没有在命题的主词和宾词的规定性及它们的联系中来把握，更没有在自我消解着的无限判断和概念的意义中来把握。——毋宁说，观察出于精神的某种更深层次的、在此显现为一种自然的诚实性的自我意识，而把视一块骨头为自我意识之现实性的那 [231] 种无概念的、赤裸裸的思想的可耻之处隐藏起来，对这种思想通过无思想性自身之加以粉饰，就是将一些在此处毫无意义的因果关系、符号、器官等等关系混杂进来，并通过从它们那里取得的区别来掩藏这命题的刺眼之处。

{192}　　大脑纤维①一类的东西②作为精神的存在来看，已经就是一种被思维

---

①　第一、二版均为"大脑热度"（Gehirnfieber），据拉松版校为"大脑纤维"（Gehirnfiber），参看"意识的纤维理论"，见黑格尔的论文"费希特和谢林体系的差别"，《全集》第 1 卷。——袖珍版编者

②　黑格尔在此讨论的可能主要是 Charles Bonnet 所阐明的有关"智性纤维"的定理。参看该作者：《关于心灵力的分析性研究》，第 1 卷，不来梅和莱比锡，1770，XVII，第 68、108、287 页，特别是第 290 页以下："在一个判断或者推理中之所以产生和谐，是因为凡是存在着对一个效果的产生相一致的关系的地方，那个地方就都有和谐 [……] / 主体和属性，以及中间概念和结论，在不同层次上被这些纤维联结起来了 [……] 这些层次在其中被推动的那个秩序则构成判断和推理的和谐 [……] 在知性获得的印象中有道德的和谐 [……] 因为在知性中毕竟要有某种与智性纤维的和谐活动相符合的东西，因为否则的话，这种印象就根本不可能被激发起来 [……] 所以，就大脑从来不会在推理的秩序中被推动而言，知性也从来不会进行推论；因为那种推理能力的运用依赖于智性纤维的活动 [……] 毕竟这种推理能力总是会为知性保持着 [……]。"——丛书版编者

的、仅仅假设的现实性，——而不是**定在着的**现实性，不是被感到、被看到的现实性，不是真实的现实性；当它们**定在于此**时，当它们被看见时，它们就是些僵死的对象，于是就不再被当作精神的存在了。但是，真正的对象性必须是一种**直接的**、**感性的**对象性，以至于在这种对象性里的精神是被当作死的精神——因为骨头是就其存在于活的东西自身中而言的死的东西——而被建立为现实性的。——这个表象的概念是说，理性自身就是**一切事物性本身**，甚至也是**纯粹对象性的事物性本身**；但是理性**在概念中**才是这种东西，或者说，只有概念才是理性的真理，而概念自身愈纯粹，它就愈降低为无意思的表象，如果它的内容不是作为概念而是作为表象存在的话，——如果自我扬弃着的判断不是带有它的这种无限性的意识、而是被当作一个持续不变的命题，而这命题的主词和宾词每个都独自有效、自我固定为自我、事物固定为事物、但一个又毕竟应该是另一个的话。——理性，本质上亦即概念，直接被分裂为它自身与它的对方，分裂成一个对立，而这个对立正因此就同样也直接地被扬弃了。但当把理性这样呈现为它自身又呈现为它的对方、并把它固定在这种破碎不堪的完全个别环节里时，理性就被无理性地统握了；而这些破碎不堪的环节愈是纯粹，这种要么只对意识而言、要么只由意识直统统地说出来的内容，显现出来就愈是刺眼。——精神发自内部的、但却只推进到它的**表象意识**为止的、被意识遗留在精神中的这种**深刻性**，——以及这种意识对它自己所说的东西是什么的那种**无知**，是高级与低级的这样一种结合，这种结合在生物身上，是由自然界当使生物达到最高完成的器官即生殖器官在与小便器官相结合时才质朴地表现出来的。——无限判断作为无限的东西就会是自我理解的生命的完成；但对无限判断的停留于表象的意识却相当于小便。 [232]

二、理性的自我意识通过自己本身而实现

{193}

自我意识发现事物即是自己、自己即是事物；就是说，**对它而言，它自在地**就是对象性的现实性。自我意识不再是成为一切实在性的那种**直接的**确定性了，而是这样一种确定性，在这种确定性看来，一般直接的东西都具有某种被扬弃的东西的形式，以至于这直接的东西的**对象性**仅仅还被视为表面的东西，其内在的东西和本质则是**自我意识自己**。——因此，自我意识与之积极相联系的对象，就是一个自我意识；这个对象以事物性的形式存在，即是说，它是**独立的**；但自我意识拥有这种确定性，即这个独立的对象对它说来不是什么陌生的东西；它因而知道它**自在地**已被这个对象所承认；它就是本身具有确定性的**精神**，即确信在它的自我意识的双重性和双方的独立性中它拥有与它自身的统一。现在，这个确定性必须自己对自己提高为真理性，凡是使自我意识认为自己是**自在的**并且在其内在确定性中存在的东西，都应该进入它的意识并成为为他的。

　　[**I. 伦理世界的形成**]这个实现过程的那些普遍阶段将是什么，这一点按照普遍性来看，通过比较前面走过的道路，已经表明了。就是说，正如观察的理性在范畴的要素里曾经重复了**意识**的运动，亦即感性确定性、知觉和知性一样，这个实现过程也将再次历经**自我意识**的双重运动，从独立性过渡到它的自由。首先，这个能动的理性仅仅把它自己作为一个个体来意识，而作为这样一个个体，它必须在另一个个体中要求并产生出自己的现实性来，——但接下来，由于这个体的意识提高到了普遍性，个体就成为了**普遍的**理性，并意识到自己的普遍性就是理性，就是已经自在自为地被承认了的东西，这东西在它的纯粹意识里把一切自我意识都联合起来了；个体乃是单纯的精神本质，而由于它同时达到了意识，它就是以前的各种形式返回其根据所进入的那个**实在的实体**，以至于各种形式与这个根据相比，都只是它的形成（Werden）的个别环节，这些环节虽然撕裂开来并显现出各自的形态，但实际上它们只是由这根据所承载的**定在**和**现实性**，却只有就它们存在于并停留于这根据自身中而言，它们才有自己的**真**

[233]

理性。

如果我们把这个目标在它的实在性里接受下来,这个目标是已经**对** {194}
我们产生的那种**概念**——即那个被承认的自我意识,它在另一个自由的
自我意识中拥有自己本身的确定性,并正是在这里面拥有自己的真理
性,——或者说,如果我们把这个还是内在的精神突显为已经成长到自
己的定在的实体,那么在这种概念里所展现出来的就是**伦理的王国**。因
为伦理只不过是在各个个体的独立**现实性**中它们的本质的绝对的精神**统**
一;是一个自在地普遍的自我意识,它本身在另一个意识里是如此的现
实,以至于它具有了完全的独立性,或者说具有了一个为它的事物,并且
它正是在这里面意识到自己与另一意识的**统一**的,它在与这个对象性的
本质的这种统一中才是自我意识。这个在**普遍性**的**抽象**里的伦理**实体**,
只是**被思维的**规律,但它同样直接就是现实的**自我意识**,或者说,它就是
伦常(Sitte)。反之,**个别的**意识,由于它在它的个别性中把普遍的意识作
为自己的存在来意识,它就只是这种存在着的一而已,因为它的行为和定
在就是普遍的伦常。

实际上,在一个民族的生活中,自我意识到的理性的实现这个概念,如
果在**他者**的独立性中直观到与他者的完全**统一**,或者把一个他者的本身是 [234]
我自己的否定物并被我碰到了的这种自由的**事物性**作为在对象上的**我的**为
我存在来拥有的话,这个概念就具有了自己完成了的实在性。理性作为流
动的、普遍的**实体**而存在,作为不变的、单纯的**事物性**而现成在手,这事物
性正像光之迸散为星空中无数自行发光的点那样,迸散为很多完全独立的
本质,而这些本质在其绝对的自为存在中不仅**自在地**而且**自为地**自己消溶
于单纯的、独立的实体里;它们意识到,它们之所以是这些个别的、独立的
本质,是由于它们牺牲了自己的个别性,而且这个普遍的实体是它们的灵
魂和本质;正如这个共相又是它们这些个别的东西的**行为**、或由它们所创
造出来的作品一样。

个体的**纯粹个别的**行为和冲动是与个体作为自然本质即作为**存在着**
的个别性所具有的种种需要联系着的。甚至个体的这些最普通的机能要
不遭到破坏,而是有其现实性,这都要借助于普遍维持着的媒介、借助于

整个民族的**力量**才行。——但在这普遍实体里，个体所拥有的不仅是他的一般行为的这个**持存**的形式，而且同样拥有**自己的内容**；凡是个体所为都**是**一切个体的普遍的熟巧与伦常。这个内容，就其完全个别化了而言，在{195} 它的现实性里，叠加进了一切个体的行为之中。个体为了自己的需要的**劳动**，既是他自己需要的满足，同样也是对其他个体需要的一个满足，并且他自己的需要的满足，只有通过别人的劳动才能达到。——正如个别的人在他的**个别的**劳动里已经**无意识地**完成了一种普遍的劳动一样，那么他也把这种普遍的劳动又当作他自己的**有意识的**对象来完成；整体作为**整体**就成为了他的作品，他为之献身，并且正好由此而从这个整体中收回[235] 了自身。——在这里，整体绝不是那种不会有相互性的东西，绝不是那种个体的独立性不会借以在其自为存在的消融中、在其自身的**否定**中赋予它自为存在的**肯定**含义的东西。为他存在或使自己成为事物与自为存在之间的这种统一、这个普遍的实体，在一个民族的伦常和法律中讲着它的**普遍的语言**，但这个存在着的不变的本质并不是别的，而只是显得与普遍实体相对立的那种个别的个体性自身的表达而已；法律说出了每一个个别的人的所**是**和所**为**；个体不仅把法律认作他自己的**普遍的**对象性的事物性，而且同样也在这事物性中认出了他自己，或者说，在他自己特有的个体性里和在他的每一个同胞那里把法律认作**个别化了的**。因此在普遍的精神里，每人都只拥有他自己的确定性，即确信在存在着的现实性里所找到的无非是他自己；他对别人正如对他自己一样确信无疑。——我在所有的人那里直观到他们自为地只是这些独立的本质，如同我是一个独立的本质一样，我在他们那里直观到我与别人的自由统一是这样的，即这个统一体正如通过我而存在那样，也通过别人自己而存在，——他们作为我，我作为他们。

因此，在一个自由的民族里，理性就在真理中被实现出来了；它就是当下活着的精神，在这个活的精神里，个体不仅说出了自己的使命（Bestimmung），即他的普遍的和个别的本质，不仅将其作为现成在手的事物性而发现出来，而且他自己就是这个本质，并且也已经实现了自己的使命。所以，古代那些最有智慧的人士曾创出格言说，**智慧与德行就在于按照自己民族**

的伦常而生活。①

　　[**Ⅱ. 从伦理世界向道德世界提升**]但是，最初只是**直接**存在并只**按概念来说**才是精神的自我意识，从它实现了自己的使命并生活于其中的这样一种幸运中走出来了，或者说，甚至自我意识也还没有实现过这种幸运；因为这两者是可以用同样的方式说出来的。

　　理性**必须从这种幸运中走出来**；因为一个自由民族的生活仅仅**自在地**或**直接地**是**实在的伦理**，或者说，这实在的伦理是一种**存在着的**伦理，因而甚至这个普遍的精神自身也是一个**个别的**精神，而伦常和法律的整体则是一个**特定的**伦理实体，这伦理实体只有在更高级的环节里，即在**关于它自己本质的意识**里才去除了这一限制，并且也只在这个认识里而不是直接在它的**存在**里，它才拥有自己绝对的真理性；一方面，这实体在自己的存在里，是一个受限制的伦理实体，另一方面，这绝对限制恰好是说，精神是处于**存在**的形式中。 [236]

{196}

　　因此，进一步说，**个别的**意识，当它在实在的伦理或在民族中直接拥有自己的实存时，它就是一种根深蒂固的信赖，对这种信赖而言，精神尚未消融在自己的**抽象**环节中，因而这信赖也不知道自己是作为纯粹**自为的**个别性而存在的。但是当个别的意识达到了它必然要达到的这种思想时，则它与精神的这种**直接的**统一或它在精神中的**存在**，它的信赖，就都丧失了；现在，个别的意识自为而**孤立地**自己就是本质，不再是普遍的精神。**自我意识的这个个别性环节**虽然存在于普遍精神自身之内，但只是作为一种消失着的量（Größe），这个消失着的量一旦自为地出场，在普遍精神中同样也就直接消融了，并且只是作为信赖而被意识到。由于自我意识的个别性环节这样固定了下来——并且每个环节因为它是本质的环节本身就必须达到将自己呈现为本质——所以，个体就与法律和伦常对立起来了；法律和伦常

---

① 例如，参看第奥根尼·拉尔修，第530页（第8卷，第16章）有如下报道："毕达哥拉斯派的塞诺斐罗斯曾回答一位父亲如何能把儿子教养成最杰出的人的问题：要使他成为一个模范管理下的共同体的成员。"（《第奥根尼·拉尔修：生平和思想》第2卷，第118页）。也许黑格尔还暗指苏格拉底的行为，他如此看重城邦法律，以至于在死亡面前放弃了逃走（参看柏拉图：《克里同篇》，51d—53a）。——丛书版编者

只是一种没有绝对本质性的思想、一种没有现实性的抽象理论；但是个体作为这一个我，本身就是活的真理性。

　　或者说，自我意识**还没有达到**成为一个民族的伦理实体、民族精神**这种幸运**。因为，从观察返回时，精神本身最初还没有通过它自身而把自己实现出来；它只被建立为**内在的**本质，或抽象。——或者说，精神仅仅**直接地存在着**；但它在直接存在着时，它就是**个别的**；它是实践的意识，这意识进入它所碰到的世界时带有这一目的，即在个别东西这一规定性里将自己双重化，就是将自己既作为这一个、作为它的存在着的反映（Gegenbild）而产生出来，又使它的现实性与对象性本质的这个统一被意识到。实践的意识具有这个统一的**确定性**；它承认，这个统一**自在地**已是现成在手的，或者说这意识与事物性的这种协调一致已是现成在手的，只是还必须通过它而**对它自己**形成起来，或者说，它去做，恰好就是**找到了**这个统一。由于这个统一被称之为**幸运**，于是这个个体就从它的精神那里被派出到世界里去**寻求**自己的**幸运**。

　　因此，如果对于我们而言这个理性的自我意识的真理性就是伦理实体，那么在这里，对于这个自我意识而言就有了它的伦理的世界经验的开端。从理性的自我意识还没有成为伦理实体这一方面来看，这个运动在向伦理实体逼近着，而在这个运动中自身扬弃了的就是对自我意识孤立地有效的那些个别的环节。它们具有一种直接意愿的或**自然冲动**的形式，冲动达到了满足，满足自身又是一个新的冲动的内容。——但是从自我意识已经失掉了它存在于实体中的幸运这方面来看，这些自然冲动就与对它们的目的即真实使命和本质性的意识结合起来了；伦理实体就下降为无自我的宾词，这个无自我的宾词的活生生的主词就是必须通过自己本身来实行自己的普遍性并由自身来操心自己的使命的那些个体。——那么从前一方面的含义来看，那些形态都是伦理实体的形成过程，它们先行于伦理实体；从后一方面的含义来看，它们是跟随在后的，它们为自我意识解决了什么是它的使命的问题；按照前一方面，冲动在经验到什么是这些形态的真理性的运动过程里丧失了它们的直接性或粗野性，它们的内容就过渡为一种更高级的内容；但按照后一方面，所丧失掉的是意识的虚假表象，这意识把自己的使命置于冲动之中。按照前一方面，这些形态所达到的**目标**是直接的伦理实体，但按照后一方面，则有对于这种伦理实体的意识，而这个意识是这样的，它知道这伦理实体就是自己特有的本质；并且就此而言，这个运动就会是道德的形成过程，即一种比前面那些形态更高的形态的形成过程。不过这些形态同时又只构成道德形成的一个方面，即属于**自为存在**的那一方面，或意识在其中扬弃了**它**的那些目的的那一方面，——而并不构成另一个方面，按照这个方面，道德来源于伦理实体本身。既然这些环节还不能具有这样的含义，即与已丧失了的伦理相对立而被做成了各种目的，所以这些环节在这里虽然按照其不偏不倚的内容是有效的，而且它们所追求的目标就是伦理实体。但是，由于这些环节在其中所显现出来的那个形式更接近于我们的时代，在意识丧失了其伦理生活并通过寻找它而重复了那些形式以后，这些环节就可以更多地以后一种表达方式被表象出来了。

那首先只是精神的概念的自我意识在走上这条道路时所具有的规定性，就是它本身是作为个别的精神的本质，因而它的目的就是将自己作为个别的自我意识而实现出来，并在这个实现中作为个别的自我意识而享受自身。

在自我意识作为**自为存在者**而自己就是本质这样一种规定中，自我意识是他者的**否定性**；因而自我意识在它的意识里本身作为一个肯定的东西，而与这样一个虽然**存在**、但对自我意识具有一种并非自在存在者含义的东西相对立；这意识看起来被分裂为这个被碰上了的现实性，和意识通过扬弃这现实性所达到的**目的**，这目的不是被碰上的现实性，毋宁说是被造成为现实性的。但这个自我意识的第一个目的，是要直观自己的**直接的**抽象的**自为存在**，或者把自己作为在一个他者中的**这一个个别者**来直观，或者把另一个自我意识直观为自身。这种经验就是这个目的的真理性，它提高了自我意识，此后自我意识自身就是目的，只要它同时既是**普遍的**自我意识同时又在自身中**直接**拥有**规律**。但在实现自己**本心**的规律时，自我意识经验到**个别的**本质在这里并不能够被保持下来，而是只有通过对个别本质的牺牲，善才能得到实行，而自我意识就成为了**德行**。德行所造成的

{198}

[239]

经验不可能是别的，只能是：它的目的自在地已经被实行了，幸运直接就发生于行为本身之中，而行为本身就是善。这整个领域的概念，即事物性就是精神本身的**自为存在**这个概念，就在事物性的运动中对自我意识形成起来了。由于自我意识已经找到了这个概念，于是它就是把实在性作为对自己直接的东西向自己说出来的个体性，这种个体性不再在一个对立着的现实性上碰到任何抵抗，对它而言，只有这个说出来本身，才是对象和目的。

a. 快乐与必然性

这个本身完全是**实在性**的自我意识，在自己本身就拥有自己的对象，不过它所拥有的这个对象首先只是**自为的**，还不是存在着的；**存在**是作为另一个现实性、也就是他者的现实性而与它对立着的；而自我意识则趋向于通过完成自己的自为存在而把自己作为另一个独立的本质来直观。这个**最初的目的**，就是要使自己在另外的自我意识里作为一个个别的本质而被意识到，或者使这个他者成为它自己；它具有这样的确定性，确信这个他者**自在地**已经就是它自己了。——当它从伦理实体中、从思维的静止存在中把自己提升为它的**自为存在**时，它就将伦常和定在的法则、将观察的知识以及作为正在消逝着的灰色阴影的理论抛到身后了，因为后者毋宁说是关

[240]

于这样一种东西的认知，这种东西的自为存在和现实性是不同于自我意识的现实性的。充斥到这个自我意识中来的，不是认知和行为里的普遍性的那个照耀在天上的精神，在其中个别性的感觉和享受是沉默的，而是地上的精神，对于地上的精神来说，存在只有当它是个别意识的现实性时才被看作真正的现实性。

{199}　　　　　他蔑视知性和科学，①

　　　　　　　这人类至高的才能，——

　　　　　　　他奉献自身于魔鬼，

---

① 歌德原文为"理性和科学"，黑格尔显然想保住"理性"（Vernunft）的崇高地位，于是把理性换成了他一向所不屑的"知性"（Verstand）。——中译者

而必将走向沉沦。①

于是，自我意识就一头栽进了生活之中，将它出现于其中的那个纯粹的个体性付诸实行。它与其说是在创造着自己的幸运，不如说是直接地将幸运拿来，并享受之。仅仅处在它与它的那些现实性之间的关于科学、规律和原理的阴影，就像一阵无生命的雾霭一样消失了，这雾霭不能以对自我意识的实在性的确定性来接受自我意识；自我意识为自己获取生活，就如同去采摘成熟的果实一样，正当去摘取时，那果实就自己落到手里来了。

［**I. 快乐**］自我意识的行为只是按照一个环节来看才是一种**欲望**行为；它所趋向的不是清除整个**对象性**的本质，而只涉及到它的他在的形式或独立性的形式，这种形式是一种无本质的假象；因为自我意识把这个他在**自在地**看作是同一个本质，或当作它自己的自性（ Selbstheit ）。欲望和它的对象相互漠不相干地和独立地处于其中的那个元素，就是**活生生的定在**；可是一旦欲望的对象适合于享受，这个欲望的享受就把这个定在扬弃了。但在此给双方分别提供了一个现实性的这个元素，毋宁说就是范畴，是一种存在，这种存在本质上是一种**被表象出来的东西**；因此，这个元素就是对于独立性的**意识**——不管它只是自然的意识，还是养成一种法则体系了的意识——这意识把那些个体每个都自为地保存下来。这样一种分离自在地并不是对于那种知道别的自我意识即是**它自己固有的**自性的自我意识而言的。自我意识于是得到了**快乐**的享受，达到了对它自己在一个显现为独立性的意识中实现的意识，或者说达到了对两个独立自我意识的统一的直观。自我意识达到了它的目的，但正是在这里面它才经验到什么是这目的的真理性。它把自身理解为**这一个个别的自为存在着**的本质，但这个目的的实现本身，就是这个目的的扬弃，因为自我意识对自己不是成为了作为

[241]

---

① 参看靡菲斯特费勒斯在《浮士德》中的话（《歌德文集》第 7 卷，莱比锡 1790 年，第 24 页）：
　　只要蔑视理性和科学 / 这人类至高的力能 / 只要在障眼的魔法中 / 让你得到谎言的支撑 / 那我就无条件地拥有了你—— / 命运赋予了你精神 / 这精神不可阻挡，永向前冲 / 而它的急起直进 / 超越了人世的欢情。/ 拉动它，我凭的是原始的生命, / 和浅薄的琐事, / 他要为我躁动不安，对我执着不离, / 而他的不知腻足 / 要将美味佳肴悬于贪婪的双唇; / 他徒然地祈求称心如意, / 哪怕他不奉献自身于魔鬼, / 他也必将走向沉沦!

——丛书版编者

这一个个别自我意识的对象，毋宁说是成了作为它自己与另一个自我意识的**统一体**的对象，因而是作为扬弃了的个别的东西或是作为**普遍的东西**的对象。

[**II. 必然性**]被享受的快乐固然具有肯定的含义，即它**自己对自己**成为了对象性的自我意识，但同样也具有否定的含义，即**它自己扬弃了自己**；而由于自我意识只在肯定的含义下理解它自己的实现，它的经验就作为矛盾进入到它的意识中，在这矛盾中它的个别性所达到的现实性眼看着自己为否定的**本质**所摧毁，这本质毫无现实性地空洞地与肯定的含义对立着，却毕竟是吞噬自我意识的力量。这个否定的本质，不是别的，就是这个个体性自在地是什么的**概念**。但这个体性还是自我实现着的精神的最贫乏的形态；因为它本身仅仅是理性的**抽象**或**自为存在**与**自在存在统一的直接性**；因而它的本质仅只是**抽象的范畴**。不过，它又不再像对观察的精神那样具有**直接而单纯**的存在的形式，在观察的精神那里，它是抽象的**存在**，或当它被建立为陌生的东西时，它就是一般**事物性**。而在这里，自为存在和中介活动都进入这种事物性里了。因此这个个体性就作为一个**圆圈**而出场了，这个圆圈的内容，就是与那些单纯本质性的被展开了的纯粹联系。因此这个个体性所获得的实现并不在于别的什么，而只在于它已将这一有关各种抽象的圆圈从单纯自我意识的封闭性中甩出来，而进入到了**为意识的存在**或对象性的扩展的元素之中。因而在享受着的快乐里，凡是作为自我意识的本质而成为自我意识的**对象**的，都是那些空虚的本质性的扩展，是纯粹的统一性、纯粹的区别及这些本质性的联系的扩展；除此而外，个体性当作自己的**本质**来经验的那种对象没有任何内容。这个内容就是被称为**必然性**的那个东西。因为必然性、命运之类的东西正是这样一种不知道说它会干**什么**，何者是它确定的法则和肯定的内容的东西，因为这种东西就是绝对地被直观为**存在**的纯粹概念自身，就是单纯而空虚的但又不可遏制不可干扰的**联系**，这种联系的作品只是个别性的虚无。必然性就是这个**牢固的关联**，因为那关联着的东西就是各种纯粹的本质性或空洞的抽象性；统一性、区别和联系都是些范畴，它们每一个都并不是什么自在自为的东西，它们只存在于与其对立面的联系中，因而不能彼此分离。它们通过它们的**概念**

{200}

[242]

而互相联系，因为它们都是纯粹概念本身，而这个**绝对的联系**和抽象的运动就构成了必然性。所以，仅仅个别的个体性，即首先仅仅以理性的纯粹概念为其内容的个体性，并没有从僵死的理论投身于生活之中，而毋宁只是投身于对自己的无生命性的意识之中，而在自己名下得到的只是空洞陌生的必然性，只是**死的**现实性。

[**III. 自我意识里的矛盾**]这个过渡的发生是从"**一**"的形式到**普遍性**的形式，从一个绝对的抽象性到另一个绝对的抽象性，从摆脱了与**别的**自为存在的共同性的纯粹**自为存在**的目的过渡到**纯粹的**反面，即过渡到因此而同样抽象的**自在存在**。于是这就显得是这样：个体只是遭到了毁灭，个别性的绝对的脆性在同样坚硬但却持续不断的现实性那里被粉碎了。——由于个体作为意识是它自己与它的反面的统一，这种毁灭就仍然是为它的，是对它的目的和它的实现、以及对曾**在它看来**是本质的东西与曾**自在地**是本质的东西之间的矛盾而言的；——个体经验到在它所做的事、即为自己**获取**了自己的**生命**这件事里面，有双重的意义；它抓住生命，但它由此所抓到的毋宁是死亡。

{201}

[243]

因此，从它的活生生的存在走向无生命的必然性这个**过渡**，对它就显得是一个未经任何中介的颠倒。假如它是中介的话，它就必须是双方在它那里成为一的东西，因而意识就必定会在一个环节中认识另一个环节，在命运里认识它的目的和行为，又在它的目的和行为中认识它的命运，在这种**必然性**里认识**它自己的本质**。但是这个统一性在这个意识看来恰好就是快乐本身，或者就是**单纯的个别的**情感，而从它这个目的的环节到它真正本质的环节的过渡在它看来则是向其对立方面的一个纯粹的跳跃；因为这两个环节不是包含在并结合于情感中，而只存在于纯粹的自我中，这纯粹自我乃是一个普遍的东西，或者是思维。因此这个意识，由于自己的经验——在这个经验中，它的真理性本来是应该对它形成起来的——反而对它自己成为了一个谜，它的行为业绩的后果对它来说并不是它的行为业绩本身；它所遭遇到的，**对它而言**，并不是对它**自在地**是什么的经验；这个过渡不是同一个内容和本质的单纯的形式变化，即有时被表象为意识的内容和本质，有时又被表象为它自己的对象或**被直观到的**本质。这样一来，**抽象的必然性**就被看成是使个体性遭到粉碎的那个仅仅否定的、未被理解的**普遍性力量**了。

到此为止所谈的都是自我意识在这种形态下的显现；这种显现的实存的最后环节就是它丧失于必然性中这个思想，或它自己是一个对自己绝对**陌生**的本质这个思想。但自我意识**自在地**却在这个丧失中得以幸存；因为这个必然性或纯粹普遍性就是**它自己的**本质。意识这个自身反思，即知道必然性就是**它自身**，乃是意识的一个新的形态。

[244]

{202}　　**b. 本心的规律和自大狂**

在自我意识那里，凡是在真理中的必然性，都是对自我意识的新形态而言的必然性，在这新的形态里，自我意识自己本身就作为必然的东西而存在；它知道它在自身中**直接**拥有**共相或规律**，这一规律由于它是**直接**存在于意识的自为存在中这一规定性之故，就称为**本心**的规律。这个形态**自为地**，作为**个别性**就如同以前的形态一样，也是本质，但是它在规定上却更为丰富了，因为这个**自为存在**被它看作是必然的或普遍的。

因此那直接就是自我意识固有规律的规律，或在自身中拥有一个规律的本心，乃是这个自我意识要去实现的**目的**。必须考察的是，这目的的实现是否将符合于这个概念，以及自我意识在这个实现中是否将把它的这个规律作为本质来经验。

［**I. 本心的规律和现实的规律**］与这个本心对立着的是一个现实性；因为在本心中，规律首先只是**自为的**，尚未实现出来的，因而同时是某种与这概念的存在**不同的东西**。这不同的东西，借此也就把自己规定为一种现实性，这现实性是要去实现的东西的对立物，从而是**规律**与**个别性**之间的**矛盾**。所以现实性一方面是一种规律，个别的个体性受到这种规律的压制，这是与本心的规律相矛盾的一种强制性的世界秩序；——而另一方面，它又是这一秩序下受苦受难的人类，人类不是遵从本心的规律，而是屈从于一个异己的必然性。——很明显，显得像是与意识的现在这个形态**对立着**的这种现实性，只不过是前面所说的那个在个体性与它的真理性之间相分裂的关系、那个使个体性遭到压迫的某种残酷的必然性的关系而已。**在我们看来**，以前的那个运动之所以与新的形态相对立，是因为这个新形态自

在地是从它那里产生出来的,因而新形态由之而来的那个环节对这个新形 [245]
态来说是必然的;不过,在新形态看来,这个环节显得是一种**偶然碰上的**东
西,因为新形态对于它自己的**起源**毫无意识,它认为它的本质毋宁在于它
是自己**自为的**,或在于它是对这个肯定的自在的否定。

　　这个个体性于是一心要扬弃这个与本心的规律矛盾着的必然性、以及
通过这种必然性而降临的痛苦。个体性因而不再是以前那种只追求个别快
乐的形态的轻浮,而是一种对高尚目的的严肃认真,即在显示它自己特有 {203}
的**卓越**本质中、在创造**人类福利**中寻求自己的快乐。个体性所实现出来的
东西本身就是规律,因而它的快乐同时也是一切人的本心的普遍的快乐。
对它而言,这两者是**不可分的**;它的快乐就是合规律性的东西,而普遍人类
规律的实现又为它的个别的快乐做了准备。因为,在它自身以内,个体性
与必然性**直接**就是一个东西;规律乃是本心的规律。个体性还没有离开它
的位置,两者的统一既没有通过这统一的中介运动、又没有通过规训来完
成。直接的、**未受规训的**本质的实现被当作了某种卓越性的显示、当作了
人类福利的创造。

　　相反,与本心的规律对立着的规律是与本心分离开来、自由而独立的。
从属于这种规律的人类并不是生活在规律与本心的那种令人幸福的统一
之中,而是要么生活在残酷的分裂和痛苦中,要么至少是在**遵守**规律时生
活于**它自身的**享受的匮乏中,而在**触犯**规律时,则生活于对自己卓越性的
意识的缺乏中。由于这种强制性的神的和人的秩序是与本心相分离的,它
对于本心就是一个**假象**,这个假象据说失去了那还与本心掺合在一起的东
西,也就是失去了那种强制力和现实性。这种秩序虽然可以在其**内容**上偶
然地与本心的规律协调一致,从而本心的规律能够容忍它;但对于本心来
说,本质不在于纯粹合规律的东西本身,而在于它在合规律的东西中拥有 [246]
对自己本身的意识,在于它在其中**使自己**获得满足。但是当普遍的必然性
的内容与本心并不协调一致时,则普遍必然性哪怕按照其内容来说,自在
地也什么都不是了,而必须让路给本心的规律。

　　[**II. 将本心置入于现实**]个体于是就来**实施**它的本心的规律;本心的
规律成为了**普遍的秩序**,而快乐变成了一种自在自为的、合乎规律的现实

性。但在这个实现过程里，规律实际上已经逃离了本心，它直接地仅仅成
为了本应加以扬弃的关系。本心的规律正是通过自己的实现而不再是**本
心**的规律了。因为它在这个过程里获得了**存在**的形式，它现在是**普遍的力
量**，而对于普遍的力量来说，**这个**本心是无关紧要的，以至于个体正因为
是它**建立**了**它自己的**秩序，而发现这个秩序不再是属于它的了。通过它的
规律的实现，个体因而不是产生了**自己的**规律，而是由于这个秩序**自在地**
虽然是属于它的，但对它来说却是一个异己的秩序，所以个体所造成的仅
仅是让自身卷入于现实秩序里面去；而且它被卷入的这个现实的秩序是一
个不仅对它陌生而且怀有敌意的超强势力。——个体通过自己的行为业
{204}　绩，把自己置入**进**或不如说建立**为**存在着的现实性的普遍元素，它的行为
业绩即使按照它自己的意思来说，也应该具有一种普遍秩序的价值。但是
个体借此就使自己从它自己**摆脱**出来了，它作为普遍性而自为地继续生长
起来，并从自身中清除了个别性；个体只想以它直接自为存在的形式去认
识普遍性，因此，它在这个自由的普遍性里就认识不到它自己，然而它同时
也属于这个自由的普遍性，因为这个自由的普遍性就是它的行为。这种行
为于是具有颠倒的含义，即它与普遍的秩序相**矛盾**，因为个体的行为业绩
应该是**自己的**个别本心的行为业绩，而不是自由的普遍的现实性；而同时
个体实际上又**承认**了自由的普遍的现实性，因为这行为具有这种意识，就
是要把它的本质建立为**自由的现实性**，也就是说，要承认这现实性就是它
的本质。

[247]　　个体通过它的行为的概念，规定了它使自己隶属于其下的那个现实的
普遍性如何转过来反对自身的更切近的方式。它的行为业绩是作为**现实性**
而隶属于共相之下的；但是行为业绩的内容却是它自己的个体性，这个体
性是要作为**个别的**、与共相对立的个体性而保持下去的。这并不是任何一
个可以谈得上去建立的确定的规律，相反，个别的本心与普遍性的直接统
一是被拔高为规律和应当有效的思想的，即**每个本心**都必须在成为规律的
东西里去认识**自己**。但是，只有这个个体的本心是在它的行为业绩里建立
起了自己的现实性的，这行为业绩向它表现了**它的自为存在或它的快乐**。
这行为业绩应当被直接当作普遍的东西，就是说，它在真理中是某种特殊

的东西，而且只具有普遍性的形式：它的**特殊的内容作为特殊的内容**应当
被当作普遍的。因此，别的那些个体在这个内容里所发现的不是实现了它
们自己的本心的规律，而毋宁只是实现了**一个别人的**本心的规律，而且，
正是按照每一个体都应该在成为规律的东西里发现它自己的本心这一普
遍规律，别的那些个体恰好当这个个体反对它们的现实性时，也转而反对
这个个体所设置的那种现实性。所以，个体就像当初只发现僵硬的规律一
样，它现在发现，那些人的本心甚至是与它的卓越的意图相反，并讨厌这意
图的。

　　由于这种意识所了解的首先只是作为**直接**普遍性的普遍性，只是作为
本心的必然性的必然性，它就不了解这种实现和效果的本性，不知道这种
本性作为**存在着的东西**，在其真理性中倒是**自在的共相**，在这共相中，意识
的为了作为**这一**直接的**个别性**而**存在**所托付给共相的那种个别性反倒沉没
了；所以，意识所达到的并不是**它的**这种**存在**，而是在这种存在里**对它自身**
的异化。但这样一种存在，意识在其中虽然认不出它自己，却不再是死的
必然性，而是由普遍的个体性而激活了的必然性。意识曾经把它碰到并生 {205}
效的这种神的和人的秩序当作一种死的现实性，在其中，正如意识将自己、 [248]
将作为这个自为存在着的、与共相对立着的本心的自己固定下来一样，同
样，那些隶属于这个现实性的人都不会具有对他们自己的意识的；但是意
识却反而发现这个死的现实性被一切人的意识激活了，发现它成了一切本
心的规律。意识造成了这样的经验，即现实性就是被激活的秩序，同时实
际上这经验正是由于它实现了它的本心的规律而造成的；因为这不意味着
别的，而只是说，个体性本身作为普遍的东西而成为了对象，但在这个对象
中，意识却认不出它自己来了。

　　[**III. 个体性的自大狂**] 因此，凡是自我意识的这种形态，从它自己的
经验里作为真实的东西而取得的，都是与这种形态**自认为的相矛盾的**。但
是，凡是它自认为的，本身对它来说都具有绝对普遍性的形式，这就是本心
的规律，它与**自我**意识直接是一个东西。同时，持存的活的秩序同样是自
我意识**自己的本质**和作品，自我意识所创造的不是别的，正是这种秩序；这
种秩序与自我意识处于同样直接的统一性中。自我意识以这种分属于一个

双重而对立的本质性的方式，而自在地与自身相矛盾，并最内在地错乱了。**这一个**本心的规律只是自我意识自己在其中认出自己的那种规律；但由于这种规律的实现，普遍的、有效的秩序对自我意识来说同样成了它自己的**本质**和它自己的**现实性**；因而，凡是在它的意识里自相矛盾的，对它来说，双方都处于这一本质的形式和它自己的现实性中。

[249]　　　由于自我意识把它自己意识到的这个毁灭的环节以及它从中经验到的结果说了出来，它就把它自身显示为对它自己的这种内在的颠倒，显示为意识的癫狂，对于这种意识来说，它的本质直接地就是非本质，它的现实性直接地就是非现实性。——这种癫狂并不能看作是这样：仿佛一般地将某种非本质的东西当作了本质的，将某种并非现实的东西当作了现实的，以至于凡是对一个人是本质的或现实的东西，对于另一个人就不是，而对现实的和非现实的意识或对本质性和非本质性的意识是互相分裂的。——当某种东西实际上对于意识一般是现实的和本质的，而对于我却不是的，那么在对它的虚无性的意识里，由于我就是意识一般，我同时也就拥有了对它的现实性的意识；——而由于虚无性和现实性这两者都被固定了下来了，所以这意识就是一个统一体，这个统一体一般说来就是疯狂。不过在这种疯狂中，癫狂了的只是对意识而言的一个**对象**；而不是在意识中并本身自
{206}　为的意识自身。但是，在此处已经得到的经验的结果里，意识在自己的规律中把**自己本身**意识为这样一种现实的东西；而且同时，由于正是这同一个本质性、同一个现实性，在它看来已经被**异化了**，它就作为自我意识、作为绝对的现实性而意识到它自己的非现实性，或者说，这两方面，根据其矛盾，都被它直接看作是**自己的本质**，因而它这个本质就是在内在最深处癫狂了。

　　　因此，为人类福利而跳动的本心，就转化成了癫狂自负的怒火；转化成了维护自己不受摧毁的那种意识的狂怒，而这种转化是由于意识自己本身是颠倒，它要把这种颠倒从自身中排除掉，并努力把这颠倒视为并说成是某种另外的东西。于是意识就把普遍的秩序说成是对本心的规律和它的幸运的一种颠倒，说这种颠倒是由狂热的教士们、荒淫无度的暴君们、以及他们的那些企图通过侮辱和压迫更低贱的人以补偿他们自己所受到的屈辱的臣仆们，为了使被欺骗的人类陷入无可名状的苦难而发明出来的。意

识在它自己的这种癫狂中将**个体性**说成是癫狂者和被颠倒者，但这是**一种异己的和偶然的**个体性。但是本心，或意识的那种**直接想成为普遍的个别性**，就是这个癫狂者和被颠倒者本身，并且它的行为所产生的，只是使得这个矛盾变成了**它的**意识而已。因为对它来说，真实的东西就是本心的规律，——这是一种单纯**被意谓的东西**，它不像持存的秩序那样经得住时日，反而一旦在时日中显示出来，就归于毁灭。它的这个规律本来是应该具有**现实性**的，在其中，这规律作为**现实性**，作为**有效秩序**，对它来说是目的和本质，但是同样是这个**现实性**，即正好这个作为**有效秩序**的规律，直接地对于本心来说反而是一个虚无。——同样地，它**自己的**现实性，**它本身**作为意识的个别性，自己就是本质；但这本质对它来说就是目的，要把这个别性建立为**存在着的**；于是对它来说，事情反倒是这样，它的自身作为非个别性反而直接就是本质，或者说作为规律的目的反而是本质，这目的正因此而是普遍性，即对本心的意识自身而言将会是本质的那种普遍性。——本心的这个概念通过它的行为变成了它的对象；所以它自己经验到它反而是不现实的东西，是作为它的现实性的非现实性。所以，这个不现实的东西并不是一个偶然的和异己的个体性，相反，恰好是这个本心，从一切方面看来，在自身中就是那被颠倒者和颠倒者。

但由于直接普遍的个体性就是被颠倒者和颠倒者，那么同样，既然这种普遍的秩序是一切**本心**的规律，也就是被颠倒者的规律，当这个规律表现出暴怒的癫狂时，则这秩序本身也是被颠倒者。有朝一日，在一个本心的规律于其他个体那里遇到抵抗时，这种普遍秩序会证明自己是一切本心的**规律**。这些持存的规律在一个个体的规律面前受到保护，因为它们并不是无意识的、空的、死的必然性，而是精神的普遍性和实体，在其中，精神的普遍性借以拥有自己的现实性的那些本心都作为个体而活着，并意识到它们自己；以至于，即使这些个体抱怨这个秩序，说它似乎违背了那内在的规律，并在这个普遍秩序面前坚持本心的意谓，它们实际上还是连同自己的本心一起依赖于这个作为自己的本质的普遍秩序；如果从它们那里夺去这个普遍秩序，或它们自己置身于这秩序之外，它们就失掉了一切。由于这里面持存着的是公共秩序的现实性和权力，所以公共秩序就显得是自身

[250]

{207}

[251]

等同而有普遍生命的本质，而个体性就显得是这公共秩序的形式。——但这个公共秩序同样是被颠倒的东西。

因为，既然公共秩序是一切本心的规律，而一切个体直接就是这个共相，那么这种秩序就是一种仅仅**自为存在着的**个体性的现实性，或本心的现实性。于是，将自己的本心的规律提出来的那个意识就经验到了从别的意识那里来的抵抗，因为这规律与别的意识的本心的**同样个别的**规律发生矛盾，而这些别的意识在它们的抵抗中所做的无非也就是提出自己的规律并使之有效。现成在手的那个**共相**因此就只不过是大家相互之间的一种普遍的抵抗和搏斗而已，① 在其中，每个人都努力使自己特有的个别性生效，但同时又都做不到这一点，因为个别性经验到了同样的抵抗，并交相为另外的个别性所消解。于是公共**秩序**就显得是这样一场普遍的混战，在其中各人夺取其所能夺取的，对别人的个别性施行正义，并将自己的同样会因别人的个别性而消失的个别性固定下来。这个秩序就是**世界进程**，即一个持续过程的映像，这个持续过程只是一种**意谓中的普遍性**，而它的内容毋宁是诸个别性的固定与消解之间的无本质的转换游戏而已。

如果我们把普遍秩序的这两方面对照起来考察，后一种普遍性就是以不安静的个体性为它的内容，对不安静的个体性来说，意谓或个别性是规律，现实的东西是非现实的，非现实的东西则是现实的东西。但是个别性同时又是这秩序的**现实性方面**，因为个体性的**自为存在**属于这个方面。——[252] 而前一方面则是作为**静止的**本质的**共相**，但唯其如此，它才是作为一种**内在的东西**的共相，这内在的东西并非根本不存在，但毕竟不是什么现实性，而且它只有扬弃了曾经自诩为现实性的那个个体性，自己才能变成现实的。意识的这种形态在规律里、在**自在的**真与善里，不是作为个别性，只是作为**本质**而形成自身，但它知道个体性就是被颠倒者和颠倒者，因而它必

---

① 黑格尔的"大家相互之间的一种普遍的抵抗和搏斗"这一说法明显是影射他在耶拿时期集中研究过的托马斯·霍布斯。霍布斯赋予自然状态的特点是"一切人对一切人的战争"；他在《论公民》（第一章第 12 节）中谈到了"bellum omunium in omnes"［一切人的全面战争］，在《利维坦》中也谈到"bellum omnium contra omnes"［一切人反对一切人的战争］。——丛书版编者

须牺牲意识的个别性，意识的这个形态就是**德行**。

c. 德行与世界进程 {208}

［**I. 个体性和普遍性的两种对立方式**］在能动的理性的第一种形态下，自我意识自身曾是纯粹的个体性，与纯粹的个体性对立着的是那空洞的普遍性。在第二种形态下，对立的两个部分各自都曾拥有规律和个体性这**两个**环节于自身；不过本心这一部分曾是两个环节的直接统一，而另外一部分是这两者的对立。而在这里，在德行与世界进程的关系中，两项中的每一项都是这两个环节的统一和对立，或者说都是规律与个体性的相对运动，但却是一种互相反对的运动。对于德行的意识来说，规律是**本质的东西**，个体性是要扬弃的东西，因而既要在德行意识自身里又要在世界进程里加以扬弃。在德行意识那里，那特有的个体性必须接受自在的真与善的共相的规训；但在这里面，德行意识仍然还是人格性的意识；只有牺牲整个人格性，也就是保证德行意识实际上已不再执着于个别性上，这才是真正的规训。而在这种个别性的牺牲中，**世界进程**上的个体性也就同时被清除了。因为个体性也是一个单纯的双方共有的环节。在世界进程里，个体性的态度采取了与它在德行意识里被建立时相颠倒的方式，就是说，使自己成为本质，反之，**自在的善和真**则屈服于自己之下。——此外，同样地，对于德行来说，世界进程也不仅仅是这个被**个体性颠倒了**的共相而已；相反，绝对的**秩序**同样地也是共有的环节，只是在世界进程中它并不是作为**存在** [253] **着的现实性**而对意识现成在手的，而是意识的**内在本质**。因此真正说来，绝对的秩序并不是只有通过德行才能产生出来，因为这种产生作为一种**行为**乃是对个体性的意识，并且不如说是对个体性的扬弃；但仿佛只有通过这种扬弃，才给世界进程的**自在**开辟了自在自为地进入实存的空间。

现实的世界进程的普遍**内容**已经出现了；在进一步的考察中，这内容又无非是自我意识的前面那两种运动而已。德行这一形态就是从那两种运动里产生出来的；由于它们是德行的来源，德行就面临着这两种运动；但德行的目标是扬弃自己的来源而实现自身，或者说变成**自为的**。因此，世界进程一方面是寻求自己的快乐和享受的个别的个体性，哪怕它在其中发现

{209}　了它自己的覆灭，并因此而满足了共相也罢。但是这个满足自身，正如这个关系的其余的环节一样，乃是共相的一个颠倒了的形态和运动。现实性只是快乐和享受的个别性，但共相则是与个别性对立着的；它是一种必然性，这种必然性只是共相的空洞形态，只是一种消极的反作用和无内容的行为。——世界进程的另一环节是这样一种个体性，它声称是自在自为的规律，并且由于这种自负的想象而干扰着现存的秩序；这个普遍的规律虽然在这种狂妄自大面前保持着自身，并且不再作为一种与意识对立的东西和空的东西、也不是作为一种死的必然性出场，而是作为**在意识自身中的必然性**出场。但是，当它作为对绝对矛盾着的现实性的**有意识的**联系而实存时，它就是癫狂；而当它作为**对象性的**现实性而存在时，它就是一般的颠倒。因此，虽然在这两方面，共相都是把自己呈现为促使它们运动的力量，但这种力量的**实存**只是那普遍的颠倒。

[254]　　　[**II. 世界进程是普遍在个体性里的现实性**]现在，共相应该通过对个体性、对颠倒原则的扬弃，从德行那里获得它真正的现实性；德行的目的因此也就必须将颠倒了的世界进程重新颠倒过来，并把世界进程真正的本质带出来。这种真正的本质在世界进程那里还只是作为其**自在**，它还不是现实的；因此德行只是**信仰**这一本质而已。德行必须把这种信仰提升到直观，但并不享受它自己的工作和牺牲的果实。因为就德行是**个体性**而言，它就是它对世界进程所发起的那场战斗的**行为**；但它的目的与真正本质则是对世界进程的现实性的克服；因此由这种克服而导致的善的实存就是对德行**行为**或**个体性意识**的中止。——这场战斗本身将会如何被经受，德行在战斗中将获得什么经验，是否由于德行所承受的牺牲，世界进程就会战败而德行就会胜利——这些都必须由战斗者们所掌握的活的**武器**的本性来决定。因为这些武器不是别的，只是战斗者们自身的**本质**，而这种本质只对它们双方互相才显露出来。所以，它们的武器从这场战斗中自在地现成在手的东西里就已经产生了。

　　这**共相**对于德行意识来说在**信仰**中或**自在地**是真的；还不是现实的普遍性，而是一种**抽象的**普遍性；它在这种德行意识自身那里是**作为目的**而存在的，而在世界进程那里是作为**内在的东西**而存在的。正是由于这个规定,共相即使在德行那里也在为世界进程而显示出来;因为德行仅仅**想**去实现善,还并未把自己的善冒充为现实性。这个规定性也可以这样来看待: 善,由于它在对世界进程的这场战斗中出场,它就借此把它自己呈现为**为一个他者**而存在着的东西;亦即呈现为某种不是**自在自为地自己**存在的东西,因为否则,它就不会想通过对它的对立面的克服才表现出自己的真理性了。说善仅仅是**为一个他者**而存在的,这话和以前从对立的方面考察善时所显示出来的意思是一样的,即和说善仅仅是一个**抽象**,这抽象只是在关系中而不是自在自为地具有实在性,是同一个意思。{210}

[255]

　　所以,善或共相正如在这里出场时那样,就是那种被称为**天赋、才具、力**的东西。这是精神的东西存在的一种方式,在其中,精神的东西被表象为一种普遍的东西,这种普遍的东西需要个体性原则去激活和推动自己,并在这种个体性中拥有自己的**现实性**。只要个体性原则在德行意识那里,这个共相就被这个原则**正确地应用着**,但是,一旦这个原则在世界进程那里,这个共相就被它**误用**了——这共相就成了一个被动的工具,它可以被掌握在自由的个体性的手里,面对个体性对它的使用可以漠不关心,哪怕被误用去造成一种使它自己被毁灭的现实性也罢;它是一种无生命的缺乏自己自身独立性的质料,这种质料可以被赋予这种形式,也可以被赋予另一种形式,甚至可以被赋予那败坏它自身的形式。

　　由于这共相以同样的方式听从德行意识和世界进程的诚命,所以就不能预料,德行在这样武装起来的时候,究竟是否会战胜罪恶。武器都是同样的,它们都是这些才具和力。虽然德行将自己对自己的目的与世界进程的本质这两者的原始统一方面的信仰作为伏兵,让这统一性在战斗期间从背后袭击敌人,并让这场战斗**自在地**完成,从而导致对德行骑士而言,它自己的**行为**和战斗真正说来实际上是一场和影子的搏斗,对于这场搏斗,它**不能够**当真,因为它把自己真正的强大置于这一点上:它相信善是**自在自为地自身**存在的,即善自身会实现自己,——对于这场和影子的搏斗,它也不**可以**让其弄假成真。但因为它所掷向敌人以及发现敌人掷向自己的那种东西,和它在它自己身上以及在它所面对的敌人身上都冒着用坏和受损的危险的那种东西,不应该是善本身;因为它的战斗正是为了维护和实

[256]

行善；相反，在这上面处于危险中的只是那些漠不相干的天赋和才具而已。可是实际上，这些天赋和才具又不是别的，正是应该通过战斗来维护和实现的那种无个体性的共相本身。——但是这个共相同时又通过战斗这个概念本身而直接地**已经实现了**；它是**自在、共相**；而它的实现只意味着它**同时又是为了一个他者**而存在的。上面谈到的那两个方面，即按照每一方面共{211}　相都会成为一个抽象的那两方面，现在**不再是分开来的**，相反，在战斗里并且通过战斗，善同时以两种方式被建立起来了。——但德行的意识进入到与世界进程的战斗时，是把世界进程当作一种与善对立的东西；而它在战斗中呈现给世界进程的是那种共相，它不仅仅是作为抽象的普遍的东西，而且是作为一种因个体性而激活了的、为他者而存在着的普遍的东西，或者说是**现实的善**。所以凡是在德行触及到世界进程之处，它总是碰到这样一些地方，它们是善本身的实存，这个善本身作为世界进程的**自在**，不可分割地被缠绕进世界进程的一切现象中，并在世界进程的现实性里也拥有自己的定在；所以世界进程对德行来说是不可伤害的。恰好善的这样一些实存，因而那些不可损伤的关系，是本来应当由德行自己在自己身上冒险并加以牺牲的一切环节。因此这种战斗只能摇摆于维护与牺牲之间；或者不如说，不论是牺牲自己还是损害敌人，都是不可能发生的。德行不仅像是这样一位斗士，它在战斗中所唯一关心的是保持其宝剑的光亮，而且德行之所以要发起战斗，也是为了要维护这些武器；并且，它不仅可以不使用它自己的武器，而且它还必须保持敌人的武器不受损害，并保持敌人的武器以对付它自己，因为所有这一切都是它为之而投入战斗的那个善的高贵的部分。

相反，对于这个敌人来说，本质却并不是**自在**，而是**个体性**；因而这个[257]　敌人的力就是那否定的原则，对于这原则而言，没有东西是持存的和绝对神圣的，相反，这否定原则能够冒损失所有一切东西的危险，并能承担这种损失。这样一来，它的胜利是一定的，这既是由于它自己，也同样是由于它的敌人所卷入进去的那种矛盾。凡在德行那里是**自在的**，对世界进程就只是**为自己的**；世界进程摆脱了对德行是固定的、并且将德行束缚着的每一个环节。世界进程将一个这样的环节掌握在自己手中的方式是，这个环节对于它来说只有当它既可以将其扬弃，也可以让其持存时，才是有效的；因而它也将那位被捆绑于这环节上的德行骑士掌握在手中了。德行骑士不能像脱掉一件披在外面的大衣那样从这环节中摆脱出来，通过将它遗弃，使自己自由；因为这环节是它不可放弃的本质。

最后说到**善的自在**据说会狡诈地从背后冲出来袭击世界进程的那支伏兵，那么这种希望本身是无效的。世界进程是清醒地知道它自己的那种意识，它不允许自己被从背后偷袭，而是处处以正面相对抗的；因为世界进程是这样的东西，一切都是**为它的**，一切都立于**它的面前**。但善的**自在**呢，如果它是**为它的敌人**而存在的，那么它就存在于我们已经看到过的那种战斗中；可是只要它不是**为敌人**，而是**自在地**存在着，它就是天赋和才具的被动工具，是无现实性的质料；若表象为定在，它就会是一种沉睡着的、在后面不知何处持存着的意识了。 {212}

[**III. 个体性是普遍的实在性**] 德行于是被世界进程克服了，因为实际上，抽象的非现实的**本质**才是德行的目的，并且因为就现实性而言，德行的行为基于那些仅仅取决于**言辞**的**区别**之上。德行本想把通过**牺牲个体性**而使善成为**现实性**作为自己的内容，但**现实性**方面本身无非是**个体性**方面。善本来应当是**自在地**和与**存在着**的东西相对立地存在的东西，但这**自在**从它的实在性和真理性来看，毋宁就是**存在本身**。**自在**首先是与现实性相反的**本质的抽象性**；但这抽象性恰好是那种不真实的而仅只是**为意识**而存在的东西；但这也就是说，它本身就是那被称之为**现实的**东西；因为现实的东西就是那种本质上**为一他者**而存在的东西，或者说它就是**存在**。但德行意识是基于**自在**与**存在**的这个区别之上的，而这个区别并不具有真理性。——世界进程本来应当是对善的颠倒，因为它曾经以**个体性**作为自己的原则；然而个体性是**现实性**的原则；因为恰恰个体性是这样的一种意识，通过这种意识，**自在的存在者**同样也是**为一个他者**而存在的；世界进程把不可转变的东西加以颠倒，但它实际上是将其从**抽象性的虚无颠倒成实在性的存在**。 [258]

世界进程于是战胜了德行在与它自己相对立时所构成的东西；它战胜了以无本质的抽象性为本质的德行。但是它战胜的并不是什么实在的东西，而是生造出来的一些不是区别的区别，是奢谈人类的至善和人性的压迫，奢谈为善而牺牲和天赋的滥用；——诸如此类的理想的本质和目的以清谈而误事，这些清谈抬高本心，架空理性，有建设而无建树；这些夸夸其谈所说出的只有这样一个内容是确定的：那假装是为了这样一些高贵目的而行动并满嘴这种卓越的空话的个体，是把它自己当成了一个卓越的本质，——这是一种吹嘘，它使自己和别人都头脑膨胀，而这种膨胀却是出于虚骄自大。——古代的德行曾经有它一定的可靠的含义，因为它在人民的**实体**里有它**内容扎实的基础**，并以一种**现实的**、**已经实存着的**善作为它的目的；因而它当时也不是针对那作为一种**普遍的颠倒**的现实性的，不是针对一个**世界进程**的。但现在所考察的德行却从这实体脱离开来，是一种无本质的德行，一种缺乏那个内容，仅仅是表象和言辞的德行。——这些与世界进程作斗争的空谈，只要请它说出它们这些空话究竟有什么含义，它们的空洞性马上就会暴露出来；——所以这些空话就**被假定为众所周知的**。假如要求把这种众所周知的东西说出来，就会要么用新的一波空话来搪塞，要么援引本心来与之相对抗，说本心会**内在地**说出它们的含义，也就是说，这将会承认**实际上说出这种含义**的无能。——那些空谈的毫无意义在我们这个时代的教养看来，哪怕以无意识的方式也显得是确定无疑的了；因为由于那种空话连篇以及借此来装腔作势的方式，所有的兴趣都被空耗掉了；这种丧失兴趣表现在它仅仅造成了无聊。

　　于是从这种对立中产生出来的结果就在于，意识让那有关一种**自在的**还不具有任何现实性的善的表象如同一个空洞的外壳那样蜕去了。意识在它的斗争中已经取得的经验是，世界进程并不像它当初看起来那样坏；因为世界进程的现实性就是普遍的东西的现实性。意识借这个经验而抛弃了那种通过**牺牲**个体性来产生善的做法；因为个体性正是自在存在着的东西**的现实化**；而颠倒也就不再被看作对善的一种颠倒，因为这种颠倒毋宁恰恰是把作为一种单纯目的的善颠倒为现实性；个体性的这种运动就是普遍东西的实在性。

　　但实际上，这样一来当初那种作为**世界进程**而与自在存在者的意识对立着的东西，同样也被克服而消失了。个体性的**自为存在**在那里曾经是与

{213}

[259]

本质或普遍对立着，并显现为一种与**自在存在**分离开的现实性。但既然现在已经显示出，现实性与普遍的东西是处在分不开的统一体里，那么世界进程的**自为存在**就证明自己正像德行的**自在**只不过是一种**看法**一样，也不再存在了。世界进程的个体性尽可以认为自己在**自为地**或**自私地**行动着；但它比它所认为的要好，它的行为同时是**自在存在**着的**普遍的**行为。如果它是自私自利的行动，那只是它不知道它的所作所为；而如果它肯定一切人都在自私自利地行动，那只是在断言，一切人对这行为是什么都毫无意识而已。——而如果它是**自为地**行动，那么这恰好导致了那仅仅只是**自在**存在着的东西成为现实性；于是**自为存在**的那个以为与自在相对立的目的——它的空乏的油滑以及它那些善于到处揭露自私自利的精明的解释，恰好和**自在**之目的及其空谈同样地也归于消失了。 [260]

　　所以，**个体性的行为和冲动就是自在的目的本身；各种力的运用及各种力的表现的转换游戏就是**给这些力和力的表现提供生命的东西，它们在别的情况下会是僵死的自在，这个自在并不是一种尚未实行的、无实存的抽象普遍，相反它本身直接就是个体性的历程的这个当下和现实性。 {214}

三、自在自为的本身就是实在的个体性

　　现在，自我意识把握到它自己的概念了，这概念当初仅仅只是我们对自我意识的概念，也就是在它自身的确定性中就有一切实在性这个概念，而它的目的与本质从现在起就是普遍东西的——天赋的与才具的——和个体性的一种自身运动着的贯通作用了。——这种充实和贯通的那些个别环节在它们于**统一性**中配合起来**以前**，就是前此所考察过的那些目的。它们作为抽象和怪想①已经消失了，这些抽象和怪想属于精神自我意识最初的那些陈旧了的形态，只有在本心、想象、言辞的那种被以为的存在之中，而

---

① 怪想，原文为 Chimären，古希腊神话中狮头、羊身、蛇尾的吐火女怪，音译为"喀迈拉"。——中译者

不是在理性之中，才拥有自己的真理性，理性现在才试图自在自为地确立它自己的实在性，不再力求把自己只是当作与直接存在着的现实性**相对立**的**目的**而产生出来，而是把范畴本身当作了自己意识的对象。——这是因[261]为理性当初在其中出场的那种**自为存在着的**或**否定的**自我意识的规定已被扬弃了；当初这个**自我意识所碰上的**某种**现实性**似乎是它自己的否定物，好像只有通过其扬弃才能实现它自己的**目的**似的。但是由于**目的**及**自在存在**已经作为这样的东西，即本身是**为他者的存在**和**被碰上的现实性**，而产生出来了，这种真理性就不再与确定性分离开了；——那样就会把建立起来的目的当作目的自身的确定性，而把目的的实现当作真理性，但或者也把目的当作真理性，而把现实性当作确定性——；① 相反，自在自为的本质和目的的自身就是直接的实在性自身的确定性，就是**自在存在和自为存在**、普遍的东西和个体性的贯通；行为在自己本身中就是自己的真理性和现实{215} 性，而**个体性的陈述**或**表达**就是行为的自在自为的目的本身。

所以，借这样的概念，自我意识就从那些对立的规定里返回到自身，这些对立的规定乃是对自我意识而言的范畴所曾具有的，也是自我意识对待范畴时作为观察的自我意识、然后又作为能动的自我意识的态度所曾具有的。自我意识现在以纯粹范畴本身为它的对象，或者说它就是这种意识到自己本身了的范畴。这样一来，自我意识就清算了它以往的那些形态；这些形态被置于它的身后而被遗忘了，不再作为它所碰到的世界而立于对面，而只是作为一些透明的环节在它自己内部展开着。不过在它的意识里，这些形态毕竟还是作为有区别的环节尚未结合到它们的实体统一性中的**运动**，而相互分离开来。但在**所有**这些环节里，自我意识都紧紧抓住存在与自我的单纯统一，这个统一就是它们的**类**。

因此意识摆脱了所有的对立和其行为的一切条件；它**自行**更新，不是针对**他者**，而是**针对它自己**。由于个体性自身就是现实性，所以这种作用的**材料**和行为的**目的**就在行为本身之中。因此，行为就带上了某种圆圈运[262] 动的外观，这个圆圈自由地在虚空中把自己推向自己本身，无拘无束地时

① 这句的两个破折号都是袖珍版加的，考证版没有。——中译者

而扩大，时而缩小，完全心满意足地只在自身中和自己本身做游戏。所以，个体性借以呈现自己形态的那个元素具有对这个形态的一种纯粹接纳的含义；它就是意识想要在其中显示出来的那个光天化日。这行为并不改变什么，也不反对什么；它是把**不被看见的东西**转译成**被看见的东西**的纯粹形式，而被揭露和呈现出来的内容也不是别的，只是这个行为自在地已有的东西。它是**自在的**——这就是它作为**思维到的**统一性的形式；而且它是**现实的**——这就是它作为**存在着的**统一性的形式；它本身则只有在这个单纯性规定中，在与它的过渡、它的运动的规定相对立时，才是**内容**。

a. 精神的动物王国和欺骗，或事情自身　{216}

这样一种自在地实在的个体性，首先又是一种**个别的**和**特定的**个体性；个体性知道自己是绝对的实在性，所以这种绝对的实在性当它为个体性所意识到时，就是**抽象的普遍的**实在性，它没有被充实，没有内容，只是这个范畴的空洞的思想。需要考察的是，自在地本身实在的个体性这一概念是怎样地在它的诸环节中规定自己的，个体性的关于它自身的概念又是怎样进入到意识中来的。

[**I. 个体性的概念作为实在的个体性**]这个个体性当它本身自为地自己就是一切实在性时，它的概念首先是一种**结果**；它还没有将它的运动和实在性呈现出来，它在这里是被**直接地**建立为**单纯的自在存在**。但是否定性既然就是显现为运动的那种东西，它就在这**单纯自在**中作为**规定性**而存在；并且**存在**或单纯自在就成了一个规定了的范围。因此，个体性就作为一种原始地被规定了的本性而出场，——之所以是**原始的**本性，乃因为它**自在地存在着**，——之所以是原始地**规定了**的本性，乃因为否定的东西就在**自在**中，而这个自在因此就是一个质。然而，存在的这个限制并**不能限制意识的行为**，因为这种行为在这里是一个完全**自己对自己本身**的联系；而本可以当作对行为的限制的那种对他者的联系已经被扬弃掉了。因此本性的原始规定性只是一种单纯的原则——一种透明的普遍元素，在其中个体性同样也保持着自由、同时自我保持，正如它在其中无阻碍地展开自己的区别，并在它的实现过程中与自身进行着纯粹的交互作用那样。就像未被规 [263]

定的动物生命那样，将它的生气（Odem）吹进比如说水、气或土等元素里，也吹进在这些元素内再次得到规定的那些原则里，并使自己的每一环节都浸润于其中，但却不顾这元素的限制，而仍然将这些环节维持在自己的掌控之中，维持其自身为一个一，并且作为这个特殊的有机体而保持为同一个普遍的动物生命。

这样一种原始**本性**，即意识在其中保持着自由和完整的那种被规定的原始本性，显现为对个体而言就是目的的东西的那种直接的、唯一的本真**内容**；这个内容诚然是**被规定的**内容，但只有当我们孤立地考察**自在存在**时，它才一般地是**内容**；但在真理中，它是被个体性所贯通了的实在性；它是现实性，就如同意识把这现实性当作它自己身上个别的东西来拥有、并且首先只将其建立**为存在着的**，还不是建立为行为中的那样。但对于行为来说，一方面，那种规定性之所以不是行为曾经想要超出的那样一种限制，是因为被视为是存在着的质的那种规定性就是行为自身在其中运动的那种单色元素；但另一方面，这否定性只有在存在身上才是**规定性**；但**行为本身**无非就是否定性；因此，在行为中的个体性那里，规定性就消溶在一般的否定性或一切规定性的总和中了。

{217}

[264]　　　现在，单纯的原始本性在**行为**和行为的意识里产生了与这一行为相适合的区别。行为**最初**是作为对象而现成的，也就是作为那还属于**意识的对象**、作为**目的**而现成的，因而是与现成的现实性相对立的。**另一个环节**则是那个被表象为静止的目的的**运动**，是实现活动，即是说，是目的与完全形式上的现实性之间的联系，因而是与**过渡**本身的表象、或者说与**手段**之间的联系。最后，**第三个环节**是那样一种对象，这种对象不再是行为者直接作为**自己的东西**而意识到的目的，而是从行为者脱离开来，并且**对行为者**作为一个**他者**而存在。——但这几个不同方面现在必须按照这个范围的概念这样记录在案：在这几个方面中，内容仍然是同一个内容，而没有任何区别加入进来，既没有个体性与一般存在的区别，也没有**目的**对作为**原始本性**的**个体性**的区别，也没有**目的**对现成的现实性的区别，同样，既没有**手段**对作为绝对**目的**的现实性的区别，也没有**所造成的现实性**对目的或原始本性或手段的区别。

因此最初，个体性的原始规定的本性，它的直接的本质还没有作为行为者建立起来，它被称之为极其**特殊的**才具、才能、性格等等。精神的这种独具的色彩，应该被视为是目的本身的唯一内容，并完全单独地被视为实在性。假如有人把意识设想为一种跨过这种内容而想赋予某种别的内容以现实性的东西，那么他就是把意识设想为**一种努力化为虚无的虚无**了。——而且，这个原始的本质不仅是目的的内容，而且自在地也是**现实性**，它通常显现为行为的一种**给予的**材料，显现为**被碰上的**并且必须在行为中构成起来的现实性。也就是说，行为只是纯粹将尚未呈现的存在的形式转译为呈现出来的存在的形式；与意识相对立的那种现实性的自在存在就下降为只是空虚的假象了。这种意识由于规定自己去行动，于是就不让自己受现成现实性的假象所迷惑，并且同样，它必须不再在空虚的思想和目的中兜圈子，而是一心执着于自己本质的原始内容之上。——这个原始内容虽然只是**为意识的**，**因为是意识把它实现出来的**；但是这样一种**对这意识而言**只**在意识内部存在的**东西与一种在意识以外自在存在着的现实性之间的区别已经被消除了。——只不过使意识**自在地**所是的东西成为**自为的**，这是必须付诸行动的，或者说，这行动正是精神的**作为意识的**生成过程。所以，凡是意识**自在地**是什么，意识都从自己的现实性中知道了。因此，个体在通过行为使自身成为现实性以前，不可能知道**它是**什么。——但这样一来，似乎个体在做出行为以前就不能规定它行为的**目的**了；但同时，由于它是意识，它又必须事先把这个行动作为**完全是自己的**行动、也就是作为**目的**摆在自己面前。因此，要着手行动的个体似乎处在一个圆圈之中，在其中，每一个环节都已经以另一个环节为前提，因而好像不可能找到开端，因为它对于那必须是它的目的的原始本质，**只有从行为业绩里**才得以知晓，但是它为了做出行为，又必须**事先拥有目的**。但唯其如此，它必须**直接地**开始，而不论状况会如何，都必须在毫无对**开端**、**中介**和**结局**的任何考虑时就展开活动；因为它的本质和**自在**存在着的本性乃是开端、中介和结局的一切归一。作为**开端**，这个自在存在着的本性在行动的**状况**里就现成在手了，而个体对某物所感到的**兴趣**，也已经是对这里是否要有行为和要有什么行为的问题所给出的答案了。因为凡是看起来好像是一个被碰上

{218}

[265]

的现实性的东西，自在地都是它的只具有一个**存在**的假象的原始本性——
这假象包含在自行分裂的行为这一概念里，——但却作为**行为的**原始本性
而在它于这本性中所感到的**兴趣**里把自身表现出来。——**如何**表现或用什
么**手段**表现，同样也是这样自在自为地得到规定的。同样，**才能**也不是别
的，只是规定了的原始的个体性，它被看作**内在的手段**或从目的到现实性
的**过渡**。但**现实的**手段和实在的过渡是才能与在兴趣中现成的事情本性

[266]　的统一；才能在手段里表象出行为的方面，事情本性则表象出内容的方面，
双方都是作为存在与行为相贯通的个体性本身。因此，凡是现成在手的东
西都是被碰到的**状况**，这些状况**自在地**都是个体的原始本性；然后是兴趣，
兴趣把这些状况恰恰当作**它自己的东西**或当作**目的**建立起来；最后则是这

{219}　一对立在**手段**中的结合和扬弃。这个结合本身还属于意识之内，而刚才考
察的那个整体是对立的一个方面。这个还余留下来的相对抗的假象，通过
这**过渡**自身或**手段**而被扬弃了；——因为手段是外在的东西与内在的东西
的**统一**，是把手段当作**内在的东西**来拥有的那种规定性的反面；手段于是
扬弃了这个规定性，并将其自身，即将这个行为与存在的统一体同样也作
为**外在的东西**，作为变成现实了的个体性本身建立起来了，即是说，这个
个体性**为了个体性自身**而被建立为**存在者**。这整个的行动以这种方式，无
论作为那些**状况**，还是作为**目的**，或作为**手段**，还是作为**作品**，都没有走出
自身以外。

　　但伴随着作品，似乎就发生了诸原始本性的区别；作品正如它所表达
的原始本性一样，是一种**规定了的东西**，因为被行为作为**存在着的现实性**
解放出来时，否定性是作为质而存在于作品里的。但意识与作品相对立，
把自身规定成一种这样的东西，它在自身将规定性作为**一般**否定性、作为
行为来拥有；因此，意识乃是与作品的那种规定性相对立的共相；所以它能
将一个作品与别的作品相**比较**，并由此而将这些个体性本身理解为**各不相
同的**；在其作品中涉及面更广的个体要么意志力更强，要么本性更为丰富，
即是说，这种本性，其原始规定性所受的局限更少；——相反，另外一个本
性则更软弱，更贫乏。与**大小**上这种非本质的区别相反，要是讲**好**和**坏**的

[267]　话，就会表达出一种绝对的区别；但在这里并不发生这种绝对的区别。不

论采用这种还是那种方式看待，一个行为和冲动都以同样的方式是一个个体性的自身呈现和自身表达，因此总是好的；而真正说来，也许就根本不能说什么是坏。凡是有可能叫作坏的作品的东西，乃是那将其自身实现于这个作品中的某个规定了的本性的个体生命；它只是由于比较的思想才会被贬低成一个坏的作品，但比较的思想是某种空洞的东西，因为它撇过作品是个体性的自身表达这一本质，而在上面另外去寻找和要求谁也不知道是什么的别的东西。——比较的思想，顶多能涉及前面提到的那种区别；但那种区别本身作为大小的区别，是一种非本质的区别；它之所以在这里得到规定，乃是因为这是一些一旦被互相比较就会是各不相同的作品或个体性，然而它们是互不相干的；它们每一个都只与自己本身相联系。只有原始的本性才是**自在**，或者说才是可以作为尺度被当作评判作品之基础的东西，反过来说，只有作品才是评判原始本性的基础；但两者相应相符：没有哪一种**为**个体性而存在的东西不是**通过**个体性而存在的，或没有哪一种**现实性**不是个体性的本性和它的行为的，也没有哪一个个体性的行为和自在 {220} 不是现实存在的，而只有这些环节才是可以比较的。

因此，一般说来既没有发生**赞颂**，也没有发生**抱怨**，也没有发生**悔恨**；因为所有这些都出于这种思想，它想象出另外一种**内容**和另外一种**自在**是不同于个体的原始本性及其在现实性中现成地实行着的那种内容和自在的。个体所做的和个体所遭遇的不论会是什么，都是个体所做出来的事，并且就是个体自身；个体所能够拥有的，只是对**它自身**从可能性的黑夜到当下的白昼，从**抽象的自在**到**现实**存在之含义的那个纯粹转译的意识，以及对在白昼向它出现的东西无非都是在黑夜里曾经沉睡着的东西的确信。对这个统一性的意识，虽然同样也是一种比较，但是，被比较的东西恰好 [268] 只具有对立的**假象**；这是一种形式的假象，它对于理性的自我意识而言，当个体性在其自身即是现实性时，就不再作为假象存在了。那么个体，既然它知道它在自己的现实里所能找到的不外乎是这现实性与它自己的统一，或只是它自己在现实性的真理中的确定性，以及它因而总能达到自己的目的，所以个体就**只能在它自己身上体验到愉快**。

［II. 事情本身与个体性］这就是确信它自己即是个体性与存在的绝对

贯通的那个意识由自身所构成的概念；现在让我们看看，究竟这个概念是
否通过经验而向意识证实了自己，究竟意识的实在性是否与这个概念协调
一致。作品是意识赋予自己的实在性；它是这样一种东西，在其中，个体就
是那为**自在**存在着的东西而存在的东西，并且这样一来，个体在作品中**对
意识**形成起来，而这意识就不是特殊的意识，而是**普遍的**意识；意识在作品
中已经将自身一般地置于外部，放到那普遍性的元素之中，放到存在的无
规定性的空间里去了。实际上，这个从自己的作品中退回来的意识，相对
于它那个**被规定了的**作品而言，是普遍的意识——因为它在这一对立中成
了**绝对的否定性**或行为；这个意识因而超越了作为作品的它自身，本身就
是那个并不觉得自己被意识的作品所充满的无规定性的空间。如果说以前
在概念里，意识和作品毕竟还保持着统一，那么其所以如此，恰恰是因为作
品作为**存在着的**作品，那时是被扬弃的。但作品应该**存在**，必须考察的是，
在作品的**存在**中，个体性将如何获得其普遍性，如何懂得满足自己。——
首先，必须考察那自为地形成起来的作品。作品把个体性的整个本性一起

{221}
[269]

接受下来；因而它的**存在**本身就是一种行为，在这种行为中，一切区别都贯
通了并且消溶了；作品于是就被抛出到一种**持存**之中，在其中，这原始本性
的**规定性**实际上对其他那些规定了的本性凸显着自己，就像那些本性干预
它那样，它也干预那些本性，并作为消逝着的环节而在这个普遍的运动中
丧失了自身。如果在自在自为地本身实在的个体性这个**概念以内**，一切环
节如状况、目的、手段和实现过程都彼此是一样的，并且如果原始的被规定
了的本性只被看作是一种普遍的元素，那么与此相反，由于这种元素成为
了对象性的存在，它的**规定性**本身就在作品中显露出来，并在其消溶中获
得了自己的真理性。更确切地说，这个消溶是这样呈现出来的：在这个规
定性里，个体作为**这一个**而自己成为了现实的；但这个规定性不仅是现实
性的内容，而且同样也是现实性的形式，或者说，这个现实性本身一般说来
正是与自我意识相对立这样一个规定性。从这一方面来看，这个现实性把
自己显示为从概念里消失了的、只是**被碰上的**一种**陌生的**现实性。作品**存
在着**，这就是说，作品为别的个体性存在着，而且它对于别的个体性而言是
一个陌生的现实性，而**别的个体性**必须建立它们自己的现实性来取代这个

现实性，以便通过**自己的**行为给自己提供**自己**与现实性相统一的意识；或者说，**它们**通过**自己的**原始本性所建立起来的对这个作品的兴趣，是不同于这个作品**自己固有的**兴趣的，而这样一来，作品也就被变成了某种另外的东西了。所以一般说来，作品是一种易逝的东西，它因其他的力与兴趣的对抗作用而消溶，它所呈现出来的作为消逝着的个体性的实在性，比起作为完成了的个体性的实在性来，要多得多。

于是对意识来说，在它的作品中就产生了行为与存在的对立，这对立在意识先前的诸形态中曾经同时是行为的**开端**，而在这里则只是**结果**。但由于意识作为**自在地**实在的个体性已着手于行动了，这个对立实际上同样也成为了基础；因为对这行动而言，那被规定的**原始本性**作为**自在**，先前已被建立起来了，而且为实行而实行的那个纯粹的实行也曾将这个原始本性当作**内容**。可是纯粹的行为是**自身等同的**形式，因此它与原始本性的**规定性**是不同的。在这里，像在别处一样，两者之中何者被称为**概念**，何者被称为**实在性**，是无所谓的；原始的本性是**被思想的东西**或与行为相对的**自在**，它只有在行为中才拥有自己的实在性；或者原始的本性同样可以是个体性本身的**存在**，正如它对个体性而言是作为作品的存在一样，但行为则是作为绝对的过渡或作为**形成过程**的原始**概念**。在意识的本质里包含着的概念与实在性之间的这种**不相称性**，是意识在它的作品里所经验到的；所以在作品里，意识获悉了它在真理中是怎样的，而它关于它自身的空洞概念就消失了。 [270]

因此，在作品作为这一自在地本身实在的个体性的真理性的这样一个基本矛盾中，个体性的一切方面又再次作为矛盾着的东西而出场了；或者说，作品作为整个的个体性的、从那本身是否定的统一并把持着一切环节的**行为**里拿出来被放进**存在**中的内容，现在就把这些环节都释放出来了；而在持存的元素里，这些环节则成了彼此漠不相干的。所以，概念与实在作为目的和作为本身是**原始本质性的**东西，是相分离的。至于目的要具有真正本质，或自在要被当成目的，这都是偶然的。同样地，概念与实在作为向现实性的**过渡**和作为**目的**，又是彼此分离开的；或者说，要对表现目的的**手段**加以选择，这也是偶然的。而且最后，所有这些内在的环节一起，不管它们是否在自身中有一个统一，个体的这一**行为**对于一般的**现实性**，又 {222}

是偶然的；**运气**既决定着一个规定得很坏的目的和一个选择得很糟糕的手段，也决定着与它们相反的目的和手段。

因此，如果现在说，意识在自己的作品中所获得的是意愿与实行、目的与手段，以及这全部内在的东西一起与现实性自身之间的**对立**，这种情况一般说来就包含着**意识的行为的偶然性于自身**的话，那么同样也现成在手的却是这行为的**统一性和必然性**；这后一方面凌驾于前一方面之上，而关于**行为的偶然性**的经验本身只是一种**偶然**的经验而已。行为的**必然性**在于：**目的**绝对是与**现实性**有联系的，而这个统一性就是行为的概念；行为之所以被做出来，乃是因为行为自在自为地本身就是现实性的本质。在作品里，虽然发生了**已被实行的东西**对于**意愿与实行**所具有的偶然性，而这个看起来必须被当作真理的经验是与上述那个行动概念相矛盾的。然而，如果我们对这个经验的内容在其完备性中加以考察，那么这个内容就是**消逝着的作品**；凡是**保持**自身的就不是**消逝**，相反，消逝本身是现实的，是与作品结合着的，并自身随作品一起消逝；**否定的东西**自身与**肯定的东西**同归于尽，它就是**肯定的东西的否定**。

这种消逝的消逝就包含在自在地实在的个体性的概念本身之中；因为，作品消逝于其中的、或者说在作品中消逝了的那个东西，以及本应给前面被称为经验的那种东西赋予其凌驾于个体性对自身所拥有的概念之上的优势的东西，就是**对象性的现实性**；但这现实性是一个哪怕在意识本身中也已不再独自具有真理性的环节；真理性只在于意识与行为的统一，而且**真正的作品**只是**行为与存在、意愿与实行**的统一。因此，围绕给意识的行动奠基的这种确定性，那与确定性**相对立的**现实性本身对意识来说是这样一种只是**为意识的**东西；对于返归自身的**自我意识**来说，在它面前一切对立都消逝了，对于作为这种自我意识的意识而言，对立就不再能以意识的**自为存在**与**现实性**相对立这一形式而形成起来了；相反，这种对立和在作品中显露出来的否定性，在此所切中的不仅是作品的内容，或者也不仅是意识的内容，而且是现实性本身，因而是只通过现实性并只在现实性中才现成在手的对立，是作品的消逝。所以，意识就以这种方式从自己暂时性的作品里反思到其自身，并坚持它的概念和确定性是面对行为的**偶然性**的

[271]

{223}

经验而**存在着的**和**保持着的**东西；实际上意识经验到了它的概念，在这概 [272]
念里现实性只是一个环节，是某种**为意识的**东西，而不是自在自为的东西；
它经验到现实性是消逝的环节，因而对于它来说，现实性只被看作是一般
的**存在**，而这存在的普遍性与行为乃是一回事。这个统一体就是真正的作
品；真正的作品就是**事情本身**，它完完全全地坚持着自身并作为保持着的
东西被经验到，而不依赖于那种事情，这事情是个体行为自身的**偶然性**，是
状况、手段和现实性的偶然性。

　　事情本身，只有当这些环节必须孤立地发生作用时，才是跟这些环节相
对立的，但本质上它作为现实性与个体性的贯通，是这些环节的统一；同样，
事情本身又是一个行为，并且作为行为，它就是**纯粹的行为一般**，**因而同样
是这一个体的行为**，而这行为作为仍然还属于个体的东西则处在与现实性
的对立中，即作为**目的**而存在；同样，事情本身又是从这一规定性向对立规
定性的**过渡**；而最后，它是一个**对意识而言**现成存在着的**现实性**。于是，**事
情本身**就表现了**精神**的本质性，在这种精神的本质性中，这一切环节作为自
为地发生作用的环节都被扬弃掉了，因而只有作为普遍的环节才发生作用，
而且在其中，对于意识来说，它对其自身的确定性本身就是对象性的本质，
就是**一个事情**；而这个从自我意识中作为**它的**对象而诞生出来的对象，仍然
不失为一个自由的、真正的对象。——现在，感性确定性和知觉的**事物**，只
有对于自我意识才有它的贯通的含义，在此基础上就有了一个**事物**和**事情**
的区别。——在这里面贯穿着一个与感性确定性和知觉相应的运动过程。

　　于是，对自我意识而言，在作为个体性和对象性之间对象性地形成的
贯通过程本身的**事情本身**中，就形成了它对它自身的真实的概念，或者说，
自我意识达到了对自己的实体的意识。像这里存在的这种自我意识，同时 [273]
又是一个刚刚形成的、因而是**直接的**对实体的意识，而这是一种特定的方
式，在其中，精神的本质是在此现成的，还没有发育成真正实在的实体。**事** {224}
情本身在这个对实体的直接意识里具有**单纯本质**的形式，这种单纯本质作
为普遍的东西，包含着它的一切不同环节于自身并被归于它们，但它同时
又漠不相干地对待它们这些特定环节而自由独立，并且作为这个自由的**单
纯的、抽象的事情本身**而**被看作本质**。**这一个个体的原始规定性**或**事情**，

它的目的、手段、行为本身和现实性这些不同的环节，对于这个意识来说，一方面是些个别的环节，意识可以冲着**事情本身**而抛开和放弃它们；但另一方面，它们全都把事情本身当作本质，仅仅是因为它作为它们的**抽象的**共相而可以**在**这些不同环节中的每一个**上面**找到，并可以是它们的**宾词**。它本身还不是主词，而那些环节却被当作主词，因为它们归属于一般**个别性**的一方，而事情本身却只不过是单纯的共相。事情本身是**类**，类可以在作为它的**种**的这一切环节里找到，同样又独立于它们之外。

[**III. 相互欺骗与精神实体**]这意识被称为**诚实的**意识，它一方面达到了**事情本身**所表现的这种理想主义，另一方面又以事情本身这个形式普遍性为真实的东西；诚实的意识永远只对事情本身感兴趣，因而总在事情本身的各个不同环节或种里游走，而当它在一个环节里或在一种含义中没有达到事情本身时，它正好因此而在另一个环节中获得了事情本身，因此实际上它总是赢得了这个意识按其概念本应享有的满足。随便它愿意如何做，它都已经完成和达到了**事情本身**，因为事情本身，作为各环节的这个**普遍的类**，是所有各环节的宾词。

[274]　　　如果意识没有使一种**目的**成为**现实**，那么它毕竟是**意愿过**这一目的的，这就是说，它使目的成为了目的，使一无所为的**纯粹行为**成了**事情本身**，因而可聊以自慰地说，它毕竟总算已经**做了**点什么，**推动了**点什么。既然这共相本身把否定或消逝都包含在自身之下，那么就连作品的自我毁灭这种事本身也是**它的**行为；这行为激发了其他针对这事的行为，并在它的现实性的**消逝**中还感到满足，如同那些调皮捣蛋的小孩在挨耳光时还在欣赏**自己本身**，因为**自己**是那一记耳光的原因。或者说，意识甚至连**尝试**去实行事情本身都**没有做过**，并且**根本什么也没有做过**，它并没有**想要**这样做；**事情本身**对它来说正是它的**决心**与**实在性**的**统一**；它断言**现实性**无非就是它的**愿望**。——最后，一般说来某种它所感兴趣的东西是没有它参与而形成起来的，所以对它来说，正是由于它在其中感到兴趣，这个**现实性**就是事

{225}　情本身，尽管这个现实性并不是由它产生出来的；如果这是一种它个人遭遇到的运气，那么它就宣称这是它自己的**业绩**和**功劳**；若并非如此，而是一件完全不相干的尘世事件，那么它同样也可以将其当作自己的事，而**毫**

无作为的兴趣被它看作是它已经赞成或反对、**与之斗争**或加以坚持的一种立场。

这种意识的**诚实性**，以及它在任何地方都体验到的那种满足，实际上显然是由于它**没有把**它关于事情本身所拥有的**那些思想聚集在一起**。在意识看来，**事情本身**要么是**它自己的**事情而完全**不是什么作品**，要么是**纯粹的行为**和**空洞的目的**，要么甚至是一种**无所作为的现实性**；它把一个接一个的含义变成这个宾词的主词，又把它们一个接一个地忘掉。现在，在仅仅**意愿过**或者甚至是**未曾愿望过**的情况下，事情本身就具有**空洞的目的**的含义，具有意愿与实施的**被思想到的**统一的含义。对于目的受挫但毕竟**意愿过了**或者毕竟**有过纯粹行为**这样的安慰，以及提供了某事让别人去做的这种满足，就是把**纯粹行为**或最坏的作品当成了本质；因为这种作品应该叫作一个坏的、根本不是什么作品的作品。最后，在**碰上了**现实性这种碰运气的情况下，这个无所作为的存在就成了事情本身。 [275]

但这个诚实性的真理并不像它看起来那样诚实。因为它不可能那么无思想，让这些各不相同的环节实际上相互离散开来，相反，它必然对这些环节的对立拥有直接的意识，因为这些环节完全是互相联系着的。**纯粹的行为**本质上是**这一个**个体的行为，而这一个行为本质上同样也是一个**现实性**或一个事情。反过来说，**现实性**本质上只是作为**它的**行为以及**行为一般**而存在的，并且**它的**行为同时只是如同行为一般那样，也是现实性。因此，由于个体所关心的似乎只是作为**抽象现实性**的事情本身，那么就连这也是现成在手的，就是它关心的是作为**它自己的**行为的现实性。但同样，正由于它只关心**行为**与**冲动**，因此对它来说，这就不是认真的，相反，它关心的是**某种事情**，并且是作为**它自己的**事情的事情。最后，由于它似乎只愿意要**它自己的**事情和**它自己的**行为，它所关心的又是**事情一般**或自在自为地保留着的现实性。

正如事情本身和它的各环节在这里作为**内容**而显现出来一样，同样必然的是，它们也**作为各种形式**而存在于意识中。它们之作为内容出场，只是为了消逝，每一个环节都要给另一个环节让位。因此，它们必须在这个规定性中作为**被扬弃了的**环节而现成在手，但这样一来，它们就是意识自

{226} 身的各个方面。**事情本身**作为**自在**或意识的**自身中反思**而现成在手，但诸环节之互相**排斥**在意识里的表现就是：它们不是自在地、而只是为了**一个他者**而被建立在意识里。内容的环节之一被意识摆到光天化日之下，并**为他者**表象出来；但同时，意识也从中反思自身，而对立环节也同样在意识中现成在手了；意识将其自为地作为自己的环节保留下来。但这环节同时也

[276] 并非诸环节的某一个**只是**被单独摆出来的环节，而另一个也并非只是被保留于内在东西中的环节，相反，意识将它们轮流交替；因为意识必须把这一个和那一个都变成本质上既是自为的又是为他的东西。**整体**乃是个体性与普遍性的自己运动着的互相贯通；但由于这种整体对这个意识而言只是作为**单纯的**本质、并因而作为**事情本身**的抽象而现成在手，这个整体的诸环节作为分离的环节就落在了事情本身之外并相互离散；而**作为整体**，它只是通过摆出来和自为地保留的分别交替才得到详细阐明和陈述。由于在这个交替过程中，意识将一个环节自为地并当作在自己的反思中的本质的环节来拥有，而把另一个环节只是在**自身**中外在地或为**他者**来拥有，于是就出现了一种在诸个体性之间互相转换的游戏，在其中，它们发现自己既在自欺也在互欺，既是欺骗者也是被欺骗者。

于是，一个个体性就着手去实行某事，它好像因此而把某事变成了**事情**；它行动起来，而就在这行动中，它成了为他的，并且好像它关心的就是**现实性**了。于是，其他的个体性就把它的行为当作是对事情本身的一种兴趣，当作要**让自在的事情实现出来**的目的；而不在乎是由那一个个体性还是由别的个体性来实现。由于在这之后，其他个体性表明这个事情已由它们完成了，或者在没完成时也提供并履行了它们的帮助，所以那一个意识反倒从它们以为它所在的那个地方出局了；它就是它在事情那里所感兴趣的**自己的**行为和冲动；而由于它们觉察到当初这就是**事情本身**，于是它们就觉得自己受了蒙骗。——但实际上，它们当初急忙赶去帮助，本身也无非是想看到和

[277] 表示**它们自己的**行为，而不是想看到和表示**事情本身**；就是说，它们当时是想以正是它们抱怨自己受到欺骗的那种方式去欺骗别的意识。——由于现在已经摆明了的是，**意识自己的行为**和冲动、**它的各种力**的转换游戏被当作了事情本身，于是似乎意识调动起自己的本质，就是**为了自己**，而不是为其

他个体性，似乎它只操心**它自己的**行为而不操心作为**别人**的行为的那种行为，因而似乎同样也对别人在**它们的**事情中不闻不问。但是它们是再度看错了；意识已经从它们以为它所在的那个地方出局了。意识所关心的，已不是作为**它的这一个个别的事情**的事情，而是作为**事情**的事情、作为对一切个体性而存在的一种普遍的东西的事情。因此，意识就插手于一切个体性的行为和作品，而如果说它不再能夺走它们手里的作品，它至少由此而产生了通过下判断来造成自己的行为的兴趣；如果它给作品打上它的同意和赞扬的印记，那么这已经意味着它在作品上所赞扬的不仅是作品本身，而且同时也是**它自己的**慷慨大度，是它使作品既没有作为作品也没有因自己的指责而遭到败坏的那种宽容。由于它对某一**作品**显示出兴趣，它便在其中欣赏**它自己**；同样，被它指责的这个**作品**也会受到它欢迎，为的是它由此而获得了恰好对**它自己的**行为的这种欣赏。然而那些自认为或自称是因这种插手而受骗了的个体性，自己当初倒是想以同样的方式去欺骗别人。它们自称它们的行为和冲动是某种只为它们自身而存在的东西，在其中，它们只以**自身**和**它们自己的**本质为目的。但由于它们做了某事，因而呈现了自己并将自己显示于日光之下，它们就直接通过这一行为业绩而与它们打出的招牌相矛盾了，因为打出的招牌是要排除日光本身，排除普遍的意识和一切人的参与，而实现出来的反倒是将它自己的东西展示在普遍的元素之中，借此，它们自己的东西就变成并且应当变成一切人的**事情**了。

{227}

　　因此，只要意识声称关心的是**纯粹的事情**，那它就同样也是自欺欺人；一个发现了一件事情的意识倒是得出了这样的经验，即其他的意识都像苍蝇麇集于新挤出来的牛奶那样急忙想要凑拢过去并对此孜孜以求，——①而且其他那些意识想在这件事情上了解到，它所关心的同样也不是作为对象的事情，而只是**它自己的**事情。反之，只要**行动本身**、只要力与才具的运用或这一个个体性的表述声称是本质性的东西，那么同样也会互相给对方造成这种经验，即**它们全都**激动起来，并把自己看作被邀请的，而且觉得原先所展现出来的并不是一种**纯粹的**行为，也不是一种**个别的**、特有的行为，

[278]

---

① 这是袖珍版的标点，在丛书版和考证版中没有逗号和破折号，而是一个分号。——中译者

而毋宁是某种既是**为他的**东西，同样也是**一个事情本身**。在上述两种情况中所发生的是同一件事，只是具有不同于当初在此所设想并声称有效的那种意义而已。意识把这两方面经验为同样是本质性的环节，并且在其中凡是**事情本身的本性**，它就既不只是仿佛与一般行为与个别行为相对立的事情，也不是仿佛与持存相对立的行为，仿佛它是把这些环节作为自己的**种**而从中摆脱出来的**类**那样；相反，它是这样一种本质，这种本质的**存在**是**个别的个体**和一切个体的**行为**，而这种本质的行为是直接**为他**而存在的或者是一个**事情**，而且只有事情才作为**一切个体**和**每个个体的行为**而存在；这种本质，是一切本质的本质，是**精神的本质**。意识经验到，上述的那些环节没有一个是**主体**，而是反倒消溶于**普遍的事情本身**之中；个体性的诸环节，对这个意识的无思想性来说，曾经先后被看作主体，现在则整合为单纯的个体性，这单纯的个体性作为**这一个**，同样又直接是普遍的。这样一来，事情本身就丧失了宾词的关系以及无生命的抽象普遍性的规定性：它毋宁是为个体性所贯通了的实体；而那个主体，在其中个体性既是作为它自己或者作为**这一个**、又是作为**一切**个体而存在的，以及那个共相，它只是作为一切个体性和每个个体性的这个行为才是一个**存在**，则是一个现实性，因为**这一个**意识知道这现实性既是它自己的个别现实性又是一切个体性的现实性。这个纯粹的**事情本身**就是上面曾被规定为**范畴**的东西：存在即是自我，或自我即是存在；但都是作为**思维**，它与**现实的自我意识**还是有区别的；但在这里，现实的自我意识的诸环节，就我们将其称之为自我意识的内容，如目的、行为和现实性而言，正如就我们将其称之为自我意识的形式，如自为存在和为他存在而言一样，已经与单纯的范畴本身建立为一了，而单纯的范畴因此同时就是一切内容。

b. 立法的理性

　　精神的本质，在其单纯的存在中，就是**纯粹的意识**和**这一个自我**意识。个体的原始地**规定了的**本性已经丧失了它的积极含义，即**自在地**就是个体活动的元素和目的这一含义；它仅仅是扬弃了的环节，而个体则是一个**自身**（Selbst）；即作为普遍的自身。相反，**形式的事情本身**却在行为中自身区别的个体性那里得到了自己的充实；因为这个个体性的那些区别构成了那个共相的**内容**。范畴是**自在的**，它作为**纯粹意识**的共相而存在；它又是**自为的**，因为意识的**自身**同样也是范畴的环节。范畴是绝对的**存在**，因为那个普遍性乃是**存在**的单纯的**自身等同性**。

于是，凡对意识而言是对象的东西，就包含着它是**真实的东西**的含义，**真实的东西**在下述意义上是**存在**的和有效的，即它**自在自为地自身存在**和**有效**；它是**绝对的事情**，这事情不再为确定性及其真理性、共相与个别东西、目的及其实在性的对立所苦，相反，它的定在就是自我意识的**现实性**和**行为**；因此，这一个事情就是**伦理的实体**；而对这个事情的意识就是**伦理的**意识。对伦理的意识而言，它的对象同样也像**真实的东西**那样有效，因为它把自我意识与存在结合在"一个"统一体之中；它被当作**绝对的东西**，因为自我意识不能也不愿再去超越这个对象，因为在对象中自我意识就是在其自身中；它之所以不**能**，乃因为这对象就是一切存在和一切力量；——它之所以不**愿**，乃因为这对象就是**自身**或这个自身的意愿。这意愿在作为对象的它自身那里，就是**实在的**对象，因为它在它自身中拥有意识的区别；它将自身划分成各种聚合体（Massen），这些聚合体就是绝对的本质的一些**被规定了的法则**。但这些聚合体并不使概念模糊不清，因为在这概念中仍然包含有存在、纯粹意识和自身这些环节，——这些环节仍然是这样一个统一体，它构成这些聚合体的本质，并且在这种区别中不让这些环节再彼此分散开来。

伦理实体的这些法则或聚合体都是直接被承认了的；这就不能去追问它们的起源和正当理由，也不能去寻找一种不同的东西，因为一种不同于这**自在自为地**存在着的本质的东西，将只不过是自我意识自身；但自我意识无非就是这个本质，因为它自身就是这个本质的自为存在，而这个自为存在之所以是真理，恰恰因为它既是意识的**自身**，又是意识的**自在**或纯粹的意识。

由于自我意识知道自己是这个实体的**自为存在**的环节，于是它就把在它自身中的法则的定在表述为：**健全的理性**直接知道什么是**正当的**和**好的**。健全的理性如何**直接知道**法则，那么这法则对健全的理性也就如何直接**有效**，健全理性直接说：这个**是**正当的和好的。也就是说：**这个**；这个就

{229}

[280]

是那些**被规定了的**法则，这个就是充实了的内容丰富的事情本身。

凡是这样直接地给予的东西，都必须同样直接地予以接受和考察；就像对于感性的确定性直接表述为存在着的那种东西一样，对于这个伦理的直接确定性所表述的那个存在，或者对于伦理本质的直接存在的各个聚合体，也 [281] 必须考察一下它们具有什么样的性状。举几个这类法则的例子就可以说明这一点，而由于我们以**认知性的**健全理性的格言形式采用这些例子，我们就不必先引入在将它们看作**直接的**伦理法则时必须对它们有效的那个环节了。

"**每个人都应该说真话。**"——在这个无条件地说出来的义务里，[①] 必须 {230} 立即承认这样一个条件：**如果**这人知道真话。因此，这条诫命现在就要表述成这样："**每个人都应该按照他每次**对真理的**知识和确信来说真话**"。健全的理性，即正是这一个直接知道什么是正当的和好的伦理意识，也将宣称这个条件与它的普遍格言已经如此结合在一起，以至于这条件已经这样地为那条诫命所**意谓着**了。但借此，它实际上就承认了在它说出这个诫命时反倒已经直接破坏了这个诫命；它说：每个人都应该说真话；**但它意谓着**的却是，每个人都应该按照他对真理的认识和确信来说真话，这就是说，**它所说的与它所意谓的不同**；而说不同于其所意谓的话，这就叫作不说真话。现在把这句不真的话或笨话加以改善，就表达为这样：**每个人都应该按照他每次对真理的知识和确信来说真话**。——但这样一来，这句话本来想要表述的那**普遍必然的**和**自在地**有效的东西，就颠倒为一种完全的**偶然性**了。因为真理之被说出来，全凭我是否对真理有认识和是否能对它确信无疑这件偶然的事而定；而这只不过是说，将会说出来的真话和假话是分辨不清的，这取决于一个人对此的认识、意谓和理解。**内容的这种偶然性**

---

① 黑格尔在此引证的显然是康德和费希特，他们都把这条无条件的命令看作是义务。参看康德："论出自人类之爱而撒谎的误以为的权利"，载《康德著作全集》第 8 卷，第 427 页："所以，这就是一个神圣的、无条件命令的、不被任何习俗所限制的理性诫律：在说明任何事情时都要（诚心地）真实"；及第 428 页："因为真实性（如果他一度必须说出来的话）是无条件的义务。"类似地参看费希特：《伦理学体系》，载《费希特全集》第 I 辑第 5 卷第 262 页［按：据梁志学译《费希特著作全集》第三卷，商务印书馆 1997 年版第 294 页的边码，此处应为第 252 页，以下引梁译文。——中译者］："简单地说，无论对于什么人，我都绝对应该真诚坦率；我不可说任何违背真理的东西。"——丛书版编者

只在**一条定律**的表达出普遍性的**形式**上才具有**普遍性**，但是作为一条伦理的定律，这句话许诺了一种普遍和必然的**内容**，而由于这内容的偶然性，它就这样与自身相矛盾了。——最后，如果对这句话这样来改善，说对真理的知识和确信的偶然性**应该**去掉，而真理也**应该被知道**，那么这就会是一条与当初出发的诫命直接矛盾的诫命了。健全的理性当初本应该**直接**具有说出真理的能力，而现在却说，健全的理性**应该知道**真理，这就是说，它并不知道**直接说出**真理。——如果从**内容**方面来考察，那么在"人应该**知道**真理"这个要求中，内容已经被撤开了；因为与这要求相联系的是**一般地知道**：人应该知道；因而这里所要求的毋宁是一种摆脱了一切确定内容的东西。但原先这里所谈的是一种**确定的**内容，是伦理实体中的**一种区别**。不过伦理实体这种**直接的**规定是这样一种内容，这内容本来其实显示为一种完全的偶然性，并且在被提升为普遍性和必然性、以至于这种**知道**被表述为法则时，它反倒消逝了。

[282]

另一条著名的诫命是："爱你的邻人如爱你自己"。① 这条诫命是针对那与个别人发生关系的个别人而说的，并且**断言这**是**一种个别人对个别人的关系**，或一种情感关系。有所作为的爱——因为一种无所作为的爱是没有存在的，所以大概也不是所意谓的——指向的是为某个人分忧以及与人为善。为此目的，就必须区别出来，什么是他之所忧，什么是针对这种忧患而合乎目的的善，以及一般说来什么是他的福；这就是说，我必须以**理智**来爱他；非理智的爱也许比恨对他更为有害。但理智的、本质的善行，在它最丰富和最重要的形态中，乃是国家的有理智的普遍的行为，——即这样一种行为，与它比较起来，个别人的行为作为一个个别人的行为成了某种完全微不足道的事，以至于几乎不值得劳神费力去说它。而国家的行为则具有极其巨大的威力，因为，假如个别人的行为想要跟它相对抗，无论是为了自己而直接违法犯罪，或者是为了取悦于某个别人而对法权的共相以及他对法权承担的份额进行欺骗，这种行为都会是完全

{231}

---

① 参看《利未记》19,18 ；《马太福音》22,39 及其他多处；此外见康德：《实践理性批判》，载《康德著作全集》第 5 卷第 82—83 页 [中译者按：参看邓晓芒译，杨祖陶校，人民出版社 2003 年版，第 113 页]。——丛书版编者

无用的，并且会不可抗拒地被摧毁。因此，留给本身是情感的那种善行的，就只剩下一种完全是个别的行为的含义，一种应急的含义，它既是偶然的又是临时的。这种偶然不仅规定着这种善行的时机，而且也规定着它一般而言是不是一件**作品**，以及是否不立即复归于消溶和本身反过来

[283] 被颠倒为恶行。于是，这种造福于别人，并被说成是**必然的**行动，就具有了这样的性状：它或许能够实存，也或许不能；如果这种情况偶然呈现出来，它或许是一件作品，或许是好的，也有可能不是。因而这条法则也像前面考察过的那条法则一样不具有普遍的内容，也不像它作为一条绝对的伦理法则所应该的那样表达出某种**自在自为**存在的东西。或者说，这样一条法则只停留于**应该**，但并不具有任何**现实性**；它们不是**法则**，而只是**诫命**。

不过实际上，事情本身的本性说明，对一种普遍的绝对的**内容**必须加以放弃；因为对于单纯的实体而言——它的本质就在于它是单纯的这一点——任何在它上面建立起来的规定性都是**不适合的**。诫命在自己单纯的绝对性中，本身表述着**直接的伦理存在**；在这种存在上所显现的区别是一种规定性，因而是一种隶属于这种单纯存在的绝对普遍性**之下**的内容。由于这样一来，一种绝对内容就必须加以放弃，所以适合于诫命的就只有**形式的普遍性**了，或者说，只有与自身不相矛盾这一点了；①因为无内容的普遍性就是形式的普遍性，而绝对的内容就相当于一种不是什么区别的区别，或相当于无内容。

那么，剩下来用以立法的就只有**普遍性**的**纯粹形式**，或者说，实际上只

{232} 有意识的**同语反复**，它站在内容的对立面，不是一种有关**存在着的**或本真的**内容**的**认知**，而是一种有关**本质**或有关内容的自身等同性的**认知**。

因此，伦理的本质并不直接地本身就是一种内容，而只是一种尺度，借助于一个内容的不自相矛盾来判定它是否能成为法则。立法的理性就下降而为一种只是**审核的**理性了。

---

① 黑格尔在此所提及的是康德的定言命令在其公式中的本质特征；参看康德：《道德形而上学奠基》，载《康德著作全集》第 4 卷第 424 页；《实践理性批判》，载第 5 卷第 27—28 页，第 31 页。——丛书版编者

c. 审核法则的理性

单纯伦理实体里的一种区别，对于这实体来说是一种偶然性，我们在 [284]
被规定了的诫命里曾看到它展现为认知的偶然性、现实性的偶然性和行为
的偶然性。① 我们曾把那单纯的存在跟与之并不对应的规定性进行了**比较**；
在这种比较中，单纯的实体表明自己是形式的普遍性或纯粹的**意识**，这意
识从内容摆脱出来而站在其对面，它是对内容作为被规定了的内容的一个
认知。这种普遍性就以这种方式而保持为当初是**事情本身**的那个东西。②
但它在意识里却是另外的东西；因为它不再是无思想的惰性的类，而是与
特殊的东西相联系，并被看作特殊东西的力量和真理。——这个意识起初
好像能够做出与我们刚才所进行的那同一种审核，它的行为好像也可以只
像刚才已做过的那样，把共相与被规定的东西做一番比较，从中得出它们
如同以前那种不相适合性。但由于共相已取得了另外一种含义，内容与共
相的关系在这里就另是一样了；共相现在是被规定的内容所能胜任的**形式
的**普遍性，因为在这种形式普遍性中，内容只是在与自己本身的联系中得
到考察的。在我们刚才的审核中，普遍的纯然实体曾是与规定性相对立的，
后者是作为实体所进入到的那种意识的偶然性而展现出来的。在这里，比
较中的一项已经消失了；共相已不再是**存在着的**和**有效的**实体或自在自为
的法权，而是单纯的认知或形式，这种形式只将一种内容与它自己相比较，
并考察这种内容是不是一个同语反复。法则不再是被给定，而是被**审核**；
这些法则对审核的意识而言，**已经**被给定了；审核的意识把这些法则的**内
容**像它们单纯存在那样接受下来，不是像我们以前所做的那样着手去考察　{233}
那与内容的现实性黏附着的个别性和偶然性，而是停留于作为诫命的诫命
那里，并单纯地对待它，如同它是自己的尺度一样。

但出于这个理由，这种审核就是行之不远的；正是由于审核的尺度是
同语反复，而对于内容则漠不相干，这尺度就对于接受这个内容和接受相
反的内容一视同仁。——有这样一个问题，要有**产权制**，这应不应该自在 [285]

---

① 据袖珍版，此处 B 版作："我们在被规定了的诫命里曾看到它展现为对现实的认知的偶然性
和行为的偶然性。"——中译者
② 参看前面第 271 页 [中译者按：见贺、王译本第 273 页第 2 自然段]。——丛书版编者

自为地成为法则呢？**自在自为地**，而不是出于对其他目的的好处；伦理的本质性正在于，伦理法则只与自身同一，并由于这种自身等同性，因而是基于自己固有的本质，它就不是一个有条件的法则。产权制自在自为地并不自相矛盾，它是一个**孤立的**、或者说只被建立为自身等同的规定性。非产权制，事物的无主状态或财产共同体，也恰好同样不自相矛盾。说某种东西不属于任何人，或者属于无论哪一个使自己成为占有者的人，或者按照其需要或平均分配而属于所有一切人和每个人，这都是一种**单纯的规定性**，一种**形式的思想**，正如它的对立面产权制那样。——当然，如果这种无主的事物被看作**生活必需品**，那么这无主之物成为某个个别人的占有物就是必然的；反之，把这物品的自由状态建立为法则就会是矛盾的。但所谓事物的无主状态也不是指绝对的无主，而是应该按照个别人的**需要**而**被人占有**；也就是说，并非为了保有，而是为了直接地被使用。但是，这样完全只是偶然地为需要而操心，则与这里唯一谈论的这种有意识的本质的本性是相矛盾的；因为有意识的本质必须把自己的需要以**普遍性**的形式表象出来，必须操心自己的整个生存，并为自己争得一份持久的财产。而这样一来，认为一个事物将按照需要而偶然地被分配给无论哪一个有自我意识的生命的那种想法，也会是与自身不相一致的。——在财产共同体中，要以某种普遍和持久的方式来做这种操心的话，那么每个人将会要么分得**他所需要的**那么多，于是这种不平等性和以那些个别人的**平等**为原则的意识的本质就互相矛盾了。要么按后面这条原则**平均**分配，于是配额就与需要不发生联系了，但配额的概念却只是这种联系而已。①

[286]　　　不过，如果非产权制以这种方式显得是自相矛盾的，那么它之所以自相矛盾，是因为它并没有被允许作为一个**单纯的**规定性。产权制如果被

---

① 黑格尔上面这段是追溯到卢梭对产权制概念的反思。卢梭在财产权和第一个占有者的财产之间做了区分。后者是建立在需要和劳动之上的。一个对象必须被用于生活并通过劳动而被占有。相反，财产权却只能通过成文法的权利条款、通过共同契约才能成立。由于共同体纳入了私有财产，它同时就向个别人保证了他的合法占有，并将单纯的实惠转变为产权制。这个基本契约是从人们肉体上不平等的地方建立起某种道德的和合法的平等的。参看卢梭：《社会契约论》，阿姆斯特丹 1762 年，第一卷第九章，第 40—46 页。——丛书版编者

消溶于诸环节中,同样也会是这种情况。因而个别事物如果是我的财产,它就会被当作一笔**普遍的**、**固定的**、**持久的**财产;但这就与它的本性相矛盾了,这本性就在于它的被使用以及**消逝**。它同时也被当作**我的东西**,即一切别人都承认并把他们自己排除在外的东西。但是,由于我被承认,则我与一切人的平等、即那个排除的反面倒是被包含在内了。——凡是我所占有的东西都是一个**事物**,也就是一种一般的为他存在,即完全普遍地非特定地仅仅为我而存在;说**我**占有一个事物,这是与事物的普遍事物性相矛盾的。所以产权制和非产权制从一切方面看都同样是自相矛盾的;它们每一个在自身中都具有个别性和普遍性这两个互相对立互相矛盾的环节。——但是把这两个规定性的每一个都**单纯地**表象为产权制或是非产权制而不作进一步展开,则这一个和那一个同样都是**单纯的**,亦即都是不自相矛盾的。——因此,理性在自己本身所拥有的那种审核法则的尺度,就同样好地适合于一切法则,因而实际上就不是什么尺度了。——如果说同语反复、矛盾律,对于理论上的真理的知识来说,只被承认为一种形式上的标准,这就意味着,被承认为某种对真理与非真理完全漠不相干的东西,却**要求**它更多的是为实践上的**真理**的知识而**存在**的,那么这肯定会是一件怪事。

　　在上面所考察的、充实此前空洞的精神本质的那两个环节里,那种想在伦理实体上建立直接规定性的做法,以及接下来对这些规定性是不是法则的认知,都扬弃了自己。因此,结果似乎就是,既没有可能建立起被规定了的法则,也没有可能产生对这些法则的知识。然而伦理实体是自知其为绝对**本质性**的那种**意识**,因而它既不能放弃本质性中的**区别**,也不能放弃对这区别的**认知**。立法与法则的审核都已证明自身是无效的,这意味着,这两个环节个别地和孤立地来看都仅只是伦理意识的毫无坚定性的**环节**;而两者在其中出场的这个运动过程,则具有形式的意义,意味着伦理实体由此而作为意识呈现出来了。

　　就这两个环节是**事情本身**的意识的两个更切近的规定而言,它们可以被视为**诚实性**的两个形式,这诚实性正如它以前就与它那些形式环节一起游走一样,现在则与善和正当的东西的应当存在的内容、与对这样的固定

{234}

[287]

真理所做的审核一起游走，并自以为在健全理性和知性明见中拥有了这些诫命的力和有效性。

但没有这种诫实性，这些法则就不被视为**意识**的**本质**，而审核也同样不被视为**内在于**意识的行为；相反，这两个环节当它们各自独立地**直接**作为一个**现实性**而出场时，一个表现出现实法则的一种无效的设立和存在，另一个表现出一种同样无效的对现实法则的摆脱。法则，作为规定了的法则，具有一个偶然的内容，——这一点在此有这样的含义，即它就是对一个任意内容的某种个别意识的法则。因此，那个直接的立法乃是专制的无法无天，它把任意性当成法则，把伦理性当成对任意性——对那些**只是**法则而不同时是**诫命的**法则的一种服从。这正如第二个环节，即对法则的审核，就其是孤立的而言，就意味着不能动的东西的运动和认知的无法无天，这种认知的无法无天对那些绝对的法则信口雌黄，并把它们当作一种异于自己的任意性。

{235}

在这两种形式中，这两个环节都是对于实体或对于实在的精神本质的一种否定关系；或者说，在这两种形式中，实体还不具有它的实在性，相反，意识还是把实体包含在自己固有的直接性形式中，实体仅仅只是这个个体的一种**意愿**和**认知**，或者只是一个不现实的诫命的**应当**和对形式的普遍性的一个认知而已。但是由于这些方式都已扬弃了自身，意识就返回到了共相，而那些对立就消失了。精神本质之所以是现实的实体，是因为这些方式不是个别地有效，而只是被看作扬弃了的方式，而它们仅仅作为环节而存在于其中的那个统一体，就是意识的自身，意识的自身从现在起就在精神本质里建立起来了，就使精神本质成为了现实的、充实的和自我意识到的。

[288]

这样一来，精神本质对自我意识来说首先是一种**自在**存在着的法则；审核的那种曾经是形式的、非**自在**存在着的普遍性就被扬弃了。精神本质同样也是一个永恒的法则，它并不以**这一个**个体的意志为自己的基础，相反它是自在自为的，是**一切**具有直接**存在**形式的**人**的绝对的**纯粹意志**。这种绝对的纯粹意志也不是一种**诫律**，诫律仅只**应当**存在，它则**存在**并且**有效**；它是范畴的普遍自我，这普遍自我直接就是现实性，并且世界就只是这

个现实性。但由于这种**存在着的法则**是绝对有效的，所以自我意识的服从
也就不是对一个主人的服役，——否则主人的命令就会是一种任意性，而
自我意识就会从中认不出自己来了。相反，这些法则乃是自我意识自己固
有的绝对意识本身所直接**拥有**的一些思想。自我意识甚至并不**信仰**它们，
因为信仰固然也直观到本质，但却是一种陌生的本质。伦理的**自我**意识，
凭借它的**自身**的**普遍性**而**直接**与本质合一；反之，信仰则从**个别的**意识开
始，它是个别意识永远趋向这个统一而又永远达不到自己的本质的在场的
那个运动。——相反，那种个别意识已经把自己作为个别意识扬弃掉了，
这种合一的中介已经完成了，而且只因为已经完成了这种中介，个别意识
才是伦理实体的直接的自我意识。

　　因此，自我意识与本质的区别是完全透明的。而这样一来，**本质**自身　[289]
中的那些**区别**也就不是些偶然的规定性，相反，由于这本质与唯一有可能　{236}
从中发生不平等的自我意识相统一之故，这些区别就是一些被这统一体自
己的生命所贯通的对统一体进行划分的聚合体，一些自身清澈的未遭分裂
的精神，一些未受玷污的天上的形态，这些形态在它们的区别中保持着它
们本质的纯洁无辜和同心同德。——自我意识同样也是对这些区别的单纯
而清澈的**关系**。它们**存在着**而已，岂有他哉，——这构成了对自我意识的
关系的意识。所以这些区别在索福克勒斯的《安提戈涅》中被当作诸神的
不成文的也**毋庸置疑**的法权：

　　　　可以说，它不是今天和昨天，而是从来和永远
　　　　生活在那里，没人知道，它从何时开始出现。①

　　它们**存在着**。如果我追问它们的产生并把它们限制于它们的起源的那
一点上，那么我就已经超出它们之上了；因为我现在就是共相了，而它们的
起源却是有条件的和受限制的东西。如果要它们在我的明见面前证明自
己合法，那么我就已经动摇了它们坚定不移的自在存在，并把它们看作了

---

①　索福克勒斯的悲剧《安提戈涅》第 456、457 两句。——黑格尔原注 [中译者按：据丛书版所
　　列《安提戈涅》德译文，此处"它"应为"它们"，"生活在那里"应为"持存着"，丛书版编者明，
　　这里大概是黑格尔自己的译文，他在图宾根学习时期曾转抄过《安提戈涅》，参看罗森克朗
　　茨：《黑格尔传》第 11 页。]

对于我也许真实、也许甚至是不真实的东西。伦理的意向正在于毫不动摇地坚持凡是正当的东西，而禁止对它作任何变动、摇撼和追溯。——这就造成了在我这里寄存一件东西的情况；它**是**别人的财产，而我之所以承认这一点，**是因为它如此存在着**，并且我毫不动摇地使自己保持在这种关系中。如果我把这寄存的东西据为己有，那么按照我的审核原则即同语反复来说，我也丝毫不涉及什么矛盾；因为这样一来我就不再把它视为一项别人的财产了；把我并不视作别人的财产的东西据为己有，是完全说得通的。**看法**的改变并不是矛盾，因为这里所关心的不是作为看法的改变，而是对象和内容，它不应该自相矛盾。正如我在赠送东西给别人时所做的那样，我能把我的看法从某物是我的财产改变成它是别人的财产，而并不因此就犯了自相矛盾的过错，我同样也完全可以反过来做。——所以，并不是由于我发现某物没有什么自相矛盾，它就是正当；而是由于它是正当的东西，它才是正当。某物**是**别人的财产，这就提供了**根据**；对此，我既不必说三道四，也不必去搜罗各种各样的思想、关联和理由；或者让自己冒险去对不论是立法还是审核加以思考；通过我的思考的诸如此类的活动，我就会撇开那种关系，因为实际上我本可以随意使相反的东西同样好地符合于我那无规定的同语反复的认知，从而将其树立为法则。然而，这个规定或与它相反的规定究竟哪一个是正当的东西，这是**自在自为地**已规定了的；就我来说，我本可以把我所愿意的一切东西都立为法则，同样也可以不把任何东西立为法则，而且由于我开始审核，我就已经走在非伦理的道路上了。就是因为正当的东西对我来说是**自在自为**存在着的，我才存在于伦理实体之中；所以伦理实体是自我意识的**本质**，而自我意识则是**伦理实体的现实性和定在**，是它的**自身**和**意志**。

第三篇

（BB）精神[1]

---

[1]　从本篇起属于贺、王译本的下卷，在边码上所标该译本的页码也从第 1 页开始。——中译者

第六章
精　　神

　　由于理性之确信自身即是一切实在性这一确定性已被提升为真理性，并且理性意识到它的自身即是它的世界、而世界即是它的自身，理性就成了精神。——这个精神的形成过程曾经显示出前面刚刚过去的那个运动，在其中，意识的对象，即纯粹范畴，已上升为理性的概念。在**进行观察的理性**中，**自我**与**存在**、**自为存在**与**自在存在**的这种纯粹统一，被规定为**自在**或**存在**，而理性的意识则**发现了**这种统一。但是，这观察的真理毋宁说是对这个直接进行发现的本能、对理性的这种无意识的定在的扬弃。**被直观的**范畴，**被发现的事物**，是作为自我的**自为存在**而进入意识里的，这个自我现在知道自己在对象的本质中就是**自身**。但是，范畴这样被规定为与自在存在相对立的自为存在，同样也是片面的，是一个自身扬弃着的环节。① 因此，范畴对意识而言，就像它在自己的普遍真理中那样被规定为**自在自为存在**着的本质。这种还是**抽象的**、构成着**事情本身**的规定，才刚刚是**精神性的本质**，而关于精神本质的意识，则是关于精神本质的一种形式的认知，这种形式的认知伴随着精神本质的各种不同的内容一起游走；实际上，这种精神本质作为个别的东西与实体还是有区别的，它要么任意地立法，要么以为在自己的认知本身中就把这些法则像它们自在自为的那样拥有了；并把自己视为鉴定这些法则的权威。——或者，从实体这方面来看，那么实体就是还没有**意识到**其自身的那种**自在自为地存在着**的精神本质。——而同时 [2]

---

① 从上面的破折号到这里，黑格尔吸收了康德在他的表述中所提供的例证的那些本质规定。参看《实践理性批判》第49—50 页（载《康德全集》第五卷第27 页以下）：§ 4.注释。——丛书版编者

把自己现实地表象为意识并自己表象自己的那种**自在自为地存在着**的本质，就是**精神**。

　　意识的精神**本质**，在前面已被标为**伦理实体**；但精神则是**伦理的现实性**。精神就是它所面对的现实意识的**自身**，或者不如说，是现实意识自己作为对象性的现实**世界**所面对的现实意识的自身，不过现实世界对这个自身来说正如这个自身也丧失了与现实世界相分离的一切独立或非独立的自为存在的含义一样，也已经丧失了一个异己之物的一切含义。这个**实体**和普遍的、自身等同的、持久的本质——如果精神是一切人的行为的不可动摇和不可取消的**根据**和**出发点**的话，——以及一切人的**目的**和**目标**，作为一切人所思考的**自在**都是自我意识。①——这个实体同样也是通过一切人和每个人的**行为**作为他们的统一性和同一性而生产出来的那种普遍的**作品**，因为它就是**自为存在**，是自身，是行为。作为**实体**，精神是坚定的正义的**自身等同性**；

[3]　但作为**自为存在**，实体是解体了的、自我牺牲的善良本质，每一个人都凭这个善良本质而完成着他自己的作品，撕裂这个普遍存在，并从中分得他自己的一份。本质的这种解体和个别化，正是一切人的行为和自身这个**环节**；该环节是实体的运动和灵魂，是被造成的普遍本质。恰恰因为这个实体是在自身中解体了的存在，它就不是僵死的本质，而是**现实的**和**活生生的**。

　　这样，精神就是自我承担的那种绝对实在的本质。意识迄今为止的一切形态都是这本质的一些抽象；它们是这样的意识，即意识到精神在分析自己，在区别自己的各环节并停留于那些个别环节之上。对这些环节的这种孤立，是以精神本身为**前提**的，并因精神本身而**持存**，或者说，它只是在精神就是实存时才实存起来。这些环节在孤立中有这样的假象，仿佛它们**真是**些孤立的环节；但它们向其根据和本质的前进和回归，表明它们只不过是一些环节或消逝着的量；而且恰好这个本质就是这些环节的这一运动和解体。在这里，在精神或者对这些环节的反思已在自身中建立起来的地方，我们对这些环节的反思就可以按照这一方面做一个简短的回顾了：它

①　此句在 1986 年袖珍版中没有第二个破折号，且最后的"自我意识"是复数。此处依考证版。——中译者

们曾经是意识、自我意识和理性。因此，当精神在对它自身的分析中执着于这样一个环节，即它自己是**对象性地存在着**的现实性，而不考虑这种现实性就是它自己的自为存在时，精神就是本身包含着感性确定性、知觉和知性的一般**意识**。反之，当精神执着于分析的另一环节，即它的对象就是它的**自为存在**时，那么精神就是**自我意识**。但作为对**自在自为的存在**的直接意识，作为意识与自我意识的统一体，精神就是**拥有理性**的意识，这意识正如这个拥有所表明的，把对象作为**自在地**被理性所规定或具有范畴价值的来拥有，但却使得这个对象对精神的意识而言尚不拥有范畴价值。精神 [4] 就是我们刚刚从对它的考察中走出来的那种意识。当精神所**拥有**的这个理性最后作为这样一种理性而为精神所直观时，当这理性**存在着**，或者说当它在精神中是**现实**的并且就是精神世界时，那么精神就存在于它的真理中了；它**就是**精神，它就是**现实的伦理**本质。

就精神**是直接的真理**而言，它就是一个**民族的伦理生活**；这个个体就 {240} 是一个世界。精神必须继续前进到对它直接所是的东西的意识，必须扬弃美好的伦理生活并通过一系列的形态达到对它自身的认知。不过这些形态与以往经过的那些形态的区别在于，它们都是些实在的精神，是真正的现实性，并且不仅仅是意识的诸形态，而且是一个世界的诸形态。

活的伦理世界就是在其**真理**中的精神；当精神最初抽象地认知自己的本质时，伦理就在法权的形式普遍性中沉沦了。那从此将自身分裂开来的精神，在自己的对象性元素、即某种坚硬的现实性中，描绘了它的诸世界之一，即**教化的王国**，而与这世界相反，在思想的元素中，则描绘了一个**信仰的世界**，即本质的王国。然而这两个世界，在由这种自身在自身中的失落里走出来的那个精神、即由**概念**来把握时，却被**明见**及其传播、被**启蒙**搅混了，并被推向了革命，而分化并扩展成**此岸**与**彼岸**的那个王国则返回到自我意识，这个自我意识现在就在**道德**中将自己理解为本质性，并将本质理 [5] 解为现实的自身，不再把它的**世界**及其**根据**从自身中推出去，而是让一切都熄灭于自身内，并且，作为**良知**，它就是**自己对自己有确知的精神**。

所以，伦理世界，撕裂成此岸与彼岸的那个世界，以及道德的世界观，都是这样一些精神：它们的运动、以及向精神的单纯的、自为存在着的自身的返回，将会展示出自身，而将要走上前台来的是作为它们的目标和结果的、绝对精神的现实的自我意识。

一、真实的精神，伦理

精神在其单纯的真理性中就是意识，并且拆散开了各环节。这**行动**将它分离为实体以及对实体的意识；并且既分离了实体，又分离了意识。实体作为普遍的**本质**和**目的**，而与作为**个别化了的**现实性的自己对立起来{241}了，其无限的中项是自我意识，这个自我意识**自在地**成为了它自己与实体的统一体，而现在则**自为地**成了这样，使得普遍本质及其个别化了的现实性合一了，把后者提升到前者，而合乎伦理地行动，——并使前者下降到后者，而将那个目的、即仅仅被思维的实体付诸实行；它把它的自身与实体的统一体作为**自己的作品**、因而作为**现实性**创造出来了。

通过意识的这种分解，单纯的实体，一方面保持住了与自我意识的对立，另一方面，它因此在它自己身上也同样显现着意识在其自身中区别自身这种本性，即显现为一个划分成实体的各种聚合体的世界。因此实体分化为一种有区别的伦理本质，分化为人的法则和神的法则。同样，与实体[6]对立着的自我意识，也按其本质而被分配给这两种力量之一，并作为认知而将自己分化为对自己所做的事的无知和对这事的有知，而这有知因此是一种被欺骗的认知。这样，自我意识就在自己的行为业绩中既经验到实体所分裂成的**那两种力量**的矛盾以及它们的相互摧毁，也经验到它关于自己的行动的伦理性的认知与伦理上自在自为地存在的东西之间的矛盾，并看到了**它自己的**末日。但实际上，伦理实体通过这种运动已成为了**现实的自我意识**，或者说，**这个自我**已成为了**自在自为**存在着的东西，但正是在这里，伦理就走向了灭亡。

a. 伦理世界；人的法则和神的法则，男人和女人

[**I.** 民族和家庭；白日的法则和黑夜的法则]精神的单纯实体是作为

意识而划分开来的。或者正如关于抽象存在、感性存在的意识转化为知觉那样，关于实在的伦理存在的直接确定性也转化为知觉；而且正如对感性知觉而言，单纯的存在成了一个具有许多属性的事物那样，对伦理的知觉而言，采取这行动也是一个具有许多伦理联系的现实性。不过，对于前一种知觉而言，各种属性的徒然的多数性归结为个别性与普遍性的本质上的对立；而对于后一种知觉、即这种被纯化了的实体性意识而言，伦理诸环节的多数性就更进一步成了一种个别性法则和一种普遍性法则的二重性。但实体的这两个聚合体中的每一个都仍然是整个的精神；如果说在感性知觉中事物所拥有的实体不是别的，不过是个别性和普遍性这两种规定，那么在这里，这两种规定仅仅表现出相互反对的双方的表面对立而已。

{242}

［1. 人的法则］个别性在我们此处所考察的本质中，具有一般**自我意识**的含义，而不具有个别的偶然意识的含义。因此，伦理实体在这一规定中就是**现实的**实体，是在定在着的**意识**的多数性中**实现着**的绝对精神；绝对精神就是这种**共同体**，这共同体在进入一般理性的实践形态时，**对我们来说**曾经是绝对本质，而在这里，在它的真理性中，**对它自己**来说，则是作为有意识的伦理本质、作为**对于**这个我们当成对象的意识来说的**本质**而走上前台的。它是**自为**存在着的精神，因为它在那些**个体的互相反映**中保持自身，——它又是**自在**存在的，或者说是实体，因为它把这些个体保持在自身。作为**现实的实体**，精神就是**一个民族**，作为**现实的意识**，它就是民族的**公民**。这种意识，在单纯的精神中拥有自己的**本质**，而在这种精神的**现实性**中，即在整个民族中拥有它自己的确定性，并且，直接在这里面、因而不是在某种没有现实性的东西里、而是在一种**实存着的**和**有效的**精神中拥有自己的**真理性**。

[7]

这种精神可以称为人的法则，因为它本质上是以**这些个体的自我意识到的那种现实性**的形式而存在的。在普遍性的形式下，它是**众所周知的法则和现成的伦常**；在个别性的形式下，它是在一般**个体**中对其自身的现实确定性，而被它作为**单纯的个体性**的那种确定性，就是作为政府的精神；它的真理性就是公开袒露在白日之下的**有效性**；它是为了直接确定性而进入到自由放任的定在的形式中的**实存**。

[2. 神的法则] 但与这种伦理力量和这种公开性对立的却是另一种力量，即：神的法则。因为**国家**这一伦理**力量**，作为自己**有意识的行为**的活动，[8] 把伦理的**单纯的**和**直接的本质**当作自己的对立面；作为**现实的普遍性**，国家权力是对个体的自为存在的一种强制力；而作为一般的现实性，它在**内在的**本质中还拥有一个不同于它所是的他者。

前面已经提到，伦理实体借以实存的两种对立方式中的每一种都包含着整个伦理实体，包含着它的内容的全部环节。所以，如果共同体作为自己有意识的现实行为而是伦理实体，那么另外一方就拥有直接的或存在着的实体的形式。这实体尽管一方面是一般伦理的内在概念或普遍可能性，但另一方面，它在自身同样也拥有自我意识的环节。这一环节在这个**直接性**元素或**存在**元素中表现着伦理，或者说，它是一个在他者中对于自己既 {243} 是本质又是自身的**直接**意识，也就是说，它是一个**自然的伦理**共同体——这个环节就是**家庭**。家庭作为**无意识的**、仍然是内在的概念，它与概念自身的有意识的现实性相对立，作为民族的现实性**元素**，而与民族本身相对立，作为**直接的**伦理**存在**，而与通过为共相而**劳动**来教养自身和维持自身的那种伦理相对立，——家神（Penaten）与普遍的精神相对立。

虽然家庭的**伦理存在**把自己规定为**直接的存在**，但**只要**它是它的成员们的**自然本性的**关系，或者说它的成员之间的联系是**个别的现实性**的自然本性的**直接**联系，它就不存在于自己的**伦理**本质之内；因为伦理的东西本身就是**普遍的**，而自然本性的这种关系本质上同样是一种精神，并且只有作为精神本质才是伦理的。需要考查的是，这种关系特有的伦理性究竟何在。——首先，因为伦理的东西是自在的共相，家庭成员之间的伦理联系 [9] 不是情感联系或爱的关系。现在，伦理的东西似乎必须被置于**个别的**家庭成员对作为实体的**整个**家庭的关系之中；以至于个别家庭成员的行为和现实性仅仅把整个家庭作为其目的和内容。但是，这个整体的**行为**所具有的有意识的目的，就其针对整体自身而言，本身却是个别的东西。权力和财富的争得和保持，一方面只是针对需要，并且是属于欲望的；另一方面，在它们更高的规定中，它们就成了某种只是中介性的东西。这种更高的规定，

并不属于家庭自身，而是针对那真正的共相、即共同体的；这种规定毋宁
对家庭是否定性的，其内容在于将个别者置身于家庭之外，征服他的自然
性和个别性，并将他引向**德行**，引向在共相中和为了共相的生活。家庭所
特有的**肯定的**目的是个别者本身。现在假如这种联系是伦理的，这位个别
者，无论他是行动的个别者，还是行动与之相联系的个别者，他都不能按照
某种**偶然性**而出场，例如在某次出手相助或替人服务时那样。这伦理行动
的内容必须是实体性的，或者说必须是整体的和普遍的；因而伦理行动只
能与**全体**个别者、或作为普遍个别者的那种个别者相联系。而这种情况又
不能是这样，例如只被**表象**为好像**替人服务**就会促进个别者的整个幸福似
的，其实这种服务当它是直接的或现实的行动时，在个别者身上，只不过是
某种个别的行为而已；——再者，伦理行动甚至在现实中，也是作为**一系列**
努力的教育过程才把作为整体的个别者当作对象来拥有，并作为作品创作
出来的；在这里，除了那对家庭是否定性的目的之外，**现实的行动**只有一点
有限的内容；——最后，同样也不能说，伦理行动是用来在真理性中把整个
个别者拯救出来的应急手段；因为应急行为本身是一种完全偶然的行为，
其时机是一种普通的现实性，可以有，也可以没有。因此，如果这种行动
所包括的是血缘亲属的整个实存，如果它当作自己的对象和内容的是个别
者——不是公民，因为公民不属于家庭，也不是那个应该成为公民从而**不
再被视为这样一种个别**的个别者，而是**这个**属于家庭的个别者，作为摆脱
了感性的现实性、即摆脱了个别现实性的某种**普遍**本质的个别者——那么
这样一种行动就不再涉及**活着的人**，而是涉及**死了的人**，死人把自己一长
串散漫的定在归结成完整的一个形态，并从偶然生活的喧嚣中把自己提升
为单纯普遍性的宁静。——因为个别者只有作为公民才是**现实的**和**实体性
的**，所以个别者当他不是公民、而是属于家庭的时候，他就只是一个**非现实
的没有活力的阴影**。

　　[3.个体的权利]个别者作为**个别者**所达到的这种普遍性，是**纯粹存在**，
是**死亡**；这是**直接地、自然地形成的**，不是一种**意识**的行为。因此，家庭成
员的义务就是把这一方面添加进去，以便使他的最后的**存在、普遍的存在**
不仅只属于自然，也不停留于某种非理性的东西，而将是一种**做出来的行**

{244}

[10]

为，并将在其中主张意识的权利。或者说，这行动的意义，由于这意义的自我意识到的本质的静止和普遍性在真理中并不属于自然，所以它毋宁说在于那自然自以为拥有的、对这样一种行为的假象将被撤销，而真理将被恢复。——自然在个别者身上所做的是这方面的事：使个别者之成为共相体现为一个**存在者**的运动。这一运动虽然本身属于伦理共同体之内，并且以此伦理共同体为目的；而死亡就是完结，就是个体作为个体而为共同体所承担的最高工作。但是，就个体本质上是**个别者**而言，当初他的死亡与他为共相所做的工作有直接关联，以及他的死亡是他的这一工作的结局，这是偶然的；一方面，如果他的死亡当初就是这样，那么死亡就是**自然的**否定性，就是作为**存在者**的个别者之运动，在这种运动中，意识并不返回自身，并未成为自我意识；或者，另一方面，由于**存在者**的运动就是存在者被扬弃并达到**自为存在**的运动，死亡就是分裂的一方，在其中，存在者所达到的自为存在是一种别的东西，已不同于当初进入运动的那个存在者了。——因为伦理是精神在其**直接的**真理性中，所以精神的意识分化而来的那两个方面也具有这种**直接性**的形式，而个别性就转变为这样一种**抽象的**否定性，这否定性**在自己本身**没有任何安慰与和解，**本质上必须借助于一种现实的和外在的行动**才得以和解。——因此，血亲关系就这样来补充抽象的自然运动，即它把意识的运动添加进来，把自然的工作打断，把血缘亲属从毁灭中救出来，或者不如说，由于毁灭、亦即变成纯粹存在是必然的，于是血亲关系就自己把毁灭的行为业绩承担起来。——由此所造成的是，就连**死去的**、普遍的**存在**，也成了一种返回自身的东西，一种**自为存在**，或者说，那种无力的和纯粹**个别**的个别性被提升到了**普遍的个体性**。由于死者已把他的**存在**从他的**行为**或否定的一中释放出来，所以死者是空洞的个别性，只是一种被动的**为他的存在**，听任一切卑鄙的无理性的个体性和抽象物质的力所支配，因此，无理性的个体性，由于它所具有的生命，而抽象物质的力，由于它们的否定的自然，现在都比死者更有力量。那些无意识欲望和抽象本质的这样一种玷污死者的行为，被死者的家庭所阻挡，家庭以自己的行为取代了它，让这位亲属与大地怀抱这个始基性的永恒的个体性结缘；家庭由此而使这位亲属成为一个共同体的同侪，这个共同体毋宁说把曾想对

[11]

{245}

[12]

死者为所欲为和毁灭死者的那些个别物质的力和低级的生命活动保持在受控制和受约束的状态。

这最后的义务于是就构成了完全的**神的**法则，或者说构成了对个别者的肯定的**伦理**行动。对于个别者的一切其他的、不是止步于爱，而是伦理性的关系，都属于人的法则，都有否定的含义，即要把个别者提升到超出他作为**现实的**个别者所隶属的那个自然共同体的封闭性之上。但既然人的权利当作自己的内容、当作力量来拥有的已经是现实的、意识到这力量的伦理实体，即整个民族，而神的权利和法则所拥有的却是在现实性的彼岸的个别者，所以个别者并不是没有力量的；他的力量就是**抽象的纯粹共相**，是那种始基性的个体，这种个体把从元素中挣脱出来并构成着民族的自身意识到的现实性的那种个体性，拉回到作为个体之本质的纯粹抽象之中，正如这本质是那个体性的根据那样。——至于这种力量在民族自己身上如何体现出来，后面还将进一步得到展示。

〔**II. 两种法则的运动**〕在这两种法则的任何一种里，现在也都有一种**区别**和**阶段**。由于两种本质在它们本身都有意识的环节，所以在它们自己内部就展开着这种区别，而这就构成了它们的运动和它们特有的生命。对这些区别的考察，显示出伦理世界这两种**普遍本质**的**运作**方式与**自我意识**方式，以及它们之间的相互**关联**和**过渡**。

〔1. 政府，战争；否定力量〕**共同体**，作为在日光下公开有效的地上的法则，在**政府**中有自己现实的生命活力，因为它在这里面就是个体。政府是**自身反思的现实的精神**，是整个伦理实体的单纯**自身**。这种单纯的力，虽然允许本质把自己扩展到它的划分之中，并给每一部分赋予持存和特别的自为存在。精神借此拥有自己的**实在性**或**定在**，而家庭就是这种实在性的**元素**。但是，精神同时又是这个整体的力，它把这些部分重新联合为否定的一，使它们感到自己的不独立性，并把它们保持在这种意识中，即只有在整体中，它们才有生命。因此，共同体一方面可以把自己组织为有关人格独立性和财产、有关人身权和物权的制度，同样也可以把首先是为了个别的目的——获利或享受——的各式劳动，划分为各个特别的行会，并使它们独立起来。那普遍行会的精神，就是这些自身孤立的制度的**单纯性**和**否定**

{246}

[13]

的本质。为了不让这些制度根深蒂固地固定化在这样的孤立中，由此而导致整体的瓦解，精神的涣散，政府不得不每隔一定时期通过战争从内部来震动它们，由此侵犯和打乱它们已经安排好了的秩序和独立的权利，但对于那些深陷其中而脱离了整体、并追求着不可侵犯的**自为存在**和个人安全的个体，政府必须让他们在交给他们承担的工作中感受到他们的主人，即死亡。精神就是通过使持存的形式这样解体来防止从伦理的定在沉没到自然的定在中，把它的意识的自身保持住，并提升到**自由**和自己的**力**。——这个否定的本质表明自己是共同体所固有的**力量**和它的自我保存的**力**；所以共同体就在**神的法则**的本质和**地下王国**中拥有自己的真理性和自己力量的确认。

[14]

{247}

　　[2. 作为兄弟与姐妹的男性与女性之间的伦理关系] 统治着家庭的神的法则，在它这一方面同样也有自身中的区别，这些区别的联系构成了这法则的现实性的活的运动。但在丈夫与妻子、父母与孩子、兄弟与姐妹这三种关系中，首先，**夫与妻**的**关系**，是一个意识在另一个意识中的**直接地认**识自己，和对这种相互承认的认识。由于这是**自然地认识自己**，不是伦理地认识自己，它就只是精神的**表象**和**形象**，不是现实的精神本身。——但**表象**或**形象**，是在一个不同于它所是的他者中拥有自己的现实性的，所以夫妻关系不是在它自身中，而是在孩子身上拥有它的现实性，——孩子是一个他者，夫妻关系是这个他者的形成，并本身消失在此形成之中；而且这种滚动性的世代交替在民族中有它的持存。——因此，夫与妻的相互尊重（Pietät）就与自然的联系和情感混杂在一起了，而且夫妻关系在其自身并不具有它的自我返回；第二种关系，**父母**与**孩子**的相互**尊重**，情况也是这样。父母对自己孩子的尊重，是由这种感动激发起来的，即：正是由于在他者中拥有了对自己现实性的意识，并在他者中看到自为存在的形成而不将之收回来，相反，这自为存在一直是一种异己的、独自的现实性，于是受到了感动；——而孩子对父母的尊重却反过来带有这种感动：他们自己之所以得以成长，并在一个他者的消失中拥有自在，之所以达到自为存在和自己的自我意识，仅仅是由于他们与根源相分离，——而根源经此分离就枯萎了。

　　上述两种关系仍然停留在双方所分别承担的两者相互过渡而又不平

衡的范围内部。——但在**兄弟**和**姐妹**之间则发生着一种毫无混淆的关系。他们是同一个血缘，但这同一血缘在他们中却达到了自己的**安静**和**平衡**。因此他们并不互相欲求，而且他们并没有把一方的自为存在给予另一方，也不是接受了这种自为存在，相反他们彼此都是自由的个体。因此，作为姐妹的女性对伦理本质具有最高的**预感**；① 她并没有达到对它的**意识**、达到它的现实性，因为家庭的法则是**自在**存在着的**内在的**本质，并不祖露于意识的白日之下，而是保持着内在的感情和摆脱了现实性的神祇。女性就是依赖于这些家神的，她在这些神中一方面直观到自己的普遍实体，一方面却又直观到自己的个别性，然而这种个别性联系并不会同时是自然的快感。——作为**女儿**，现在女性不能不带着自然的感动和伦理的平静眼看着父母消失，因为只有以这种关系为代价，她才能达到她所能达到的**自**　　　[15]**为存在**，因此她从她父母身上并不是以积极的方式看到了自己的自为存在。——但**母亲**的关系和**妻子**的关系所拥有的，部分是作为属于快乐的某种自然的东西的个别性，部分是作为某种在其中只看到自己的消失的否定的东西的个别性，正因为如此，这种个别性部分又是可以由一个另外的个别性替代的某种偶然的东西。在伦理的家中，这种偶然的东西，并不是**这一个丈夫、这一个**孩子，而是**某一个丈夫，一般的**孩子们——不是情感，而是女性的这两种关系基于其上的共相。女性伦理跟男性伦理之区别正在于：女性在其为个别性所作的规定中，在其快乐中，直接保持为普遍的，保持为异于欲望的个别性的；与此相反，在男性那里，这两个方面是互相分离的，而且由于男性作为公民，具有**普遍性**的那种**自我意识到的**力，他就以此为本钱去为自己谋求**欲望**的权利，同时对欲望又保持着自己的自由。所以，由于在女人的这种关系中混杂有个别性，她的伦理性就不是纯粹的；但只　　{248}要伦理性是这种关系，个别性就是**漠不相干**的，而女人所缺乏的环节就是把自己在他者中作为**这一个**自己而认出来。——但是兄弟对姐妹来说，是一种宁静的等同的一般本质，姐妹对他们的承认是纯粹的、不与自然的联

---

① Ahnung(预感) 德文考证版及丛书版皆误印为 Ahndung(惩罚)，兹据 1986 年袖珍版改正。——中译者

系相混杂的；因此，在这种关系中，个别性的漠不相干及其在伦理上的偶然性并不是现成在手的；相反，承认者和被承认者的**个别自我**这一环节在这里可以坚持自己的权利，因为它是以血缘上的平衡和无欲望的联系结合着的。所以，兄弟的丧亡对姐妹来说是无可替代的损失，而姐妹对兄弟的义务乃是最高的义务。①

[3.神的法则与人的法则双方互相过渡] 这种关系同时又是一条界限，越过这条界限，自身封闭着的家庭就自我解体而走出自身之外了。兄弟是这样一方，家庭精神据此而成为个体性，这个体性转向他者，并过渡为普遍性的意识。兄弟抛弃了家庭的这种**直接的、始基性的**因而真正说来是**否定性的**伦理性，以便取得和创造出它的自我意识到的现实的伦理性。

兄弟是从他本来生活于其圈子中的神的法则向着人的法则过渡。但姐妹将成为的、或者妻子一直坚持着的则是家庭主妇和神的法则的守护者。以这样的方式，男女两性就克服了他们自然的本质，并在自己的伦理含义中以这样的差异性出场，这些差异性把自己分成由伦理实体给自己提供的两种区别。伦理世界的这两种**普遍的**本质之所以把**自然本质**上区别开来的两种自我意识当作自己特定的**个体性**，是因为伦理精神是实体与自我意识的**直接的**统一；——是这样一种**直接性**，以至于按照实在性和区别的方面来看，它同时又显现为一种自然区别的定在。——这就是前面讨论自身实在的个体性那一形态时在精神本质的概念中把自己显示为**原始的、规定了的自然**的那个方面。这个环节失去了在那里它还具有的无规定性和禀赋与才具上的偶然差异性。它现在是两性的确定的对立，而两性的自然性同时又获得了其伦理规定的含义。

但两性的区别以及两性在伦理内容上的区别却仍然在实体的统一性中持续，而这内容的运动正是这实体的持续形成过程。男人被家庭精神派出到共同体里面去，并在那里找到自己自我意识到的本质；而正如家庭借此在共同体中拥有自己的普遍实体和持存那样，共同体则反过来在家庭身上

---

① 参看索福克勒斯的悲剧《安提戈涅》，第910行："一个丈夫死了，可以另嫁一个，一个儿子死了，别人能让我再生第二个，但我的父母已长眠于地下，我不能希望再有一个兄弟降生人世"。——据贺、王译本注 [按：楷体字在贺、王译本中被遗漏，为本译者所加]

拥有自己的现实性之形式元素，在神的法则上拥有自己的力和验证。两种
法则的任何一种独自都不是自在自为的；人的法则在自己生气勃勃的活动
中，是从神的法则出发的，地上有效的法则是从地下的法则出发的，有意识
的法则是从无意识的法则出发的，间接性是从直接性出发的，而且它们同
样都要返回到自己出发的地方。与此相反，地下的力量却在地上有自己的
现实性；它通过意识而成为定在和能动性。

　　[**III. 伦理世界之为无限或整体**] 所以，这两种普遍的伦理本质就是作
为普遍意识的实体和作为个别意识的实体；它们把民族和家庭当作自己普
遍的现实性，但却把男人和女人当作自己自然的自身和能动的个体性。在
伦理世界的这种内容里，我们看到意识的以前那些无实体的形态为自己制
定的目的实现了；以前理性只是作为对象来统握的东西已变成了自我意
识，而以前自我意识只在它自身中拥有的东西，则作为真正的现实性而现
成在手了。——观察曾经作为未经自身参与的、**被发现的东西**来认知的，
在这里就是所发现的伦常，但这同时是一种作为发现者的行为业绩和作品
的现实性。——个别者在寻求**他的个别性享受**的快乐时，发现这种快乐是
在家庭之中，而失去这种快乐的必然性，就是他对他自己作为自己民族的
公民的自我意识；——或者说，这是这样一种自我意识，即把这**本心的规律**
作为一切本心的规律来认知，把对**自身**的意识作为普遍被承认的秩序来认
知；——这种对自身的意识就是**德行**，德行享受着自己牺牲的成果；它所实
现出来的就是它所企求的，即是说，把本质凸显为当下的现实，而德行的享
受就是这种普遍的生活。——最后，**事情本身**的意识，就在以肯定的方式
包含着和保持着那种空洞范畴的抽象环节的实在实体中得到了满足。事情
本身在那些伦理的力量上拥有了一种真正的内容，一种足以取代健全理性
本来想给出和认知的那些无实体的诫命的内容；——同时还由此拥有了一
种内容丰富的、即在内容本身上规定了的审核的尺度，不是对法则的审核，
而是审核行为所做出来的东西。

　　整体是所有部分的一个静止的平衡，而每一部分都是一个本土的精
神，这精神不向自己的彼岸寻求满足，而在本身即有满足，因为它自己就
处在这种与整体的平衡之中。——虽然这个平衡之所以能够是有生命的，

{249}

[18]

仅仅是由于在它里面产生着不平等，并且由**正义**使之复归于平等。但是，正义既不是一种处于彼岸的异己的本质，也不是尔虞我诈、背信弃义、忘恩负义等等不配称为正义的那种现实性，哪怕这现实性作为一种未经理解的关联和一种无意识的行为举止以不经意的偶然的方式行使了公正判决也罢；相反，作为**人**的法权的正义，使走出平衡的自为存在、也使各个等级的和个体的独立性返回到共相，这种正义就是这个民族的政府，它就是普遍本质的亲自在场的个体性和一切人自己的、自我意识到的意志。——但是，正义将那对个别者日益占优势的共相带回到平衡，它就同样是那承受不公正的个别者的单纯的精神；——而不是分裂成一个承受不公正的个别者和一个彼岸的本质；个别者本身就是阴间的力量，进行复仇的正是**他的**哀伦妮，因为他的个体性、他的血缘在家里继续活着；他的实体有一个持续不断的现实性。在伦理王国里可能被施加于个别者身上的那种不公正，只是那种纯粹让他**遭受到**的事件。对意识造成这种不公正、使之成为纯粹事物的那种力量，乃是自然，这不是**共同体**的普遍性，而是**存在**的**抽象的**普遍性；并且个别性在消除所承受的不公正时，反对的不是前者，而是后者，因为意识并没有承受前者的不公正。正如我们看到的，个体的血缘意识是这样来消除这种不公正的，即让所**遭受到**的事反倒成为一件**工作**，这样一来，那个**存在**，那件**临终的事**也就会是一件**心甘情愿的事**，因而乐意去做了。

以这样的方式，伦理王国在它的**持存**里就是一个无瑕疵的、未受任何分裂污染的世界。同样，它的运动也是由它的一种力量向另一种力量平静地变化，以至于每一种力量本身都包含着和产生着另一种力量。我们虽然看到这些力量划分成为两种本质和它们的现实性；但它们的相互对立毋宁说是一个通过另一个经受验证，而在这种验证中，它们作为现实的力量而直接地触动着自身，它们的中项和元素就是它们的直接贯通。其中的一端，即普遍地意识到自己的精神，与它的另一端，即与它的力和它的元素、与那**无意识的**精神，通过**男人的**个体性而联合在一起。与此相反，**神的**法则之拥有其个体化，或者说个别者的**无意识的**精神之拥有它的定在，则是凭借女性，以女性为**中项**，无意识的精神就从非现实性升入到

现实性，从无知也不被知晓的状态升入到有意识的王国。男性与女性的
结合，构成了整体的活动中项，并且在分裂为神的法则和人的法则的两端
时，构成了同样也是两者直接结合的那种元素，这种结合使前面那两个推 [20]
论成为同一个推论，并把那对立的运动结合为*同一个*运动：一个是从现实
性下降为非现实性，——使本身有机地组织为独立环节的人的法则堕入
到死亡的危险和验证之中；——另一个是从阴间的法则上升到日光下的
现实性，上升到有意识的定在，——前一个运动是属于男性的，后一个运 {251}
动是属于女性的。

b. 伦理行动：人的认知与神的认知；罪过与命运

　　[**I. 伦理本质在个体行动中的内在矛盾**]但正如在这样一个对立王国
里的情况那样，自我意识尚未在自己的权利中作为**个别的个体性**而出场；
个体性在自我意识中，一方面只被看作**普遍的意志**，另一方面则被看作家
庭的**血缘**；这样的**个别者**只被看作**非现实的阴影**。——自我意识**还没有做
出任何行为业绩**（Tat）；但行为业绩才是**现实的自我**。——行为业绩干扰
了伦理世界的平静的组织结构和运行。凡是在这个伦理世界里显现为它
的两个互相验证和互相补足的本质之间的秩序和协调一致的东西，都通过
这种行为业绩在过渡时成为了**互相反对的**本质，在其中，每一本质与其说
证明自己经受住了验证，倒不如说证明了它自己的虚妄和另一本质的虚
妄；——凡是这种东西，都变成了可怕**命运**的否定运动或永恒必然性，这
种运动或必然性使神的法则、人的法则以及这两种力量以之为其定在的自
我意识，统统被吞没于命运的**单纯性**的无底深渊之中——而在我们看来，
这就是向着纯粹个别自我意识的**绝对自为存在**的过渡。

　　这种运动由以出发和它在其上发生的**基础**是伦理的王国；但是这个 [21]
运动的**能动性**则是自我意识。自我意识作为**伦理的**意识乃是趋向于伦理
的本质性的那种**单纯的纯粹志向**，或者说，乃是义务。在它那里没有任意，
同样也没有斗争，没有犹豫不决，因为立法和对法则的审核已被放弃，相
反，对它来说伦理的本质是直接的、毫不动摇的、无矛盾的东西。因此，
这里既没有在情欲与义务的冲突中发生的糟糕场面，也没有在义务与义

{252} 务的冲突中发生的可笑场面，——从内容上来说，义务与义务的冲突跟情欲与义务之间的冲突是一回事；因为情欲也同样可以被表象为义务，这是因为当意识从义务的直接的实体性的本质性中退回到自身，义务就成了形式上的共相，任何内容都可以同样适合于它，像我们前面曾表明过的那样。但可笑的是诸义务的冲突，因为它表现的是矛盾，也就是与一个**相反的绝对者**的矛盾，因而就既表现了绝对者，又直接表现了这个所谓绝对者的虚妄，或直接表现了义务。——但伦理的意识知道它应该做什么；并且它已经决定了，要么隶属于神的法则，要么隶属于人的法则。它的决定性的这种直接性是一种**自在**存在，因而同时有一种自然存在的含义，正如我们已看到的那样；是自然本性而不是偶然情况或偶然选择把一种性别分配给了一种法则，而把另一性别分配给了另一种法则，——或者反过来说，这两种伦理力量本身在这两种性别上赋予了自己以其个别的定在和实现。

[22] 现在，由于一方面，伦理本质上就在于这种直接的**决定性**，因而对意识而言只有一*种*法则是本质，而另一方面，这两种伦理力量在意识的**自身**中都是现实的，它们获得了相互**排斥**和相互**反对**的含义；——它们在自我意识中是**自为的**，就像它们在伦理**王国**中仅仅是**自在的**一样。伦理意识由于已**决定**选择了两种法则之一，它本质上就是**个性**；对它来说，并不存在两种法则的相同的**本质性**，因此这对立显现为义务仅仅与法外的**现实性**的一种**不幸**的冲突。伦理意识作为自我意识而处于这种对立之中，作为这样的自我意识，它同时致力于以暴力使这种对立的现实性屈服于它自己所隶属的法则之下，或是对之加以欺骗。由于它只在自己这方面看到公正，却在另一方看到不公正，所以双方中属于神的法则的伦理意识就在另一方看到人的偶然的**暴力活动**；而分配给人的法则的伦理意识则在另一方看到内在自为存在的桀骜不驯；因为政府的命令都是普遍公开展示于白昼中的意思；而另一法则的意志则是冥冥中封锁于内心的意思，后者在其定在中作为个别的意志而显现出来，它在与前者的矛盾中就是无法无天。

这样一来，在意识里就产生了**被知的东西**与**不被知的东西**的对立，正{253} 如在实体里产生了**有意识**与**无意识**的对立那样，而伦理的**自我意识**的绝对**权利**,就跟**本质**的神的**权利**发生了争执。对于作为意识的自我意识而言,对象性的现实性本身具有本质;但按其实体来说,自我意识是它自身与这个对立面的统一;而伦理的自我意识乃是实体的意识;因此,对象作为与自我意识对立的东西,就完全丧失了它自为地具有本质这一含义。正如对象在其中只是一个**事物**的那些领域早已消失了那样,现在这样一些领域,即,在其中意识从自身固定下来某种东西、并使一个个别环节成为本质的这样一些领域,也同样消失了。对抗这样的片面性,现实性有它自己的力;它跟真理性联合一致来对抗这种意识,它才首次向意识呈现出来什么是真理。但伦理意识已经从绝对实体的杯中喝了遗忘之水,把自为存在的一切片面性、它自己的目的和特有的概念都遗忘了,并且因此同时在这冥河之水中溺毙了对象性之现实性的一切固有本质性和一切独立的含义。伦理意识的绝对权利因此就是:它由于遵照伦理法则行动,因而在这一实行过程中就不会发现任何别的什么东西,而只有这种法则本身的实行,也不会显示出除了本身就是伦理行为以外的任何别的行为业绩。——伦理的东西,同时作为绝对的**本质**和绝对的**力量**,不能够忍受对其内容的任何颠倒。假如它只是绝对的**本质**却没有力量,那它就有可能经验到由个体性造成的颠倒;但那个体性作为伦理意识在放弃这片面的自为存在的同时,也放弃了这一颠倒;正如仅仅是力量,假如它还是这样一种自为存在的话,它就会反过来为本质所颠倒一样。由于这种统一的缘故,个体性就是那个实体、即那个本身就是内容的实体的纯粹形式,而行为就是从思想到现实性的过渡,这过渡只是作为一个无本质的对立的运动,这个对立的各环节并没有什么特殊的、互有差别的内容和本质性。因此,伦理意识的绝对权利就是:**行为业绩**它的**现实性**的**形态**不会是别的,只会是它**知道**。

[**II. 伦理行为的分裂和罪过**]但是,伦理本质已将自己本身分裂为两种法则,而意识作为一种对待法则的未分化的态度,却只被分配给一种法则。正如这种**单纯的**意识所坚持的绝对权利是,在它这个伦理意识面前,本质会如它**自在的**存在那样**显现**出来,同样,这种本质也坚持自己**实在性**的权利,或坚持自己是双重的本质。但本质的这种权利同时又并不与仿佛存在

[23]

于另外某处的那个自我意识相对立，相反，它就是这自我意识自己的本质；

{254}　它只在自我意识中才有自己的定在和自己的力量，而它的对立面乃是**这自我意识**的**行为业绩**。因为自我意识正是由于它本身作为自我而存在，并着手于行为业绩，它就把自己从**单纯的直接性**中提升出来，而自身建立起**分裂**来。自我意识通过行为业绩而放弃了作为直接真理性之单纯确定性而

[24]　存在这一伦理规定性，而建立起它自身的分化，即分化为作为行为者的自己和与之对立并对之否定的现实性。自我意识于是就通过这行为业绩而成为了**罪过**。因为行为业绩就是他的**行为**，而行为是自我意识最真切的本质；而**罪过**也就获得了**罪行**的含义：因为自我意识作为单纯的伦理意识，致力于一种法则而拒绝了另一种法则，并且通过自己的行为业绩而违犯了另一种法则。——**罪过**并不是漠不相干的双重含义的本质，即行为业绩当它**现实地**暴露在日光之下时，可以是罪过自身的**行为**，也可以不是这样，就好像与这行为结合着的可以是某种外在的偶然的、不属于行为的东西，因而从这方面来看，行为就是无罪过的似的。相反，行为本身就是这样的分裂，即把自己自为地建立起来，并针对这行为建立一个异己的、外在的现实性；存在这样一个现实性是属于行为自身的事，是由于行为自身而存在的。因此只有像一块石头的存在那样什么也不做，才是无罪过的，就连一个小孩的存在都不是无罪过的。——但按其内容来说，伦理**行动**本身就具有罪行的环节，因为它并没有扬弃两种法则在两性中的**自然**分配，反而作为对法则的**未分裂**的志向而留在**自然的直接性**内，并且作为行为而使这种片面性变成了罪过，即只抓住本质的一方面，而对另一方面采取否定态度，也就是说，违犯了另一方面。在普遍的伦理生活中，罪过和罪行、行为和行动所涉及到的范围，在后面将有更确切的说明；这里直接表明的只是，并非**这一个个别者**，他行动着并且有罪过；因为他作为**这一个**自身只是非现实的阴影，或者说他只是作为普遍的自身而存在，而个体性纯粹是一般**行为**的**形式**环节，内容则是那些法则和伦常，在对个别者的规定上就是他的身份的法则和伦常；这身份是作为类的实体，类虽然通过自己的规定性而变成了种，但

[25]　种同时还保持着类的共相。自我意识在民族内部从共相只下降到特殊性，而不是一直下降到个别的个体性，这个体性在自己的行为中建立起的是一

个排他性的自我，一个自否定的现实性；相反，自我意识的行动，是以对整体的、可靠的信赖为其根据的，在这种信赖中不混杂有任何异己的东西，既无恐惧，也无敌意。

现在，对**现实的**行动这一发展起来的本性，伦理的自我意识无论是委身于神的法则还是委身于人的法则，它都在自己的行为业绩中经验到了。在它面前所显露的法则，本质上是跟相反的法则结合在一起的；这本质是两种法则的统一体；不过行为业绩只是实行一条法则来反对另一条法则。但在本质中与相反法则相结合时，一个法则的实现就引出另一法则，并且行为业绩因此就使另一法则成为一种被违犯的、敌对性的、要求报复的本质。对行动而言，只有一般的决心这方面是明白如昼的；但是决心**自在地**是否定的东西，它将一个自己的他在，一个与那本身是认知的东西相陌生的东西置于对立面。因此，现实性坚持将另一个对认知陌生的方面隐藏于自身中，不把自己按照其自在自为的那样显示给意识，——不向儿子显示出他所杀的那个冒犯者就是他父亲——不向他显示出他娶为妻子的那位王后即是他母亲。① 伦理的自我意识背后以这样的方式尾随着一种畏光的力量，这种力量在行为业绩发生了以后才跳出来，揪住了伦理意识的这一行为业绩；因为完成了的行为业绩乃是认知着的自我和与它对立的现实性之间扬弃了的对立。行动者不能否认这件罪行和他的罪过；——行为业绩是这样的东西，它使不运动的东西运动起来，使仅仅封闭于可能性中的东西首次产生出来，从而把未意识到的与意识到的东西、把不存在的东西与存在结合起来。所以，行为业绩就在这样的真理性中曝光了；——即作为这样一种东西，在其中被意识到的与没有意识到的、自有的与陌生的，被联结在一起；作为分裂为二的本质，意识经验到它的另外一面，并且也当作自己的一面来经验，但又是当作被他所违犯并激起敌对性的力量来经验的。

有可能是这种情况，那在背后埋伏着的公正，并不是以自己特有的形态对行动的**意识**明摆着的，而只是**自在地**在决心与行动的内在罪过中现成

{255}

[26]

---

① 此处暗示索福克勒斯：《俄狄浦斯王》，第 457—460 行，第 791—792 行，第 1478—1479 行。——丛书版编者

在手的。但是，如果伦理意识**事先就已认识到**那个法则和它所反对的、被它当作暴力和不公正、当作伦理上的偶然性的那种力量，并像安提戈涅那样蓄意犯下罪行，那么伦理意识就更为完全，其罪过也更为纯粹。① 实行了的行为业绩将伦理意识的看法颠倒过来了；这一**实行**本身就表明了，凡是**伦理的都必定会是现实的**；因为目的的**现实性**就是行动的目的。行动恰恰表明了**现实性**与**实体**的统一，它表明，现实性对本质而言不是偶然的，而是由于与本质的关联而不被赋予任何不是真正公正的东西。伦理意识由于这种现实性的缘故，也由于它自己的行为的缘故，不得不承认它的对立面就是它自己的现实性，它必须承认自己的罪过；

{256}　　　　　　**因为我们遭受苦难，所以我们承认我们犯了过错。**②

　　　　这种承认表现出伦理**目的**与**现实性**之间的被扬弃了的分裂，表现出向伦理**意向**的返回，这意向知道除了正当的东西之外，没有任何东西是有价值的。但这样一来，行动者就放弃了他的**个性**和他自身的**现实性**而走向了

[27]　毁灭。行动者的**存在**，就是这样一种隶属于他的伦理法则、也就是隶属于他的实体的东西；但由于承认了相反的东西，对他来说就不再有实体了；他所达到的就不是他的现实性，而是非现实性，是意向。——虽然实体**在个体性身上**显现为个体性的**情致**，而个体性则显现为赋予实体生命、因而凌驾于实体之上的东西；但是个体性是一种同时就是行为者的个性的情致；伦理的个体性跟它的这个共相直接地、自在地即是一个东西，它只有在这个共相中才有自己的实存，它不可能经受住这个伦理的力量因相反的力量而遭到的毁灭。

　　　　但这个个体性就此拥有了确定性，即确信那个个体性，当它的情致是这个相反力量时，它**与其说是遭受到祸害，不如说是施加了祸害**。两种伦理力量之间以及将它们在生命与行动中建立起来的两种个体性之间的相向运动，只有当双方都经验到了同一个毁灭时才达到自己**真正的终止**。因为

---

① 参看索福克勒斯：《安提戈涅》，第446—448页。——丛书版编者

② 黑格尔此处引证的是索福克勒斯：《安提戈涅》，第926行，据权威的德译本，这两行应译作："但毕竟诸神同意这一点，/ 所以我不得不难过地承认：我有罪。"黑格尔引用的文本可能是他自己所译。——丛书版编者

两种力量的任何一个都不比另一个在成为实体的**更为本质的**环节方面占有某种优势。这两种力量同样的本质性和漠不相干的并肩而立，就是它们无自我的存在；在**行为业绩**中，它们都作为自我本质而存在，但都是一个不同的自我本质，而这与自我的统一性相矛盾，并构成它们的非法性而必然毁灭。同样，**个性**一方面按其情致或按照实体来说只属于一种伦理力量，另一方面，按认知的方面来说，这一个性和那一个性又都分裂为一个有意识的东西和一个无意识的东西；而由于每一个性本身都引发这一对立，并且通过行为业绩，就连无知也是自己的作品，它就置身于煎熬自己的罪过之中了。因此，一种力量及其个性的胜利和另一方的失败，就会只是这件未完成的作品的一部分，这个作品不可遏制地要前进到双方的平衡。只有在双方同样地屈服了以后，绝对公正才得以完成，伦理实体才作为吞噬双方的否定力量，或者说作为全能而公正的**命运**出场。 [28]

　　[**III. 伦理本质的消亡**]如果这两种力量都被按照它们特定的内容以及内容的个体化来看待，那就呈现出一幅双方构成的冲突的图景，就其形式 {257}方面说，这个图景就是伦理及自我意识的一方与无意识的自然以及凭自然而现成的偶然性的一方的冲突，——后者有权反对前者，因为前者只是**真实的精神**，仅仅处在与自己的实体的**直接的**统一中；——而就其内容而言，这图景就是神的法则与人的法则的分裂。——那青年从无意识的本质、从家庭的精神中走出来，成为了共同体中的个体性；但是他还是属于他所摆脱的那个自然，证明这一点的是，他出自两弟兄之中的偶然的一个，这两兄弟具有同等权利来统治这个共同体；至于出生迟早的不同，这**对于**已进入伦理本质的**他们俩**来说，作为自然的区别是无关紧要的。① 但是政府作为民族精神的单纯的灵魂或自我，是不容忍个体性的二重性的；而自然作为多数性的偶然性则与这种统一性的伦理必然性分庭抗礼。这两兄弟因此心存芥蒂，而且他们在国家权力上的同等权利对双方都起着摧毁作用，双方都同样是不公正的。如果更多以人的方式来看，那么两兄弟中没有**占有**

---

① 黑格尔这里引用的是厄忒俄克勒斯和玻吕尼刻斯两兄弟争夺底比斯的统治权的故事，参看埃斯库罗斯：《七雄攻忒拜》，第 631—652 行。——丛书版编者

共同体而对以另一方为首的共同体进行攻击的那一个是犯下了罪行的；相反，另一个则在自己这方拥有法权，他懂得把对方视为仅仅是脱离了共同体的**个别者**，并在对方这样一种无权状态中驱逐他；他所触犯的只是个体本身，不是共同体，不是人的法权的本质。当共同体被空虚的个别性所攻击和捍卫时，它保持着自身，两兄弟则由于互相毁灭而同归于尽，因为个体性既然**为了自己的自为存在**而使整体陷入危险，就已把自身排除于共同体之外，并化解为自身了。但两弟兄之一，即身处共同体这一面的那个人将获得荣誉；反之另一个人，即扬言要踏平城墙的那个人，① 将受到政府、受到共同体自身所恢复了的单纯性的剥夺最后荣誉的惩罚；谁要来加害于意识的最高精神、加害于城邦，他就必须被剥夺他整个完全本质的荣誉、被剥夺死者的精神的荣誉。

但是，如果说共相就这样轻而易举地撞掉了它的金字塔的纯粹塔尖，虽然对家庭这一反抗性的个别原则取得了**胜利**，那么只有以这样的方式，共相跟神的法则、意识到自己自我的精神跟无意识的精神，才开始投入**战斗**；因为无意识的精神是另一种本质力量，因而是不为前一种精神所摧毁、而只是被它所伤害的本质力量。然而无意识的精神面对掌握着强权的、摆在光天化日之下的法则，只有凭借无血肉的阴影才在**现实的**实行方面获得自己的帮助。因此，它作为软弱的和黑暗的法则起初是屈服于白日的和力的法则的，因为那种权力是在地下有效、而不是在地上有效的。不过，现实的东西既然夺走了内在的东西的荣誉和力量，它自己的本质也就因之而耗尽了。公开的精神在地下世界拥有自己的力之根源；民族对力本身的信赖与担保的**确定性**，只有在所有人的无意识的沉默的实体中、只有沉浸在遗忘之水中，才拥有其把一切人结合为一的誓言的**真理性**。这样一来，公开的精神的实现过程就转变成对立面了，它经验到的是，它的至公正就是至不公正，它的胜利毋宁说就是它自己的失败。死者的权利受到侵害，他因此就知道为自己的复仇找到工具，这工具与杀害他的力量具有同样的现实性和强制力。这些力量乃是另外一些共同体，当它们的祭坛由于尸体遭到

[29]

{258}

[30]

---

① 这是玻吕尼克斯对底比斯城发出的诅咒。——丛书版编者

狗噬或鸟啄而受到玷污时，尸体并不因为它所应得地被还原为始基性的个体，就会超升成为无意识的普遍性，相反，它仍然停留于地上的现实性王国，并作为神的法则的力，现在就获得了一种自我意识到的现实的普遍性。这些力量就开始采取敌对态度，把侮辱和破坏其自身之力即家庭的尊重的那个共同体加以摧毁。

　　凭借这一表象，人的法则和神的法则的运动就把自己的必然性表现在这些个体上了：在这些个体身上，共相显现为一种**情致**，运动的能动性则显现为**个体性的**行为，这种个体行为就赋予运动的必然性以偶然性的假象。但是个体性和行为构成着一般个别性的原则，这一原则在其纯粹的普遍性中曾经被叫作内在的神的法则。它作为公开的共同体的环节，则不仅具有以前那种地下的、或者在其定在中的外在效应，而且还具有一种在现实的民族中也同样公开的、现实的定在和运动。以这种形式来看，当初曾被表象为个体化了的情致之单纯运动的那种东西，就获得了一种另外的面貌，而罪行以及由此而导致的共同体的毁灭就取得了其定在的真正形式。——所以人的法则在其普遍的定在中就**是**共同体，在其一般的实行中就**是**男性，而在其现实的实行中就**是**政府，这法则之所以**运动**和**维持**下去，是由于它消耗掉了家神的分裂活动，或者说消耗掉了由女性所主管的家庭中那种独立的个别化活动，并在自己的川流不息的连续性中维持着对这些活动的化解。然而，家庭一般说来同时又是共同体的元素，个别意识是普遍的起能动作用的根据。由于共同体只有通过打断家庭幸福，并把自我意识消融于普遍意识之中，才赋予自己以持存，所以它就在它所压制的、而同时又是它的本质的东西身上、在一般女性身上造就了它自己内在的敌人。女性——这个对共同体的永恒的反讽，——运用诡计把政府的普遍目的改变为一种私人目的，把政府的普遍的能动性转化为这一特定个体的作品，把国家的普遍财产颠倒为家庭的一种占有物和装饰品。妇女们对成熟的老年人的严肃的智慧加以嘲笑和蔑视，因为老年人的个别性萎缩，——对快乐、享受和现实的能动性都麻木了，——所以思考和关注的只是共相，而她们用来嘲笑和蔑视老年人的是不成熟的年轻人的恶作剧和他们的热情激荡；她们处处把年轻人的力推崇为行之有效的东西，——说儿子是母亲给自己生的

[31]

{259}

主人，弟兄是姐妹们所拥有的与她们平等的男人，小伙子是女儿赖以摆脱自己的不独立性而获得妻子的享受和身份的人。——但是共同体只能通过压制这种个别性的精神来维持自身，而且由于个别性精神是本质环节，所以共同体同样也在产生出个别性精神，也就是通过压制的态度把个别性精神当成一种敌对原则产生出来。然而，这种敌对原则既然离开普遍目的就只是恶的和本身虚无的，那么假如共同体本身不承认青年之力，即尚未成熟、尚在个别性内部的男性为整体之力，这一原则就什么也干不了。因为这整体是一个民族，它本身就是个体性，而且本质上只有当**别的个体性**都是**为**它而存在的，只有当它**排除**别的个体性于自身之外，并知道自己不依赖于它们时，它才是**自为**的。共同体的否定方面，即**对内**压制个体的个别化倾向，但**对外**是**自主活动**的，这正是以个体性作为它的武器的。战争是这样一种精神和形式，在其中伦理实体的本质环节以及伦理性的**自我本质**的摆脱一切定在的绝对**自由**，就在这实体的现实性和考验中现成在手了。由于一方面战争使有关财产和人格独立的那些个别性**制度**也好、个别的**人格性**本身也好，都感受到否定之力，所以另一方面，正是这个否定本质在战争中把自己提升为整体的维持者；那被女性当作自己的快乐的勇敢的小伙子，即那被压制着的毁坏原则便走到了日光之下，他就是行之有效者。现在，这位行之有效者就是自然之力，是显现为幸运之偶然的东西，它们决定着伦理本质的定在和精神必然性；既然伦理本质的定在是建立在强壮和幸运上的，这就**已经注定了**它的毁灭了。——正如从前只是各个家神毁灭于民族精神之中，现在各个**活生生的**民族精神通过自己的个体性，也在一种**普遍的**共同体中毁灭了，这个普遍的共同体的**单纯的普遍性**是无精神无生命的，它的生命活力则在于作为个别者的**个别的个体**。精神的伦理形态消失了，取而代之的是另一形态。

所以，伦理实体的这样一种消亡，以及它过渡为另外一种形态，这是由于伦理意识本质上**直接**是以法则为准而得到规定的；对直接性的这种规定意味着一般自然进入了伦理的行动。伦理行动的现实性所揭示的，只是伦理精神的优美的协调以及安静的平衡恰恰在这种安静和优美本身中所具有的矛盾，所具有的败坏的萌芽；因为这种直接性具有矛盾的含义，它既是自然的无意识的安静，又是精神的自我意识到的不安的安静。——由于这种自然性的缘故，这样的伦理民族一般说乃是一个由自然所规定了的、因而是有限的个体性，它因此而发现自己被另一种个体性所扬弃。但是，由于这种在定在中建立起来、既是限制但同样也是一般否定者和个体性自我的规定性消失了，所以精神的生命以及在一切个体中都意识到其自身的这种实体就丧失掉了。这种实体作为一种**形式的普遍性**，而在一切个体性身上抽拔出来，不再作为一种活的精神居于他们之中，相反，实体的个体性的那种单纯的淳朴性已经崩裂为众多的点了。 [33]

c. 法权状态

[**I. 人格的效准**]个体性和实体的活的直接统一体所退回到的那个普遍的统一体，乃是一种无精神的共同体，这种共同体已不再是诸个体的无自我意识的实体，而是在其中，这些个体现在都按照它们个别的自为存在而作为一些自我本质和实体发生效力了。被打碎成了众多绝对个体原子的共相及这个死亡了的精神，就是某种**平等**，在其中，**一切人都作为每一个人、作为人格**而有效准。——凡是在伦理世界里曾被称为隐秘的神的法则的东西，实际上已从它的内在中走进了现实性；当初在伦理世界里，**个别的人** {261} 只在他作为**家庭**的普遍**血缘**时才有效准，才是现实的。他作为**这样一种个**别者，曾是**无自我的、孤独的**精神，但是现在他已从他的非现实性中走出来了。由于伦理实体仅仅是**真实的**精神，因此个别者就倒退到对自己本身的**确定性**去了；它作为一种**肯定的**共相而是伦理实体，但它的现实性则在于它是**否定的**普遍**自我**。——我们曾看见，伦理世界的种种力量和形态都沉 [34] 没在空虚的**命运**的单纯必然性中。伦理世界的现在这种力量，是自我反思到自己单纯性的那个实体；但是，自我反思的这个绝对本质，即恰好上述空虚命运的必然性，无非是自我意识的**我**而已。

于是从此以后，这个我就作为**自在自为**存在着的本质而有效；这个**被承认**就是他的实体性；但这实体性是**抽象的普遍性**，因为它的内容是**这种不可触碰的自我**，而不是消融于实体中的自我。

这样，人格性就在这里从伦理实体的生活中凸显出来了；它就是意识的**有现实效准的**独立性。那通过**放弃现实性**而形成起来的关于独立性的**不现实的思想**，以前是作为**斯多葛主义**的自我意识而出现的，正如这种自我意识出于主人与奴隶、即出于**自我意识**的直接定在一样，人格性则是出于那直接的**精神**，——即一切人所普遍具有的主人意志和他们同样具有的服务性的服从。凡是对斯多葛主义来说曾经只处于**抽象**中的**自在**存在，现在则是**现实世界**。斯多葛主义不是什么别的，只不过是这样一种意识：它给法权状态的原则亦即无精神的独立性提出了一个抽象形式；它由于逃避**现实性**，所以只达到了关于独立性的思想；它是绝对**自为的**，因为它不把它的本质跟任何一种定在结合起来，相反，它放弃一切定在，而把它的本质单单置于纯粹思维的统一性中。以同样的方式，人格的法权既没有与个体本身的一种更为丰富或更强有力的定在相结合，也没有与一个普遍的活的精神相结合，而毋宁说，它是与精神的抽象现实性的纯粹的一相结合，或者与作为一般自我意识的一相结合。

[**II. 人格的偶然性**]现在，正如斯多葛主义的**抽象的**独立性曾经显示了自己的实现过程那样，同样，这后一种独立性也将重复前一种独立性的运动。前一种独立性转化为了怀疑主义的意识混乱，变成一种否定的废话，它从存在与思维的一个偶然性出来，又心神不定地迷失于另一个偶然性，虽然在绝对的独立性中消解了这些偶然性，但同样又把它们一再地产生出来；并且实际上它仅仅是意识的独立性与不独立性的矛盾而已。——同样，**法权**的人格独立性毋宁还是这同样的普遍混乱和相互消解。因为，被承认为绝对本质的东西就是作为人格之纯粹而**空虚的一**的那个自我意识。与这个空虚的普遍性相反，实体拥有的是要**履行**的有**内容**的形式，而现在这内容完全是自由放任和无序的；因为当初奴役它、并把它束缚在自己的同一性里的那个精神已经不再是现成的了。——因此，人格的这种空虚的一，在其**实在性**中乃是一种偶然的定在，一种无本质的运动和行为，它进入不到任何持存。所以，正如怀疑主义那样，法权的形式主义凭自己的概念是没有自己的特有内容的，它遇到的是一种杂多的持存，是占有物，它像怀疑主义那样，给这占有物打上使之能被称为**所有物**的同一种抽象普遍性的印记。然而，如果说在怀疑主义中像这样规定的现实性一般被称为**假象**，并

[35]
{262}

且只有否定的价值，那么它在法权中则有肯定的价值。前者那种否定的价值在于现实的东西具有作为思维、作为自在共相的自我的含义，而后者的肯定价值却在于，现实的东西在范畴的含义中就是作为**一种得到承认的、有现实效准的我的**。——两者是同一个**抽象的共相**；"我的"的现实内容，或者说"我的"的**规定性**——无论是外在占有物也好，还是精神或性格方面内在的富有或贫乏也好——都没有被包含在这个空洞的形式里，它与形式毫不相干。所以，内容属于一种**特有的力量**，这力量不同于形式的共相，是一种偶然和任意性的力量。——因此，法权意识在自己现实的效准本身中反而经验到它的实在性的丧失和它的完全非本质性，而把一个个体标明为一个**人格**是一种轻蔑的表达。 [36]

　　[**III. 抽象的人格，世界主宰**]内容的自由力量是这样规定自身的：当它分散为人格原子的绝对**多数性**时，同时也通过这一规定性的本性而被集合在**一个**它们所陌生并同样毫无精神的点之中，这个点一方面跟原子人格性的不可触碰性一样，是纯粹个别的现实性，但同时又与诸原子的空洞的个别性相反，而拥有一切内容的含义，从而对诸原子来说拥有实在本质的含义，而且与诸原子自以为的那种绝对的、但自在的却并无本质的现实性相反，它是普遍的力量和绝对的现实性。以这种方式，这个世界主宰觉得他就是那个绝对的、本身同时包含着一切定在的人格，对他的意识而言，没有任何更高的精神是实存的。他是一个人格；但却是一个跟**一切人**对立着的孤单的人格；而这一切人构成了该人格有效准的普遍性，因为个别者本身 {263} 只有作为个别性的普遍多数性时才是真实的，离开这个多数性，则孤单的自我实际上就是非现实的无力的自我。——同时，这个无力的自我又是对于与那个普遍人格性相对立的内容的意识。但是，从他的否定力量中解放出来的这种内容就是各种精神力量的混沌，这些力量在摆脱了羁绊时，作为始基性的本质而在粗野的放纵中彼此采取疯狂的毁灭性的举动；而它们无力的自我意识是无能的约束，是它们发生骚乱的基地。于是，这个世界主宰，当他知道自己是这一切现实力量的总和时，他就是一个自视为现实上帝的巨无霸式的自我意识；但由于他只是形式的自我，并无能力对这些力量加以驯服，所以他的活动与自我享受同样也是巨无霸式的放纵无忌。

[37]　　　　世界主宰在他用以对付他的臣民们与他对立着的自我的摧毁性暴力中，对于他自己是什么、对于现实性的这种普遍力量具有现实的意识。因为他这种力量并不是精神的**团结一致**，仿佛这些人格都从这力量中认出了自己的自我意识似的，相反，他们毋宁是作为自为的人格而存在的，并将他们跟别人的连续性从他们的点截性的绝对不可触碰性中排除出去；因此，他们正如同彼此之间一样，也与那位作为他们的联系或连续性的世界主宰之间处于一种仅仅是否定性的关系之中。世界主宰作为这种连续性，是他们的形式主义的本质和内容，但却是对他们陌生的内容和敌对的本质，这种本质不如说恰好把那种被他们看作是自己的本质的东西、把那种空无内容的自为存在扬弃了；——而且，作为他们人格性的连续性，恰恰摧毁了他们的人格性。所以，既然对法权人格性陌生的内容在这人格性中使自己成了行之有效的，而且这内容由于它就是这些人格性的实在性，而使自己在他们那里成为行之有效的，那么法权上的人格性所经验到的毋宁是自己的无实体性。相反，在这无本质的基地上碾碎一切的石磨则表现出自己统治一切的意识，但这个自我只不过是在摧毁一切，因而只是失去了自控，不如说是对他自己自我意识的抛弃。

　　　　这就是这一方面的情况，即作为绝对本质的自我意识**现实地**存在的情况。但从这种现实性**被逐回到自身**的意识却思考了自己的这个非本质性；我们以前曾经看到，斯多葛主义纯粹思维的独立性经过怀疑主义，而在不幸的意识中找到了自己的真理性——这种真理性表明，纯粹思维凭借其自在自为的存在，具有何种性质。如果说这种认知在当时只显现为意识作为这样一种意识的片面的观点，那么在这里则进入到了这片面观点的**现实的**真理性。这现实的真理性在于，自我意识的这种**普遍的效准**就是那对它异

{264}
[38] 化了的实在性。这种**效准**，是自我的普遍现实性，但是这种普遍现实性，又同样直接就是那种颠倒；自我的普遍现实性，就是自我的本质的丧失。——在伦理世界里并非现成的自我现实性，曾经是通过其返回到**人格**而被赢得的，当初在伦理世界中是统一不分的东西，现在以发展了的形态、但却是自我异化了的形态登场了。

二、自我异化了的精神，教化

伦理实体曾经把这种对立保持在自己单纯意识的封闭状态中，而且把这单纯意识保持在与自己本质的直接统一中。因此，这本质对于直接指向它并以它为自己的伦常的那个意识而言就具有**存在**的单纯规定性；意识既不把自己看成**这种排他性的自我**，实体也并不意味着是一种被排除于意识之外的定在，仿佛意识只有通过它自身的异化才能跟这种定在合二为一、并同时把那个实体产生出来似的。但是，那样一种精神，即它的自我是绝对分离的东西的那种精神，把自己的内容作为一种同样坚硬的现实性而在自己的对立方面来拥有，并且世界在这里具有这种规定性，即它是一种外在的东西，是自我意识的否定物。然而，这个世界就是精神的本质，它自在地是存在与个体性的贯通；它的这种定在是自我意识的**作品**；但同样也是一个直接现成的对自我意识陌生的现实性，这种现实性有其特有的存在，而自我意识在其中认不出自己来。这个世界就是法权的外在本质和自由内容；但这个法权世界的主人所统辖的这种外在现实性，不仅仅是现成偶然地摆在自我面前的始基性的本质，而且它也是自我的劳动，不过不是肯定性的劳动，——不如说它是否定性的劳动。这个外在现实通过自我意识**自己的**外化以及放弃本质（Entwesung）的过程而获得它的定在，这个过程看 [39] 起来好像是在支配着法权世界的那种摧毁一切的状态中，使自我意识遭受到漫无约束的元素的外在暴力。这些漫无约束的元素，就它们本身来说，只是纯粹的摧毁一切和它们自身的消解；但是这种消解、这种对它们是否定性的本质正是这个自我；自我就是它们的主体、它们的行为和形成过程。但是，实体赖以成为现实的这种行为和形成过程，就是对人格性的异化，因为那**直接的**、也就是**没有异化**而自在自为地有效准的自我是没有实体的， {265} 是那些喧嚣的元素的游戏；因此，**自我的**实体就是他的外化本身，而外化就是实体，或者说就是将自身安排成一个世界并借此维持自身的那些精神力量。

实体就以这种方式而是**精神**，是自我和本质的自我意识到的**统一**，不过自我和本质两者也具有互为对方的异化的含义。精神是对一个独立自由的对象性的现实性的**意识**；但是与这种意识对立的是自我和本质的那种统一，与**现实性**的意识相对立的是**纯粹的意识**。一方面，现实的自我意识通过它的外化而过渡到现实的世界，而现实的世界又返回到现实的自我意识；但另一方面，恰恰这种现实性，无论是人格还是对象性，都遭到了扬弃；它们都是纯粹普遍的东西。它们的这种异化，就是**纯粹意识**或**本质**。这个当下在场直接在它的**彼岸**拥有对立面，即彼岸就是它的思维和被思维，同样，当下在场也在自己的**此岸**拥有对立面，即此岸就是思维的已对自己异化了的现实性。

这样一来，这样一个精神所教化出来的就不止是**一个**世界，而是一个双重的、分离着的和对立着的世界。——伦理精神的世界是这精神特有的**当下在场**；因此这个世界的每一种力量都处于这种统一之中，而且就两种力量是有区别的而言，它们都处在与整体的平衡之中。没有任何东西具有自我意识的否定物的含义；甚至连孤独的精神也在亲属的**血缘**中、在家庭的**自我**中当下在场，而政府的普遍**权力**则是意志，是民族的自我。但是在这里，这个当下在场只意味着在彼岸拥有自己的意识的那种对象性的**现实性**；每个个别环节作为**本质**都从另一个环节那里接受到这种在场，并借此接受到现实性，而只要它是现实的，它的本质就是不同于它的现实性的另一环节。没有任何东西具有一种以自身为根据并居住在本身中的精神，相反，任何东西都是在自己以外的一种异己的精神之中；——整体的平衡不是保持在自身内的统一，也不是这种统一返回其自身的安宁，而是建立于对立面的异化之上的。因此，正如每个个别环节一样，整体也是一种自身异化了的实在性；在它所分裂成的一个王国中，**自我意识现实地**既是它本身、又是它的对象，而在另一个王国中，则是**纯粹**意识的王国，它在前一个王国的彼岸，不具有现实的在场，而是处在**信仰**之中。于是，正如伦理世界之从划分神的法则和人的法则及它们各自的形态出发，而伦理世界的意识则是从划分认知与无意识出发，它们都返回到意识的命运，返回到作为这个对立的**否定力量**的**自我**一样，现在，就连自我异化的精神的这两个王国也都将回复到**自我**；但是如果说，前者曾经是第一个直接有效准的**自我**，

[40]

{266}

是个别的**人格**，那么这第二个从其外化中回复到自身的自我，即**普遍的自我**，就将是把握**概念**的意识；而且这两个精神世界，当它们所有的环节都坚持自己有一种固定的现实性和非精神的持存时，它们都将在**纯粹明见**中解体。这种明见作为自己**把握**自己的自我，就完成了教化；它所统握的，没有别的东西，只有自我，并且它将一切都当作自我来统握，即是说，它对一切都**进行概念的把握**，清除一切对象性并把一切**自在**存在都转变成一个**自为**存在。当它把矛头转向信仰这个异己的、置于彼岸的**本质**王国时，它就是**启蒙**。启蒙也在这个王国里完成了异化，异化了的精神逃进这个王国中，就是逃进那个自我等同的宁静的意识之中；启蒙扰乱了精神在这信仰王国　[41]　里所掌管的家务，因为它把此岸世界的器具携带了进来，精神无法否认这些器具是它自己的所有物，因为精神的意识同样也是属于此岸世界的。——在这种否定的工作中，纯粹的明见同时也就把自己实现了，并且产生出它自己特有的对象，即不可认识的**绝对本质**，和有用的**东西**。由于现实性以这种方式丧失了一切实体性，它本身中再没有什么**自在**的东西，于是，如同信仰的王国一样，就连现实世界的王国也倾覆了，而这场革命就产生出了**绝对自由**，最初异化了的精神就凭借这个**绝对自由**而完全返回到了自身，撇下这个教化的国度而转到另一国度，转到**道德意识**的国度去了。

A. 自我异化了的精神的世界

自我异化了的精神的世界分裂为双重的世界：第一个是现实性的世界或精神的自我异化的世界，而另一个则是精神超越于第一个世界之上、在纯粹意识的以太中建立起来的世界。后面这个与前一种异化**相对立**的世界，正因为这种对立，也就不能摆脱这种异化，毋宁说，它只是这异化的另一种形式而已，而这一种形式的异化，恰恰在于它在两个不同的世界中都有意识，并包含了两者。所以，这意识并不是对于绝对本质如同其**自在自为**那样的自我意识，不是在这里所考察的宗教，而是**信仰**，就其是对现实世界的**逃避**、因而不是**自在自为**的存在而言的信仰。所以这种对于当下在场　{267}　的王国的逃避，在自己本身中直接就是双重的在场。纯粹意识是由精神提升而来的元素，但它不仅只是**信仰**的元素，而且同样也是**概念**的元素；因此两者又同时伴随而来，而信仰只有在与概念的对立中才得到考察。

[42]　a. 教化及其现实性王国

这个世界的精神是为一种**自我**意识所渗透了的精神**本质**，这种自我意识知道自己作为**这种自为存在的**本质是直接当下在场的，并且知道这**本质**作为一种现实性是与自己对立的。但这个世界的定在正如自我意识的现实性一样，基于这一运动之上：对自己人格性的这一自我意识外化自身，从而产生自己的世界，并且把这世界当作一个异己的东西来对待，以至于它从现在起必须把这个世界攻占下来。但对它的自为存在的放弃本身就生成了现实性，因而通过这种生成，自我意识也就直接占领了现实性。——或者说，自我意识只有当它异化其自身时它才是**某物**，它才有**实在性**；自我意识借此而把自己建立为普遍的东西，并且它的这个普遍性即是它的效准和现实性。因此，与一切人的这种平等不是前面那种法权的平等，不是自我意识只因为**自己存在**就直接得到的承认和效准；相反，它之所以有效准，是由于异化的中介，使自己变成了符合于普遍的东西。法权的那种无精神的普遍性，将个性和定在的每一种自然的方式都接纳到自身之中，并赋予它们以合法权利。但在这里，有效准的普遍性则是**形成起来的**普遍性，因此它是**现实的**。

　　[I. 教化是自然存在的异化] 所以，个体在这里赖以取得客观效准和现实性的就是**教化**。个体真实的**原始本性**和实体乃是使**自然存在**发生**异化**的精神。因此，这种外化既是精神的**目的**，又是它的**定在**；外化同时又是**中介**，或者说，既是**被思维的实体**向**现实性**的**过渡**，反过来又是**被规定了的个体性**向**本质性**的**过渡**。这种个体性将自己**教化**成它**自在地**所是的东西，而且只有借此**它才自在地存在**，才有现实的定在；它有多少教化，它就有多少现实性和力量。虽然自我作为**这一个**在这里知道自己是现实的，但它的现实性毕竟只在于扬弃自然的自我；因此，原始**规定了的**自然就归结为大小上的**非本质的**区别，归结为意志力度的强或弱。但是自我的目的和内容则只是属于普遍的实体本身，并且只能是一种普遍的东西；一个成为了目的的

和内容的自然的特殊性是某种**无力量的**和非现实性的东西；这种特殊性是一个**样子**（Art），它总是徒然而可笑地努力要把自己置于作品中；它是这样的矛盾，要赋予特殊的东西以现实性，而这现实性却直接就是共相。因此，如果个体性被以错误的方式寄托在自然和个性的**特殊性**中，那么在实在世界里就找不到任何个体性和个性了；相反，诸个体就都具有彼此一样的定在了；那种臆想的个体性恰好只是**被意谓的**定在，它在这样一个只有自我外化着的东西、因而只有共相才保持着现实性的世界里是没有任何持久性的。——因此，**被意谓的东西**被当作了它所是的东西，被当作一个样子。德国字"样子"（Art）跟法国字"样子"（Espèce）并不完全是一个意思，法国话中的"样子货"是"一切绰号中最可怕的一个，因为它标志着平庸，表达了最高层次的蔑视。"① 但是在德国话里面说**"像样子的"**和**"好样的"**，则在其含义中加进了尊敬的神态，仿佛并不意谓着是那么糟糕的，甚至实际上就连什么是"样子"、什么是教化和现实性的这种意识，都还没有包括进来。

　　凡是联系到个别的**个体**而作为个体的教化显现出来的，都是**实体**本身的本质环节，亦即是实体的被思维到的普遍性向现实性的直接过渡，或者说，是实体的单纯的灵魂，借助于这个灵魂，**自在才是被承认的东西和定在**。因此，这种自我教化的个体性的运动直接就是它作为普遍的对象性本质的形成，也就是说，是现实世界的形成。现实世界虽然是通过个体性而 [44] 形成的，对自我意识来说却是一种直接异化了的东西，而且对它来说具有确定不移的现实性。但是自我意识同时又确信这个世界是它自己的实体，它就去占领这个世界；它通过教化而获得了占领这个世界的力量，从这一方面来看，教化显得是自我意识在使自己符合于现实性，并且是在它本源的个性和才具之力度所许可的范围内，使自己符合于现实性。在这里，凡是显得像是个体的暴力、而使实体受到暴力的压制从而遭到扬弃的东西，恰好是把实体实现出来的东西。因为个体的力量就在于它使自己符合于实体，也就是说，它把自己的自我本身外化出去，从而把自己建立为对象性的

---

① 　参看狄德罗：《拉摩的侄儿》，第 310 页："我们把这叫作样子货，这是一切绰号中最可怕的一个，因为它标志着平庸，并表达着最高层次的蔑视。一个超级废物是一个超级废物，但它不是一个样子货。"（德译文载于《歌德全集》I，45.128.）——丛书版编者

存在着的实体。因此，它的教化和它自己的现实性就是实体本身的实现。

[1.善与恶；国家权力与财富] 自我本身只有作为**被扬弃了的**自我才是现实的。因此，自我并不自为地构成它自己的**意识**和对象之间的统一；相反，对自我来说，对象毋宁就是意识统一的否定物。——于是，通过作为灵魂的自我，实体就在自己的诸环节中得到这样的教化，以至于对立的一方激活了另一方，每一方都通过自己的异化赋予对方以持存，并且也同样靠对方来维持自身。同时，每一个环节都拥有自己的规定性作为一个不可克服的效准，作为对另一个环节是固定的现实性。思维将这种区别以最普遍的方式通过**善**与**恶**的绝对对立而固定下来，善与恶互不相谋，以任何方式都不能变成同一个东西。但是这种固定的存在却把向对立面的直接过渡作为自己的灵魂；这定在毋宁是每个规定性都颠倒为自己的对立面，而且只有这种异化才是本质，是整体的维持。现在必须考察的是各环节的这一现实化的运动和激活的过程；这异化将异化自己本身，而整体将通过异化把自己收回到的自己的概念之中。

{269}

[45]　首先必须考察的是单纯的实体本身在其定在着的、尚未激活的那些环节的直接机制中的情况。——正如自然展示在那些普遍元素中那样，在其中，**气**是**持久的**、纯粹普遍的、透明的本质，——而水却是永远**被牺牲的**本质，——**火**是两者灵动的统一，这统一既在不断地化解它们的对立，同时又总在把它们的单纯性分裂为对立，——最后，**土**则是这种划分的**坚固枢纽**，既是这些本质的、又是它们的过程的**主体**，是这些本质的出发点和归宿，——同样，自我意识到的现实性的内在的**本质**、或者说单纯的精神，作为一个世界，正是到上面这样一些普遍的、但却是精神的聚合体中去展示自身的，——其中**第一种**聚合体展示的是**自在的共相**、**自身等同的**精神本质；——第二种是**自为存在着的**、已变得自身**不等同了的**、正在**牺牲**自己和**献身着的**本质；**第三种**，它作为自我意识就是主体，它在自己本身中直接拥有火的力；——在第一种本质中，它意识到自己是**自在存在**；而在第二种本质中，则通过牺牲共相而形成了**自为存在**。但精神本身是整体的**自在自为的**存在，这个整体将自己**分裂**为持久不变的实体和作为自我牺牲者的实体，同样又将它们重新**收回**于自己的统一之中，既作为爆发出来的吞噬实

体的火焰，又作为实体的持久形态。——我们看到，这些本质对应于伦理世界的共同体和家庭，但却不享有它们所具有的那种本土精神；反过来说，如果命运对这种本土精神而言是陌生的，那么在这里，自我意识则是、并且知道自己是这些本质的现实力量。

对这些环节，既要考察它们最初在纯粹意识内部如何被表象为**思想**或**自在**存在着的本质，又要考察它们在现实的意识中如何被表象为**对象性**的本质。——在前一种单纯性形式中，第一种本质，作为一切意识的**自在地自身等同的**、直接而不可改变的**本质**，就是**善**，——即**自在**之独立精神力量，在这种力量那里，自为存在的意识的运动只是附带例示出来而已。相反，第二种本质是**被动的**精神本质，或者说，就其牺牲自己并听凭个体在它那里意识到它们的个别性而言，它才是共相；这是虚无的本质，是**恶**。——本质的这种绝对地被瓦解，本身是保持不变的；如果说第一种本质是个体的基础、出发点和结果，而且在其中个体都是纯粹普遍的，那么相反，第二种本质一方面是自我牺牲着的**为他存在**，另一方面，恰恰因此又是这些个体作为**个别者**对自己本身的那种不断地返回，以及它们持续地**成为自为**的那个过程。 {270}
[46]

但是善与恶这些单纯思想也同样都直接地自身异化了；它们都是**现实的**，并且在现实的意识中作为**对象性**的环节存在。于是，第一种本质就是**国家权力**，第二种本质就是**财富**。——国家权力，正如它是单纯的**实体**，同样也是普遍的**作品**；——它是绝对的**事情本身**，在其中向个体表达出了它们的**本质**，而它们的个别性完全只是对自己的**普遍性**的意识；——这普遍性同样也是作品和单纯**结果**，在这一结果中，作品出自诸个体的**行为**这件事就消逝了；作品保持为它们所有行为的绝对基础和持存。——它们的生活中这种**单纯的**、以太般的实体，由于这样来规定它们的不变的自我同一性，它就是**存在**，并因而只是**为他存在**。因此，这实体自在地直接就是它自己的对方：**财富**。财富虽然是被动的或虚无的东西，但它也同样是普遍的精神本质，同样是**一切人的劳动**和**行为**的不断地**形成的结果**，这结果又化解在一切人的**享受**中。在享受中，个体性固然是**自为地**或者是作为**个别人的**而形成起来的，但这个享受本身却是普遍行为的结果；正如它交互地又

产生出普遍劳动和一切人的享受一样。**现实的东西**完全具有这样的精神含
[47]　义：它直接地就是普遍的。在这一环节中，每个个别人也许都自以为是**自
私自利地**行动的；因为现实的东西是这样的环节，在其中，每个个别人都意
识到自己是自为的，并因此不认为现实的东西是某种精神性的东西；然而，
即使只从外表上看也很显然，每个人在自己享受时，也给一切人提供了享
受，一个人劳动时，他既是为他自己、同样也是为一切人而劳动，而且一切
人也都为他而劳动。因此，他的**自为存在**自在地就是**普遍的**，自私自利只
不过是某种被意谓的东西，这种被意谓并不能导致使自己所意谓的东西变
成现实，即是说，并不能导致做出某种不利于一切人的事情。

　　[2. 自我意识的判断；高贵意识与卑贱意识]自我意识于是在这两种精
神力量中认识到自己的实体、内容和目的；它在其中直观到自己的双重本
{271}　质：在一种力量中直观到自己的**自在存在**，在另一种力量中直观到自己的
自为存在。——但是自我意识作为精神，同时又是这两者的持存与个体和
共相或者现实性和自我的分离之间的否定的**统一**。因此，统治和财富对个
体而言都是作为对象而现成在手的，也就是作为这样一些对象，个体知道
自己对于它们是**自由的**，认为自己能在它们之间进行选择，甚至能对它们
中的任何一个都不选择。个体作为这样一种自由而**纯粹的**意识，所面对的
是这样一种仅仅**为这个个体**而存在的本质。这样一来，它就把这本质当作
是在它之内的**本质**来拥有了。——在这种纯粹意识中，实体的两个环节对
它来说就不是国家权力和财富，而是关于**善和恶**的思想。——但是进一步
说，自我意识是个体的纯粹意识与个体的现实意识的联系，是思维物与对
象性本质的联系，它本质上就是**判断**。——诚然，对于现实本质的两个方
面来说，凭它们的直接规定就已经表明了，究竟哪个是善和哪个是恶；善是
国家权力，恶是财富。然而这个初步判断不能被视为一种精神性的判断；
[48]　因为在这种判断中，一个方面只是被规定为**自在**存在者或肯定的东西，而
另一个方面只被规定为**自为**存在者和否定的东西。但是，它们是作为精神
本质而存在的，每一个都是这两个环节的渗透，所以在那些规定中并没有
穷尽它们；而且自我意识既然与这两环节都有联系，它就是**自在自为的**，自
我意识因而必须以这种双重的方式跟每一方发生联系，藉此，双方都是自

我异化了的规定这一本性就将亮明出来。

现在，对自我意识来说，凡是它发现其中有它自己在内的那种对象，就是**好的**和**自在的**，而凡是它发现其中有它自己的反面在内的那种对象，则是坏的；善即是对象性的实在性与它的**同一性**；恶则是对象性的实在性与它的**不同一性**。同时，凡是**对它而言**是好的和坏的，都是**自在地**好的和坏的，因为它恰好就是那种东西，在其中，**自在存在**和**对它而言的存在**这两环节是一回事；它是对象性本质的现实精神，而判断则是精神的力量在这些对象性本质身上的证实，这力量**使得**它们成为了它们**自在地**所是的东西。善与恶的标准及它们的真理性不在于这些对象性本质自在的本身究竟直接是**同一的东西**还是**不同一的东西**，亦即不在于它们是抽象的自在存在还是抽象的自为存在，而在于这些对象性本质在精神与它们的联系中是什么，是它们跟精神的同一性还是不同一性。精神与那些最初被建立为**对象**并**通过精神**而成为**自在**的对象性本质的**联系**，同时也形成了这些本质**在自己本身中的反思**，通过这种反思，这些本质获得了现实的精神存在，并显露出了什么是**它们的精神**。但是，正如它们的第一种**直接规定**与精神跟它们的**联系**区别开来那样，就连第三种规定、它们特有的精神，也与第二种规定区别开来。——首先，它们通过精神跟它们的联系而显露出来的这**第二种自在**必定已经与**直接的**自在判然不同了；因为精神的这个**中介**毋宁推动着**直接**的规定性，使之成为了某种另外的东西。

{272}

[49]

这样一来，**自在自为**存在着的意识现在发现，在**国家权力**中固然有这意识的**单纯本质**和一般**持存**，但是并没有它的**个体性**本身，固然有这意识的**自在**，但没有它的**自为存在**，它毋宁发现，在国家权力中，行为作为个别的行为不被承认而被压服。个体于是在这种权力面前向自己本身反思；权力对它来说是压迫性的本质，是**恶**；因为权力已不是与个体性同一的东西，而是与个体性完全不同一的东西了。——相反，**财富**是**善**；它导致普遍的享受，它牺牲自己，并给一切人带来对他们的自我的意识。它**自在地**是普遍的善行；如果它并未作出某件善事，并未满足每一个需要，那么这是一种偶然性，无损于它的将自己传播给一切个别人、作为一个千手的施与者这一普遍必然的本质。

这两种判断给关于善和恶的这些思想提供了一种与曾经在我们看来它们所具有的那种内容相反的内容。——但自我意识才刚刚只是不完全地跟自己的对象发生了联系，也就是说，仅仅按照**自为存在**的尺度发生了联系。但是，意识同样也是**自在**存在着的本质，它必须同样使这一方面也成为尺度，借此才完成了精神性的判断。按照这一方面，**国家权力**对自我意识表现出来的是自我意识的**本质**；国家权力一部分是静止的法律，一部分是行政，以及对普遍行为的那些个别活动做出安排的指令；前者是单纯的实体本身，后者是实体激发和维持它自身及一切人的那种行为。因此，个体发现在国家权力中它自己的根据和本质得到了表现、组织和实行。——与此相反，通过**财富**的享受，个体经验不到它的普遍本质，而是只得到**短暂的**意识，以及对它自己作为一种自为存在的**个别性**和与自己的本质的**不同一性**[50]　的享受。——因此，善与恶的概念在这里就获得了跟以前相反的内容。

这两种方式的判断，每个都发现一种同一性和一种不同一性；第一种判断的意识发现国家权力是与自己**不同一**的，财富享受是与自己同一的；而第二种判断则相反，发现前者是与意识同一的，而后者是与意识**不同一的**。这就现成地有两次**同一性的发现**和两次**不同一性的发现**，即对上述那两种实在本质性现成地有一种相反的联系。——我们必须对这两种不同的判断本身进行评判，对此，我们必须用上前面所提出来的那个标准。据此，{273}　意识的**发现同一性的**那种联系，就是**善**，意识的发现不同一性的那种联系，就是**恶**，而且这两种联系方式从此本身就可以被确立为**意识的**两种**不同的形态**。意识通过以不同的方式来对待，而本身从属于要么是好的要么是坏的这种差异性的规定之下，而不是看它将会以**自为存在**为原则还是以纯粹**自在存在**为原则，因为这两者是同样本质性的环节；上面考察过的那种双重判断曾把这两个原则表象为分离的，因而只包含有**判断**的**抽象**方式。现实的意识将这两个原则集于一身，而区别则仅仅属于它自己的**本质**，即是说，只属于它自己与实在的东西的**联系**。

这种联系有两种相反的方式，一种是把国家权力和财富都当作一种[51]　**同一性的**东西来对待，另一种是把它们都当作一种**不同一性的**东西来对待。——发现有同一性的联系的意识乃是**高贵意识**。高贵意识在公共权力中看到的是与自己同一的东西，也就是它在这种权力中拥有自己**单纯的本质**及其实行，并随时准备对这本质既以现实的服从又以内心的敬重为它服务。同样，在财富中它看到的是，它给财富带来了自己的另一个本质方面、即**自为存在**方面的意识；因此，它同样把财富看作和自己有联系的**本质**，并承认自己所享受到的那种财富是善事，认为负有感激的义务。

反之，对另一种联系的意识则是**卑贱意识**，它坚持着与国家权力和财富这两种本质性的**不同一性**；所以在统治的强权中，它看到的是对**自为存在**的一条锁链和一种压迫，因而仇视统治者，对之阳奉阴违，随时准备爆发叛乱，——而在它用来享受自己的自为存在的财富中，它同样只看到不同一性，即与它自己的持久**本质**的不同一性；由于通过它的财富它只意识到它的个别性和暂时的享受，它就既贪爱财富又鄙视财富，而随着享受的消逝，随着这本身是微不足道的东西的消逝，它认为自己与富人的关系也消逝了。

这两种联系现在表达的才只是**判断**，这判断规定了这两个本质作为意识的**对象**是什么，还没有规定它们**自在自为地**是什么。一方面，在判断中表象出来的反思只是**对于我们**而言才是对此一规定和彼一规定的建立，因而才是对两者的同样一种扬弃，还不是就意识本身而言对两者所作的反思。另一方面，这两者还仅仅直接地就**是本质**，这本质既不是**形成起来**的，也不是在它们身上的**自我**意识；这种它们为之而存在的自我意识还不是对它们的激发；这两者都是宾词，这些宾词本身都还不是主词。由于这种分离的缘故，就连精神性判断的整体都还是各处于一个片面规定之下的两种互相取消的意识。——现在，正如异化双方的**漠不相干**——一方面是纯粹意识的**自在**、亦即关于善与恶的确定的**思想**——另一方面是它们作为国家权力和财富的**定在**——最初曾把自己提升为双方的联系、提升为**判断**一样，同样，这种外在联系也必须提升为内在统一，或者说，它作为思维的联系也必须提升为现实性，而且判断的这两种形态的精神也必须显露出来。这种情况的发生是由于**判断**成为了**推论**，成为了中介性的运动，在其中，判断的两个方面的必然性和中项就显露出来了。

〔3. 服务与建议〕因此，高贵意识发现自己在判断中是这样面对国家权

[52]

{274}

力的：国家权力虽然还没有成为一个自我，仅仅才是一个普遍的实体，但高贵意识却已意识到这个普遍的实体是自己的**本质**，是目的和绝对内容。高贵意识在与普遍实体这样肯定地联系着时，处在对它自己特有的目的、对自己特殊的内容和定在的否定的关系中，并使它们归于消逝。高贵意识是**服务**的英雄主义，——是这种**德行**，它为共相而牺牲个别存在，从而使共相成为定在，——是这种**人格**，它放弃自己的占有和享受，并为了现成在手的权力而行动、而现实地存在。

　　通过这种活动，共相就与一般定在联合在一起了，正如定在着的意识之通过这种外化而把自己教化成本质性那样。不论谁的这样一种意识在服务中异化了自身，它都是自己的沉没在定在中的意识；但那自身异化的 **[53]** **存在**乃是**自在**；所以它通过这种教化就在自己面前和别人那里获得了敬重。——但是国家权力原来才只是**被思维的**共相，只是**自在**，现在恰好通过这个运动而成为了**存在着的**共相，成为了现实的权力。它只有在现实的服从中才是现实的权力，而它之所以获得了这种现实的服从，是由于自我意识的这一**判断**：它是**本质**，也由于它自由地为这种服从作牺牲。这种使本质与自我联合起来的行为产生了**双重的**现实性，既使自己作为具有**真实的**现实性的行为产生出来，又使国家权力作为**有效准**的真实的东西产生出来。

　　但国家权力通过这种异化还不是一种知道自己是国家权力的自我意识；有效准的东西只是它的**法律**或它的自在；它还没有**特殊的意志**，因为服务的自我意识还没有外化它的纯粹自我以激活国家权力，而只是以自己的存在激活它；它为国家权力所牺牲的只是它的**定在**而不是它的**自在**存在 **{275}** 在。——这个自我意识被看作这样一种东西，它是符合于**本质**的，它之被承认，是由于它的**自在存在**的缘故。别的那些自我意识发现在这里面实行了它们的**本质**，但并未实行它们的自为存在，——履行了自己的思维或纯粹意识，但并未履行它们的个体性。因此，这个自我意识在它们的**思想**里有效准并享有**荣誉**。它是**高傲的**受封者，它是为了国家权力而尽职，就此而言，国家权力不是特别的意志，而是**本质性的**意志，而且受封者只是在这样一种**荣誉**中才涉及到自己，只有在它从本质上表现普遍意谓、而不再**感**

恩地表现个体性时才涉及到自己，因为它并没有帮助这种个体性达到自己的**自为存在**。假如它与国家权力的那种现在尚未形成起来的特有的意志发生关系的话，那么它的**语言**就会是它为了普遍利益而给出的**建议**了。

　　因此国家权力对于建议还处于无意志状态，在各种不同的有关普遍利 [54] 益的意谓中还不能起裁决作用。它还不是**政府**，因而真正说来还不是现实的国家权力。——**自为存在**、那作为意志还没有被牺牲掉的**意志**，乃是各等级内在的各自为政的精神，这种精神口头上说的是**普遍利益**，却为自己保留着自己的**特殊利益**，并且倾向于把侈谈普遍利益的废话充当行动的某种代用品。在服务中发生的对定在的牺牲，当它不惜赴死时，虽然是彻底的；但经受过从中活了下来的那种死亡的危险，却余留下来一种确定的定在，因而余留下一种**特殊的自为**，这种自为使那为普遍利益提出的建议成了模棱两可和令人怀疑的，并且实际上它在国家强权面前也保留着自己特有的意谓和特殊的意志。因此，它对国家强权的态度还是不同一的，而隶属于那总是准备起来反叛的卑贱意识的规定之下。

　　自为必须加以扬弃的这种矛盾，在**自为存在**与国家权力的普遍性处于不同一性这样一种形式中，同时也包含着这种形式，即定在的那种外化由于它完成了自己，亦即在死亡中完成了自己，本身乃是一种存在着的外化，并不是一种返回于意识中的外化，——这意识并没有经受住那种外化而**自在自为地**存在，而只是过渡到了不可调和的对立面。因此，**自为存在**的真正的牺牲不过是这样一种牺牲，它在其中就像在死亡中那样，完全献出了自身，但在这一外化中，它同样又保持着自身；它由此而作为它自在地所是的那种东西、作为它自身与它反面的自身相同一的统一体而成为了现实。正是由于各自为政的内在精神、自我本身显露出来，并且自身异化了，国家权力同时也就被提升为特别的自我了；正如没有这种自身异化的话，则荣 {276} 誉和高贵意识的那些行动，以及高贵意识的明见所提的建议，都将会停留在模糊不清的状态，其中所拥有的还会是特殊意图和任性的那些各自为政 [55] 的权谋。

　　[**II. 语言是异化或教化的现实**]不过这种异化只发生于**语言**中，语言在这里以它自己特有的含义而出场了。——在伦理世界里，在**法则**和**命令**中，

以及在现实世界里，最初是在**建议**中，语言以**本质**为内容，并且它是本质的形式；但在这里语言却以它所是的这个形式本身为内容，并且作为**语言而有**效准；这就是言说本身之力，它实行那必须加以实行的东西。这是因为语言是纯粹自我本身的**定在**；在语言中，自我意识的**自为存在着的个别性**本身才进入实存，以至于它就是**为他的**存在。否则我［Ich］作为这个**纯粹的我**就没有**定**在了；在任何其他的表现中，这个我都沉没到了现实性中，并存在于某种它可以从中退缩回来的形态中；它已从它的行动中，正如从它的面相学的表达中那样，反思到了自身，并且让这样一个总是包含得要么太多要么太少的不完全的定在，丧失了灵魂地撂在那里。① 但语言则把这个我在其纯粹性中包含着，唯有语言表述着**我**、表述着我自身。我的这种**定在**作为**定在**，是一种在本身中具有我的真实本性的对象性。**我是这一个我**——但同样也是**普遍的我**；它的显现同样也直接就是**这一个我**的外化和消失，因而又是它在普遍性中的保持。**我**在说出自己时，**被听到了**；它是一种传染，通过这种传染，它就直接过渡到了与那些把我看作定在的人的统一，它就是普遍的自我意识了。——它被人**听到**时，它的**定在**本身就直接**沉寂**了；它的这种他在就被收回自身了；而恰好这个他在就是它的定在，是

[56] 作为被自我意识到了的**现在**（Jetzt）的定在，当它在此存在时，它就不在此存在，它是通过这种消失而在此存在的。因此，这个消失本身直接就是它的保持；这是它自己对自己的认知，是它对自己作为一个已过渡到别的自我、被别人听到了的普遍自我的认知。

精神之所以获得这种现实性，是因为作为精神而**统一**起来的那两端恰好直接具有这种规定性，即它们自为地就是自己的现实性。它们的统一分解为两个不可触碰的方面，其中每个方面对于另一个方面都是现实的、被排斥于对方之外的对象。因此，这统一是作为一个**中项**显露出来的，它被排除于两方面各自为政的现实性之外，并与之相区别；它本身因而具有一种现实的、与它的两方面区别开来的对象性，并且是**为它们的**，即是说，它

---

① 参看前面第 208 页以下。——丛书版编者［译者按：这里指丛书版页码，考证版为第 173 页以下，贺、王译本为第 206 页以下，参看编者所加的"器官的面相学含义"和"面相学含义的双重性"两个标题。］

是定在着的东西。**这精神实体**本身进入到实存，只是由于它在自己这两方面获得了这样两种自我意识，这两种自我意识既把这种纯粹的自我作为**直接有效准的**现实性来认知，同样又从中直接认知到它只是通过异化的**中介**才是这样。通过前者，诸环节被纯化为认知到其自身的范畴，从而纯化到这一步，它们就是精神的环节；通过后者，精神作为精神性而进入到定在。——这样，精神就是中项，它以那两端为前提，并借助于这两端的定在而产生出来，——但它同样是在这两端之间奔突而出的精神整体，这整体将自己分裂为两端，并通过使每一端与整体发生这样的接触才在自己的原则中将每一端产生出来。——这两端**自在地**已经被扬弃和被分解了，这就带来了它们的统一，而这统一乃是结合两者、交换两者的规定的运动，确切地说，是把这些规定**在每一端中**结合起来的运动。于是这种中介运动把这两端每一端的**概念**置入它的现实性中，或者说这中介使每一端**自在地**所是的东西成为了该端的**精神**。

{277}

国家权力和高贵意识这两端由于高贵意识而被分解了，前者成了得到服从的抽象共相，但却是本身还不隶属于这共相的自为存在着的意志；——后者则成了对被扬弃的定在的服从，或者说成了自尊和荣誉的**自在存在**，——以及尚未被扬弃的纯粹自为存在，成了仍留在潜伏状态中的意志。这两方面被纯粹化而成的这两个环节、因而是语言的两个环节，它们就是被叫作普遍福利的那种**抽象共相**，和在服务中曾经拒绝了自己那沉没于各种定在中的意识的**纯粹自我**。这两者在概念中是同一个东西，因为纯粹自我正是抽象共相，因而它们的统一就被建立为它们的中项了。但是，**自我**只是在意识这一端上才是现实的，——而**自在**则只是在国家权力这一端上才是现实的；意识所欠缺的是，没有让国家权力不仅作为**荣誉**转移到它身上，而且现实地转移到它身上来，——国家权力所欠缺的则是，它没有被不仅作为所谓**普遍利益**来服从、而且作为意志来服从，或者说，并非它就是起决定作用的自我。国家权力尚处于概念中，而意识把自己纯化成了概念，这种概念的统一性是在以语言为其单纯定在、为其**中项**的这样一个**中介运动**里成为现实的。——不过这种统一在其两方面还不具有两个作为**自我**而现成在手的自我；因为国家权力只是被激活成了自我；因此这种语

[57]

言还不是精神,不是像精神完全知道自己并说出自己那样的精神。

[1.阿谀]高贵意识,由于它是自我这一端,它就显现为这种**语言**由以出发的东西,通过这种语言,这一关系的双方把自己构形为赋有灵魂的整

{278}

体。——不声不响地服务的英雄主义就变成了阿谀的**英雄主义**。服务的这

[58]

种言说着的反思构成着精神性的、自身分解着的中项,它不仅在自己本身中反思到自己特有的这一端,而且也回头到这个自身中去反思普遍强权的那一端,并且使这个只是**自在**存在的普遍强权成为了**自为存在**,成为了自我意识的个别性。这样一来,自我意识就成了这样一种国家权力的精神,——即一个**权力无限的君主**——;所谓**权力无限**,是说阿谀的语言把这种权力抬高到它的被纯化了的**普遍性**;——这个环节作为语言这种已纯化为精神的定在的产物,乃是一种纯粹化了的自身同一性;——所谓**君主**,是说语言同样把**个别性**抬高到了顶点;就单纯的精神统一性的这一方面来看,高贵意识所外化的那个环节是**它的思维**的纯粹**自在**,是它的我本身。语言更确定地把平时只是**被意谓的东西**的个别性抬高到它的定在着的纯粹性,因为它给予了君主以特有的**名字**;这是因为它只是这种名字,在这名字中,个别的人与一切其他人的**区别**才不是**被意谓**的,而是被一切人所实际造成的;在这名字中,个别人就不再只在他自己的意识中,而且在一切人的意识中也**被看作**是一个纯粹个别的人了。于是通过这个名字,君主就完全从一切人那里分离出来、排除出来,成了孤家寡人;在这名字中,他就是原子,这原子对他的本质不能做任何传达,也不具有与他相同的东西。——因此,这个名字乃是自身中的反思,或者说是普遍权力**在自己本身内**所拥有的**现实性**;普遍权力凭借这名字而是**君主**。反过来,君主这**一个个别人**之所以知道**自己这一个个别人**即是普遍权力,乃是因为贵族们不仅准备为国家权力服务,而且环立于王座周围充当他的**仪仗**,并且他们永远向高居宝座的人**说**,他**是**一个什么人物。

以这种方式,他们的赞美语言就是使两端在**国家权力本身**中结合起来

[59]

的那种精神;这种语言在自身中反思到那个抽象权力,并且赋予它另一端的环节,即有意志有决定作用的**自为存在**,以及由此而自我意识到的实存;或者说这样一来,这种**个别的现实的**自我意识就走到了这一步,即**确定地**

把自己作为权力来**认知**。权力乃是自我的这样一个点，在其中，通过对**内在确定性**的外化而汇聚了许多的点。——但由于国家权力的这种特有的精神在于，它凭借高贵意识在行动和思维中的牺牲而获得了自己的现实性和养料，所以国家权力就是自身**被异化了的独立性**；高贵意识、即**自为存在**这一端，就为它曾外化出去了的思维的普遍性收回了**现实的普遍性**这一端；国家权力就**转到了**高贵意识手上。国家权力只有凭借高贵意识才真正开动　{279}
起来；在高贵意识的**自为存在**中，国家权力就不再是像它作为抽象的自在存在一端所显现的那样一种**惰性的本质**了。——就其自在来看，**自身中反思的国家权力**，或者说国家权力成为精神这件事，不是指别的，就是指它已成为了**自我意识环节**，就是说，它只是作为**已被扬弃了的国家权力**而存在的。因此它现在是这样一种本质，这本质的精神就在于接受牺牲和奉献，或者说，它作为**财富**而实存。——国家权力虽然与它按概念来说总是要成为的那个财富仍然相对立并同时作为一种现实性而继续持存，但这个现实性的概念正是这种运动，即通过国家权力所赖以形成的那种服务和尊敬而向它的反面、向这权力的外化过渡。因此，那个特别的、本身就是这权力的意志的**自我**，就通过对高贵意识的丢弃，而自为地成为了自身外化着的普遍性，成为了一种完全的个别性和偶然性，它被奉献于任何更强有力的意志之前；凡是这个自我所继续保留着的那种普遍承认的和不可分享的独立性，都是一个空名。

　　所以，如果说高贵意识曾把自己规定为一种以**同一的**方式与普遍权力发生联系的东西，那么它的真理反倒在于，当它为普遍权力服务时，仍为自己保持着自己特有的自为存在，而当它真正舍弃自己的人格性时，却是对普遍实体的现实的扬弃和撕裂。它的精神是一种完全不同一性的关系，一方面，它在自己的荣誉中保持着自己的意志，另一方面，在放弃自己的意志时，它一边异化着自己的内在东西、并自己同自己形成最大的不同一性；一边又借此使普遍实体屈服于自己，并使这个实体与自己完全不同一。——显然这样一来，它这个由高贵意识在**判断**中所拥有以反对所谓的卑贱意识的规定性就消逝了，而卑贱意识也就由此而消逝了。卑贱意识已达到了自己的目的，也就是使普遍权力纳入到了自为存在之下。　[60]

一旦通过普遍权力而得到充实，自我意识就作为**普遍的善事**而实存了，或者说，普遍权力就是那种本身对意识又是对象的**财富**。因为，财富虽然是一种屈从于意识的共相，但这共相通过这最初的扬弃还没有绝对地返回到自我。——**自我**还没有以**作为自我的自身**为对象，而是以**扬弃了的普遍本质**为对象。由于这对象刚刚形成起来，意识与对象所建立起来的是**直接的联系**，因而意识还没有显示出自己与对象的不同一性；它是这样一种高贵意识，它从已经变成非本质的共相那里获得它的自为存在，因而承认对象，并对行善者心怀感激。

{280}　　　财富在其本身已经就具有自为存在的环节。财富不是国家权力的无自我的共相，或者说，不是精神的无倾向性的无机自然，相反，当国家权力凭借意志对抗那想夺取国家权力来供自己享受的意志、以巩固自己本身时，财富就是国家权力。但由于财富具有的只是本质的形式，这种不是**自在的**、
[61]　反而是被扬弃的自在的、片面的自为存在，就是个体在自己的享受中向自己本身的无本质的返回。因此，财富本身还需要被激发；而它的反思的这一运动就在于，它这个只是自为的存在将变成**自在自为的存在**，它这个已被扬弃了的本质将成为本质；这样，它就在自己本身之中获得了特有的精神。——由于前面对这种运动的形式作过分析，所以在这里对它的内容加以规定就行了。

因而高贵意识在这里并没有与那作为一般本质的对象发生联系；相反，高贵意识就是那个对它来说是异己之物的**自为存在**本身；它**发现**它的自我本身被异化了，成了一种它必须从另外一个固定的自为存在那里接受过来的对象性的固定的现实性。它的对象是自为存在，因此是**属于它的东西**；但由于属于它的东西是对象，它同时直接就是一种异己的现实性，这种异己的现实性是特有的自为存在、特有的意志，即是说，它将一个异己意志的强权视为自己的自我，这意志是否愿意对它的自我放行，取决于这个意志本身。

自我意识能够抽象掉任何个别的方面，因此，它在受到所涉及的某一个别方面的束缚时，仍保持自己作为自为存在着的本质而被承认，并**自在地有效**。不过在这里，自我意识从它纯粹的最特别的**现实性**或它的"我"

这一方面，把自己看作是在自己之外的，是属于一个他者的，它把自己的**人格性**本身看作是依赖于一个他者的偶然人格性的，是依赖于某一个瞬间的偶然、一个任意的偶然，或一个平时最不相干的情况的偶然的。——在法权状态中，凡是处于对象性本质的强权中的东西，都显现为一种可以抽象掉的、**偶然的内容**，这强权所涉及到的不是**自我本身**，相反，自我倒是得到了承认的。不过在这里，自我看出它所拥有的确定性，作为确定性是最没有本质的东西，看出它的纯粹人格性是绝对的无人格性。因此它的感恩的精神，既是对这种最深的被抛状态的感情，同样也是那种最深的反叛的感情。由于纯粹的我直观到自己本身在自己以外、并且是支离破碎的，于是在这种支离破碎中，一切具有连续性和普遍性的东西，一切称为法则、善和公正的东西，同时都分崩离析和崩溃了；一切同一的东西都已解体，因为，现成在手的是**最纯粹的不同一性**，是绝对本质的东西的绝对非本质性，是自为存在的自外存在（Aussersichsein）；纯粹的我本身已绝对分裂了。　[62]

　　因此，这种意识固然从财富那里收回了自为存在的对象性，并且扬弃了这种对象性，那么它不仅像前一个反思那样在概念上没有得到完成，而且它对它自身也是不满意的；这个反思，既然把自我本身当作一种对象性的东西来接受，它就是在纯粹的我自身中建立起来的直接矛盾。但是作为自我，这种意识同时又直接超越于这个矛盾之上，它是绝对的伸缩性，这种伸缩性，对自我的这种被扬弃的存在再加扬弃，对它的被抛状态、也就是它的自为存在变成了对它异己之物的状态再加以抛弃，针对这种把异己之物本身接受下来的做法加以反叛，它在**接受过程**本身中是**自为的**。　{281}

　　[2.分裂的语言] 于是，由于这样一种意识的情况是与这种绝对分裂性结合着的，在它的精神中，它作为高贵意识被规定为与**卑贱**意识相反的那种区别就消失了，这两种意识就是同一种意识。——此外，以财富行善的那种精神，还是可以与那接受善行的意识的精神区别开来，并且应加以特殊地考察的。——以财富行善的精神，曾经是无本质的自为存在，是被奉献出去的本质。但通过它的施舍，它就成了**自在**；由于它已完成了自我牺牲的使命，它就扬弃了它那只为自己享受的个别性，并且作为已被扬弃的　[63]

个别性，它就是**普遍性**或**本质**。——它所施舍出去的，它所给予别人的，乃是**自为存在**。但它献出自己时并不是作为一种无自我的自然，作为一种大大方方奉献出来的生活条件，而是作为一种自我意识到的、自为地坚持着的本质；它不是被那接受它的意识作为自在消逝着的来认知的对于元素的无机权力，而是一种凌驾于自我之上的权力；这权力知道自己是**独立的**和**任意的**，同时又知道凡是它所施予出去的都是一个他人的自我。——于是财富就和受惠者一起分有了被抛状态，不过在财富这里，代替反叛之心的是傲慢之气。因为一方面它和受惠者都知道**自为存在**是一种偶然的**事物**；但财富本身就是这种偶然性，人格性就处于这偶然性的强权之中。这种傲慢之气以为通过一顿饭就养活了一个异己的我自身（Ichselbst），并由此赢得了这个异己的自我出自最内在本质的折服，财富在这种傲慢之气中忽视了另一个自我的内心反叛；它忽视了对一切锁链的完全摆脱，忽视了这样一种纯粹分裂状态，对于这种分裂状态而言，由于在它看来自为存在的**自身同一性**成为绝对不同一的，则一切同一的东西、一切持存都被撕裂了，因而这种分裂状态就把行善者的意谓和观点做了最大的撕裂。财富直接面临着这样一种最内在的深渊，在这个无底深渊中一切支撑物和一切实体都消逝了；它在这个无底深渊中看到的只是一种卑鄙下流的事物，一种嬉笑怒骂的游戏，一种随心所欲的偶然发作；它的精神是完全无本质的意谓，是精神丧失后所遗留的躯壳。

　　正如自我意识当初在对待国家权力时有它自己的语言，或者说，正如精神在自我意识与国家权力这两端之间曾经显露为一个现实的中项一样，同样，自我意识对待财富也有它的语言，但更多的情况下是，它的反叛有自己的语言。但使得财富意识到它的本质性并由此去夺取财富的那种语言，也同样是阿谀的语言，但却是不高贵的阿谀语言；——因为凡是它当作本质说出来的，它都知道这是奉献出去了的本质，而不是**自在地**存在着的本质。但是阿谀的语言，像前面提到过的那样，是一种还带有片面性的精神。因为这种精神的两环节虽然是那通过服务的教化而被纯化为了纯粹实存的**自我**以及权力的**自在存在**。不过，在纯粹概念中，单纯**自我**和**自在**，即前一个纯粹自我和后一个纯粹本质或思维，这两者是同一个东西，这样一个纯粹概念——即双方之间发生着交互作用的那个统一性，却并不在这种语言的意识中；这一对象对于这种意识来说还是与自我相对立的**自在**；或者说，**对象**对它来说并不同时就是自己的**自我**本身。——但分裂性的语言乃是这整个教化世界完全的语言，是这整个教化世界的真实的实存着的精神。对自己的被抛状态加以抛弃的反叛应归于这种自我意识，它直接就是绝对分裂性中的绝对自我同一性，是纯粹自我意识与它自己的纯粹中介。它是自同性判断的同一性，在其中同一个人格性既是主词又是宾词。但是，这种自同性判断同时又是无限判断；因为这个人格性已绝对分裂为二，主词和宾词是完全**漠不相干的存在者**，彼此各不相涉，没有必然统一性，甚至每一方都是一个特别的人格性的权力。**自为存在以自己的自为存在**为对象，它把自己的自为存在作为一个完全的**他者**同时又直接作为**自己本身**来拥有，——把自己作为一个他者拥有并不是说这个他者会有一个别的内容，相反，其内容就是以绝对对立和完全特别 [65] 而漠不相干的定在为形式的这同一个自我。——因此，教化的这个实在世界的、在自己的真理性中**意识到**自己的形式和自己的**概念**的精神，在这里就现成在手了。

这个精神，就是现实和思想的这种绝对而普遍的颠倒和异化；是**纯粹的教化**。在这种纯粹教化世界里被经验到的是：无论权力和财富的**现实本质**，还是它们所规定的**概念善与恶**，还是善的意识和恶的意识、高贵意识与卑贱意识，统统没有真理性；毋宁是，所有这些环节都同样地在另一个环节中颠倒自身，每一环节都是它自己的对方。——普遍的权力，由于它通过个体性原则取得了自己的特有的精神性，它就是**实体**，它把自己特有的自我只是作为实体的名字来接受，而且由于实体是**现实的**权力，这普遍的权 {283} 力反而是毫无力量的、自我牺牲的本质。——但是这种被奉献出来的、无自我的本质，或者说，这种变成了事物的自我，其实倒是本质向自身的返回；它是**自为存在着的自为存在**，是精神的实存。——同样，这些本质的即**善的和恶的思想**，都在这个运动中颠倒自身；凡是被规定为好的都是坏的；被规定为坏的都是好的。这些环节的每一个的意识，在被作为高贵意识和卑贱意识来评判时，在其真理性中，反而同样也是这些规定的应有含义的颠倒，高贵的意识就是卑贱的和被抛弃的意识，这正如被抛状态翻转成自我意识的最有教化的自由的高贵一样。——从形式方面看，一切事物，**就其外在而言**，同样也是对它们**自为**所是的东西的颠倒；而凡是自为所是的东西，在真理性中又并不是这种东西，而是某种不同于它想要的另外的东西，存在反倒是它自身的丧失，而自身异化反倒是自我保持。——因此，凡是现成的东西都是这样的东西：所有的环节彼此都在行使着某种普遍的正义，每一环节不但在自己本身进行异化，同样也把自己想象①成自己的对方，并以这种方式使自己颠倒过来。——但是真实的精神正是绝对被分离的东西的这种统一，确切地说，真实的精神本身正是通过**无自我的**这样两端的那种**自由的现实性**，作为它们的中项才达到实存的。这种精神的定在就是普遍的**言说**和分裂性的**判断**，在这种言说和判断面前，那应当作为本质和作为整体的现实各项而有效准的一切环节，都陷于瓦解，而且，这言说和判断同样也在跟自己玩自我瓦解的游戏。因此这种判断和言说是真实的东西和不可遏制的东西，同时又是征服一切的；这就是这个实在世界里**唯一真正值得关注的事**。这世界的每一部分在这里都能使自己的精神得到表达，或者说，使自己借助于精神而被言说，并说出它是什么。——诚实的意识把每一个环节都当成一种持久不变的本质性，它是未受教化的无思想性，它不知道它同样也在做着颠倒的事。但分裂意识则是颠倒的意识，而且这颠倒是绝对的颠倒；在分裂意识那里占统治地位的是概念，概念把那些在诚实性看来彼此相距很远的思想都聚拢在一起，因而这种分裂意识的语言是富于精神的。

因此，精神涉及到和关于它自己本身的那种话语的内容，是对一切概念和一切实在性的颠倒，是对它自己和对别人的普遍欺骗；而且正因为这一点，说出这种欺骗的话的那种恬不知耻，乃是最大的真理。这种话语就是这样一位音乐家的癫狂状态，"这位音乐家曾把三十种各式各样风格的咏叹调，意大利的，法兰西的，悲剧的，喜剧的，都杂拌在一起，混合起来；他忽而使用一种深沉的低音，一直沉到地狱，忽而又捏住嗓子以一种假音撕

---

① "想象"，原文为 einbilden，注意它与"教化"（bilden）的词根联系。——中译者

裂长空，……忽而狂暴，忽而安祥，忽而专横，忽而嘲讽。"①——对于那宁静的意识、即对于那真心诚意把善与真的旋律置入这些声音的同一性亦即一个音符中的那种意识看来，这样的话语显得是"明智和愚蠢的一堆废话，是同样多的高超和低劣、既有正确思想又有错误观念、既是完全的情感倒错、卑鄙下流，又是彻底的坦率真实的一种混合物。宁静的意识将不可抗拒地进入到所有这一切高低音调中，遍历感情的全部音阶，下至最深的蔑视和鄙弃，上至最高的钦佩和感动；在后者中将糅合进某种可笑的情调，使这些感情的性质变味"；② 而前者则凭借这些感情的坦率而本身将拥有一种和解的气氛，凭借其令人震撼的深刻，将拥有那赋予自己以精神的、所向披靡的锋芒。

[67]

　　如果我们对照这种明知自己混乱的话语来考察一下那种对真和善的**单纯意识**的话语，那么后一种话语跟有教养的精神的那种坦率的和意识到自身的雄辩相比只能算是单音节的话语；因为单纯意识不能向有教养的精神说出这精神自己所不知道和说不出的任何东西。如果它超出自己的单音节范围之外，那么它所说的就只不过是有教养的精神所说的同样的东西，但它在这样说的时候还加上了一件蠢事，即以为自己说出了些什么新颖的和另外的东西。甚至它的这些**无耻的**、**卑鄙的**音节，也都已经就是这种愚蠢了，因为有教养的精神说出这些音节是就它们自己本身说的。如果说，这种精神在它的话语里把一切单一音调的东西加以颠倒，是因为这些自身同一的东西只是一种抽象，但在它们的现实性中却是在其自己本身的颠倒，如果说，朴直的意识与此相反，以在此唯一可能的方式捍卫善良和高贵，亦即捍卫那种在其外在表现中保持其自身同一的东西，——也就是不让这种东西由于跟恶的东西**相连接**或与之**相混淆**而丧失自己的价值；因为否则的话，恶的东西就会是善的东西的**条件**和**必然性**，而立足于这一点的就会是

[68]

---

① 此段引自狄德罗：《拉摩的侄儿》，参看中译本，江天骥、陈修斋、王太庆译，商务印书馆 1981年版，第 275 页。——中译者

② 以上引号中为黑格尔根据《拉摩的侄儿》中好几处地方的大意引用和改写的。——丛书版编者

自然的**智慧**了；①——那么，这种朴直的意识，通过它曾以为是矛盾的说法而不过借此以一种平凡的方式把精神话语的内容总括在一起了，而这种平凡的方式，由于它使高贵和善良的**反面**成为了高贵的和善良的**条件和必然性**，却无思想地以为说出了什么别的东西，而不正是这样的话：被称为高贵的和善良的东西从其本质上说就是它自己的颠倒，正如反过来恶的东西就是那优秀的东西一样。

{285}　　如果单纯意识用优秀的东西的**现实性**来代替这种无精神的**思想**，也就是通过它在一个构思出来的事件甚至一件真实轶事的**榜样**中提及这优秀的东西的**现实性**，从而显示这优秀的东西并不是空名，而**是现成在手**的，那么，这颠倒行为的**普遍的**现实性就与整个实在世界处于对立中，于是在这实在世界中，那个榜样只构成完全个别化东西、某个**样子货**（Espèce）而已；而把善良与高贵的定在陈述为一件个别的轶事，不论是虚构的或是真实的，都是对善良与高贵所能说出的最令人痛苦的话。——最后，如果单纯意识要求这整个颠倒的世界归于瓦解，那么它并不能要求**个体**脱离这个颠倒世界，因为住在木桶里的第欧根尼都是被这颠倒世界制约着的，而且对个别人的这种要求恰恰就是那被看作是恶的事情，这就是**把自己作为个别人**来操心。但是，如果所针对的是普遍的**个体性**脱离颠倒世界的这个要求就不能有这样的含义，即要求理性重新放弃自己已经达到了的那种精神性的、有教养的意识，使它的诸环节已展开了的财富跌回到自然本心的单
[69]　纯性，回落到荒蛮状态和接近于动物性意识的那种被称为天性、也称为纯洁无辜的状态；② 相反，这种瓦解的要求，只能在有教养的**精神**本身上进行，即要求精神摆脱它的混乱而作为**精神**返回自身，获得一种更高的意识。

　　[3. 分裂意识的虚浮性]但实际上精神已经自在地完成了这件事。自

---

① 黑格尔这里有关世界的善恶平衡的看法可能是指罗比耐（Jean Baptisté Rene Robinet，1735—1820）的观点，参看其《论自然》。——丛书版编者

② 黑格尔这里是暗示卢梭的要求，即要回到单纯的、原汁原味的伦理，如同这伦理在人类自然状态中曾经实存过的那样，据说这一要求甚至在伏尔泰那里也遭到了拒绝。参看卢梭：《论科学和艺术是否有助于敦风化俗？》（1750），《卢梭全集》第13卷，1782年，第33、37、50、59页；及伏尔泰致卢梭的公开信（30.8.1755），《伏尔泰全集》第55卷，1784年，第238页。——丛书版编者

我意识到这种混乱并表述着自身的这种意识分裂，既是对定在又是对整体的混乱和对自己本身的嘲笑；这嘲笑同时也是这整个混乱状态的还在倾听着自身的尾声余响。——对一切现实性和一切确定概念的这种自我倾听的虚浮性（Eitelkeit），是实在世界对自己本身的双重反思：一重是在意识的**这个自我**亦即**这一个**中的反思，另一重是在意识的纯粹**普遍性**中或在思维中的反思。按照前一方面，那回到自身的精神，是把眼光投入到现实性的世界，并且还把这个世界当作它自己的目的和直接内容；但按照后一方面，它的目光一部分只是指向自己本身，并且否定地对待现实性的世界，一部分则脱离开现实世界转向了上天，这现实性世界的彼岸就是它的对象。

　　从返回自我那一方面看，一切**事物**的**虚浮性**是这自我**固有的虚浮性**，或者说，它就**是**虚浮的。它是自为存在着的自我，这自我不仅懂得评判一切和议论一切，而且它还懂得富于机智地把现实性的那些固定的本质，以及判断所建立起来的那些固定的规定在它们的**矛盾**中说出来，而这种矛盾就是它们的真理。——从形式方面看，它懂得一切都是自身异化的：**自为存在**与**自在存在**分离，被意谓的东西及目的与真理分离；而与这两者分离的又是**为他存在**，预定的标准则与本来的意谓和真实的事情及意图相分离。——因此，它懂得正确地把每一个环节都针对另一个环节说出来，即一般地把一切环节的颠倒说出来；它更是很好地懂得什么是每个环节之为它所是的东西，不论这个环节会得到怎样的规定。由于它对实体性的东西是按照**不一致性**和它在自身中一致起来的**矛盾**这方面来认识的，而不是按照这种**一致性**方面来认识的，所以它非常善于对实体性的东西做**评判**，但却丧失了**把握**它的能力。——这种虚浮性此外还需要一切事物的虚浮性，以便从事物那里给自己提供对自我的意识，因此它自身产生出这一切事物，并且是承载这些事物的灵魂。权力和财富都是自我努力追求的最高目的；自我懂得让自己通过舍弃和牺牲把自己教养成为共相，进而占有共相，并且在这种占有中就有了普遍有效性；权力和财富是两种现实的被承认的力量。但是自我的这种效准本身是虚浮的，而且正是由于自我夺取了权力和财富，所以它知道它们都不是什么自身本质（Selbstwesen），相反，它自己倒是它们的权力，而它们本身则是虚浮的。自我在这样占有它们时本身又

{286}

[70]

超脱于两者之外，这是自我用充满机智的语言所描述出来的；因此，这种语言乃是自我的最高兴趣，也是整体的真理；在这种语言中，**这一个**自我，作为这个纯粹的、既不属于现实的规定也不属于思维的规定的自我，于是就自己成为精神的、真正普遍有效的自我了。这个自我就是一切关系的自身分裂的本性，和对一切关系的有意识的分裂；但只有作为反叛的自我意识时它才知道它固有的分裂性，并且在对自己的分裂性的这种认知中，它已经把自己直接提升于分裂性之上了。在前一种虚浮性中，一切内容都成为一种再也不能加以肯定把握的否定的东西；那肯定的对象只不过是**纯粹的我本身**，并且分裂了的意识**自在地**就是已返回于自身的自我意识的这种纯粹自身同一性。

b. 信仰与纯粹明见

　　［**I. 信仰的思想**］将自身加以异化的精神在教化世界中有自己的定在；

[71] 但是由于这个整体本身已被自我异化，在教化世界之彼岸就树立起了**纯粹意识或思维**的非现实世界。这非现实的世界的内容是纯粹被思维的东西（Gedachte），它的绝对元素是思维。但是由于思维最初是这个世界的**元素**，所以意识只是**拥有**这些思想，但它还没有**思维**它们，或者说，还不知道自己就是些思想；对意识来说它们毋宁都带有**表象**的形式。因为，意识从现实性出来跨入纯粹意识，但是它本身一般说来还是处于现实性的领域和规定

{287} 性之中。分裂的意识**自在地**是纯粹意识的**自我同一性**，这只是对我们而言的，而不是对它自己而言的。因此，它只是**直接的**、尚未在自身中完成的提升，拥有与自己相对立的原则于自身，它受到这一原则的制约，没有通过中介运动而成为在此之上的操控者。所以对它来说，它的思想的本质，并不是仅仅在抽象自在的形式之下被看作的**本质**，而是在一种普通现实东西的形式下被看作**本质**，这种现实性只是被提升到了另外一种元素，并没有在该元素中失去那未经思维的现实性这一规定性。——这种分裂的意识，本质上应该同作为**斯多葛式的**意识之本质的那种**自在**区别开来；对斯多葛式的意识有效准的东西只是**思想的形式**本身，这思想在此拥有从现实性中取来的任何一种对它陌生的内容；但对于分裂的意识而言，有效准的东西并不

是**思想的形式**；——同样，也要与德行意识的那种**自在**区别开来，对于这种自在而言，本质固然处于与现实性的联系中，德行意识固然就是现实性自身的本质，——但却只是一种非现实的本质；——而对于分裂的意识而言，本质虽然处于现实性的彼岸，却毕竟算得上是现实的本质。同样，立法的理性的那种自在的正当与善，以及审核法律的意识的那个共相，都不具有现实性的规定性。——所以，如果在教化世界自身以内，纯粹思维曾经作 [72] 为异化的一个方面而发生，即是说，曾作为判断中抽象善恶的标准而发生，那么它通过经历整个这一运动，现在就在现实性环节上、因而也在内容环节上得到了丰富。但是本质的这种现实性，同时又只是**纯粹**意识的现实性，而不是**现实**意识的现实性；而这种现实性虽然已经提升为思维的元素，但对现实意识而言还没有被看作一种思想，它毋宁是对现实意识而言处于这一意识自己特有的现实性的彼岸；因为前一种现实性是对后一种现实性的逃避。

当**宗教**——因为所谈的显然就是它——在这里作为教化世界里的信仰而出场时，它还并不像它是**自在自为**的那样出场。——宗教已经以其他一些规定性向我们显现过，就是说，作为**不幸的意识**，作为意识自身无实体的运动形态。——甚至在伦理实体中，宗教也曾作为对下界的信仰显现过，但孤独的精神的意识，真正说来并不是**信仰**，并不是建立在现实东西彼岸的纯粹意识的元素中的本质，而是这信仰有它自己的当下直接的在场；它的元素是家庭。——但在这里，宗教一方面是从**实体**中产生出来的，而且就是这实体的纯粹意识；另一方面，这个纯粹意识对自己的现实意识来说已经异化了，**本质**对自己的**定在**来说已经异化了。因此，宗教虽然不再是意识的无实体的运动，可是仍然有着对立的规定性，它既一般地与作为**这个现实性**的现实性相对立，又特殊地与自我意识的现实性相对立；它因而 {288} 本质上只是一种**信仰活动**。

绝对本质的这种**纯粹意识**是一种**异化了的意识**。必须进一步考察的是，意识就是自己的他者的那种意识是如何规定自身的，并且这意识只有结合 [73] 着这个他者才能得到考察。因为最初看起来好像这种纯粹意识所拥有的只是跟自己对立着的现实性**世界**；但由于它是对现实性世界的逃避，因而是**对于对立的规定性**，所以它在自己本身中就拥有现实性世界；因此，纯粹意识本质上就是在自己本身中自我异化的，而信仰只构成它的一个方面。同时，另一个方面也已经在我们面前崛起了。因为纯粹意识是出自教化世界的这样一种反思，即教化世界的实体以及教化世界所划分成的那些聚合体，都显示为它们自在地所是的东西，显示为一些**精神的**本质性，显示为各种绝对不安息的运动或规定，这些规定直接在自己的对方中扬弃了自己。所以，它们的本质，亦即单纯意识，因而就是**绝对区别的**单纯性，而绝对区别直接就是没有任何区别。因此，单纯意识就是纯粹的**自为存在**，不是作为**这一个个别的东西**，而是作为一种侵蚀和渗透着**事情**的**静止本质**的不安息的运动的自身中**普遍的**自我。所以，在这个自我中直接知道自己本身即是真理的那种确定性，现成在手地就是作为**绝对概念**的纯粹思维，这个绝对概念处于自己的**否定性**的力量中，而这否定性力量把一切本应和意识对立的对象性本质都清除了，并使这本质成为了意识的一种存在。——这种纯粹意识同时也是同样**单纯的**，因为它的区别正好也不是什么区别。但作为这种单纯自身中反思的形式，纯粹意识是信仰的元素，在这种信仰的元素中，精神具有**肯定的普遍性**这种规定性，即与自我意识的上述自为存在相对立的那种**自在存在**的规定性。——精神从无本质的、仅仅自我解体着的世界那里被逼回到自身之后，按其真理性来说，在未分化的统一性中，既是**绝对的运动**和对自己的显现的**否定性**，又是这运动和否定性在自身中**满足了的**本质，及它们肯定性的**静止**。但一般来说，这两个环节在置于**异化**

[74]　这个规定性之下时，作为一个双重意识，就彼此分离开来了。前一环节是**纯粹明见**，是统摄于**自我**意识中的精神**过程**，这种过程在自己的对面拥有肯定的东西的意识，拥有对象性或表象活动的形式，并指向着它们；但它自己所特有的对象却只是**纯粹的我**。——反之，对肯定的东西或静止的自我同一性的单纯意识，则以那作为本质的内在**本质**为对象。因此，纯粹明见

{289}　最初在它自己本身中并不具有任何内容，因为它是否定性的自为存在；相反，属于信仰的则有内容，而无明见。如果说前者并未走出自我意识以外，那么后者拥有的内容虽然也同样是在纯粹自我意识的元素之中，但却是在**思维**中，而不是在**诸概念**中，是在纯粹意识中而不是在纯粹自我意识中。

因此，信仰的内容虽然是对**本质**的纯粹意识，亦即对**单纯内在东西**的纯粹意识，并且因而就**是**思维；——这是在信仰的本性中的主要环节，通常都被忽视了。本质在信仰中所带有的那种**直接性**，就在于信仰的对象即是**本质**，也就是**纯粹的思想**。但是，只要**思维**进入了**意识**，或纯粹意识进入了自我意识，这种**直接性**就获得了一种对象性**存在**的含义，这对象性存在是处于对自我的意识之彼岸的。由于**纯粹思维**的直接性和单纯性在**意识**中所获得的这样一种含义，于是信仰的**本质**就从思维下降到了**表象**，并成为了一个超感官世界，这世界本质上将是自我意识的一个**他者**。——反之，在纯粹明见中，纯粹思维向意识的这个过渡具有相反的规定，对象性具有的含义是一种仅仅否定性的、自身扬弃的和向自我返回的内容，即是说，只有自我才是它自己真正的对象，或者说，对象只当它拥有自我的形式时才有真理性。

[**II. 信仰的本质结构**]正如信仰和纯粹明见两者一起都属于纯粹意识的元素那样，它们两者一起也都是从现实的教化世界的返回。因此，它们 [75] 两者是按照下列三个方面呈现出来的。第一，它们每个都**自在自为地**处于一切关系之外；第二，每一个都跟那与纯粹意识相对立的**现实**世界发生联系；第三，每一个在纯粹意识内部都跟另一个发生联系。

在**信仰**意识里，**自在自为的存在**这方面，是信仰意识的绝对对象，这对象的内容和规定已发生过了。因为，这对象按照信仰的概念无非就是已提升到纯粹意识的普遍性了的实在世界。因此，这个实在世界的划分也构成着那种普遍性的机制，只不过在这一机制里，各部分在自己的激活作用中并不异化其自身，相反，它们都是自在自为地存在着的本质，是返回到了自身并坚持着自身的精神。——所以它们的过渡运动，只有对我们而言，才是规定性的一种异化，在这种规定性中，它们存在于自己的互相区别之中，并且只有对我们而言，才是**一种必然的系列**；但对于信仰来说，它们的区别是一种静止的差异性，它们的运动则是**一种发生的事件**。

如果简要地按照这些部分的形式的外在规定来称呼它们，那么正如在教化世界里国家权力或善曾经是第一位的一样，在这里，第一位的也是**绝对本质**，是自在自为存在着的精神，仅就精神是单纯的永恒**实体**而言。但 {290}

在实体概念实现为精神的过程中，实体过渡成为**为他的存在**；它的自我同一性成了**现实的**、**自我牺牲着的**绝对本质；本质成为**自我**，但却是暂时性的自我。因此，第三位就是这种异化了的自我和被贬低了的实体向其第一位的单纯性的返回；只有以这种方式，实体才被表象为精神。

这些有区别的本质，当它们被思维从现实世界的转变不定中收归于自身时，它们都是一些常住不变的永恒的精神，这些精神的存在就在于对它们所构成的统一性进行思维。可是这些本质尽管从自我意识那里分神（entrückt），却仍然影响了自我意识；假如有本质坚定不移地守住最初的单纯实体的形式，那它就会对自我意识保持为陌生的。但是，这种实体的外化，以及此后它的精神，在本身中就拥有现实性的环节，并由此而使自己分享了信仰的自我意识，或者说，信仰意识是属于这实在世界的。

按照这第二种关系，信仰的意识一方面本身在实在的教化世界中就拥有自己的现实性，并构成着教化世界的精神及其定在，这是已经考察过了的；但另一方面，它又与它的这个现实性相对立，视之为虚浮的东西，它是扬弃这种虚浮的现实性的运动。这种运动并不在于信仰意识关于实在世界的颠倒有某种机智风趣的意识；因为，信仰意识是单纯的意识，它把机智风趣的东西也算作是虚浮的东西之列，因为机智风趣还是以实在世界为自己的目的。相反，与信仰意识的思维的静止王国相对立的是作为一种无精神的定在的现实性，因此这种定在是必须以一种外在的方式去克服的。这样一种侍奉和赞颂的恭顺服从，通过对感性的认知和行为的扬弃，而产生出一种与自在自为存在着的本质相统一的意识，但毕竟不是作为直观到的现实的统一，相反，这种侍奉只是一种继续不断的产生过程，这过程在当下是不能完全达到自己的目标的。虽然团契（Gemeine）会达到这一目标，因为它是普遍的自我意识；但对于个别的自我意识来说，纯粹思维的王国仍然必须是它的现实性的一个彼岸，或者说，由于这个彼岸通过永恒本质的外化而进入到现实性，这个现实性就是一种未被概念把握的感性的现实性；但一个感性的现实性仍然是与另一感性的现实性漠不相干的，因而彼岸在这上面还保持着的只是在时间和空间上相距遥远这一规定。——但是，概念，即精神自身当下的现实性，在信仰意识中，仍然是**内在的东西**，它就是一切并且对一切起作用，但自己并不露面。

[**III. 纯粹明见的合理性**] 但在**纯粹明见**中，概念则是唯一现实的东西；而信仰的这个第三方面，即，它是纯粹明见的对象，则是信仰在此出场的那种本真的关系。——纯粹明见本身，同样可以一边就它自在自为的来考察，{291} 一边在它与现实世界的关系中来考察，只要现实世界还是肯定的、也就是作为虚浮意识而现成在手，最后，一边还可以在它与信仰的上述关系中来考察。

什么是自在自为的纯粹明见，我们已经看到过了；正如信仰是作为**本质**的精神的那种安静的纯粹**意识**那样，纯粹明见则是这种本质精神的**自我**意识；它因此不是把本质作为**本质**来认知，而是把本质作为绝对**自我**来认知。于是它就着手扬弃一切对自我意识来说是**另外的**独立性，不论是现实 [78] 东西的或是**自在**存在东西的独立性，并使之成为**概念**。它不仅是自我意识到的理性的确定性，确信自己即是一切真理；而且它**知道**它就是这种确定性。

但是这纯粹明见的概念是如何出场的，这概念对此还没有**清楚地意识到**。因此，这一概念的意识，还显现为一种**偶然的、个别的**意识，而那对这种意识说来是本质的东西，则显现为它必须要去实现的**目的**。它所拥有的**意图**仅仅是使纯粹明见成为**普遍的**，即是说，使一切现实存在着的东西都成为概念，并且成为在一切自我意识中的同一个概念。这意图是**纯粹的**，因为它以纯粹明见为内容；而这种明见同样也是**纯粹的**，因为它的内容只是绝对概念，这概念既不与一个对象有任何对立，也不被限制于对象自身。在这个没有限制的概念中，直接包含着两个方面，一个方面是，一切对象性的东西都将只有**自为存在**、自我意识的含义，另一个方面是，这种自为存在、自我意识将有一种**共相**的含义，即，纯粹明见将成为一切自我意识的财产。因此，意图的这第二个方面，乃是教化的结果，因为在教化中，不但对象性精神的种种区别，即这精神世界的各个部分以及判断这精神世界的种种规定，就连那些作为原始规定着的自然物所显现出来的种种区别，统统都被消灭掉了。天才，才能，以及一般说来各种特殊的才具，都是属于现实世界的东西，只要现实世界本身中还拥有它作为精神的动物王国这样一

面，这个王国，为了实在世界的那些本质，而在相互的强制和纷争中，进行
着互相斗争和互相欺骗。——那些区别在这个世界里虽然不是作为一些诚
实的"样子货"而拥有一席之地；个体性既不满足于非现实的**事情本身**，也
没有**特殊的**内容和特有的目的。相反，它只被看作是一种普遍有效的东西，
也就是看作被教化出来的东西；而区别就被归结为力度大**些**或小**些**——归

[79]　结为一种**大小**上的区别，即是说，归结为非本质的区别。但后面这种差异
性在如下情况下已经消失了，即在意识的完全分裂的状态中区别已转化为
绝对性质上的区别了。在那里，凡是对于我来说是他者的东西，都只是我

{292}　本身。在这个无限的判断中，原始自为存在的一切片面性和独特性都被清
除了；自我知道自己作为纯粹的自我就是它自己的对象；而且，这两个方面
的这种绝对同一性就是纯粹明见的元素。——因此，纯粹明见是自身中无
区别的单纯**本质**，同样也是普遍的**作品**和普遍的**占有物**。在这种**单纯的**精
神实体中，自我意识在一切对象里都同样为自己提供和保持了对它自己的
这一个个别性或行为的意识，正如反过来，它的个体性在一切对象里是**自
身同一的**、是普遍的一样。——因此这种纯粹明见是这样一种精神，它向
一切意识发出呼吁：请你们**为了你们自己**、为了你们大家**在你们自己那里
所是的东西**而**有理性吧**！

B. 启　蒙

　　纯粹明见用概念之力所针对的那个独特的对象，就是信仰，它是在同
一元素中与纯粹明见相对峙的纯粹意识形式。但纯粹明见也与现实世界相
联系，因为它与信仰一样，也是从现实世界那里向纯粹意识的返回。首先
要考察的是，纯粹明见为反对现实世界的那些混杂不纯的意图及其颠倒了
的明见的活动是怎样造成的。

[80]　　　前面已经提到过与这种自我瓦解而又重新自我产生的激流漩涡相对峙
的平静的意识；这种平静的意识构成纯粹明见与纯粹意图这个方面。但这
种平静的意识，如我们以前所见的那样，不含有任何关于教化世界的**特殊
明见**；这种特殊明见毋宁本身就具有最痛苦的感情和对其自身的最真实的

明见，——最痛苦的感情在于，所有自身固定的东西都瓦解了，历经过这些东西的定在的所有环节而精疲力竭了，所有的骨头都散了架；——同样，最真实的明见就是表达这种感情的语言，和评判这语言的状态之一切方面的、机智风趣的言说。因此，纯粹明见在这里不可能有它自己的活动和内容，因而只能对关于世界的这种特别的机智风趣的明见及其语言采取形式上的忠实**统握**的态度。由于这种语言散漫无序，这些评判是一堆转瞬即逝的废话，说过即忘，只有对某个第三意识才是一个整体，所以这第三意识只有这样才能把自己作为**纯粹**明见区别出来，即：它把上述的那些散漫的线条汇集为一幅普遍的图画，然后使它们成为一个对一切东西的明见。

纯粹明见将通过这种单纯的手段来消除这个世界的混乱。因为已经表 {293} 明，各种聚合体、各种被规定的概念和各种个体性都不是这种现实性的本质，相反，这种现实性唯有在那作为判断和评说而实存着的精神中，才拥有自己的实体和支撑物，并且，唯有那想赋予这种巧言善辩和夸夸其谈以一个内容的兴趣，在维持着这个整体及其所划分的各种聚合体。在明见的这种语言中，明见对自己的自我意识还是一种**自为存在的东西**，是**这一个个** [81] **别的东西**；但是内容的虚浮性，同时就是知道内容虚浮的那个自我的虚浮性。现在，由于对虚浮性的这整个充满机智的喋喋不休平静地加以统握的意识，把最能击中要害和切中事理的那些把握都收集到一起，所以那加在定在的其余的虚浮性上、还在维持着整体的灵魂，那充满机智的评判的虚浮性，就消逝了。这种收集给大多数人显示了一种更好的诙谐，或者说它至少给所有的人显示了一种比他们自己更为多方面的诙谐，显示了一般来说更好的认知和评判，也就是某种普遍性的东西，现在是普遍熟知了的东西；因而那曾经还是现成在手的唯一的兴趣就自我取消了，而个别的洞见［Einsehen］就化为普遍的明见了［Einsicht］。

但是，关于本质的认知仍然是由于这种虚浮的认知而确立起来的，而纯粹明见只有当它出场面对信仰时才以本真的能动性显现出来。

a. 启蒙与迷信的斗争

［**I. 明见对信仰的否定态度**］不论怀疑主义的意识，或是理论的和实

践的唯心主义的意识，它们的否定态度的各种不同方式，如果同**纯粹明见**以及传播纯粹明见的**启蒙**的那种否定方式相比，都是些附属的形态；因为后面的这种方式是从实体中诞生出来的，它知道意识的纯粹**自我**是绝对的，这自我与一切现实性的绝对本质的这种纯粹意识相竞争。——由于信仰和明见是同一个纯粹意识，但按照形式却是彼此对立的，对信仰而言，本质是作为**思想**而不是作为**概念**存在的，因而是一种与**自我**意识完全对立的东西，——而对纯粹明见而言，本质则是**自我**，——因此，它们相互之间的每一方都是另一方的完全否定。——当双方分庭抗礼时，一切

[82] **内容**都归于信仰，因为在信仰的平静的思想元素里，每一环节都赢得了持

{294} 存；——但纯粹明见最初却是没有内容的，毋宁说它是内容的纯粹消失；但是，通过针对自己的否定做否定运动，它将使自己实现出来并给予自己一种内容。

[1. 纯粹明见的传播] 纯粹明见知道信仰是与它自己、与理性和真理相对立的东西。正如在它看来，信仰一般地说是一团迷信、偏见和谬误的大杂烩一样，同样，在它看来，对这种内容的意识也进一步把自己组织成一个谬误王国，在这个王国里，虚假的明见，一方面作为意识的**普遍聚合体**而直接地、泰然自若地和没有自身反思地存在；但它在自身又与这种泰然自若相分离而具有自身反思和自我意识这个环节，作为一种在背景中为自己保持着的明见和使前一种明见受到迷惑的恶意。那个普遍聚合体是这样一个**教士阶层**欺骗的牺牲品，这个教士阶层所满足的是自己永远独占明见的虚浮的嫉妒心以及其他私心，它同时还与**专制暴政**共谋，这个专制暴政作为实在的王国与这个理想王国的无概念的综合统一体——一个罕见的前后矛盾的本质——凌驾于群众的坏明见与教士的坏意图之上，并且还将两者结合于自身，从民众的愚蠢和混乱中，凭借教士们的欺骗手段，以蔑视双方的态度坐收渔人之利，进行太平无事的统治，并满足自己的快乐和任意，但同时它也是同样对明见的壅塞，同样的迷信和谬误。①

---

① 这一段明显可以看出霍尔巴赫思想的痕迹，参看其所著《自然的体系》中有关无知和欺骗产生宗教以及宗教与专制暴政共谋的思想。——丛书版编者

对这三方面的敌人，启蒙并不是无区别地与之交手；因为启蒙的本质既然是纯粹明见，既然是自在自为的**共相**，那么它与另一端的真实的联系就是这样的，在其中，它所指向的是双方**共同的和同一的东西**。从那普遍 [83]
的泰然自若的意识中孤立出来的**个别性**这方面，是和启蒙对立的东西，这是启蒙不可能直接触及到的。因此，骗人的教士阶层的和压迫人的专制暴君的意志，并不是启蒙行为的直接对象，相反，那种并没有个别化为自为存在的、无意志的明见，以及有理性的自我意识的那种在聚合体中拥有自己的定在、却还没有在聚合体中作为概念而现成在手的**概念**，才是这种对象。但是，由于纯粹明见把这种诚实的明见及其泰然自若的本质从偏见和谬误中拯救出来，它就从坏意图的手中将其欺骗的实在性和力量都夺走了，而这坏意图的王国是以普遍聚合体的无概念的意识为它的**基地**和**材料**的，——［正如］一般来说，**自为存在**是以**单纯的**意识为自己的**实体**的［一样］。

现在，纯粹明见与绝对本质的泰然自若意识之间的联系有两个方面，一方面，纯粹明见**自在地**与这种意识是同一个东西，但另一方面，泰然自若 {295}
的意识在它的思想的单纯元素中听任绝对本质及其各部分自行其是，让它们赋予自己持存，并让它们只是作为这意识的**自在**起作用，因而只以对象性的方式起作用，却在这种自在中否认它的**自为存在**。——只要按照第一方面，这样一个信仰对纯粹明见而言**自在地**是纯粹**自我**意识，而且它只是**自为地**应当成为一种纯粹**自我**意识，那么，在信仰的这样一种概念中，纯粹明见就拥有让它自己而非让虚假的明见在其中实现自身的元素了。

从双方本质上是同一的、而且纯粹明见的这种联系是通过同一元素并在同一元素中发生的这方面看，它们之间的传达是一种**直接的**传达，而它们的给予和接受就是一种畅通无阻的互相交流。无论另外还会有什么样的楔子被打进意识里来，意识**自在地**总是这样一种单纯性，在这里一切都被消溶，都被遗忘，都是泰然自若的，这种单纯性因而是完全易于感染上概念的。因此，纯粹明见的传达可以比为一股香味在无阻碍的空气里平静地扩散或**传播**。它是一种渗透性的传染，这种传染并不是作为一种与它当作自 [84]
己影射的目标的那种漠不相干的元素相反对的东西预先就被注意到的，所以它是不能防范的。只有当这种传染已经扩散开来，**对于意识来说它**才存在，而意识当初对它是漫不经心的。因为，意识当初接受到自身中来的，虽然是自身同一又和意识同一的单纯本质，但同时也是自身反思的**否定性**这种单纯性，这否定性后来也按照自己的本性展开为对立的东西，并由此使意识回忆起自己以前的方式；这种单纯性就是概念，而概念就是单纯认知，它既知道自己本身同时又知道它的对方，只不过是把这对方在它自身中作为扬弃了的对方来知道的。因此，当纯粹明见对意识而存在的时候，它已经传播开了；对它进行的斗争透露出已经发生了传染；斗争已是太迟了，任何治疗都只会使病情更糟，因为疾病已经使精神生活病入膏肓，也就是说，使意识在自己的概念中、或者说使意识的纯粹本质自身病入膏肓；因此在这种意识中也就没有什么可以战胜疾病的力了。由于疾病存在于本质自身中，所以它的一些还是个别化的表现可以被压制，一些表面症状可以减轻。这是对它最有利的情况；因为它现在没有徒劳地浪费力气，也没有对自己做配不上自己本质的显示，那是后来才发生的情况，它将在各种症状和那些个别发作中，针对信仰的内容及其外在现实性的关联而爆发出来。而现在，一种看不见的和不被注意的精神悄悄地让这种疾病渗透了那些高贵的

{296}

[85]

部分，立刻就把无意识的神像的一切内脏和一切肢体通通占领了，"在**一个晴朗的早晨**，它用肘臂把它的同伴轻轻一推，于是稀里！哗啦！神像垮在地上了。"[①]——**在一个晴朗的早晨**，当这种感染已渗透了精神生活一切器官时，当天中午都不见血迹；到这个时候，只有记忆还保留着以前的精神形态的死去了的方式，作为一段人们不知道是怎么过去了的历史；而新抬上来供人崇拜的智慧之蛇，就以这样的方式毫无痛苦地仅仅蜕去了一层干枯

---

① 参看狄德罗：《拉摩的侄儿》第 282 页（载于《歌德全集》I, 45.116 以下）："自然王国静悄悄地巩固着自己，这是我的三位一体的王国，地狱的大门面对着这个三位一体什么也不能做。真，它是圣父，圣父产生善，善是圣子，圣子产生美，美是圣灵。这个外邦的神谦虚地坐到祭坛上本地神像的旁边。它步步为营地占据着位置，而在一个晴朗的早晨，它用臂肘把它的同伴轻轻一推，于是唏哩！哗啦！神像垮在地上了。据说这就是耶稣会士在中国和印度传播基督教的情形，而你们冉森教派也可以说他们想说的话，在我看来，这种实现目的的政治方式没有喧嚣，没有流血，没有殉难者，没有一根被扯掉的头发，是最好的。"——丛书版编者

的皮。①

[2.明见反对信仰]但是，隐藏着自己的行为的精神，在自己的实体的单纯内在中所进行的这种默默地不断编织，只是纯粹明见实现过程的一个方面。纯粹明见的传播并不仅仅在于相同的东西与相同的东西聚在一起；它的实现并不仅仅是一种没有对立面的扩展。而是说，否定的本质，其行为本质上同样也是一种发展了的、进行着自身区别的运动，这一运动作为意识到的行为，必须在确定而公开的定在中把自己的各环节列出来，必须作为一场不折不扣的喧嚣和与对立东西本身的暴力斗争才现成在手。

因此就必须看看，**纯粹明见**和**纯粹意图**是如何以**否定**的态度来对付它所遇到的与自己相对抗的对方的。——抱有否定态度的纯粹明见和纯粹意图，由于其概念就是一切本质性，而不是其本身以外的什么东西，所以只能是对自己本身的否定。因此，它作为明见，就成为对纯粹明见的否定，成为非真理和非理性，而它作为意图，就成为对纯粹意图的否定，成为谎言和目的不纯。

纯粹明见之所以卷入这个矛盾里来，是由于它参与了争执，并且以为自己在与某种**另外的东西**作斗争。——它之所以这样以为，只是因为它的本质作为绝对的否定性，就是在它自身中拥有他在这一点。绝对概念就是范畴；它是这样的东西，即认知与认知**对象**是同一个东西。因此，凡是纯粹明见说成是自己的他者的，凡是它说成是谬误或谎言的，都不是什么别的，而是它自己；它只能谴责它自己所是的那种东西。凡是不合理的东西，都不具有**真理**，或者说，凡是未经概念把握的东西，就不**存在**；因此，通过理性说一个不同于它自己所是的**他者**，它实际上说出的只是它自己；在这里，纯粹明见并没有跨出自身以外。——因此，这场与对立面的斗争，本身中就兼有这样的含义，即斗争就是纯粹明见的**实现**。因为所谓实现，恰恰在于把诸环节发展出来和把它们收回自身这样一个运动；这个运动的一个部分就是进行区别，在区别中那进行概念理解的明见把自己树立为与自己对立的**对象**；只要它逗留在这个环节之中，它就是自身异化的。作为纯粹 {297}

[86]

---

① 参看《旧约·民数记》21，8—9。——丛书版编者

明见，它是没有任何**内容**的；它的实现的运动就在于：**它自身**形成为自己的内容，因为，由于它是范畴的自我意识，不可能有一个别的内容对它形成起来。但是由于它最初在对立面中把对象只是作为**内容**来认知，还没有把对象作为自己本身来认知，它就在对象中错认了自己。因此，纯粹明见的完成就有这样的意思，即它认识到最初对它是对象性的那个内容即是它自己的内容。但这样一来，纯粹明见的结果，就将既不是它所与之斗争的那些谬误的重复，也不仅仅是它最初的概念，而是这样一种明见，这种明见把它自己的绝对否定作为自己特有的现实性、作为它自己本身来认识，或者说，它就成为了它的自我认识着的概念。——启蒙对种种谬误所进行的斗争的这种本性，即在谬误之中与它自身战斗，并谴责在谬误中它自己所主张的东西，这是**对我们而言**的，或者说，这是启蒙及其斗争**自在地**所是的情况。但这斗争的第一个方面，即启蒙因对它的自我同一的**纯粹性**采取否定态度而成为不纯粹的，这就像它**对信仰来说**就是**对象**一样；因而信仰就把启蒙

[87] 作为谎言、非理性和坏意图来经验，正如对启蒙来说，信仰是谬误和偏见一样。——考虑到启蒙的内容，启蒙最初是空洞的明见，在这空洞的明见看来，启蒙的内容显得是一个他者，因此，启蒙是在这样一种形态中**发现**这内容的，即这内容还不属于启蒙，它作为一种对启蒙完全独立的定在而存在于信仰里。

[3. 明见是对信仰的渗透和误解] 所以，启蒙在统握自己的对象时，首先而且普遍的做法是，它把这对象当成**纯粹明见**，并且由于对自己本身不认识，它就把这对象宣布为谬误。在**明见**本身中意识是这样把握一个对象的，即对象对意识而言成为了意识的本质，或者说成为了被意识所渗透的一种对象，在这一过程中，意识维持着自己，把自己保持在自己那里，保持自己的当下在场，并且，由于意识借此而自己运动，它就产生着这个对象。启蒙把信仰正确地表述为正是这样的意识，因为它谈到信仰时说，那对信仰而言是绝对本质的东西，乃是信仰自己的意识的一种存在，乃是信仰自己的思想，乃是一个由意识产生出来的东西。启蒙于是宣布信仰就是谬误，是对启蒙所是的东西的胡编乱造。——启蒙想教给信仰新的智慧，它借此向信仰所说的却毫无新意；因为信仰的对象在信仰看来也正好就是这个东西，

也就是说，是信仰所特有的意识的纯粹本质，以至于这个意识在对象中建立时并没有丧失自身和否定自身，而是相反，它信任对象，这恰好是说，它**在这对象中把它自己作为这一个**意识、或者说作为**自我**意识而找到了。凡是我信任的人，他**对他自己的确定性**就是我**对我自己的确定性**；我从他身上认识到我的为我存在，认识到他承认我的为我存在，并且我的为我存在对他来说就是目的和本质。但是信任就是信仰，因为信仰的意识是**直接与它的对象联系着**的，因而它也就直观到，它与它的对象是**合一**的，它就在它的对象中。——此外，由于我在其中认识我自己的那个东西，对我说来是对象，那么在这个对象中我对我自己同时就一般地作为**另外一个**自我意识而存在，也就是作为这样一个自我意识，它在这个对象中已经成了与它自己特殊的个别性，亦即与它的自然性和偶然性相异化的，但在这个对象中，它一方面仍然是自我意识，另一方面也正是在其中，它又是像纯粹明见所是的那样的**本质性**的意识。——在明见这个概念中，不仅含有这个意思，即意识在自己所洞见到的对象中认识到自己本身，无需离开被思维的东西并由此才返回自身，而是在对象中**直接**拥有自身，而且，意识还意识到它自己也是**中介性**的运动，或意识到自己是**行为**或产生过程；这样一来，在思维中**对于意识**就有了作为**自我**的意识与作为对象的意识的这种统一。——恰恰这种意识也是信仰，**服从和行为**是一个必要的环节，借此那在绝对本质中的存在确定性才得以实现。信仰的这一行为，虽然看起来并不是让绝对本质本身由之而产生出来的行为。但是，信仰的绝对本质，从本质上说，却并不是在信仰意识之彼岸的那种**抽象的**本质，相反，它是团契的精神，它是抽象本质与自我意识的统一。说绝对本质就是这样一种团契精神，是说在其中团契的行为是一个本质性的环节；这精神**只有通过产生出**意识来才是绝对本质，——或者不如说，它**并非不是**从意识中产生出来的；因为，如同这个产生活动是本质性的一样，同样本质性的是，这个产生活动也并非本质的唯一根据，相反，它只是一个环节。这本质同时既是自在的，又是自己自为的。

[88]

{298}

　　从另一方面看，纯粹明见的概念自己是不同于它的对象的一个**另外的东西**；因为正是这个否定性的规定构成了对象。这样，纯粹明见因此从另一方面也表述了信仰的本质，即表述为一种对自我意识是**陌生的东西**，这

[89]

陌生的东西不是**自我意识的**本质，而好像是偷偷塞给自我意识的一个怪胎。不过启蒙在这里完全是犯傻；信仰将它经验为一种言说，这种言说不知道它说的是什么，并且当它谈到僧侣的欺骗和大众的幻觉时，对这件事却并不理解。启蒙说到这些事，就好像有某种对本质来说是绝对**陌生的东西**和**他者**，通过玩魔术的教士们的变戏法被塞给了意识似的，启蒙同时又说，这种陌生的他者就是意识的一个本质，意识信仰它，信任它，并试图使它成为自己心甘情愿的；——这就意味着意识在这里头既直观到**自己的纯粹本质**，同样也直观到**自己的**个别的和普遍的**个体性**，并且是通过自己的行为把自身和它的本质的这种统一产生出来的。启蒙当作一种对意识**陌生的东西**说出来的东西，启蒙又把它直接作为意识**最特有的东西**说了出来。——那么，它怎么可以谈论欺骗和幻觉呢？由于它自己关于信仰**直接**说出的就是它对信仰所持的看法的反面，它倒是向信仰表明了它自己是故意的**谎言**。凡是意识在它的真理性中直接拥有**对它自己的确定性**之处，凡是意识在自己的对象中占有**自己本身**之处，由于它在其中既发现了自己又产生出自己，那么在这里，幻觉和欺骗又如何可能发生呢？这种区别甚至在这些话里也不再是现成在手的。——当这个普遍的问题被提出来：**是否可以蒙骗一个民族，**[①] 那么，实际上答案必定会是，这个问题完全不恰当；因为在这里要蒙骗一个民族是不可能的。——用黄铜冒充黄金，用伪造的支票冒充真正的支票，固然可以向个别的人倒卖，把一场败仗说成是一场胜仗，也可以骗倒好些人，其他种种有关感性事物和个别事件的谎言都可以在一段时期内使人相信；但是在关于本质的认知中，意识在此拥有**对它自己直接的确定性**，蒙骗的思想就完全不起作用了。

{299}

[90]

[**II. 信仰经验到启蒙**]让我们进一步来看看，在前面只在普遍意义上被指出的观点所针对的信仰意识的那些**被区别开来**的环节中，信仰是怎样经验到启蒙的。这些环节是，纯粹思维，或者作为对象来说，即自在自为的**绝对本质**自身；其次，信仰意识对绝对本质的、作为一种**认知**的**联系**，亦即**它**

---

① 这是 1778 年腓特烈大帝交给柏林科学院悬赏求答的问题，由达朗贝尔提出。——丛书版编者

的信仰的根据，最后，信仰的意识在它的行为中、或者说在**它的侍奉**中与这个绝对本质的联系。正如在信仰一般中，纯粹明见错认了和否定了自己那样，在信仰的这些环节中，纯粹明见同样也将采取颠倒的态度。

　　[1.信仰被启蒙所颠倒]纯粹明见以否定态度对待信仰意识的**绝对本质**。这个本质就是纯粹思维，而纯粹思维是在它自己本身以内被建立为对象或被建立为**本质**的；在信仰意识里，思维的这种**自在**同时也为自为存在着的意识获得了形式，但也只是对象性的空洞的形式；思维的自在就存在于一种**被表象出来的东西**的规定之中。但是由于纯粹明见就是按**自为存在着的自我**这一方面来看的纯粹意识，所以对纯粹明见而言，这个**他者**就显得是对**自我意识**的一种**否定**了。这种否定还有可能要么被当成思维的纯粹**自在**，要么被当成感性确定性的**存在**。但是，由于这个否定对于**自我**、对于作为拥有一个对象的**自我**的自我，是现实的意识，所以纯粹明见自己特有的对象本身就是**感性确定性**的一种**存在着的普通事物**。纯粹明见面前的这个对象通过信仰的**表象**而对纯粹明见显现出来。纯粹明见咒骂这一表象，并在这表象中咒骂它自己的对象。但是它对于信仰已经犯了不公正的错误，因为它是这样来统握信仰的对象的，即信仰的对象就是它自己的对象。它于是在谈起信仰时说，信仰的绝对本质是一块石头，一块有眼却不能看的木头，① 或者说是某种做面包的湿面团，本来生长在田里，经人转变过后又被送回到田里；——或者说信仰按照任何别的方式把本质拟人化了，搞成对象性的和可以表象的东西了。

[91]

{300}

　　启蒙冒充自己是纯粹的东西，在这里，它把对于精神是永生和圣灵的东西都变成了一种现实而**易逝的事物**，并以感性确定性的那种在自身毫无价值的观点对之加以玷污，——这种观点对于虔诚崇拜的信仰来说，根本就不是现成所有的，以至于启蒙纯粹是让它背上了这个黑锅。信仰所崇敬的东西在信仰看来绝对不是石头，也不是木头，也不是湿面团，也还不是另外一种时间性的感性事物。如果启蒙想起来要说，信仰的对象毕竟**也**是这种东西，或者甚至说它自在的和真正的就是这种东西，那么信仰从一方面

---

① "有眼却不能看"，参看《旧约·诗篇》，115,4—8。——丛书版编者

说，虽然同样好的知道**那个也**，但在它看来这也是在它的虔诚崇拜之外的；而从另一方面说，在它看来，**自在地**根本就不存在像一块石头等等之类的东西，相反对它来说，自在地存在的只有纯粹思维的本质。

[92]
　　第二个环节是信仰作为**认知着的**意识与这个绝对本质的联系。对于作为一种思维着的纯粹意识的信仰而言，这个本质是直接的；但是这种纯粹意识同样也是确定性对真理性的**间接**联系；这样一种间接联系构成了**信仰的根据**。这种根据在启蒙看来，同样存在一种**关于偶然**事件的偶然认知。但认知的根据是**认知性的**共相，而且在这共相的真理中就是绝对**精神**，这绝对精神在抽象的纯粹意识或思维本身中只是绝对**本质**，但作为自我意识则是关于自己的**认知**。纯粹明见同样又把这个认知着的共相、把**单纯的自我认知着的精神**建立为自我意识的否定者。虽然纯粹明见自身是**纯粹的中介着的思维**，也就是以自己为自己的中介的思维，它就是纯粹的认知；但是由于它是**纯粹明见**、**纯粹认知**，而这认知还不知道自己本身，也就是对它来说，还没有做到它就是这个纯粹的中介运动，所以这个纯粹的中介运动正如它本身所是的一切东西那样，都对纯粹明见显现为一个他者。因此，纯粹明见正是在它的实现过程中发展了这个对它来说是本质性的环节，但这个环节在它看来却显得是属于信仰的，并且显得是处在信仰的这一规定性中，即规定信仰是一个与它相外在的东西，是对正好这样一些普通现实的历史的某种偶然的认知。① 所以，它在这里就对宗教信仰捏造说，这信仰的确定性

{301}
是建立在一些**个别的历史见证**上的，而它们作为历史见证来考察时，对它们的内容的确定性当然不会提供报纸新闻关于任何一项事件所给出的那样

---

① 黑格尔这里直到本段末，涉及到的是莱辛在解释 H.S. 赖马鲁斯的圣经批判时所阐述的思想；后者的《为上帝的理性崇拜者辩护》曾由莱辛以《一个匿名者的残篇》为名精选发表。根据莱辛的理解，偶然的历史真理不能够被用来证明必然的理性真理：这也适用于圣经的字面和精神之间的区别，以及圣经和宗教之间的区别；对圣经的种种反驳，如果针对的是精神、宗教，本身都不能够被接受。但另一方面，赖马鲁斯的圣经批判——在这一前提下它并不涉及个体的宗教性——只有在一定条件下会与神学独断论的方法相遇。如果参与赖马鲁斯对理性真理和信仰真理的这种混合，这就会意味着停留在了"并非不可传染的他对敌对异端邪说的战争"中，正如莱辛指责他的正统路德教论敌、汉堡大主教 J.M.Goeze 那样。但那些侧面的论证对于赖马鲁斯来说也是建立在口耳相传的早期基督教传统中的——建立在对后期经典文本权威的如此有条件的相对化之中的。[参考书目略——中译者] ——丛书版编者

程度的确定性；——又说，宗教信仰的确定性此外还基于这些见证的偶然的**保存**之上，——这种保存一方面是通过文件，另一方面是凭借一份文件再辗转传抄时的熟练与忠实，——最后，还基于对这些死去的语言文字的意义的正确统握之上。但是，实际上信仰并没有想使自己的确定性依赖于这些见证及这些偶然性；信仰在自己的确定性中对它的绝对对象是泰然自若的关系，是对这对象的一种纯粹认知，这种认知并不把文字、文件和抄写人掺杂到它对绝对本质的意识中来，也不凭借这样一类事物在自己和对象之间形成中介。相反，这种绝对本质的意识才是它的认知的那个自我中介的根据；它就是精神自身，是那个既从**个别**意识的**内心**见证自己、也通过一切人对它的信仰的**普遍在场**而见证自己的精神自身。如果信仰想要也从历史的东西中给自己的内容提供出启蒙所说的那种方式的根据，哪怕是最起码的证明，以为这是严肃认真的态度，并做出好像一切都依赖于此的样子，那么它就已经上了启蒙的当，而且它以这种方式来为自己奠定基础或巩固自己的种种努力，只不过是它所提供的有关自己已受传染的一些见证。[93]

　　现在还剩下第三环节这方面，即**意识与绝对本质的**作为一种行为的**联系**。这种行为就是对个体的特殊性或者个体自为存在的自然方式的扬弃，个体的确定性就来自于这种扬弃，个体由此确定了自己按照其行为而是纯粹的自我意识，也就是自己作为一个**自为存在着的**个别意识是与本质合一的。——由于在行为中**合目的性**和**目的**相互区别，而且纯粹明见在与这个行为的联系中同样也**采取了否定的态度**，如同它在别的环节中否定它自己本身一样，那么纯粹明见在**合目的性**方面必然体现为缺乏理解，因为在明见和意图结合时，目的和手段的协调一致对它来说显得是一个另外的东西，甚至显得是相反的东西，——但就**目的**而言，它必然把坏的东西、享受和占有当成目的，从而证明自己是最不纯粹的意图，因为纯粹的意图和另外的东西一样，也是不纯粹的意图。

　　因此，从**合目的**性方面我们看到，当怀有信仰的个体通过**现实地**拒绝自然享乐以取得不受自然享乐束缚的高尚的意识，并**通过这一行为业绩**而证明他对自然享乐的蔑视并不是一句**谎言**，而是**真心实意**的时，启蒙认为这都是犯傻。——同样，个体通过放弃他的财产，来为自己作为一个排斥{302}

[94]　一切其他个体而独占财产的绝对个别的个体这样一个规定性脱罪，在启蒙看来，也是在犯傻；这两种做法借此**在真理性中**所显示的是，个体并不是真的要把自己隔离开来，而是他被提升到了超出自然必然性之上，这种自然必然性使他个别化，并在这样绝对的使自为存在个别化时，否认了那些**与他自己**是同样自为存在的他者。①——纯粹明见认为这两者都是既不合目的又不正当的，——为了证明自己摆脱了娱乐和占有而拒绝娱乐，抛弃所占有的东西，这是**不合目的的**；所以，反过来说，它将把那为了要吃饭而采取现实的吃饭手段的人宣布为傻瓜。——它又认为，拒绝一顿饭菜，不拿牛油鸡蛋换钱，或不拿钱换牛油鸡蛋，而是直接抛弃这样一些东西而不求它们的回报，这也是**不正当的**；它宣称一顿饭菜或是占有此类的事物，都是一种自身目的，因此实际上宣称自己是一个非常不纯粹的意图，这种意图从本质上所关心的完全只是这样一种享受和占有。而它作为纯粹意图，又还是主张有必要提升到超出自然实存以及对这种自然实存手段的贪欲之上；只是它认为想要**通过行为业绩**来证明这种提升，就是犯傻，就是不正当的，或者说这种纯粹意图真正说来就是一个欺骗，它标榜和倡导一种**内心的**提升，但却把认真地这样做、**现实地**要将它**做成作品**并**证明其真理性**说成是多余的、犯傻的，甚至于不正当的。——因此，它一方面否认了自己是纯粹明见，因为它否认了那直接合目的的行为，另方面又否认了自己是纯粹意图，因为它否认了那种要证明自己摆脱了个别性目的的意图。

　　[2.启蒙的肯定命题]这样，启蒙就让信仰经验到了自己。启蒙以这样一种糟糕的样子登场，是因为它恰好通过对一个他者的关系而给予自己一种**否定的实在性**，或者把它自己体现为它自己的反面；但纯粹明见和纯粹意图必须给自己提供这种关系，因为这就是它们的实现。——它们最初是

[95]　作为否定性的实在性而显现出来的。也许它们的**肯定性的实在性**的状况要好些，那就让我们来看看，它们的肯定性的实在性是怎样的情况。——当

---

①　此处黑格尔引述霍尔巴赫《揭穿了的基督教，或对于基督教的原则和后果的考察》（1761）和《自然的体系》（1770）。黑格尔极有可能是把对霍尔巴赫的宗教批判及其主要规定和将神视为拟人化这种观点作为自己论证的基础。同样他也可能利用了霍尔巴赫对基督教种种道德观念（甘于贫穷，教士的独身，忏悔功课，苦行，禁食规定）的批判。——丛书版编者

一切偏见和迷信都已排除掉时，那就要问，**现在接下来做什么呢？启蒙不传播偏见和迷信，那么什么是它所传播的真理呢？**——这个肯定性的内容它在它铲除谬误的时候就已经说出来了，因为它对它自己的那个异化同样也是它的肯定性的实在性。——在那对信仰而言即是绝对精神的东西那里，它把凡是它从那上面的**规定**中所发现的东西都作为木头石头等等，作为一些个别的现实事物来统握；由于它以这个方式把信仰的**一切规定性**，亦即一切内容和一切践行，都一般地理解为一种**有限性**，理解为**人的本质和人的表象**，于是在它看来，**绝对本质**就成了一种**真空**，没有任何规定任何宾词能附加上去。一个做这样一种附加的人，本身将会是不可饶恕的，并且，恰恰是在这种附加中产生出了迷信的怪物。理性，**纯粹明见**，本身当然不是空虚的，因为它自身的否定**对它**是存在的，并且这否定就是它的内容，相反，它是丰富的，但只是在个别性和限制性上的丰富；既不让任何个别性和限制性之类的东西归属于绝对本质，也不把它们附加给绝对本质，这就是它的充满明见的生活方式，这种生活方式懂得把自己和自己的有限性的财富都安排到它们各自的位置上，并懂得给绝对以有尊严的对待。

{303}

与这个空虚的本质相对立而作为启蒙的肯定性真理的**第二环节**的，是那属于意识和一切存在而被排除于一个绝对本质之外的**个别性**一般，作为**绝对自在自为的存在**。那在其最初的现实性中是**感性确定性**和**意谓**的意识，在这里又从它的全部经验道路中返回到那里去了，并重新又是一种关于**它自身的纯粹否定**的认知，或者说是一种关于那些与它的**自为存在**漠不相干地对立着的**感性事物**亦即**存在着的事物**的认知。但是它在这里并不是**直接的**自然知识，相反，它是自己**形成**了这样一个意识的。最初，意识被委弃于它通过自己的展开而陷入的各种纠纷之中，现在通过纯粹明见，把自己带回到了它的最初形态，它就把这形态作为**结果**而经验到了。以对意识的一切其他形态的虚无性的明见、因而以感性确定性的一切彼岸之虚无性的明见**为根据**，这种感性确定性就不再是意谓，相反，它倒是绝对真理。所有超越于感性确定性之上的东西的这种虚无性，虽然只是这种真理的一个否定性的证明；但它没有任何别的能力，因为感性确定性在其自身的肯定的真理恰好就是作为对象的、确切说是以他在为形式的那种概念本身的**直**

[96]

接的自为存在；——它**存在着**，有别的现实事物在它以外，而它正像这些现实事物一样，在它自己的**自然存在**中是**自在自为的**，或者说是**绝对存在的**，这些对于每一个意识而言都是**完全确定的**。

{304}　　　　最后，**启蒙真理的第三个环节**是诸个别本质对绝对本质的关系，及前两个环节的联系。明见，作为对**同一的东西**或**不受限制的东西**的纯粹明见，也超出**不同一的东西**、亦即有限的现实性**之外**，或者说超出作为单纯他在的自身**以外**。它于单纯他在的彼岸上所拥有的是**空虚**，于是它把感性的现实性跟空虚联系起来。这双方作为**内容**并没有进入到这个**关系**的规定之中，因为一方是空虚，因而一种内容只有通过另一方即感性的现实性才是现成在手的。但是这种联系的**形式**在自己的规定中有**自在**的一方帮忙，所以它是可以随意被造成的；因为这形式是**自在的否定**，因而是反对自身的东西；它既是存在，也是虚无；既是**自在**，也是**对方**；或者这样说也一样，**现实性**与作为**彼岸**的**自在**的联系既是对现实的一种**否认**，也是对现实性的一种建立。因此，有限的现实性就真正可以正像人们恰好需要的那样来对待了。于是，感性的东西现在就被**肯定地**联系到了绝对、即联系到了**自在**，而感性的现实性本身就是**自在的**；绝对创造着它，保护着它，照顾着它。而反过来，它又与作为对立面、作为它的**非存在**的这个绝对相联系；按照这种关系，它又不是自在的，而只是**为一个他者**。如果说在前一个意识形态中两个对立的**概念**曾把自己规定为**善和恶**，那么现在相反，对纯粹明见而言，它们就成为**自在存在**和**为他存在**这两个更加纯粹的抽象了。

[97]

　　　[3.有用是启蒙的基本概念]但是有限的东西对自在的不论是肯定性还是否定性的联系，这两种考察方式实际上是同样必要的，因而一切东西都既是**自在的**又是**为一个他者**的；或者说，一切都是**有用的**。——一切东西都献身于别的东西，都可以当下为别的东西所使用，都是**为了别的东西**；而它们现在，如果可以这样说的话，重新挺直了腰杆，对别的东西板起脸来，自为地存在，而且在自己这方面利用别的东西。——对于人这个**意识到**了这一联系之物来说，从这里就产生出了他的本质和他的地位。人，正如他直接所是的那样，作为自然**意识**，他**自在地**就是**善的**，作为个别的东西，他是**绝对的**，而别的东西都是**为他的**；确切地说，由于各环节在人这种意识到

自身的动物看来都具有普遍性的含义，所以**一切**都是为了他的享乐与欢愉而存在的，而人，就像他出自上帝之手时那样，逍遥于这个为他培植起来的花园的世界中。①——他必定也从知善恶之树上采取过果实；他这样做时获得了一种用处，这用处使他与一切别的东西区别开来，因为他那自在的善的本性偶然**也**会有这样的性状：欢愉过度也有损于他的本性，或者不如说，他的个别性把自己本身**也**当作**自己的彼岸**，有可能超出自身以外并毁灭自己。在这方面，理性是他的一种有用的手段，用来恰当地限制这种超出，或者不如说，用来在超出规定的东西时保持自己本身；因为这就是意识之力。有意识的、自在的**普遍**本质的享受，在多样性上或持续性上，本身必须不是一种规定了的东西，必须是普遍的；因此，适度就具有这样的规定，即防止享乐在多样性和持续性上被中断；②这就是说，对适度的规定就是无度。——正如对于人，一切都是有用的，同样，人也是这个一切，而人的使命［规定］同样也就在于，使自己成为大伙儿中对公共福利有用的和普遍可用的一员。他照料自己多少，他必定恰好也奉献给别人多少，而他把自己奉献出多少，他也就照料自己多少；一只手在洗另一只手。但是他在哪里，哪里就是他适当的位置；他利用别人，也为别人所利用。③

不同的东西互相利用的方式也不同；但一切事物都由于自己的本质，也就是由于以双重的方式与绝对发生联系，而具有这种相互为用的性

{305}

[98]

---

① 参看《圣经·创世纪》2,8.——丛书版编者

② 黑格尔这里似乎想到的是拉美特利对伊壁鸠鲁哲学的翻新。按照拉美特利的理解，自然把一切人都造成是善的；每个人都可以获得与自己相适合的幸福。对这一点的保证需要有一种享乐的艺术，即懂得确定正当的尺度。道德的任务因此就在于把适度性作为一切德行的源泉来学习。拉美特利通过一个反笛卡尔的命题来阐明这一点，即不承认在人和动物之间有任何根本性的区别。人被看作能够在其表象力上获得某种特殊教养的动物。参看其《反塞涅卡，关于幸福的谈话》、《人是机器》等。——丛书版编者

③ 上面一段黑格尔尤其有可能是指法国启蒙思想的那种倾向，即可以在爱尔维修和霍尔巴赫那里看到的、将个体和社会之间的关系置于相互有用的观点下面来考察的倾向。爱尔维修认为，一个有德之人的行动既是对他自己、也是对社会有用的。此外，对别人的善意依赖于他人对个别人的有用性。既然一切行动都是基于一种利益和自私而发生的，那就没有人会为了别人而牺牲自己的幸福。因此，一个智慧立法的任务就在于将私人利益和国家利益结合起来，并把"德行"建立在每个个体的好处之上。参看爱尔维修：《论精神》以及霍尔巴赫：《社会的体系》等著作。——丛书版编者

质，——凭借肯定的方式而自身**自在自为地**存在，凭借否定的方式则**为他**存在。因此，与绝对本质发生的**联系**，或者说宗教，乃是一切有用性之中最有用的东西；① 因为它是**纯粹的有用本身**，它是使一切事物站得住的东西，或者说是它们的**自在自为的**存在，它也是使一切事物塌陷的东西，或者是它们的**为他的存在**。

当然，对信仰来说，启蒙的这种肯定性结果也像它对信仰的否定性态度一样是令人憎恶的。对绝对本质的这样的**明见**，即认为在其中除了正好是**绝对的本质**、**最高的存在**（das être suprême）**或虚空**之外看不到任何东西，——这样的**意图**，即认为一切东西在其直接的定在中都是**自在的**或好的，并且最后，认为个别有意识的存在与绝对本质的**联系**，即**宗教**，是由有用性概念在详尽阐明中表达无遗的，所有这些对信仰来说，都是绝对**可恶的**。同时，启蒙的这种独特的**智慧**，在信仰看来，本身必然同时又显得是**平**
[99]　**庸之见**，也是对这种平庸的**招供**；因为启蒙就在于它对绝对本质什么也不知道，或者说，它对绝对本质只知道它就是它，只知道这样一种完全平凡的真理，即绝对本质就只是**绝对本质**而已，相反，它知道的只是有限性，更确切地说，是作为真实东西的有限性，并且是把对有限性作为真实的东西的这种认知当作最高的东西来知道的。

[**III. 启蒙的正当权利**]信仰有神圣的权利反对启蒙，这权利是绝对**自**
{306}　**身等同性**或纯粹思维的权利，而且信仰经验到了启蒙的完全不公正；因为启蒙把它的一切环节都歪曲了，使它们成了某种与它们在信仰中所是的大不相同的东西。但启蒙只有人的权利来反对信仰和捍卫自己的真理；因为启蒙所犯下的不公正是**不同一性**的权利，是因为颠倒和变化，这是一种属

---

① 此处可能又是援引爱尔维修的说法，按他的观点，任何宗教都必须建立在普遍有用的原理上。一种建立于这一永恒不变原则之上的宗教就应该是一切人的宗教。在这样一个宗教中，没有别的圣徒，只有人性的行善者，没有别的败类，只有社会的作恶者。这种宗教的神是善的和公正的；他愿意人们享受一切与公共福利结合在一起的愉快。参看爱尔维修：《论精神》、《论人》。此外，黑格尔在此也有可能是着眼于卡斯替农（Castillon）对柏林科学院所提出的那个问题的回答，即一个民族被欺骗是否会对这个民族有用，卡斯替农的回答是肯定的。按照他的看法，对上帝存在、灵魂不死和死后的赏罚的信仰，不论它是否有真实的根据，在任何情况下对于这个民族都是有用的。——丛书版编者

于那与单纯本质或**思维**相对立的**自我意识**本性的权利。但是，由于启蒙的权利就是自我意识的权利，那么启蒙就将不只是**也**保持自己的权利，以致让精神的两种同等的权利仿佛可以彼此相持不下，没有任何一方能满足另一方，相反，它将主张绝对的权利，因为自我意识是概念的否定性，而这种否定性不仅是**自为的**，并且也是干预其对方的；而由于信仰是意识，在启蒙看来它的权利将是不能拒绝的。

[1. 思维的自身运动]因为，启蒙对信仰意识抱反对态度，并不是凭借启蒙自己特有的那些原则，而是凭借信仰意识在自己本身中所拥有的原则。启蒙只不过把信仰意识自己**固有的**一些在它那里无意识地分散着的**思想**聚拢在它面前而已；启蒙只不过使信仰意识借助于自己的**某种**方式去回想起**别的**那些方式而已，那些别的方式是信仰意识自己**也**具有的，但总是由于其中一种方式而忘记了的另一种方式。启蒙正好借此向信仰意识证明自己是纯粹明见：即它在某一个**确定的**环节上见到全体，因而带来了与该环节联系着的**对立**，并且一个环节在另一个环节中反过来逼出了这两种思想的否定性本质，即**概念**。启蒙在信仰看来之所以显得是一种歪曲和谎言，是因为它把信仰的诸环节的**他在**揭示出来了；它借此就好像把信仰的这些环节都直接变成了不同于它们在其个别性中所是的某种别的东西了；但是，这种**别的东西**同样是本质的，并且就真理而言，是在信仰意识本身中现成在手的，只不过信仰意识没有想到它，而是在别的什么地方拥有它而已；因此这种别的东西，既不是对信仰意识异己的东西，也不能为信仰意识所否认。

[100]

但是，启蒙虽然提醒了信仰，使之回想起自己那些孤立环节的对立，但对它自己本身同样也是启蒙不足的。它以纯粹**否定的**态度对待信仰，是因为它把自己的内容从自己的纯粹性中排除出去，并把这内容当成对它自身的**否定**。因此它既没有在这种否定中、在信仰的内容之中认出自己本身来，也没有以此为根据把这两种思想、即它所带来的思想和它用这带来的思想所反对的那种思想聚拢到一起。由于它没有认识到，它在信仰方面所谴责的那种东西直接就是它自己的思想，所以它自身就处在两个环节的对立之中，它只承认两个环节之一，也就是它每次只承认那与信仰相对立的环节，

{307}　但却将另外一个环节与前一环节分离开来,恰恰像信仰所做的一样。因此它并没有将两者的统一作为两者的统一、即作为概念产生出来;但概念却在它面前自为地**发生**了,或者说它只是把概念作为**现成在手**的发现了。因为纯粹明见的实现过程自在地看恰恰是这样的:首先那以概念为本质的纯粹明见自我形成为一个绝对的**他者**,而否认了自身,——因为概念的对立是绝对的对立——并从这个他在回到自己本身,或者说回到了自己的概念。——但启蒙就只**是**这个运动,它是纯粹概念的尚未意识到的活动,这

[101]　种活动虽然回到了作为对象的它自己,但是它既把这对象当成一个**他者**,也不知道概念的本性,即不知道那无区别的东西就是绝对自身分离着的东西。——因此,纯粹明见在反对信仰时只有这样才是概念的**力量**,即它就是这一运动,就是它把这信仰意识中相互分散的环节联系起来的活动,在这一联系活动中,信仰各环节的矛盾就显露出来了。纯粹明见对信仰施加暴力的绝对**权利**就在这里;但是纯粹明见使这种暴力成为**现实性**,却恰好是因为信仰意识本身即是概念,因而本身就承认了明见带给它的那种对立。纯粹明见之所以有权保持它对信仰意识的反对态度,是因为它使信仰意识本身所必要的东西和信仰意识在本身中所具有的东西在信仰意识那里成了有效准的。

　　[2. 对信仰的诸论点的批判]首先,启蒙固守于本身是**意识行为**的这个概念的环节;它**针对着**信仰而断言——信仰的绝对本质乃是**信仰的**作为一个自我的意识的本质,或者说绝对本质是由意识**产生出来的**。在信仰意识看来,它的绝对本质正如对它而言是**自在**那样,同时也不是一个什么异己之物,仿佛它是无人知道怎样和从何而来就**坐落**在那里一样,毋宁是,对它的信赖正在于在绝对本质中**发现**它自己就是**这一个**人格意识,而对它的皈依和侍奉则在于通过它的**行为**使这人格意识作为**它的**绝对本质产生出来。关于这一点,真正说来,启蒙只是对信仰提醒一下而已,因为信仰纯粹把绝对本质的**自在**说成是在意识**行为**的**彼岸**。——但是由于启蒙虽然为信仰的片面性带来了一个与信仰在这里唯一思维的环节、即与**存在**对立的信仰**行为**的环节,但它本身同样也没有把它这些思想聚拢起来,所以它就把**行为**这个纯粹环节孤立起来了,而把信仰的**自在**说成仅仅是意识所**产生出来的**

东西。但这个孤立的、与**自在**相对立的行为是一种偶然的行为，而且它作 [102]
为一种表象性的行为就是产生虚构——产生那些并非**自在**存在着的表象；
启蒙对信仰的内容就是这样看的。——但是反过来，纯粹明见同样也说了 {308}
相反的话。由于它坚持概念在信仰上具有的**他在**环节，所以它声称信仰的
本质是一种与意识**无关的**、在意识**彼岸的**、为意识所不认识的异己的本质。
对信仰来说，情况也是这样，一方面，信仰信赖这一本质，并在其中拥有**对
它自身的确定性**，另一方面，在它看来，这本质的道路是不可探究的，其存
在是不可达到的。①

　　其次，启蒙在这里所坚持的、反对信仰意识的权利，如果启蒙把信仰意
识所敬仰的对象看作石头和木头之类的一种有限的拟人的规定性的话，那
是信仰意识自己也承认的。因为，既然信仰意识是这样一种分裂为二的意
识，它既有一个**现实性**的彼岸，又有这个彼岸的一个纯粹的**此岸**，所以实
际上在信仰意识中现成在手的**也**有对感性事物的这样的看法，根据这种看
法，感性事物是**自在自为地有效准的**；不过信仰意识并没有把对**自在自为
存在着的东西**的这样两种思想，即有时认为是**纯粹本质**，而有时又认为是
一个普通的**感性事物**，把这两种思想聚拢到一起。——甚至连它的纯粹意
识也受到了后一种意识看法的感染；因为它的超感性王国由于缺乏概念，
这王国的那些区别就是一系列独立的**形态**，而它们的活动就是一种**事件**，
就是说，它们都只存在于**表象**中，并且本身具有感性存在的方式。——而
启蒙这一方也同样把**现实性**作为一种被精神遗弃了的本质孤立起来，把规
定性作为一种固定不变的有限性孤立起来，仿佛这种有限性在本质的精神 [103]
活动中本身不是一个**环节**似的，这环节既不是虚无，也不是一个自在自为
存在着的某物，而是一种消逝着的东西。

　　显而易见，在**认知**的**根据**方面，也有同样的情况。信仰意识本身承认
一种偶然的**认知**，因为它拥有与各种偶然性的关系，而且在它看来，绝对本
质自身就是以一种表象出来的普通现实性的形式存在着的；因此，信仰意
识**也**是一种在自己本身中不具有真理性的确定性，而且它坦承自己作为这

---

① 参看《罗马人书》11,33：“它的判断何其难测，它的道路何其难寻。”——丛书版编者

样一种非本质的意识而处在那自我确信并自我证实的精神的此岸。——但对这一环节，信仰意识却在自己关于绝对本质的直接的精神性认知中，把它忘掉了。——而启蒙虽然记起了这个环节，却又再次只考虑到偶然认知而忘掉了他者，——启蒙只考虑到那通过一个**异己的**第三者所发生的中介过程，而没有考虑这样一个中介过程：在其中，直接的东西本身就是它自己借以与这个他者、亦即与**自己本身**发生中介的那个第三者。

{309}　　　　最后，就启蒙对信仰**行为**的看法来说，启蒙认为，抛弃享受和财产是既不公正也不合目的的。——就不公正而言，那么启蒙和信仰意识在这一点上保持着一致，即这不公正本身就承认了占有产权、保持产权和享受产权这样一种现实性；信仰意识在维护产权时，态度越是决绝和顽强，在牺牲自己的享受时也就越是狠心，因为它**放弃**其所有和享受的这个宗教行为，是在这个现实性的彼岸作出的，替它换取的是那个彼岸的自由。对自然冲动和享受的牺牲，这样一种侍奉，由于这种对立，实际上没有任何真理性；保存与牺牲是**伴随**而行的；这种牺牲只不过是一种**标志**，它只在一个很小的部分作出了现实的牺牲，因而实际上，它只不过被**表象**出来而已。

　　　　就**合目的性**而言，启蒙认为抛弃**一笔**财产以便知道并证明自己摆脱了[104]　财产**本身**，拒绝**一种**享受以便知道并证明自己摆脱了享受**本身**，这是不明智的。信仰意识本身把绝对的行为理解成一种**普遍的**行为；不仅对它的绝对本质亦即对它的对象所采取的行动在它看来是一种普遍的行动，就连个别的意识也应当证明自己完全而普遍地摆脱了自己的感性本质。但是，对一项**个别**财产的抛弃或者对一种**个别**享受的放弃却并不是这样的**普遍**行动；而且由于在行动中，**目的**作为一种普遍的东西和**实行**作为一种个别的东西，在意识面前，从本质上总是必定会处在它们的不相称之中，所以这种行动就证明自己是一种没有任何意识参与其中的行动，因而这种行动真正说来表现得过于**天真**了，以至根本不能算是一种行动；过于天真是为了证明自己摆脱了口腹之乐而进行的绝食，——过于天真是为了证明自己拒绝了其他**肉体的**快乐，而像奥里根 ① 一样取消这些肉体的快乐。行动本身表

①　奥里根（Origenes，185—254），早期基督教教父，主张禁欲。——中译者

明自己是一种**外在的**和**个别的**行为；但欲望则有**内在的**根源，是一种**普遍的东西**；欲望的快乐既不会随同行乐工具一起消失，也不会因为缺少了个别快乐而消失。

　　但是启蒙这一方面却在这里把**内在的东西**、**非现实的东西**孤立起来以与现实性相对立，正如它曾在信仰的直观和虔诚默想中抓住事物性的外在性而与信仰的内在性相对立一样。它把本质的东西放到**意图**上、**思想**上，并因此省掉了从自然目的中解放出来的这一现实的实行过程；与此相反，这种内在性本身是形式的东西，它是在自然冲动中得到实现的，而自然冲动所以被认为是正当的，正因为它们都是内在的，正因为它们都属于**普遍的存在**，都属于自然。

　　[3.信仰变为空无内容]启蒙于是对信仰有了不可抗拒的支配力，这是因为，在信仰意识本身中就可以找到一些使这种支配有效准的环节。更切近地考察这种力的效果，那么这种力对信仰的反对态度好像把**信赖**与直接**确定性**的完美的统一都撕裂了，好像把信仰的**精神性的**意识用**感性**现实性的低级思想玷污了，好像把信仰在其服从中的**宁静**和**有保障的**心态用知性的、特有意志的和实行过程的**虚浮**破坏掉了。然而实际上启蒙所引进的毋宁说是对信仰中现成的那种**无思想的**或不如说**无概念的分离状态**的扬弃。信仰意识持有双重的尺度和砝码，它有两种眼睛、两种耳朵、两种口舌和语言，它使一切表象都双重化了，却并不把意义的这种双重性加以对照。或者说，信仰是生活在两种不同的知觉中，一种是纯粹在无概念的思想中**沉睡**的知觉，另一种是纯粹生活于感性的现实性中的觉醒意识的知觉，而信仰在这两种知觉中分别掌管着各自的家务。——启蒙以感性世界的表象来照亮那个天堂世界；并把这个世界的有限性向那个世界显示出来；这种有限性是信仰所无法否认的，因为信仰就是自我意识，因而是上述两种表象方式隶属于其下而不崩溃于其中的那个统一体：因为它们都隶属于信仰已过渡到的同一个不可分割的**单纯的**自我之下。

　　这样一来，信仰就丧失了一度充实着它的元素的那种内容，并沉沦为精神在自身中进行的一种沉闷的编织活动。信仰已被排除出它自己的王国，或者说这个王国已被洗劫一空，因为觉醒的意识已把这个王国的一切

{310}

[105]

区别和扩展都夺过来,将其各部分全都作为地上的产权,要求归还和送回到地上来。但是信仰之所以不感到满意,是因为经过这样的照亮之后,到处生发出来的都只是个别的本质,以至于同精神打交道的就只有无本质的
[106]　现实性和远离精神的有限性了。——由于信仰已没有内容,它又不能逗留在这种空虚之中,或者说,由于它超越那作为唯一内容的有限的东西而找到的只有空虚,所以它就是一种**纯粹的渴望**;它的真理就是一个再不可能为之找到任何适当内容的空虚的**彼岸**,因为一切都已另有用途了。——这样,信仰实际上就变成了与启蒙同样的东西,即是说变成了与有关自在存在着的有限东西与那没有宾词、不被认识、也不可能被认识的绝对之间的联系的意识同样的东西;只不过,**启蒙**是**满足了的**启蒙,而信仰则是**没有满足的**启蒙。然而,启蒙是否能停留在自己的满足中,这一点也将在它身上显示出来;那种迷茫的渴望,那种为失掉了自己的精神世界而忧伤的精神的渴望潜伏在它背后。启蒙自己在本身就具有未得满足的渴望这一缺陷,
{311}　这就是,——在启蒙的**空虚的**绝对本质那里作为**纯粹的对象**,——在走出启蒙的个别本质而向不充实的彼岸的**超越**中作为**行为**和**运动**,——在有用的东西的**无自我性**中则作为**充实了的对象**。启蒙将要扬弃这个缺陷;而更仔细地考察一下被启蒙视为真理的那种肯定性结果,就将会表明,这个缺陷自在地已经在其中被扬弃掉了。

b. 启蒙的真理性

　　于是精神的那种不再在自身中做出任何区别的沉闷的编织活动,就在意识的彼岸进入自己本身,这意识反过来澄清了自身。——这种澄清的第一个环节,在其必然性和条件中是这样得到规定的,即:纯粹明见,或者说,其本身**自在地**即是概念的那种明见,把自己实现出来了;它这样做,是由于它把他在或把规定性建立在自身中。以这种方式,它就是否定性的纯粹明见,
[107]　也就是概念的否定;这种概念的否定同样是纯粹的;这样一来,就形成了**纯粹事物**、绝对本质,而这种东西在其他情况下是没有任何另外的规定的。如果更仔细地规定它,那么这规定作为绝对概念,就是对不再是任何区别的那些区别的一种区别活动,是对不再自我承担而只靠**整个运动**来支

撑和区别自己的那些抽象或纯粹概念的一种区别活动。这种对于无区别的东西的区别活动，恰好在于：绝对概念使自己本身成为自己的**对象**，并且相对于上述的那个**运动**，把自己建立为**本质**。这本质于是就缺少那让诸抽象或诸区别在其中被**分辨出来**的方面，因而就成了作为**纯粹事物**的**纯粹思维**。——于是这纯思恰好就是信仰由于失掉了有区别的内容而堕落成的、精神在其自身中进行的那种沉闷而无意识的编织活动；——它同时也是纯粹自我意识的上述那种**运动**，对该运动来说，纯思据说是绝对异己的彼岸。因为这种纯粹自我意识，既然是在诸纯粹概念中、在那些不是任何区别的区别中的运动，那么纯粹自我意识实际上就塌陷到无意识的编织、即是说塌陷到纯粹的**感受**或者说纯粹的**事物性**中去了。——但是自身异化了的概念——因为它在这里还处于这一异化阶段——就没有认识到自我意识的运动和自我意识的绝对本质这两个方面的**同一个本质**，——没有认识到它们的**同一个本质**实际上就是它们的实体和持存。由于这概念没认识到这个统一体，所以在它看来本质只有在对象性的彼岸的形式中才有效准，而做出区别并以这种方式在自身以外拥有自在的那个意识，却被看作是一种有限的意识。 {312}

　　关于那个绝对本质，启蒙自己与自己陷入了它以前与信仰曾有过的争执，并把自己分成了两派。一个派别只有通过它又分裂成两派，才证明自己是**胜利的一派**；因为它由此表明它在自己本身中占据了它曾经反对过的原则，并借此扬弃了它从前出场时的那种片面性。曾在它和另一派之间分有的兴趣，现在完全落到了它这一派身上，而被另一派忘记了，因为兴趣在 [108] 这一派本身中发现了激发起兴趣的那种对立。但同时这种对立也被提升为更高的胜利的元素了，在这元素中，对立以纯化了的方式显现出来。以至于在一派中生发出来的这种分裂看起来似乎是一种不幸，其实证明是它的幸运。

　　[**I. 纯粹思维与纯粹物质**] 纯粹本质自己在本身中并没有任何区别，因此它是这样走到这一步的，即在意识面前弄出了这样两种纯粹本质，或者说，弄出了对纯粹本质的双重意识。——纯粹的绝对本质只存在于纯粹的思维中，或者不如说，它就是纯粹思维本身，因而完全处于有限的东西、**自**

我意识的**彼岸**，并且只是否定性的本质。但以这种方式，它恰恰就是**存在**，就是自我意识的否定者。作为自我意识的**否定者**，它**也**是与自我意识相联系的；它是**外在的存在**，这外在的存在，由于与那在其中作出各种区别和规定的自我意识相联系，而本身就获得了被尝到、被看到等等之类的区别；而这种关系，就是**感性的**确定性和知觉。

如果从上述否定性的彼岸必然要过渡到的这个**感性的**存在出发，但又抽掉与意识相联系的这些特定方式，那么所留下来的就只是纯粹**物质**，即那种在自己本身中进行的沉闷的编织和运动。在这种情况下本质上要考察的一点是，**纯粹物质**只是当我们**抽掉了**视觉、触觉、味觉等等之后剩余下来的那种东西，即是说纯粹物质并不是所看见的、所尝到的、所触摸到的等等东西；被看见、被触摸、被品尝到了的并不是**物质**，而是颜色、一块石头、一粒盐等等；物质毋宁是**纯粹的抽象**；而这样一来，**思维的纯粹本质**，或者说，纯粹思维自身，就作为自身无区别、无规定、无宾词的绝对而现成在手了。

[109]　　　　一派的启蒙把当初曾作为出发点的思维中处于现实意识的彼岸的那个无宾词的绝对称为绝对本质，——而另一派则称为**物质**。① 假如它们被作为**自然**而与精神或**上帝**区别开来，那么对于在自己本身中的无意识的编织来说，要成为自然的话，就会缺少拓展生活的丰富性；——而对于精神或
{313}　上帝来说，就会缺少对其自身进行区别的意识。这两者正如我们已经看到的那样，完全是同一个概念；它们的区别并不在这件事情，而纯粹只在于双方教养形成的出发点不同，以及每一方都在思维运动中停留于自己那一点上。假如它们越出这一点，它们就会走到一起，并且认识到，那对一派被预定为一种残忍、而对另一派是一种愚蠢的东西，乃是同一个东西。因为对

---

①　参照《哲学史讲演录》中的说法，黑格尔在这里指的是法国启蒙运动的唯物主义和自然神论（参看《黑格尔全集》第 15 卷，第 507 页以下）。唯物主义最突出的代表是拉美特利和霍尔巴赫，自然神论认为上帝是不可认识的绝对，以罗比耐为代表。后者反对有关上帝的任何命名，因为所有的命名都是以有限存在的属性加给无限存在去承担，因而带有某种拟人主义的性质。关于上帝所能够知道的仅仅是，它是一切存在的必然的原因。参看罗比耐：《论自然》。按照拉美特利的理解，物质由自己而运动，而这个运动的本性正如物质的本性一样，也是我们不可认识的。参看拉美特利：《人是机器》、《自然的体系》等。——丛书版编者

于一派来说，绝对本质是存在于它的纯粹思维之中，或者说是直接对纯粹意识而言的，是存在于有限意识以外的，是有限意识的**否定性**的彼岸。假如这一派作这样一种反思：一方面，思维的那种单纯的直接性并不是别的，只是**纯粹的存在**；另一方面，那对意识而言是**否定的**东西，同时也和意识发生着联系，并且否定判断中的系词"是"正是这样把分离的双方捆到一起来了，——那么这个彼岸在对一个**外在的存在者**的规定中就会与意识发生联系，因而这种联系与那被称为**纯粹物质**的东西就会成为同一个东西；那个**当下在场**所缺少的环节也就会到手了。——另一派的启蒙从感性存在出发，然后**抽除**味觉、视觉等等的感性联系，使之成为纯粹的**自在**，成为**绝对的物质**，成为既没有被触摸到也没被品尝到的那种东西；以这样一种方式，这种存在就变成了无宾词的单纯的东西，**纯粹意识**的本质；它是**自在地**存在着的纯粹概念，或**在自己本身中**的纯粹思维。这种明见在自己的意识里，没有从作为**纯粹存在者**的**存在者**向着与**纯粹**存在者是同一个东西的被思维的东西迈出相反的步伐，或者说，没有从纯粹肯定的东西向纯粹否定的东西迈出相反的步伐；因为肯定的东西之所以是**纯粹的**，毕竟完全只是通过否定；而**纯粹**否定的东西作为纯粹的，它就是自身等同的，并且正好由于这一点而是肯定的。——或者说两派都没有达到笛卡尔形而上学的概念，即**存在和思维**两者**自在地**即是同一个东西，[1] 都没有达到这种思想，即**存在**、**纯存在**不是一种**具体的现实的东西**，而是**纯粹抽象**；并且反过来说，纯粹的思维、自身等同性或本质，一方面是对自我意识的**否定者**，因而是**存在**，另一方面，作为直接的单纯性，同样也不是别的东西，而是**存在**；**思维**就是**物性**，或者说**物性**就是**思维**。

[**II. 本质的超越的行为和运动**] 在这里，本质才在自己身上有了一个这样的**分裂**，以至于它分属于两种不同的考察方式，一个是本质必须在自己本身中具有区别，另一个是，正因为这一点，这两种考察方式就联合为一了；因为这样一来，纯粹存在和否定的东西两者所赖以区别开来的那些抽象环节，就在这两种考察方式的那个对象中结合起来了。——那共同的共相就

[110]

——————————————
① 指笛卡尔的命题："我思，故我在。"——丛书版编者

是纯粹在自身中颤动或纯粹在自身中思维的抽象。这种单纯绕轴旋转的运
{314}　动必须把自己抛撒开来，因为它自己只有通过把自己的各环节区别开来才
是运动。各环节的这种区别活动，让不动的东西，作为不再是现实的思维、
不再是自己本身中的生命的那个纯粹**存在**的空壳，而留在后面；因为这种
区别活动作为区别乃是一切内容。但是这种置身于上述**统一**之外的区别活
动，因此就是**自在存在**、**为他存在**和**自为存在**这些环节的一种**不向自身返
回**的交替；——而当它就是纯粹明见的现实意识的对象时，这种现实性就
是——**有用性**。

　　[**III. 有用的对象**]有用性，在信仰看来，或在情感看来，甚至在那自称
[111]　思辨并让自己固执于**自在**之上的抽象看来，尽管是那么低劣，但它是让纯
粹明见在其中完成自己的实在化过程、且自己就是自己的**对象**的东西，纯
粹明见现在不再否认这对象了，对纯粹明见来说，这对象也不具有空洞无
物或纯粹彼岸的价值了。因为纯粹明见正如我们看到的，就是存在着的概
念自身，或者说就是自我等同的纯粹人格性，它在自身中这样把自己区别
开来，以至于每一个被区别开来的东西本身都是纯粹概念，就是说，直接地
都是没有区别的；它是单纯的纯粹自我意识，这种自我意识不仅**自为地**，而
且**自在地**存在于一个直接的统一体中。① 因此，它的**自在存在**不是保持不
变的**存在**，相反，它直接地不再在它的区别中就是某物；但是这样一种干
脆没有任何停留的存在，就不是**自在的**，相反，它从本质上说是**为一个他者
的**，而这个他者就是吞掉它的那股力量。但是这个与第一环节亦即**自在存
在**相对立的第二环节，也正像第一环节一样直接**消失**了；或者不如说，它作
为**仅仅为他存在**就是**消失**本身，而这就是那返回自身的东西，**即建立起自
为存在**的东西。可是这种单纯的自为存在，作为自我等同性，毋宁是**一种
存在**，或者因此是**为一个他者**的存在。——纯粹明见在**展开其诸环节**时的
这种本性，或者它作为**对象**，就表现为有用的东西。有用的东西是一种**自
在的**持存的东西或事物，这种自在存在同时又只是纯粹的环节；它因而是

①　参看前面第 354—355 页。——丛书版编者 [按：考证版 291—292 页，贺、王中译本下卷第
　　78—79 页。]

绝对**为一个他者的**，但只有当它是自在的时，它才是为一个他者的；这两个相对立的环节，就返回到了自为存在的不可分割的统一性中。但即使有用的东西很好地表达了纯粹明见的概念，它却并非作为纯粹明见而存在，相反，它只是作为**表象**或作为纯粹明见的**对象**而存在的；它只是那些环节的不停的转换，这些环节中的一个，虽然本身就是已经返回于自身的存在，但也只是作为**自为存在**，也就是作为一种抽象地站在一方而反对其他环节的环节。有用的东西本身并不是这样一种否定性的本质，即把这些环节在其互相对立中同时**不加分割地以同一个考虑来**拥有，或者把它们当作一种自在的**思维**来拥有，就像它们作为纯粹明见而存在那样；**自为存在**的环节虽然存在于有用的东西那里，但并不是这样存在，即它并不**蔓延到别的**环节，并不**蔓延到自在**和为他存在，仿佛它就是**自我**似的。因此，纯粹明见在有用的东西这里，就把在其诸**纯粹**环节中它自己的概念当成**对象**；它是对这种**形而上学**的意识，但还不是对这种形而上学的概念的把握；它还没有达到**存在**与**概念**本身的**统一性**。因为有用的东西仍然具有纯粹明见之对象这一形式，所以纯粹明见拥有一个虽然不再自在自为地存在着的、但毕竟还是把它与自己区别开来了的**世界**。不过，由于这些对立都已登上了概念的顶峰，接下来的阶段将发生的是这些对立的崩塌，而启蒙将经验到自己行为的种种果实。

[112]

{315}

　　[**IV. 纯粹明见的三个世界**] 联系着这整个范围来考察一下所达到的这一对象，那么现实的教化世界曾把自己归结为自我意识的**虚浮性**，——归结为仍以教化世界的混乱为自己的内容的**自为存在**，这自为存在仍然是**个别**概念，还不是自为的**普遍**概念。但这种个别概念在返回自身时就是**纯粹明见**，——就是作为纯粹**自我**或否定性的那种纯粹意识，正如信仰就是作为**纯粹思维**或肯定性的那种纯粹意识一样。信仰在那个自我中拥有使它趋于完备的环节；但是当由于这一补充导致了沉沦时，现在纯粹明见的情况是，我们看到这两个环节中，那作为绝对本质的环节是纯粹**被思维出来**的，或者说，是否定性的环节，——而那作为**物质**的环节则是肯定性地**存在着的东西**。——这种完备性还缺乏的是自我意识的那种属于**虚浮**意识的**现实性**，——即思维曾从中把自己提升出来成为思维的那个世界。而这种缺乏

[113]

在有用性中则已经由于纯粹明见在其中达到了肯定的对象性而被补上了，纯粹明见因此就是一种现实的自身满足的意识。这种对象性现在就构成着纯粹明见的**世界**；这个世界已成为了上面所说的整个世界的、不论是观念的（ideelle）世界还是实在的（reelle）世界的真理。精神的第一个世界，是由精神的分散着的定在以及它自身的个别**确定性**扩展开来的王国；这正如自然将自己的生命分散为无限多样的形态那样，这些形态的**类**不会是现成在手的。第二个世界包含着**类**，它是**自在存在**的王国，或者说是与上述确定性相对立的**真理性**的王国。但第三个世界，即有用的东西，它是那本身同样也是自身**确定性**的**真理性**。**信仰**的真理性王国缺少的是**现实性**原则，或者说缺少信仰本身作为这一个**个别者**的确定性。但是，现实性，或者说，个别者本身作为这一个个别者的确定性，则又缺少**自在**。在纯粹明见的对象中，这两个世界就结合起来了。有用的东西就是对象，因为自我意识看

{316}

透了对象，并且在对象中拥有它自身的**个别确定性**，拥有自己的享受（它的**自为存在**）；自我意识以这种方式洞见了对象，而这种洞见或者明见包含着对象的**真正本质**；（这是一种被看透了的东西，或者说是**为一个他者**而存在的）；因此，这种明见本身就是**真正认知**，而自我意识在这样一种关系中，因而在把**真理性**以及在场和**现实性**同样都结合起来的这种关系中，同样直接拥有对它自己的普遍确定性，拥有对它自己的**纯粹意识**。两个世界就得到

[114]

了和解，天国降临到了人间。

C. 绝对自由与恐怖

[**I. 绝对自由**]意识在有用性中找到了自己的概念。但是这个概念一方面还是**对象**，另一方面，正因为如此，它还是一个**目的**，意识还没有直接处于对它的占有中。有用性仍然是对象的宾词，还不是主词自身，或者还不是主体的直接和唯一的**现实性**。这和以前曾经出现过的情况是一样的，即**自为存在**还没有证明自己就是其余各环节的实体，以便让有用的东西仅仅直接作为意识的自我而存在，而意识也由此占有了有用的东西。——但是这种撤销有用的东西的对象性形式的事**自在地**已经发生了，而且从这种内

在的颠覆中，那对现实性的现实颠覆、那新的意识形态即**绝对自由**就脱颖而出了。

　　这是因为实际上现成在手的只不过是一个将自我意识与其占有物分离开来的对象性的空洞假象。因为一方面，一般说来，组织起现实世界和被信仰的世界的那些特定肢节的一切持存与效准，全都返回到了这个单纯的规定，返回到了这个世界的根据与精神；而另一方面，这种单纯规定却不再为自己拥有什么特有的东西，它毋宁说是纯粹的形而上学，是自我意识的纯粹概念或认知。因为对于作为对象的有用东西的**自在自为的存在**，意识认识到，**其自在存在**本质上是**为他存在**；这**自在存在**作为**无自我的东西**在 [115] 真理性中是被动的东西，或者是为另一个自我而存在的东西。但这对象对意识而言，是以**纯粹自在存在**这样一种抽象形式而存在，因为这意识是纯 {317} 粹的**洞见**，它的那些区别都具有概念的纯粹形式。——但是**自为存在**，即为他存在返回于其中的那种自为存在，亦即自我，并不是一个与我不同的特有的自我，不是那被称为对象的东西的自我；因为意识作为纯粹明见并不是**个别的**自我，仿佛对象同样作为**特有的**自我而与之相对立似的，相反，它是纯粹概念，是自我对自我的观看，是绝对的**自己对自己**的双重的看；它的确定性是普遍的主体，而它的认知着的概念是一切现实性的本质。因此如果说有用的东西曾经只是诸环节的那种不向它特有的**统一性**返回的交替，因而对于认知来说还是对象的话，那它已经不再是这样的东西了，因为认知本身就是那些抽象环节的运动，它就是普遍的自我，既是它自己的自我，也是对象的自我，而且作为普遍的东西，它就是这种运动向自身返回的统一性。

　　借此精神就作为**绝对自由**而现成在手了；它就是那把握到自身的自我意识，它把握到它对它自己的确定性就是实在世界以及超感官世界的一切精神聚合体的本质，或者反过来说，本质和现实性就是意识对**自身**的认知。——这种意识所意识到的，是自己的纯粹人格性以及其中的一切精神实在性，而一切实在性都只是精神性的东西；对它而言这个世界完全是它的意志，而它的意志就是普遍的意志。更确切地说，普遍的意志并不是那种建立在默许或被代表的赞同之中的、关于意志的空洞思想，而是实在的 [116]

普遍意志，是一切**个别人**本身的意志。① 因为意志自在地就是人格性的意识，或者说每一个人的意识，并且它作为这样一种真正现实的意志，应该是作为一切人格性和每个人格性**自我**意识到的本质而存在的，以至于每一个人所采取的永远都是全体一致的行为，而凡是那作为整体行为而出场的就是**每一个人**直接而有意识的行为。

绝对自由的这种整全的实体登上了世界的宝座，没有任何一种力量可以与它相抗衡。因为既然在真理中，意识是诸精神本质或精神力量从中拥有其实体的唯一元素，那么一旦个别意识这样来把握对象，认为这对象拥有的本质无非是自我意识本身，或者说对象绝对就是概念，则精神力量当初通过划分各种聚合体而组织起来并保持下来的整个体系就倒塌了。那当初使概念成为存在着的**对象**的东西，曾经是把概念区别为一些孤立的**持存着的**聚合体的活动；但现在由于对象变成了概念，在它那里就再也没有持存性的东西了；否定性已经渗透了它的一切环节。概念这样进入到实存，以至于每个个别的意识都从自己曾经被分配到的那个领域里把自己提升起{318}来，不再在这些特殊的聚合体中寻求自己的本质和自己的事业，而是把它的自我当作意志的**概念**来把握，把一切聚合体都当作这个意志的本质来把握，因而也只能在一种本身是整体劳动的劳动中实现自身。于是在这种绝对自由中，由整体划分而成的那一切作为精神本质而存在的社会等级都被铲除了；当初曾隶属于一个这样的部门并且在其中愿望着和实现着的那种个别的意识，就扬弃了它的局限性：它的目的是普遍的目的，它的语言是普遍的法律，它的事业是普遍的事业。

[117]　　　对象和**区别**在这里丧失了那曾经是一切实在存在之宾词的**有用性**含义；意识所据以开始它的运动的对象，不是它曾经从其中返回它自身去的**一个异己的东西**，相反，在它看来，对象就是意识自身；因此这种对立唯一

---

① 此处黑格尔明显引用了法国大革命宪法学家西耶斯（Emmanuel Sieyès，1748—1836）的说法，参看德译本《西耶斯政治著作全集》第 1 卷，1796 年，第 207 页：“为了共同的需要，一个共同的意志是必须的。这个共同意志当然应该是一切个别人的意志的普遍的总和；而结合在一个政治团体中的全体人们将会有的共同意志，毫无疑问恰好就是一切个别人的意志的总和。”又参看黑格尔：《全集》第 8 卷，第 259 页。——丛书版编者

在于**个别的**意识和**普遍的**意识的区别；但是个别的意识自己直接就是那曾经只具有对立**假象**的那种东西，它就是普遍的意识和意志。它的这种现实性的**彼岸**，飘荡在实在的存在或被信仰的存在那种消逝了的独立性的尸体之上，只是作为空虚的 Etre suprême［最高存在］① 散发出来的一股腐烂的气息。

于是，在区别开来的那些精神聚合体被扬弃了之后，在诸个体的局限的生活被扬弃了之后，以及在这生活的两个世界都被扬弃了之后，那现成在手的就只有普遍的自我意识在自己本身中的运动了，这是作为具有**普遍性**形式的自我意识与**人格性**意识之间的一种交互作用；普遍意志反省**到自身**，它就是一个有普遍的法律和事业与之对立的**个别的**意志。但是这个**个别的**意识直接意识到它自己同样是一个普遍的意志；它意识到它的对象就是它自己所立的法律和它自己所完成的事业；因此，它在转变成活动性并创造出对象性时，所造成的不是什么个别的东西，而只是一些法律和政治行为。

这种运动因而是意识与它自己本身的交互作用，在其中，意识并没有释放出任何具有一种**自由地**与它相对立的**对象**形态的东西。由此导致的是，意识并不能达成任何肯定性的事业，不论是语言上的普遍事业，还是现实性上的普遍事业，不论是**有意识的**自由的法律和普遍制度，还是**有意志的**自由的行为业绩和事业。——**意识**给自己提供的这种自由，假如能够使自己成为事业的话，这个事业的内容就会是：自由作为**普遍的**实体，将使自己成为**对象**和**保持不变的**存在。这种他在，就会是自由本身之中的区别，据此，自由将会把自己分割为一些持存的精神聚合体和不同的权力部门；[118]一方面，这些聚合体就会是立法、司法、行政各种分立的**权力**的**思想物**，② 但另一方面，那些在实在的教化世界中所产生的**实在本质**，假如普遍行为的内容得到更详细的考察的话，就会是进一步被作为更加专门的**社会等级**区别开来的那些劳动活动的特殊聚合体。——普遍的自由，假如它以这种方 {319}

---

① 贺、王译本所根据的荷夫迈斯特 1952 年版上此处为 être suprême，而我所依据的丛书版（1988年考证版）上则为 Etre suprême，头一个字母大写，意为"上帝"。——中译者

② 黑格尔此处影射的是孟德斯鸠的三权分立，参看《法的精神》。——丛书版编者

式分解为自己的各部门，并且正因此而使自己成为**存在着的**实体，那它就会由此而摆脱个体的个别性，并且把**大批的个体**在它的不同部门之间加以划分。但这样一来，人格性的行为和存在就会觉得自己被限制于整体的一个分支，被限制于行动和存在的一种方式；人格性被置入到了**存在**元素中，它就会保持一种**特定的**人格性的含义；它就会不再处于普遍自我意识的真理中了。但普遍的自我意识却没有让自己上当受骗，既没有通过对它曾经参与过的那些**自我立法**所作出的服从的**表象**、也没有通过在立法和作出普遍行为时它的**代表性资格**，来偷换这种**现实性**，——这种现实性，就是**亲自**去立法，不是去完成个别的事业，而是**亲自**去实现共相；因为，凡是在自我只是被**代表**和被**表象**出来的地方，它就不是**现实的**；它在哪里被代表，它就不在哪里。

正如个别的自我意识并不发生在作为定在着的实体的绝对自由的这件**普遍的事业**中，同样，它也不发生在绝对自由意志的那些独特的**行为业绩**和**个别的**行动中。共相要想做成一件行为业绩，它就必须把自己集结为个体性的那种一，并且将一个个别的自我意识置于顶端；因为普遍的意志只有在一个本身是一的自我中，才是**现实的**意志。但这样一来，**一切其他个别者**就都被排除于这个行为业绩**整体**之外了，它们对这个行为业绩就只有局部的参与，以致这个行为业绩就不会是**现实的普遍**自我意识的行为业绩了。——所以，普遍的自由，既不产生任何肯定性的事业，也不做出任何行为业绩；留给它做的只是**否定性的行为**；它只是毁灭性的**复仇**。① [119]

但是，最高的、与普遍自由最相对立的现实性，或者不如说，那对于普遍自由仍然形成着的唯一对象，就是现实自我意识本身的自由和个别性。因为，不让自己走向有机体被肢解的实在性、而以保持自己不被分割的连续性为目的的那种普遍性，同时也在其本身中区别着自己，因为它就是运动或意识一般。确切地说，它由于自己特有的抽象作用的缘故，而把自己分裂成同样抽象的两端：分裂成单纯的、不会拐弯的、冷酷的普遍性，以及现实自我意识的那种分立的、绝对的僵硬脆性和顽固的点截性。在这种点 {320}

---

① 复仇，原文为 Furie，即罗马神话中的复仇女神。——中译者

截性已将那实在的组织铲除干净、现在自为地持存了以后，这个现实的自我意识就是它唯一的对象；——这个对象不再拥有任何别的内容、别的占有物、别的定在和外在广延，相反，这内容只是这种对自己作为绝对纯粹、绝对自由的个别自我的认知。这内容如何才能得到把握，只有靠这对象的**抽象的**一般定在。——因此，这两端由于都是不可分的绝对自为存在的，因而没有任何部分可以插入中间来连接两者，所以它们的关系乃是一种完全**无中介的**纯粹否定；确切地说，是作为**存在者**的个别的东西在普遍的东西中的否定。所以普遍自由的唯一事业和行为业绩就是**死亡**，而且是一种没有任何内涵和内在充实性的**死亡**，因为凡是被否定的东西都是绝对自由的自我的不充实的点；它因而是最冷酷、最平淡的死亡，比劈开一棵菜头或吞下一口凉水并没有任何更多意义。

政府的智慧、即普遍意志实行自身的那种知性，就在于这种单音节的平淡。政府本身无非是那自身确立的点，或普遍意志的个体性而已。政府，作为从一个点出发的一种愿望和实行，它同时也意愿并实行着一种确定的策划和行动。它于是一方面把其他的个体排除出它自己的行为业绩之外，　[120] 另一方面，借此把自己建构成为这样一种政府：它本身是一个确定的意志，因而与普遍意志相对立；因此，它完全不能有别的表现，而只能把自己表现为一个**派别**。所谓的政府只是那**胜利了的**派别，而正是由于它是一个派别，这就直接包含着它的颠覆的必然性；而且，它既是一个政府，这就反过来使它成为一个派别，使它有罪过。如果说，普遍意志立足于政府的现实行动，也就是立足于政府对普遍意志所犯的罪行，那么相反，政府却没有任何确定的东西和外在的东西可以用来表现与政府对立的意志的罪过；因为与政府这个**现实的**普遍意志相对立的只是非现实的纯粹意志，只是**意图**。因此，**有嫌疑**就代替了**有罪**；或者说，有嫌疑就具有了有罪的含义和效果，而且针对这种包藏于单纯内心意图中的现实性的外在反应行动，就在于干脆把这种存在着的自我消灭掉，这种自我除了它的存在本身而外，没有任何别的东西可以夺得走。

[**II. 恐怖与对纯粹意志的认知**]绝对自由在它这样一种独特的**事业**中对自己成了对象，而自我意识经验到了这绝对自由**是**个什么东西。绝对自

由**自在地**恰好就是那清除了自身中一切区别和一切有区别者的持存的**抽象**

{321}　**自我意识**。作为抽象的自我意识，绝对自由是它自己的对象；死亡的**恐怖**

就是对绝对自由的这种否定性本质的直观。但是，绝对自由的自我意识发

现，它的这种实在性与绝对自由当初对其自己所抱有的概念，是完全不同

的，即是说，这概念认为，普遍意志只是人格性的**肯定性**本质，人格性知道

自己在普遍意志中只是肯定的或被保持着的。而在这里，绝对自由的自我

意识作为纯粹明见，而把自己的肯定本质和否定本质完全分割开来——把

无宾词的绝对作为纯粹**思维**和纯粹**物质**完全分割开来，——对它来说，现

[121]　成在手的乃是在其现实性中从一个本质向另一个本质的绝对**过渡**。——普

遍意志，作为绝对**肯定的**、现实的自我意识，由于它就是这种**已提升为纯粹**

思维或**抽象**物质的、自我意识到的现实性，于是就翻转为**否定的**本质，并证

明自己同样也是对**自我思维**或自我意识的**扬弃**。

　　所以，绝对自由，作为普遍意志的**纯粹**自身等同性，本身所拥有的是**否**

定，但因此也就拥有一般**区别**，并且将这种区别又再作为**现实的**区别发展

出来。因为，纯粹的**否定性**，在自身等同的普遍意志那里，拥有它自己的诸

环节所由以实现的那种**持存元素**或**实体**；这实体拥有的是它能够应用到自

己的规定性中去的那种物质；而一旦这实体表明了自己对个别意识是否定

的东西，那么各种精神聚合体的组织就重新形成起来，而大批个体意识就

被分配在这些聚合体之下。这些个体意识在感觉到他们的绝对主人即死亡

的可怕的时候，就重新忍受着这种否定和区别，使自己隶属于那些聚合体，

并返回到一种被分割、被限制的事业上来，但由此也就返回到了他们的实

体性的现实性。

　　精神也许会从这种混乱中被抛回到它的出发点，被抛回到伦理的和实

在的教化世界，这个教化世界通过那重新进入到内心的对主人的恐惧只会

变得活力充沛，青春焕发。精神也许会不得不重新历经并总是重复这个必

然性的圆圈，假如结果只是自我意识与实体两者完全渗透的话，——假如

结果是这样一种渗透：在其中，那经验到自己的普遍本质对自己的否定之

力的自我意识，不想把自己当作这个特殊的东西、而只想当作普遍的东西

来认知和发现，并因此也能够忍受普遍精神的那种把它当作特殊物加以排

斥的对象性的现实性的话。——但是，在绝对自由中，无论是已沉沦为各
种各样的定在的或固着于自己的特定的目的和思想的那个意识，还是一个
外在的有效准的世界，无论这世界是现实性的或思维的，都已经不处于相
互的交互作用之中了；相反，这个完全处于意识的这种作为普遍意志的形
式中的世界，正如那个自我意识一样，已从一切有广延的定在或各种各样
的目的和判断中凝聚为单纯的自我了。自我意识与上述普遍本质在交互作
用中所达到的教化，因而就是最高的和最后的教化，这种教化看到了自我
意识的纯粹单纯现实性的直接消失，和过渡到空虚的无。在教化世界本身
中，自我意识做不到以这种纯粹抽象的形式直观到自己的否定或异化；相
反，它的否定是内容充实的否定，不是荣誉就是财富，它们都是自身异化
了的自我所换得的；——或者说，是分裂意识所达到的精神的和明见的语
言；再或者，这种否定是信仰的天国或启蒙的有用性。所有这些规定，都通
过自我在绝对自由中所经验到的损失而失去了；它的否定是毫无意义的死
亡，是那本身不具有任何肯定性的东西、不具有任何充实内容的否定东西
的纯粹恐怖。——但同时，这种否定在其现实性中并不是一种**异己的东西**；
它既不是位于彼岸的、伦理世界沉沦于其中的那种普遍的**必然性**，也不是
分裂意识认为自己所依赖的、私有财产的或对占有者的嬉笑怒骂的个别偶
然性，——相反，它是**普遍的意志**，这普遍意志在自己这种最后的抽象中
不具有任何肯定性东西，因而不能从牺牲中得到任何回报；——但唯其如
此，它与自我意识直接就是一个东西，或者说，它是纯粹肯定的东西，是因
为它是纯粹否定的东西；而那种毫无意义的死亡，即自我的那种不充实的
否定性，就在内在的概念中翻转为绝对的肯定性。对于意识来说，自我与
普遍意志的直接统一，自我想把自己作为普遍意志中的这个确定的点来认
知的要求，就都转化为完全相反的经验。在这种经验中，凡是对意识消逝
了的东西，都是抽象的**存在**，或无实体的点的直接性，并且这种消逝了的直
接性乃是普遍意志本身，而意识现在就把自己当作那个普遍意志来认知，
因为它是**扬弃了的直接性**，因为它是纯粹认知或纯粹意志。这样一来，意
识把这种纯粹意志作为自己本身、把自己作为本质来认知，但并不把自己
作为**直接存在着的**本质来认知，既不把纯粹意志作为革命政府或作为力图

[122]

{322}

[123]

建立无政府状态的无政府状态来认知，也不把自己作为这一派别及其对立
派别的中心点来认知，相反，**普遍意志**就是意识的**纯粹的认知和纯粹意愿**，

{323}　并且它就是作为这种纯粹认知和意愿的普遍意志。在这里它并没有失掉**自
己本身**，因为纯粹的认知和意愿不如说就是它这个原子式的意识点。所以，
它就是纯粹认知与其自身的交互作用；纯粹**认知**，作为**本质**，是普遍意志；
但这种**本质**完全只是纯粹认知。因此，自我意识就是对作为纯粹认知的那
个本质的纯粹认知。此外，自我意识作为**个别的自我**，仅仅是被它当作**形
式**来认知的那种主体或现实行为的形式；而**对象性的**现实性、**存在**，对它来
说，同样也是完全无自我的形式；因为，这种形式也许会是未被认知的东西；
但这样一种认知却是把认知作为本质来认知的。

　　因此绝对自由已经以它自身调和了普遍意志和个别意志的对立；自身
异化了的精神被推向了自己对立的顶峰，在此，纯粹意愿和纯粹的意愿者
还是有区别的，而自身异化的精神把这种对立降低为一种透明的形式，并
在其中发现了自己本身。——正如现实世界的王国之过渡到信仰和明见的
王国那样，绝对自由也走出这个世界的自我摧毁着的现实性，而过渡到另
一个自我意识到的精神之国，在其中，绝对自由在这种非现实性中被看作
真实的东西，而精神则靠这种真实东西的思想而使自己恢复了元气，因为
精神就**是**并且继续是**思想**，而且它把这种封闭在自我意识中的存在当作完
全的和完满的本质来认知。这就生发出了**道德精神**这种新的形态。

[124]
三、对其自身有确定性的精神；道德

　　伦理世界曾经把在它里面只是被孤立起来的精神即**个别的自我**显示为
它的命运和它的真理。但这种**法权人格**却在自己以外拥有自己的实体和满
足。教化世界和信仰世界的运动扬弃了人格的这种抽象性，而通过完成了
的异化，通过最高度的抽象，实体对精神的自我首先成为了**普遍意志**，最后
成为了他的财产。于是认知在这里终于显得与它的真理性完全等同起来了；
因为它的真理性就是这个认知本身，双方的一切对立都消失了；确切地说，

并不是**对我们而言**或**自在地**消失了，而是对自我意识自身消失了。这就是说，自我意识已经成了驾驭意识自身对立的行家。意识是建立在它自身的确定性与对象的对立上的；但是现在，对它自己来说，这对象就是它自身的确定性，即认知——正如它的自身确定性本身不再具有特别的目的，因而也不再处于规定性中，而是纯粹认知一样。 {324}

　　所以，对自我意识来说，它的认知就是**实体**本身。在自我意识看来，这个实体，在一个没有分割的统一体中，既是**直接的**，也是绝对**中介了的**。之所以是**直接的**，——因为，就像伦理意识那样，自我意识本身知道义务、履行义务，并且隶属于作为它的本性的义务；但它不像伦理意识那样是一种**性格**，伦理意识由于其直接性的缘故，乃是一种特定的精神，只隶属于各伦理本质性的一种，并且具有**没有认知到**的方面。——说是**绝对的中介**，则是因为它如同自我教化的意识和信仰的意识那样；因为它本质上是自我的那种扬弃**直接定在**的抽象性并使自己成为普遍的运动；——但这既不是由于它的自我和现实性之间有纯粹的异化和分裂，也不是由于它的逃避。相反，它是在自己的实体中对自己**直接在场的**，因为实体就是它的认知，实体就是它自己的被直观到的纯粹确定性；而且，正是**这种直接性**，也就是它的特有的现实性，乃是一切现实性，因为直接的东西乃是**存在**自身，并且作为纯粹的、通过绝对否定性而纯化了的直接性，这种直接性就是纯粹的东西，它就是**存在一般**或**一切存在**。 [125]

　　因此，绝对本质并不仅仅限于它是单纯的**思维本质**这种规定，它毋宁是一切**现实性**，并且这种现实性只是作为认知而存在的；凡是意识所不知道的东西就不会有任何意义，所以意识就不可能有任何力量；一切对象性和全部世界都已退回到了意识的认知着的意志之中。意识之所以是绝对自由的，是因为它知道它的自由，而正是对它的自由的这种认知，就是它的实体，它的目的，它的唯一的内容。

a. 道德世界观

　　[**I. 义务与现实之间被悬设的和谐**]自我意识把义务作为绝对本质来认知；它只受义务的约束，而这种实体就是它固有的纯粹意识；义务不能保持

{325}　对自我意识的异己东西的形式。但是，像这样地封闭于自身内，道德的自我意识就还没有作为**意识**被建立起来并被这样看待。对象是直接的认知，而这样纯粹为自我所渗透的对象，就不是对象。但是，自我意识本质上作为中介与否定性，在其概念里就具有与一个**他在**的联系；并且它就是意识。这个他在，一方面由于义务构成自我意识的唯一的本质性的目的与对象，所以对自我意识而言，就是一种完全**无意义的**现实性。但由于这种意识是如此完全地被封闭于自身内，所以它对这个他在的关系是完全自由而各不相干的，而且，就另一方面说，这定在乃是一种完全从自我意识摆脱出来

[126]　的、同样只与自己发生联系的定在；自我意识越是变得自由，它的意识的否定性对象也就越自由。这样一来，对象就是一种在本身中完成了自己的固有的个体性的世界，是特有规律的一个独立整体，以及这些规律的一种独立进程和自由实现，——是一种**自然**一般，这种自然，其规律与行为都隶属于它本身，而它本身作为一种本质，对道德自我意识漠不关心，正如道德自我意识之对它漠不关心一样。

　　从这个规定开始，一个**道德世界观**就养成了，这个道德世界观就在于**道德上的**自在自为存在与**自然的**自在自为存在之间的**联系**。这种联系的基础既在于**自然的**与**道德上的**目的和活动彼此完全的**漠不相干性**和各自**独立性**，另方面也在于意识到义务的唯一本质性和自然的完全不独立性及非本质性。道德世界观包含着两个环节的发展，这两个环节已经包含在上述完全矛盾的两个预设的这种联系中了。

　　于是，首先被预设的是道德意识一般；当道德意识是**现实的**和**能动的**，并在自己的现实性和行为业绩中履行义务时，义务就被它看作本质。但对这种道德意识而言，同时也有自然的被预设了的自由，或者说道德意识**经验到**，自然并不操心于向它提供它的现实性与自然的现实性相统一的意识，因而自然**也许会**使它**幸福**，但**也许不会**。相反，不道德的意识也许偶然会发现自己有这样一种实现，在其中，道德意识只看到那行动的**动因**，却看不到通过这行动自己也有份的显露出来的幸福和享受这个实行过程的幸福。因此，道德意识毋宁找到了理由来抱怨它本身与定在之间的不相称的情况，以及这种不公正的情况，即把道德意识局限于仅仅将自己的对象作

为**纯粹义务**来拥有，但却拒绝让它看到对象和**自身**被实现出来。

　　道德意识不可能放弃幸福，不可能把这个环节从自己的绝对目的中删 {326}
除掉。那被表述为**纯粹义务**的目的，本质上自身就拥有包含这种**个别**自我 [127]
意识的环节；**个体的确信**和对这种确信的认知构成了道德的一个绝对环
节。在成为**对象性**了的**目的**中、即在**已经履行**了的义务中，这个环节就是
那把自己直观为实现了的**个别**意识，或者说，就是**享受**，这享受因而虽然不
直接包含于作为一种**意向**看的道德的概念中，却包含于该道德的**实现**的概
念中。但是这样一来，享受也就包含于作为**意向**的道德中了；因为道德所
从事的并不是停留在与行动相对立中的意向，而就是**行动**，或者说，是实现
自己。因此，目的作为借它的诸环节的意识所表明的那个整体就是这样的：
履行它的义务，既要是纯粹的道德行动，也要是实在化了的**个体性**，而且
自然作为与抽象目的相对立的**个别性**方面，也应与这目的成为**一体**。——
正如对这两方面不和谐的经验是必然的，因为自然是自由的，同样，义务也
是唯一本质性的东西，而自然与它相反，是无自我的东西。由双方的和谐
所构成的上述整个**目的**，其自身中就包含着现实性本身。这目的同时就是
现实性的思想。道德与自然的和谐，或者说，——因为只有当意识经验到
了自己与自然的统一时，自然才被考虑进来，——道德与幸福的和谐，是
被思考为必须**存在着的**，或者说，这种和谐是被**悬设**的。① 因为**要求** ② 所表
达的是某种尚非现实存在的东西被思考为**存在着的**；这不是那作为概念的
概念的必然性，而是**存在**的必要性。但这种必要性本质上同时也是凭借概
念而发生的联系。因此被要求的**存在**不是属于偶然意识的表象，而是包含
在道德概念本身之中的，而道德概念的真正内容就是**纯粹**意识与**个别**意识
的**统一**；属于个别意识的情况是，这种统一**对它来说**是作为一种现实性而 [128]
存在的，而这在目的的**内容**中就是幸福，但在目的的**形式**中，就是定在一
般。——所以，这里被要求的定在或两者的统一并不是一种希望，或者作
为目的来看，并不是一种好像能否达到还在不确定之中的目的，相反，这样

---

① 　黑格尔在这里涉及到的是康德的至善学说。——丛书版编者
② 　丛书版这里为 Fodern，德文无此词，显然为 Fordern［要求］之误，兹据袖珍版。——中译者

一种目的是理性的一种要求，或者说是理性的直接确定性和前提。

上述第一种经验和这样一种悬设，并不是唯一的，而是开启了一整圈的悬设。因为自然不只是这种完全自由的**外在的**方式，仿佛意识必须以这种方式把自己的目的作为纯粹的对象实现出来似的。意识，**就其自身而言**，本质上是这样一种东西，即，**对它而言**存在着这另一种自由的现实，就是说，它本身是一种偶然的和自然的东西。这种对意识而言属于它自己的自然，就是**感性**，它在意愿的**形态**中，作为**冲动和爱好**，自为地拥有着自己**特定的本质性或个别目的**，因而是与纯粹意志及其纯粹目的对立着的。但是，对纯粹意识而言，本质不是这种对立，反倒是感性对纯粹意识的联系，是感性与纯粹意识的绝对统一。纯粹思维与意识之感性，这两者**自在地**是**同一个意识**，而且，纯粹思维正是这样的东西，对它而言，并且在它之中，就有这种纯粹的统一；但是对于作为意识的纯粹思维而言，就存在着它自己与冲动的对立。在理性与感性的这一冲突中，对理性说来，本质是这样的，即，冲突将会消除，而作为**结果**，双方的统一将会产生，这种统一并不是那种**原始的**统一，即双方都在同一个个体中，而是这样一种统一，它来源于两者的**被认知的**对立。只有这样的统一，才是**现实的**道德，因为在其中包含有对立，通过这种对立，自我才是意识或者说才是一种现实的和实际上的自我，同时是普遍的自我；或者说，在这种统一中，所表达出来的是那样一种**中介**，这中介如我们所看到的，对道德有着本质的重要性。——由于在对立的两个环节中，感性完全是**他在**或否定的东西，反之义务的纯粹思维则是本质，其中没有任何可以放弃的东西，所以看起来已经产生了的那种统一就只能通过扬弃感性来实现了。但感性本身既然是这一形成过程的环节，即**现实性**环节，那么人们对这种统一性将不得不暂时满足于这种说法，说这种感性是**符合道德的**。——这种统一同样也是一种**被悬设的存在**，它不是**定在着的**；因为凡是**定在着的**东西都是意识，或者说，都是感性与纯粹意识的对立。但是这种统一同时又不像第一种悬设那样，是一种自在，在第一种悬设中，自由的自然构成着一个方面，因而它与道德意识之间的和谐是在道德意识之外发生的；而在这里，自然却是那存在于道德意识本身之中的方面，而且在这里所关注的是道德本身，是行为者自我所特有的一种和谐；因此意识必须自己达成这种和谐，必须在道德中造成不断的进步。但是道德的**完成**是可以向**无限中推延**的；[①] 因为假如道德现实地出现了，则道德意识就会把自己扬弃掉。因为**道德**只是作为否定本质的道德**意识**，对于道德意识的纯粹义务而言，感性只具有某种**否定的**含义，只是**不符合**而已。但是在这和谐中，**道德**作为**意识**，或者作为自己的**现实性**，就消逝了，正如在道德**意识**中或者在现实性中它们的**和谐**消逝了那样。因此，道德的完成是不可能现实地达到的，而只可能作为一种**绝对的任务**来思考，即是说，作为一种一直保持着的任务来思考。然而，这种任务的内容同时又必须被思考为绝对不能不**存在**的，因而不会永远保持为一个任务；于是在这样一个目标中，人们既可以把自己表象成完全扬弃了意识的，也可以表象为不扬弃意识的；事情本来究竟要如何，由于目标的达到正因此而必须向无限性推延，在这种渺茫辽远中就不再是可以明确区分开来的了。真正讲来，将会有必要说出来的是，应当没有人会关心和寻求那种确定的表象，因为这将导致矛盾，——即一种任务的矛盾，这种任务应该是有待完成的，却又应该是完成了的，——一种道德的矛盾，这种道德应该不再是意识，不再是现实的。但通过这一考察，即看出完成了的道德将包含一种矛盾，则道德本质性的神圣性就会遭到损坏，而绝对义务就会显得好像是某种不现实的东西了。

{328}

[130]

第一个悬设曾是道德与对象性自然的和谐，这是**世界**的终极目的；[②] 另一个悬设曾是道德与感性意志的和谐，这是**自我意识**本身的终极目的；因此第一个悬设是在**自在存在**形式下的和谐，另一个悬设是在**自为存在**

---

① 黑格尔上面涉及到的可能是关于意志与道德律完全适合的神圣性的悬设，并暗指康德对于这种神圣性"只有在一个进向无限的过程中"才能达到的解释。参看康德《实践理性批判》(5.122) 及费希特《一切天启的批判》。——丛书版编者

② 黑格尔这里涉及的是康德关于至善作为终极目的的学说，即至善也可以作为世界的终极目的来思考，参看《判断力批判》第 424 页以下："在按照道德律而运用自由时的一个终极目的的理念就具有主观**实践**的实在性。[……] 要使有理性的世间存在者的终极目的的概念有理论上的客观实在性，就不仅仅要求我们具有一个为我们先天预设的终极目的，而且也要求造物、即世界本身按照其实存来说也有一个终极目的；这一点假如能够得到先天的证明的话，就将在终极目的的主观实在性上增添上客观的实在性。"[中译者按：译文参看《判断力批判》，邓晓芒译，杨祖陶校，人民出版社 2002 年，第 310—311 页。]——丛书版编者

形式下的和谐。但是，作为中项而把这两端、即两个被思维出来的终极目的联结起来的东西，就是**现实**行动本身的运动。这是两种和谐，它们的各环节在其抽象区别中，都还没有成为对象；这只有在现实性中才会发生，在现实性中，各个方面在真正的意识里，每一方都作为他者的**他者**而登场。由此生发出来的两个悬设正如以前只是包含着分别为**自在存在着的**和谐及**自为存在着的**和谐一样，现在则包含着**自在而且自为**存在着的和谐了。

[**II. 神圣的立法者和不完全的道德自我意识**] 道德意识作为纯粹**义务**的**单纯认知**和**单纯意愿**，在行动中跟那与它的单纯性相反的对象、亦即跟**情况多样**的现实性发生了联系，从而取得了多种多样的道德**关系**。在这里，就内容而言生发出来的是**众多**的一般法则，而就形式而言，生发出来的则是认知着的意识与无意识之间相互矛盾着的力量。——首先，从**众多的义**

[131] **务**方面来看，那么对于一般道德意识而言有效准的，只是其中的**纯粹义务**；至于**众多义务**，既然是众多的，就只是些**特定的义务**，因而作为这样的义务，它们对道德意识来说就不是什么神圣的东西。但同时，通过**行动**的概念，由于这行动本身包含着多种多样的现实性从而包含着多种多样的道德

{329} 联系，所以，这些众多的义务必定会**有必要**被视为自在自为存在着的。此外，由于它们只能存在于一个道德**意识**中，它们同时也就存在于另外一种道德意识中，这种道德意识与那个只承认作为纯粹义务的纯粹义务才是自在自为的和神圣的义务的道德意识不同。

于是，这就悬设了**另外**一种意识的存在，这另一意识使众多的义务神圣化，或者说，把它们当作一些义务加以认知和意愿。① 第一种意识把纯粹义务保持在与一切**特定的内容漠不相干**的状态，而且这种义务就只是对特定内容的这种漠不相干性。但另外一种意识则包含着对行为的同样本质性的联系，以及**特定内容**的**必要性**；由于这些义务都被这另一意识看作一些**特定的义务**，所以内容本身对于这一意识来说，也就像内容赖以成为义务

---

① 此处黑格尔涉及的是康德有关上帝存在作为纯粹实践理性的悬设的学说，参看康德：《实践理性批判》（《全集》5.124—132）。此外见费希特：《一切天启的批判》（《全集》5.40，50f.）。——丛书版编者

的那种形式一样具有本质性了。因此，这另一意识就是这样一种意识，在其中，共相与殊相完全是一个东西，所以，它的概念就是作为道德与幸福相和谐的那同一个概念。因为这种对立同样表现出那**自身等同的**道德意识与那作为**复多存在**而和义务的单纯本质相冲突的现实性之间的分割。但是，如果说第一个悬设只表现了道德与自然之间的**存在着的**和谐，因为在那里，自然是自我意识的否定，是**存在**环节，那么现在相反，在这里，这种**自在**本质上被作为意识建立起来了。因为，存在着的东西现在拥有了**义务内容**的形式，或者说，它就是在**特定义务**上的**规定性**。所以自在就是那些作为**单纯的本质性**而存在、即作为思维的本质性而存在、并因而只存在于一个意识中的诸义务的统一体。这个意识于是从现在起就是一个世界主人和世界统治者，它使道德与幸福达成和谐，同时将诸义务作为**众多的义务**而神圣化。这样一种做法就意味着：对**纯粹义务**的意识而言，特定义务不能直接是神圣的；但既然特定义务，由于那本身是一特定行动的现实行动之故，同样也是**必要的**，所以特定义务的**必要性**就在上述那个意识之外，而落入另外一种意识中去了，而这另一意识因而就是特定义务与纯粹义务的中介性的东西，就是特定义务也有效准的根据。[132]

　　但在现实行动中，意识把自己当作这一个自我，当作一种完全个别的东西来对待；它针对着的是现实性本身，并以现实性为目的；因为它意在实行。所以，**义务一般**就在它之外而落到了另一本质中去了，而这另一本质乃是纯粹义务的意识和纯粹义务的神圣立法者。① 行动着的意识，正因为它在行动着，对它来说，直接有效准的是纯粹义务的他者；因此纯粹义务就是另外一个意识的内容，并且只是间接地、也就是在另一意识中对行动着的意识而言是神圣的。

　　因为另一意识的建立是由于义务作为**自在自为地**神圣的东西的效准而

---

① 黑格尔这里接受了康德的公式，参看康德：《实践理性批判》第236页注释："上帝是**唯一神圣的**、**唯一永福的**、**唯一智慧的**；因为这些概念已经具有不受限制性了。这样一来，上帝按照这些概念的秩序也就是**神圣的立法者**（和创造者），**善意的统治者**（和保护者）及**公正的审判者**。"[译者按：参看人民出版社2003年版中译本，第179页注] 此外参看费希特：《对一切启示的批判》，《费希特全集》第5卷，第105、140页。——丛书版编者

{330}　落到了现实意识以外，于是这样一来，现实意识作为**不完全的**道德意识，一般而言，就是立足于一个片面的。所以，它既是按照其**认知**而知道自己是这样一种道德意识，这种道德意识的认知和信念是不完备的和偶然的；同样，按照其**意愿**它也知道自己的那些目的是受感性所刺激起来的。因此，由于它的无价值之故，它就不能把幸福视为必然的，而只能视为某种偶然的东西，并且只能指望从恩典中得福。

　　不过，尽管这种意识的现实性是不完全的，它的**纯粹**的意志和认知却毕竟把义务当作了本质；所以在概念中，就其与实在性相对立而言，或者说在思维中，这意识是完全的。但是，绝对本质正是这种被思维的东西，是被悬设于现实性彼岸的东西；因而它是这样一种思想，在其中，道德上不完善
[133]　的认知和意愿被看作是完善的，同时也因为绝对本质把这认知和意愿当成十分重要的，它因此也就按照配得上的评价、亦即按照**应归于**这认知和意愿的**功劳**来分配幸福了。①

　　[**III. 论道德世界观**]道德世界观到这里就完成了；因为，在道德自我意识的概念中，纯粹义务和现实性这两方面都在一个统一体里建立起来了，因而这一方和另一方一样，都不是作为自在自为地存在着的、而是作为**环节**或作为被扬弃了的东西存在的。这是在道德世界观的最后一步才对意识形成起来的；就是说，意识把纯粹义务置于不同于意识自己所是的另外一种本质里，也就是它把纯粹义务，一方面建立为**一种被表象的**东西，另一方面建立为不是自在自为地有效准的、反而是把非道德的东西当作完善的那样一种东西。同样，意识又把自己建立为这样一种意识：即它的与义务不相适合的现实性已经被扬弃掉了，而且作为**扬弃了的**现实性，或者说，在绝对本质的**表象**中的现实性，跟道德不再发生矛盾了。

　　然而，对于道德意识本身来说，它的道德世界观却并不具有这种含义，即它在这个道德世界观中发展出它自己的概念，并使这概念成为自己的对

---

①　黑格尔此处引用了康德的观点，即道德是一种关于我们应当如何配得幸福的学说。参看康德《纯粹理性批判》B836 以下，《实践理性批判》第 234 页（全集第 5 卷第 130 页）。此外，黑格尔在这种关联中或许还着眼于康德在事业的功劳和"**由神恩**归于我们的功劳"之间所作出的区别。（参看《纯然理性界限内的宗教》，全集第 6 卷第 75 页）——丛书版编者

象；它无论对形式方面的这种对立，还是内容方面的对立，都没有任何意识，它并没有把对立的各方联系起来加以比较，而是在自己的并非各环节的统合性**概念**的这种发展过程中，缓慢前行。因为道德意识只知道，**纯粹本质**或对象，就这对象是**义务**、是它的纯粹意识的**抽象**对象而言，那就是纯粹认知或者就是它本身。所以，它的态度只是思维性的，而不是概念把握的。因此对它说来，它的**现实**意识的对象还不是透明的；它不是绝对概念，只有绝对概念才把**他在**本身或自己的绝对对方理解为自己本身。这道德意识特有的现实性，以及一切对象性的现实性，在它看来虽然都是**非本质的东西**；然而它的自由却是纯粹思维的自由，因此，与纯粹思维的自由相对立的自然，同时就作为一种同样自由的东西而生发出来了。因为**存在的自由**和存在之被封闭于意识中，这两者是以同样的方式存在于道德意识之内的，所以它的对象就成了一种既是**存在着的同时又**只是**被思维的**对象；在它的道德世界观的最后一步中，内容本质上是这样建立起来的：它的**存在**是一种**被表象的存在**，而存在与思维的这种联结，则被作为它实际上所是的东西、即**表象作用**而说出来了。{331} [134]

由于我们是这样考察道德世界观的，以至于这种对象性的方式，无非是道德自我意识本身为自己对象性地造成的概念，那么通过关于道德世界观的起源形式的这种意识，就得出了表现道德世界观的另外一种形态。——就是说，由以出发的第一点就是：**现实的**道德自我意识，或者说，**有这样一种**道德自我意识。因为，概念把道德自我意识建立在这样一个规定中：在它看来，一切现实性一般地都只在其符合于义务的时候才拥有本质，而且概念还把这种本质建立为认知，这就是说将它在与现实自我的直接统一中建立起来；因此这种统一本身就是现实的，它**是**一个道德的现实意识。——道德的现实意识，现在作为意识，就把自己的内容对自己表象为对象，也就是表象为**世界终极目的**的、表象为道德与一切现实性的和谐。但是由于它把这种统一表象为**对象**，它还不是那种拥有凌驾于对象本身之上的力量的概念，所以在它看来这种统一是对自我意识的一个否定，或者说，这种统一落在它之外，是它的现实性的一个彼岸，但同时也是这样的彼岸，它哪怕**也是存在着的**，但却只是被思维为存在着的。

道德的现实意识，作为自我意识，既然是不同于对象的一个**他者**，那么对它来说，所余留下来的就是义务意识与现实性之间，更确切地说，与它自己的现实性之间的不和谐。因而现在这个命题说的是：**没有任何道德上完成了的现实**自我意识；——而且，由于道德的东西一般说只在其完成了[135] 的时候才存在，因为义务是不混杂的**纯粹的自在**，而道德只在于与这种纯粹相适合——所以第二个命题一般来说就意味着：**没有任何道德上现实的东西**。

但是由于，第三，道德的现实意识是一个自我，所以它**自在地**是义务与现实的统一；这种统一于是成为它的对象，成为完成了的道德，——但同时又是它的现实性的一个**彼岸**，——不过这个彼岸毕竟应该是现实的。

在前两个命题的综合统一这一目标中，无论是自我意识到的现实性，{332} 或是义务，都只被建立为扬弃了的环节；因为它们都不是个别的，但是按照它们的本质规定，它们都应该是**摆脱了另一方的**，所以在统一中，每一个环节都不再是摆脱了另一方的，于是每一个环节都被扬弃了，它们从内容方面说，是作为这样一种统一而成为对象的，这统一的**每一个环节都对另一个环节有效准**，而从形式方面说，它们这种互换位置同时又只是**被表象的**。——或者说，**在现实中并非道德的东西**，由于它同样是纯粹思维，并且超越于其现实性之上，它在表象中就毕竟是道德的，而且被当成是完全有效准的。这样一来，第一个命题"**有一个道德自我意识**"就恢复了，但它是与第二个命题"**没有任何道德自我意识**"结合着的，这就是说，有一个道德自我意识，但它只是在表象中；或者说，虽然没有任何一个道德自我意识，但它毕竟又是由一个他者所承认的。

b. 置　　换

在道德世界观里，一方面，我们看到意识**自己有意识地制造出**自己的[136] 对象；我们看到，意识既不是作为一种异己的东西碰上了这对象，也还不是无意识地在自己面前形成了这对象，而是到处都在按照一个根据进行操作，从中**建立起这对象性的本质**来；因此，它知道这本质即是它本身，因为它知道自己即是产生自己的那个**能动的东西**。因此，在这里意识似乎达到了它的安宁与满足，因为，它只有在它不需要再超出它的对象时才能感到安宁与满足，因为这个对象已不再超出它。但是另一方面，意识毋宁是自己把这对象放到了**自身以外**，作为它自己的一个彼岸。不过这个自在自为的存在者，同样也被建立为这样一种并非脱离自我意识、而是为了自我意识和通过自我意识而存在的东西。

道德世界观因而实际上不是别的，只不过是这个作为基础的矛盾向自己各个不同方面的养成；用康德的话来说——这个说法用在这里最为合适——它是**整个一窝无思想的矛盾**。① 意识在这个发展中的做法是：它确定一个环节，并从那里直接转向另一个环节，而把第一环节扬弃掉；但一当它现在**树立起来**第二个环节，它**又**再次置换这第二环节，反倒使对立面成为本质。同时，它对于自己的矛盾和**置换**也是有意识的，因为它是**直接联系着一个环节本身**而从这个环节过渡到对立环节的；而**由于**一个环节对它说来没有实性，它就恰恰要把这个环节建立为**实在的**，或者这样说也一样，为了主张**一个环节**是自在存在着的，它就主张其**对立环节**是自在存在着的。这就承认了它实际上根本没有认真对待这两个环节中的任何一个。对此，必须在这个忽悠人的运动的诸环节中进行更切近的考察。 {333}

[137]

[**I. 第一悬设的矛盾**]首先让我们把"有一个现实的道德意识"这一前提建立在自身的根据上，因为这个前提直接地并不是在同以前的某种东西的联系中造成的，并且，让我们转向道德与自然相和谐这个第一悬设。这种和谐应该是**自在的**，不是为现实意识的，不是当下在场的；相反，当下在场的不如说只是两者之间的矛盾。在当下在场中，**道德**已被假定为**现成在手的**，而**现实性**则已被设置为与道德不相和谐。但是现实的道德意识是一种**行动着的**意识；它的道德的现实性正在于这种行动着的意识。但在**行动本身**中，上述设置就被直接置换了；因为这行动无非是内心道德目的的实现，无非是产生出一种由这**目的所规定的现实性**，或者说，产生出道德目的和现实性本身的和谐。同时，这行动的完成也是为意识的，它是现实

---

① 黑格尔在这里涉及的是康德在对上帝的宇宙论证明的批判中的说法，参看《纯粹理性批判》B637："我在前面简短地说过，在这个宇宙论的论证中隐蔽地包含有整个一窝辩证的狂妄，先验的批判可以很容易地揭示并打破这一点。"——丛书版编者

性与目的的这种统一性的**当下在场**；而且由于在完成了的行动中，意识已把自己实现为这种个别的东西，或者说，意识直观到定在回到了自己手中，并乐在其中，所以在道德目的的现实性中同时也包含着那样一种被称为享受和幸福的现实性形式。——于是实际上，行动所直接实行出来的，就是那种当初被设置为不能实行、而只应当是一种悬设、只应当存在于彼岸的东西。意识于是通过这种行为业绩表明，它并没有认真地对待这种悬设，因为这行动的意义，毋宁在于使本来不会是当下在场的东西成为当下在场的。而且由于正是为了行动之故，才悬设了和谐，——因为凡是应当通过行动而成为**现实的**东西都必须**自在地**是这样，否则它就不**可能**是现实性了，——那么行动和悬设的关联就具有这样的性状：为了行动之故，也就是为了目的与现实性**现实地**相和谐之故，这种和谐被建立为**非现实的、彼岸的**。

[138]　　　　由于采取了**行动**，所以意识对待目的与现实的这种**不适应性**根本不是
{334}　认真的；相反，它认真对待的似乎是**行动**本身。但是，现实的行动实际上只是**个别**意识的行动，所以本身不过是一种个别的东西和偶然的作品。可是理性的目的，作为无所不包的普遍目的，则丝毫也不小于整个世界；这是一个终极目的，它远远超出这个个别行动的内容之外，因而完全应该被置于一切现实行动之上。没有任何善是由于普遍最善的东西应当实行而得以履行的。但实际上，现在所设置的，现实行动的**微不足道**，和只有**整个**目的才有的**实在性**，这些也再次被从各方面置换掉了。道德行动不是什么偶然的和受限制的东西，因为它以纯粹**义务**为自己的本质；纯粹义务构成着**唯一的整个的**目的；因而不论内容上另有什么样的限制，这行动作为目的的实现总是整个绝对目的的完成。或者说，如果重新把现实性当作那种有**自己的**规律、并与纯粹义务相对立的自然，因而导致义务不能在这种自然中实现自己的法则，那么，由于义务本身即是本质，所以实际上，这就**没有涉及**本身是整个目的的那个纯粹义务的**完成**；因为这种完成的目的与其说是纯粹义务，倒不如说是与义务相对立的东西，即**现实性**。但是，与现实性无涉这一点也再次被置换了；因为按照道德行动的概念，纯粹义务本质上就是**能动的**意识；因此，无论如何应该有所行动，绝对义务应该在整个自然中表

现出来，道德法则应该成为自然规律。①

　　因此，如果我们承认这个**至善**就是本质，那么意识对道德的态度就根本不是认真的。因为在这个至善中，自然并不拥有不同于道德所拥有的另外一种规律。因此，道德行动本身就被取消了，因为这行动只有预设了一种必须通过行为去扬弃的否定者这个前提才存在。但如果自然是合乎道德律的，那么通过这行动，通过对存在者的这种扬弃，道德律岂不就被破坏了。——因此，在把那种假定当作一种本质状态时，就承认了这样一种状态，在其中道德行动成为多余，甚至根本不会发生。因此，道德与现实性相和谐的悬设——这种和谐是通过道德行动的概念使两者协调一致而建立起来的——也就从这一方面表现为：既然道德行动是绝对目的，那么这个绝对目的就在于，道德行动根本不会是现成在手的。 [139]

　　如果我们将意识在它自己的道德表象中缓慢前行所经过的这些环节编排起来，那将明白显示出，意识把每个环节又重新在它的对立面中扬弃掉了。意识的出发点是，**对它来说**，道德与现实性是不和谐的；但是意识对这一点又并不是认真的，因为在行动中，**对意识来说**，是有这种和谐当下在场的。但由于这种行动是某种个别的东西，意识对这种**行动**也不是认真的；因为它拥有**至善**这样一个崇高目的。但，这只不过是再一次对事情的置换，因为在这里一切行动和一切道德都将被取消掉了。或者说，意识本来就没有认真地看待**道德**行动，它认真看待的毋宁是那最值得期望的、绝对的东西：至善将得到实行，而道德行动将成为多余的。 {335}

　　[**II. 第二悬设的矛盾**]从这个结果出发，意识必须在自己的矛盾运动中继续缓慢前行，并且必然要再度置换掉它对道德行动的**扬弃**。道德就是自在；道德要发生，世界的终极目的就不能实现出来，相反，道德意识必须是**自为的**，并且必须遇到一个与它**相对立的**自然。但是道德意识必须在自己本身中完成。这就导致第二个悬设：道德意识与直接在它自身中的自然、即感性相和谐。道德自我意识把自己的目的作为纯粹的、不依赖于爱

① 黑格尔在这里引入了康德道德律的自然公式，参看《道德形而上学奠基》："你要这样行动，就像你行动的准则通过你的意志而会成为**普遍的自然法则**那样。"（《康德全集》第3卷第407页）——丛书版编者

好和冲动的提出来，以至于这目的把那些感性的目的从自身中都清除掉了。——然而，它又把已经提出来的、对感性本质的这种扬弃再次置换掉了。它行动起来使自己的目的获得现实性，而这个据说已被扬弃了的、自我意识到的感性，正是在纯粹意识与现实性之间的这样一个中项，——它是纯

[140] 粹意识实现自己的工具或器官，是那种被称之为冲动、爱好的东西。因此，道德自我意识并不是认真地在扬弃爱好和冲动，因为爱好和冲动恰好就是**自己实现着的自我意识**。但是爱好和冲动据说也没有**受到压抑**，而只是**符合于理性**而已。它们也是在符合理性，因为道德**行动**无非是自身实现着的、因而赋予自己以某种**冲动**形态的意识，就是说，道德行动直接就是**冲动**和道德之间当下在场的和谐。但是实际上这冲动也并不只是空洞的形态，仿佛它可以在自身中拥有某种不同于它自己本身的弹簧并由之得到推动似的。因为感性是一种自然，这种自然在自己本身中就有它固有的规律和发条弹簧；因此道德不可能认真地要成为冲动的动机、爱好的斜坡。因为，既然冲动和爱好都有它们自己固有的规定性和特有的内容，那么与其说它们符合于意识，倒不如说是意识符合于它们；而后一种符合是道德的自我意

{336} 识所禁止去做的。因此，两者的和谐只是**自在的**和**悬设的**。——在道德行为中刚刚才提出了道德和感性之间的**当下在场的**和谐，但这种和谐**现在又被置换掉了**；它处在意识的彼岸，在一个朦胧的远方，在那里，既不再能做任何精确的区别，也不再能做任何概念把握；因为我们刚才曾试图对这种统一所做的概念把握并未伴随而来。——但是在这种自在里面，意识已完全放弃了自身。这种自在就是它的道德上的完成，在其中，道德与感性的斗争已停止，感性已经以某种不可捉摸的方式符合于道德。——因此，这种完成又再次只是对事情的一种置换，因为实际上在这种完成中自我放弃了的毋宁正是**道德**本身，因为道德只是对绝对目的作为**纯粹**目的的意识，因而是在与一切其他目的相**对立**之中的意识；道德正是当它意识到对感性的超越、感性的混杂、以及它与感性的对立和斗争的时候，它就是这种纯粹目的的**能动性**。——意识并没有认真地看待道德的完成，这是意识自己直

[141] 接表明出来的，因为意识把道德的完成置换进**无限性**里去，也就是主张这种道德的完成是永远也完不成的了。

　　因此对于意识而言，反倒只有这样一种未完成的中间状态，才是有效准的东西——但这样一种状态毕竟至少应该是向着完成**前进**的状态。然而这种状态又不能够是这样；因为在道德里的这种前进，将反而是一种向着道德消亡的迈进。因为这目标将会是道德和意识本身的上述虚无或扬弃；但不断地一步一步走近虚无，这就意味着**退化**。除此之外，**前进**，一般说来正如**退化**一样，都会要在道德中假定**量的大小**的区别；然而在道德里，哪能谈得上大小的区别。在道德里，即在以伦理目的为**纯粹**义务的意识里，人们根本不能设想有差别，至少不能设想有量的大小这样肤浅的区别；只有一个德行，只有一个纯粹义务，只有一个道德。

　　所以，由于意识并不认真看待道德的完成，它认真看待的反倒是中间状态亦即刚才讨论的那种非道德状态，于是我们就从另一个方面返回到第一个悬设的内容上来了。因为无法预见的是，应当如何因道德意识**配得上**的缘故而为道德意识要求幸福。道德意识知道它自己没有完成，所以实际上它不能把幸福作为它的功劳、作为某种它仿佛配得上的东西来要求，而只能出于某种自由的恩典，也就是说，把幸福作为其自在自为的**本身**来渴望，并且不能出于那个绝对根据、而只能按照偶然和任意来期待幸福。——这种非道德在这里恰好表明了它是什么，——它并不关心道德，而是关心那与道德毫无联系的自在自为的幸福。 {337}

　　通过道德世界观的这第二方面，甚至还扬弃了第一方面的另一个断言，即那个预设道德与幸福不相和谐的断言。——因为想要造成的经验是：在目前当下有道德的人常常倒霉，而不道德的人反而常常走运。然而，未完成的道德的那种已经作为本质的东西得出来的中间状态明明显示出，这种知觉和本应有的经验只是置换了事实。因为，既然道德是没有完成的，即是说，既然实际上**不存在**道德，那么关于道德倒霉这样的经验能有什么意义呢？——由于同时还暴露出所关注的是自在自为的幸福，所以就显示出：在做出"不道德的人走好运"的评判时，并不意味着有某种不公正的事会在这里发生。既然道德一般说来是没有完成的，那么把一个个体叫作一个不道德的人这种称呼**自在地**就作废了，因而这种称呼只有一种武断的理由。因此，这个经验判断的意义和内容就只是说，有些人不 [142]

该得到自在自为的幸福，也就是说，它是一种披上了道德外衣的**嫉妒**。可是，为什么另外一些人就应该对所谓的幸运有份，其理由则是有**良好的朋友关系**，这友情**乐于**看到并**希望**他们和自己都得到这种恩典，即这种机遇。

[**III. 第三悬设的矛盾**]所以，在道德意识中的道德是未完成的，这一点是现在所提出来的，但是，道德的本质却在于它只能是**完成了的纯粹的东西**；因此未完成的道德是不纯粹的，或者说它是不道德。因此，道德本身存在于不同于现实意识的另一种本质里；这种本质乃是一位神圣的道德立法者。——在意识里**未完成的道德**，作为这个悬设的根据，**起初**具有这样的含义：道德由于它在意识里被建立为**现实的**，它就处在与一个**他者**、与一个定在的联系中，因而自己本身中就包含有他在或区别，借此才生发出许许多多的道德诫命。但是道德的自我意识同时又认为这**众多的**义务都是非本质的；因为道德自我意识只关注**一个纯粹义务**，而这众多义务，**对它而言**，既然都是**特定的**，就没有任何真理性。所以它们只能在一个他者那里获得自己的真理性，它们在道德自我意识看来并不是这个他者，它们是由于一

[143]　　位神圣的立法者而是神圣的。——然而，这本身再度不过是对事实的一种置换。因为，道德自我意识自身是绝对的东西，而义务则完全只是**它作为**

{338}　　义务来**认知**的东西。可是它只把纯粹义务作为义务来认知；对它来说，凡是不神圣的东西，自在地就是不神圣的，而凡是自在地不神圣的东西，就不能通过神圣本质而被神圣化。况且，道德意识也不是认真地要让某种东西**通过**不同于它自己所是的**另一种**意识而神圣化；因为它认为只有那种在它看来是通过**自己本身并且在其本身中**神圣的东西，才是不折不扣地神圣的。——因此，它对"这另一个本质是一个神圣的本质"也同样不是那么认真的，因为据说某种在道德意识看来、也就是自在地没有任何本质性的东西，在这另一本质中竟会取得本质性。

所以，如果说神圣本质当初被悬设为这样，在其中的义务不是作为纯粹义务，而是作为各种**特定义务**的多数性而具有有效性，那么，这一点必须再次被置换掉，而那另一本质，必须唯独当它里面只有**纯粹义务**具有有效性时，才是神圣的。实际上纯粹义务也只有在另一本质中，而不是在道德

意识中具有有效性。虽然在道德意识里好像纯粹道德是唯一有效的，然而道德意识毕竟必须以另外的方式被提出来，因为它同时也是自然意识。道德，在道德意识中是被感性刺激起来，并以之为条件的，所以不是自在自为的，而是自由**意志**的一种偶然性；但在作为纯粹**意志**的自由意志中，它是**认知**的一种偶然性；因此，道德在另一本质里是**自在自为的**。

于是，这个本质在这里之所以是纯粹完成了的道德，是因为在这一本质里道德同自然和感性没有联系。然而，纯粹义务的**实在性**，就是它在自　[144]　然和感性中的**实现过程**。道德意识把自己的不完满性归咎于，在它那里道德同自然和感性有一种**肯定的**联系，因为在它看来，被当作道德的一个本质环节的，就是道德同自然和感性完全只应有一种**否定的**联系。与之相反的是，纯粹的道德本质由于它超越于对自然和感性的**斗争**之上，所以同自然和感性并不处在**否定的**联系中。因此，实际上留给它的就只有一种与自然和感性的**肯定的**关系了，即是说，留给它的正是刚才被看作未完成的非道德的东西。但是当**纯粹的道德**与现实性完全分离，以致它与现实性同样完全不具有肯定的联系时，它就会是一种无意识的、不现实的抽象了，在这种抽象中，道德，作为对纯粹义务的思维以及一种意志和行为的概念，就会完全被扬弃了。所以，这样一个如此纯粹的道德本质，也就再次是对事实的一种置换，必须放弃。

但在这个纯粹的道德本质中，这个综合的表象作用曾在其中荡来荡去的那个矛盾，它的各个环节就彼此接近起来了，彼此接近的还有那些对立的"**也**"，这个综合的表象作用并没有使它的这些思想相关联，而是让这些"也"前后相继，并且总是让对立的一面为另一面所替换，直到这一地步，以　{339}　至意识在此不能不放弃其道德世界观而逃归于自身。

意识之所以认识到它的道德是未完成的，乃是因为它被一个与道德相反的感性和自然所刺激，感性和自然一方面使道德本身混浊，另一方面生发出一大批义务来使意识在现实行动的具体事件中陷于困惑；因为，每一事件都是许多道德联系的凝聚点，就像一个知觉对象一般是具有许多属性的一个事物一样；而且由于**特定的**义务是目的，它就拥有一个内容，而它的**内容**就是这目的的一部分，而道德就不纯粹了。——道德于是就在另一本

[145]　质中有其**实在性**。但这样的实在性只不过意味着道德在这里将会是**自在自**
为的，——是自为的，意思是说它将是一个**意识**的道德，是**自在的**，意思是
说它将会拥有**定在**和**现实性**。——在第一种未完成的意识中，道德没有实
行出来；它在那里是一个**思想物**意义上的**自在**；因为它同自然和感性，同存
在的现实性和意识的现实性结缘，将其构成自己的内容，而自然和感性则
是道德上无谓的东西。——在第二种意识中，道德作为**完成了的**而不是未
实行的思想物，而现成在手了。但是这种完成恰恰在于，道德在一个**意识**
中拥有了**现实性**，以及**自由的现实性**，拥有了一般定在，它不是空的东西，
而是充实的、充满内容的东西；——就是说，道德的完成被置于这一点，即
刚才被规定为道德上无谓的那种东西就在道德中、并成为道德上现成在手
的了。道德一度据说完全只是作为纯粹抽象的非现实的思想物，而具有有
效性，但同样又以这种方式而不具任何有效性；它的真理之所在，据说就
在于它和现实相对立、完全摆脱了现实性，并且是空的，又在于它就是现
实性。

　　在道德世界观中这些被拆分开来的矛盾的混合物，便在自身中重叠在
一起了，因为这混合物赖以立足的那种区别，从本来不能不必然地被设想、
被建立而同时毕竟是非本质的区别，变成了一种连语词中都不再包含的区
别。那最终作为一种差别建立起来的东西，既是作为无谓的东西，又是作
为实在的东西，就正好是一个并且是同一个东西，是定在和现实性；而那
据说绝对只作为现实存在和现实意识的**彼岸**、同样也只存在于现实意识之
中、并且作为一个彼岸是无谓的那种东西，就是纯粹义务和对纯粹义务作
为本质的认知。那作出了这种不是区别的区别的意识，同时既为无谓的东
{340}　西又为实在的东西表明了现实性，同样也既为真正的本质又为无本质的东
西表明了纯粹的道德，这样一个意识把它以前所分离开的那些思想合在一
[146]　起说出来了，它自己说出了：它对待这种规定以及对**自我**和**自在**这两个环
节的分立，都不是认真的，而是把它所表明为绝对的在意识之外**存在着的**
东西反而封存在自我意识的自我之中，并正因此而把它所表明为绝对**被思**
考的东西或绝对的**自在的东西**，都当作一种不具有真理性的东西。——对
意识来说事情就成了这样，即这些环节的分立是一种置换，假如它还是要

坚持这种置换，那它就会是**伪善**了。但是它作为道德的纯粹自我意识，从它的**表象**作用与它的**本质**所是的东西之间的这种不同一性中，从把它认为不真实的东西说成是真实的这种非真理性中，怀着厌恶逃回到自身来了。这就是**纯粹的良心**，良心鄙视这样一种道德的世界表象；它**在自己本身中**就是单纯的自身确定的精神，这种精神无须上述那些表象的中介而直接地凭良心行动，并且在这种直接性之中拥有自己的真理性。——但如果这个置换的世界，无非就是道德自我意识在其各环节中的发展，从而就是它的**实在性**，那么按照它的本质来说，它通过返回到自身也将不会变成什么别的东西；它的返回于自身毋宁只是它**已达到这种意识**：它的真理性是一个假冒的真理性。它还将**不得不**一直用这个真理性来**冒充自己的**真理性，因为，它将不得不把自己表现和陈述为对象性的表象，但又**知道**这只是一种置换；因此它实际上就会是伪善，并且对那种置换的上述**鄙视**态度已经就是伪善的初步表现了。

c. 良心：**优美灵魂，恶及其宽恕**

道德世界观的二律背反，即，有一种道德意识和没有任何道德意识，——或者说，义务的效准既是意识的彼岸，相反地，这效准只存在于意识中，这种二律背反在前面已被归结到了这样一种表象，在这种表象中，非道德的意识被看成了道德的，它的偶然的认知和意愿被当作了充分重要的，它是从恩典中分得幸福的。对这样一个自相矛盾的表象，道德自我意识并不曾接纳到自己身上，而是把它安置到与自己不同的另一个本质里。但把道德自我意识不得不作为必要的来思考的东西这样置于它自身以外，正如这是内容上的矛盾一样，也同样是形式上的矛盾。但是，由于那显现为矛盾的东西，和因其分离及重新化解而让道德世界观在其中荡来荡去的东西，自在地就是同一个东西，亦即由于纯粹义务作为**纯粹认知**无非是意识的**自我**，而意识的自我则是**存在**和**现实性**；——同样，由于那据说是在**现实**意识之彼岸的东西无非是纯粹思维，因而实际上即是自我，所以，自我意识无论**对我们**来说还是**自在地**都返回到了自身，并知道那个本质就是其自身，在那个本质中，**现实的东西**同时也就是**纯粹认知**和**纯粹义务**。自我意

[147]

{341}

识自身就是在其偶然性中充分有效的东西，它知道它的直接的个别性就是纯粹的认知和行动，就是真正的现实性与和谐。

[148]　**[I. 良心是道德自我意识的直接定在]** 这种**良心的自我**，亦即对自身直接就是绝对真理和存在具有确信的精神，乃是**第三种自我**，这种自我，是从第三种精神世界中对我们形成起来的，可以将它跟以前两种自我作一简单比较。整体性或现实性曾表现为伦理世界的真理，那是**人格**的自我；人格的定在是**被承认的存在**。正如人格是实体空虚的自我，同样，它的这个定在也是抽象的现实性；人格是**有效的**，而且是直接有效的；自我是直接静止于自己存在的元素中的点；这个点没有与自我的普遍性分割开来，所以与之并不处于相互运动和相互联系之中，共相是无区别地存在于这个点中的，不但它不是自我的内容，而且自我也没有由自己本身充实起来。——**第二种自我**是已到达自身真理性的教化世界，或者说，是由分裂重返自身的精神，——是绝对自由。在这种自我中，个别性与普遍性那个最初的直接统一瓦解了；共相虽然还是纯粹精神的本质、被承认的存在、或普遍的意志和认知，同时却是自我的**对象**和内容，是这内容的普遍的现实性。但共相并不具有摆脱了自我的定在形式；因而它在这种自我中根本没有得到充实，没有取得积极内容，没有成为世界。道德自我意识**虽然**让它的普遍性独立出来，使之成为一种独特的自然，它同时又坚持在自身中将这种自然当作扬弃了的东西。但这只不过是玩弄了一个将这两种规定交替置换的戏
{342}　法。只有作为良心，它才在自己的**自我确定性**中为以前那种空虚的义务以及空虚的权利和空虚的普遍意志取得了**内容**；而由于这种自我确定性同样是**直接的东西**，它也具有定在本身。

[149]　　**[1. 良心作为义务的现实性]** 道德自我意识达到了它的这种真理，于是就抛弃或者毋宁说扬弃了它本身中由之产生出置换来的那种分离，这就是那种在**自在**与**自我**之间、在作为纯粹**目的**的纯粹义务与作为一种同纯粹目的相对立的自然和感性的**现实性**之间的分离。道德自我意识这样返回到了自身，它就是**具体的**道德精神，这种精神不借纯粹义务的意识为自己提供一种与现实意识相对立的空虚尺度，相反，纯粹义务正如那与之相对立的自然一样，都是一些被扬弃了的环节；具体的道德精神在直接的统一性中

是自身**实现着的道德**本质,而这行动则直接是**具体的**道德形态。

　　现在有一件行动在手头;它对于认知着的意识来说是一个对象性的现实性。认知着的意识,作为良心,以直接具体的方式认知这件行动,同时这件行动只是当认知着的意识认知它时才存在着。只要这认知是不同于对象的东西,则认知就是偶然的;但是对这对象本身具有确定性的精神不再是这样一种偶然的认知,不再是思想从自身中创造出来的、将会与现实不同的东西,相反,由于**自在**与**自我**的分离已经扬弃了,所以这件行动正如它**自在的**那样,直接存在于认知的感性**确定性**中,并且它也只有像它在这种认知中那样才是**自在的**。——这样一来,这一行动,作为实现活动,就是意志的纯粹形式;也就是那单纯的倒转,从作为一件**存在着的**事件的现实性倒转为一种**被做出来了的**现实性,从单纯**对象性的**认知的方式倒转为对意识所产生的那样一种**现实性**的认知方式。正如感性确定性直接地被接受到精神的自在中来、或不如说直接被倒转为精神的自在那样,同样,就连这种倒转也是单纯的、不经任何中介的,是一种通过纯粹概念的过渡,而不改变由认知内容的那个意识的兴趣所规定的内容。——此外,良心并不把这件事情的各个情境分隔为各种不同的义务。良心并不表现为**肯定的普遍媒介**,仿佛在其中,众多义务就会各自为自己维持一种不可动摇的实体性,以至于**要么**根本不可能有什么行动,因为每一个具体场合一般都包含着对立,它作为一件道德的事情则包含着诸义务的对立,因而在这行动的规定中就总会有一个方面、一*种*义务受到**损害**;——**要么**,当采取行动时,那互相对立的诸义务之一就会现实地受到损害。倒不如说,良心乃是清除这些不同道德实体的那个否定的一,或绝对自我;它是单纯的、合乎义务的行动,这行动并不履行这一义务或那一义务,而是去认知和做那具体的正当的事。因此一般说来,良心只有作为上述无行动的道德意识所已过渡到的行动,才是道德**行动**。——行为业绩的具体形态尽可以由进行区别的意识分析为各种不同的属性,在这里就是分析为各种不同的道德联系,而且这些道德联系的每一个要么可以被宣称为绝对有效准的、正如当它要成为义务时必然所是的那样,要么可以经受比较和审核。在良心的单纯道德行动里,这些义务就都被埋没了,以致所有这些个别本质都直接被**打断**了,在良心的

[150]

{343}

不可动摇的确定性中，根本就不会在义务上发生审核性的震动。

同样，在良心中也不现成地存在上述意识反复徘徊的不确定性，即意识时而把所谓纯粹道德置于自己以外的另一个神圣本质里，自视为不神圣的东西，时而又反过来把道德的纯粹性置于自己本身中，而把感性的东西与道德的东西的结合置于另一本质中。

[151]   良心拒绝了道德世界观的所有这些忽而设置、忽而又置换掉的做法，因为它拒绝了那把义务与现实性理解为互相矛盾的意识。按照这一意识，我采取道德的行动是因为我**意识到**我只是在完成纯粹义务，而不是在做任何**别的什么**，这实际上就意味着，这是**因为我并没有**行动。但由于我采取现实行动，我就意识到一个**他者**，一个已现成在手的**现实性**和一个我想要造成的现实性，我拥有着一个**特定的**目的并履行着一个**特定的**义务；在这里有某种与纯粹义务**不同的东西**，而纯粹义务本来是应当作为唯一的意图的。——与此相反，良心则是意识到，当道德意识把**纯粹义务**宣称为自己行动的本质时，这个纯粹目的乃是对事情的一种置换，因为事情本身是这样的：纯粹义务在于纯粹思维的空洞抽象，它只以某种特定的现实性为自己的实在性和内容，而这种特定的现实性乃是意识自身的现实性，这个意识不是作为一个思想物、而是作为一个个别人的意识。良心**对其自身来说**，把它自身的**直接确定性**当作自己的真理。这种对它自身的**直接的**具体的确定性，就是本质；按照意识的对立面来考察这种直接确定性，那么特有的直接的**个别性**就是道德行为的内容；而道德行为的**形式**恰好就是作为纯粹运动、亦即作为**认知**或特有信念的这个自我。

{344}   如果在其统一性和各环节的含义中更仔细地考察这个自我，那么道德意识曾经只把自己作为**自在**或**本质**来把握；但作为良心，它把握到的就是它的**自为**存在或它的**自我**。——道德世界观的矛盾自行**化解**了，就是说，作为这一矛盾的基础的区别，已经表明自己不是什么区别，这区别归结为纯粹的否定性；但纯粹否定性恰恰就是**自我**；这是一个单纯的**自我**，它既是**纯粹的**认知，又是对它自己作为**这个个别**意识的认知。这个自我于是构成以前的空虚本质的内容，因为它是**现实的**本质，这个现实的本质不再意味着一种对本质而言陌生的并具有特有规律的独立的自然。这个自我，作为否定的东西，是纯粹本质的**区别**，是一种内容，确切地说，是一种自在自为地有效的内容。

此外，这个自我作为纯粹自身等同的认知，就是**不折不扣的共相**，以至于正是这个认知**作为它特有的**认知，作为信念，它就是**义务**。义务不再是站在自我对立面的共相，而是被认知到，它在这种分离中是没有效准的；现在它就是为了自我之故而存在的法则，而不是为了法则之故而存在的自我。① 但是法则和义务因此就不仅有**自为存在**的含义，而且有**自在存在**的含义，因为这种认知为了自己的自身等同性之故，恰好就是**自在**。这种**自在**在意识中也把自己从上述与自为存在的直接统一中分离出来；这样站在对立面，它就是**存在**，就是**为他存在**。——义务，正是在现在，作为被自我所抛弃的义务，而被意识到它只是一个**环节**；它从自己就是**绝对本质**这一含义已下降为这样一种并非自我、并非**自为**存在的存在了，所以它就是**为他存在**。但是这种**为他存在**之所以还保持为本质性的环节，是因为自我作为意识，构成了自为存在与为他存在的对立，而现在义务在其直接的**现实**中就不再只是抽象的纯粹意识了。

[2. 对信念的承认] 因此，这种**为他存在**就是**自在**存在着的、与自我区别开来的实体。良心并没有放弃纯粹义务或**抽象自在**，纯粹义务毋宁是本质环节，与别的环节相比它是**普遍性**。良心是各个自我意识的共同元素，而这个共同元素乃是行为业绩在其中拥有**持存**和**现实性**的那个实体；它就是被别的自我意识所**承认**的那个环节。道德自我意识不具有被承认这一环节，不具有**定在着的纯粹意识**这一环节；所以它根本不是行动着的，不是实现着的。它的**自在**，对它说来，要么是抽象的**非现实的**本质，要么是作为一种本身非精神的**现实性**的存在。但良心的**存在着的现实性**则是这样一种现实性，它就是**自我**，这就是说，它是意识到自我的定在，是被承认这一精

[152]

{345}

① 显然，这里暗中引用了雅可比的说法。参看雅可比致费希特："是的，我是无神论者和不信上帝的人，我这个人是会让**虚无的意志**讨厌的，——对它来说，我在故意撒谎 [……] 是的，在**安息日去掐麦穗**，也只是因为我饿了，**律法本来应该是为人而造的，而人不应当是为了律法而造的**。"(《全集》第 3 卷第 37—38 页) 而雅可比这里又是用的《马可福音》2,27. 的典故。——丛书版编者

[153]　神元素。行为因而只是一种转化，只是把它的**个别的**内容转化成**对象性的**元素，在这种元素中，个别内容是普遍的和被承认的，而且正是由于它被承认，才使得行动成为了现实性。行动之所以被承认从而是现实的，乃是因为定在着的现实性是直接与信念或认知结合着的，或者说，对行动的目的的认知直接就是定在着的元素，就是普遍的承认。因为，行动的**本质**、义务，就在于良心对义务的**信念**；这种信念正是**自在**本身；这就是**自在的普遍的自我意识**，或者说，就是**被承认**因而就是现实性。① 所以凭借对义务的信念而做出来的行为直接就是这样一种具有持存和定在的东西。因此在这里，再也谈不上什么善意未得实现或是好人不走运等；而是被认作义务的东西做出来了，成为了现实性，因为符合义务的东西正是一切自我意识的共相，是被承认的东西，因而是存在着的东西。但是如果分离开来单独看待而不考虑自我的内容，这种义务就是**为他存在**，是透明的东西，这种东西完全只具有无内容的本质性的含义。

　　如果我们回顾一下一般伴随着**精神的实在性**一起出现的那个领域，那么曾经有过这样的概念：对个体性的表述**就是自在自为**。但是，当时直接表现这个概念的那种形态是**诚实的意识**，诚实的意识当时在和**抽象的事情本身**一起游走。这种**事情本身**在那里曾经是**宾词**；它在良心这里才第一次是一个**主词**，这个主词在自己身上把意识的一切环节都建立起来了，在它看来，所有这些环节，诸如实体性一般、外部定在和思维的本质，通通都包含在它对自身的这种确定性中了。**事情本身**在伦理中拥有的是实体性一般，在教化中拥有的是外部定在，在道德中拥有的是自我认知着的思维本质性，而在良心这里，事情本身就是**主体**，这主体在自己本身中知道这些环节。如果说诚实的意识所把握的永远只是**空虚的事情本身**，那么相反，良

[154]　心则是在它的充实状态中赢得它的，这种充实是良心由自己给予事情本身的。良心之所以是这样的力量，乃是由于它把意识的这些环节当作**环节**来

① 这里似乎借用了费希特的一个公式，参看费希特：《伦理学体系》第 202 页："永远要按照对你的义务的最好的信念去行动，或者说，要按你的良心去行动。"黑格尔针对这种关联而引入的承认概念，参看费希特：《按照知识学原理的自然法基础》，耶拿和莱比锡，1796 年，第34—54 页。——丛书版编者

认知，并当作事情本身的否定性本质来统治它们。

[3. 良心作为认知者和行动者的统一] 如果联系到在行动中显现出来 {346}
的对立的那些个别规定来考察良心，并考察良心对这些个别规定的本性的
意识，那么良心首先是作为**认知者**来对待行动不得不于其中进行的那种**情
况**的**现实性**的。只要**普遍性**这个环节存在于这种认知中，则带有良心的这
个行动的认知所应该做的就是对摆在面前的现实性以不受限制的方式加以
囊括，从而对情况的细节做确切的认知和权衡。但这种认知，由于它把普
遍性作为一个**环节来认识**，所以它对这些细节是这样一种认知，这种认知
意识到它并没有囊括这些细节，或者它在囊括这些细节时并不带有良心。
认知的真正普遍而纯粹的联系本应是一种与并非**相对立的东西**的联系，一
种与自己本身的联系；但是由自身本质上包含着的那个对立而来的**行动**却
是与对意识的否定、与一种**自在存在着**的现实性联系着的。与纯粹意识的
单纯性、与绝对的**他者**或**自在的**多样性相比，这种现实性是一种细节的绝
对众多性，这种众多性无限地往回分化和扩散到它的诸条件，往旁边分化
和扩散到与它并列的东西，往前分化和扩散到它的后果。——带有良心的
意识对事情的这种本性以及它与事情的关系都是意识到了的，它知道它并
不是按照这里所要求的这种普遍性来认识它于其中行动的那种情况的，知
道它自称对一切细节都做了这样带着良心的权衡，其实是一句空话。然而
对一切细节的这种认识与权衡，也并不是完全没有现成在手；不过只是作
为一种**环节**，作为某种只为**他者**存在的东西；而这种东西的不完全的认知，
由于它是**对这环节**的认知，就被这意识看作充分的完全的认知了。 [155]

以同样的方式，在**本质**的普遍性或由纯粹意识对内容的规定方面，也
是这种情况。——正在走向行动的良心，同事件的许多方面都有联系。这
事件将自己分散开来，同样，纯粹意识与事件的联系也分散开来，于是，事
件的多样性就是**义务**的多样性。——良心知道它必须在这些义务中进行选
择，必须做出决定；因为其中没有任何义务在其规定性中或在其内容上是
绝对的，而是只有**纯粹义务**才是绝对的。但是这个抽象物已经在它的实在
性中获得了自我意识到的"我"这样的含义。对其自身有确信的精神，作
为良心静止于自身中，它的**实在的**普遍性或它的义务就在于它对义务的纯

粹信念。这种**纯粹的**信念本身同纯粹**义务**一样的空洞，它在这种意义上是纯粹的，即义务在它那里不是任何东西，不是任何被规定的内容。但良心却应当采取行动，必须要从个体那里得到**规定**；并且对其自身有确信的精神，既然在它那里自在已获得了自我意识到的"我"的含义，它就懂得在其自身直接的**确定性**中去拥有这种规定和内容。这个自身直接的确定性作为规定和内容，就是**自然的**意识，也就是冲动和爱好。——良心不把任何内容认作对它是绝对的，因为它是一切被规定东西的绝对否定性。它**由自己规定自己**；但是，规定性本身落入到其中的那个自我的圈子，乃是所谓感性；要拥有出自于自己本身的直接确定性的内容，手头除了感性之外，什么也找不到。——所有在先前那些形态中曾体现为善或恶、法律和权利的东西，都是与自己本身的直接确定性**不同的东西**；所有这些东西都是**普遍的东西**，这普遍的东西现在是一种为他存在；或者从另一方面看，它是一个对象，这对象通过充当意识与它自身的中介，而插足于意识与它自己的真理性之间，不但不会是意识的直接性，反倒使意识与自己分离开来。——但是对良心来说，它的自身确定性就是纯粹的直接真理性；而且这种真理性因此就是良心的被表象为**内容**的自身直接确定性，一般说来，也就是个别人的任意性和个别人的无意识的自然存在的偶然性。

{347}

[156]

　　这种内容同时又被看作道德的**本质性**或被看作**义务**。因为纯粹义务，正如在审核法则的理性那里已发生的那样，对任何内容都是完全一视同仁的，对任何内容都可以容忍。在这里纯粹义务同时具有**自为存在**的本质形式，并且这种个人信念的形式不是别的，正是对纯粹义务的空洞性的意识，并且意识到，纯粹义务只是一个环节，这个环节的实体性是一个宾词，这宾词以个体为它的主词，这个体的任意性赋予纯粹义务以内容，并能够把任何内容连接在这种形式上，而使这内容带有凭良心的性质。——一个个体以某种确定的方式增加自己的财富；这就是一种义务，即每个个体都要操心养活他自己以及他的家庭，同样也要照顾到自己成为对周围人有用的人和给需要帮助的人做好事的**可能性**。这个体意识到这是种义务，因为这个内容已直接包含在他的自身确定性中了；此外他还明见到，他就是在这件事中履行了这个义务。别人也许把这种确定的方式看作是欺骗；**他们所**

依据的是这个具体事件的一些别的方面，但**这个体**之所以坚持这一方面，是因为他意识到增加财富是纯粹的义务。——所以，别人称之为强横不义的事，所履行的就是在别人面前坚持自己的独立性的义务；别人称之为怯懦的事，所履行的就是保全生命和保持为周围的人谋利益的可能性的义务；但别人称之为勇敢的事，反倒是有损于上述两项义务的。但怯懦也不可笨到如此地步，以至于不知道生命的保全和对别人有用的可能性都是义务，——以至于对它的行动之合乎义务没有**信念**，而不知道合乎义务的东西就在于上述**认知**；否则的话，怯懦就会犯笨拙到不道德地步的错误。由于道德就在于这种履行了义务的意识，所以被称为怯懦的行动将正如被称之为勇敢的行动一样，不缺少这种意识；叫作义务的这个抽象的东西正如它能够承担任何内容一样，也能够承担怯懦这个内容；——所以这意识知道，凡是它所做的都是义务，而由于它知道这一点，由于对义务的信念也就是合乎义务的东西本身，那么它就得到了别人的承认；这行动因此就有效并拥有现实的定在。 [157] {348}

把随便哪一种内容完全和别的内容一样放进纯粹义务和认知的普遍被动媒介中去的这种自由，是无法通过主张应该放进另外一种内容来反对的；因为无论什么内容，每一种在自身中都有**规定性的缺点**，这种规定性是纯粹认知所摆脱了的，纯粹认知可以鄙视它，正如它同样可以接受任何一种规定性一样。一切内容都在于它是一个被规定了的内容，在于它处在与另一个内容同样的水平，哪怕这另一个内容看起来好像恰好拥有在它里面被扬弃了特殊性的那种个性也罢。有可能看起来是这样：由于义务在现实事件中一般分裂为**对立**、并因而分裂为**个别性**与**普遍性**的对立，因此以共相本身为其内容的那种义务，在自身直接就会拥有纯粹义务的本性了，而且形式与内容彼此就成了完全吻合的了；因此比如说为普遍最善的东西而行动就必然会优先于为个别最善的东西而行动。然而这种普遍的义务一般是那作为自在自为地存在着的实体、作为权利和法律而**现成在手**的东西，[158] 是**不依赖于**认知和信念以及个别人的直接兴趣而有效的东西；而这恰恰就是道德一般比照它的**形式**而得到校正的那种东西。至于它的**内容**，只要普遍最好的与个别最好的是**对立的**，那么它也是一种**特定的**内容；因此它的法则是这样一种法则，良心知道自己完全不受其束缚，并赋予了自己随意增减、放弃还是履行的绝对权限。——此外，这样一来上面对于义务在比照个别与比照共相时所做的区别，按照这对立的一般本性，也就不是什么定规了。相反，毋宁说，个别人为自己做的事也是有利于共相的；不仅他关心他自己越多，他有利于**别人**的**可能性**也越大；而且，他的**现实性**本身只不{349}过就是他同别人关联在一起存在和生活；他的个别享受本质上有这样的含义，即他借此而为其他人奉献出他自己的东西，并帮助他们获得他们的享受。所以在履行针对个别人、因而针对自己的义务时，针对共相的义务也就被履行了。——因此，在这里假如要进行对各种义务的**权衡**和**比较**，就会导致对共相从一件行动中将会得到多少利益的算计；但一方面，这样一来，道德就会陷入**明见**的不可避免的**偶然性**，另一方面良心的本质正在于**剔除**这种**算计**和权衡，不根据这些理由而由自身做出决定。

　　良心于是就以这种方式行动于并保持自身于**自在存在**和**自为存在**的统一之中，行动于并保持自身于纯粹思维和个体性的统一之中，它就是自身确定的精神，这精神在自己的身上、在自己的自我中、在自己的认知中，并且在自己的认知作为对义务的认知中，拥有自己的真理性。它恰好借此就[159]把自己保持在这种状态中：那在行动中的**肯定性的东西**，不论是义务的内容还是义务的形式，以及对义务的认知①，都是隶属于自我、隶属于它的确定性的；但是凡是想作为一种**特有的自在**与自我相**对立**的东西，则被看作没有什么真实性的东西，只被看作已扬弃了的东西，只被看作环节。因此，有效的东西并不是**普遍的认知**一般，而是**它**的有关细节的**知识**。自我把它取自于自己的自然个体性中的内容放进义务亦即普遍的**自在存在**中；因为这内容是在它自身现成在手的内容；这种内容通过它所在的普遍媒介而变成了自我所行使的**义务**，并且空洞的纯粹义务正是借此就作为被扬弃了的东西或作为环节而建立起来了；这种内容就是它的被扬弃了的空洞性，或者说就是充实性。——但同样，良心也摆脱了任何一般内容；它从任何想要充当法则的特定义务中脱身出来；凭借它自身的确定性之力，它拥有一

---

① "认知"（Wissen）在丛书版中为"本质"（Wesen），此处据袖珍版。——中译者

张一弛的绝对排他的至尊。①——因此，这种**自我规定**直接就是完全合乎义务的东西；义务就是认知本身；不过这种单纯的自性就是自在；因为**自在**就是纯粹的自我等同性；而自我等同性就在这种意识之中。

［**II. 良心的普遍性**］这种纯粹认知直接就是**为他存在**；因为作为纯粹的自我等同性，它就是**直接性**，或者存在。但这种存在同时是纯粹共相，是一切人的自性；或者说行动是得到了承认的，因而是现实的。这种存在是这样一种元素，通过这种元素，良心直接与一切自我意识处在平等的联系中；并且这种联系的含义并不是无自我的规律，而是良心的自我。

［**1. 特定的行动只有通过认知才成为普遍的**］但是良心所做的这种正当的事同时是**为他存在**，正是在这里似乎就出现了一种不平等性。良心所履行的义务是一种**特定的**内容；这内容虽然就是意识的**自我**，且在其中就是意识对它自身的**认知**，就是意识同它自己的**同一性**。但是，在实现出来并被置于**存在**的普遍媒介中时，这种同一性就不再是**认知**，不再是这样一种做出区别同样也直接扬弃其区别的活动；而是在**存在**中区别被持存地建立起来，而行动则是一种**特定的**行动，它与一切人的自我意识的元素并不同一，因而并不是必然被承认的。这两个方面，即行动着的良心和将这行动作为义务来承认的普遍意识，都**不依赖于**这种行为的规定性而是同一的。由于这种［不依赖于行为规定性的］自由之故，在这关联的共同媒介中的联系反而是一种完全不同一性的关系；由此，那行动为之发生的意识就处在对那行动着的具有自身确定性的精神的完全不确定性中。这精神行动着，它把一种规定性建立为存在着的；其他那些意识则把这种**存在**当作它的真理性来遵守，并在其中对这真理性确信不疑；精神已在其中表明了它把**什么**看作义务。不过，这精神不依赖于任何一种**特定的**义务；它在此已经超出了其他意识以为它是现实的那个层面；而且存在本身的这个媒介以及作为**自在**而存在着的义务在它看来只不过是环节。因此，它向其他意识展示的东西，它又重新予以置换，或者不如说，将其直接就置换掉了。因为

{350}

[160]

---

① 参看《马太福音》16,19 或 18,18，原文均为："凡你在地上所捆绑的，在天上也要捆绑；凡你在地上所释放的，在天上也要释放。"——丛书版编者

对它来说，它的**现实性**并不是这种被展示出来的义务和规定，而是它在绝对自身确定性中所拥有的那种义务和规定。

其他意识因而并不知道究竟这个良心在道德上是善的还是恶的，或者不如说，它们不仅不能够知道这一点，而且它们甚至必须把良心当作是恶的。因为如同良心不依赖于义务的**规定性**，不依赖于作为**自在地**存在着的义务那样，其他意识也是同样的情况。对良心向它们摆出来的东西，它们自己懂得加以置换；良心是这样一种东西，通过它所表现出来的，只是一个[161]他人的**自我**，而不是它们自己的自我；它们知道自己不仅不受其束缚，而且必须在它们自己的意识中将其化解掉，通过判断和解释使之消除，以便维持自己的自我。

不过良心的行动并不仅仅是这种被纯粹自我抛弃了的存在**规定**。那应该作为义务而生效并被承认的东西，只有通过对这种东西、即对这义务的认知和信念，通过在行为业绩中对它的自我的认知，才是这种东西。行为业绩一旦不再在自身拥有这个自我，它也就不再是唯一成为自己本质的那种东西了。行为业绩在抛弃这种意识时，它的定在就会是一种普通的现实性，而这行动在我们看来，就会显得是一种实现自我的快乐和欲望的活动了。凡是应当**定在着**的东西，在这里都只有通过它作为自我表现出来的个{351}体性而**被认知**才是本质性；并且这种**被认知**即是那本身被承认的东西，是那**作为这样的东西**而应当拥有**定在**的东西。

自我进入到**作为自我**的定在；自我确定的精神作为这样一种精神是为他者而实存着的；它的**直接的**行动不是本身有效和现实的东西；并非**被规定的东西**、并非**自在存在着的东西**就是被承认的东西，而是只有那自知的**自我本身**才是被承认的东西。持存的元素是普遍的自我意识；凡是进入到这种元素中的东西都不可能是行动的**效果**，这种效果在其中坚持不下来，维持不了持久；相反，只有这种自我意识才是被承认的东西，才会获得现实性。

[2.信念的语言] 借此我们就再次见到了作为精神的定在的**语言**。这种语言是**为他者**而存在着的自我意识，这种自我意识直接**作为这样一种现成在手的**自我意识和作为**这一个**普遍的自我意识而存在。语言是那种能把

自己从自己本身分离开来的自我，这种自我作为纯粹的"我＝我"，而对自己成为对象性的，同样也在这种对象性中保持自己为**这一个**自我，正如它直接与别的自我相汇合并且就是**它们的**自我意识一样；这种自我正如它被别的自我所觉察到一样，同样也觉察到自己，而这种觉察正是那个**成为了自我的定在**。

　　语言在这里所获得的内容已不再是教化世界中那颠倒和被颠倒的、分裂的自我；而是已返回到自身的精神，是确信自己并在自己的自我中确信自己的真理性或自己的承认活动的精神，并且是作为这种认知而被承认的精神。伦理精神的语言就是法则，就是单纯的命令，就是抱怨，这种抱怨更多的是对于必然性的一种悲泣；与此相反，道德意识还在**沉默不言**中，在自身封闭于自己的内心，因为在道德意识那里自我还不具有定在，而是定在与**自我**才刚刚处于外在的相互联系中。但语言只是作为独立的和被承认的诸自我意识的中项而出现的，而**定在着的自我**直接就是普遍的、多重的，并且在这种众多性里是单纯的被承认。良心语言的内容是**将自己作为本质来认知的自我**。唯有这个自我是良心的语言所表述的，这种表述是行为的真正现实性和行动的效准。这意识表述着它的**信念**；这种信念是行动唯一在其中就是义务的东西；行动之所以**被看作**是义务，唯一的是由于信念**被说出来了**。因为普遍的自我意识不依赖于那**仅仅存在着的特定的**行动；**这种行动**作为**定在**对普遍的自我意识是无效的，有效的则是对这种**行动**就是义务的那种**信念**；而这种信念在语言中是现实的。——在这里，把行动实现出来，并不意味着把它的内容从**目的**或**自为存在**的形式翻译为**抽象现实性**的形式，而是意味着，要将之从那种把这行动的认知或自为存在作为本质来认知的、对内容本身的直接**确定性**形式，翻译为这种**保证**的形式，即保证对义务的意识得到确信，并将义务作为**出于自己本身**的良心来认知；因此，这种保证就是担保意识已经确信自己的信念就是本质。

　　对出于义务的信念而行动的保证是不是**真**的？那被做出来的事是否**现实地**就是**义务**？——这些问题和怀疑对良心来说是毫无意义的。——在提出这**保证**是否**真实**那一问题时，就会预设内心的意图与装出来的意图不同这一前提，就是说，预设了个别自我的意愿能够与义务、能够与普遍的和纯

[162]

{352}

[163]

粹的意识的意志相分离这一前提；这样一来，这意志就会停留在口头上、而真正说来个别的意愿却是行为的真实动机了。然而，普遍意识和个别自我的这一区别正好是一种自身扬弃了的区别，而扬弃它的就是良心。对自身确定的自我的直接认知就是法律和义务；而这自我的意图，由于义务就是自己的意图，它就是正当的事；它所要求的只是：自我知道这一点，再就是它要把它的认知和意愿是正当的事这一信念说出来。将这样一种保证说出来，这就在自己身上把自己的特殊性的形式扬弃掉了；这就在其中承认了**自我的必然普遍性**；由于自我把自己叫作**良心**，它也就把自己叫作纯粹的自我认知和纯粹的抽象意愿，这就是说，它把自己叫作一种普遍的认知和意愿，这认知和意愿承认其他那些自我，并与之**同一**，因为它们正好就是这样的纯粹的自知和意愿，这种自知和意愿也因此得到了它们的承认。正当的事的本质就在于这种自身确定的自我的意愿，在于对自我即是本质这件事的这一认知。——因此，谁要说他自己是出于良心而行动，谁就是在说真话，因为他的良心就是认知着的和意愿着的自我。但是他本质上必须**说出**这一点，因为这个自我必须同时是**普遍的**自我。自我并非在行动的**内容**中就是这种普遍的自我，因为行动内容由于其**特定性**之故，自身是无所谓的；相反，普遍性在于行动的形式；正是这种形式才可以被作为现实的建立

[164] 起来；形式乃是这样一种**自我**，它本身在语言中是现实的，它宣称自己是真实的，正因为这样，它承认一切自我并为一切自我所承认。

[3.优美灵魂的形成]所以良心在其凌驾于特定法律和任何义务内容之上的崇高至尊中，把随便一种什么内容都安置于自己的认知和意愿里；它就是这样一种道德天才，这种天才知道它自己的直接认知的内心声音就是神的声音，而且由于它凭这种认知同样直接知道这种定在，所以它是一

{353} 种在其概念中拥有生命活力的神圣创造力。这种神圣创造力同样也是在自己本身中对上帝的侍奉；因为它的行动就是对它自己特有的这种神圣性的直观。

这种孤独的上帝侍奉本质上同时也是一个**团契**对上帝的侍奉，纯粹的内心自我**认知**和察觉延伸到了**意识**的环节。对自我的直观就是自我的**对象性的**定在，这种对象性元素就是对自我的认知和意愿作为一种**共相**的表

述。通过这种表述，自我就成为有效准的东西，行动就成为实行着的行为业绩。它的行为的现实性和持存就是普遍的自我意识；但是对良心的表述，则把它自身的确定性建立为纯粹自我，并从而建立为普遍的自我；其他的人由于使自我被作为本质来表述和承认的这种言辞之故，而赞同这行动。于是，它们结合而成的那种精神和实体就是在它们怀有良心和善良意图上的相互保证，就是为这种相互关系上的纯洁性而高兴，就是在认知和表述的这种庄严妙境上、在对这种超凡脱俗加以坚守和维护的壮丽奇景上感到赏心悦目。——只要这种良心还把它的**抽象的**意识同它的**自我意识**区别开来，它就把自己的生命只是**隐藏**在上帝中；上帝虽然**直接**对于它的精神和本心、对于它的自我当下在场；但是那启示出来的东西，它的现实意识及其中介运动，对它来说却不同于那种隐藏在内心的东西，不同于当下在场之本质的直接性的东西。不过，当良心完成时，它的抽象意识和它的自我意识的区别就自行扬弃了。它知道，**抽象的**意识恰恰就是**这个自我**，就是这个对自己具有确信的自为存在，它知道**差别性**恰好在自我与那个自在、与那个建立于自我之外并且是抽象本质和对自我隐藏的东西的自在**相联系的直接性**中被扬弃了。因为，原先那种联系是一种**中介性的**联系，在其中，被联系的并非同一个东西，而是一个互为的**他物**，只在一个第三者中才合而为一；但**直接性的**联系则实际上无非意味着统一性。这种超越于将这些并不是什么区别的区别还看作区别的无思想性之上的意识，就把它那里面的本质的当下在场的直接性作为本质与它的自我的统一来认知，因而把它的自我作为有生命的自在来认知，并且把自己的这种认知作为宗教来认知，这宗教作为被直观到的或定在着的认知，就是团契对自己的精神的言说。

　　于是我们在这里看到自我意识返回到了自己最为内在的东西，对这最内在的东西而言，一切外在性作为外在性都消失了，——返回到了我＝我的直观，① 在这直观中这一个我乃是一切本质性和定在。自我意识在对它自身的这样一种概念中沉没了，因为，它已被推上了它的各端的顶点，也就

[165]

{354}

----

① 黑格尔在此有可能是着眼于费希特伴随着"知识学的第一原理"（参看费希特：《全部知识学基础》，§1.) 的智性直观的概念。——丛书版编者

是到了这样的地步：它借以成为实在的或仍保持为**意识**的那些区别开来的环节，都并非对我们而言仅仅是这些纯粹的端点，相反，它对自己而言所
[166]　是的东西，以及对它来说是**自在的**、对它来说是**定在**的东西，都蒸发为一些抽象了，这些抽象对这个意识本身而言不再拥有任何立足点和实体了；并且对意识来说，一直曾经是本质的那一切，现在都返回到了这些抽象之中。——提纯到了这样的纯粹性，意识就是它的最贫乏的形态，而且构成意识唯一财产的这种贫乏本身就是一种消逝；实体已消融于其中的这样一种绝对的**确定性**就是自身崩溃着的绝对**非真理性**；这就是**意识**沉没于其中的绝对**自我意识**。

　　如果考察一下自我意识自己内部的这样一种沉没，那么对意识而言，**自在**存在着的**实体**就是作为**意识的认知**的**认知**。作为意识，自我意识分裂为它自己与在它看来是本质的那个对象的对立；但是这样一个对象恰恰是完全透明的东西，是**它的自我**，而它的意识则只是关于它自己的认知。一切生命和一切精神本质性都返回到了这种自我中，并丧失了它们与我—本身（Ichselbst）的差别。意识的诸环节因而都是各端的这样一些抽象，它们之中没有任何一个是站得住的，相反，任何一个都丧失自身于另一个抽象之中，并将另一个抽象产生出来。这就是不幸的意识的与自身的交替转化，但这个转化对自我意识自己来说，是在它自身之内进行的，并且就是在它自己身上被意识到的那个理性概念，这概念仅仅**自在地**是不幸的意识。因此，自我意识的自身这种绝对确定性，对它自己作为意识来说，直接翻转为一种发出来的音响，翻转为它的自为存在的对象性；但是这个创造出来的世界，正好是它直接听到的自己的**话语**，这种话语的回声只返回到它这里。这种返回因而并不意味着自我意识**自在自为地**存在于其中；因为对它来说，这本质并不是什么**自在**的本质，而就是它自己；同样，自我意识也并不具有**定在**，因为对象性的东西并没有成为现实自我的一个否定者，正如这对象性的东西也没有成为现实性一样。自我意识缺乏的是外化之力，来把自己变为事物并承受住存在。自我意识生活在担忧中，生怕被行动和定
[167]　在玷污了自己内心的庄严妙境；并且为了保持自己本心的纯洁，它回避与现实性的接触，它固执地认定自己无力舍弃它那被推到最终抽象的顶点的

自我，无力给予自己以实体性，或者说，无力把自己的思维转变为存在、并把自己托付给这种绝对的区别。它自己所产生的这个空洞的对象，因而仅仅① 使它充斥着空虚的意识；它的行为是这样一种渴望，这种渴望在它本身变成无本质的对象的过程中只会丧失掉，并且当它超越这一损失而回落到自身时，就觉得自己只是一种失去了的渴望；——在它的诸环节的这种透明的纯洁性中，自我意识就是一个不幸的所谓**优美灵魂**,② 它在自身中逐渐熄灭，如同一缕消散于空气中的烟雾，消逝于无形。 {355}

[**III. 罪恶及其宽恕**] 但是，对蒸发了的生命的虚弱无力的诸本质性这样无声无息的汇合，还必须从良心的**现实的**另一含义上、并在良心运动的**现象**中来看待；应把良心当作行动中的来考察。——在上面，这种意识里的**对象性**环节已把自己规定为普遍的意识；这种自我认知的认知作为**这一个**自我而与别的自我区别开来了；在语言中，一切人都相互承认为带有良心而行动的，这种语言，这种普遍同一性，分化成个别自为存在的不同一性，每个意识同样都是从自己的普遍性中完全反思到自身；借此，就必然出现个别性与其他的个别东西以及与共相的对立，而这种对立关系及其运动是必须加以考察的。——或者说，这种普遍性和义务具有与共相截然不同的特定**个别性**这一完全相反的含义，对于这样的个别性来说，纯粹义务只是进入到了**表面**的和转向了外部的普遍性；义务只在于言辞，并被看作一种为他的存在。良心最初只是**否定地**指向作为**这一个特定现成**义务的义务，它知道它自己是摆脱了义务的；但是由于它**从它自身**拿出一种**特定的**内容来充实那空虚的义务，它就肯定地意识到，是它作为**这一个**自我构成着自己的内容；它的纯粹自我，作为空虚的认知，是无内容、无规定的自我；它给自己提供的内容，是从它的自我**作为这一个**特定的自我中，从它作为自然的个体性中取得的，并且当它对它的行动所带有的良心加以言说时，它所意识到的固然是它 [168]

---

① 丛书版为 nur（仅仅），袖珍版为 nun（现在），此处据丛书版。——中译者

② 关于这个在当时的文学中甚为流行的优美灵魂的概念，黑格尔所想到的或许是歌德、尤其是雅可比的表述，参看歌德：《威廉·迈斯特的学习时代》，第六集，"一个优美灵魂的自白"，柏林 1795 年版（《歌德全集》，第一部分，第 22 卷）；以及雅可比：《沃德玛》，哥尼斯堡 1796 年版（《雅可比全集》第 5 卷，第 14、281、312、375、419 页）。——丛书版编者

的纯粹自我，但是在它行动的**目的**中，亦即在现实的内容中，它所意识到的却是这个特殊的个别者，以及它的自为存在的东西和它的为他存在的东西之间的对立，普遍性或义务与它从义务中得到的反思之间的对立。

[1.恶与伪善]如果说良心**在行动时**所进入到的对立，把自己这样表现于良心的内心中的话，那么这种对立同时也把这种不同一性向外表现于定在的元素中，所表现的是它的特殊的个别性与其他个别者的不同一性。——

{356}良心的特殊性在于，构成着它的意识的两个环节，亦即自我与自在，在它这里的有效所依靠的是那**不相同的价值**，也就是说，所依靠的是这样的规定：它自身的确定性是本质，**相比之下自在**或共相只被看作环节。所以，这个内在的规定就有定在的元素或普遍意识与之对立，对于普遍意识而言，普遍性和义务倒是被看作本质，相反那与共相对立而自为存在的个别性只被看作是已扬弃了的环节。在这样坚持义务的立场看来，前一种意识是**恶**，因为恶就是意识的**自身中存在**与共相的不同一性，并且，由于它同时又把自己的行为说成是与它自己的同一性，说成是义务和带有良心的，它就是**伪善**。

这种对立的**运动**，最初是形式地恢复了那在自身中是恶的东西与它所宣称的东西之间的同一性；必须揭穿它是恶的，这样它的定在与它的本质才

[169]是同一的，**伪善必须被揭露**出来。——从伪善中现成在手的不同一性向同一性的这种返回之所以已经完成，并不是由于伪善像人们惯常所说的，正因为它接受义务和德行的**假象**，并用作掩饰它自己的意识、同样也掩饰异己的意识的面具，从而证明了它对义务和德行的尊敬；仿佛就在伪善对其对立方的承认中自在地就包含有同一性和一致性似的。——不过伪善在出自语言的这样一种承认的同时，同样也反思到了自身；而且在它把**自在**存在的东西只当作一种**为他存在**来使用时，这里面反而已包含着自己对这种东西的蔑视，显示着这种东西对一切人的无本质性。因为，凡是可以被当作一种外在工具来使用的东西，就表明自己是一种不具有任何自身固有的重要性之物。

而且，这种同一性既不是通过恶的意识之片面坚持自身而完成的，也不是通过对共相的判断而完成的。——如果恶的意识否认自己违反义务意识，对义务意识指证为坏事、指证为与共相绝对不同一的东西，坚称是按照内心法则和良心做出的行动，那么，在它对同一性的片面担保中就仍保留

着它与别的意识的不同一性，因为别的意识并不相信也不承认它的这种担保。——或者一旦这种对**一个端点**的片面坚持自行取消，那么恶的东西虽然因此而会招认自己是恶，但它会在此时**直接扬弃自身**，而不会是伪善，更不会揭露自己是伪善。实际上，在它坚称自己反对被承认的共相而按照**自己的**内在法则和良心行动时，它就招认了自己是恶。因为假如这种法则和良心不是它的**个别性**和**任意性**的法则，那它就不会是什么内在的、独有的东西，而会是普遍被承认的东西。因此谁要是说他是按照**他自己的**法则和良心来对待别人，它实际上是说，它在**虐待**别人。但是**现实的**良心并不是对那与共相对立的认知和意志的这样一种坚持，相反，共相是它的**定在**的元素，它的语言把它的行为表述为**被承认的**义务。 {357}

[170]

同样，普遍意识坚持它的判断，也并不就是对伪善的揭露和消解。——当普遍意识宣布伪善是坏的、卑鄙的等等时，它在这样一种判断中所援引的是**它自己的**法则，正如**恶的**意识所援引的也是**它自己的**法则一样。因为它的法则在与后一种法则相对立中出场，因而它也是一种特殊的法则。所以它丝毫也不比后者更强，反而使后者合法化了，而且它这种热诚恰好做了与它想做的事相反的事——即是说，竟把它称之为真正义务的东西和应该被**普遍**承认的东西表明为一种**不被承认的东西**，从而允许恶的意识有自为存在的同等权利。

[2.道德判断] 但是普遍意识的这种判断同时还有另外一个方面，从这一方面出发，它就成了对现成在手的对立加以消解的引导。——**对共相的**意识并不是作为**现实的**意识和**行动着的**意识来反对恶的意识的，——因为恶的意识倒更是现实的东西，——而是作为这样的东西与恶的意识相对立，这种东西并不被束缚于在行动里发生的个别性和普遍性的对立之中。普遍意识停留在**思想**的普遍性里，采取**统握**的态度，它的最初的行动仅仅是判断。——通过这种判断，它现在就像刚才指出的那样把自己同恶的意识**并列**起来，**并通过这样的**同一性而在这种恶的意识中直观到自己本身。因为义务意识采取的是**统握性的**、**被动的**态度；但它因此就处于与它自身作为义务上的绝对意志、与自己这个完全由自身进行规定的自身的矛盾中。它很好地保持了自身的纯洁性，因为它**并不行动**；它就是伪善，这种伪善感兴

趣的是把判断当作**现实的**行为业绩，不是用行动而是通过说出那些超凡的
意向来证明其正派。因此义务意识整个都具有这种性状，就像那种被指责
为只把义务放在口头上的意识一样。在这两种意识中，现实性方面同样都
区别于言辞的方面，这区别在一种意识中是因为行动具有**自私的目的**，在
另一意识中是因为一般**行动的缺席**，而行动的必要性则包含在对义务的言
说本身中，因为义务没有行为业绩就没有任何意义。

[171]

{358}　　但是这判断也必须被视为一种积极的思想的行动，并且也具有一种积
极的内容；通过这个方面，在进行统握的意识中现成在手的矛盾及这意识
与这矛盾的同一性都变得更加完全了。——行动着的意识声称它的这个特
定的行为就是义务，而评判的意识则不能否认它的这个说法；因为义务本
身是一种没有内容却能具有任何内容的形式，——或者说，具体的行动由
于它的多方面性而本身千差万别，它既具有一个被看作义务而存在的普遍
的方面，同样自身中也具有一个构成个体的份额和利害关系的特殊方面。
现在进行评判的意识并不停留在义务的那一方面，并不停留在行动者的这
种认知：以为这认知就是行动者的义务，就是它的现实性的关系和状况。
相反，它坚持的是另一方面，把行动的作用归结到内心，并从行动中那与行
动本身不同的**意图**和自私**动机**来解释行动。正如每一个行动都能对它的合
乎义务性加以考察那样，每一个行动也都能对其**特殊性**做与此不同的考察；
因为它作为行动就是个体的现实性。——所以这种评判就是把行动排除出
自己的定在之外，并使之反思到内在的东西，或者说反思到自己的特殊形
式。——当行动伴随有名誉的时候，评判的意识就把这个内在的东西当作
沽名钓誉来认知；——当行动合乎一般个体的身份等级而并无僭越，以至
于具有这种性状，即该个体性拥有的等级并非附加于其身的外在规定，而
是由其自己施行的这种普遍性，并正因此而显示该个体性有能力做一件更
高尚的事时，这判断就将该行动的内心作为好大喜功的野心来认知，如此
等等。由于行动者在一般行动中达到在对象性中来直观**他自己**，或者说在
他的定在中达到了对他自己的自我感，从而得到享受，所以这判断就把内
在的东西作为追求自身幸福的冲动来认知，哪怕这幸福只在于内心的道德
虚荣、在于对自己的出类拔萃的意识的享受、在于对未来幸福的希望的预

[172]

先品尝也罢。——没有任何行动能够逃脱这样的评判，因为像为义务而义务的纯粹目的是不现实的东西；目的在个体性的行为业绩中拥有自己的现实性，而行动本身也借此而拥有特殊性的方面。"侍仆眼中无英雄"；① 但这并不是因为英雄不是英雄，而是因为侍仆就是侍仆，和侍仆打交道的英雄不是作为英雄，而是作为一个在吃饭的人、在喝水的人、在穿衣服的人，总而言之，是在需要和表象的个别性中，来和他打交道的。这样，对于评判而言，没有任何行动是它不能从中找出个体的个别方面去和行动的普遍性方面相对立、并在一个行动者面前造就出一个道德的侍仆的。 {359}

　　因此，这种评判的意识本身就是**卑鄙的**，因为它把行动割裂开来，制造出行动自身和自身的不同一性并加以坚持。此外，它又是**伪善**，因为它不是用这样一种评判去替换作恶的**另一种样式**，而是把它冒充为对行动的正当**意识**，在它作为得道者和纠偏者的这种非现实性和虚浮性中，它把自己抬到那些被贬低的行为业绩之上，并且极力想把它的不兑现的话语当作一种超凡的**现实性**。——所以这样一来，在使自己和它所评判的那个行动者同一起来时，行动者就被评判意识认作和自己是一回事了。评判意识不仅发现自己 [173] 被行动者统握为一种异己的和与自己不同一的东西，而且反过来觉得行动者按其特有的性状是和自己同一的。通过直观这种同一性并把它**说出来**，评判意识就向行动者**招认**了自己，并且同样期待另一方就像它实际上已把自己置于与之同一中那样，也会用它所说的这种**话语**来回报它，也会在这话语中说出它的同一性，从而产生出那承认着的定在来。它的供认并不是在与他者的关系中的一种贬低、屈辱、破罐破摔；因为这样一种言说并不是一种会导致它建立起自己与他者的**不同一性**来的片面的言说，相反，仅仅是为了直观到他者和自己的**同一性**之故，它才显露出自身来，在它的供认中从它

---

① 这里引用了一句法国成语，语出柯尔尼夫人 (Madame Cornuel, 1614—1694)，据考证出自《阿依莎小姐致卡兰第尼夫人的信》(1728)："我提请您注意柯尔尼夫人所说过的话：'除了侍仆以外，没有英雄，而在这些侍仆的同时代人中，没有教父。'"一个当时的可以使我们追溯到黑格尔的德语证据是在荷夫迈斯特版（第468页）中提供的，即在歌德的小说《亲和力》(1809)中（第二部分，第5章，载歌德《全集》魏玛版，第一部分，第20卷，第262页）说："人们说，侍仆眼里无英雄。"——丛书版编者

这一方面说出**双方的同一性**，而它之所以要说出这一点，是因为语言就是作为直接自我的精神**定在**；所以它期待他者也会对这种定在做出自己的贡献。

然而当恶者坦白承认："**我就是这个样子**"之后，跟着而来的并不是同这一样的供认的回应。行动者对那种判断从来都不曾采取过这样的态度；恰恰相反！它拒绝了这种共同性，它是本心坚硬的自为存在，并废弃了它与他者的连续性。——这样一来，情况就倒转了。那坦白招供者看到自己碰了钉子，看到这个他者的不公正，这个他者拒绝把自己的内心表露在话语的定在中，而以自己灵魂的优美去反衬恶者，以说一不二的性格的坚强不屈、以矜持而不迁就别人的缄默，去反衬那种忏悔的态度。在这里就激起了自身确定的精神的最高度的反叛；因为这精神直观到自己就是在他者中的这种**对自我的单纯认知**，就是说，它直观到，即便是这个他者的外在形态也不是像在财富中那样一种无本质的东西，不是一个事物，相反，这个他者是思想，是与它相反对的认知自身，这就是纯粹**认知**的这样一种绝对流动的连续性，这种连续性拒绝同它建立沟通关系，——尽管它已经在自己的忏悔中放弃了**孤立的自为存在**，将自己建立为扬弃了的特殊性，从而建立为与他者的连续性，建立为普遍的东西。但是他者却**在自己本身方面**先就保留了它那不进行沟通的自为存在；在忏悔者方面也保留了同样的东西，但却是已被忏悔者所抛弃了的东西。这样，他者就显示自己是一种精神上被遗弃而又否认精神的意识，因为它没有认识到，精神在其绝对自身确定性中乃是凌驾于一切行为业绩和一切现实性之上的主宰，能够撇开它们并且使之犹如不曾发生。同时它也没有认识到它所陷入的矛盾，即，一方面不让在**话语**中所做的那种撇开被看作是真正的撇开，另一方面它本身却不在现实的行动中，而是在它内心以及在对其做判断的**话语**里的内心定在中，而拥有的它的精神的确定性。因此，行动者自己就是这种东西，它阻碍着他者从行为业绩向话语的精神定在以及向精神的同一性的返回，并以这种生硬态度将那仍然是现成的不同一性搬出来。

既然具有自身确定性的精神，作为优美的灵魂，现在还不具有那对它自身做坚持不懈的认知的外化之力，它就不能与那遭到拒绝的意识达到同一性，因而不能在他者中达到它自己的被直观的同一性，不能达到定在；因

[174]

{360}

此这种同一性只是否定性地作为一种无精神的存在而实现的。这种没有现实性的优美灵魂，处在它的纯粹自我及其必须外化为存在并翻转为现实性的必要性这两者的矛盾中，处在这种固定对立的**直接性**中，——这种直接性是被提升到自己的纯粹抽象上来的那个对立的唯一中项与和解，是纯粹的存在或空洞的虚无，——所以这种优美灵魂，当它意识到在其未经和解的直接性中的这样一种矛盾时，就被摧毁而陷于疯狂，终日思慕而殒于肺痨。因此这种意识实际上放弃了它对**自己自为存在**的顽强坚持，但所造成的不过是存在的无精神的统一性而已。

[175]

　　[3. 宽恕与和解]真正的亦即**自我意识到的**和**定在着的**调解，按其必然性来说，已经在上面所说的东西中包含着了。但使坚硬的本心折服并使之提升到普遍性的那种运动，正是那个在自己招供的意识那里曾表现出来的运动。精神的伤痕治愈了，不留丝毫疤痕；行为业绩并不是什么不可消失的东西，而是被精神收回于自身中去了，而在行为业绩中的个别性方面，哪怕是作为意图或是作为意图的定在着的否定性和限制而现成在手，它都是直接消逝着的东西。实现着的**自我**及其行动的形式只是整体的一个**环节**，同样，那通过判断进行规定并对行动的个别方面和普遍方面确立起区别的认知也是如此。前者即恶者，通过在他者中直观自己本身，而被诱导至招供的定在，于是建立了对自身的这种外化，或者说把自己建立为环节。但是后者，即这个他者，正如对前者那方面必须克服其特殊自为存在的、片面的和不被承认的定在那样，对后者这方面也必须克服它的片面的不被承认的判断；而且就像前者显示那凌驾于自己现实性之上的精神力量一样，后者也必须显示那凌驾于自己的特定概念之上的力量。

{361}

　　但这个他者，之所以放弃它的进行分裂的思想，以及那固执于思想中的自为存在的生硬性，乃是因为实际上它在恶者之中直观到了自己。这他者既然抛弃了自己的现实性，并使自己成为**扬弃了的这一个**，它实际上借此就把自己呈现为一个普遍的东西；它从它的外在现实性返回自身，返回本质；于是普遍意识就在其中认识了它自身。——恶者在这普遍意识那里所得到的宽恕，就是对它自己、对它的**非现实的**本质的放弃，对于这种非现实的本质，普遍意识把它与曾经是**现实的**行动的他者等量齐观，并且把曾

[176]

被那行动在思想中所获得的规定称作恶的东西承认为善的，或不如说，放弃在被规定的思想和它的自为存在着的做规定的判断之间的区别，就像他者放弃对行动所做的自为存在着的规定那样。——和解这个词就是这种**定在着的**精神，这精神在它的对立面中，在把自己作为绝对在自身中存在着的**个别性**的纯粹认知里，直观到那作为**普遍**本质的对自己本身的纯粹认知，——这种精神就是一种相互承认，这种相互承认就是**绝对精神**。

精神只在最高顶点上才进入定在，在这个最高顶点上，它对自身的纯粹认知就是它与它自身的相互对立和相互转化。精神，在认知了它的**纯粹认知**就是抽象**本质**时，它就是这样一种认知着的义务，这义务与知道自己作为自我的绝对**个别性**即是本质的那种认知是绝对对立的。前一种认知是共相的纯粹连续性，这共相把那将自己认知为本质的个别性作为自在的虚无的东西、作为**恶**来认知。但恶是绝对间断性，这间断性在它纯粹的"一"中把自己认知为绝对的，并把那种共相认知为非现实的东西，即只是**为他**存在着的东西。双方都被净化到了这样纯粹性的地步，在其中，它们都不再有无自我的定在，都不再有意识的否定者，毋宁说，那种认知着的**义务**乃是精神的自我认知的自身一贯的性格，而这种恶也同样在它的**自身中存在**里有自己的目的，在它的话语中有自己的现实性；这种话语的内容乃是精神持存的实体；话语在自己本身中就有精神确定性的保证。——这两种对其自身具有确定性的精神所拥有的目的，无非是它们的纯粹自我，所拥有的实在性和定在，也无非是正好这个纯粹自我。但是它们还是有差别的，而且这种差别是绝对的差别，因为这差别是在纯粹概念这样一种元素中建立起来的。这差别也不仅对我们而言是这样，而且对那些处于这种对立中的概念本身而言也是这样。因为这两个概念虽然是彼此对立的**特定概念**，但同时又自在地是普遍的概念，以至于它们充满了自我的整个范围，而这个自我所拥有的内容无非是它的这种规定性，既不超出自己，也不比自己更窄；因为一个规定性，即绝对共相，正如另一规定性，即个别性的绝对间断性一样，都是纯粹自我认知，而且两者都只是这种纯粹的自我认知。所以两种规定性都是认知着的纯粹概念，它们的规定性本身就是直接认知，或者，它们的**关系**和对立就是这个我（das Ich）。这样一来，它们**互相对于**

[177]
{362}

对方都是这种完全对立的东西；自己同自己这样对立着并进入到了定在的东西，乃是完全**内在的东西**；它们所构成的**纯粹认知**由于这种对立，就被建立为**意识**。但这意识还不是**自我意识**。这一实现过程是在这种对立的运动中拥有自我意识的。因为这种对立毋宁说本身就是"我＝我"的**无间断的连续性**和**同一性**；而且，每个我，恰恰由于它的纯粹普遍性的矛盾，由于这普遍性同时还抗拒着这个我与他者的同一性，并把自己从他者中分离出来，而**自为地**在其本身中把自己扬弃掉了。通过这种外化运动，这个在其**定在**中一分为二的认知就返回到**自我**的统一性；它就是**现实的我**，就是在**其绝对的对立面**中，在那**自身内**存在着的认知中的普遍的**自我认知**，它由于其分离出来的自身中存在的纯粹性之故，本身就是完全的共相。在这种和解性的"是的"［Ja］中，双方的我都在其中放弃了它们相互对立着的**定在**，这个"是的"就是那扩展为双重性了的**我**的**定在**，这个我在其中保持着自身同一性，并在它的完全外化和对立面中拥有对其自身的确定性；——这个我，就是在把自己作为纯粹认知来认知的两个我中间，所显现出来的上帝。

[178]

第三篇

（CC）宗教

第七章

宗　教

前此的诸形态大体上被区别为**意识**、**自我意识**、**理性**和**精神**，在其中，**宗教**虽然也曾经作为对**绝对本质**一般的意识出现过，——不过，那是从意识到了绝对本质的那种**意识的立场**出发的；但这绝对本质本身并不是**自在自为**的，精神的自我意识在那些形式里并没有显现出来。

就**意识**是**知性**而言，意识已经成为了对**超感官的东西**和对象性定在之**内在的东西**的意识。但是，超感官的东西、永恒的东西，或者无论人们对它如何称谓，都是**无自我性的**；它刚刚才是**共相**，这共相距那把自己作为精神来认知的精神的存在还很远。——其次，那在**不幸**意识的形态中得到自己的完成的**自我意识**，也只是精神再次努力为自我取得对象性而不得的**痛苦**。因此，**个别**自我意识和自己不变的**本质**的统一，尽管这统一将由这本质造成，却仍然是它的一个**彼岸**。——那在我们看来是从那种痛苦中产生的**理性**，它的直接定在和它所特有的诸形态是没有宗教的，因为理性的自我意识是在**直接**当下中认知或寻求它**自身**的。

反之，在伦理世界中，我们看见了一种宗教，亦即一种**阴间**的**宗教**；这种宗教是一种信仰，相信**命运**之可怖的、不熟悉的黑夜和相信**死去的精神**之复仇；——前者是具有普遍形式的纯粹否定性，后者则是具有个别形式的纯粹否定性。因此，绝对本质在后一种形式里虽然就是**自我**并且就是**当下的东西**，正如自我不是什么别的东西一样；不过，**个别的**自我就是**这一个**个别的阴影，它把本身是命运的普遍性和自己分离开来。这一个个别阴影虽然是一个阴影，是**被扬弃了的这一个**，因而即是普遍的自我；但是前一种否定的含义还没有转化成后一种肯定的含义，因此那被扬弃了的自我同时还直接意味着这一个特殊的东西和无本质的东西。——而那没有自我的命运仍然是无意识的黑夜，它既没有达到黑夜中的区别，也没有达到自我认知的明晰性。

{364}　　这样一种对必然性之虚无的、以及对阴间的信仰成了对于**天**（Himmel）的**信仰**，是因为那死去了的自我必须和它的普遍性相结合，必须在普遍性中把它所包含的东西敞开来，并使自己明白这一点。但是我们曾看见这个信仰的**王国**只是在思维的元素中无概念地展开着自己的内容，因此，它就在自己的命运中，亦即在**启蒙的宗教**中消沉了。在这种启蒙的宗教里，知性的超感官的彼岸又恢复了，但却是这样恢复的，即自我意识立足于此岸的满足，并且既不把那超感官世界，那**空虚的**、不可知也不可怕的彼岸认作自我，也不把它认作力量。

　　最后，在道德的宗教里，绝对本质重新恢复作为一个肯定的内容，但这内容是与启蒙的否定性一致的。这个内容既是一个回复到自我并仍然被包括在自我之中的**存在**，同样也是一个**有区别的内容**，这个内容的诸部分正如它们被创立起来时那样，同样也被直接地否定了。但是这种矛盾着的运动所沉陷入其中的命运，乃是一个把它自己作为**本质性**和**现实性**的命运来意识的自我。

　　自我认知的精神在宗教里直接就是它自己的纯粹的**自我意识**。已被考察过的那些精神形态——如真实的精神、自身异化的精神和自身确定的精神——一起构成在自己的**意识**中的精神，这种意识与精神的**世界**对立着，在这世界中没有认出自己来。但是在良心里，精神使它的一般对象世界，以及它的表象和它的特定的概念都服从于它自己，而它现在就是在自身那[181]　里存在着的自我意识了。在这种自我意识里，精神作为**被表象的对象**，自为地具有了本身是普遍精神的含义，这个普遍精神自身包含着一切本质和一切现实性，不过并不是以自由的现实性或独立显现出来的自然界的形式。普遍精神虽然具有存在的**形态**或形式，因为它是它自己的意识的**对象**，但是由于这个意识在宗教里是在它就是**自我**意识这一本质规定中建立起来的，所以这种形态完全是自身透明的；而精神所包含的现实性是被封闭在精神里面的，或者说被扬弃在精神里面的，所采取的方式正好如同我们说

一切现实性那样，而一切现实性就是**被思维的**普遍现实性。

因此，既然在宗教里精神的真正意识的规定不具有自由的**他在**的形式，所以精神的**定在**就与它的**自我意识**区别开来，而它的真正的现实性就落在宗教之外了；当然这乃是同一个精神的两个方面，但精神的意识并不一下子就包括两个方面，宗教显现为精神的定在、行为、发奋的一方面，而精神的另一方面则是在它的现实世界中的生活。正如我们现在所知，在自己的世界中的精神，和把自己作为精神而意识到的精神、或者在宗教中的精神，{365}乃是同一个东西，所以宗教的完成就在于这两方面彼此成为同一的，即不仅仅是在于精神的现实性为宗教所把握，而是相反，是在于精神作为意识到自身的精神成为现实的，成为**它自己的意识的对象**。——只要精神在宗教中自己向自己**表象**出来，当然它就是意识了，而那封闭在宗教中的现实性就是精神表象的形态和外衣了。不过现实性在这个表象里并没有获得自己充分的权利，这就是说，不只是作为精神的外衣，而是独立自由的定在；反之，由于现实性在表象自身中没有得到完成，所以它是一个**特定的**形态，这个形态没有达到它应该呈现出来的东西，亦即没有达到意识到自己的精神。精神的形态要表达精神自身，它本身就必须不是别的，无非是精神，而[182]精神也就必须这样来显现自身或实现自身，就像它在自己的本质中所是的那样。不过这样一来，就连那可能看起来是对立方面的要求的东西也都会实现出来了，即要求那对立东西的意识的**对象**同时也拥有自由的现实性的形式；但是只有那本身作为绝对精神就是对象的精神，才是某种正如它在其中仍然意识到自己本身那样自由的现实性。

首先，由于自我意识与本来的意识、**宗教**与世俗中的精神或精神的**定在**被区别开来了，所以后者就在于这种精神整体，在这范围内精神的诸环节以各个分离的方式，每一个环节都自为地呈现其自身。但是这些环节就是**意识、自我意识、理性**和**精神，**——因为精神作为直接的精神它还不是对精神的意识。这些环节**被总合**而成的那个总体性构成了在其世俗定在中的一般精神；精神作为这样的精神在那些普遍规定中、在刚才提到的那些环节中包含着前此的各个形态。宗教以这些环节的整个历程为前提，并且是这些环节之**单纯的**总体性或绝对的自我。——其次，这些环节的进程在与宗教的关系中不可能以时间表象出来。只有整个精神才是在时间中的，只有那些作为整体精神本身的形态而存在的诸形态才呈现在一个接一个的顺序中；因为只有整体才具有真正的现实性，因而也才具有对于他者的纯粹自由的形式，即那被表现为时间的形式。但是整体的**各环节**：意识、自我意识、理性和精神，由于它们是一些环节，就不具有相互不同的定在。——正如精神与它的诸环节将会区别开那样，同样，第三，还必须把这些环节本身和它们那些个别的规定区别开来。我们看见，这些环节中的每一个本身在它自己特有的进程中又在自身加以区别并形成着不同的形态；例如在意识中就区别出感性确定性和知觉。后面这两方面在时间中接踵而来，并属于一个**特殊的整体**。——因为精神由它的**普遍性**通过**规定**而降下来成为**个别性**。这种规定或中介就是**意识**、**自我意识**等等。但是**个别性**是这些环节的诸形态所构成的。因此这些形态就在精神的个别性或**现实性**中呈现出了精神，并且在时间中把自己区别开来，但却使得后来的形态将先行的那些形态保存在自身内。

{366}

[183]

　　因此，当宗教是精神的完成，而精神的个别环节即意识、自我意识、理性和精神**返回到**并且**已经返回到**了宗教作为它们的**根据**时，它们就一起构成了整体精神的**定在着的现实性**，而整体精神只是作为它的这些方面的区别运动和自我返回运动而**存在**的。**一般宗教**的形成就包含在这些普遍环节的运动里。但是由于这些定语中的每一个曾经被呈现为并不只是如同它一般地规定自身那样，而是如同它**自在自为地**存在那样，也就是如同它在自己本身中作为整体经历自身那样，所以也就不仅由此产生出了**一般宗教**的形成过程，而且这些**个别方面**的上述完成的进程同时就包含着**宗教**自身的种种**规定性**。整体的精神、宗教的精神又再次是那从它的直接性进到对于它**自在地**或直接地是什么的**认知**的运动，是使得它对它的意识所由以显现的**形态**完全与它的本质相同一、并直观到它自己是怎样的这一过程实现出来的运动。——于是，在这个形成过程里，精神本身就存在于种种**特定的**形态中，这些形态构成了这个运动的种种区别；同时特定的宗教就因而同样也拥有一种**特定的**、**现实的**精神。所以，如果意识、自我意识、理性和精神属于那自我认知的精神一般，那么这些在意识、自我意识、理性和精神之内各自特殊地发展出来的**特定**形式就属于那自我认知的精神的**特定**形态。宗教的**特定**形态为了自己的现实的精神而从它的每一个环节的诸形态中选取一个适合于它的形态。宗教的这个**单一**规定性贯穿到它的现实定在的一切方面,并且在它们身上打上这一共同的烙印。

　　以这种方式,前此出场的那些形态现在被安排的次序就不同于它们原来出现时的次序了,关于这一点,我们还需首先简略地作一点必不可少的说明。——在我们考察过的那个次序里,每一环节在自己深入自身时,都以自己特有的原则而将自己造就成了一个整体;而认识则曾经是那深刻的东西或精神,在其中,那些独自不具有持存的环节才拥有自己的实体。但是这个实体从现在起走到前面来了;它就是对其自身有确定性的精神的深刻的东西,它不容许个别原则把自身加以孤立,并把自身当成全体,反之,它把所有这些环节集中并约束在自身内,而在其现实精神的这全部丰富性里迈步前进,并且所有它这些特殊环节都共同地采取和吸纳着全体的同一个规定性于自身之内。——这个对其自身有确定性的精神及其运动就是这规定性的应归之于每一个个别环节的真正的现实性和**自在自为的存在**。——因此,如果说前此的单一次序在其前进过程里通过关节点曾在该次序中表明了多次返回的特点,但从这些返回中走出来却又再次沿着单一路线迈进的话,那么它从现在起仿佛是在这些关节点上、在这些普遍的环节上被中断了,并且被分割成许多直线了,这些直线被合并为一束,同时也使自己对称地结合起来,使得每一条特殊的线在其自身内部得以赋形的那些同样的区别汇合在一起。——此外,从整个陈述中不言而喻地说明,这些普遍方向在这里所表象的并列安排应如何理解,即用不着多加解释的是,这些区别本质上必须只作为形成过程的诸环节而非各部分来把握;这些环节在现实的精神那里是它的实体的一些定语;但在宗教那里毋宁说只是主词的一些宾词。——同样,一切形式一般讲来**自在地**或者**对我们**而言诚然在精神内并且在每一个精神内都包含着;但是在精神的现实性那里一般起决定作用的东西仅仅在于,对精神而言,在它的**意识**里有什么样的规定性,在什么样的规定性里精神表现了它本身,或者在什么形态下精神认知到了它的本质。

[184]

{367}

[185]

在**现实的**精神和知道自己是精神的精神之间曾作出的区别，或者在它自身作为意识和作为自我意识之间曾作出的区别，就在根据自己的真理而知道自己的那种精神中被扬弃了；精神的意识和精神的自我意识就一致起来了。但正如宗教在这里还只是**直接的**那样，这种区别还没有返回到精神里。被建立起来的只是宗教的**概念**；在这个概念里，本质就是那自身是一切真理并在真理中包含一切现实性的**自我意识**。这个自我意识作为意识以自身为对象；因此那最初**直接**认知自身的精神对它自己说来就是在**直接性的形式**中的精神，而精神显现于其中的那个形态的规定性就是**存在**的规定

{368}

性。这种存在虽然既不以感觉或各种各样的材料也不以其他片面的环节、目的和规定来**充实**，而是以精神来**充实**，并且作为一切真理和现实性而得到认知。但这种**充实**以这种方式和它自己的**形态**并不同一，精神作为本质和它的意识并不同一。精神只有当它如同在**它的自我确定性**中那样也在自己的**真理性**中时，或者当它作为意识而分裂成的两端在精神形态中互为对方而存在时，它作为绝对精神才是现实的。精神作为它的意识的对象而采取的形态仍然是由精神的确定性亦即实体来充实的；由于有这种内容，那将对象降格为纯粹的对象性、降格为自我意识的否定性形式的情况就消失了。精神同它自身的这种直接统一是基础，或者说是意识**在其内部**分离的那个纯粹意识。精神以这种方式被封闭在自己的纯粹自我意识里，它就不是作为一般**自然界**的创造者而实存于宗教中；相反，凡是它在这种运动里所产生出来的东西，都是它的各种作为精神的形态，这些形态合在一起构成它的现象的完备性，而这运动本身则是通过它那些个别方面或者它的种种不完善的现实性而向它的完善的现实性形成的过程。

精神**最初的**现实性是宗教本身的概念，或者说，是宗教作为**直接的**因而是**自然的宗教**；在这里，精神把自己作为在自然的或直接的形态下自己的对象来认知。但是，精神的**第二现实性**必然是这样一种在**扬弃了的自然**

[186]

性的形态中、或在**自我**的形态中认知自己的宗教。因此它就是**艺术宗教**；因为这个形态由于意识的**创造活动**而提高到**自我**的形式，于是意识就在自己的对象中直观到自己的行为或自我。最后，意识的**第三种**现实性扬弃了前两个现实性的片面性；自我既是一个**直接的**东西，而**直接性**也同样是一

个**自我**。如果说在精神的第一现实性中一般就是在意识的形式中，在第二现实性中就是在自我意识的形式中，那么精神在第三现实性中就是在前两者统一的形式中；精神具有**自在自为存在**的形态；而且，既然它因此被表象为如同它是自在自为的那样，那么这就是**天启宗教**。但尽管精神在这里达到了它的真实**形态**，恰好这个**形态**本身和这种**表象**却还是未被克服的方面，精神必须从这一方面过渡到**概念**，以便在概念中完全消解掉对象性的形式，而概念同样包含它的这个对立面在自身内。这样一来，精神就把握住了它自身的概念，正如我们也只是刚刚才把握住这个概念那样，而精神的这个形态或精神的这一定在元素，由于这个形态即是概念，那就是精神自身。

一、自然宗教 {369}

那认知着精神的精神就是对精神本身的意识，并且对自己处于对象性东西的形式中；精神**存在**，——并且同时是**自为存在**。精神**自为地存在**，它是**自我**意识这一方面，也就是与它的意识那方面、或者说与作为**对象**的自己相联系的那方面相对立。在精神的意识里面存在着对立，因而存在着对精神由以显现自身和认知自身的那个形态的**规定性**。在对宗教进行考察时所关注的只是这个形态，因为精神的未具形态的本质或它的纯粹概念已 [187] 经给出了。但意识和自我意识的区别同时发生在自我意识的内部；宗教的形态既不包含精神的如同它是脱离了思想的自然那样的定在，也不包含如同它是脱离了定在的思想那样的定在；反之，宗教的形态是在思想内所获得的定在，正如它是一种自身定在着的被思想到的东西一样。——按照精神借以认知自身的这样一种形态的**规定性**，一个宗教便与另一个宗教区别开来；不过同时要注意到，按照这种**个别的规定性**对精神的这种自我认知的陈述，实际上并没有穷尽现实宗教的全体。那些将要得出的一系列不同的宗教，同样也只是再次陈述一个唯一的宗教、也就是**每个个别**宗教的不同的方面罢了，而且那些似乎将一个现实宗教在另一个现实宗教面前特别突出出来的表象也出现在每一个宗教里面。不过这种差异性同时也必须看成宗教的一种差异性。因为精神处于它的意识和它的自我意识的区别中，所以这一运动所具有的目标就是扬弃这个主要的区别并赋予本身是意识对象的那个形态以自我意识的形式。但是这个区别并不因为意识所包含的这些形态本身也拥有自我这一环节，以及上帝被**表象**为**自我意识**，就已经遭到了扬弃。**被表象的**自我并不是**现实的**自我；被表象的自我要是像这个形态的任何其他更为确切的规定那样在真理中属于这一形态，它就一方面必须通过自我意识的行为被置于这种形态之中，另一方面较低的规定必须显示出自己已被更高的规定所扬弃和包括了。因为被表象的东西之所以不再是被表象的东西和为自我的认知所感到陌生的东西，只是由于自我已将它创造出来了，因而把对象的规定作为它**自己**的规定来直观了，所以就在对象中直观到自己了。——通过这种能动性，那较低的规定同时就消失了；

{370}

[188]

因为这种行为是否定性的行为，它是以另一行为作为代价而实现出来的；低级的规定即使还会出现，那也已经退居到非本质性中去了；正如反过来说，当较低的规定还占统治地位时，更高级的规定却已经出现，它在别的规定的位置旁边占据着一个无自我性的位置。因此，如果说个别宗教内部的不同表象虽然呈现了它的诸形式的整个运动的话，那么每一个宗教的个性则是由意识和自我意识的特殊统一性所规定的，就是说，这种规定是因为自我意识已经把意识对象的规定在自身中把握到了，通过自己的行为已把这个规定完全据为己有了，并且将这个规定作为与其他规定相比是本质性的规定来认知。——把对于宗教精神的某个规定的信仰的真理性显示出来的是，**现实的**精神具有这种性状，如同它在宗教里借以直观自身的那种形态那样，——例如说出现在东方宗教里的神化身为人就不具有真理性，因为东方宗教的现实的精神不带有这种和解。——这里不打算从诸规定的总体性返回到个别的规定，并指出在什么形态下其余的规定的完备性被包含在这一个别规定及其特殊宗教里面。那较高的形式如果置回到较低的形式之下，那它对于已经被自我意识到的精神来说就会没有意义，而只是表面上属于精神，而且只属于精神的表象。较高的形式必须按照它自己特有的意义来考察，必须就它是这个特殊宗教的原则并就它已为它的现实精神所验证这方面来考察。

a. 光明本质

精神作为**本质**，也就是**自我意识**，——或者自我意识到的本质，它是一切真理并且把一切现实性都作为它自己本身来认知——与精神在自己的意识的运动中给自己提供的实在性相比，才刚刚只是**精神的概念**，而且这个概念与这种开显于外的白天相比，是精神本质之黑夜，与精神的各个环节即各个独立形态的定在相比，则是它的诞生之创造性的奥秘。这个奥秘自己在自身内拥有它的启示；因为定在在这个概念内有自己的必然性，这是由于这概念是自我认知的精神，因而在概念的本质中拥有成为意识并把自己对象性地表象出来的环节。——这是那纯粹的我，它在自己的外化中、在作为**普遍对象**的自身中，拥有它自身的确定性，或者说这个对象对它来说是一切思维与一切现实性的渗透。 [189] {371}

在这个自我认知的绝对精神之最初直接分裂为二的过程中，它的形态具有那样一种应归于**直接意识**或**感性**确定性的规定。绝对精神以**存在**的形式直观自身，但却并不是以那种属于感性确定性的、无精神性的、充满了感觉的偶然规定的**存在**的形式，相反，这是充满了精神的存在。这种存在同样也包含有在直接的**自我意识**中曾经出现过的形式，即主人的形式，这形式与精神的那个从自己的对象返回来的自我意识相对立。——这种充满了精神概念的**存在**因此就是精神自己与自己**单纯的**联系的**形态**，或者无形态性的形态。由于这种规定，这一形态就是日出之时包容一切、充满一切的纯粹的**光明本质**，它保持自身于它的无形式的实体性中。光明本质的他在是那同样单纯的否定者，即**黑暗**；它的那些特有的外化运动、它在自己的他在的无抵抗的元素中的那些创造就是光明的倾泄，这些光明的倾泄在其单纯性中同时就是它的自为形成和从其定在中的返回，是吞噬其形态的火流。光明本质所做出的区别虽然在定在的实体中繁衍滋长开来，并形成了自然界的各种形式；但其思维的本质上的单纯性却不停地和无法理喻地在这些形式中到处漫游，毫无限度地扩展着自己的边界，并以其崇高性消融了这些形式的直达壮丽的美。 [190]

这种纯**存在**所发展出来的内容，或者它的知觉活动，因此就是对这样一个实体的一种无本质的例示，这个实体只是**升起来了**，而没有**落入到**自身中成为主体，并且通过自我来固定它的各种区别。这个实体的诸规定只是一些定语，这些定语并未成长为独立性，而仍然只是具有多名的太一的各种名字。这个太一穿上定在的多种多样的力和现实性诸形态的衣装，就像戴着一个无自我的头饰一样；它们只是一些转达太一的威力、报告对它的庄严妙境的观感和传递对它的赞美之声、但却没有自身意志的信使。①

但是，这种令人晕眩的生活必须规定自身为**自为存在**，并且给予它这些消失着的形态以持存。那个让太一在其中把自己和自己的意识对立起来的**直接存在**本身就是消除太一的各个区别的**否定性的**力量。所以它在真理中其实就是**自我**；因而精神就向着以自我的形式认知自己这一方向过渡 {372} 了。纯粹光明把它的单纯性作为各种形式的无限性抛洒开来，它把自己作为牺牲奉献给自为存在，以便个别的东西可以在它的实体上取得持存。

b. 植物和动物 ②

自我意识到的精神走出无形态的本质而进入到自身，或者把它的直接性提高到一般自我上来，于是它就把自己的单纯性规定为自为存在的多样性，并且它就是精神**知觉**的宗教，在其中，精神分化为或弱、或强、或丰富、或贫乏的无数精灵的众多性。这种泛神论、这些精灵原子的最初**安静的**持 [191] 存，在自己本身中形成了**敌对性的**运动。那花朵的宗教只不过是无自我的自我表象，它的无罪状态过渡到严峻的斗争生活，过渡到**动物宗教**的罪恶，直观着的个体性的静止无力过渡到破坏性的自为存在。——采取从知觉的诸事物中把**抽象性的死亡**排除掉、并把它们提高到精神性知觉的本质这种办法并不解决问题；这个精神王国在赋予灵魂时，由于其规定性和否定性，本身就包含有死亡，这种否定性蔓延到了花朵宗教的那种无罪的漠不相干状态的头上。由于这种否定性，那分散成多种多样的静止的植物形态的过

---

① "信使"（Bote）一词，令人想起伊斯兰教所说的，"穆罕默德是真理的信使"。——中译者
② 此处贺、王译本注释："主要指印度的原始宗教。"不知是否有所本。——中译者

程就成为一个敌对性的运动,在这个运动中耗尽了这些植物形态的自为存在之恨。——这种分散了的精神之**现实的**自我意识就是一大群个别化了的、不合群的民族精灵,这些民族精灵由于它们之间的恨而相互作殊死的斗争,并且把特定的动物形态作为它们的本质来意识,因为它们无非是一些动物精灵,一些相互分离的、不以普遍性意识到自身的动物生命。

但是在这种恨中就耗尽了这纯粹否定性的自为存在的规定性,通过概念的这种运动,精神就进入到另一种形态。那**被扬弃了的自为存在**就是**对象的形式**,这形式是由自我创造出来的,或者不如说是被创造出来的自我、消耗自身的自我,也就是使自己成为事物的自我。因此这位劳动者对于那些只是相互撕咬着的动物精灵就占了上风,他的行为不是仅仅消极的,而乃是镇定的和积极的。精神的意识因此从现在起就是既超出那直接的**自在存在**又超出抽象的**自为存在**的运动。由于自在已被对立面降为一种规定性了,它就不再是绝对精神的特有形式,而只是一种现实性而已,这现实性发现自在的意识在与自己相对立时是一个普通的定在,并扬弃了绝对精神的这一形式;同样,这种现实性也不只是这个进行扬弃的自为存在,而且也产生出这个自为存在的表象,即产生出已向外建立为对象形式的自为存在。然而这种创造还不是完全的创造,而是一个有条件的活动,是对一个现成在手的东西的赋形。

{373}

[192]

c. 工　匠

于是精神在这里就显现为**工匠**,并且通过工匠的行为,精神把它自己作为对象创造出来,但是他还没有把握住他自己的思想,所以工匠的行为乃是一种本能似的劳动,就像蜜蜂建造自己的蜂房那样。

第一种形式由于是直接的形式,所以它是知性的抽象形式,而且这种作品在自己本身中还没有为精神所充满。金字塔和方尖碑的结晶体,直线与平滑的表面、与各部分的相等比例的单纯结合——在这种结合上清除了圆弧的不可通约性——就是这种严格形式的工匠的工作。由于这种形式的纯然理智性之故,这种形式并不是这些工作在自己本身中的含义,并不是精神性的自我。因此这些作品要么只在自身中把精神当作一个异己的、死去了的精神来接受，这精神已放弃了它同现实性的活生生的渗透，本身在死后栖居于这些没有生命的结晶体中；——要么这些作品只是外在地和精神相联系，即和这种精神相联系，这种精神本身是外在的，并且无非是作为精神而定在着——也就是和那东升的光明相联系，这光明把自己的含义投射给这些作品。

这个劳动着的精神由以出发的那种分离，即成了他所加工的材料的那种**自在存在**与作为劳动着的自我意识**这方面**的**自为存在**的分离，在他的作品里成为了他的对象。他的进一步的努力必须趋向于扬弃这种灵魂和肉体的分离，使灵魂在自己身上穿上衣装和赋有形态，而对肉体则赋予其灵魂。

{374}
[193] 这两个方面，当它们相互被推得更近了时，却同时保持着被表象的精神与其周围的外壳的相互对立的规定性；精神和它自身的一致包含着个别性和普遍性的这种对立。当作品在自己这两方面彼此靠近时，那么由此同时也就发生了另外一件事情，即作品更接近那劳动着的自我意识，而这自我意识在这作品中也达到了对他自己如何自在自为存在的认知。但是作品这样所构成的刚刚只是精神的**能动性**的抽象方面，这能动性还没有在自己本身中认知自身的内容，而是在其作为一个事物的作品中认知这个内容。工匠自身、整个精神还没有显现出来，而是一个还在内部隐藏着的本质，这本质作为整体只有被拆开为能动的自我意识和他所创造的对象时才是现成在手的。

因此，环绕四周的住房、外部的现实性，这种刚刚才被提高到了知性的抽象形式的东西，就被工匠加工成赋有灵魂的形式。他把有生命的植物用于这方面，植物的生命已不再像以前那种无力的泛神论那样是神圣的了，而是被他这个把自己当作自为存在的本质来把握的工匠看成某种可以使用的东西，并且被降回到外表的方面和装饰上了。但是，植物生命并不是不加改变地被利用，相反，自我意识到的形式的这位制作者同时清除了这样一种生命的直接实存在自身中具有的暂时性，并且使得它的有机形式更接近那些较严格、较普遍的思想形式。那在特殊性中听其自由蔓延的有机形式一方面被思想的形式所拘役，另一方面把这些直线和平面的形态提高到赋有灵魂的曲线，——这是一种混合，它成了自由建筑的根本。

这样一种寓所、精神的**普遍元素**的或无机自然的这个方面，现在也包含那**个别性**的形态在自身内，这种形态使得从前和定在分离开的、对定在是内在的或外在的精神更接近于现实性，从而使得作品与那能动的自我意识更加同一。制作者首先抓住一般**自为存在**的形式，抓住**动物的形态**。至于他不再在动物生命中直接地意识到他自己，他可以这样来证明，即他把自己建构为针对动物生命的创造力，并且他在作为**自己的作品**的动物生命中认知自己；这样一来，动物形态同时成了一种被扬弃了的形态，成了另一种含义的、即一种思想的象形文字。因此这动物形态也不再单独地、完整地为制作者所利用，而是和思想的形态、和人的形态混合起来。但是这个作品还缺乏自我作为自我而实存于其中的那种形态和定在；——这种作品还缺乏那种就凭它自身即表明它自身中包含有一种内在含义的东西，即缺乏语言，缺乏那现成在手地包含有充实意义的元素。因此，这种作品即使完全清除了动物性的东西并且在自身仅仅只拥有自我意识的形态，它也仍然是默不做声的形态，它还需要初升阳光的照射以便发声，[1]这声音是由光明引发的，也只是声响，而不是语言，只是显示了一种外在自我，而不是内在的自我。

[194]

{375}

和形态的这样一种外在自我相对立的是另外一种显示其自身拥有某种**内在东西**的形态。那返回到自身本质的自然把它那活生生的、个别化其自身的、在其运动中陷于迷乱的多样性贬低为一个非本质的外壳，这外壳是对**内在东西的掩盖**；而这内在东西暂时还是单纯的黑暗，是无运动的东西，是黑色的、无形式的石头。[2]

这两种陈述都包含有**内在性**和**定在**，——这是精神的两个环节；而这两种陈述同时是在对立的关系中包含着两个环节，既有作为内在东西的自我也有作为外在东西的自我。两方面必须结合起来。——那具人形的雕像柱的灵魂还不是出自内在的东西，还不是语言，还不是那在自己本身就有

---

[1]　指古埃及的一种叫作麦姆农（Memnon）的神像，该神像据说于日出时受阳光照射，能够发出一种音乐式的声音，但经现代人修复后遂失去了这一功能。——据贺、王中译本注。

[2]　指伊斯兰教圣地麦加的一块黑色石头，这块黑石至今仍受到信徒的礼拜。——据贺、王中译本注。

内在性的定在，——而且，多种形式的定在的内在东西还是无声的、自身
中无区别的东西，还是同它的领有一切区别的外部东西相分离的东西。——
[195]　因此，工匠就通过混合自然形态和自我意识到的形态而把两者结合起来，
而这种模棱两可的、本身是谜一般的本质，这种与无意识的东西纠缠不清
的有意识的东西，这种带有多种形态的外在东西的单纯内在东西，这种与
外在表现的明晰性相配合的思想的暗昧性，所有这些都爆发成了一种深奥
难解的智慧的语言。

　　在这种作品里不再有那种本能式的劳动，那种劳动曾经与自我意识相
对立而产生出无意识的作品；因为在这种作品里，支持着工匠由自我意识
构成的那种能动性的，是一个同样自我意识到了的、表述着自身的内在东
西。他在这里已努力把自己提升到使自己的意识分裂为二，以此来使精神
与精神相遇。在这自我意识到的精神和他自身的统一里，只要他对自己是
自己意识的形态和对象，那么他与直接自然形态的那种无意识的方式的种
种混淆就消除了。这些在形态、话语和行为业绩上的怪物就消解为精神性
的形态了，——消解为一种自身反省的外在东西，——一种从自身出发并
在自身上把自己表现在外的内在东西；消解为这样的思想，这思想是自我
产生的定在，是按照内在东西来维持自己形态的定在，而且是清楚明晰的
定在。这种精神就是**艺术家**。

{376}

二、艺术宗教

　　精神把它对自己的意识而言所处的形态提高到了意识自身的形式，并
且把这样的意识形式给自己创造出来。工匠放弃了**综合性的**劳动，即放弃
[196]　了把思想和自然这两种异质的形式**混合**在一起；由于这种形态赢得了自我
意识到的能动性的形式，工匠就成为了精神的制造者。

　　如果我们追问那在艺术宗教里具有对自己绝对本质的意识的**现实**精神
是什么，那么结论就是，它是**伦理的**或者**真实的**精神。它不仅只是一切个
别人的普遍实体，而且由于这实体对那现实意识来说具有意识的形态，这

就等于是说,这个具有个体化的实体是被那些个别人作为他们固有的本质和作品来认知的。所以实体对个别人来说,既不是光明本质,在光明本质的统一性里自我意识的自为存在只是消极地、只是在消失中被包含着,并且直观到它的现实性的主人;这实体也不是那些互相仇恨的民族不停息地互相消耗;也还不是把各个民族在各个等级上加以奴役,这些等级一起构成一个完整的有机整体的假象,但这整体却缺乏个体的普遍自由。反之,这精神乃是自由的民族,在这个民族中,伦常构成一切人的实体,一切人和每个个别的人都把这实体的现实性和定在当作自己的意志和行为业绩来认知。

　　但是伦理精神的宗教是精神超出自己的现实性的提升,是**从它的真理性中**返回到**对它自身**的纯粹认知。由于伦理的民族生活在与它的实体的直接的统一性里,还未在自身具有自我意识的纯粹个体性原则,所以这种民族的宗教只是在同这民族的**持存**相**分离**时才以其完整性出场。因为伦理实体的**现实性**一方面建立在它的静止的**不变性**之上而不同于自我意识的绝对运动,因而建立在这点之上,即自我意识还没有脱离它的静止的伦常和固定的信赖而反省到自身;——另一方面,建立在自我意识把权利和义务组织进一个多数性中、以及对各等级及其合作造成整体的那种特殊行为的聚合体都组织为一种分配方式之上;——因而建立在这点之上,即个别人对于他的定在的局限感到满意、还没有把握住他的自由的自我之无限制的思想。但是,对实体的那种静止的、**直接的**信赖则返回到了**对自身的**信赖,返回到了**对自己本身的确定性**,而权利和义务的多数性以及那有局限的行为,正如诸事物及其诸规定的多数性一样,乃是伦理东西的同一个辩证运动,——这种运动只有在自我确定的精神的单纯性里才找到自己的安宁和固定性。——因此,伦理在自由的自我意识上的完成,以及伦理世界的命运,就是自我反省的个体性,是伦理精神的绝对松弛,这种松弛使得它的持存之一切固定的区别以及它的有机划分的那个聚合体在自身解体了,而且使得精神自己完全无风险地达到了无限制的快乐和最自由的自我享受。精神在自身中的这种单纯的确定性具有双重含义,既是静止持存和固定的真理,又是绝对的不安息和伦理的消亡。但是这种确定性翻转为后一种情况,

[197]

{377}

是因为伦理精神的真理还刚刚只是这种实体性的本质和信赖，在这种信赖
中自我不知道他自身是自由的个别性，因而自我在这种内在性中或者在自
己成为自由时就走向了毁灭。所以由于信赖破坏了，民族的实体在自身沦
丧了，于是本来是无持存性的两端之中项的精神从现在起就走出来，进入
到了把自己作为本质来把握的自我意识那一端。这种自我意识就是自我确
定的精神，它对自己世界的丧失感到悲伤，现在就提升到现实性之上，而从
它的自我的纯粹性里把自己的本质创造出来。

　　在这样的时代里出场的是绝对的艺术；以前艺术是本能式的劳动，这
种劳动沉没在定在之中，出乎定在而又入乎定在地劳动着，它并不以自由
的伦理性为自己的实体，因而也不在劳动着的自我身上拥有自由的精神
的能动性。后来，精神超出了这种艺术，以便获得它的更高的呈现，——
即它不仅是从自我中诞生出来的**实体**，而且在它作为对象而呈现出来时就
[198]　是**这个自我**，不仅是从它的概念里诞生出来，而且拥有它的概念本身作为
它的形态，以至于这概念和所产生的艺术品相互把对方作为同一个东西来
认知。

　　所以，由于伦理实体从它的定在里收缩到自己的纯粹自我意识中，所
以自我意识就是概念方面或**能动性**方面，而精神就凭借这种**能动性**把自
己作为对象创造出来了。这能动性是纯粹的形式，因为个别人在服从和
服务于伦理时已经受够了一切无意识的定在和固定的规定，正如伦理实
体本身已成为了流动的本质一样。这种形式是这样一种黑夜，在其中实
体曾被背叛并使自己成为了主体；① 从这种纯粹自我确定性的黑夜里出
来，伦理精神现在就作为从自然中、从精神的直接定在中解放出来的形态
而复活了。

{378}　　　精神逸出自己的身体而进入到纯粹概念，这概念的**实存**就是精神所挑
选出来作为自己的痛苦的容器的一个个体。精神在这个个体身上是作为它
的普遍东西和力量而存在的，个体忍受着这种力量的强制，——作为他的

---

① 　这里暗示的是犹大的背叛，见《马太福音》26，20—21。——丛书版编者［中译者按：该注释
　　似乎不太符合这里的语境。］

悲情，一旦沉溺于这种悲情，他的自我意识便失去了自由。但普遍性的那种肯定的力量却被作为否定力量的个体的纯粹自我所战胜。这种纯粹的能动性意识到了它自身的不会失去的力，而与那未具形态的本质相拼搏；在成为这方面的行家时，这种能动性就把这悲情变成了自己的材料，并且赋予了自身以自己的内容，而这样一种统一性在普遍的精神被个体化和被表象时，就作为作品而涌现出来。

a. 抽象的艺术品

　　最初的艺术品作为直接性的艺术品，就是抽象的和个别的艺术品。就艺术品这方面来说，它必须从直接的和对象性的方式里走出来，针对着自我意识而运动，正如就另一方面来说，自我意识在祭拜中自为地趋向于扬弃它最初针对自己的精神所给出的那种区别，并由此趋向于把那种自身灌注生命的艺术品创造出来。　[199]

　　［**I. 神庙和神像**］艺术家的精神使自己的形态和自己的能动意识彼此间拉开最远距离的那种最初的方式是直接性的方式，即那个形态作为**一般事物**而**定在着**。——这形态以这种方式分裂为个体性与普遍性的区别，个别性在这种方式中具有自我的形态，普遍性则在与自我形态相联系时将那无机的本质呈现为自我的环境和住所。这种住所通过把全体提升到纯概念而赢得了自己的属于精神的纯形式。它既不是像死者所居住的或者为外在灵魂所照耀的知性式的晶体，也不是最初从植物中产生出来的自然形式和思想形式的混合物，在其中，思想的能动性还是一种**模仿**。毋宁说，这概念摆脱了那种还以根茎、枝叶紧贴在这些形式之上的东西，并且把这些形式纯化成这样一些形象，在其中，那晶体的直线和平面被提升为不可通约的关系，以致有机体的生气勃勃被吸收进知性的抽象形式，而同时它的本质即对知性的不可通约性也被保持着。

　　但是那居住在内的神乃是从畜栏中搬出来的、为意识之光所浸透的黑石头。那人的形态摆脱了曾经与它混在一起的动物形态；动物只是神的一种偶然的装扮；动物走在神的真实形态的旁边，并且不再独自有效，而是被降低为一种别的东西的含义，降低到仅仅只是符号。正因为这一点，　{379}

神的形态在自己本身中也摆脱了动物定在的那些自然条件的贫乏性，并暗示有机生命的内部机制融合进了这形态的表面，并且仅仅属于这个表面。——但是神的**本质**乃是自然界的普遍定在和自我意识到的精神的统一，后者在其现实性里显得是和前者相对立的。同时，神的诸种自然元素之一的定在首先是一个**个别的**形态，正如他的自我意识到的现实性是一个个别的民族精神一样。不过前者在这个统一体中是被反思到了精神中的那种元素，是被思想神圣化并与自我意识到的生命相统一的自然。因此这种神灵形态是把它的自然元素当作在它里面被扬弃了的东西、当作一种黯淡的回忆来拥有的。这些元素的自由散漫的定在的荒蛮本质和混乱争斗、即泰坦巨灵们的非伦理的王国被战胜了，并被放逐到了那个自身澄清了的现实性的边缘，放逐到那适应于精神并安驻于精神之中的世界的混浊的边境去了。这些古老神灵，这些光明本质和黑暗结合所分化出来的最早的产物，天、地、海洋、太阳、大地的狂暴的提丰之火 ① 等等，就被这样一些形态所代替，这些形态只有凭借对那些产物的黯淡的回忆，才与那些巨灵们还有点相似，并且已不再是自然的本质，而是自我意识到的诸民族的清澈的伦理精灵了。

[200]

因此这种单纯的形态在自身内清除了无穷的个别化的不安息——既清除了作为自然元素的个别化，这种自然元素只有作为普遍的本质才是必然的，但在它的定在和运动里却是偶然的，又清除了作为民族的个别化，这民族在分散为行为的特殊聚合体和自我意识的那些个别性的点时，具有多种多样的感觉和行为的定在——而被概括为安静的个体性。因此与这安静的个体性相对立的就是那不安息的环节，即与这种安静的个体性——**本质**——相对立的是**自我意识**，后者作为这种个体性的诞生地，除了是**纯粹的能动性**外，并没有为自身保留下任何其他东西。凡是属于实体的东西，艺术家完全把它交付给了他的作品，但却没有在自己的作品中给他本人作为一个特定的个体性带来任何现实性；他只有通过出让自己的特殊性，并

---

① 提丰（Typhon）为希腊神话中大地女神盖亚与冥王塔塔洛斯之子，有一百个头，眼中喷火，与宙斯争战失败，被压在埃特纳火山之下，但随时可能爆发。——中译者

将自己升华和提高为纯粹行为的抽象时,他才能使他的作品达到完成。——　[201]
在这种最初的、直接的创作里,作品和他的自我意识到的能动性之间的分
离还没有重新结合起来;因此那作品就它本身说并不是现实地赋有灵魂的
东西,而只有和它的**形成过程**放在一起,它才是一个**整体**。艺术作品中的　{380}
共同之处,即它是在意识中创作出来的并且是由人的双手制造成的,就是
那作为概念而实存的概念环节,这概念与艺术品相对立。并且如果这一概
念作为艺术家或观赏者无私到足以将这艺术品说成是它本身就绝对赋有灵
魂,而忘记了自己才是创造者或观看者的话,那么与此相反,精神的概念必
须得到坚持,精神是不可能缺少意识到它自身这一环节的。但是自我意识
这一环节是和作品对立的,因为精神在它的这种最初的分裂为二中分别给
予两方面以它们的抽象规定,即**行为**和存在的**事物**,并且它们向它们所由
以出发的那个统一体的返回还没有实现出来。

　　艺术家因而在他的作品里经验到,他并**没有**创造出一个**和他同样的**本
质。虽然从他的作品里有一种意识返还给了他,即意识到有一大批赞赏者
把作品推崇为那作为他们的本质的精神。但由于这种赋予灵魂只是把艺
术家的自我意识作为一种赞赏而回报给他,所以这种赋予灵魂倒不如说是
向艺术家供认了它与作品并不是同一的东西。由于作品是作为一般的快乐
而返回给艺术家的,所以艺术家便从其中感受不到他在训练和创作时的痛
苦,感受不到他在劳动时的艰辛。那些人尽可以还对作品加以评判,或不
论以何种方式向它献祭,将自己的意识置于其中,——当他们以自己的知
识凌驾于这作品之上时,则艺术家知道他的**行为业绩**要远远超出他们的理
解和议论;而当他们**从下面**仰视这作品,并在其中认识到那个统治着他们　[202]
自己的**本质**时,则他知道自己就是这个本质的匠师。

　　[**II. 赞美歌和神谕**]因此,艺术品要求它的定在有一种别的元素,神要
求一种另外的来源,不同于神从他的创造力的黑夜深处堕落到他的对方、
堕落到外在性和无自我意识的**物**的规定中的那种来源。这种更高的元素就
是**语言**,——这是一种本身是直接自我意识到的实存的定在。正如**个别的**
自我意识定在于语言中,同样它也直接作为一种**普遍性的**传播而存在;这
种自为存在的完全特殊化同时是众多自我的流动性及被普遍传达的统一

性；语言就是作为灵魂而实存着的灵魂。所以，将语言作为自己的形态之元素来拥有的神，就是自身赋有灵魂的艺术品，这艺术品在自己的定在里所直接拥有的纯粹能动性曾经是和那作为物而实存着的神对立的。或者说自我意识在它的本质成为对象性的过程中直接保持着自身。当自我意识如此在它的本质里呆在自身中时，它就是**纯粹思维**或默祷，它的**内在性**在赞美歌里同时也拥有了**定在**。赞美歌在自身内保持着自我意识的个别性，而这种个别性在被听见的同时又作为普遍的东西而定在着；在所有的人中蔓延开来的默祷就是那精神的洪流，这洪流在众多不同的自我意识里被意识到自己是一切人的同一个**行为**，是**单纯的存在**；精神作为一切人的这种普遍自我意识，既有它的纯粹内在性，同样也有那些个别的人在一个统一体里的为他存在和自为存在。

{381}

　　这种语言与神的另一种语言即那种并非普遍自我意识的语言相区别。艺术宗教的神的、以及前此各种宗教的神的**神谕**，是神的必然的、最初的语言；因为神的**概念**中同样也包含有这个意思，即神同时既是自然的本质又是精神的本质，因而神不仅拥有自然的定在，而且拥有精神的定在。只要精神这一环节才刚刚包含在神的**概念**中，还没有在宗教里实现出来，那么这语言对宗教的自我意识来说就是一种**异己的**自我意识的语言。那对自我意识的团契还是陌生的自我意识还并没有像它的概念所要求的那样**定在着**。自我是单纯的，因而也是全然**普遍的**自为存在；但是那从团契的自我意识分离开的自我，则只不过是一个**个别的**自我。这种特有的和个别的语言的内容是从这样一种普遍的规定性里产生出来的，凭借这普遍规定性，一般绝对精神就在自己的宗教里被建立起来了。——因此，那还未特殊化其定在的日出时的普遍精神，就说出了一些同样单纯而又普遍的有关本质的命题，这些命题的实体性内容在其单纯的真理性中是崇高的，但是由于这种普遍性之故，对那进一步继续教养自己的自我意识来说，它同时又显得陈腐了。

[203]

　　这个进一步得到教养并把自身提高到**自为存在**的自我，在实体的纯粹悲情方面、在日出的光明本质的对象性方面是行家，他将真理的那种单纯性作为**自在地存在着的东西**来认知，这种东西不是通过一种异己的语言来拥有那偶然定在的形式，而是把这形式**作为可靠的、不成文的神灵法则来拥有，这法则永恒地活着，谁也不知道它从何时开始出现。**①——正如由光明本质已启示出来的普遍真理在这里返回到了内部或底层，因而免除了偶然现象的形式那样，那么与此相反，在艺术宗教里，由于神的形态已假定了意识、因而假定了一般个体性，所以那本身是伦理民族之精神的神所特有的语言就是这样一种神谕，它知道这民族的特殊事件，并且宣示了对这些事件有用的话。但是，那些普遍的真理由于它们被认作**自在存在着的东西**，所以**认知着的思维**要求将它们归还给自己，这些真理的语言对于这思维就不再是异己的语言，而是自己特有的语言了。正如古希腊的那位哲人② 在他自己特有的思维中探求什么是善和美，反之，对于认知的那些全然偶然的内容，如和这个人或那个人交往对他是不是好，或者作这样一次旅行对一个熟人是不是好，诸如此类没有什么重大意义的事，他都交给那个灵异去认知，③ 同样，普通人的意识是从飞鸟或者从树木或者从蒸腾的土地那里——它的蒸汽使自我意识失去清醒——截取关于偶然之事的认知；因为偶然的东西是未加审慎的、异己的，因而伦理的意识也像掷骰子那样可以凭借一种未经审慎的、异己的方式对此做出决定。如果个别人通过他的知性来决定自己，通过深思熟虑来选择什么是对他有用的东西，那么这种自我决定是以他的特殊个性为规定性根据的；这种规定性本身就是偶然的东西，而知性对于什么东西有利于这个个别的人的认知因此也正是和那神谕或是抽签的认知一样的认知；只不过那求神谕或者求签的人因而对偶然的东西表现出一种漠不关心的伦理意向，反之，知性认知则把自在的、偶然的东西当作自己思维和认知的主要兴趣来对待。但是比这两者更高的是，虽然要对关于偶然行为的神谕加以深思熟虑，但却因为这行动在自己这方面

{382}

[204]

---

① 参看前面第 286 页黑格尔原注。——丛书版编者 [中译者按：这里指上卷贺、王译本第 289 页黑格尔所引索福克勒斯的悲剧《安提戈涅》第 456、457 两句，黑格尔自己所译的译文与这里稍有出入，那里译作："可以说，它不是今天和昨天，而是从来和永远／生活在那里，没人知道，它从何时开始出现。"]

② 指苏格拉底。——中译者

③ 黑格尔这里参考的似乎是柏拉图后期对话录《泰阿泰德》，参看柏拉图：《泰阿泰德篇》186a. 而关于苏格拉底的灵异，则参看 151a.——丛书版编者

和特殊的东西相联系以及对自己的有用性，而把这种深思熟虑的行动本身作为某种偶然的东西来认知。

精神在语言里——这语言不是异己者的语言，因而不是偶然的、非普遍自我意识的语言——所获得的真正自我意识到的定在，就是我们刚才看到的那种艺术品。这种艺术品和雕像的那种物性的东西相对立。雕像是静止的定在，刚才那种艺术品则是消失着的定在；在雕像里，对象性得到自由的释放，欠缺的是自己的直接的自我，反之，在刚才这种艺术品里，则对象性过于被封闭在自我中而太少获得构形，而且就像时间一样，当它在那里时立刻就不再在那里了。

[205]　[**III. 祭拜**]祭拜所构成的是两方面的运动，在这种运动中，在自我意识的纯感觉元素里**被激动起**的那个神的形态以及在物性元素中**静止**的神的形态，都相互放弃它们的不同的规定，并使统一性作为它们的本质之概念得到定在。在祭拜中，自我使得自己意识到神圣本质从其彼岸性降临到了自身，这样一来，神圣本质从前是非现实的东西以及只是对象性的东西，现在就获得了自我意识所特有的现实性。

{383}　祭拜这一概念已经自在地并现成在手地包含在赞美诗的歌唱的洪流里了。这种虔诚默祷是自我通过自身并且在自身内所得到的直接的纯粹满足。这自我是净化了的灵魂，这灵魂在这种纯洁性中直接地仅仅是本质并与本质为一。它由于其抽象性之故，并不是那种把自己的对象从自身区别开的意识，因而只是自己定在的黑夜，只是为自己的形态所**准备的场所**。因此**抽象的**祭拜把自我提高到成为这种纯粹的**神圣元素**。灵魂有意识地完成了这种纯洁化；但灵魂毕竟还不是在下降到自己的深处时知道自身是恶的那种自我，相反，它是一个**存在者**，是这样一个灵魂，它用水洗来净化自己的外在性，并且给这外在性穿上洁白的外衣，而它的内在性却经历了一条被表象为劳动、惩罚和报偿的道路，一条外化自己的特殊性的一般教化之路，灵魂通过这条道路去达到极乐家园和极乐共同体。

这种祭拜最初只是一种**秘密的**实行，亦即只是一种被表象出来的、非现实性的实行；祭拜必须要是**现实的**行动，一个非现实的行动是自相矛盾的。**本来的**意识借此才提高到自身的**纯粹**自我意识。本质在这种自我意识里具有一个自由对象的含义,通过现实的祭拜,这一对象才返回到自我,——而一旦这个对象在纯粹意识中具有纯粹的、住在现实性彼岸的本质的含义,这个本质就通过这一中介活动从它的普遍性下降到个别性,并且这样就和现实性结合在一起了。

至于这两个方面如何进入到行动中,这是这样规定的:即对自我意识 [206] 到的这方面来说,只要这方面是**现实的**意识,本质就呈现为**现实的自然**;一方面,现实的自然作为财产和所有物属于本质,并被当作一种并非**自在存在着**的定在;另一方面,自然是本质**自己特有的**、直接的现实性和个别性,而这种现实性和个别性也同样被它看作非本质并遭到扬弃。不过同时对这非本质的**纯粹**意识来说,那个外部的自然又具有**相反的**含义,即它是**自在存在着**的本质这种含义,对于这一本质,自我牺牲了自己的非本质性,正如这本质反过来自己牺牲了自然的非本质性方面那样。这行动之所以是精神的运动,是因为它是这样一种双方面的东西,一方面扬弃**本质**的如同默祷规定对象那样的抽象性,并使得这本质成为现实的东西,另一方面把如同行动者规定对象和规定自身那样的**现实的东西**提高到普遍性之上和之中。

所以祭拜行动本身开始于纯粹**奉献出**某种财物,这财物的所有者似乎对自己完全没有用处地把它泼洒在地,或者让它化作一缕青烟。在这种行 {384} 动中,在他的纯粹意识的本质面前,他对于占有这财物以及享受这财物的权利、对于自己的人格性和这行为向自我的回归都作了放弃,宁可把这行动反思到共相或本质,而不是反思到自身。——但是回过头来,在这个过程中那**存在着的本质**也同样消灭了。用作牺牲的动物就是神的**符号**;被吃掉的那些水果就是**活着的**谷神和酒神**本身**;——在动物中具有血性和现实生命的上界法权的权力死去了;而在这些水果中死去的是无血性的而占有着隐秘诡诈的力量的下界法权的权力。——神圣实体的牺牲,就这种牺牲是**行为**来说,是属于自我意识到的这一方的;这种现实的行为要是可能的,必须那本质自己已经**自在地**把自己牺牲掉了。它正是在赋予了自己以**定在** [207] 并使自己成为了**个别动物**和**水果**时作出这种牺牲的。因而,这本质已经**自在地**完成了的这种放弃就将这行动着的自我在定在中、并向自己的意识呈现出来了，而且以更高的、亦即以**它自身**的现实性去代替本质的那种**直接的**现实性。因为作为这种被扬弃的个别性和被扬弃的双方分离的结果而产生的统一性并不只是消极的命运，而且具有积极的含义。只有对于抽象的阴间的本质，为它所做的献祭才是完全奉献出来的，因而标志着把财物和自为存在反思到了和自我本身有区别的共相中。但同时这财物只是很微小的**一部分**，而别的献祭活动只是毁掉**一些**无用的东西，还不如说是把祭品用来准备宴席，而这场盛宴从这个行动中骗取了它的消极的含义。献祭者在那种最初的牺牲里留下了大部分，从中留下了有用的部分供**自己享受**。这种享受是扬弃**本质**同样也扬弃**个别性**的消极的权力，同时它也是积极的现实性，在其中，本质的**对象性的**定在被转变为**自我意识到的**定在，而自我也就具有了它和本质相统一的意识。

此外，这种祭拜虽然是一种现实的行动，然而它的含义却更多地只包含在默祷里；那属于默祷的东西并没有对象性地被创造出来，正如**享受**中的结果本身也被剥夺了它的定在一样。所以祭拜就更前进一步，首先这样来弥补这种缺陷，它以这种方式赋予自己的默祷以一种**对象性的持存**，即它就是那共同的、对每个人都可行的个别劳动，这种劳动为了神的荣耀而创造了神的住所和神的装饰。——这样一来，一方面雕像的对象性就被扬弃了，因为通过他的礼物和他的劳动的这种奉献，劳动者使得神对自己有好感，并且把自己看成是属于神的；另一方面这种行为也不是艺术家个别的劳动，相反，这种特殊性已消融在普遍性之中了。但是这里所成就的不只是神的荣耀，而神的好感的幸临也不只是在**表象**中滋润着那些劳动者，相反，这种劳动与前面那种外化的和异己荣耀的含义相比甚至具有颠倒的含义。神的住所和殿堂是供人使用的，而且在其中所保存着的宝藏在需要的时候也是属于人的；在神的装饰中，神所享有的荣耀就是富于艺术气质和宏伟气概的民族的荣耀。同样，在节日庆典里，这个民族也装饰他们自己的住所和衣装，以及用精美的器具装饰他们的日常生活。他们以这种方式为自己的奉献从那值得感恩的神那里接受了回报和神的好感的证明，在这一证明中，这民族通过劳动使自己与神相结合，不是在期望中，在以后的现实性中相结合，而是就在这荣耀的证实中和呈上献礼时，直接就有对该

[208]

{385}

民族自己的财富和饰品的享用。

b. 有生命的艺术品

一个通过艺术宗教的祭拜去接近自己的神的民族是一个伦理的民族，它把它的国家和国家的行动都作为它自己本身的意志和成就来认知。因此，站在这个自我意识到的民族对面的精神不是光明本质，后者没有自我，在自身不包含个别者的确定性，而只是这些个别者的普遍本质和个别者消失于其中的统治力量。因此，这种单纯而无形态的本质的宗教祭拜一般对于它的信奉者只给予这样的酬答，即他们是他们所信奉的神的民族；神为 [209] 他们挣得的只是他们的一般的持存和单纯实体，但并不是他们现实的自我，现实的自我毋宁被抛弃了。因为他们只是把自己的神推崇为空洞的深邃性，而不是作为精神来推崇。但是另一方面，艺术宗教的祭拜却缺乏本质的那种抽象的**单纯性**，因而也缺乏本质的**深邃性**。但是，那**与自我直接地结合为一了的本质，自在地**就是精神和**认知着的真理**，虽说还不是被认知了的或在自己的深邃处自己认知自身的真理。因此，由于本质在这里就在自身具有自我，所以它的显现对意识说来是亲切的，在祭拜中意识不仅获得了它的持存的普遍资格，而且还获得了它在这持存中自我意识到的定 {386} 在；正如反过来说，本质并不在一个卑贱的民族、一个仅仅被承认其实体的民族里具有无自我的现实性，而是在其**自我**也在民族实体内得到承认的民族里具有现实性。

于是，从祭拜里走出来的是在祭拜的本质中得到满足的那个自我意识，以及那个降临到自我意识就好像降临到自己的驻地的神。这个**驻地**自为地是实体的黑夜或者实体的纯粹个体性，但已不再是艺术家的紧张的个体性，不是还没有同它那成为**对象性的**本质达成和解的个体性，而是被满足了的黑夜，这黑夜自足地拥有自己的悲情，因为它是从直观里、从扬弃了的对象性里返回来的。——这**悲情**自为地是**日出**时的本质，但这个本质现在已到**日落**了，并且拥有自己的下沉、自我意识，因而也在自己本身拥有定在和现实性。——在这里所经历的是本质实现的运动。它从自己的纯本质性里下降到对象性的自然力及其表现时，就是一个为他的定在，一个为了那

使它遭到消耗的自我的定在。那无自我的自然之沉静的本质就在自己的果

[210]　实中抵达了这一阶段，在这阶段里，自然自身以将自身烹调好并加以消化
的方式向有自我性的生命提供出来；自然在其可以被吃和被喝的有用性中
达到了它的最高完满性；因为自然在这里面具有一种更高实存的可能性，
并触及到了精神的定在；——地祇 ① 在他的变形中一方面发育为沉静有力
的实体，另一方面则发育为精神的骚动，前者变形为女性养育原则，后者变
形为自我意识到的定在的自我推动力的男性原则。

　　所以在这种享受里，那个日出时的光明本质就透露出来它是什么了；
这享受就是光明本质的神秘仪式。因为神秘的东西并不是对一个秘密的隐
藏，或者是无知，而在于自我知道自己与本质为一，因而本质就被启示出来
了。只不过自我是向自己启示出来，或者说所启示出来的只是在自我的直
接确定性里的东西。但是在这种直接确定性里，通过祭拜所建立起来的是
单纯的本质；这种本质不仅把被看见、被摸到、被闻到、被尝到的定在作为
有用的事物来拥有，而且也是欲望的对象，并且通过现实的享受而与自我
合而为一，这样本质就完完全全透露给自我并启示给自我了。——当那个
本质被说成是向理性、向本心启示出来了时，实际上它还是秘密的，因为它
还缺乏直接定在的现实确定性，它既缺乏对象性的确定性，又缺乏享受性
的确定性，但后一种确定性在宗教里不仅是无思想性的直接的确定性，而
且同时是自我的纯粹认知着的确定性。

{387}　　因此，凡是通过祭拜在自我意识到的精神自身内向这精神启示出来的
东西就是**单纯的**本质，这种本质是这样的运动，一方面从它的黑夜的隐秘
处上升到意识，成为默默养育着意识的实体，但另一方面同样又迷失在阴

[211]　间的黑夜里，沉迷于自我中，而在上界只是带着对母亲默默的眷恋而逗留
在那里。——但这纯净的冲动是日出时的多名称的光明本质，是这本质的
令人晕眩的生命，这生命在同样放弃了自己的抽象存在之后，最初使自己
纳入到水果的对象性定在中，然后献身于自我意识并在其中达到真正的现

---

① 　地祇就是地神，在德文词典里面，Erdgeist 是地妖、地神，有点接近于我们中国的土地神、土
　　地公公，地神实际上就是丰产之神。——中译者

实性，——现在它像一大群狂热的妇女横扫四方，它是在自我意识到的形态中自然本性的放纵狂欢。

但是这里透露给意识的还只是作为这种单纯本质而存在的绝对精神，而不是作为在自己本身中存在的精神的绝对精神，或者说它还只是**直接的**精神、自然的精神。因此这精神的自我意识到的生命只是面包和酒的神秘仪式，只是谷神和酒神的神秘仪式，而不是其他的那些真正上界的神灵的神秘仪式，上界神灵的个体性是把自我意识本身作为本质环节包含于自身中的。所以精神还没有作为**自我意识到的**精神把自身献祭给那种神秘仪式，而那面包和酒的神秘仪式还不是肉和血的神秘仪式。

这种对神的没有固定性的狂欢必须安定在**对象**上，而那没有达到意识的满怀豪情必须创造出一个作品来，这作品面对着满怀豪情，虽然就像雕像面对着上述艺术家的满怀豪情那样，是作为一个同样完成了的作品，但却不是作为一个本身无生命的东西，而是作为一个**有生命的**自我。——一个这样的祭拜是人为了他自己特有的光荣所举行的庆祝仪式，不过还没有在这种祭拜中放进绝对本质的含义；因为最初启示给人的才刚刚是**本质**，还不是精神；还不是这样一种采取了**本质上**是人的形态的本质。但这种祭拜为这样一种启示奠定了基础，并且把这种启示的诸环节个别地彼此分开。所以，在这里是本质的活生生的**身体性**之抽象环节，正如前面在无意 [212] 识的狂热中是两个环节的统一一样。于是人就把他自身作为被教育和塑造成完全自由的**运动**的形态来代替雕像，就像雕像是完全自由的**静止**那样。当每一个个别人至少作为火炬手都懂得呈现自身时，有一个人就会从他们中脱颖而出，这个人就是那个造型运动，就是对各个肢体的精心塑造和它们的流动之力；——他就是一个赋有灵魂的、活生生的艺术品，这个艺术品以其美与强健相匹配，这样一个人就领受到了雕像曾经荣获的那种装饰，作为对他的力的赞扬，并且领受到了这样的荣誉，即他在他的民族中取代 {388} 了石头打造的神，成为他们的本质之最高肉体呈现。

在刚才所看到的这两种呈现里，现成在手的是自我意识和精神本质的统一，不过两者都还缺乏它们的平衡。在酒神的豪情里自我是在自身之外，而在美的身体性里却是精神本质在自身之外。前者的意识暗昧及其混乱的含糊不清必须纳入后者的清澈的定在,而后者的无精神的清澈也必须纳入前者的内在性。在那完善的元素中,内在性同样是外在的,外在性同样是内在的,这元素再次是语言,但它既不是在其内容中完全是偶然的和个别的神谕式的语言,也不是那情感性的、只是歌颂个别神灵的赞美歌,也还不是那酒神狂飙之无内容的含糊不清。相反,这种语言获得了自己清澈而普遍的内容;它这种**清澈的**内容是因为艺术家已经从前一种完全实体性的豪情中把自己制作成这样的形态,这形态是他自己独有的、在他的一切动作中都为自我意识到的灵魂所浸透并在一起共生的定在;它的**普遍的**内容则是因为,在这样一种本身就是人的荣耀的庆典里,那些只包含一个民族[213]精神、只含有神性的一种特定性格的雕像的片面性消失了。那位美的战士诚然是他这个特殊民族的荣耀,但他是一个身体化的个别性,在其中丰富、严肃的意义和精神的内在性格都沉没了,这性格承载着他的民族的特殊生活、关切、需要和伦常。在这样外化为完全的身体性时,精神把他作为民族的现实精神包含在自身内的自然本性的那些特殊痕迹和相似之处撒在一边。因此他的民族在这精神里所意识到的不再是他的特殊性,而毋宁是对特殊性的抛弃,是他的人性定在的普遍性。

c. 精神的艺术品

那些在一个特殊动物中意识到自己的本质形态的民族神灵汇集为一个民族精神;于是那些特殊的美的民族神灵联合成一个万神殿,这万神的元素和居所便是语言。对民族精神自身作为**普遍人性**所做的纯粹直观,在民族精神的现实性上具有这样的形式,即一个民族精神由于自然性而同其他民族精神构成一个国族（Nation）,并和其他民族在一个共同的事业上联合起来,为了这件工作而形成了全体民众,因而形成了一个全天下。然而,精神在它的定在中所达到的普遍性还只是最初的普遍性,这种普遍性才刚刚从伦理的个体性中走出来,还没有克服它的直接性,还没有从这些多民族性里面构造出一个国家来。现实民族精神的伦理性一方面建立在那些个别人对自己民族整体的直接信赖之上,一方面基于所有的人不管等级上有何区别都直接参加到政府的决策和行动之中。这种联合首先不是要建立一个

{389}

永久性的秩序，而只是为了采取一个共同的行动，在这种联合里，所有的人和每一个人那种参与的自由都**暂时**放在一边了。因此这种最初的公共性更多的是那些个体性的集合，而不是抽象思想的统治，否则抽象思想就会把那些个别人对全体的意志和行为业绩的自我意识到的参与都剥夺掉了。

[**I. 史诗**] [1. 史诗的结构] 民族精灵的集合构成各种形态的一个圈子，[214]这个圈子现在包括整个自然以及整个伦理世界在内。就连这两个世界，所服从的更多地也是那个"**一**"的**最高指挥权**，而不是服从它的**最高统治权**。它们自为地就是那**自我意识到的**本质**自在地**所是及所造成的东西的两个普遍的实体。但是这个自我意识到的本质所构成的是力，并且首先至少构成这个中心点，这中心点是那些普遍本质努力追求的，它最初好像只是以偶然的方式才把它们的工作结合起来。但是神圣本质之返回到自我意识，这已经包含着一种根据，使得自我意识构成了那些神圣之力的中心点，并且在两个世界之友好的外部联系形式底下隐藏着本质的统一性。

应归于该内容的这同一个普遍性，也必然具有这个内容在其中出场的那种意识形式。这意识不再是祭拜的现实行为，而是这样一种行为，它虽然还没有提高到概念，而是刚刚提高到了**表象**，它就已经提升为对自我意识到的定在与外部定在的综合性的联结了。这种表象的定在即**语言**是最初的语言，这就是**史诗**，作为这样一种史诗，它包含有普遍性的内容，至少是作为世界的**完整性**的内容，虽然还不是作为**思想的普遍性**的内容。史诗的**歌者**是个别的和现实的人，而史诗也就是从作为这个世界的主体的歌者那里生产出来和孕育出来的。他的悲情不是那令人震撼的自然力量，而是对于前述直接本质的记忆、回想、已形成的内在性和纪念。他是一个消失在 {390} 自己歌唱的内容中的工具，起作用的并非他自己的自我，而是他的缪斯、他的普遍的歌唱。但实际上现成在手的东西是一个推论，在其中普遍性的一端、神灵世界通过特殊性这个中项，就与个别性、歌者联结起来了。这个中 [215] 项就是民族的英雄，这些英雄也同歌者一样都是个别的人，但只是**被表象出来的**、因而同时是**普遍的人**，就像普遍性的自由一端、即神灵那样。

[2. 人与神] 于是在这种史诗里**呈现**给意识的，一般是在祭拜中**自在地**实现出来的东西，是神性的东西与人性的东西的联系。这内容是一个自己

意识到自己的本质的**行动**。这**行动**扰乱了实体的宁静，并且激发了本质，从而使得这本质的单纯性被分割而展现为各种自然之力和伦理之力的多样纷呈的世界。这行动是对宁静大地的破坏，是一座由鲜血赋予灵魂的墓穴，它召唤着那些死去的亡灵，它们渴望生命，而在自我意识的行为中获得了生命。[①] 这种普遍的努力活动所涉及到的事务形成了两个方面，**自我性的**这方面是由全体现实民族和其中出类拔萃的那些个体所完成的，而**普遍性的**那方面则是为各民族的实体性的力量所完成的。但是两个方面的**联系**刚才是这样规定的，即它是共相与个别东西的**综合的**结合，或者说它是**表象**。依赖于这种规定性而产生出对于这个世界的评判。——因此这两方面的关系乃是一种混合，这种混合把行为的统一性作了不一贯的划分，并且就把这行动不必要地从这一方面抛给另一方面。这些普遍的力量都具有个体性的形态，因而在自身就拥有行动的原则；因此它们的工作就显得是一种和人的行为一样自由的、完全由自身出发的行为。所以这些神灵就和人一样做出了同一件事。那些力量的严肃态度是一种可笑的多余，因为实际上它

[216]

们就是个体的行动之力；——而个体的辛勤劳动同样是白费力气，因为毋宁说是那些力量在操纵一切。——那些每天度日的、本身微不足道的有死者们，同时都是坚强有力的**自我**，他使那普遍的本质服从自身，冒犯那些神灵并且给这些神灵一般地带来现实性和行为的兴趣；正如反过来说，那些没有力量的普遍性要依靠人的奉献来养活自己，并且要通过人才得以有事可做，它们是一切事变的自然本质和材料，同样也是行为的伦理质料和悲

{391}

情。如果它们的那些始基性的自然本性要通过个体的自由的自我才被带入现实性和操控关系之中的话，那么在同样程度上它们也是这样的共相，这共相摆脱了这种结合，在自己的规定性中仍然是不受限制的，而且由于其统一性的不可克服的伸缩性，它消除了活动者的点截性及活动者的那些造型，它纯粹地维持着自身，并在自己的流动性里使一切个别的东西都化解

---

① 在黑格尔的《美学》第三卷的下册 146 页上面讲道："荷马并不是让俄底修斯下到一个现成的阴曹地府，而是让他本人在地下挖一个洞，宰了一头羊，把血灌到洞里去召唤亡魂，于是亡魂才不得不跑到他身边来，他叫一些亡魂喝了恢复元气的血，以便能够和他交谈，向他报告一些消息，至于其他挤上来要喝血的亡魂却被他用剑驱走。"——中译者

掉了。

[3.诸神自身间的关系] 正如那些神灵与那对立着的、自我性的自然本性处于这样一种矛盾着的联系中一样，他们的普遍性也同样与他们自己特有的规定、与这种规定与其他神灵的关系陷入了冲突。他们是永恒优美的个体，这些个体静守在自身特有的定在中，已摆脱了暂时性和异己的强制。——但是他们同时是些**特定的**元素、**特殊的**神灵，因而这些神灵就和其他神灵发生关系。但这种按其对立就是与其他神灵相争执的关系，却是对自己的永恒本性之滑稽可笑的① 自我遗忘。——这规定性植根于神圣的持存中，并在这持存的界限内拥有整个个体性的独立；而由于这种自我遗忘，他们的性格同时就失掉了突出的独特性，并在其多义性中混合起来了。——这些神灵活动的目的和他们的活动性本身，既然是针对着一个他者，因而针对着一个不可战胜的神力，就只是一种偶然的虚张声势，这种虚张声势同样也流散掉了，并将行动的表面上的严肃性转变为毫无危险的、自身安全的游戏了，这游戏既无结果也无成效。但是如果在神灵的神圣性的自然本性里，那否定的东西或它们的规定性只是作为它们的活动的不一贯性或者目的与成效的矛盾而显现出来，并且如果那独立的自身安全性对被规定的东西保持着优势，那么正由于这样，那**否定的东西**的**纯粹之力**就会站到这一自然本性的对面，也就是作为诸神灵不可超越的最终力量与之对立。这些神灵与那些经受不住他们的力量的有死者的**个别自我**相比，是共相和肯定的东西；但是那**普遍的自我**因此就作为**无概念的**、**空虚的必然性**而悬浮于他们之上，也悬浮于全部内容所属的这整个表象世界之上，——这必然性是一个事件，对于这一事件，他们的态度是无自我的、悲哀的，因为这些**特定的**自然本性并不发生在这种纯粹性里。 [217]

但这种必然性是概念的统一性，而那些个别环节的矛盾着的实体性是服从于这个统一性的，在其中，它们行为的不一贯性和偶然性得到了整理，而这些个别环节的诸行动的游戏便在它们自己那里获得了这游戏的严肃

---

① "滑稽可笑的"(komische) 在袖珍版的一个注中按照第三版 (C 版，即黑格尔去世后由 J.Schulze 于 1841 年出的修订本) 改为 "批评性的"(kritische)。——中译者

{392}　性和价值。那表象世界的内容自为而毫无约束地在**中介**里上演着自己的运动，并聚集在一位英雄的个体性周围，但这个英雄却在自己的力和美中感到自己的生命遭受了破坏，因预见自己的早死而感到悲伤。① 因为那**自身固定的和现实的个别性**被排斥到两头去了，并被分裂成了两个还没有相遇、还没有结合起来的环节。其中一个是那**抽象的**、非现实的个别者，它就是那并不参与到中介生命之中的必然性，正如那另一个环节即**现实的**个别者、歌者，它同样也置身于这个中介的生命之外并沉没在它的表象中。这

[218]　两端都必须向内容靠近；一方面必然性必须用内容来充实自身，另一方面歌者的语言必须参与这内容；而那前此被放任自流的内容则必须在自身中保持住否定的东西的确定性和固定的规定。

　　[**II. 悲剧**]于是这种更高的语言，即**悲剧**，就把本质的和行动着的世界中分散了的诸环节更密切地结合在一起；神圣东西的**实体**，**按照概念的本性**分化成它的各个形态，而这些形态的**运动**也同样是依照概念进行的。就形式来看，语言不再是讲述性的了，因为它已进入了内容，正如内容也不再是一种表象出来的内容一样。英雄本人就是言说者，而表象向那同时又是观看者的倾听者显示出来的是**自我意识到的**人，这些人**知道**自己的权利和目的，以及他们的规定性的力量和意志，并且懂得把这些东西**说出来**。他们是艺术家，他们不像那种伴随着现实生活里的日常行为的语言那样无意识地、自然地、朴素地说出他们决定和着手做的**表面东西**，而是要表现出内在的本质，证明自己行动的权利，并主张对他们所属的悲情不受偶然的情况和各种人格性的特殊性的拘束，而在其普遍的个体性中加以深思熟虑，做出确定的表述。最后，这些人物性格的**定在**是**现实的**人，这些人赋有英雄的人格，并在现实的、非叙述性的、而是自己特有的语言中，将这些英雄人格呈现出来。正如对雕像来说由人的双手将它做出来是本质性的，同样演员对于他的面具来说也是本质性的，——演员并不是艺术欣赏必须将其抽掉的外在条件，显然一旦在艺术欣赏中可以把演员抽掉，那么就凭这一

① 指阿喀琉斯参战前在平庸的长寿和英雄的早死之间所作的选择，参看黑格尔：《美学》第三卷（下），朱光潜译，商务印书馆1979年，第141页。——中译者

点即已说明,这艺术还没有在自身中包含自己本来的真实的自我。

[1.合唱队和悲剧英雄的中介作用]这些从概念产生出来的形态的运动所由以发生的**普遍地基**,就是对那最初表象式的语言和它的无自我性的、互相放任的内容的意识。①普通民众一般来说其智慧是在**老年人的合唱队**中表达为语言的;普通民众以此软弱无力的合唱队为其代表,因为普通民众本身只构成与他们相对立的那统治着的个体性之实证的和被动的质料。缺乏否定的力量,普通民众就不能够把神圣生活的财富和丰富多彩集合起来并捆在一起,而会让它们相互离散,在普通民众所献上的赞美诗里对每一个个别环节都当作一个独立的神来赞颂,时而是这个神,时而又是那个神。但是当普通民众觉察到概念的严肃性是如何破坏这些形态而越过它们阔步前进,当他们眼睁睁地看到他们所赞颂的神灵胆敢进入到为概念所统治的地基就会有多么糟糕的处境,这时他们自身并不是用行动进行干预的否定的力量,而是把自己保持在对那力量的无自我性的思想里,保持在对**异己命运**的意识里,并且带来一种要求安宁的空洞愿望和软弱无力的安慰话语。由于在那些作为实体之直接武力的更高力量面前、在这些力量的相互斗争面前以及在必然性的那个单纯自我、那个不仅粉碎那些依赖于更高力量的活生生的人甚至也粉碎那些更高力量本身的单纯自我面前感到**恐惧**,——又由于对这些活生生的人、这些被普通民众同时作为和自己一样的来认知的人的**同情**,②所以对普通民众来说,这时就只有对这一运动的毫无作为的恐怖,然后是无可奈何的怜悯,最后是空虚的、屈服于必然性的平静,这种必然性的工作既不被理解为人物性格的必然行动,也不被理解为绝对本质在自己本身中的行为。

在这种观看的意识里,亦即在表象活动的漠不关心的地基上,精神并

{393}

[219]

---

① 可参看黑格尔:《美学》第三卷(下),朱光潜译,商务印书馆 1979 年,第 301 页:"悲剧动作情节的一般基础,也和在史诗里一样,是由当时世界情况提供的。"——中译者

② 黑格尔在此暗指亚里士多德的悲剧理论,即把 ελεος(同情)和 ψοβος(恐惧)称之为悲剧的真正的效果质(Wirkungsqualitäten),参看亚里士多德:《诗学》第 9 卷。黑格尔追随莱辛,把 ελεος 和 φοβος 译作"同情"(Mitleid)和"恐惧"(Furcht);而"同情"(Mitleid)和"恐怖"(Schreken)这一译法被莱辛拒绝了。参看《汉堡剧评》第 2 卷。——丛书版编者

不在它的分散的多样性中出场，① 而是在概念的单纯的分裂为二中出场。因此精神的实体只呈现为撕裂成它的两端的力量。这些始基性的**普遍的**本质同时是一些自我意识到的**个体性**——英雄，这些英雄把他们的意识置于这两个力量中的一个，在这个力量中拥有自己的性格的规定性，并构成自己的操控作用和现实性。——这种普遍的个体化正如已提到的那样，还要下降到特有定在的直接现实性，并且在一大群观众面前表演，而这些观众在合唱队中拥有了自己的反映，或者不如说拥有了自己特有的自我表达的表象。

[220]

　　[2. 个体性对实体的三重限定]这里精神就是自身的对象，它的内容和运动已经被看成伦理实体的本性和实现了。精神在自己的宗教里达到了对自身的意识，或者说它在自己更纯粹的形式或更单纯的形态中把自己呈现给自己的意识。因此，如果说伦理的实体曾经通过自己的概念按照它的**内容**把它自身分裂为两个力量，这两个力量曾经被规定为**神的法权**和**人**的法权，或者下界法权和上界法权，——前者是**家庭**，后者是**国家权力**，——并且对两者来说，前者是**女性的性格**，后者是**男性的性格**，那么，那前此有多种形式并在自己的诸多规定中摇摆不定的神灵圈子就把自己限定在这样两种力量之上，这两种力量通过这种规定是更接近真正的个体性的。因为早先全体分散成了多方面的、被抽象出来的、显得是实体化了的力，这种分散是**主体的瓦解**，而主体只是把这些抽象出来的力作为它自身内的**诸环节**来理解，因此个体性只是那些本质的表面形式。相反，对**性格**的比上述区别更进一步的区别则必须归于偶然的和自在的外在人格性。

{394}

　　同时这本质是按照其**形式**或者按照**认知**来划分的。那**行动**的精神作为意识，与它所活动的对象、因而与被规定为这认知者的**否定的**对象相对立；这行动者由此便处于认知和无知的对立中。他出于自己的性格而选取自己的目的，并且将这目的作为伦理的本质性来认知；但是由于这性格的规定性，他只知道实体的**一个力量**，而另一个力量对他是隐藏着的。因此那当下的现实性**自在地**是另一种东西，并且对意识而言是另一种东西；那

---

① 丛书版为："精神在其并不分散的多样性中出场"，意思不明，兹据袖珍版。——中译者

上界的法权和下界的法权在这种联系里就意味着那认知的、向意识启示出 [221]
来的力量，以及那自身隐藏着的、在后面潜伏着的力量。**一个力量是光明**
面，是宣示神谕的神，这神按照其自然的环节而从普照一切的太阳中被产
生出来时就知道一切并启示一切，——即**福玻斯**和**宙斯**，后者是前者的父
亲。① 不过，这个预言之神的指示和他对**存在的东西**的昭示不如说是欺骗
性的。这是因为，这种认知在其概念中直接就是无知，因为**意识**在行动中
自在地本身就是这种对立。因此那有能力解开斯芬克斯之谜的人和那抱
有天真信赖的人② 都由于神所启示给他们的话而陷入毁灭。那位为美丽的
神代言的女祭师③ 无异于那些用双关的话预言命运的女巫，④ 这些女巫用
她们的预言致人犯罪，并在对于她们夸口有可靠性的事的一语双关中欺骗
了那个信赖显性意义的人。因此，比后面这种相信巫女的意识更为纯洁、
而比前面那种信赖女祭师和美丽的神的意识更为审慎、更为彻底的那种意
识，在面向父亲自身的鬼魂有关谋杀他的罪行的启示时，延宕着报仇行动，{395}
并且还去搜集另外的证据，——其理由是因为这个发启示的鬼魂也有可能
是魔鬼。⑤

　　这种不信赖之所以是有理由的，是因为那认知的意识把本身建立在对
自身的确定性和对于对象性本质的确定性的对立之中。伦理的法权认为，
现实性在与绝对法则的对立中**自在地**是虚无，这法权经验到的是，对伦理 [222]
的认知是片面的，它的法则只是它的性格的法则，它只是抓住了实体的一
个力量。行动本身就是把**所认知的东西**颠倒为它的**对方**，颠倒为**存在**，而
把性格和认知的法权翻转为在实体的本质中与这种法权相联接的相反东
西的法权，——翻转为另外一个从敌对方被激发起来的力量和性格即复仇
女神（Erinnye）。这种**下界的法权**同**宙斯**一起坐在宝座上，并且同启示的法

① 　根据希腊神话，福玻斯是阿波罗的别名，即光明之神，是宙斯和女神勒托的儿子。——中译者
② 　前者指俄狄浦斯，后者为泛指。——中译者
③ 　指德尔斐神庙的女祭司。——中译者
④ 　黑格尔这里涉及莎士比亚的《麦克白》，三位女巫的意义含糊的预言促使麦克白犯下谋杀
　　罪，她们自称为"命运的姐妹"（Schiksalschwestern）。——丛书版编者
⑤ 　黑格尔这里是指莎士比亚的《哈姆雷特》中由父亲的鬼魂所做的启示，见第 1 幕，第 5 场。
　　启示的鬼魂也有可能是魔鬼，这是哈姆雷特在第 2 幕第 2 场结尾时说的。——丛书版编者

权 ① 和认知的神享受同样的尊荣。②

合唱队的神灵世界就被那行动着的个体性限定在这三个本质上面。一个就是**实体**，它既是凝聚家庭的力量和家庭内互相尊重的精神，又是国家和政府的普遍的力量。由于这种区别属于实体本身，它并没有在表象里个体化成两个区别开来的形态，而是在现实性里拥有其诸性格的两种角色。反之，那认知与无知的区别是属于**每一个现实的自我意识的**——只有在抽象里、在普遍性的元素里，这区别才划分为两个个体形态。因为英雄的自我只拥有作为整体意识的定在，因而本质上就是那隶属于这一形式的**整体**区别；但是他的实体是规定了的，隶属于他的只是内容的区别之一个方面。于是，意识的在现实性中并不具有分离开的各自特有的个体性的这两个方面，在**表象**中则获得了每一方特殊的形态，——一个是发出启示的神的形态，另一个是保持在隐藏状态中的复仇女神的形态。一方面两者都享受同等的荣耀，另一方面那**实体**的形态宙斯则是两者相互联系的必然性。实体就是这样的联系③，即认知是自为的，但却把单纯的东西当作自己的真理，那使现实的意识得以存在的区别却把要消灭这区别的内在本质当作自己的根据，对**确定性**的明白**担保**则把**遗忘**当作自己的证实。

[223]　　　[3.个体性的没落]意识通过行动揭开了这一对立；在按照启示出来的认知而行动时，意识经验到这种认知的欺骗性，并且意识在按照对实体的一个定语忠实于内在东西④时却损害了实体的另一个定语，从而给予了后者以反对它自身的权利。它追随那认知的神，但所抓住的毋宁是那并未启{396}示出来的东西，并为自己相信了这种认知而受到惩罚，这种认知的模棱两可性由于是这种认知的本性，即使**对它来说**也必定已经现成在手，并且现成地是对它的一个**警告**了。女祭师的走火入魔、女巫的非人形态、树声和

---

① "启示的法权"在袖珍版中缺"法权"一词，兹据丛书版和考证版补上。——中译者

② 黑格尔在此以及在后面多处均指埃斯库罗斯的俄瑞斯忒斯悲剧中的结论，参看《欧墨尼德斯》[中译者按：复仇女神的别名，意为善心女神] 第 198 行以下，第 752—807 行，第 892 行以下。——丛书版编者

③ 下面有三个分句，贺、王译本标为 1、2、3。——中译者

④ 丛书版"内在的东西"（das Innere）作"内容"（der Inhalt），此处依袖珍版。——中译者

鸟语、梦境等等,并不是真理显现出来的方式,而是对欺骗、对不谨慎以及认知的个别性和偶然性加以警告的征兆。或者换句话说,被这意识所伤害的对立的力量作为已宣布的法则和有效的公正是现成在手的,不论它是家法还是国法;与此相反,意识所追随的曾经是它自己固有的认知,而那启示出来的东西则是把自己遮蔽了的。但是内容与意识的这两种互相出场对抗的力量,其真理性结果是这样的,即两者是同样地公正,并且正因此而在由行动所产生的两者对立中,它们也同样不公正。行为的运动证明了在两种力量和两个自我意识到的性格之相互毁灭中它们的统一性。对立与自身的和解就是死后在**下界**的**忘川**,——或者是**上界**的**忘川**,并不是作为对罪责的开脱,因为意识由于它已有的行动而不能否认罪责,而是为它的罪行开脱,是意识的赎罪性的安慰。两者都是**遗忘**,是实体的各种力量的现实性和行为的消失,是这些力量的个体性的消失,以及善和恶的抽象思想的诸力量的消失,因为它们中没有一个自为地就是本质,相反,本质是全体在自身内的静止,是命运的无运动的统一,是家庭和政府的静止的定在,因而是它们的无能动性和无生命性,是阿波罗和复仇女神的同等荣耀,因而是他们漠不相干的非现实性,以及它们的激活作用与能动性向单纯宙斯的返回。 [224]

　　这种命运最终使得天界成员越来越少,使得个体性与本质之无思想的混合的成员越来越少——这种混合使得那本质的行为显得是不一贯的、偶然的、配不上它的;因为对这个仅从表面附着上去的本质而言,个体性是非本质的东西。所以,当古希腊哲学家要求把这样一些无本质的表象排除掉时,①这种排除工作一般讲来在悲剧里已经开始了,因为实体的划分是受概念支配的,因而个体性就是本质性的个体性,而各种规定都是一些绝对的性格。因此,在个体性里所表象出来的自我意识只认识和只承认一个最高的力量,并且把这个宙斯仅仅作为支配国家或凝聚家庭的力量、而在认知的对立中仅仅作为正在成形的、关于**特殊东西**的认知之父来认识和承认,——以及作为宣誓和复仇的宙斯、**共相**和居于隐秘之所的内在东西的

---

①　黑格尔这里暗指塞诺芬尼和柏拉图对荷马和赫西阿德的神话故事的批判。——丛书版编者

{397}　宙斯来认识和承认。反之，那些从概念中进一步分散到诸表象里去的、各个相继为合唱队所认可的环节，却并不是英雄的悲情，而是从悲情陷落为了激情，——陷落为偶然的非本质的环节，这些环节被无自我的合唱队大加赞扬，但它们却并不能构成英雄们的性格，而且也不被英雄们当作自己的本质来诉说、来看重。

　　然而，就连神圣本质自身的那些角色以及它的实体的各种性格也都压缩为无意识东西的单纯性了。这种必然性针对自我意识具有的规定，就是要成为对所有出场的各个形态的否定的力量，不是在这个力量里认识自己，毋宁说是在其中毁灭自己。这个自我只是在被分配给**各个性格**时才出场，而不是作为运动的中介出场。但是自我意识、自我的单纯**确定性**实际

[225]　上就是那否定的力量，是宙斯、**实体性**本质和**抽象**必然性的统一，这就是一切事物所要返回的精神统一。由于现实的自我意识仍然与实体和命运有区别，所以它**一方面**就是合唱队，或者不如说是观看的群众，他们使这种神圣生活的运动作为**陌生的事**而充满着恐惧，或者在心里把这个运动作为亲切的事而只产生一种无所行动的**同情**的感动。另一方面，只要意识参加行动并隶属于那些性格，那么这种联合就是外在的，是一种**伪装**，因为真正的联合即自我、命运和实体的联合还不是现成在手的；那在观众面前出场的英雄就分裂为他的面具和演员、分裂为角色和现实的自我了。

　　这些英雄的自我意识必须从它的面具里显露出来并呈现自身，表明它知道自己既是合唱队的神灵的命运、又是诸绝对力量自身的命运，并且不再同合唱队、同普遍意识相分离。

　　[**III. 喜剧**]于是**喜剧**首先就具有这一面，即现实的自我意识把自己呈现为神灵的命运。这些始基性的本质作为**普遍的**环节不是自我，也不是现实的。它们虽然配备有个体性的形式，但是这种形式对于它们只是想象出来的，并不自在自为地适合它们本身；那现实的自我并不以一个这样的抽象的环节作为自己的实体和内容。因此它、这个主体，就被提升到超出这样一个抽象环节之上，如同它被提升到超出一个个别属性之上那样，并且通过戴上这样一种面具就表现了对这面具想要独自成为某种东西的反讽。普遍本质性的这种装腔作势在自我的身上就暴露出来了；正是由

{398}

于这种装腔作势、想要成为某种正气凛然的东西，它才表明自己落入了某种现实性的陷阱并摘下了面具。自我在这里是以自己作为现实的含义出场的，它戴着面具表演，这面具它一旦戴上，它就要充当自己的角色，——但是它同样马上又从这种假象中以自己的固有的赤裸和粗俗脱颖而出，并表明这种赤裸粗俗与真正的自我、与演员以及观众都是没有区别的。

[1. 神圣实体的双重本质性]已成形的本质性一般说在其个体性中的这种普遍的解体，在它的内容上越是严肃，并且正是就这内容越是具有严肃和必然性的含义而言，这种解体因此也就越是戏弄人、越是尖刻。神圣的实体在自身内结合有自然的本质性和伦理的本质性的含义。就自然物来看，现实的自我意识在使用自然物来装饰自身、来修建住宅等等，并用自己的祭品大摆宴席的时候，就已经表明自己是这样一种命运，这命运的奥秘、即自然的自我本质性是怎么一回事的奥秘已泄露出来了；在面包和酒的神秘仪式里，自我意识将自然连同内在本质的含义一起据为己有，而在喜剧里，它就意识到这种含义的一般的反讽性了。——现在就这种含义包含有伦理的本质性而言，一来，这个本质性就是民族，因为民族的两方面就是国家或真正的人民，以及家庭—个别性；二来，它就是对共相的自我意识到的纯粹认知或理性思维。——这些**人民**即普遍聚合体知道自己是主人和主权者，同时也知道自己的知性和明见应该受到尊重，于是他们就被自己现实性中的特殊性所强制和诱惑，并呈现出他们对自己的看法与他们的直接定在之间、他们的必然性与偶然性之间、他们的普遍性与卑鄙性之间的可笑的反差。如果他们那从共相脱离开的个别性原则在现实性的本来的形态中出起风头来、公开挟持并安排那以个别性原则为自身隐患的共同体，那么这就更加直接地暴露出作为理论的共相与在实践中所关心的共相的反差，暴露出直接个别性的目的从普遍秩序中获得的完全解放和这个别性对这秩序的嘲弄。

[2. 神圣本质性被架空，成为偶然个体性的游戏]理性的**思维**使神圣本质解除了它的偶然形态，与合唱队的无概念的智慧相对立，这种智慧提出了各式各样的伦理格言并且认可一大堆法则、特定的义务概念和权利概念，与之相反，理性思维把这些东西提高为**美**和**善**的单纯理念。——这个

[226]

[227]

抽象的运动就是对这些准则和法则本身中所具有的辩证法的意识，从而也就是对这些准则和法则以往显现于其中的那种绝对有效性的消失的意识。

{399}　由于表象赋予那些神圣本质性的那个偶然规定和表面个体性消失了，所以这些神圣本质性就其**自然**方面来看还拥有的就只是它们赤裸裸的直接定在，它们是云，一种消失着的烟雾，就像那些表象一样。①按照它们的**被思维**的本质性，它们就成为了**美和善**的**单纯**思想，这些思想容纳得了用任何想要的内容加以填充。这种辩证的认知之力任凭行动的特定法则和准则沦陷于快乐和因快乐而受到诱惑的少年轻狂之中，而对局限于生活的个别细节的老年人的忧患来说则提供了欺骗的武器。所以美和善的纯粹思想就表现出这样的喜剧，也就是从这种意谓中摆脱出来，这种意谓既包含自己的作为内容的规定性，又包含自己绝对的规定性、包含对这意识的执着，于是这种纯粹思维就成为了一场空，并正因此而成为了偶然个体性的意谓的和任意的游戏。

　　[3.确知自己即绝对本质的个别自我]于是，以前无意识的、持存于虚空的静止和遗忘中的、与自我意识分离的命运，在这里就和自我意识结合起来了。**个别的自我**就是否定之力，凭借这种力并且在这种力中，诸神以

[228]　及他们的各环节、定在着的自然和对自然的诸规定的思想都消失了；同时，个别的自我并不是消失的空无，而是保持其自身于这种虚无性里，存在于自身中并且是唯一的现实性。艺术的宗教在个别的自我意识里完成了自身并且完全返回到了自身。由于个别意识在自己本身的确定性中就是个别自我，而个别自我则显示为这种绝对的力量，于是这绝对力量便失掉了一个**被表象的东西**的形式、一个与一般**意识**相**分离**、相陌生的东西的形式，如同那些雕像、甚至那些有生命的美的形体、或者史诗的内容和悲剧中的各种力量与人物曾经所是那样的形式；——甚至这种统一也不是祭拜和神秘仪

---

①　黑格尔这里指的是阿里斯托芬的喜剧《云》，这部剧针对的是以苏格拉底为代表的哲学教育。苏格拉底教导来他的学校学习的斯崔普西阿德说，民族的诸神都不是真神，云才是真神。云标志着迷雾、晨露和影子。斯崔普西阿德想从苏格拉底那里学习从债权人那里捞回钱财的技术。他派他的儿子斐狄庇德斯去学习如何使一件坏事取胜。为此目的在善事的代表和坏事的代表之间展开了一场雄辩术的对决，而赢得胜利的是坏事的代表。——丛书版编者

式中**无意识的统一**；——而是演员真正的自我和他的角色相重合，正如观众在表演给他看的那个自我中感觉完全是自己家里的人、就像看他们自己在表演一样。这个自我意识所直观到的是，在本质性的形式所假定为与自我意识相对立的那种东西中，在这种东西的思维中，定在和行为反而都消融和被放弃了，这是一切普遍的东西向自身确定性的返回，因此这种自身确定性就是对一切异己的东西的完全无所畏惧，是它们的完全无本质性，而且是意识的一种健康状态以及自安于健康状态，这种情况是除了在喜剧中以外再也找不到的。

三、天启宗教 {400}

　　通过艺术的宗教，精神便从**实体**的形式跨进到了**主体**的形式，因为艺术的宗教**产生出**主体的形态，因而在这种形态中建立起了**行为**或**自我意识**，这种自我意识在令人恐惧的实体里只是消逝着的，并且在信赖中把握不住自己本身。神圣本质的这种化身为人从雕像开始，雕像在自身只具有自我的**外在**形态，但**内在的东西**、这形态的能动性却落在它的外面；但是在祭拜中这两方面就成为一体了，而在艺术宗教的结果里这种统一性在完成了自身的同时也转到了自我这一端；精神一旦在意识的个别性中完全对自身有了确定性，在它里面一切本质性就都沉没了。将这样一种轻狂表达出来的这个命题说的是：**自我是绝对的本质**；那个曾经是实体并且在其中自我曾经是偶性的本质现在被降低为宾词了，而精神在**这种自我意识**里没有任何东西以本质的形式与它相对立，于是就把本质的**意识**丢失了。[229]

　　[I. 天启宗教的形成]自我是绝对本质这一命题不言而喻是属于那非宗教的、现实的精神的，必须回想一下，表达出这一命题的精神形态是什么样的。这形态同时将包含那个命题的运动过程和倒转过程，这倒转把自我降低为宾词，并把实体提高为主体[主词]。也就是这种情况，即那倒转过来的命题并不是**自在地**或者**对我们来说**使实体成为了主词，或者换句话说，把实体这样恢复起来，以至于精神的意识返回到它的开端，返回到自然的

宗教,而是要使得这种倒转**对于自我意识**本身并且**通过自我意识**本身而得到实现。既然这个自我意识是有意识地放弃自身,所以它就将在自己的外化中得到保持,并且仍然是实体的主体,但正是作为自身外化了的东西,它同时就具有这个实体的意识;或者说,既然自我意识通过自己的牺牲才**产生**出了作为主体的实体,所以这个主体仍然是它自己特有的自我。这样一来就会走到这一步,即如果就这两个命题来看,在前一个实体性的命题中①主体只是消逝着的,而在第二个命题中实体只是宾词,因而双方每一方都现成地带有价值上相互对立的不同一性,——于是就会达到这两种本性的

{401} 结合和渗透,在这种结合和渗透中双方以同等的价值既是同样**本质性**的,但又同样只是作为**环节**;所以这样一来,精神既是把自身当作自己的**对象性**实体的**意识**,又同样是一种保持在自身之内的单纯的**自我意识**。

[230]　　艺术的宗教属于伦理的精神,我们早先看到这种精神曾在**法权状态**中沉沦了,沉沦于这个命题:**自我作为自我,作为抽象的人格,就是绝对的本质**。在伦理生活里自我沉没在自己民族的精神中,它是**充实的**普遍性。但是**单纯的个别性**从这个内容里脱颖而出,它的轻狂把这种个别性纯化为人格,纯化为权利的抽象普遍性。在这种抽象普遍性里伦理精神的**实在性**就丧失了,各民族个体的那些空无内容的神灵被聚集在**一个万神殿**里,并不是聚集在一个表象的万神殿里,这表象的无力的形式可以使每个民族个体得到满足,而是聚集在抽象普遍性、纯粹思想的万神殿里,这种纯粹思想使那些神灵失去身体,并且赋予那无精神的自我、个别的人格以自在自为的存在。

　　但是这个自我由于它的空虚性而将内容放走了;这种意识仅仅在**自身中**是本质;它自己特有的**定在**即在法律上人格的被承认是未经充实的抽象;因而它毋宁只占据着对它自己的思想,或者说,它既是**定在于此**并且知道自己是对象,它也是**非现实的东西**。因此它只是斯多葛式的**思维独立性**,而这种思维独立性历经整个怀疑意识的运动,便在那样一种曾被称为**不幸的自我意识**的形态里发现了自己的真理性。

---

① 在 A 版和 B 版中是"在前一个实体性中"。——袖珍版编者

不幸的意识知道抽象人格的现实效用是怎么回事,同样也知道抽象人格在纯粹思想里的效用是怎么回事。它知道这样一种效用其实倒是完全的损失,不幸意识本身就是它自己所意识到的这种损失和它对自身认知的外化。——我们看到,这种不幸意识构成了那自身中完全幸福的意识即喜剧意识的反面和补充。一切神圣本质①都返回到喜剧意识里,或者说喜剧意识是对**实体**的完全**外化**。与之相反,不幸意识倒转来却是应该自在自为存在的**自我本身确定性**的悲剧命运。它就是对于在自己的**这种确定性**中损失 [231] 了一切**本质性**的意识,是对于恰好把对自己的这种认知——无论是实体还是自我,都损失掉了的意识,不幸的意识是痛苦,这痛苦用这样一句冷酷的话说出来,就是**上帝已经死了**。②

因此在法权状态下伦理的世界和伦理世界的宗教就在喜剧意识里沉没了,而不幸意识就是对这**整个**损失的认知。对不幸的意识来说所丧失的不 {402} 但有它的直接人格性的自身价值,而且有它的间接的、**被思想到的**人格性的自身价值。同样,对诸神的永恒法则的信赖也沉寂了,正如那些对特殊

---

① 袖珍版中是"一切神圣本质"(alles göttliche Wesen),丛书版为"这个神圣本质"(das göttliche Wesen)。

② 黑格尔在这里提请注意的是对基督教神学的一种绝非通常的表达方式,它首先是由马丁·路德如此鲜明地提出来的。参看《马丁·路德全集》考订版第 50 卷,魏玛 1914 年版,第 589 页:"因为我们基督徒必须**习惯于**基督中两种本性/在人格上的平等和各自独立/神作为基督和人存在于一个人中/因此凡是把他作为人来谈论的/也必然是对神的谈论/就是说/基督死了/而基督是神/所以上帝死了/并不是一个孤立的上帝/而是一个与人结合着的上帝/因为关于一个孤立的上帝这两者都是虚假的……"在黑格尔的《宗教哲学讲演录》中他以类似的关联而涉及路德教的赞美诗。显然,一首 17 世纪的赞美诗由于其艰深的表达方式而受到一般人多方面的指责,参看"约翰·里斯腾的天国之歌/以极为柔美优雅的/由卓越而广负盛名的 H.Johann Schop/所恰如其分地谱成的曲调/现在刮目相看/将完全不同的、更加正确的秩序带进统一/有多处改进/并以一种有利的方式装订",纽伦堡,1658(也参看 J.Porst:《宗教的和爱情的赞美歌》,柏林 1796 年,第 114 首),其中第二节是这样的:

> 啊,伟大的受难!
> 上帝本人死在那里/
> 死在了十字架上/
> 祂由此而给我们
> 从爱中赢得了天国。

——丛书版编者

事情曾经提供认知的神谕也沉寂了一样。那些雕像现在是些僵尸，其中有生气的灵魂已经远遁，正如赞美诗现在是些言词、其中的信仰已经远遁一样；诸神的供桌上没有了精神性的饮食，而从信仰的游戏和节日庆典而来的意识与本质的那种愉快的统一也对意识一去不返了。缪斯的作品缺乏的是当初从诸神和人的毁灭中在精神上产生出对自己本身的确定性的那股精神之力。它们现在就是它们对我们所是的那样，——是已经从树上摘下来的美丽的果实，一个友好的命运把它们呈递给我们，就像一个少女把那些果实呈献给我们一样；这里没有它们的定在的现实生命，没有挂满这些果实的果树，没有构成它们的实体的土壤和诸元素，也没有决定它们的规定性的气候，更没有支配它们成长过程的四季转化。——这样，命运把那些艺术品给予我们的同时却没有把它们的世界、把那些艺术品当时在其中开花结果的伦理生活的春天和夏天一并给予我们，而仅仅给予了我们对于这种现实性的朦胧的回忆。——所以我们欣赏这些艺术品的行为并不是礼拜

[232] 行为，似乎通过这种礼拜行为，我们的意识就会达到完备的充实的真理一样，相反，它是外在的行为，它从这些果实上，例如说擦去雨点和灰尘，并且不是树立起围绕着、生产着和激活着伦理东西的那个现实性的各种内在元素，而是建立起它们的外部实存、语言、历史的东西等僵死元素的泛泛而谈的草图，不是为了自己去生活于其中，而只是为了把它们在自身中表象出来。但正如那个把摘下来的果实呈递出来的少女要超过那直接提供出果实并扩展到这果实的条件和元素、树木、空气、阳光等等之上的自然界，因为她以一种更高的方式通过自我意识的眼光和她呈献果实的姿态对这一切作了总括，所以同样，命运中把那些艺术品提供给我们的精神也超过那个民族的伦理生活和现实性，因为这精神乃是对这些艺术品里还处于**外在化中**的精神所进行的**深入内部的回忆**，——它是悲剧命运的精神，这命运把所有那些个体的神灵和实体的定语都集合成一个万神殿，集合成自己将自己意识为精神的精神。

产生出将自己意识为精神的精神的一切条件都现成在手了，并且它的这些条件的总体就构成这个精神的**形成过程**，构成它的**概念**或**自在存在着**的起源。——艺术的各种创造的圈子囊括了绝对实体外化的各种形式；绝

对实体在个体性的形式中作为一个事物、作为感性意识的**存在着的**对象而 {403}
存在，——作为纯粹的语言或者作为形态的形成而存在，这种形态的定在
并不是走出自我之外的，而且它是纯粹**消失着的**对象；——作为与普遍的
自我意识在其豪情中的直接**统一**并作为祭拜行为里被中介了的统一而存
在；——作为**自我性的**美的**形体**，并且最后，作为提高到了**表象**的定在以及
由这种定在扩展成一个世界而存在，这世界最后被概括为普遍性，而这普
遍性同样**是这世界自身的纯粹确定性**。——这些形式，以及另一方面**人格**
和权利的**世界**，在内容中释放出来的元素的恣意妄为的野性，正如斯多葛
主义的**思维中的**人格和怀疑主义意识之无休止的不安一样，构成诸形态的 [233]
外围线，这些形态都期待着、拥挤着要跻身于那作为自我意识形成起来的
精神的诞生地的周围；而不幸的自我意识的渗透一切的痛苦和渴望就是它
们的中心点，是这种精神赖以产生的共同的分娩阵痛，——这就是把那些
形态作为自己的各环节包含着的纯粹概念的单纯性。

　　[**II.绝对宗教的单纯内容：上帝化身为人的现实性**]这精神在自身有两
个方面，即上面作为两个倒转的命题被表象的方面：一个方面是**实体**自己
把自己本身外化而成为了自我意识，另一方面则倒过来，**自我意识**把自己
本身外化而造成了事物性或普遍的自我。双方以这种方式相向而行，由此
而产生了它们的真实的结合。实体的外化，实体之成为自我意识，这表明
了向对立面的过渡，表明了**必然性**的这种无意识过渡，或者表明了实体**自
在地**就是自我意识；反之，自我意识的外化表明了它**自在地**就是普遍本质，
或者说，由于自我是纯粹的自为存在，它在它的对方里仍然是在它自身中，
所以这表明了**对自我意识而言**实体就是自我意识，正因此实体就是精神。
因此关于这种放弃了实体的形式并以自我意识的形态进入到定在中的精神
就可以这样说——如果有人愿意采用取自自然生育的关系来说的话——，
精神有一个**现实的**母亲，但却有一个**自在存在的**父亲；因为**现实性**或自我
意识，以及作为实体的**自在**，是精神的两个环节，通过两者的相互外化，每
一方变成另一方，精神就作为双方的这种统一而进入到定在。

　　[**1.神圣的自我意识的直接存在**]只要自我意识仅仅片面地把握**它自己
的**外化，即使它的对象因而对它来说已经既是存在又是自我，而且它知道

一切定在都是精神的本质，然而这真实的精神却还并未因此就变成了为它
{404}　的，如果存在一般或实体没有**自在地**同样从实体一方也自己把自己外化出
去而成为自我意识的话。因为那样一来，一切定在都只是**从意识的立场看**
[234]　才是精神的本质，而不是自在地本身就是如此。精神以这种方式只是为定
在**想象出来的**；这种想象就是**迷狂**，它给自然和历史，给世界和那些先行宗
教的神秘表象附加上另外一种内在的意义，既不同于它们在自己的显现中
直接呈现给意识的意义，而且在这些宗教看来，既然它们都曾经是自我意
识的宗教，所以也不同于自我意识在这些宗教中所认知的意义。但是这种
含义是借过来的，是一件外衣，它并未掩盖那赤裸裸的现象，并未为自己赢
得任何信仰和崇敬，而是停留于意识的阴沉沉的黑夜和特有的出神状态。

　　因此对象性的东西的这种含义不会是单纯的想象，所以它必定是**自在**
存在着的，这就是说，**首先**，它对意识来说必定是发源于**概念**并在自己的必
然性中产生出来的。所以，那自我认知的**精神**是通过对**直接意识**的认识或
对**存在着的**对象意识的认识，经过其必然的运动而对我们生发出来的。**其**
次，这个概念，这个作为直接概念也拥有对其意识是**直接性**的形态的概念，
它**自在地**、亦即正是按照概念的必然性而给自己提供了自我意识的形态，
作为**存在**、或作为感性意识的无内容的对象的**直接性**，而外化其自身，并对
意识来说成为自我。——但是**直接的自在或存在着的必然性**本身是和**思维**
着的自在或对**必然性**的**认识**有区别的，——但这一区别同时又不处于概念
之外，因为概念的**单纯统一性**就是**直接存在**本身；概念既是自身外化的东
西或**被直观到的必然性**的形成，同样也是在必然性内存在于自身中，是认
知着并概念地理解着这必然性的。——那赋予自己自我意识形态的精神之
直接自在并不意味着别的东西，而只是意味着现实的世界精神达到了这种
对自身的认知；然后这种认知才也进入它的意识，并且作为真理而进入它
[235]　的意识。至于这种情况是如何发生的，上面已经讲过了。

　　　[2. 最高本质的概念因个别自我使得抽象性与直接性同一而达到完成]
绝对精神**自在地**为自己、从而也为自己的**意识**赋予了自我意识的形态，这
件事现在是这样显现出来的，即这意识是**对世界的信仰**，精神作为一个自
我意识亦即作为一个现实的人而**定在着**，自我意识对于直接的确定性而存

在,信仰的意识**看到**、**触到**和**听到**这种神圣性。于是,信仰的意识就不是想象,相反,它**在人那里**是**现实的**。这样一来,意识就不是从**自己的**内在的东西出发,并**在自身中**把上帝的思想和定在联合起来,而是从直接在场的定在出发,并在其中认识上帝。——**直接存在**这一环节在概念的内容中是如此现成在手,以至于宗教的精神在一切本质性返回到意识时成为了**单纯的**、实证的自我,正如现实的精神本身在不幸的意识里同样是这种**单纯的**、自我意识到的否定性那样。定在着的精神的自我因而具有完全直接性的形式;它既不是建立为被思维的或被表象的自我,也不是建立为被创造出来的自我,如同部分地在自然宗教里、部分地在艺术宗教里那直接自我的情况那样。反之,这个上帝是直接在感性中被直观为自我,直观为一个现实的个别的人;只有这样,上帝才**是**自我意识。 {405}

　　神圣本质这样化身为人,或者说它本质上直接具有自我意识的形态,这就是绝对宗教的单纯内容。在绝对宗教里神圣本质被作为精神来认知,或者说绝对宗教就是神圣本质对自己就是精神的意识。因为精神就是在自己的外化中对它自己的认知;是那种本身是运动的、在自己的他在中保持与自己本身的同一性的本质。但是这个本质就是实体,只要这实体在自己的偶性里同样反思到自身,不是反过来把偶性当成一个非本质的因而处于异己者中的东西而对之抱漠不关心的态度,而是在异己者中即是**在自身中**,就是说,如果实体即是**主体**或**自我**的话。——因此在这种宗教里神圣的本质是被**启示**出来的。它的被启示显然就在于,它是什么已经被认知了。但它的被认知正是由于它是作为精神、作为本质上是**自我意识**这样的本质而被认知的。——所以,当意识的对象对意识来说是一个**他者**或**异己的东西**时,并且当意识并没有把这对象作为**它自身**来认知时,则对这意识来说在它的对象里就存在着某种秘密的东西。由于作为精神的绝对本质就是意识的对象,这种秘密就不再是秘密;因为这时这个对象就作为**自我**而处在它和意识的关系中;这就是说意识在对象中直接认知了自己,或者意识在对象里向自己启示出来。意识本身只有在它自己对自己的确定性中才向自己启示出来;意识的那个对象就是**自我**;但自我不是异己的东西,而是和自身不可分离的统一,是直接的共相。自我是纯概念、纯思维或**自为存在**,这 [236]

种自为存在即是直接的**存在**，因而是**为他的存在**，并且作为这种**为他的存在**而直接返回到自身，而存在于自己本身那里；因此自我就是真正的和唯一的启示出来的东西。仁慈者、公正者、圣洁者、天和地的创造者等等都是一个主词的**各种宾词**，——都是一些普遍环节，它们都以主词这个点作为自己的支撑物，并且只有当意识返回到思维时才存在。——凭借**这些环节**

{406} 的被认知，它们的根据和本质、即**主体**本身尚未启示出来，并且同样，共相的**诸规定**也不是**这一个共相**本身。**主体**本身、因而就连**这一个纯粹共相**也都是被作为**自我**启示出来的，因为自我正是这一个在自身中反思的内在东西，这内在东西直接定在于此，并且是对自己而言定在于此的那个自我的特有的确定性。因此按照其**概念**而是启示的这个自我，就是精神的真实形态，并且同样，唯有精神的这个形态、概念，才是精神的本质和实体。精神是作为自我意识而被认知的，并且是直接地被启示给自我意识的，因为它

[237] 就是自我意识本身；神的本性与人的本性所是的是一个东西，而这种统一性就是被直观到的东西。

　　因此在这里，意识、或者本质对意识本身而言的那种存在方式，本质的形态，实际上与本质的自我意识是相同一的；这个形态本身就是一个自我意识；因而它同时也是**存在着**的对象，而这个**存在**同样直接具有**纯粹思想**、绝对本质的含义。——作为一个现实的自我意识而定在着的绝对本质，似乎是从它的永恒的单纯性里**被降低了**，但实际上它借此才达到自己的**最高**本质。因为只是由于本质概念获得了自己单纯的纯粹性，这本质概念才是绝对的**抽象**，这抽象是**纯粹思维**、因而是自我的纯粹个别性，而由于其单纯性之故，这本质概念又是**直接的东西或存在**。——被称为感性意识的东西也正是这种纯粹的**抽象**，感性意识就是把**存在**看作**直接的东西**的这样一种思维。因此最低的东西同时就是最高的东西，那完全涌现于**表面上**的启示正好在这表面里就是**最深刻的东西**。所以，说最高的本质作为一个存在着的自我意识而被看见、被听到等等，这实际上就是最高本质的概念的完成；并且通过这种完成，这本质就如同它是本质那样直接地定在着。

　　［3.思辨的认知是绝对宗教的团契的表象］这个直接定在同时又不单

单只是直接的意识，相反，它也是宗教的意识；这种直接性不仅是不可分离地拥有一个**存在着的**自我意识的含义，而且拥有纯粹被思维的或绝对的**本质**的含义。凡是我们在我们的概念里所意识到的，即存在就是**本质**，都是宗教意识所意识到的。存在与本质、与本身就**是直接定在的**思维的这种**统一性**，正如它就是对这种宗教意识的**思想**或**间接的**认知一样，同样也是对这种宗教意识的**直接的**认知；因为存在和思维的这种统一性是**自我**意识，并且是本身定在的，或者说这被思维的统一性同时拥有这统一性所是的东西的这种形态。因此神在这里正像**他所是的那样被启示出来了；神如此定在**，正如他**自在地**所是的那样；神作为精神而定在。神只有在纯粹思辨的认知中才可以达到，并且神只存在于思辨的认知中，只是思辨的认知本身，因为神是精神；而这种思辨的认知就是天启宗教的认知。思辨的认知把神作为**思维**或纯粹本质来认知，并把这种思维作为存在和作为定在来认知，把定在作为它自身的否定、因而作为自我、作为**这一个**自我和普遍的自我来认知；天启宗教所认知的正是这种自我。——那个先行世界的希望和期望都唯一地涌向这样一种启示，即直观到什么是绝对本质，并且在这种绝对本质中找到自己本身；这样一种愉快对自我意识形成起来，并且激发起整个世界去在绝对本质中直观自己，因为绝对本质是精神，它就是那些纯粹环节的单纯运动，这运动自身所表明的是，绝对本质只有当它被直观为**直接的**自我意识时，它才被作为精神来认知。

　　自己把自己作为精神来认知的精神这个概念，本身是直接的概念，还没有得到展开。这本质是精神，或者说它已显现出来了，它启示出来了；这种最初的启示本身是**直接的**；但这直接性同样是纯粹的中介作用或思维；因此直接性必须在它自己本身中将这一点呈现出来。——如果更确切地来考察这一点，那么精神在自我意识的直接性中就是**这一个个别的**自我意识，是和**普遍的**自我意识相对立的；它是一个排他性的一，这个一对于它**为之**而定在的意识来说拥有一个**感性他者**的还未化解掉的形式；这个意识还没有把精神作为自己的精神来认知，或者说精神还并非如同它是**个别的**自我那样，也同样作为普遍自我、作为一切人的自我而定在。或者说，这形态还不具有**概念**的形式、也就是普遍自我的形式，不具有那在自己的直接现

[238]

{407}

[239]

实性里同样是被扬弃了的东西、同样是思维和普遍性、而在普遍性中又不失掉其直接现实性的自我的形式。——但是这种普遍性的最初的本身直接的形式并非已经是**思维**自身的形式、**作为概念的概念**的形式，而乃是现实性的普遍性，是诸自我的全体性，并且是定在之提高为表象；就像到处都可以举出一个特定的例子来说明那被扬弃的**感性的这一个**只是**知觉**的事物、还不是知性的**共相**一样。

　　因此这一个个别的人，当他把绝对本质启示出来时，在他这个个别的人身上就完成了**感性存在**的运动。他是**直接**当下在场的神；这样一来，他的**存在**就过渡到**存在过**了。把神看作拥有这种感性的当下在场的那个意识，就不再是看见神、听到神了；它是看见**过**神、听到**过**神，并且正是由于它只是看见**过**神、听到**过**神，它本身才成为精神性的意识，或者说正如神先前是作为**感性的定在矗**立在意识面前那样，现在他已经是矗立**在精神中**了。——因为作为在感性上看见、听见神的意识，这本身只是直接的意识，它没有扬弃对象性的不同一性，没有将它收回到纯粹思维之中，而是把这一个对象性的个别者作为精神来认知，但却没有把它自身作为精神来认知。在那个被作为绝对本质来认知的东西的直接定在的消逝里，直接的东西便获得了自己的否定性的环节；精神仍然是现实性的直接的自我，但却是作为团契的**普遍自我意识**，这普遍自我意识立足于它自己特有的实体中，正如这实体在普遍自我意识中是普遍主体那样；并非这自为的个别人，而是连同团契的意识一起、以及个别人对这个团契而言所是的东西，才是个别人的完全的整体。

{408}

[240]

　　但是，**过去和距离**只是那直接的方式如何被中介或如何被普遍建立起来的不完善的形式；而这直接的方式只是表面上消失在了思维的元素中，而**作为**感性的方式则保存在其中，并且被**作为**和思维的本性本身不同一的来建立。这只是被提高到了**表象**而已，因为表象是感性的直接性和它的普遍性或思维之间的综合的联结。

　　这种**表象的形式**构成着精神借以在它的这种团契中意识到自身的规定性。这形式还不是精神的成长到它的作为概念的概念的自我意识；这个中介过程还没有完成。因此在存在与思维的这种联结中现成的缺点是，精神本质还带有此岸和彼岸分裂为二的不可调解性。**内容**是真实的内容，但是它的所有的环节都是在表象的元素中建立起来的，具有未经概念理解的性格，而是显现为**外在地**互相联系的各个方面的完全独立。至于真实的内容也要为意识获得自己真实的形式，为此就必须要有意识的更高教养，即把它对绝对实体的直观提高到概念，并且**为它自身**而把对内容的意识和对内容的自我意识相调和，如同对我们而言或**自在地**已经发生的那样。

这个内容必须按照如同它存在于它的意识里那样的方式来考察。——绝对精神是**内容**，所以绝对精神就处在自己的**真理**的形态中。但是它的真理并不只是团契的实体或这团契的**自在**，也还不只是从这种内在性上升为表象的对象性，而是成为现实的自我，自己反思到自己并且就是主体。所以，这就是精神在它的团契中所完成的运动，或者说，这就是精神的生命。因此，这个自身启示的精神**自在自为地**是什么，这并不是通过仿佛在团契中将精神的丰富的生命打开，将其归因于它最初的机缘，例如归因于最初尚不完善的团契的那些表象，甚或归因于那个现实的人所说过的话而猜测出来的。为这种归因奠定基础的是那种趋向于概念的本能；但是这种归因把作为初次出现的**直接定在之起源**和**概念**的**单纯性**混为一谈了。因此，通过使精神生命的这种贫乏化，通过清除掉团契的表象以及团契对自己表象所采取的行为，所生发出来的不是概念，而只是单纯的外在性和个别性，是直接现象的历史方式和对一个个别的意谓中的形态及其过往性的无精神的回忆而已。

[III. 绝对宗教的概念的发展] 精神首先在**纯粹实体**的形式中是自己的意识的内容，或者说，精神是自己的纯粹意识的内容。思维的这个元素是下降到定在或个别性的运动。在这两者之间的中项就是它们的综合的联结，是对于成为他者的意识或者表象活动本身。第三，则是从表象和他在返回，或自我意识自身这个元素。——这三个环节构成精神；精神在表象中的分离就在于，它以一个**特定的**方式存在，但这种规定性不是别的，只是它的各环节之一的规定性。因此，它的运动的详情就是在它的每一个环节中、亦即每一个元素中将自己的本性扩展开来的运动；由于这些圆圈中的

[241]

{409}

每一个都是自成起结的，则它的这种自身反思同时又是向另一个圆圈的过渡。**表象**构成纯粹思维和自我意识本身之间的中项，并且它只是诸规定性中的**一个**；但同时如已经指出的那样，表象的这种作为综合联结的特性扩展到了所有这些元素之上，并且是它们的共同的规定性。

必须加以考察的那个内容自身已经部分地作为**不幸**意识和**信仰**意识的表象而出现过了；——但是在不幸的意识里，它是通过对那从**意识里产生出来**并**被渴望着的**内容加以规定而出现的，在这种内容里精神既得不到满足也找不到安宁，因为精神还不是**自在**存在，或者说精神作为自己的**实体**还不是它的内容；——反之，在信仰意识里，精神是被看作世界的无自我的**本质**，或者被看作表象活动的本质上是**对象性的**内容，——这种表象活动是逃离一般现实性的，因而是没有**自我意识的确定性**的，这种确定性一方面作为认知的虚浮、一方面作为纯粹的明见而与这种内容相分离。——与此相反，团契意识以这内容为自己的**实体**，正如这内容就是团契对自己的精神的**确定性**一样。

[1.在自身中的精神；三位一体]精神最初被表象为在**纯粹思维元素**中的实体，因而它就直接是单纯的、自身等同的永恒**本质**，但这本质并没有本质的这种抽象**含义**，而是具有绝对精神的含义。不过，精神是这样一种并非含义、并非内在的、而是现实的东西。因此，单纯的、永恒的本质如果老停留在单纯永恒的本质的表象和表达那里，它就只会是按照空洞的字眼来说才是精神。但是单纯的本质因为它是抽象，它实际上**自己本身**就是**否定的东西**，就是说，它是思维的否定性，或如同在**本质**中自在地就有的那种否定性；换言之，它是与自己的绝对**区别**，或自己纯粹地成为他者。作为**本质**，它只是**自在的**或对我们而存在的；但是，由于这种纯粹性正是抽象性或否定性，它就是**本身自为的**，或者说它就是**自我**、**概念**。——所以它就是**对象性的**；并且由于表象把刚才所说的概念**必然性**统握并表现为一个**事件**，那么这就说明，那永恒的本质为自己**生出**了一个他者。但在这个他在中它同样直接地返回到了自身；因为这区别是**自在的**区别，这就是说，这区别直接地只是与它自己本身相区别，因而它就是那自身返回的统一性。

于是，这就区分出来了三个环节：一是**本质**的环节；二是**自为存在**的环节，这一环节是本质的他在，并且本质是对于它而存在的；三是**在他者中自为存在**或自我认知的环节。本质只是在它的自为存在中直观到它自身；它在这种外化中只是在自身中，那把自己从本质中排除出来的自为存在即是**本质对它自身的认知**；这种认知就是话语，① 这话语说出来时将说话者外化，并抽空了留在后面，但是同样这话语直接被听见了，并且只有这种自我听见才是这话语的定在。所以，当所作出的区别一经作出，它们同样就被直接消除了，而当区别一经消除，同样它们就被直接作出了，而真实的和现实的东西正是这种在自身中的圆圈式运动。

这种在自己本身内的运动表明了绝对本质是**精神**；那种没有被把握为精神的绝对本质只是抽象的空虚，正如那没有被把握为这种运动的精神也只是一句空洞的话一样。由于精神的**诸环节**在它们的纯粹性里得到把握，它们就是些不安息的概念，这些概念只有在它们自在地本身就是自己的对立面、并且在全体中得到自己的安息时才存在。但是，团契的**表象活动**却并不是这种**概念式的**思维；反之，它所有的乃是没有自己的必然性的内容，它并不是把概念的形式、而是把父与子的自然关系带入了纯粹意识的王国。由于它在思维本身中采取这样**表象式的**态度，本质虽然向它启示出来了，但本质的各个环节却由于这种综合的表象之故，一方面本身在它面前分离开来，使得它们并不凭借自己固有的概念而相互联系，另一方面表象活动又从它的这种纯粹对象后退，只是外在地与对象相联系；对象是由一个异己的东西向它启示出来的，并且在精神的这种思想里这表象并未认识到它自身，并未认识到纯粹自我意识的本性。只要表象的形式和取自于自然东西的那种关系的形式必须被超出，因而特别是，只要本身是精神的这种运动的各个环节被当作孤立的不可动摇的实体或主体、而不是当作过渡环节的看法也必须被超出，——那么这种超出就必须被看成概念的一种逼迫，正如前面曾经从另一方面提到过的那样；但是由于这只是本能，它错认了自己，它连同形式把内容也一起抛弃了，而这就等于说把内容降低到了

[243]

{411}

[244]

① “话语”（Wort），暗指“约翰福音”1，1.——丛书版编者

一种历史的表象和传统的遗产；在这里面所保留下来的只是信仰的纯粹外在的东西，因而只是作为一个缺乏认识的僵死的东西而保留下来了；而信仰的**内在东西**却消失了，因为这内在东西将会是把自身作为概念来认知的概念。

[2. 外化的精神；圣子的王国]那被表象在**纯粹本质**中的绝对精神虽然不是**抽象的**纯粹本质，相反，后者正由于它在精神中只是环节，就已被降低为**构成元素**了。不过，在这一元素中，精神的陈述就形式来说自在地就具有**本质**作为本质所具有的同一个缺点。本质是抽象的东西，因此就是对自己的单纯性的否定者，一个他者；同样，在本质的元素中的**精神**就是**单纯统一性的形式**，这形式因此同样本质上是一个成为他者的过程。——或者换句话说，永恒本质与它的自为存在的联系是纯粹思维之直接单纯的关系；所以在这种于他者中对自身的**单纯**直观里，**他在**并没有作为他在而建立起来；它是一种区别，正如这区别在纯粹思维中直接就是**无区别**一样；正如一种**对爱的**承认，其中双方按其本质并不是彼此**对立的**。——那在纯粹思维元素中表现出来的精神本身从本质上就是不仅存在于纯粹思维之内，而且也是**现实的**精神，因为在它的概念内本身即包含着**他在**，就是说包含着对纯粹的、仅仅被思维的概念之扬弃。

纯粹思维的元素，由于它是抽象的东西，它本身反倒是它的单纯性的**他者**，因而就过渡到**表象**这个本来的元素，——在这个元素里，纯粹概念的诸环节既相互保持着一个**实体性的**定在，同时它们又都是**主体**，这些主 [245] 体不是对于一个第三者而拥有存在的彼此漠不相干性，而是在自我反思中互相分离地对置着。

{412}　　[（1）创世]因此那仅仅永恒的或抽象的精神就对自身成为了**一个他者**，或者说，就进入到定在并直接进入到**直接的定在**。这样它就**创造出一个世界**。① 这种创造就是为**概念**本身并按照概念的绝对运动所表象出来的话语，或者说这话语是为了表象出，那被作为绝对而说出来的单纯东西或纯粹思维，由于它是抽象的东西，所以它不如说是否定的东西，因而

———————————

① 参看《圣经·创世纪》，1，1.——丛书版编者

是与自己相对立的东西或**他者**；——或者，用另一种形式来讲述这同一件事，即因为那被作为**本质**建立起来的东西是单纯的**直接性**或**存在**，但是它作为直接性或存在又是缺乏自我的，因而它是缺少内在性的**被动的**，或者说它是**为他存在**。——这个**为他存在**同时就是**一个世界**；在**为他存在**这一规定中的精神就是前此包括在纯粹思维中的诸环节的静止的持存，因而也就是这些环节的单纯普遍性之消除和它们之分散成它们各自的特殊性。

　　但是世界并不只是这样一种被分别抛入到完整性及其外在秩序中的精神，相反，由于精神本质上是单纯的自我，这自我在世界中同样也就是现成在手的了：它是**定在着的**精神，这种精神是具有意识并把自身作为他者或作为世界同自身区别开来的那种个别的自我。——当这样一个个别自我刚刚这样直接地被建立起来时，它还不是**自为的**精神；所以它并不是**作为精神而存在**，它可以叫作**天真的**，但还不太能叫作**善的**。它要实际上成为自我和精神的话，首先自己必须成为他自身的**他者**，正如那永恒的本质被呈现为在自己的他在中与自身相同一的运动那样。由于这个精神被规定为刚刚直接定在着的，或者被规定为分散在它的意识的多样性中的，所以它的变成他物就是一般认知的**深入自身**。直接的定在翻转为思想，或者说仅仅感性的意识翻转为思想的意识，而且由于这种思想是来源于直接性，或者是**有条件的**思想，它就不是纯粹的认知，而是在自身拥有他在的思想，因而是在自身中对立的**善**与**恶**的思想。人就被表象为这样，即**发生了**的那个事件是作为某种并非必然的事情而发生的，——人由于摘食了**善**与**恶**的知识之树的果子而失掉了自我等同性的形式，并且从天真意识的状态、从无需劳动就奉献在面前的自然界以及从天堂、从动物乐园中被驱逐出来了。① [246]

　　[（2）善与恶] 由于定在着的意识的这种自身深入直接把自己规定为：自己与自己成为**不同一**，所以**恶**就显现为自身深入的意识的第一个定在；并且由于**善**和**恶**的思想是完全对立的，而且这种对立还没有被消除，所以 {413}

———————————

① 参看《圣经·创世纪》，3。——丛书版编者

这个意识本质上只是**恶**。但同时正是由于这个对立之故，就连那与恶相反对的**善**的意识也现成在手了，也就有了两者的相对关系。——一旦直接的定在翻转为**思想**，因而一旦在更确切的规定中，**在自身中存在**一方面本身就是思想了，另一方面它就是本质之**成为他者**的环节，那么成为恶（das Bösewerden）就已经可以进一步从定在着的世界退出去而被放到最初的思维王国里面。因此可以这样说，那头生的光明之子当他深入自身时便已经堕落了，但立刻就有另外一个儿子生出来代替他的地位。① 而且这样一种仅仅属于表象而不属于概念的形式，如**堕落**以及**儿子**，也把另外一些概念环节同样倒转过来降低为表象，或者说把表象带进到思想的王国。——同样无关紧要的是，再把多种多样别的形态附加给永恒本质中的**他在**这一单纯的思想之上，并且将**深入自身**也置于这些形态中。因此这种附加同时也必然会得到赞成，因为这样一来，**他在**这样一个环节正如它应该的那样同时就表达了差异性，并且不是作为一般的多数性，而是同时作为特定的差异性，以至于一方面是子，就是那单纯的、自己把自己认作本质的认知者，但另一方面是自为存在的、仅仅生活于对本质的颂扬中的那种外化；于是在这一方面中就又可以重新考虑收回那外化了的自为存在、并让恶深入自身。只要他在是分裂为二的，精神就会在自己的诸环节中更加确定地得到表达，并且如果要加以计数的话，就会被表达为四位一体，或者由于这个集合体自身又分裂为两部分，即仍然保持为善的部分和成为恶的部分，因

[247]

---

① 黑格尔这里引用的可能是雅各布·波墨对路西弗从上帝那里堕落的表述："这个高大强壮的 / 庄严美丽的王在自己的堕落中失去了他合法的名义；然后他就叫作陨落的金星（Lucifer）/ 一个从上帝之光中被驱逐者。所以他最初并没有名字；然后他就成为了上帝心中在三位大天使长中最美丽的那道光明中的一位造物的王者或君主。"又说："但这样上帝就把他创造成了一位光明的王者；而由于他的不服从并想要凌驾于整个上帝之上 / 于是上帝就把他轰下了他的宝座 / 并在我们这个时代中，从曾经创造出路西弗阁下的那同一个神性里面，创造出了另一位王者 [……]，将他置于路西弗的王者宝座之上，还赋予他权力和威力 / 如同路西弗在自己堕落前所拥有的那样 / 而这个王者就叫作**耶稣基督** / 他就是**上帝之子和人之子** /[……]"（见《雅各布·波墨全集》1730 年 11 卷本，斯图加特 1955—1960 年新版，第 1 卷，第 161 页以下，第 194 页）。正如 K. 罗森克朗茨在一个注释中所说的，黑格尔的批判也许并不只是针对波墨，而且也是针对谢林，参看罗森克朗茨：《黑格尔传》，第 188 页。谢林为自己关于有限物从绝对中堕落的学说引证了柏拉图，参看谢林：《宗教哲学》第 35 页。——丛书版编者

而甚至可以表达为五位一体。——但是对这些环节加以**计数**一般说来可以被看作是无益之事，因为一方面那被区别开来的东西本身同样也只是"**一**"，即是说，同样只是对于这个区别的**思想**，而这区别的思想只是"**一个**"思想，正如它就是**这一个**被区别的东西，即与第一种被区别的东西相对立的第二种被区别的东西一样，——另一方面则是因为，那种把多包含在一中的思想必须从自己的普遍性中分解出来，并且被区别为比三个或四个有更多区别的东西，——这个普遍性与抽象的一的、数的原则的那种绝对规定性比起来，在与数本身的联系中显现为无规定性，以至于只能谈论一般的**数**，也就是不能谈论区别的某个**数目**；所以在这里一般地思考数字和数数完全是多余的，否则的话，对单纯大小和数量加以区别是无概念的、言之无物的。

善与恶曾经是思想中所发生的那些特定的思想区别。由于它们的对立还没有消解，而且它们被表象为思想的本质，它们每一个都是独立自为的，所以人就是无本质的自我并且是综合善恶之定在和斗争的基地。但是，善与恶这些普遍的力量同样也属于自我，或者说自我就是这些力量的现实性。所以按照这个环节所发生的事件是，正如恶无非就是精神的自然定在之深入自身，与此相反，善跨进了现实性并显得像是一个定在着的自我意识。——凡是在纯粹被思维的精神里只是一般地已作为神圣本质的成为**他者**而暗示出来的东西，在这里对表象来说就更接近于这精神的实现；这种实现对表象而言就在于神圣本质自我贬谪，放弃自己的抽象性和非现实性。——那另一方面即恶，则采取了一个异于神圣本质的事件的表象；在神圣本质本身中把恶**作为神圣本质的愤怒**来理解，[1] 这就是那自己与自己

{414}

[248]

---

[1] 黑格尔这里暗示的似乎是波墨的核心概念，参看《奥罗拉（或朝霞）》第 9 章第 15 节，载《神智学启示录》，即《雅各布·波墨的德意志虔敬的和顿悟的神智学的神圣文献大全》第 1 卷（汉堡），1715 年，第 98 页以下："而这里集中的是上帝的愤怒／是神圣之火的源泉／正如在路西弗那里可以看到的［……］。"又见第 258 页（第 19 章第 117 节）："但现在幽暗与光明分离开来／它仍然是最外层的产物：其中上帝的愤怒直到世界末日以前都在沉睡；然后这愤怒就会爆发出来／而这幽暗将是永远堕落的居处；在其中路西弗连同所有那些在愤怒的田地里被撒播到幽暗处的无神性的人们／找到了自己永恒的住所。"（《全集》，斯图加特 1955—1960 年新版，第 1 卷，第 105、283 页），也参看《圣经·致罗马人书》1.18。——丛书版编者

搏斗的表象所做的最高、最艰巨的努力，但这种努力由于缺乏概念，仍然是无成果的。

　　所以神圣本质的异化是以其双重方式建立起来的；精神的自我和精神的单纯思想是两个环节，它们的绝对统一就是精神自身；精神的异化在于两者相互分离，一个拥有与另一个不同的价值。这种不同一性因而是双重的；它生发出两种联结，这两种联结的共同环节就是上述两个环节。在一种联结里，**神圣的本质**被当作本质的东西，而自然定在和自我却被当作非本质的和必须扬弃的东西；与此相反，在另一联结里，**自为存在**被当作本质的东西，而单纯神性的东西被当作非本质的东西。两者的还很空泛的中项就是**一般定在**，这中项只不过是其中两个环节的共同性而已。

　　[（3）复活与和解]这种对立的消解一方面并不是通过被表象为分离和独立的本质的这两者的斗争而发生的。在它们的**独立性**里面所包含的是，每一方必须通过自己的概念**自在地**在自己本身中消解掉自己；这场斗争首先陷入这种境地，在那里双方都不再是思想和独立定在的这种混合了，而只是作为思想互相对立着。另一方面，双方这样一来就作为特定的概念而本质上只处于对立面的联系中；而它们作为独立的东西则相反，在对立之外拥有自己的本质性；因而它们的运动就是自由的运动和它们自己的固有的运动。所以，正如双方的运动由于都必须在它们自己本身上得到考察、因而是**自在的**运动一样，这种运动也是从两者中被规定为与对方相反的那个自在存在者开始的。于是，这一方就被表象为自由意志的行为；但是它的外化的必然性包含在这样一个概念里：自在存在者正因为只有在对立中才被规定成这样，它就不具有真正的持存；——因此，那不是把自为存在、而是把单纯的东西当作本质来看的一方，就是那自己外化自己、走向死亡、并且通过死亡使绝对本质和自己本身和解的一方。因为在这个运动中它呈现为**精神**；那抽象的本质则异化自身，它拥有了自然的定在和具有自性的现实性；它的这种他在或它的感性的当下在场通过第二次成为他者而被收回，并被建立为扬弃了的、**普遍的**当下在场；因此，本质就在它的感性的当下在场里成为了它自身；现实性的直接定在对本质已不再是一个异己的、外在的东西，因为它是被扬弃了的、普遍的东西；因此这种死亡就是它作为

精神的复活。

　　自我意识到的本质的这种扬弃了的、直接的当下在场就是作为普遍自我意识的本质；扬弃了的、本身是绝对本质的个别自我这一概念因此就直接表达了前此只是停留在表象中、现在返回到作为自我的自身了的一个团契的建构；因而精神便从其规定的第二个元素即表象过渡到**第三个元素**即自我意识本身中去了。——如果我们还考察一下那种表象在它的进程中所采取的方式，那么我们首先明确看到的就是：神圣本质领受着人性。在这话里就已经**说出了**神的本质和人性**自在地**是没有分离的；这正如说神的本质**从开始**就外化着它自身，它的定在深入自身并且成为恶，而没有说出来但却**包含**在内的意思是，这种恶的定在**自在地**并非对神圣本质异己的东西；假如真的有一个对绝对本质的**他者**，假如有从绝对本质的一个**堕落**的话，那么绝对本质就会只是这样一个空名了；——其实**在自身中存在**这一环节毋宁构成着精神的**自我**的本质环节。——至于**在自身中存在**、因而首先是**现实性**之隶属于这本质自身，这对我们来说是**概念**，并且就此而言才是概念，对表象性的意识来说则显现为一种非概念所能把握的**事件**；**自在**采取了在表象意识看来**漠不相干的存在**的形式。但是，绝对本质与自为存在着的自我这两个显得背道而驰的环节并不是分离的，这一思想**也**在向这种表象显现出来，——因为表象占有真实的内容，——但只是在后来，当神圣本质外化成肉身时才显现出来。① 这个表象在这种方式下还是**直接的**，因而还不是精神的，或者说只是刚刚把这个本质的人的形态作为一个特殊的、还不是普遍的形态来认知，这表象对这个意识而言，通过构形了的本质再次牺牲自己的直接定在而返回到本质的运动，就成为精神的了；只有**反思到自身**的本质才是精神。——因此一般地讲，神圣本质同**他者**的和解，确定地讲，同他者的**思想**、**同恶的和解**，就在这里面表象出来了。——如果这样表达这种按照**其概念**的和解，说这种和解是因为恶和那本身是**善**的东西**自在地**就是**一回事**，甚至神圣本质和整个自然界中的本性也**自在地**是一

[250]

{416}

---

① 参看"约翰福音"1,14.——丛书版编者

回事，正如与神圣本质分离的自然界只是**无**那样，①——那么这就必须被看作一种非精神性的表达方式，这种方式必然会引起误解。——既然恶与本身是善的东西是**一回事**，则恶恰好就不是恶，而善也就不是善了，而是两者毋宁说都被扬弃了，恶一般就是在自身内存在着的自为存在，善则是无自我的单纯性。由于两者按照自己的概念都被这样表述出来，这同时也就昭示了两者的统一性；因为在自身内存在着的自为存在就是单纯的认知；而无自我的单纯性也同样是纯粹在自身内存在着的自为存在。——因此在何种程度上必须说善与恶按照它们的这样一种概念来看以及就其不是善和恶这一点来看它们是**一回事**，那么在同样程度上也必须说它们**不是**一回事，而是完全**不一样的**，因为单纯的自为存在抑或纯粹认知都以同样的方式而是纯粹的否定性、或者是在它们自身中的绝对区别。——只有这两个命题一起才完成了全体，而前一命题的坚持和保证不得不以不可克服的顽固性面对着它的对方的固执；由于两个命题同样都是对的，所以两个命题同样都是不对的，它们之所以不对，就在于把这样一些抽象的形式，如**一回事**与

[251]

---

① 　黑格尔这里引述的可能是谢林和乔尔丹诺·布鲁诺的解释。在谢林看来上帝和自然界不是互相区分开的，参看谢林的《布鲁诺》："所以最高权力或真实的上帝是这样的上帝，在祂之外没有自然，正如真实的自然是这样的自然，在它之外没有上帝那样。"（《谢林全集》第4卷，第307页）那些从绝对中堕落的有限事物都是无，参看谢林的《哲学和宗教》："堕落及其后果、感性世界尽管有这样一种永恒性，但不论是在与绝对还是在与自在的理念本身的联系中，这两者都是一种单纯的偶性，因为其根据既不在绝对中也不在理念本身中，而只是在它们的自性这方面的理念中得到考察。这种堕落对于绝对或者对于原型来说是非本质的：因为它在这两者中并不改变什么，那陷入其中者由此而直接把自己引入了虚无，并且就绝对和原型而言就是真正的**虚无**，而只有**对它自己而言**才存在。"（《谢林全集》第6卷，第41页以下）相反，善与恶的等同化在谢林那里只是以暗示的方式出现的，参看谢林：《哲学与宗教》（《谢林全集》第6卷，第40、42页）。黑格尔在这里引述的更有可能是谢林在《布鲁诺》中所援引、以及黑格尔可能通过布尔和雅可比的描述而在细节上得知的乔尔丹诺·布鲁诺，参看布尔（Johann Gottlieb Buhle）："在理念本身的阴影之下没有任何真实的冲突。美和丑、合适和不合适、完善和不完善、善和恶都是在同一个概念中看出来的。不完善、丑和恶根本不是建立在它们借以被认出的那些特殊的固有理念之上的［……］"；"谁至今还在追随布鲁诺的观点，对他而言，赫拉克利特关于自然界的对立面贯通一致、自然万物都包含矛盾而矛盾同时又化解于统一和真理之中的主张，就可能不再是耸人听闻的了。"见所著《科学复兴时代以来的新哲学史》第2卷，哥廷根1800年，第727页、793页；也参看雅可比：《论斯宾诺莎学说》第304页以下。——丛书版编者

不是一回事、**相等**与**不相等**，当作某种真实的、固定的、现实的东西，并以它们为根据。并不是这一方或那一方拥有真理，而正是双方的运动拥有真理，即单纯的同一回事就是抽象，从而是绝对区别，但这个绝对区别作为自在的区别就是自己和自己相区别，因而就是自身等同性。这也正是神圣本质与一般自然、以及与特殊的人性自然的**同等性**的情形；神圣本质就它不是本质而言它就是自然，而自然按照其本质就是神圣的；——但是这个本质就是精神，在其中抽象的双方正如它们在真理中那样，也就是被建立为**扬弃了的**双方，——这种建立是不能用判断及其无精神性的系词"**是**"（Ist）来表达的。——同样，自然**在**自己的本质**之外**是**无**，但是这个无本身同样也**存在**（ist）；它是绝对的抽象，因而是纯粹思维或在自身中存在，并且凭借它与精神统一性相对立的环节，它就是**恶**。在这些概念中所发生的困难仅仅是对"**是**"（Ist）的固执，而忘记了这两个环节在其中既**存在**（sind）也同样**不存在**（nicht sind）的那个思维，——它们只不过是一个运动，这个运动就是精神。——这种精神的统一性，或者说在其中区别只是作为各环节或作为扬弃了的区别而存在的这种统一性，对表象性的意识来说就是在上述那种和解中形成起来的统一性，而且由于这种统一性是自我意识的普遍性，自我意识也就不再是进行表象的自我意识了；这个运动已返回到了自我意识。 {417}

[3. 在自己的充实状态中的精神；圣灵的王国] 因此精神就被建立在第三种元素即**普遍的自我意识**中了；精神就是自己的**团契**。这个团契的运动，作为自我意识的这个将自己和自己的表象区别开来的运动，就是把那**自在地**已经形成起来的东西**产生**出来的运动。那死去了的神性的人或人性的神**自在地**就是普遍的自我意识；他必须让这一点**对于**这种自我意识形成起来。或者说，由于自我意识构成表象的这个对立的**一个**方面，即恶，对恶来说，自然的定在和个别的自为存在被当作本质，所以恶这一方面，当它被表象为独立的而尚未被表象为环节时，为了它的独立性之故，就必须自在自为地把自身提高到精神，或者说就必须在自身中呈现出精神的运动。 [252]

这种精神运动就是**自然的精神**；自我必须从这种自然性退回到自身并深入到自身，这就是说，它必须变成**恶**。但是，自然性已经**自在地**是恶了，因此深入自身就在于**使自身确信**那自然的定在就是恶。落在表象意识中的是世界**定在性地**成为恶并且就是恶，以及与绝对本质**定在性地**达到和解；但是落在自我意识本身中的，按照形式来说，却只是这种被表象的东西作为扬弃了的环节，因为**自我**就是否定者；因而是**认知**，——这认知是意识在自身内的一个纯粹行为。——而就内容来说，这个**否定性**的环节同样也必须得到表达。就是说，由于这本质已经**自在地**同自身相和解，并且是精神的统一体，在其中表象的各部分都是**扬弃了的**或者都是**环节**，于是就呈现出这种情况，表象的每一部分在这里都获得了与它前此所具有的**相反的**含义；因此每一含义都在另一含义上使自己补充完备了，并且只有这样，内容才是一个精神的内容；由于这个规定性同样也是它的相反的规定性，那在他在中的统一性即精神的东西就完成了；正如在前面那些相反的含义对我们来说或者**自在地**曾结合为一，甚至**一回事**与**不是一回事**、**相等**与**不相等**这些抽象形式也都扬弃了自身那样。

　　因此，如果在表象意识里自然的自我意识的**内在化**曾经是**定在着的恶**，
{418}
[253]
那么在自我意识的元素中**内在化**就是将恶当作某种**自在地**存在于定在中的东西来**认知**。所以这种认知无疑地是一种化为恶的过程，只不过是化为**恶的思想**，因而被承认为和解的第一环节。因为认知作为从被规定为恶的自然的直接性向自身的返回，就是对这种直接性的抛弃和罪的死亡。① 并不是自然定在本身被意识抛弃了，而是所抛弃的是那同时被作为恶来认知的自然定在。那深入自身的直接运动同样也是一个中介运动，——它自己以自己为前提，或者说，它就是它自己的根据；就是说，这个深入自身的根据就是因为，自然已经自在地深入自身了；由于恶之故，人必须深入自身，但**恶本身就是深入自身**。——正因为如此，这第一个运动本身只是直接的，或者只是它的**单纯概念**，因为它和作为它的根据的东西是一回事。因此这个运动或者化为他者的过程还必须在自己更加本真的形式中才出现。

　　所以，除了这种直接性以外，表象的**中介作用**也是必要的。关于自然

---

① "你们向罪也当看自己是死的；向神在耶稣基督里，却当看自己是活的。"见《罗马人书》6，11.——丛书版编者

作为精神的非真实定在的**认知**以及自我在自身内形成的这种普遍性，**自在地**都是精神同它自身的和解。因而这种**自在**对于那种非概念把握的自我意识来说，就保持着一种**存在着的东西**和**向它表象出来的东西**的形式。因此概念把握（Begreifen）对这种自我意识来说并不是对于这样一种概念的掌握（Ergreifen），这概念把那被扬弃了的自然性作为普遍的、因而作为同它自身相和解的来认知，而是对那样一种**表象**的掌握，在这种表象里神圣本质是通过它自己特有的外化的**事件**、通过它所发生的化身为人和它的死而同自己的定在相和解。——现在对于这样一种表象的掌握更确切地表达出从前在表象中被称之为精神性的复活的东西，或者表达出这东西的个别自我意识形成共相或形成团契的过程。——神性的人之死作为死是**抽象的**否定性，是这运动的直接结果，这运动仅仅是在**自然的**普遍性中终结了。死亡在精神的自我意识里就失去了这样一种自然的含义，或者说，死亡成为了刚才所指明的它的概念；死就从它直接具有的含义、从**这一个个别的人之非存在**，被神圣化成了精神的**普遍性**，这精神活在自己的团契中，并在其中每天死去也每天复活。 [254]

所以，那属于**表象**元素的看法，即认为绝对精神作为**一个个别的人**，或者不如说作为一个**特殊的人**，在自己的定在身上表象了精神的自然，这种看法在这里就被移植到自我意识本身，移植到在它的**他在**中保持自身的认知中去了；因此这个自我意识并不是现实地**死了**，如同那个**特殊的**个人被**表象**为**现实地**死了那样，而是它的特殊性在它的普遍性里逝去了，就是说，在它的**认知**里逝去了，这认知就是那自己与自己和解的本质。因此那最初先行的**表象元素**在这里就被建立为扬弃了的东西，或者说它必然返回到自我，返回到自我的概念，那在表象中只是存在着的东西就成为了主体。——正因此，就连**第一个元素纯粹思维**和其中的永恒精神，也不再存在于表象意识的彼岸，更不在自我的彼岸，反之，全体向自身的返回正好就这样把所有的环节都包含在自身内。——那为自我所掌握的中介者之死就是对它的**对象性**或它的**特殊的自为存在**的扬弃；这个**特殊的**自为存在就成为了普遍的自我意识。——另一方面，**共相**正因此就是自我意识，而仅仅思维的那纯粹的或非现实的精神就成为了**现实的**。——中介者之死并不只是他的**自** {419}

然的方面或他的特殊的自为存在之死，死去的不只是脱离了本质的已死的躯壳，而且也是神圣本质的**抽象**。因为只要他的死还没有完成和解，则这个中介者就是片面的东西，他在与现实性的对立中把思维的单纯性作为**本质**来认知；自我这一端与本质还不具有同样的价值；在精神中自我才拥有本质。因此这个表象的死去同时就包含着那没有被建立为自我的**神圣本质之抽象**的死。这种死正是对**上帝自身已死**的不幸意识的痛苦情感。① 这种冷酷无情的表达就是那种最内在的单纯的自我认知的表达，是意识之返回到我＝我的黑夜深处，这种返回在这种黑夜深处之外不再区别也不再认知任何东西。所以这种情感实际上就是**实体**的丧失，以及实体与意识之对峙的丧失；但是同时这种情感又是实体的纯粹**主体性**或对它自身的纯粹确定性，而这种确定性曾经是实体作为对象或作为直接的东西或纯粹的本质所缺乏的。因此这种认知就是一种**激活**②，通过这种激活，实体变成了主体，实体的抽象性和无生命性死亡了，因而它就变成**现实的**、变成单纯而普遍的自我意识了。

[255] 　　所以，精神就是**自己**认知**自己**的精神；它认知**自己**，凡是在精神面前的对象的东西都是存在的，或者精神的表象就是真实的绝对的**内容**；这内容如我们看到的那样，表现了精神自身。同时精神又不只是自我意识的**内容**，并且不只**对自我意识**才是对象，而且它也是**现实的精神**。它之所以是这样，是由于它经历了自己本性的三元素；这种自身贯穿的运动构成精神的现实性；——凡是自己运动的东西就是精神，精神是运动的主体，同样精神也是**运动**自身，或者说是为主体所贯穿的实体。当初我们进入宗教时，那时精

---

① 见前面有关"上帝已死"的注释。——丛书版编者 [按：参看前面贺、王译本第 231 页（即考证版第 401 页）注释 1。——中译者]

② Begeistung（激活），我们前面在讲"观察的理性"的时候遇到过这个词，从字面上来理解呢，可以理解为"把它变成精神、精神化"，贺先生这里把它翻译成"精神化"。但这个词在字典上查不着，字典上有一个 begeistern，Begeisterung，是"鼓舞"的意思，也有"精神化"的意思。所以译"精神化"太一般了，我们前面在上卷的 170 页翻译成"激活作用"，这种认知是一种激活作用，就是使得其他的东西具有了精神。你具有了这样一种认知的底气，那么唯一的认知就是因信称义，其他的预设的认知都不承认，那么这就是一种底气，它能够激活其他的东西。——中译者

神的概念就已经对我们形成了，即作为一种自己确定自己的精神的运动而 {420}
形成了，这精神宽恕了恶，并在其中同时放弃了它自己固有的单纯性和生
硬的不变性，或者说作为这样的运动而形成了，也就是绝对**对立的东西**把
自己作为**一回事**来认识、并且这种认识在这两端之间作为"**是的**"（Ja）脱
颖而出，——这精神概念是那受到绝对本质启示的宗教意识所**直观到**的，[256]
并且这宗教意识扬弃了在绝对本质**自身**和它的**被直观到的东西**之间的**区
别**，所以正如它是主体一样，它同样也是实体，因而正由于它是这种运动，
或者就其是这种运动而言，它本身就**是精神**。

不过，这种团契在它的这种自我意识里还没有得到完成；一般讲来，它
的内容对它来说是处于**表象**的形式中，而这种团契的**现实的精神性**即从它
的表象的返回，本身还具有这样一种分裂，正如纯粹思维元素本身所曾带
有的那样。这种团契也不具有对自己是什么的意识；它是这种精神性的自
我意识，这种自我意识对自己并不作为这样的对象而存在，或者没有把自
己展现为对自己本身的意识；相反，就它是意识而言，它拥有那些曾被考察
过的表象。——我们看见，自我意识在它的最后的转折点上自己成为了**内
在的**，并且达到了**在自身中存在**的认知；我们看见，自我意识外化自己的自
然定在并获得了纯粹的否定性。但**肯定性**的含义在于，这种否定性或认知
的纯粹**内在性**因此同样也是**自我等同**的本质，——或者说，实体在这里所
达到的是，它是绝对的自我意识，而这绝对的自我意识对于默想的意识来
说是一个**他者**。默想的意识把这一方面，即把认知的纯粹内在化自在地就
是绝对单纯性或实体这一方面，作为某物的表象来掌握，这某物并非按照
概念是如此，而是作为一种**异己**的恩赐的行动。或者对它来说并不是这种
情况，即纯粹自我的这个深处是这样一种强制力，通过这种强制力，那**抽象
的本质**就被从它的抽象性里拉下来，并且凭借这种纯粹默想的力量而被提
高到自我。——自我的这个行为因此就仍对抽象本质保持着这样一种否定
的含义，因为实体从自己这一方面的外化对自我那方面来说是一个自在，
而自我也同样没有把握它和概念式地理解它，或者说没有在**自我**的行为本
身中找到它。——由于已经**自在地**实现了本质和自我的这种统一，所以意 [257]
识也还拥有它的和解的**表象**，但却是作为表象来拥有。意识得到满足是由

于它**外在地**给它的纯粹否定性附加上它同本质的统一性这一肯定的含义；因而它的满足本身仍然带有某种彼岸的对立。因此它自己固有的和解在它的意识中是作为一件**遥远的事**、作为一件遥远**将来**的事出现的，正如另一个**自我**已完成的和解显现为一件在遥远**过去**的事那样。正如那**个别的**神性的人有一个**自在**存在着的父亲并只有一个**现实的**母亲，同样，那普遍的神性的人即团契，也把自己**特有的行为**和**认知**当作自己的父亲，却把**永恒的爱**当作自己的母亲，这永恒的爱它只是**感觉**到，但没有作为现实的、直接的**对象**在自己的意识中直观到。因此它的和解只是在它的本心中，但同它的意识还是分裂为二的，并且它的现实性还是破碎的。凡是作为**自在**或作为**纯粹中介性**这方面进入到它的意识中的，都是那种处于彼岸的和解；但凡是作为**当下在场**、作为**直接性**和**定在**的方面而进到意识中来的，却是那还有待于把自身神圣化的世界。当然，这个世界**自在地**是同本质相和解的；而关于这个**本质**所认知的当然是，这本质不再把对象认作自身的异化，而是认作在对它的爱中与自身同一的。但是对自我意识来说这个直接的当下在场还不具有精神形态。这样，那团契的精神在它的直接意识里就是与它的宗教意识相分离的，这宗教意识虽然宣称两者**自在地**并不是分离的，不过这只是一种**自在**，不是实现了的，或者说还没有同样成为绝对的自为存在。

{421}

第三篇

（DD）绝对认知

第八章
绝对认知

[一、概念在前此各意识形态中的形成]

　　天启宗教的精神还没有克服它的意识本身，或者这样说也一样，它的现实的自我意识不是它的意识的对象；一般讲来，天启宗教的精神本身以及在它里面互相区别着的诸环节，都归属于表象范围并陷入到对象性的形式中。这表象的**内容**是绝对精神；只是还必须致力于扬弃这种纯然形式，或者毋宁说，由于这种形式属于**意识本身**，它的真理就必定已经在意识的诸形态中出现过了。——对于意识的对象的这种克服，不可从一个片面来理解，即以为对象是作为回复到自我的东西而显示出来的，而要更确切地理解为，对象本身既是对它自己显现为消逝着的东西，又还反过来显现为：自我意识的外化就是建立起事物性，并且这种外化不仅有否定的含义，而且有肯定的含义，不仅对我们或自在地有肯定的含义，而且对于自我意识本身也有肯定的含义。**对于自我意识来说**，对象的否定或它的自我扬弃之所以有肯定的含义，或者说，自我意识之所以**认知**对象的这种虚无性，一方面是由于它外化它自己，——因为在这种外化中，它把**自身**建立为对象，或者说，为了**自为存在**的不可分割的统一之故把对象建立为它自身。另一方面，是由于这里同时还包含这样一个另外的环节，即自我意识同样也扬弃了这种外化和对象性，并将它们收回到了自身中，因而它在**自己**的他在本身里就是在自身那里。——这就是**意识**的运动，而意识在这个运动里就是它的各个环节的总体性。——意识必须同样按照对象诸规定的总体性去 [259]

对待对象，并且按照这些规定中的每一规定这样去把握住对象。对象的诸规定的这种总体性，使**对象自在地**成为精神的本质，而对意识来说，对象之所以成为精神的本质，真正来说是通过把这些规定中的每一个别规定都作为自我来统握，或者说是通过采取对待诸规定的上述那种精神的态度而做到的。

{423}　　　因此对象，有的是**直接的**存在或与直接意识相符合的一般事物；有的是自己成为他者，是它的关系，或**为他存在**和**自为存在**，是与**知觉**相符合的规定性；有的是**本质**或作为与知性相符合的普遍的东西。对象作为整体，是普遍的东西通过规定到个别性的推论或运动，正如反过来，从个别性通过它作为扬弃了的个别性或规定到普遍的东西的运动一样。——因此，意识按照这三个规定，必然会把对象作为它自身来认知。然而，这还不是作为对所谈到的对象的纯概念式的把握的认知；相反，这种认知只应当在自己的形成中，或者在自己的各个环节中，按其属于意识本身的这一方面指明出来，而真正的概念或纯粹认知的那些环节则应当在意识诸形态的形式中指明出来。因此，对象在意识本身中还没有显现为如同我们刚才所表述过的那样的精神本质性，而意识对于对象的态度既不是对这种总体性本身中的对象、也不是对这种总体性的纯粹概念形式中的对象的考察，相反，意识的态度要么就是意识形态一般，要么就是**我们**概括出来的那一批意识形态，在这些意识形态中，对象诸环节和意识态度诸环节的总体性，只有当它融化在自己的诸环节中时才能被指明出来。

[260]　　　因此，对于对象把握的这个方面来说，当这个把握是在意识的形态中时，只需回忆起在前已经出现过的那些意识形态就够了。——所以，就对象而言，在它是直接的、一**漠不相关的存在**的范围内，于是我们曾经看到，观察的理性就在这种漠不相关的事物中**寻找**和**发现**它自身，这就是说，观察的理性意识到自己的行为也是一个同样外在的行为，正如它意识到对象只是一个直接的对象一样。——我们也曾经看到，观察的理性在其规定的顶峰上以这样的无限判断表述出来：*我这个***存在是一***事物*。——而且还是一感性的、直接的事物；如果*我*被称作**灵魂**，那么它虽然也被表象为事物，但却是一不可见的、不可触摸的等等的事物，因而实际上就不是直接的存

在，不是人们在一个事物下所意谓的东西。——上述那一判断，如果直接
从它的字面上来理解，它是无精神性的，或者不如说它就是无精神的东西
本身。但是，按照它的**概念**来说，这个判断实际上是最富于精神的东西，而
它的尚未在判断里**现成在手**的**内在东西**正是另外两个有待考察的环节所表
达的东西。

　　事物就是我；实际上在这个无限判断里，事物已被扬弃了；事物自在地
什么也不是；事物只有在关系中，只有**通过我**、以及**事物与我的联系**才有所
指。——这个环节在纯粹的明见和启蒙中就已对意识产生出来了。这些事
物完全是**有用的**，并且只可从它们的有用性加以考察。——**被教养的**自我　{424}
意识历经自身异化的精神的世界，通过自己的外化而生发出了作为它自身
的事物，因而在事物中还保持着它自己，并且认知了事物的非独立性，或认
知了事物**本质上**只是**为他存在**；或者说，如果对**关系**，以及对这里唯一构成
对象的本性的东西加以完整的表述，那么，对被教养的自我意识而言，事物
就是一种**自为存在着的东西**，被教养的自我意识把感性确定性宣称为绝对
真理，却把这个**自为存在**本身宣称为一个只是消逝着的环节，这环节向它
的对立面过渡，即过渡到被奉献出来的为他存在。　　　　　　　　　　　[261]

　　但是，对事物的认知，到此还没有完成；事物必须不仅按照存在的直
接性和按照规定性来得到认知，而且也必须作为**本质**或**内在的东西**、作为
自我来认知。这一点在**道德的自我意识**中现成在手了。道德的自我意识
知道自己的认知是**绝对的本质性**，或者说，知道**存在**完全是纯粹的意志或
认知；道德的自我意识除了它只**是**这个意志和认知之外，什么也不是；应
归于别的东西的，只是非本质的存在，即不是**自在**存在着的东西，只是存
在的空壳。道德意识在何种程度上将自己的世界表象中的**定在**从自我中
排除出去，它就在同样程度上又重新把这个定在收回到它自身中来。最后，
道德的意识作为良知，就不再是交替地设置和置换定在和自我的过程了，
而是认知到它的**定在**本身就是它自身的这种纯粹确定性；道德的意识在行
动中把自己设置在外的那个对象性元素，无非就是自我关于自己的纯粹
认知。

　　这些就是由以组成精神与它原来的意识的相互和解的环节；这些环节

单独看都是个别的，唯有它们的精神的统一体才是构成这种和解之力的东西。但是，这些环节的最后一环必然是这个统一体本身，并且很明显，这个统一体实际上是把一切环节都结合在自身之内的。在自己的定在中自己确定自己的精神，不是以别的东西、而只是以这种关于自己的认知作为**定在**的元素；精神宣称它的所作所为都是按照对义务的信念来做的，它的这番话就是它的行动的**效准**。——这行动是概念的单纯性的第一个**自在**存在着的分离，又是从这种分离中的返回。前一个运动所以翻转为第二个运动，是因为承认的元素把自己建立为关于义务的**单纯认知**，以与**区别**和**分裂**相对立，这种分裂包含在行动本身中，并且以这种方式构成了某种铁一般的

[262]
{425}

现实性以与这行动相对立。不过，我们在宽恕中曾看到，这种坚硬性是如何自我舍弃和出让自身的。因此，在这里，对自我意识来说，现实性既是作为**直接的定在**而不具有任何别的含义，只具有自己是纯粹认知的含义；——同样地，作为**被规定的**定在或作为关系，这个自相对立的东西也是一种认知，要么是关于这个纯粹个别的自我的认知，要么是关于作为普遍自我的认知的那种认知。在这里同时建立起来的是：**第三环节**，即**普遍性**或**本质**对对立双方的每一方来说都只是作为**认知**才有效准；并且对立双方最终同样扬弃了那还剩下的空洞的对立，它们就是对我 = 我的认知；这个**个别**自我就是直接的纯粹认知或普遍的认知。

因此，意识与自我意识的这种和解显示出自己是由双方面来完成的：一方面是在宗教精神里，另一方面是在意识自己本身里。这两个方面彼此之间的区别在于，前者的这种和解是在**自在**存在的形式中，后者的和解则是在**自为**存在的形式中。正如它们被考察过的那样，它们最初是彼此分离的；意识在意识诸形态借以出现在我们面前的顺序中，一方面达到这个顺序中各个个别的环节，一方面甚至远在宗教赋予自己的对象以现实自我意识的形态以前，就早已达到了这些环节的结合。这两方面的结合还没有被指明出来；正是这个结合，结束了精神诸形态的这一系列；因为在这个结合中，精神达到了对自己的认知，不仅认知了它**自在地**或按其绝对的**内容**说是怎样的，也不仅认知了它**自为地**按其无内容的形式说、或从自我意识方面看是怎样的，而且认知了它**自在自为地**是怎样的。

但是这种结合已经**自在地**发生了，虽然哪怕是在宗教中、在表象向自我意识的返回中，但却并不是按照那本来的形式，因为宗教这一方面是**自在**的方面，这方面是同自我意识的运动相对立的。因此，这结合属于另外这一方面，即那相反的、反思自身的方面，因而这方面包含着自己本身和它的对立面，而且不仅是**自在地**或以一种普遍的方式，而且是**自为地**或以发展的和区别开来的方式包含着它们。内容以及自我意识到的精神的另一方面，就其是**另一**方面而言，它就在自己的完整性中现成在手，并被指明出来了；那尚付阙如的结合是概念的单纯统一性。这种概念在自我意识本身这方面，也已经是现成在手的了；但是，当它在那先行的东西中出现时，这概念也像其他环节一样拥有这种形式，即它是一种**特殊的意识形态**。——因此，这概念是自己确定自己的精神之形态的这样一部分，这部分仍然停留在自己的概念里，并曾被称为**优美灵魂**。因为优美灵魂就是自我确定的精神在其纯粹透明的统一性中关于它自身的认知，——即自我意识，这自我意识把有关**纯粹在自身中存在**的这种纯粹认知作为精神来认知，——它不仅是对神圣者的直观，而且是神圣者的自我直观。——由于这种概念坚持把它自己和它的实现对立起来，它就是片面的形态，我们曾经既看见这种片面的形态消失为空虚的泡影，也看到它肯定的外化和前进运动。通过这一实现过程，这种无对象的自我意识的固执己见、即概念与其**实行**相对立的那个**规定性**就扬弃自身；概念的自我意识获得了普遍性的形式，它仍保留着的是自我意识的真实概念，或已经获得了实现的概念；它就是概念在自己的真理中，也就是在与自己的外化的统一中；——即对纯粹认知的认知，这种纯粹认知不是作为本身就是义务的那种抽象**本质**，而是作为这种本质，它是**这一个**认知，是**这一个**纯粹自我意识，因而它同时就是真实的**对象**，因为真实的对象就是自为存在着的自我。

[263]

{426}

这个概念，一方面在**行动着的**自我确定的精神中，另一方面在**宗教**中，曾经使自己得到了充实：在后面这种形态中，概念把绝对**内容作为内容**、或者说以**表象**的形式、即以对意识而言的他在的形式来获得；相反，在前一种形态中，形式就是自我本身，因为形式包含**行动着的**、自我确定的精神；自我贯彻着绝对精神的生命。正如我们所看到的，这种形态就是上述单纯的

[264]

概念，不过，这个概念放弃了自己的永恒的**本质**而**定在着**或行动着。概念在自己的**纯粹性**中，已使自己**分裂为二**，或走上前台，因为这种纯粹性就是绝对的抽象性或否定性。同样，概念也在纯粹认知中拥有了自身现实性的元素或存在元素，因为这种纯粹认知是单纯的**直接性**，而这直接性正是**存在和定在**，如同它也是**本质**一样；前者是否定的思维，后者则是肯定的思维本身。最后，这个定在同样是从纯粹认知——如同作为义务那样作为定在——而反思到了自身的那个存在，或者说它是**恶**的存在。——这种自身深入构成**概念**的**对立**，从而是那种对本质的**非行动的**、非现实的纯粹认知的出场。但是，它的这种在对立中的出场就是对这种对立的参与；对本质的纯粹认知**自在地**放弃了它的单纯性，因为它就是**分裂为二**或那本身就是概念的否定性；就这种分裂为二是**成为自为的过程**而言，它就是恶；就它是**自在**而言，它就是善的保持。——现在，那最初是**自在地**发生着的东西，同时也是**为意识**而发生的，并且本身同样也是双重的：它既是**为意识**的，又是它的**自为存在**或它自己的行为。因此，那已经被**自在地**建立起来的同一个东西，现在就是把自己当作意识对自己的认知、当作有意识的行为加以重复。每一方都为另一方而舍弃了它在其中出场、反对另一方的那个规定性

{427}　的独立性。这种舍弃就是对曾经**自在地**构成开端的那个概念的片面性的同一个放弃行为，不过从现在起，这是每一方**自己的**放弃行为，正如它所放弃的那个概念是它自己的概念一样。——开端的那个**自在**，作为否定性，真正说来，同样是**中介性的东西**；因而它现在把自己**建立**为如同它真正所是的那样，而**否定的东西**则是作为每一方为了另一方所做的**规定性**而存在，并且自在地是自我扬弃的东西。对立双方之一方是**自身内**在其**个别性**中的

[265]　存在对普遍性的不同一性——另一方则是存在的抽象普遍性对自我的不同一性；前者死于自己的自为存在，它将自己外化出来，招供出来；后者放弃它的抽象普遍性的坚硬性，因而死于自己无生命的自我及其不动摇的普遍性；以至于这样一来，前者通过作为本质的普遍性环节补充了自己，后者通过作为自我的普遍性补充了自己。通过行动的这种运动，精神——精神之所以是精神，只是由于它**定在着**，并把自己的定在提升到**思想**，从而提升到绝对的**对立**，以及恰好通过这种对立、并在这种对立中而从这种对立里返

回自身——就作为那本身就是自我意识的认知的纯粹普遍性，作为那本身就是认知的单纯统一性的自我意识而走上了前台。

因此在宗教里，大凡曾经是**内容**或者是表象一个**他者**的形式的东西，在这里等于就是**自我**自己的**行为**；是概念的联结作用使得**内容**就是**自我**自己的**行为**；——因为这一个概念，正如我们看到的那样，就是把自我在自身内的行为当作一切本质性、一切定在来认知，就是对于**这一个主体**作为**实体**的认知，和对于实体作为有关主体行为的这一个认知的认知。——我们在这里所增加的东西，一方面是只是把各个个别的环节**集合起来**，这些环节的每一个就其原则来说，都呈现着整个精神的生命，另一方面，是在概念的形式中把概念坚持下去，这个概念的内容本来应该是已经在上述各个环节中得出来的，而这个概念本身本来也应该是已经在某一种**意识形态**的形式中得出来的。

［二、科学即对自我自身的概念式的把握］

精神的这样一个最后的形态，即这样一个精神，它给自己完全和真实的内容同时赋予自我的形式，因而把自己的概念这样实现出来，正如它在这个实现过程里仍然保持在自己的概念之中那样，这种精神就是绝对认知；[266] 这是在精神形态中认知自己的精神，或者说是**进行概念把握的认知**。**真理性**不仅**自在地**完全和**确定性**同一，而且也拥有其自我确定性的**形态**，或者说真理性是在自己的定在中，这就是说，它以自我认知的**形式**对认知着的精神而存在。真理性是这样的**内容**，这内容在宗教中和它的确定性还是不同一的。可是，当内容获得了自我的形态时，就有了这种同一性。因此，那对于意识成为了定在的元素或**对象性形式**的东西，也就是本质自身、亦即 {428} **概念**。精神在这样一种元素中对意识**显现出来**时，或者在这里是一个意思，精神在这种元素中被意识产生出来时，它**就是科学**。

因此，这种认知的本性、它的诸环节和运动已经表明，它就是自我意识的纯粹的**自为存在**；这种认知就是我，*我*就是**这一个我**，而不是别的**我**，它同样也直接地是**中介了的**、或者是被扬弃了的**普遍的我**。——这个**我**具有一个**内容**，它把这个内容和自己**区别**开；因为它就是纯粹的否定性或自己分裂为二的活动；它就是**意识**。这一个内容在自己的区别中，本身就是**我**，因为内容是自我扬弃的运动，或者是那本身就是**我**的这同一个纯粹否定性。**我**在作为被区别开来的我的内容中反思到自身；而这内容唯有通过**我**在自己的他在中存在于自己本身那里，才被**概念式地把握**。这个内容更确切地标明了它无非就是刚才说到的运动本身；因为内容就是历经自身、并且作为精神而**自为地**历经自身的精神，这是由于这内容在其对象性中具有了概念的形态。

至于说到这个概念的**定在**，那么**科学**并不会在精神直到获得关于自己的这样一种意识以前，就显现在时间和现实性中。作为认知到自己是什么的精神，它不会在完成这件工作之前，和以不同于完成这件工作的任何其他方式而实存，这件工作就是克服自己的不完善形态，为自己的意识获取自己本质的形态，并以这样的方式使自己的**自我意识**和自己的**意识**相调和。——自在自为存在着的精神在其各环节中被区别开来时，就是**自为**存在着的认知，就是一般的**概念式把握**，这个概念把握本身还没有达到**实体**，或者说自在地本身还不是绝对认知。

[267]

于是，在现实性中，认知着的实体早于其形式或概念形态就定在着了。因为这实体是尚未发展起来的**自在**，或者说是在自己还没有被推动起来的单纯性中的根据和概念，因而是**内在性**或还未**定在**的精神自我。凡是**定在着**的东西，都是作为尚未发展的单纯的东西和直接的东西而存在的，或者说是一般**表象**意识的对象。认识由于它是精神性的意识，对于它来说，任何东西是**自在存在**的，都只是就它是为**自我**的存在、并且就是**自我**的存在、或者就是概念而言的，——出于这个理由，认识最初只具有一个贫乏的对象，跟这个对象比起来，实体和对实体的意识是更丰富的。实体在这种意识里具有的启示性实际上是遮蔽性，因为实体是尚**无自我的存在**，而启示出来的只是它自身的确定性。因此，最初属于**自我**意识的只是实体中的各个**抽象的环节**；但是由于这些环节作为纯粹的运动继续推进自己，自我意识就愈益丰富其自身，直到它从意识那里夺取了整个的实体，把实体

{429}

的那些本质性的整个结构吸收到了自身之内，而且由于对待对象性的这种否定的态度同样是肯定的，是建立，——而把实体从自身中产生出来，并借此同时也为意识把实体重新恢复起来为止。因此，在把自己作为概念来认知的**概念**中，**各个环节**先于**完成了的全体**而出场，这个全体的形成过程就是那些环节的运动。相反地，在**意识**中则是全体、不过是未经把握的全体先于各个环节而出场。——**时间**是**定在着**的、并对意识表象为空洞直观的**概念**自身；所以精神必须显现在时间中，而且只要它还没有**把握到**它的纯粹概念，就是说，只要它还没有把时间清除掉，它就会一直显现在时间中。时间是**外在的**、被直观的、**没有被**自我**所把握的**纯粹自我，是仅仅被直观的概念；由于这种概念在把握它自身，它就扬弃自己的时间形式，就对直观做概念式把握，并且就是被概念式把握和进行概念式把握的直观。——因此，时间是作为尚未在自身中完成的精神的命运和必然性而显现的，——而这个必然性就在于，必然使自我意识在意识里面所占有的份额充实起来，使**自在的直接性**——这是实体在意识中具有的形式——置于运动中，或者相反，在把自在当作**内在的东西**时，必然将那仅仅只是**内在的东西**实现出来和启示出来，——也就是必然将它归还给意识的自身确定性。

[268]

出于这个理由就必须说，没有什么**被认知**的东西不是在**经验**中的，或者也可以这样表达这个意思，没有什么被认知的东西不是作为**被感觉到的真理**、作为内在地被启示的永恒的东西、作为**被信仰**的神圣的东西，或用任何其他的表达，——而现成在手的。① 因为经验正是这种东西：内容——而这内容就是精神——是**自在的**，它就是实体，因而是**意识**的**对象**。但是，这个本身即是精神的实体，就是精神向它**自在地**所是的那个东西的

---

① 黑格尔在此暗示的首先是康德的说法，费希特和谢林在类似的场合下也引证了（见《费希特全集》第 2 卷，第 233 页以下，《谢林全集》第 7 卷，第 245 页），参看康德：《纯粹理性批判》B283，特别是 B185："我们所有的知识都处于一切可能经验的整体中"。接下来黑格尔想到的可能是雅可比和艾申迈尔的情感哲学和信仰哲学，参看雅可比：《论斯宾诺莎哲学》，载《雅可比全集》第 4 卷，第一部，第 210—253 页；此外参看艾申迈尔：《哲学向虚无哲学过渡》，第 60—61 页，第 104—105 页，以及《隐士与陌生人》，第 24—25 页。——丛书版编者

形成过程；而且只有作为这样一个自己反思自己的形成过程，精神才自在地在真理中是这个**精神**。精神自在地就是运动，这运动就是认识，——精神就是那个**自在**向**自为**的转变，**实体**向**主体**的转变，**意识**的对象向**自我意识**的对象的转变，就是说，向正是这样被扬弃的对象或向**概念**的转变。这个转变是向自身返回的圆圈，这圆圈以自己的开端为前提，并且只有在终点上才达到开端。——因此，只要精神必然是这样一个自身区别的过程，它的全体在被直观时就同它的单纯的自我意识相对立；因而由于全体[269]是有区别的东西，所以全体又被区别为它的被直观的 ① 纯粹概念、**时间**，以及内容或**自在**；实体作为主体，本身就具有**最初的内在**必然性，必然在自己身上把自己呈现为它**自在地作为精神**所是的东西。只有那完成了的{430}对象性的呈现，才同时是实体的反思，或实体向自我的形成。——因而精神在没有**自在地**完成自己、没有把自己完成为世界精神以前，它并不能作为**自我意识到**的精神而达到自己的完成。因此，宗教的内容在时间上比科学更早地表明了**精神是**什么，但是唯有科学才是精神关于它自身的真正认知。

　　把精神的自我认知形式逼出来的那个运动，就是精神作为**现实的历史**所完成的工作。宗教的团契，就其最初是绝对精神的实体而言，乃是粗陋的意识，这种意识的内在精神越是深刻，它就具有越是野蛮和冷酷的定在，而它的蒙昧的自我要凭借自己的本质、凭借它的意识的异于自己的内容来做的，就是一件越发困难的工作。只有当意识放弃了以一种外在的、即异己的方式来扬弃异己存在的希望以后，由于被扬弃的异己方式就是向自我意识的返回，意识才转向它自己、转向自己特有的世界和当下在场，才发现这世界是它的财产，从而迈出了从**理智世界**下降的第一步，或者不如说，迈出了以现实的自我激活理智世界的抽象元素的第一步。意识一方面通过观察，发现了定在是思想，而且对定在有了概念式的把握，并且反过来又在自己的思维中发现了定在。② 由于意识首先这样抽象地

---

① "被直观的"（angeschauten）在袖珍版里面漏掉了，兹据考证版补上。——中译者
② 笛卡尔。——贺、王译本据荷夫迈斯特本编者注

自己表述了思维**与存在**、抽象本质与自我的直接**统一**，并以**更纯粹的**方式，也就是作为广延与存在的统一把最初的光明本质重新唤起，①——因为广延是比光明更相似于纯粹思维的单纯性——从而在思想中重新唤醒了东方初升的**实体**，② 精神同时就从这个抽象的统一性中、从这个**无自我的**实体性中畏缩倒退，而坚持那与该实体性相对立的个体性。③ 然而只有当精神在教化中把这种个体性外化，由此而使个体性成为定在，并将其贯穿在一切定在中，——达到了有用性的思想，④ 并在绝对自由中把定在作为自己的意志来把握之后，⑤ 精神才借此把自己最内在深处的思想展示出来，并且把本质表述为我＝我。⑥ 但是这个我＝我乃是在自身中自我反思的运动；因为既然这种同一性作为绝对的否定性是绝对的区别，那么，*我*的自身等同性就和这个纯粹的区别相对立，而这个区别作为纯粹的、同时对于认知自己的自我又是对象性的区别，必须被表现为**时间**，以至于正像从前本质曾被表现为思维和广延的统一那样，这本质必然会被理解为思维和时间的统一；但是，这个孤零零的区别，这个不安息、不停顿的时间毋宁说是在自身中重叠的；时间是**广延**的对象性静止，但这种静止却是与自己本身的纯粹同一性，即*我*。——或者说，*我*不仅仅是自我，而且它是**自我的自身同一性**；不过这种同一性是与自身完的和直接的统一性，或者说，**这个主体**同样也是**实体**。实体单独对自身而言，将会是内容空洞的直观，或者是对这样一种内容的直观，这个内容作为特定的内容，只会具有偶然性而没有必然性；实体只有当它被设想为或被直观为**绝对统一**

[270]

{431}

---

① 参看前面考证版第 371 页："绝对精神以**存在**的形式直观自身，但却并不是以那种属于感性确定性的、无精神性的、充满了感觉的偶然规定的**存在**的形式，相反，这是充满了精神的存在。［……］由于这种规定，这一形态就是日出之时包容一切、充满一切的纯粹**光明本质**，它保持自身于它的无形式的实体性中。"——丛书版编者［中译者按：见贺、王译本下册第189 页］

② 黑格尔这句是援引斯宾诺莎哲学，在其中，上帝这一个实体被概念式地把握为思维和广延这两个无限属性的统一。参看《伦理学》第 Ⅱ 部分命题 Ⅰ, Ⅱ, Ⅶ.——丛书版编者

③ 莱布尼茨。——贺、王译本据荷夫迈斯特本编者注

④ "启蒙主义"的原则。——贺、王译本据荷夫迈斯特本编者注

⑤ 康德。——贺、王译本据荷夫迈斯特本编者注

⑥ 费希特。——贺、王译本据荷夫迈斯特本编者注

性时，它才会被认为是绝对，而一切内容根据其差异性则必定会在实体之外而被归入那不属于实体的反思，因为这实体不会是主体，不会是关于自身和在自身中反思自己的东西，或者说，实体尚未被概念式地把握为精神。如果毕竟还是要谈到某种内容的话，那么情况要么似乎就只是为了把内容抛入到绝对的空洞深渊中，要么这内容就将会是外在地从感性知觉那里捡来的；① 认知就会看起来达到了事物，达到了与认知本身有区别的东西，并且达到了多样性事物的区别，却无人从概念上理解，这是怎样和从哪里来的。

[271]

　　但是，精神已向我们指明的是，它既不只是自我意识退回到它的纯粹内在性里，也不仅仅是自我意识沉没到实体中，沉没到它的区别的非存在中，而是自我的**这种运动**，自我自己外化它自己，并且自己沉没到自己的实体中，同样又作为主体而走出实体，深入到自身、并使实体成为对象和内容，作为主体而扬弃对象性和内容的这种区别。那个从直接性出发的第一个反思，就是主体自身同它的实体区别开的过程，或者是把自身分裂为二的概念，是深入自身和形成纯粹的*我*的过程。由于这个区别是我＝我的纯粹行为，所以概念就是必然性，是以实体为其本质并自为地持存着的**定在**的升起。但是，这定在的自为持存是在规定性中建立起来的概念，因而同样是概念**在自己本身中**的运动，即概念下降到单纯实体的运动，实体只有作为这种否定性和运动才是主体。——一方面，这个我既无需坚持**自我意识的形式**，而与实体性和对象性的形式相对立，仿佛它害怕自己的外化似的；精神之力不如说必须在自己的外化中保持其自身的同一，而且作为**自在自为的**存在者，必须把**自为存在**也如同自在存在那样，只建立为环节，——另一方面，这个自在自为的存在者也不是那把各种区别都抛回到绝对的深渊里、并在其中宣布它们的同一性的一个第三者，而是相反，认知就在于这种表面上的无所作为，即只是考察那有区别的东西是如何在它自身中运动的，又是如何返回到它的统一性的。

---

① 谢林。——贺、王译本据荷夫迈斯特本编者注

［三、达到概念式把握的精神向着定在的直接性的返回］ {272}

因此，在认知中，精神结束了它的构形运动，就这种构形带有意识的尚未得到克服的区别而言。精神已获得了它定在的纯粹元素，即概念。这内 {432} 容按其**存在**的**自由**来说，就是自身外化的自我，或自我认知的**直接统一性**。这种外化的纯粹运动，从内容上来考察它，就构成内容的**必然性**。不同的内容，作为**特定的**内容，是在关系中，而不是自在的，并且是它的自我扬弃的不安息或**否定性**；因此必然性或差异性正如自由的存在一样，同样也是自我；① 而以这样一种自我性的**形式**，以定在在其中直接就是思想的这种形式，这个内容就是**概念**。因而，由于精神获得了概念，它就在其生命的这种以太中，展开自己的定在和运动，它就是**科学**。精神运动的各环节在科学中不再呈现为各种特定的**意识形态**，而是由于精神的区别已经返回到了自我，这些环节就呈现为**各种特定的概念**，以及这些概念的有机的、以自身为根据的运动。如果说在精神现象学中，每一环节都是认知与真理的区别和这区别借以扬弃自身的运动，那么相反地，科学并不包含这种区别及其扬弃，而是由于这个环节具有概念的形式，它就把真理的对象性的形式和认知着的自我的形式结合在直接的统一体中。这环节不是作为从意识或表象到自我意识、以及相反地从后者到前者的反复往来的运动而出场，而是作为自我意识的纯粹的形态、即摆脱了它在意识中的现象的形态出场，亦 [273] 即作为纯粹概念而出场，而纯粹概念的前进运动唯独依赖于它的纯粹**规定性**。反过来说，与科学的每一个抽象环节相对应，一般讲来都有显现着的精神的一个形态。正如定在着的精神并不比科学更丰富，同样，定在着的精神在其内容上也并不更贫乏。以意识诸形态的这样一种形式去认识科学的那些纯粹概念，就构成科学的实在性的方面，按照这一方面，科学的本质在科学里凭借本质的**单纯**中介而被建立为**思维**的那个概念，就把这一中介

---

① 丛书版和考证版这里用的是逗号（"，"），袖珍版改为分号（"；"），应该更符合语气。——中译者

的各个环节分解开来,并且按照内在的对立将它们呈现出来。

科学在自己本身中就包含着纯粹概念形式自身外化的必然性和概念向**意识**的过渡。因为自我认知的精神正由于它把握了自己的概念,所以它才是与自己本身的直接同一性,这种同一性在自己的区别中就是**关于直接东西的确定性**,或感性意识,——即我们曾由以出发的开端;把精神从其自身的形式中这样释放出来,就是精神自我认知的最高的自由和保证。

{433} 当然,这个外化毕竟还是不完善的;外化表达了认知自身的确定性与对象的**联系**,而对象正因为处在这种联系中,它就还没有获得自己充分的自由。认知不仅了解自己,而且也了解它自身的否定或自身的界限。知道自己的界限就意味着知道牺牲自己。这样一种牺牲就是这种外化,精神在这种外化中以**自由的偶然发生**的形式呈现出自己向精神的形成过程,把它的纯粹**自我**直观为在它外面的**时间**,同样也把它的**存在**直观为空间。精神的后面这个形成过程、即**自然界**,是精神的活生生的直接的形成;自然界这
[274] 个外化了的精神,在自己的定在中,无非是它的**持存**的这样一种永恒外化和重建**主体**的运动。

但是,精神的形成过程的另一方面,**历史**,是**认知着的**、自身**中介着的**形成过程——外化到时间里的精神;不过,这种外化同样也是对外化自身的外化;否定就是对它自身的否定。这个形成过程呈现出一种缓慢的运动和诸多精神的前后相继,一个有诸多画像的画廊,其中每一幅画像都被赋予了精神的充足的财富,其运动之所以如此缓慢,就是因为自我必须渗透和消化其实体的这全部财富。由于精神的完成就在于完全**认知**到**它是**什么、即它的实体,所以这种认知就是它的**深入自身**,在这一过程里,它抛弃了它的定在,并把它的形态托付给回忆。精神在自己深入自身时,已在它的自我意识的黑夜里沉没了,但它的消失了的定在却保存在这个黑夜中;而这个被扬弃了的定在——即先前那个、但已从认知中新生了的定在——是新的定在,是一个新的世界和新的精神形态。精神在这个世界里同样必须不受前面拘束地从这种新的精神形态的直接性开始,并再次从直接性中成长起来,仿佛一切过去的东西对它来说都已经丧失了,而且似乎它从以前各个精神的经验中什么也都没有学到。但是**回—忆**(Er-Innerung)把这些

精神保存下来了，并且**回—忆**是内在的东西，而且是实体的实际上更高的形式。因此，当这个精神看起来仿佛只是从自己出发，再次从头开始它的教养时，那么它的这种开始同时也处于一个较高的阶段上。以这种方式在定在中教养起来的精神王国构成一个前后相继的系列，在其中，一个精神为另外一个精神所接替，并且每一个精神都从先行的精神那里接管了那个世界的王国。它们的目标是对深处［Tiefe］的启示，而这种深处就是**绝对概** [275] **念**；因此这种启示就是对绝对概念的这个深处的扬弃，或者说就是绝对概念的**扩展开来**，是这个在自身中存在着的我的否定性，而这个否定性就是*我*的外化或实体，——而且是*我*的**时间**，即这个外化是在它自己本身中外化自己，从而既存在于自己的扩展中，又存在于自己的深处、即自我中。**这个目标**、这个绝对认知或把自己作为精神来认知的精神，以对各个精神的回忆作为自己的道路，即回忆这些精神在自己本身中是怎样存在的，以及 {434} 怎样实现它们的王国的机体组织的。对这些精神，按照它们的自由的、以偶然性形式显现出来的定在方面加以保存，就是历史，但按照它们被概念式把握的机体组织方面加以保存，就是**显现着的认知的科学**；两者合起来，被概念式地把握了的历史，就构成绝对精神的回忆和髑髅地，①构成其王座的现实性、真理性和确定性，没有这个王座，绝对精神就会是没有生命的孤寂的东西；唯有——

　　　　从这个精神王国的圣餐杯里

　　　　祂的无限性给祂激荡起泡沫。②

---

① 髑髅地，参看"马太福音"27,33.等处。——丛书版编者
② 黑格尔以席勒的诗《友谊》稍加修改变成他的结论，席勒原诗为："伟大的世界的主宰，没有朋友，/深感欠缺——为此，就创造了诸多精神，/祂的永福的那些极乐之镜！——/这最高的本质已找不到任何东西和相匹，/从整个灵魂王国的圣餐杯里／无限性——给祂激荡起泡沫。"参看《席勒全集》，魏玛，1943年版，第1卷。——丛书版编者

德汉词汇索引 ^①

---

① 所标页码均为考证版页码，即本书加大括弧{}的边码；凡有定译且大量出现的词汇用粗体字标出，
不再列页码；凡有一词两译或多译者，分别用"/"号隔开另列页码；人名亦包含在内，不另列。

276—279，282，283，294，319，320，328，354，356，368，377，390，392，393，400，419，420

F

Fähigkeit 才具 210，212，214，217，227，248，268，291

Faktion 派别 320，322

Faktoren 因子 152，153

Fall 事件 339，342，346—348

falsch 虚假 10，27，30—32，34，94，197，294，295

Familie 家庭 241，243—249，251，258，259，261，265，269，287，394—396，398

Feuer 火 269

Figuration 造型 162，391

Flüssigkeit 流动性 105，106，108，114，145，150，151，155，181，193，377，380，387，391

Form 形式

Formalismus 形式主义 17，36，37，41，262，263

Formation 构造 172

Formell 公式 17，34，37，162

Formierung 赋形 114—116，373

Fortbildung 持续养成 182

fortwälzen 缓慢前行 330，334，335

freie Materie 自由散漫的质料 76，79

Freiheit，frei 自由，自由的 20，27，35，36，41，43，46，55，76，79，82，100，108，109，111，116—121，130，132，133，145，146，148，154，158，

159，161，163，165—167，171，172，174，181，185，187，189，193—195，203，204，210，211，215，216，223，224，233，242，246，247，259，262，264—266，271，274，283，309，316—323，324—327，331，336，338，339，341，348，350，364，365，374，376—379，382，383，387，389—391，414，430，432—434

Freisprechung 开脱 396

fremd 异己的／陌生的 239，247，249，254，265—267，280，281，306—308，311，318，322，324，332，356，359，373，381，382，385，391，393，399，405，411，415，420，430/369，381，397，399

Freudigkeit 喜乐 377，380

Frevel 无法无天 235，252

fühllen 感觉 421，429

für anderes 为他的，为他者 145，151，159，163，173，174，183，193，195，211，214，226—228，234，245，270，276，285，290，304，305，314—317，344—347，349—351，355，356，361，381，386，405，412，422，424

für sich 自为

Fürsichselbstsein 自为本身的存在 168

Furcht 恐惧 114，115，118，254，321，393，397，400

Furie 复仇 319

G

Gabe 天赋 210，212，214

M

S

汉德词汇对照表

A

阿波罗 Apollo

阿那克萨哥拉 Anaxagoras

哀伦妮 / 复仇女神 Erinnye

爱 Liebe

爱好 Neigung

爱留西的 Eleusinisch

安提戈涅 Antigone

暗示 Anspielung

暗示 bedeuten

奥秘 Geheimnis

奥里根 Origenes

B

把戏 / 转换 Spiel

柏拉图 Plato

保证 Versicherung

悲剧 Tragödie

悲情 / 情致 Pathos

卑贱的 niederträchtig

被抛状态 Verworfenheit

被碰到的 / 被发现的 vorgefunden

本能 Instinkt

本土的 heimisch

本心 Herz

本性 Natur

本质 Wesen

本质性 Wesenheit

逼出来 hervortreiben

彼岸的 jenseitig

比重 spezifische Schwere

必然性 Notwendigkeit

编织 Weben

辩证法，辩证的 Dialektik dialektisch

变化 Veränderung

表现 Ausdruck

表象 Vorstellung

宾词 Prädikat

禀性 / 禀赋 Anlage

不安息 Unruhe

不动心 Ataraxie

不公正 / 不正当 Unrecht

不可触碰的 spröd

不可通约性 Inkommensurabilität

不同一性 Ungleichheit

不幸的 unglücklich

布局 Exposition

C

财产 Habe

财产 / 所有物 / 产权制 Eigentum

财产共同体 Gütergemeinschaft

财富 Reichtum

才具 Fähigkeit

才能 Talent

材料 / 物质 Stoff

掺合作用 Synsomatien

差别，差异性 Verschiedenheit

察觉 vernehmen

忏悔 Bekenntnisse

超感官世界 übersinnliche Welt

承认 Anerkennen

诚实的 ehrlich

诚实性 Honnetetät

成为一，是一 Einssein

持存 Bestehen

持续养成 Fortbildung

尺度 Maß，Maßstab

冲动 Trieb，treiben

冲击 Anstoß

抽象 Abstrahieren，Abstraktion

初升 / 日出 Aufgang，aufgehen

出场 auftreten

传染 Ansteckung

此岸 Diesseitige

刺激 Affektion

存在 Sein

存在者 Seiende

D

大脑 Gehirn

大脑纤维 Gehirnfiber

大小 / 数量 Größe

担忧 Angst

单纯，单纯性 einfach，Einfachheit

单一性 / 统一性 Einheit

当下，当下在场 Gegenwart

倒转 Umkehrung

道德，道德的 Moralität，moralisch

德行 Tugend

得道者和纠偏者 Gut—Besserwissen

笛卡尔的 Catersisch

第欧根尼 Diogenes

地祇 Erdgeist

颠倒 Verkehrte

癫狂 Verrücktheit

点截性 Punktualität

顶级的 ausgezeichnet

定律 / 命题 Satz

定语 Attribute

定在 Dasein

动机 Triebfeder

动物王国 Tierreich

动物性的 animalisch

动作 Aktion

洞见 Einsehen

斗争 / 战斗 Kampf

独断论 Dogmatismus

独立性 / 自主性 Selbststädigkeit

独特性 Eigenheit

端 Extrem

对立 Gegensatz

对象 Gegenstand

对象性，对象性的 Gegenständlichkeit，
　　gegenstänlich

兑换 Umtauschung

遁词 Ausrede

多数性 / 众多性 Vielheit

E

阿谀 Schmeichelei

恶 Böse

恶 Schlecht

恩赐 Genugtuung

恩典 Gnade

二律背反 Antinomie

F

发条弹簧 Springfeder

法律 Gesetz

法权 / 公正 / 权利 Recht

法则 Gesetz

反讽 Ironie

反光 Wiederschein

反击 Gegenstoß

反叛 Empörung

反思 Reflexion

反映 Gegenbild

反应性 Reaktion

范畴 Kategorie

翻转 umschlagen

犯傻 töricht

方法 Methode

放弃本质 Entwesung

非法性 Rechtlosigkeit

非理性 Unvernunft

飞跃 Sprung

分裂为二 Entzweien

分裂状态，分裂性 Zerrissenheit

分神 entrücken

分析 Analysieren

疯狂 Wahnsinn

风俗习惯 Gewohnheiten

否定 Negation，negativ

服务 / 侍奉 Dienst

福玻斯 Phöbus

符号 Zeichen

赋形 Formierung

富于表情的 sprechend

富于精神的 / 机智风趣的 geistreich

复仇 Furie

复活 Erstehen

G

概念 Begriff

概念式的 begreifend

概念式把握，概念把握 Begreifen

感官 Sinn

感觉 fühllen

感觉，情感 Empfinden

感情，情感 Gefühl

感染 empfänglich

感受性 Sensibilität

感性的 sinnlich

高贵的 edel

革命的 revolutionär

个别 Einzeln

个体 Individuum

根据 Grund

共同性 Gemeinschaft

共同体 Gemeinwesen

共相 Allgemeine

工具 Werkzeug

公共的 öffentlich

公民 Bürger

公式 Formell

公正 Gericht

功劳 Verdienst

沟通 / 施舍 Mitteilung

构成物 Gebilde

构形 gestalten

构造 Konstruktion

构造 Formation

孤独的 / 各自为政的 abgeschieden

谷神 Ceres

怪想 Chimären

关系 Verhältnis

观察 Beobachten

观念 Gedanke

观念的 Ideell

观念论 / 唯心主义 / 理想主义 Idealismus

光明本质 Lichtwesen

归还 vindizieren

规定性 Bestimmtheit

规范 Vorschrift

规律 Gesetz

规训，受规训 Zucht, gezogen

规则 Regeln

诡辩 Sophisterei

诡计 List

国家 / 体制 Staat

国族 Nation

H

哈姆雷特 Hamlet

含义 / 意义 Bedeutung

行家 / 主宰 Meister

行会 Zusammenkunft

豪情 Begeisterung

豪饮 bacchantische Taumel

合（乎）理性 Vernünftigkeit

合目的性 Zweckmäßigkeit

和解 / 调解 Versöhnung

和谐 Harmonie

横扫四方 umherschweifen

化身为人 Menschwerden

话语 Rede

画廊 Gallerie

怀疑主义 Skeptizismus

环节 Moment

缓慢前行 fortwälzen

幻影 Schemen

换位 Verwechslung

回旋式循环 der wirbelnde Kreise

回忆 erinnern，Er-innerung

诙谐 Witz

混沌 Chaos

混合物 Synkretismus

活动性 / 能动性 Tätigkeit

活力 / 力度 Energie

火 Feuer

J

机器 Machine

机械的 mechanisch

机智风趣的 / 富于精神的 geistreich

基地 Boden

激荡 schäumen

激动 Erregen

激活 beleben

激活 begeisten

激情 / 情欲 Leidenschaft

嫉妒 Neid

祭拜 Kult

家神 Penaten

家庭 Familie

假象 / 映象 Schein

假象 Täuschung

价值 Wert

间断性 Diskretion

坚实性 / 淳朴性 Gediegenheit

渐变性 Allmählichkeit

健全的 gesund

见证 Zeugnis

建构 Konstitution

建构 / 构造 Bau

建立 setzen

建立规律 / 立法 gesetzgeben

建议 Rat

讲究排场 Gepränge

交互作用 Wechselwirkung

交替 Austauschung

交替 Abwechseln

交替 / 转化 Wechsel

教养，教化 Bilden，Bildung

节奏 Rhythmus

解剖学 Anatomie

解释 Erklären

诫命 Gebot

经验 Erfahrung

经验性的 empirisch

经验主义 Empirismus

精神 Geist

酒神 Bacchus

"就此而言" Insofern

巨无霸式的 / 怪物 ungeheur

具体的 konkret

聚合体 Masse

聚拢 zusammenbringen

绝对 Absolute

绝佳帮手 vorzügliche Hülfe

角色 Person

君主 Monarch

K

开端 Anfang

开脱 Freisprechung

康德 Kant

科学 Wissenschaft

可浸透性 Porosität

可理解的 verständig

可塑性 plastisch

可笑场面 Komische

客体 Objekt

肯定的 Positiv

空间 Raum

空虚 / 空洞 Leere

恐怖 Schreck

恐惧 Furcht

快乐 Lust

宽恕 Verzeihung

狂欢 Taumel

L

劳动 Arbeit

类 Gattung

类比 Analogie

理论的 theoretisch

理念 Idee

理想 Ideal

理性 Vernunft

理智的 intellektuell

理智世界 Intellektualwelt

李希屯伯格 Lichtenberg

力 Kraft

力度 / 活力 Energie

力量 / 威力 / 权力 Macht

立法 / 建立规律 gesetzgeben

例示 beiherspielen

历史 Geschichte

历史的 historisch

连续性 Kontinuität

联系 Beziehung

良心 / 良知 Gewissen

量的 quantitativ

令人晕眩的 taumelnd

灵动的 beseelend

灵魂 / 心灵 Seele

灵异 Dämon

流动性 Flüssigkeit

伦理，伦理的 Sittlichkeit，sittlich

伦理道德 / 伦常 Sitte

逻辑学 Logik

M

满足 Befriedigung

矛盾 Widerspruch

媒介 Medium

美 / 优美 Schön

迷狂 Extase

迷狂 Schwärmerei

迷信 Aberglaube

面具 Maske

面相学 Physiognomik

描述 Beschreiben

民族 / 人民 / 民众 Volk

民族精神 Volksgeist

明见 Einsicht

命题 / 定律 Satz

命令 Befehl

命运 Schicksal

缪斯 Muse

模本 Abbild

模本 Abdruck

默想 / 默祷 Andacht

漠不相干（关）/ 无所谓的 gleichgültig

目的 Zweck

目的论的 teleologisch

N

内涵 Intension

内容 Inhalt

内在的东西 Inneres

内在化 Innerlichwerden

能动性 / 活动性 Tätigkeit

拟人化 anthropomorphosieren

凝聚点 Konkretion

凝聚性 Kohäsion

奴隶 Knecht

努斯 Nous

O

偶然的 Akzidentelle

偶然性 Zufälligkeit

偶性 Akzidens

P

排他性 Autarkie

排他性的 ausschließend

派别 Faktion

判断 Urteilen

配得上 Würdigkeit

平等 Gleichheit

平衡 Gleichgewicht

评判 Beurteilen

普遍，普遍性 Allgemein，Allgemeinheit

朴直的 gerad

破块而出 / 贯通 durchdringen

Q

骑士 Ritter

启蒙 Aufklärung

启示 Offenbarung

器官 Organ

器具 Gerätschaft

气 Luft

强制力 / 强权 Gewalt

情况 / 状况 / 细节 Umstände

情欲 / 激情 Leidenschaft

情致 / 悲情 Pathos

球面 Kugelfläche

区别 Unterschied

确定性 Gewißheit

确切 Horos

确信 / 信念 Überzeugung

缺陷 Makel

权利 / 法权 / 公正 Recht

权力 / 力量 / 威力 Macht

全体 / 整体 Ganze

全体人民 Gesammtvolk

全天下 Gesammthimmel

R

绕来绕去 / 推理，形式推理 / 巧言善辩 Räsonieren，Räsonnement

日出 / 初升 Aufgang，aufgehen

人 Mensch

人格，人格性 Person，Persönlichkeit

人民 Demos

人性 Menschheit

认识 Erkennen

认知 Wissen

任意 Willkür

荣誉 / 荣耀 Ehre

肉体的 / 身体 Leib/leiblich

S

三段式 Triplizität

散文 Prosa

善 Gute

善事 Wohltat

善行 Wohltun

上帝 / 神 Gott

舍弃 ablassen

伸缩性 elastisch，Elastizität

深处 Tiefe

深入自身 Insichgehen

深渊 Abgrund

身体 / 肉体的 Leib/leiblich

神秘 Mysterien

神驰 Erbauung

神灵 / 诸神 Götter

神圣 Heilige

神圣的 göttlich

神圣化 verklären

神谕 Orakel

审核 Prüfen

圣灵 der heiliger Geist

生发 entstehen

生活 Leben

生命 Leben

生气 Odem

诗 Poesie

施舍 / 沟通 Mitteilung

时间，时代 Zeit

实存 / 生存 Existenz

实践 Praktische

实体 Substanz

实体性的 substantiell

实有的 reell

实在性 / 实在的 Realität，reall

识人学 Menschenkenntnis

史诗 Epos

始基性的 elementarisch

事件 Geschehen

事件 Begebenheit

事件 Fall

事情本身 Sache selbst

事业 / 作品 Werk

世界观 Weltanschauung

世界进程 Weltlauf

世界性 Weltlichkeit

世界状况 Weltzustand

是的 Ja

是一 / 成为一 Einssein

试验 Versuch

侍奉 / 服务 Dienst

熟知 bekannt

手 Hand

手段 Mittel

受封者 Vasall

属性 Eigenschaft

数，数目 Zahl

数量 / 大小 Größe

水 Wasser

思辨的 spekulativ

思维 Denken

思想 Gedanke

思想物 Gedankending

斯多葛主义 Stoizismus

斯芬克斯 Sphinx

死去的 abgeschieden

死亡 / 僵死的 Tod/tot

所有物 / 产权制 / 财产 Eigentum

梭伦 Solon

缩影 Abbreviatur

T

他在 Anderssein

他者 Anderes

太一 das Eine

泰然自若 unbefangen

伸缩性 Elastizität

特殊 Besondere

特征 Züge

提丰 Typhon

体系 / 系统 System

体制 / 国家 Staat

天，天界 Himmel

天才 Genialität

天赋 Gabe

天启宗教 Die Offenbare Religion

天真的 unschuldig

调解 / 和解 Versöhnung

调解 Ausgleichung

特性 Chrakter

同等性 Dieselbigkeit

同感 Sympatie

同名的东西 Gleichnamige

同情 Mitgefühl

同情 Mitleid

同一性 / 相同性 / 平等 Gleichheit

同一性 / 自同性 / 相等 Identität

同义反复的 tautologisch

统觉 Apperzeption

统握 auffassen

统一性 / 单一性 Einheit

头盖骨 Schädel

头盖骨的科学 Schädelwissenschaft

头盖骨相学 Schädellehre

透明的 durchsichtig

突发奇想 Einfallen

图表 Tablle

图型 Schema

土 Erd

团契 / 共同之处 Gemeinde，Gemeine

推动者 Bewegende

推论 Schließen

退化 Abnehmen

脱罪 absolvieren

W

外化 Äußerung

外化 Entäußerung

外延 Extension

外在的东西 Äußere

完善 Vollkommen

万神殿 Pantheon

万有引力 allgemeine Attraktion

忘川 Lethe

维度 Dimension

尾声余响 Verklingen

为他的，为他者 für anderes

伪善 Heuchelei

文字 Schrift

我 / 自我 Ich

我 = 我 Ich=Ich

我的 Mein

我们 wir

我自身 / 我本身 Ichselbst

无，虚无的 Nichts，nichtig

无法无天 Frevel

无概念的 begrifflos

无机的 unorganisch

无限 Unendliche

无限性 Unendlichkeit

无主的 herrenlos

无自我性 Selbstlosigkeit

物，事物 Ding

物体 / 躯体 / 身体 Körper

物性 Dingheit

物质质料 Materie

武器 Waffen

X

牺牲 Aufopferen

嬉笑怒骂 Laune

喜乐 Freudigkeit

喜剧 Komödie

系词 Copula

系统 / 体系 System

先天 a priori

显现 erscheinen

现成在手的 vorhanden

现实的，现实性 wirklich，Wirklichkeit

现象 Erscheinung

现象学 Phänomenologie

相契 Konsesus

相同性 Gleichheit

享受 Genuss

想象 einbilden

想像 Vorstellung

消逝 / 消失 Verschwinden

斜坡 Neigungswinkel

心理学 Psychologie

心情 Gemüt

信赖 Vertrauen

信念 / 确信 Überzeugung

信仰 Glauben

幸福 Glückseligkeit

幸运 Glück

形而上学 Metaphysik

形式 Form

形式主义 Formalismus

形态 Gestalt

行动 Handlung

行动者 Handelnde

行为 Tun

行为业绩 Tat

性格，特性，/ 特征 / 个性 Charakter

性状 Beschaffenheit

兴趣 Interesse

虚浮 Eitelkeit

虚假 falsch

虚无 Nichts

悬欠 Vermissen

悬设 Postulat，postulieren

血缘 Blut

血缘亲属，血亲关系 Blutverwandtschaft

Y

亚里士多德 Aristoteles

言词 / 话语 Wort

验证 Bewährung

扬弃 Aufheben

养成 / 教化 Ausbildung

样式 / 作风 Manier

样子 Art

样子货 Espèce

"也" das Auch

"一" Eins

一回事 Dasselbe

以太 Äther

异己的 / 陌生的 fremd

异化 Entfremdung

艺术，艺术家，艺术品 Kunst，Kunstler，Kunstwerk

义务 Pflicht

意见 Meinung

意识 Bewußtsein

意图 Absicht

意谓 Meinung

意义 Sinn

意义 / 含义 Bedeutung

意愿，意愿者 Wollen，Wollende

意志 Wille

因次化 Potenzierung

因子 Faktoren

引发，被引发 Sollizitieren，sollizitiert

英雄 Hero

英雄主义 Heroismus

应急 Nothülfe

应激性 Irritabilität

映像 / 假象 Schein

永恒 Ewige

优美 / 美 Schön

游戏 / 浮面的东西 Spiel

游走 herumtreiben

有机的，有机物，有机体 organisch Organische，Organismus

有死者 Sterbliche

有限性 Endlichkeit

有效准的 geltend

有用性，有用 Nützlichkeit，nützlich

语言 Sprechen，Sprach

欲求 Begehren

欲望 Begierde

预定和谐 prästabilierte Harmonie

预感 Ahnung

预言作用 Prophezeiung

元素 Element

原理 Theorime

原理 Grundsatz

原始的 ursprünglich

原则 Prinzip

原子 Atom

圆圈 Kreis

约里克 Yorik

云 Wolken

运动 Bewegung

Z

再生性 Reproduktion

在自身中存在 Insichsein

在自身中反思的存在 In sich Reflektiertsein

赞美诗 Hymne

糟糕场面 das schlechte Schauspiel

造型 Figuration

占有 Besitz

战斗 / 斗争 Kampf

战争 Krieg

掌握 Ergreifen

招认 bekennen

哲人 Weise

哲学 Philosophie

哲学思考 philosophieren

遮蔽性 Verborgenheit

这一个 Dieses

这一位 Dieser

真空 Vakuum

真理 Wahrheit

真实的东西，真实 Wahre

整体 / 全体 Ganze

整体性 / 总体性 Totalität

正当的东西 Rechte

正义 Gerechtigkeit

政府 Regierung

政治行为 Staatsaktion

证明 Beweis

知觉 Wahrnehmung

知识 Kenntnis

知识 Erkenntnis

知性 / 理智 Verstand

肢节 Glieder

直观 Anschauung

直接性　直接的 Unmittelbarkeit unmitelbar

职能 Verrichtung

置换 verstellen

智慧 Weisheit

志向 Richtung

质，质的 Qualität，qualitativ

质料 / 物质 Materie

秩序 Ordnung

至善 die höchste Gute

至尊 Majestät

中介 Vermittelung

中项 Mitte

中心点 Mittelpunkt

终极目的 Endzweck

种，种类 Art

重力 Schwere

重音 Akzent

宙斯 Zeus

髑髅地 Schädelstätte

主体 / 主词 Subjekt

专制暴政 Despotismus

专制的 tyranisch

转变 Verwandeln，Wandel

转化 / 交替 Wechsel

转换 Spiel

庄严妙境 / 壮丽情景 Herrlichkeit

诸神 / 神灵 Götter

主人 Herr，Herrschaft

主宰 / 行家 Meister

卓越的 / 优秀的 / 超凡的 vortrefflich

字体 Handschrift

自大狂 Wahnsinn des Eigendünkels

自然 Natur

自身本质 Selbstwesen

自外存在 Außersichsein

自为 für sich

自为本身的存在 Fürsichselbstsein

自明性 Evidenz

自我 Selbst

自我保存 Selbsterhaltung

自我等同性 Sichselbstgleichheit

自我感 Selbstgefühl

自我意识 Selbstbewußtsein

自我养成 Selbstbildung

自性 Selbstheit

自由，自由的 Freiheit，freie

自由散漫的质料 freie Materie

自在 an sich

自主性 / 独立性 Selbststädigkeit

综合的 synthetisch

综观 übersehen

宗教 Religion

走火入魔 Raserei

组织，自组织 Organisation，sich organisieren

阻抑 Hemmen

罪 Sünde

罪过 / 罪责 Schuld

罪行 Verbrechen

最高存在 Etre suprême

最好的东西，最善的东西 / 至善 / 利益
　　Beste

作为特例显示 herausfallen

作风 / 样式 Manier

作品 / 事业 Werk

尊重 Pietät

责任编辑：张伟珍
封面设计：吴燕妮

图书在版编目（CIP）数据

精神现象学：句读本 / ［德］黑格尔 著；邓晓芒 译. — 北京：人民出版社，2017.12
　　（2025.4重印）
ISBN 978－7－01－017447－1
I.①精 …　 II.①黑 …②邓 …　 III.①黑格尔（Hegel, Georg Wehelm 1770—1831）－
　　现象学　 IV.①B516.35②B089
中国版本图书馆CIP数据核字（2017）第048941号

书　　　名　**精神现象学 ［句读本］**
　　　　　　JINGSHEN XIANXIANGXUE JUDUBEN
著　　　者　［德］黑格尔
译　　　者　邓晓芒
出版发行　人 民 出 版 社
　　　　　　（北京市东城区隆福寺街99号　邮编：100706）
邮购电话　（010）65250042　65289539
经　　　销　新华书店
印　　　刷　北京新华印刷有限公司
版　　　次　2017年12月第1版　2025年4月北京第4次印刷
开　　　本　710毫米×1000毫米　1/16
印　　　张　34.75
字　　　数　514千字
印　　　数　13,001－16,000册
书　　　号　ISBN 978－7－01－017447－1
定　　　价　96.00元